Studien zum Strafrecht Band 52

Johannes Corsten

Einwilligung in die Untreue sowie in die Bestechlichkeit und Bestechung

Nomos

DIKE

Die Deutsche Nationalbibliothek verzeichnet diese Publikation in der Deutschen Nationalbibliografie; detaillierte bibliografische Daten sind im Internet über http://dnb.d-nb.de abrufbar.

Zugl.: Bonn, Univ., Diss., 2010

ISBN 978-3-8329-6397-2 (Nomos Verlag Baden-Baden)

ISBN 978-3-03751-340-8 (Dike Verlag Zürich/St. Gallen)

1. Auflage 2011

Vorwort

Die vorliegende Arbeit wurde im Wintersemester 2010/2011 von der Rechts- und Staatswissenschaftlichen Fakultät der Rheinischen Friedrich-Wilhelms-Universität Bonn als Dissertation angenommen.

Mein besonderer Dank gilt meinem Doktorvater, Herrn Prof. Dr. Martin Böse, der die Arbeit mit wertvollem Rat und großem Interesse betreut hat. Er stand mir stets unterstützend zur Seite und gab kritische Anregungen, die wesentlich zum Gelingen der Arbeit beigetragen haben.

Bei Herrn Prof. Dr. Urs Kindhäuser bedanke ich mich für die Erstellung des Zweitgutachtens und bei Herrn Prof. Dr. Hans-Ullrich Paeffgen für den Vorsitz des Prüfungsausschusses. Den Herausgebern danke ich für die Aufnahme in die Schriftenreihe.

Meinen Kolleginnen und Kollegen vom Lehrstuhl, Herrn Dr. Frank Meyer, LL.M, Frau Sarah Brinkschulte, Frau Anna Zerfaß und Herrn Han-Wei Chung, danke ich für die wertvollen Diskussionen und die überaus angenehme und freundschaftliche Arbeitsatmosphäre.

Weiterer Dank gebührt meinen Geschwistern. Mein Bruder, Herr Dr. Marcus Corsten, unterstützte mich unermüdlich bei der Formatierung der Arbeit und der Lösung allerhand technischer Schwierigkeiten, mit denen ich während der Erstellung dieser Arbeit zu kämpfen hatte. Meine Schwester, Frau Dr. Martina Corsten, stand mir sowohl mit ihrem fachlichen Rat als auch mit organisatorischer Unterstützung bei der Literaturrecherche zur Seite.

Meiner Freundin Laura Kuse danke ich ganz herzlich für ihre liebevolle Unterstützung während meiner Promotionszeit. Ohne ihre Rücksichtnahme hätte die Arbeit nicht zu dem werden können, was sie geworden ist.

Besonderer Dank gebührt meinen Eltern, die mich nicht nur währrend der Erstellung dieser Arbeit, sondern bereits während meines Studiums vielseitig und geduldig unterstützt haben. Sie haben mir diese Arbeit ermöglicht und mich stets gefördert. Ihnen widme ich diese Arbeit in Dankbarkeit.

Bonn, im Januar 2011 Johannes Corsten

Inhaltsverzeichnis

Abkürzungen

a.A.	andere Ansicht
a.E.	am Ende
Abl.	Amtsblatt der Europäischen Gemeinschaften
Abl. EU	Amtsblatt der Europäischen Union
Abs.	Absatz
AcP	Archiv für die civilistische Praxis
a.F.	alte Fassung
AG	Aktiengesellschaft
AK	Alternativkommentar
AktG	Aktiengesetz
Alt.	Alternative
Anh.	Anhang
Anl.	Anlage
AnwBl.	Anwaltsblatt
AO	Abgabenordnung
AT	Allgemeiner Teil
BB	Betriebs-Berater
Bd.	Band
BeckOK	Beck'scher Online-Kommentar
Begr.	Begründer
BGB	Bürgerliches Gesetzbuch
BGBl.	Bundesgesetzblatt
BGH	Bundesgerichtshof
BGHSt	Entscheidungen des Bundesgerichtshofes in Strafsachen
BGHZ	Entscheidungen des Bundesgerichtshofes in Zivilsachen
BR-Drucks.	Bundesratsdrucksache
BT	Besonderer Teil
BT-Drucks.	Bundestagsdrucksache
BVerfG	Bundesverfassungsgericht
BVerfGE	Entscheidungen des Bundesverfassungsgerichts
bzgl.	bezüglich
bzw.	beziehungsweise
d.h.	das heißt
DB	Der Betrieb

DrittelbG	Drittelbeteiligungsgesetz
DStR	Deutsches Steuerrecht
DVBl.	Deutsches Verwaltungsblatt
eG	eingetragene Genossenschaft
EGStGB	Einführungsgesetz zum Strafgesetzbuch
EGV	Vertrag zur Gründung der Europäischen Gemeinschaft
Einf	Einführung
Einl.	Einleitung
EK	Erfurter Kommentar zum Arbeitsrecht
etc.	et cetera
EUV	Vertrag über die Europäische Union
EWiR	Entscheidungen zum Wirtschaftsrecht
f.	folgende
ff.	fortfolgende
Fn.	Fußnote
FS	Festschrift
GA	Goltdammer's Archiv für Strafrecht
GbR	Gesellschaft bürgerlichen Rechts
gem.	gemäß
GenG	Gesetz betreffend die Erwerbs- und Wirtschaftsgenossenschaften
GG	Grundgesetz
GK	Großkommentar
GmbH	Gesellschaft mit beschränkter Haftung
GmbHG	Gesetz betreffend die Gesellschaften mit beschränkter Haftung
GmbHR	GmbH-Rundschau
GoA	Geschäftsführung ohne Auftrag
GRUR	Gewerblicher Rechtsschutz und Urheberrecht
GS	Gedächtnisschrift
GWB	Gesetz gegen Wettbewerbsbeschränkungen
h.M.	herrschende Meinung
HGB	Handelsgesetzbuch
HK	Heidelberger Kommentar zum Wettbewerbsrecht
HRRS	Online-Zeitschrift für Höchstrichterliche Rechtsprechung im Strafrecht
Hrsg.	Herausgeber
hrsg. v.	herausgegeben von
Hs.	Halbsatz
i.E.	im Ergebnis
i.d.R.	in der Regel
InsO	Insolvenzordnung

i.R.	im Rahmen
i.S.v.	im Sinne von
i.V.m.	in Verbindung mit
InvG	Investmentgesetz
JA	Juristische Arbeitsblätter
Jg.	Jahrgang
JR	Juristische Rundschau
Jura	Juristische Ausbildung
JuS	Juristische Schulung
JW	Juristische Wochenschrift
JZ	JuristenZeitung
KG	Kommanditgesellschaft
KGaA	Kommanditgesellschaft auf Aktien
KK AktG	Kölner Kommentar zum Aktienrecht
KK OWiG	Karlsruher Kommentar zum Gesetz über Ordnungswidrigkeiten
KK StPO	Karlsruher Kommentar zur Strafprozessordnung
KorrBekG	Gesetz zur Bekämpfung der Korruption vom 13.8.1997
KritV	Kritische Vierteljahresschrift für Gesetzgebung und Rechtswissenschaft
LG	Landgericht
LK^{11}	Leipziger Kommentar Strafgesetzbuch, 11. Auflage
LK^{12}	Leipziger Kommentar Strafgesetzbuch, 12. Auflage
LM	Lindenmaier-Möhring, Nachschlagewerk des Bundesgerichtshofs
LMuR	Lebensmittel und Recht
LPK	Lehr- und Praxiskommentar
m.w.N.	mit weiteren Nachweisen
MDR	Monatschrift für Deutsches Recht
MedR	Medizinrecht
MHG	Münchener Handbuch des Gesellschaftsrechts
MitbestG	Mitbestimmungsgesetz
MK	Münchener Kommentar
MoMiG	Gesetz zur Modernisierung des GmbH-Rechts und zur Bekämpfung von Missbräuchen
Montanmit-bestG	Montanmitbestimmungsgesetz
Montanmit-bestGErgG	Montanmitbestimmungsergänzungsgesetz
NJW	Neue Juristische Wochenschrift
NJWE-WettbR	Neue Juristische Wochenschrift-Entscheidungsdienst Wettbewerbsrecht
NK	Nomos-Kommentar Strafgesetzbuch

Nr.	Nummer
NStZ	Neue Zeitschrift für Strafrecht
NStZ-RR	Neue Zeitschrift für Strafrecht-Rechtsprechungsreport Strafrecht
NZG	Neue Zeitschrift für Gesellschaftsrecht
NZI	Neue Zeitschrift für das Recht der Insolvenz und Sanierung
NZM	Neue Zeitschrift für Wohnungs- und Mietrecht
o. Jg.	ohne Jahrgang
OHG	Offene Handelsgesellschaft
OLG	Oberlandesgericht
OWiG	Gesetz über Ordnungswidrigkeiten
PartG	Parteiengesetz
PartGG	Gesetz über Partnerschaftsgesellschaften Angehöriger Freier Berufe
RG	Reichsgericht
RGSt	Entscheidungen des Reichsgerichts in Strafsachen
RGZ	Entscheidungen des Reichsgerichts in Zivilsachen
Rn.	Randnummer
RuP	Recht und Politik
S.	Seite
s.	siehe
SächsVBl.	Sächsische Verwaltungsblätter
SE	Societas Europeae
SE-VO	Verordnung (EG) Nr. 2157/2001 des Rates v. 8.10.2001 über das Statut der Europäischen Gesellschaft (SE)
SK	Systematischer Kommentar zum Strafgesetzbuch
sog.	sogenannte
StGB	Strafgesetzbuch
StPO	Strafprozessordnung
StraFo	Strafverteidiger Forum
StV	Strafverteidiger
u.a.	unter anderem
u.Ä.	und Ähnliches
u.U.	unter Umständen
UWG	Gesetz gegen den unlauteren Wettbewerb
v.	von/vom
v.a.	vor allem
vgl.	vergleiche
VO	Verordnung
Vorbem	Vorbemerkungen
wistra	Zeitschrift für Wirtschafts- und Steuerstrafrecht (bis 1996: Zeitschrift für Wirtschaft Steuer Strafrecht)

WiVerw	Wirtschaft und Verwaltung, Vierteljahresbeilage zum Gewerbearchiv
WM	Wertpapier-Mitteilungen, Zeitschrift für Wirtschafts- und Bankrecht
WRP	Wettbewerb in Recht und Praxis
z.B.	zum Beispiel
ZfgG	Zeitschrift für das gesamte Genossenschaftswesen
ZGR	Zeitschrift für Unternehmens- und Gesellschaftsrecht
ZHR	Zeitschrift für das gesamte Handelsrecht und Wirtschaftsrecht
Ziff.	Ziffer
ZIP	Zeitschrift für Wirtschaftsrecht
ZIS	Zeitschrift für Internationale Strafrechtsdogmatik
ZStW	Zeitschrift für die gesamte Strafrechtswissenschaft

A. Einleitung

Unternehmerische Strukturen weisen stets mehr oder weniger streng ausgestaltete, hierarchische Gliederungen auf. Über- und Unterordnungsverhältnisse, innerhalb derer es Anweisungen zu bestimmten Tätigkeiten oder Unterlassungen gibt, sind Grundlage unternehmerischer Organisationen. Dabei besteht gerade für den Untergeordneten in einem solchen Verhältnis immer auch die Gefahr, strafrechtliche Grenzen zu überschreiten. Besonders die Möglichkeit, eine Untreue gem. § 266 StGB zu begehen, erscheint für Organe und leitende Angestellte von Wirtschaftsunternehmen aufgrund ihrer oft vermögensrelevanten Tätigkeiten nahezu allgegenwärtig. In ihrem täglichen unternehmerischen Handeln sind sie zahlreichen Entscheidungssituationen ausgesetzt, die mit dem Vermögen des Unternehmens verbunden sind und oft innerhalb kurzer Zeit angemessenen Lösungen zugeführt werden müssen. Häufig ist zunächst gar nicht erkennbar, dass ein gewisses Verhalten möglicherweise eine Untreue zulasten des eigenen Unternehmens darstellen kann.

Wie aber verhält es sich, wenn der Vorgesetzte bzw. Übergeordnete mit diesen Verhaltensweisen seines Untergebenen einverstanden ist, in diese also einwilligt? Darf er über das geschützte Rechtsgut des Vermögens verfügen oder liegt dieses außerhalb seiner Dispositionsbefugnis? Wird der strafrechtlich Handelnde, also der Untergebene, von seiner Strafbarkeit auch dann frei, wenn die Einwilligung selbst gegen Rechtsvorschriften verstößt? Diesen Fragen geht die vorliegende Arbeit nach.

Ziel der Untersuchung ist es zunächst, die Hierarchien und die Binnenstrukturen der unterschiedlichen Gesellschaften genauer zu untersuchen, um die Möglichkeit, Wirksamkeit und Reichweite einer Einwilligung in die Untreue zu bestimmen. Für den Untergebenen, der seinem Vorgesetzten gegenüber weisungspflichtig ist, spielt es im Rahmen seiner Tätigkeit eine erhebliche Rolle, ob er sich strafbar macht, oder ob der ihm Übergeordnete die Verantwortung für sein Handeln übernimmt und diesem die Übernahme auch rechtlich gestattet ist.

Dazu soll zunächst untersucht werden, wen im Bereich der unterschiedlichen Gesellschaftsformen eine Vermögensbetreuungspflicht i.S.d. Untreue trifft. Hier gilt es zwischen juristischen Personen und Personengesellschaften zu differenzieren. Im Weiteren wird näher erörtert, welche Handlungsweisen im Rahmen der unterschiedlichen Gesellschaften möglicherweise den Tatbestand der Untreue verwirklichen. Hier ist dann tatbestandliches Handeln im Innen- und solches im Außenverhältnis zu unterscheiden, bzw. zwischen rechtsgeschäftlichem und tatsächlichem Handeln zu differenzieren, da davon die Einordnung in Missbrauch oder Treubruch abhängt. Im Anschluss soll die Bedeutung der Einwilligung im Rahmen der Untreue untersucht werden, denn dieser Tatbestand weist mit seiner Missbrauchs- und seiner Treubruchsalternative gerade die angesprochenen Hierarchien als Grundlage des tatbestandlichen Handelns auf. Im Weiteren wird zu analysieren sein, wer in eventuelle Handlungen der Untergebenen einwilligen kann. Dabei wird von besonderem Interesse sein, ob für eine wirksame Einwilligung stets die Beteiligung bzw. die Zustimmung sämtlicher Rechtsgutsträger erforderlich ist oder, ob auch die Zustimmung ihrer Mehrheit ausreichend ist. Im Anschluss ist auf die Wirksamkeit und Reichweite der Einwilligung einzugehen, wobei hier insbesondere mögliche Schranken der Einwilligung näher beleuchtet werden sollen.

Daneben wird auf § 299 StGB, nämlich die Bestechung und Bestechlichkeit im geschäftlichen Verkehr, einzugehen sein. Auch hier gilt es zu untersuchen, inwieweit die Einwilligung des Geschäftsherrn die Strafbarkeit des Handelnden entfallen lässt. Dazu gilt es dezidiert das von § 299 StGB geschützte Rechtsgut zu untersuchen bzw. zu bestimmen. In der weiteren Untersuchung wird die entscheidende Frage sein, inwieweit es für die Tathandlung des § 299 StGB einer Pflichtverletzung des Handelnden gegenüber dem Geschäftsherrn bedarf, wie dies bei der Untreue zweifelsohne der Fall ist. Es soll folglich untersucht werden, ob sich zwischen § 266 StGB und § 299 StGB Parallelen zeigen, die dann im Bereich der Einwilligung zu ähnlichen Ergebnissen führen.

B. Die Einwilligung

Zu Beginn ist zunächst auf die Grundlagen und die einzelnen Wirksamkeitsvoraussetzungen der Einwilligung einzugehen.

I. Gesetzliche Einordnung

Dass tatbestandsmäßiges Handeln in gewissen Grenzen nicht strafbar ist, wenn das vermeintliche Opfer mit diesem Verhalten und der eventuell daraus resultierenden Rechtsgutsverletzung einverstanden ist, in diese also einwilligt, ist in strafrechtlicher Literatur und Rechtsprechung unbestritten.[1] Ziel des Rechtsinstituts der Einwilligung ist es, dem Einwilligenden insofern einen autonomen Umgang mit seinen Gütern zu ermöglichen, als dieser anderen die Verletzung seiner Güter, die eigentlich verboten ist, zu gewähren.[2] Die Einwilligung ist ein Instrument der Interessenwahrnehmung durch Verzicht auf Rechtsschutz für ein Gut des Einwilligenden.[3] Diesem Verzicht liegt eine Kosten-Nutzen-Erwägung zugrunde, i.R. derer das mit der Einwilligung verfolgte Ziel den Wert des Eingriffsguts überwiegt.[4] Individuelle Rechtsgüter werden nicht absolut geschützt, »sondern nur zu dem Zweck, der freien Entfaltung des Einzelnen in einer rechts- und sozialstaatlich verfassten demokratischen Gesellschaft zu dienen«[5]. Folge der Einwilligung ist stets der Ausschluss der Strafbarkeit des Handelnden. Somit wird deutlich, dass die Einwilligung öffentlich-rechtlich wirkt, da der staatliche Strafanspruch nicht mehr besteht.

Unklar ist hingegen, auf welche gesetzliche Grundlage diese Einwilligungsfreiheit bzw. -möglichkeit des Verletzten gestützt werden kann. Teils wird die Grundlage der Einwilligung in der allgemeinen Handlungsfreiheit des Art. 2

1 Dies entspricht dem Grundsatz »volenti non fit iniuria«, nach Ulpian: »nulla iniuria est, quae in volentam fiat« (D. 47, 10. 1. 5), d.h., der Täter begeht kein Unrecht, wenn er mit dem Willen des Opfers handelt; vgl. *Kindhäuser*, LPK, Vor § 13 Rn. 158.

2 *Amelung/Eymann*, JuS 2001, S. 938; *Schmidhäuser*, Strafrecht AT Studienbuch, S. 114 f.; *Wessels/Beulke*, Strafrecht AT, Rn. 370.

3 *Geilen*, Einwilligung, S. 89 f.

4 *Amelung*, ZStW 1992, S. 544 ff.; *Köhler*, Strafrecht AT, S. 249 f.

5 *Kindhäuser*, Strafrecht AT, § 12 Rn. 1.

Abs. 1 GG gesucht[6], andere wiederum möchten stets auf dasjenige Individualgrundrecht zurückgreifen, welches das jeweilige Rechtsgut schützt, in dessen Verletzung das Opfer einwilligt.[7] Relevanz kommt dieser unterschiedlichen Einordnung im Rahmen der Grenzen bzw. Schranken der Einwilligung zu, denn dort ist zu entscheiden, ob der Schrankentrias des Art. 2 Abs. 1 GG eingreift, oder aber, ob die Schranken des jeweils einschlägigen Grundrechts an Bedeutung gewinnen. Die reine Einwilligungserklärung ist wohl durch die allgemeine Handlungsfreiheit des Art. 2 Abs. 1 GG geschützt, die Hinnahme der darauf folgenden Rechtsgutsverletzung hingegen wird dann vom Schutzbereich des jeweiligen Grundrechts erfasst.[8] Vor dem Hintergrund, dass Grundrechte primär die Freiheitssphäre des Bürgers schützen sollen[9], und ihnen das »Selbstbestimmungsrecht über das jeweils geschützte Gut immanent ist«[10], erscheint die zuletzt dargestellte Ansicht eine differenziertere Einordnung der Einwilligung zu ermöglichen. So sind Voraussetzungen und vor allem Schranken derselben stets am geschützten Rechtsgut, in dessen Verletzung eingewilligt werden soll, auszurichten. Da sich die vorliegende Untersuchung jedoch im Bereich des Wirtschaftsstrafrechts bewegt, wird geschütztes Rechtsgut, in dessen Verletzung eingewilligt wird, wohl zumeist dasjenige des Vermögens sein. Dieses wird aber nach nahezu unbestrittener Auffassung gerade nicht durch Art. 14 GG, also das Eigentumsgrundrecht, geschützt.[11] Vielmehr ist die Freiheit, über das eigene Vermögen nach Belieben zu verfügen, also auch die Freiheit in Vermögensschädigungen einzuwilligen, allein durch die allgemeine Handlungsfreiheit des Art. 2 Abs. 1 GG geschützt. Auch die Wettbewerbsfreiheit (§ 299 StGB) wird nicht durch ein spezielles Grundrecht geschützt.

Fehlt es aber im hier zu untersuchenden Bereich an spezielleren Grundrechten, dann kann eine Entscheidung der dargestellten Kontroverse dahinstehen, weil Grundlage der Einwilligung dann immer nur Art. 2 Abs. 1 GG sein kann. Mithin kann für die vorliegende Untersuchung festgehalten werden, dass die ge-

6 BVerfGE 52, S. 131 ff. (S. 168 f.) (Mehrheitsvotum); BGHSt 11, S. 111 ff. (S. 113 f.); *Bichlmeier*, JZ 1980, S. 54; *Hirsch*, FS Welzel, S. 786; *Roxin*, GS Noll, S. 275; vgl. für weitere Nachweise *Sternberg-Lieben*, Einwilligung, S. 18 Fn. 3.

7 BVerfGE 52, S. 131 ff. (S. 172 f.) (Minderheitenvotum); vgl. für weitere Nachweise *Sternberg-Lieben*, Einwilligung, S. 18 Fn. 4.

8 Vgl. diese Unterscheidung bei *Sternberg-Lieben*, Einwilligung, S. 19 f.

9 Schmidt-Bleibtreu/*Kannengießer*, GG, Vorb. v. Art. 1 Rn. 2c.

10 *Sternberg-Lieben*, Einwilligung, S. 20.

11 BVerfGE 91, S. 207 ff. (S. 220); v. Mangoldt/Klein/Starck/*Depenheuer*, GG, Art. 14 Rn. 160; *Manssen*, Staatsrecht II, Rn. 651; *Pieroth/Schlink*, Grundrechte, Rn. 985 f.; Schmidt-Bleibtreu/*Hofmann*, GG, Art. 14 Rn. 11; Sachs/*Wendt*, GG, Art. 14 Rn. 38.

setzliche Grundlage der Einwilligung die allgemeine Handlungsfreiheit gem. Art. 2 Abs. 1 GG ist.

II. Deliktssystematische Einordnung

Neben dem soeben dargestellten Streit um die gesetzliche Grundlage der Einwilligung ist in diesem Bereich Weiteres umstritten. So ist vor allem die deliktssystematische Einordnung der Einwilligung Gegenstand kontroverser Diskussionen in strafrechtlicher Literatur und Rechtsprechung:

1. Diesbezüglicher Meinungsstreit

Während große Teile der Literatur und die Rechtsprechung (wohl h.M.) zwischen rechtfertigender Einwilligung und tatbestandsausschließendem Einverständnis unterscheiden[12], verneinen andere eine solche Differenzierung und wollen der Einwilligung stets tatbestandsausschließende Wirkung beimessen.[13]

Die h.M. klassifiziert die Zustimmung des Opfers zu der jeweiligen Rechtsgutsverletzung grundsätzlich als Einwilligung, die die Rechtswidrigkeit der genannten Handlung entfallen lässt. Lediglich bei Tatbeständen, die nur dann erfüllt sind, wenn gerade gegen oder ohne den Willen des Berechtigten gehandelt wird (z.B. §§ 123, 242 oder 239 StGB), behandelt die h.M. die erwähnte Zustimmung als sog. *Einverständnis*, das bereits den Tatbestand entfallen lässt. Grundsätzlich stelle die Einwilligung aber einen Rechtfertigungsgrund dar. Die Gegenansicht erkennt eine solche Differenzierung nicht an und geht davon aus, dass durch die Zustimmung des Opfers zu der Rechtsgutsverletzung schon gar kein strafrechtlich relevantes Verhalten vorliege. Somit verneint diese Ansicht bei einer Einwilligung bereits die Tatbestandsmäßigkeit der Verletzungshandlung.[14]

12 Grundlegend: *Geerds*, GA 1954, S. 269; BGHSt 23, S. 1 ff. (S. 3 f.); *Amelung/Eymann*, JuS 2001, S. 938; LK[11]/*Hirsch*, Vor § 32 Rn. 105; NK/*Paeffgen*, § 228 Rn. 5.

13 *Rönnau*, Willensmängel, S. 161; *Roxin*, Strafrecht AT I, § 13 Rn. 11 ff.; *Roxin*, FS Amelung, S. 71 ff.; *Weigend*, ZStW 1986, S. 60 ff.

14 *Kindhäuser* hingegen stimmt keiner der beiden Einordnungen zu. Er sieht in der Einwilligung einen Unrechtsausschluss eigener Art, einen sog. *Normaufhebungsgrund.* Da der Rechtsgutsinhaber mit der Verletzung seines Rechtsguts einverstanden sei, soll der Grund, die abstrakte Norm im konkreten Fall zu befolgen, entfallen. Den Unterschied zu der Ansicht, die der Einwilligung stets tatbestandsausschließenden Charakter beimisst, sieht er darin, dass »das mit Einwilligung des Verletzten vorgenommene Handeln weiter-

2. Grundlage des genannten Streits

Diese unterschiedliche Einordnung beruht auf divergierenden Rechtsgutsverständnissen bzw. -definitionen der genannten Ansichten.

Die h.M. differenziert zwischen dem jeweils tatbestandlich geschützten Rechtsgut und der Dispositionsbefugnis über dasselbe. Wenn ein Verhalten als einen strafrechtlichen Tatbestand erfüllend angesehen wird, dann werde dieses zunächst auch als rechtswidrig eingestuft, wobei die genannte Dispositionsbefugnis über das Rechtsgut dann ebenfalls auf Rechtswidrigkeitsebene relevant werde. Wenn das vermeintliche Opfer, also der Einwilligende, von seinem Selbstbestimmungsrecht Gebrauch mache und trotz rechtswidrigen Verhaltens genau mit diesem einverstanden sei, dann wirke dies rechtfertigend, das tatbestandliche Verhalten bleibe also keineswegs rechtswidrig. Das Rechtsgut verkörpere folglich einen für sich allein zu schützenden Wert, der zunächst unabhängig vom Willen des Einzelnen bestehe.[15] Diese Einordnung bzw. Herangehensweise wird als sog. *Kollisionsmodell*[16] bezeichnet.[17] Innerhalb dieses Modells ist die Begründung der rechtfertigenden Wirkung der Einwilligung dann aber wiederum umstritten. *Zitelmann* bemühte die sog. *Rechtsgeschäftstheorie*, die im Privatrecht wurzelte und die die Einwilligung als Willenserklärung des Verletzten qualifizierte, die die Rechtswidrigkeit des täterschaftlichen Handelns ausschloss.[18] Andere hingegen stellen auf das mangelnde Interesse des Einwilligenden an dem geschützten Rechtsgut ab: wenn derjenige, dessen Rechtsgut geschützt werden solle, gerade mit der Verletzung dieses Rechtsguts einverstanden sei, dann bestehe für die Rechtsgemeinschaft kein vernünftiger Grund, dieses Gut dennoch zu schützen, es also vor Eingriffen zu bewahren. Dies bedeutete, der Rechtsgutsträger gäbe sein Schutzinteresse preis, verzichte also gerade auf Rechtsschutz.[19]

hin als tatbestandsmäßig anzusehen ist«, es soll nur jeweils der Grund entfallen, das verbotene Tun »um der Normbefolgung willen zu unterlassen«, *Kindhäuser*, GA 2010, S. 502 f.

15 LK[11]/*Hirsch*, Vor § 32 Rn. 98.

16 Es wird vom *Kollisionsmodell* gesprochen, weil seine Anhänger das zu schützende Rechtsgut und die diesbezügliche Dispositionsfreiheit des jeweiligen Trägers voneinander trennen. Folglich komme es zu einer *Kollision* zweier Werte, nämlich demjenigen des Rechtsguts und dem der Dispositionsfreiheit darüber.

17 *Geppert*, ZStW 1971, S. 961 f.; *Nowakowski*, ZStW 1951, S. 328 f.

18 *Zitelmann*, AcP 1906, S. 56.

19 *Hillenkamp*, Vorsatztat, S. 240; *Kühl*, Strafrecht AT, § 9 Rn. 23; *Lackner/Kühl*, StGB, Vor § 32 Rn. 10; Schönke/Schröder/*Lenckner/Sternberg-Lieben*, StGB, Vorbem. §§ 32 ff. Rn. 33; *Wessels/Beulke*, Strafrecht AT, Rn. 370; dieser Einordnung widerspricht *Kindhäuser*, da der Einzelne über die Strafrechtsnormen bzw. ihre Geltung nicht disponieren könne; sie sicherten die Güter des Einzelnen im Allgemeininteresse. Die Geltung

Ein weiterer Ansatz im Rahmen des *Kollisionsmodells* liegt in der *Theorie der Güterabwägung*. Danach werde das geschützte Rechtsgut bzw. das Interesse der Rechtsgemeinschaft an dessen Schutz mit dem Selbstbestimmungsrecht des Einwilligenden abgewogen. Es solle also eine Güter- bzw. Wertabwägung erfolgen.[20]

Die Gegenansicht, die die Einwilligung stets auf Tatbestandsebene verorten möchte, geht von einem personalen Rechtsgutsbegriff aus.[21] Danach spiele die Dispositionsbefugnis über das geschützte Rechtsgut nicht erst im Rahmen der Rechtswidrigkeit eine Rolle, sondern diese sei bereits konstitutives Merkmal des Rechtsgutes selbst und mithin schon im Tatbestand von Relevanz.[22] Folglich wird der Wille des Individuums bereits in die Bestimmung des Rechtsgutes mit aufgenommen. Es sei nicht das Rechtsgut um seiner selbst willen geschützt, sondern stets auch die Willensfreiheit des Berechtigten, darüber zu verfügen.[23] Damit käme nach dieser Ansicht der Einwilligung des Betroffenen stets tatbestandsausschließende Wirkung zu. Eine Differenzierung zwischen Einverständnis und Einwilligung sei nicht erforderlich, da alle geschützten Individualrechtsgüter die jeweilige Dispositionsbefugnis beinhalteten. Somit sei auch nicht zwischen Tatbeständen, die gerade ein Handeln gegen oder ohne den Willen des Berechtigten erforderten[24], und solchen, die dies nicht erforderten, zu differenzieren, weil unter Berücksichtigung des genannten Rechtsgutsverständnisses eine Erfüllung des Tatbestandes immer auch ein Handeln gegen den Willen des Berechtigten impliziere.

3. Stellungnahme und Relevanz des Streits für die vorliegende Untersuchung

Fraglich ist, welche Konsequenzen diese unterschiedliche Einordnung für die vorliegende Untersuchung mit sich bringt. Grundsätzlich wurde davon ausgegangen, dass für tatbestandsausschließendes Einverständnis und rechtfertigende

einer Strafnorm könne nicht vom Willen des Einzelnen abhängen, *Kindhäuser*, FS Rudolphi, S. 139.

20 *Dölling*, GA 1984, S. 83 f., S. 91; *Noll*, Rechtfertigungsgründe, S. 74 ff.; *Otto*, FS Geerds, S. 608 f.

21 AK/*Hassemer*, vor § 1 Rn. 274 ff.; SK/*Rudolphi*, Vor § 1 Rn. 9.

22 *Sternberg-Lieben* spricht von einer Einheit von Gut und Verfügung hierüber, *Sternberg-Lieben*, Einwilligung, S. 60.

23 *Rönnau*, Willensmängel, S. 161; *Roxin*, Strafrecht AT I, § 13 Rn. 11 ff.; SK/*Rudolphi*, Vor §§ 1 Rn. 9; *Weigend*, ZStW 1986, S. 60 ff.

24 Vgl. S. 29.

Einwilligung unterschiedliche Voraussetzungen gelten.[25] In jüngerer Vergangenheit wird jedoch zunehmend vertreten, keine generellen Aussagen über die Wirksamkeitsvoraussetzungen des Einverständnisses[26] und auch der Einwilligung zuzulassen[27]. Vielmehr seien diese stets im Einzelfall an den jeweiligen Besonderheiten des Tatbestandes auszurichten.[28] Aufgrund »fehlender Wertverschiedenheit von Tatbestand und Rechtswidrigkeit«[29] könne die Einordnung der Einwilligung nicht für ihre Wirksamkeitsvoraussetzungen entscheidend sein.[30] Auch die Schranken einer Einwilligung könnten nicht allgemein, sondern lediglich unter Berücksichtigung der spezifischen Besonderheiten eines jeweiligen Tatbestandes entwickelt werden.[31] So könne auf die je nachdem auftretenden Problemfelder flexibel reagiert werden[32], ohne dass die umstrittene deliktssystematische Einordnung von Relevanz wäre.[33] Letztlich sei die genannte Einordnung auch ohne Bedeutung für die Streitfragen hinsichtlich der Voraussetzungen und Mängel einer Einwilligung.[34]

Für die vorliegende Arbeit soll deswegen auf eine Entscheidung des soeben dargestellten Streits mangels Relevanz verzichtet werden. Vielmehr werden die unterschiedlichen Voraussetzungen und Schranken einer möglichen Einwilligung detailliert am Tatbestand der Untreue sowie der Bestechlichkeit und Bestechung im geschäftlichen Verkehr bestimmt.

25 Schönke/Schröder/*Lenckner*/*Sternberg-Lieben*, StGB, Vorbem. §§ 32 ff. Rn. 32.
26 LK[11]/*Hirsch*, Vor § 32 Rn. 100 ff.
27 *Stratenwerth*/*Kuhlen*, Strafrecht AT I, § 9 Rn. 11.
28 LK[12]/*Rönnau*, Vor § 32 Rn. 157a.
29 *Sternberg-Lieben*, Einwilligung, S. 59, S. 66 ff.: Diese Wertgleichheit von Tatbestand und Rechtfertigung ergebe sich daraus, dass erst die Erfüllung sämtlicher Tatbestandsmerkmale das Unrecht begründe, welches dann durch eventuell vorliegende Rechtfertigungsgründe wieder aufgehoben werde.
30 *Kindhäuser* sieht die einzige Praxisrelevanz der unterschiedlichen Einordnung im Bereich der Irrtümer. Behandele man aber Irrtümer über Deliktstatbestände und solche über Rechtfertigungsgründe gleich, nämlich ordne diese in den Bereich des § 16 StGB ein, so gehe auch diese Relevanz verloren. *Kindhäuser*, LPK, Vor § 13 Rn. 162.
31 *Roxin*, Strafrecht AT I, § 13 Rn. 30.
32 *Rönnau*, Willensmängel, S. 19.
33 *Jakobs*, Strafrecht AT, S. 240; *Kindhäuser*, Strafrecht AT, § 12 Rn. 6; *Rönnau*, Willensmängel, S. 156.
34 *Kindhäuser*, LPK, Vor §§ 13 Rn. 162; MK StGB/*Schlehofer*, Vor §§ 32 ff. Rn. 110.

III. Wirksamkeitsvoraussetzungen der Einwilligung

Nichtsdestotrotz können im Rahmen grundsätzlicher Ausführungen bereits jetzt die generellen Voraussetzungen der Einwilligung allgemein dargestellt werden, bevor, wie angekündigt, die jeweiligen Spezifika im Rahmen der einzelnen Tatbestände entwickelt werden.

1. Inhaber des geschützten Rechtsguts

Zunächst ist für eine wirksame Einwilligung erforderlich, dass der Einwilligende Inhaber des geschützten Rechtsgutes ist. Es muss sich also um ein Individualrechtsgut handeln.[35] Wird dagegen neben dem Einwilligenden etwa auch noch die Allgemeinheit[36] (so z.B. bei § 315c StGB) oder allein die Rechtspflege (so z.B. bei §§ 153 ff. StGB) geschützt, so fehlt ihm bereits die alleinige Zuständigkeit für die Einwilligung.[37] Folglich muss die Einwilligung immer durch den jeweiligen Rechtsgutsinhaber erfolgen.

35 *Amelung/Eymann*, JuS 2001, S. 939.

36 Steht dem Einwilligenden nicht die Disposition über sämtliche geschützte Rechtsgüter eines Tatbestandes zu, sondern nur über einen Teil selbiger, dann kann bei erfolgter Einwilligung wohl auch nur ein Teil des Unrechts bzw. der Tatbestandsverwirklichung ausgeschlossen sein. Ob dann das verwirklichte Unrecht, also derjenige Teil der tatbestandlichen Handlung, in den der Betreffende mangels Dispositionsbefugnis nicht einwilligen kann, allein noch für eine Verwirklichung des Tatbestandes ausreicht, ist singulär zu entscheiden, so *Amelung/Eymann*, JuS 2001, S. 939 f.; *Hinterhofer*, Einwilligung, S. 28; *Roxin*, Strafrecht AT I, § 13 Rn. 33 ff.; vgl. für § 315c StGB: BeckOK StGB/*Kudlich*, § 315c Rn. 68. Eine ähnliche Frage stellt sich, wenn das Rechtsgut zwar grundsätzlich der Allgemeinheit zusteht, sich dieses aber im Ausnahmefall auf einen Interessenten reduziert. *Amelung/Eymann* nennen auch hier als Beispiel den § 315c StGB, i.R. dessen sich diese Frage stellt, wenn jemand auf einer einsamen Straße an einer Alkoholfahrt teilnimmt und das Risiko eines Unfalls in Kauf nimmt, *Amelung/Eymann*, JuS 2001, S. 939. Die Möglichkeit einer Einwilligung bejahend: *Hillenkamp*, JuS 1977, S. 169 ff.; differenzierend *Geppert*, ZStW 83, S. 984 ff.; ablehnend hingegen: BGHSt 23, S. 261 ff. (S. 262 ff.); OLG Stuttgart NJW 1976, S. 1904; *Roxin*, Strafrecht AT I, § 13 Rn. 33. OLG Hamburg NJW 1969, S. 336 f. (S. 337) verneint in seiner Entscheidung sogar, dass § 315c StGB ein Allgemeingut, nämlich die Sicherheit des Straßenverkehrs und die Rechtsgüter der daran teilnehmenden Personen, schützt.

37 *Jescheck/Weigend*, Strafrecht AT, S. 380; *Kindhäuser*, LPK, Vor § 13 Rn. 163 f.; *Kühl*, Strafrecht AT, § 9 Rn. 27.

2. Disponibles Rechtsgut

Ferner muss dem Einwilligenden die Dispositionsbefugnis über das geschützte Rechtsgut zustehen. Selbst wenn er Träger des Rechtsguts ist, muss er zusätzlich über dieses verfügen dürfen. Disponibel sind grundsätzlich die sog. Individualrechtsgüter, also Rechtsgüter, die im Interesse des Einzelnen geschützt sind, »weil sie konstitutive Voraussetzung der Person und des von ihr beherrschten Lebensraumes sind, wie der menschliche Körper, die Ehre, das Eigentum und das Vermögen«[38]. Über Rechtsgüter der Allgemeinheit kann der Einwilligende folglich nicht disponieren.[39] Über sein Vermögen kann der Vermögensinhaber zweifelsohne verfügen.

3. Einsichts- und Urteilsfähigkeit des Einwilligenden

Weiterhin ist erforderlich, dass der Einwilligende die nötige Einsichts- und Urteilsfähigkeit besitzt, um Rahmen und Folgen der Einwilligung überblicken zu können. Dies ist insofern erforderlich, als mit der Einwilligung ein Rechtsgutsträger eines seiner Güter aufopfert bzw. preisgibt. Um diesen vor unbedachten und großen Schaden anrichtenden Entscheidungen zu bewahren, sieht die Rechtsordnung die Einwilligungsfähigkeit als Minimalschutz vor.[40]

Für die genannte Fähigkeit gilt es auf die geistige und sittliche Reife des Einwilligenden[41] abzustellen, nicht jedoch auf seine zivilrechtliche Geschäftsfähig-

38 *Amelung/Eymann*, JuS 2001, S. 939; aber selbst über Individualrechtsgüter steht dem Rechtsgutsinhaber nicht stets die Dispositionsbefugnis zu. Bezüglich des eigenen Lebens beispielsweise fehlt es an der Dispositionsbefugnis des Einwilligenden (dieser Lebensschutz, also die Einschränkung der Dispositionsbefugnis des Individualrechtsguts Leben, sei nicht als paternalistischer Schutz des Bürgers durch den Staat vor eigener Unvernunft einzuordnen, sondern als drittnützig zu qualifizieren, nämlich der Sicherung des Lebens aller Mitmenschen dienend; so mit ausführlicher Begründung *Sternberg-Lieben*, Einwilligung, S. 103 ff.; das Rechtsgut des Lebens sei von so bedeutendem Rang, dass die Entscheidung seiner Beendigung nicht durch einen anderen vollzogen werden dürfe, *Baumann/Weber/Mitsch*, Strafrecht AT, S. 394). Dies ergibt sich auch aus § 216 StGB, weil die Tötung eines anderen Menschen sogar dann strafbar ist, wenn dieser die Tötung ausdrücklich und ernstlich verlangt. Dieses aktive Verlangen stellt zur wohl eher passiven Einwilligung ein Mehr dar, dennoch ist die Strafbarkeit des Handelnden nicht ausgeschlossen. Folglich ist die Einwilligung nur bei vorliegender Dispositionsbefugnis des die Einwilligung Erklärenden wirksam.

39 *Jescheck/Weigend*, Strafrecht AT, S. 380.

40 *Amelung/Eymann*, JuS 2001, S. 941.

41 BGHSt 12, S. 379 ff. (S. 382); *Wessels/Beulke*, Strafrecht AT, Rn. 374.

keit.[42] Entscheidend ist, dass der über sein Rechtsgut Verfügende in der Lage ist, zu begreifen, welches Ausmaß und welche Folgen die Einwilligung mit sich bringt. Folglich ist das Maß der Einsicht stets abhängig von den Umständen des Einzelfalls, so vor allem von dem jeweiligen Tatbestand, in dessen Verwirklichung eingewilligt werden soll.[43] Der BGH hat einmal zutreffend ausgeführt, die Einwilligung sei dann wirksam, wenn

> »sie mit vollem Verständnis der Sachlage erteilt worden ist und der Einwilligende namentlich eine zutreffende Vorstellung vom voraussichtlichen Verlauf und den möglichen Folgen des zu erwartenden Angriffs hatte; er muss bei einer Herausforderung die nötige Urteilskraft und Gemütsruhe besitzen, um die Tragweite seiner Erklärung zu erkennen und das Für und Wider verständig gegeneinander abzuwägen«[44].

Ob es sich bei der genannten Einwilligung um eine vernünftige oder unvernünftige Entscheidung handelt, ist nicht von Bedeutung[45], denn sonst würde eine Bevormundung des Einwilligenden an die Stelle seiner Autonomie treten.[46] Daraus folgt, dass die Einwilligung zwar nicht objektiv vernünftig sein muss, aber der Einwilligende muss subjektiv zu vernünftigen Entscheidungen fähig sein.[47] Mangelt es dem Einwilligenden an dieser Einsichts- und Urteilsfähigkeit, so ist sein tatsächlich geäußerter Wille irrelevant.[48]

Dennoch werden in der Literatur vereinzelt Stimmen laut, die gerade im Bereich der Vermögensdelikte – und als ein solches ist zumindest die Untreue einzuordnen – die Geschäftsfähigkeit des Einwilligenden für erforderlich halten.[49] Zwar stelle die Einwilligung keine zivilrechtliche Willenserklärung dar, aber es handele sich um eine rechtsgeschäftlich erhebliche Willensbetätigung, die zumindest teilweise eine analoge Anwendung der §§ 104 ff. BGB rechtfertige bzw. erfordere.[50] Diese Ansicht argumentiert dahingehend, dass die Beurteilung der

42 *Amelung*, ZStW 1992, S. 526 ff.; *Kindhäuser*, Strafrecht AT, § 12 Rn. 11; *Kühl*, Strafrecht AT, § 9 Rn. 33; *Lackner/Kühl*, StGB, Vor § 32 Rn. 16; *Odenwald*, Einwilligungsfähigkeit, S. 25 ff.; in Abgrenzung zur Einwilligungsfähigkeit definieren *Amelung/Eymann* die Schuldfähigkeit als Fähigkeit, Normen zu befolgen, die fremde Güter schützen, und die Geschäftsfähigkeit als Fähigkeit, die Folgen der Bindung künftigen Handelns durch eine Willenserklärung abzuschätzen, *Amelung/Eymann*, JuS 2001, S. 941.

43 RGSt 41, S. 392 ff. (S. 394).

44 BGH NStZ 2000, S. 87 f. (S. 88).

45 *Roxin*, Strafrecht AT I, § 13 Rn. 87; auch beim ärztlichen Heileingriff soll für die Wirksamkeit der Einwilligung irrelevant sein, ob der Eingriff medizinisch indiziert war oder nicht, so *Rogall*, NJW 1978, S. 2345.

46 *Amelung/Eymann*, JuS 2001, S. 942.

47 *Amelung*, JR 1999, S. 47; *Baumann/Weber/Mitsch*, Strafrecht AT, S. 396.

48 *Kindhäuser*, LPK, Vor § 13 Rn. 169.

49 *Lenckner*, ZStW 1960, S. 454 ff.; *Schlüchter*, Strafrecht AT, S. 56.

50 Schönke/Schröder/*Lenckner*, StGB, Vorbem. §§ 32 ff. Rn. 39 (in der 27. Auflage).

Fähigkeit, über Vermögen zu verfügen, im Strafrecht nicht anders ausfallen dürfe als im Zivilrecht, sie beruft sich folglich auf die Einheit der Rechtsordnung. Dem ist jedoch entgegenzuhalten, dass das Zivil- und das Strafrecht unterschiedliche Ziele verfolgen[51], was eine unterschiedliche Behandlung der genannten Problematik rechtfertigt.[52] Der Gegenansicht geht es aber wohl nicht darum, die zivilrechtlichen Vorschriften strikt im strafrechtlichen Bereich anzuwenden, sondern die zivilrechtlichen Wertungen im Rahmen der Urteils- und Einsichtsfähigkeit zu berücksichtigen.[53] Somit möchten wohl auch einige Vertreter dieser Ansicht stets eine einzelfallbezogene Einordnung und Lösung vornehmen.[54] Folglich kann für die vorliegende Untersuchung, die sich mit der Einwilligung in Vermögens- und Wettbewerbsdelikte befasst, festgehalten werden, dass die Urteils- und Einsichtsfähigkeit stets einzelfallbezogen zu bestimmen ist, wobei dann im Rahmen dieser Betrachtung nicht auszuschließen ist, dass auch zivilrechtliche Wertungen von Relevanz sein können.

Umgekehrt ist aber wohl auch nicht jeder geistig gesunde Geschäftsfähige als einwilligungsfähig einzuordnen. Der BGH hat diesen Schluss in seiner *Zahnextraktionsentscheidung* implizit verneint.[55] In der Literatur wird diese Einordnung mit Blick auf die jedem selbst überlassene Freiheit, unvernünftige Entscheidun-

51 Aufgabe des Strafrechts ist Rechtsgüterschutz. Sein spezieller Zweck ist darin zu sehen, »die wichtigsten Bereiche sozialen Zusammenlebens bzw. die sozial wichtigsten Interessen mit einem besonders starken Schutz zu versehen«, *Baumann/Weber/Mitsch*, Strafrecht AT, S. 12. Bei diesem Schutz handelt es sich aber gerade im Gegensatz zum Zivilrecht um staatlichen Schutz, d.h. Strafrecht, als Teil des Öffentlichen Rechts, regelt die Beziehung des Bürgers zum Staat. Demgegenüber regelt das Zivilrecht die Rechtsbeziehungen zwischen rechtlich gleichgestellten Rechtssubjekten. Es geht also nicht darum, dass der Staat *hoheitlich* Schutz bietet, sondern aufgrund der Privatautonomie können die Bürger in gewissem Rahmen ihre Rechte selbst regeln. Diese fundamentalen Unterschiede rechtfertigen es auch, an die Einsichtsfähigkeit unterschiedliche Anforderungen zu stellen.

52 *Roxin*, Strafrecht AT I, § 13 Rn. 90.

53 MK StGB/*Schlehofer*, Vor §§ 32 ff. Rn. 122.

54 So spiele die zivilrechtliche Geschäftsfähigkeit im Bereich der Sachbeschädigungsdelikte eine größere Rolle, als im Rahmen anderer Vermögensdelikte, denn ob jemand über eine Sache verfüge, diese also z.B. übereigne, habe hinsichtlich des Erfolges die gleiche Wirkung wie die Einwilligung in die Zerstörung der Sache: der Berechtigte verliere das Eigentum daran; so MK StGB/*Schlehofer*, Vor §§ 32 ff. Rn. 122.

55 BGH NJW 1978, S. 1206. Der BGH hatte in dieser Entscheidung die Einwilligung einer geschäftsfähigen Frau in die Extraktion sämtlicher Zähne als unwirksam eingeordnet. Der behandelnde Arzt hatte der Frau erläutert, dass auch diese Maßnahme ihre Kopfschmerzen, aufgrund derer sie sich zu diesem Schritt entschied, nicht lindern würde. Trotz dieser Aufklärung und der Einwilligung der Patientin erachtete der BGH diese Einwilligung als unwirksam, weil der Frau, obwohl sie voll geschäftsfähig war, aufgrund laienhaften Unverstandes die notwendige Urteilskraft fehlte.

gen zu treffen, abgelehnt.[56] Ansonsten würde das Instrument der Einwilligung von einem Instrument der Autonomie zu einem solchen der Bevormundung mutieren.[57]

4. Kundgabe der Einwilligung

Inwieweit die Einwilligung vorher durch den Verletzten kundgetan werden muss, ist umstritten. Während die sogenannte *Willensbekundungstheorie*[58] eine ausdrückliche oder konkludente Zustimmung des Einwilligenden verlangt, lässt die Gegenansicht, die *Willensrichtungstheorie*[59], genügen, dass der Disponierende der Verletzungshandlung innerlich zustimmt.

Die genannte *Willensrichtungstheorie* beruft sich zur Begründung auf den Grund der Einwilligung, der allein darin zu sehen sei, dass sich der Wille des Einwilligenden mit der Verletzungshandlung decke. Dann sei für die Wirksamkeit der Einwilligung aber gerade auch allein der innere Wille ausreichend, ohne dass eine entsprechende Kundgabe erforderlich sei. Dem setzt die *Willensbekundungstheorie* entgegen, dass ohne eine Kundgabe zwar der Wille bestehe, aber keine Willensbetätigung; es liege also ein im *forum internum* verbleibender Gedanke vor, an den keine Rechtsfolgen angeknüpft werden könnten.[60] Ferner führe dieser Ansatz zu erheblichen Beweisschwierigkeiten in der Praxis.[61] Dem wird dann wiederum erwidert, dass sich diese Beweisschwierigkeiten auch in anderen

56 *Amelung*, JR 1999, S. 45 ff.; *Amelung/Eymann*, JuS 2001, S. 942; *Roxin*, Strafrecht AT I, § 13 Rn. 86 ff.

57 *Amelung/Eymann*, JuS 2001, S. 942, die für die Einwilligungsunfähigkeit folgende Definition aufstellen: »Einwilligungsunfähig ist, wer wegen Minderjährigkeit, geistiger Behinderung oder psychischer Erkrankung nicht erfassen kann, (a) welchen Wert oder Rang die von der Einwilligung berührten Güter und Interessen für ihn haben, (b) um welche Tatsachen es geht, (c) welche Folgen und Risiken sich aus der Einwilligungsentscheidung ergeben und (d) welche anderen Mittel es zur Erreichung der mit der Einwilligung erstrebten Ziele gibt, die ihn möglicherweise weniger belasten. Das Gleiche gilt, wenn der Minderjährige, geistig Behinderte oder psychisch Erkrankte zwar die erforderliche Einsicht besitzt, aber nicht in der Lage ist, sich nach ihr zu bestimmen.« Diese Trennung zwischen Einsichtsfähigkeit und Selbstbestimmung wird von *Höfling/Demel* als unzulässig kritisiert, weil gerade *einsichtsgemäße Selbstbestimmung* erforderlich sei, MedR 1999, S. 543.

58 *Jescheck/Weigend*, Strafrecht AT, S. 381 f. mit weiteren Nachweisen.

59 Kammergericht JR 1954, S. 428 ff. (S. 429); *Göbel*, Einwilligung, S. 135 ff.; *Hinterhofer*, Einwilligung, S. 111 f.; *Jakobs*, Strafrecht AT, S. 245 f.; *Schmidhäuser*, Strafrecht AT Lehrbuch, S. 278 f.

60 *Roxin*, Strafrecht AT I, § 13 Rn. 73.

61 *Amelung/Eymann*, JuS 2001, S. 941.

Bereichen ergäben, so gerade im Bereich des Vorsatzes. Dieses Argument greifen *Amelung* und *Eymann* auf und gehen in ihrer Kritik auf die unterschiedliche Situation, in der diese inneren Tatsachen von Bedeutung sind, ein:

> »Die Frage, ob jemand vorsätzlich handelte, ist eine Frage, die in erster Linie nach der Tat im Gerichtssaal geklärt werden muss. Die Unsicherheit darüber, ob jemand dem Eingriff in seine Rechtsgüter innerlich zustimmt, muss dagegen vor der Tat beseitigt werden, will man nichtkonsentierte Rechtsgutsverletzungen vermeiden. Das Postulat der Kundgabe eines zustimmenden Willens verringert also das Risiko, dass Menschen in die Rechtsgütersphäre eines anderen eingreifen, weil sie irrig von dessen Zustimmung ausgehen.«[62]

Auch wenn im Rahmen der vorliegenden Arbeit wohl zumeist eine ausdrückliche Zustimmung des Einwilligenden gegeben sein wird, weil in Unternehmen mit einer entsprechenden Kommunikation zu rechnen ist, was dann zur Entbehrlichkeit einer Entscheidung dieses Streites führen würde, ist *Amelung* und *Eymann* hier beizupflichten. Ließe man allein die innere Einstellung des Einwilligenden für die Wirksamkeit der Einwilligung genügen, dann führte dies zu einer Rechtsunsicherheit, die im Strafrecht von besonderer Gefährlichkeit wäre: für das Opfer bestünde dann immer das Risiko, dass der Täter davon ausginge, jenes sei innerlich mit der Rechtsgutsverletzung einverstanden, obwohl dies gar nicht der Fall ist. Mithin ist eine ausdrückliche oder konkludente Erklärung der Einwilligung erforderlich, die zudem eindeutig sein muss.[63] Nicht notwendig ist hingegen, dass die Einwilligung gerade dem Täter gegenüber erklärt bzw. kundgetan wird.[64]

5. Form und Zeitpunkt der Einwilligung

Die Einwilligung kann formfrei, d.h. auch mündlich erteilt werden und muss vor dem jeweiligen Eingriff bzw. der Verletzungshandlung vorliegen.[65] Eine nachträglich erteilte Zustimmung ist unbeachtlich.[66]

Dies bedeutet, die Einwilligung darf vor der Vornahme der Rechtsgutsverletzung nicht widerrufen worden sein. Ein Widerruf derselben ist jederzeit und frei möglich[67]; freilich nur bis zum Zeitpunkt der Rechtsgutsverletzung. Danach ist ein Widerruf nicht mehr möglich, bzw. er wäre irrelevant, da der Einwilligung

62 *Amelung/Eymann*, JuS 2001, S. 941.
63 *Kühl*, Strafrecht AT, § 9 Rn. 31.
64 *Kindhäuser*, LPK, Vor § 13 Rn. 171.
65 *Roxin*, Strafrecht AT I, § 13 Rn. 79.
66 NK/*Paeffgen*, § 228 Rn. 13.
67 *Kühl*, Strafrecht AT, § 9 Rn. 32.

nicht im Nachhinein die tatbestandsausschließende oder rechtfertigende Wirkung genommen werden kann. Dies bedeutet, ein Widerruf ist dann unwirksam, wenn die tatbestandsmäßige Handlung bereits soweit fortgeschritten ist, dass ihre Rückgängigmachung praktisch ausscheidet.[68] Der Widerruf stellt sicher, dass, sobald sich die Entscheidung des Rechtsgutsträgers geändert hat, er also wieder ein Interesse an seinem Rechtsgut hat, der Rechtsschutz wieder auflebt.[69]

6. Kenntnis der Einwilligung

Endlich ist auch erforderlich, dass der Handelnde in Kenntnis der Einwilligung handelt[70], denn wenn man im Rahmen des Tatbestandes zwischen Handlungs- und Erfolgsunrecht unterscheidet, dann fehlt es bei Kenntnis der Einwilligung bereits am Handlungsunwert.[71] Bei mangelnder Kenntnis der Einwilligung muss dieses Handlungsunrecht aber gerade bejaht werden.

IV. Schranken der Einwilligung

Abschließend gilt es zu untersuchen, ob bzw. inwieweit sich für die Einwilligung Wirksamkeitsschranken ergeben können.

1. Willensmängel

Wirksamkeitsschranken der Einwilligung können sich dann ergeben, wenn diese an Willensmängeln leidet. Grundsätzlich wird im Bereich der Willensmängel zwischen der Täuschung, der Drohung und Irrtümern unterschieden. Differenziert danach, in wessen Verantwortungsbereich der jeweilige Willensmangel fällt (denjenigen des Einwilligenden [Irrtum] oder denjenigen des Handelnden [Täuschung, Drohung]) sind dessen Folgen für die Einwilligung äußerst umstritten. Einigkeit besteht lediglich dahingehend, dass die zivilrechtlichen Regelungen (§§ 119 ff. BGB) wohl keine (direkte) Anwendung finden sollen.[72] Grob lassen

68 LK[11]/*Hirsch*, Vor § 32 Rn. 113.
69 *Amelung/Eymann*, JuS 2001, S. 945.
70 *Wessels/Beulke*, Strafrecht AT, Rn. 379.
71 *Kühl*, Strafrecht AT, § 9 Rn. 41.
72 *Amelung*, Einwilligung, S. 13 ff.; *Kühne*, JZ 1979, S. 243 ff.; *Roxin*, Strafrecht AT I, § 13 Rn. 97.

sich drei Ansätze unterscheiden: Teilweise wird vertreten, jeder Willensmangel führe automatisch zur Unwirksamkeit der Einwilligung.[73] Andere stellen bezüglich der Unwirksamkeit darauf ab, ob es sich um rechtsgutsbezogene Willensmängel handelt oder nicht.[74] Nur bei rechtsgutsbezogenen Willensmängeln soll die Einwilligung unwirksam sein. Die Rechtsprechung hingegen hält sich aus diesem Streit weitgehend heraus und nimmt stets eine Einzelfallbetrachtung vor.[75]

Da sich in den vorliegend zu untersuchenden Tatbeständen unterschiedliche Probleme bezüglich der Willensmängel auftun können, soll hier auf ein näheres Eingehen auf die unterschiedlichen Ansätze zunächst verzichtet werden und jeweils innerhalb der einzelnen Tatbestände untersucht werden, welche Konsequenzen Willensmängel für die Wirksamkeit der Einwilligung haben.

2. Sittenwidrigkeit

§ 228 StGB bestimmt für die Körperverletzungsdelikte, dass eine Einwilligung, die gegen die guten Sitten verstößt, unwirksam ist.[76] Früher wurde in § 228 StGB ein allgemeiner Rechtsgedanke erblickt, der dann auch im Rahmen anderer Tatbestände von Bedeutung sein sollte.[77] Diese Ausdehnung der Wirkung des § 228 StGB findet jedoch keinerlei Stütze im Gesetz und würde wohl gegen den Bestimmtheitsgrundsatz des Art. 103 Abs. 2 GG verstoßen, denn es handelte sich um eine Analogie zulasten des Täters.[78] Mithin ist hier davon auszugehen, dass § 228 StGB allein für die Körperverletzungsdelikte Geltung beanspruchen kann.[79] Inwieweit andere Anknüpfungspunkte, z.B. § 138 BGB, für eine Einord-

73 *Amelung*, Einwilligung, S. 36 ff.; *Baumann/Weber/Mitsch*, Strafrecht AT, S. 399 ff.; *Fischer*, StGB, § 228 Rn. 7.

74 Grundlegend *Arzt*, Willensmängel, S. 15 ff.; *Schlehofer*, Einwilligung und Einverständnis, S. 82 f.; Schönke/Schröder/*Lenckner/Sternberg-Lieben*, StGB, Vorbem. §§ 32 ff. Rn. 46.

75 RGSt 41, S. 392 ff. (S. 395); BGHSt 16, S. 309 ff. (S. 310 ff.); BGH NJW 1964, S. 1177 ff. (S. 1178); BGH NJW 1982, S. 2266 f. (S. 2267); OLG Stuttgart NJW 1962, S. 62 ff. (S. 63).

76 Wann ein Verstoß gegen die guten Sitten vorliegt, ist in unserer »wertpluralistischen Gesellschaft«, wie es *Amelung/Eymann* treffend formulieren, nicht einheitlich zu bestimmen, JuS 2001, S. 940 f.; vgl. zum Streit hinsichtlich der Ausfüllung dieses Werturteils *Roxin*, Strafrecht AT I, § 13 Rn. 38 ff.

77 *Geerds*, GA 1954, S. 268; MK StGB/*Schlehofer*, Vor §§ 32 ff. Rn. 116.

78 *Roxin*, Strafrecht AT I, § 13 Rn. 70.

79 Vgl. dazu genauer S. 99 f.

nung der Einwilligung als sittenwidrig bestehen, soll aufgrund dortiger Relevanz im Rahmen des jeweiligen Tatbestandes untersucht werden.[80]

3. Unternehmensinteresse

Endlich wird als Wirksamkeitsschranke der Einwilligung bei Sachverhalten mit Unternehmensbeteiligung oftmals das sog. *Unternehmensinteresse* genannt. Dies meint, dass eine Einwilligung im Bereich eines Unternehmens dann unwirksam ist, wenn diese nicht mehr im Interesse des Unternehmens erfolgt. Der Begriff des Unternehmensinteresses, welches oftmals auch als Eigeninteresse desselben bezeichnet wird, ist auch im Zivilrecht sehr umstritten und setzt sich, sofern es bejaht wird, aus unterschiedlichen Einzelinteressen zusammen: denjenigen der Gläubiger, der Arbeitnehmer und der Öffentlichkeit.[81] Ob dieses gesellschaftsrechtliche Kriterium i.R. der strafrechtlichen Einwilligung in eine Untreue von Relevanz ist, wird vor allem im Bereich der GmbH und der AG kontrovers diskutiert.[82] Diese Frage soll deswegen unter Berücksichtigung der jeweiligen Besonderheiten der unterschiedlichen Gesellschaftstypen im Weiteren abschließend geklärt werden.

V. Zwischenfazit

Wie gesehen, sind im Rahmen der Einwilligung zahlreiche Voraussetzungen und Details sehr umstritten. Dennoch wurde gezeigt, dass die praktische Relevanz dieser Kontroversen nicht immer erheblich ist. Weiterhin können, was vorliegend zu untersuchen ist, viele dieser umstrittenen Gesichtspunkte anhand detaillierter und am Einzelfall zu erfolgender Einordnungen entsprechenden Lösungen zugeführt werden.

80 Vgl. die Ausführungen zur Sittenwidrigkeit der Einwilligung im Bereich der GmbH-Untreue S. 97 ff. und im Bereich der Bestechlichkeit und Bestechung S. 346.

81 Zustimmend: *Fleck*, ZHR 1985, S. 395; *Hommelhoff*, Konzernleitungspflicht, S. 256; *Ulmer*, ZHR 1984, S. 419; ablehnend: BGHZ 31, S. 258 ff. (S. 278); BGHZ 95, S. 330 ff. (S. 332, S. 346); BGHZ 119, S. 257 ff. (S. 262); BGH NJW 1974, S. 1088 ff. (S. 1089); BGH NJW 1984, S. 1037 f. (S. 1038).

82 Vgl. zu dieser Diskussion im Bereich der GmbH S. 86 ff. und im Bereich der AG S. 154 ff.

VI. Einwilligung bei mehreren Rechtsgutsinhabern

Endlich soll im Rahmen dieser allgemeinen Betrachtung der Wirkweise und Voraussetzungen der Einwilligung auf die Besonderheiten eingegangen werden, die sich ergeben, wenn ein Rechtsgut nicht einer Person allein, sondern mehreren gemeinsam zusteht. Gerade im Bereich von wirtschaftlichen Zusammenhängen und unternehmerischen Sachverhalten ist es denkbar, dass ein Rechtsgut, im vorliegenden Fall z.B. dasjenige des Vermögens, einmal mehreren Personen gemeinsam zusteht. In der Folge soll untersucht werden, welche Folgen eine solche Konstellation auf die Voraussetzungen der Einwilligung hat.

1. Einwilligung sämtlicher Personen

Steht das Rechtsgut mehreren Personen gemeinsam zu, dann sind sie auch gemeinsam darüber dispositionsbefugt. Stimmen also sämtliche Rechtsgutsinhaber einer Verletzung des ihnen zustehenden Rechtsgutes zu, dann ergeben sich keine Schwierigkeiten bzw. Besonderheiten; die Einwilligung ist wirksam. Ein jeder ist mit dem Eingriff in das gerade auch ihm zustehende Rechtsgut einverstanden, sodass dem Erfordernis, dass die Einwilligung durch den Rechtsgutsinhaber, hier eben mehrere gemeinsam, erfolgen muss[83], Genüge getan wird.

2. Einwilligung der Personenmehrheit

Fraglich ist in der Folge, ob es in einem solchen Fall auch möglich bzw. ausreichend ist, dass die Mehrheit und nicht die Gesamtheit der Rechtsgutsinhaber einem entsprechenden Eingriff zustimmt. Grundsätzlich sind an einer solchen Einwilligung jedoch sämtliche Rechtsgutsinhaber zu beteiligen, weil ihnen das Rechtsgut gemeinsam und keinem von ihnen allein zusteht.[84] Dennoch erscheint es notwendig, dass auch die Mehrheit der Rechtsgutsträger einwilligen kann, denn gerade hinsichtlich des Rechtsguts Vermögen erscheinen Sachverhalte, im Rahmen derer das Rechtsgut mehreren Personen zusteht, alltäglich. Mit Blick auf die noch eingehend zu untersuchenden Gesellschaften mit ihren jeweiligen Besonderheiten, ist es denkbar, dass das genannte Rechtsgut einer Vielzahl von Personen zusteht. Dass dann in entsprechende Rechtsgutsverletzungen stets

83 LK[12]/*Rönnau*, Vor § 32 Rn. 176.
84 *Sternberg-Lieben*, Einwilligung, S. 87.

sämtliche Träger einzuwilligen hätten, erscheint nicht nur unpraktikabel, sondern auch praxisfern. Folglich gilt es zu untersuchen, ob es rechtliche Möglichkeiten gibt, unter denen die Einwilligung auch durch die Mehrzahl der Rechtsgutsträger erklärt werden kann.

a. Der Ansatz *Soykas*

Zunächst ist der Ansatz *Soykas* aufzuzeigen, der eine Einwilligung der Mehrheit der Rechtsgutsträger für möglich hält. *Soyka* untersucht diesen Sachverhalt zwar i.R. der Untreue im speziellen Fall von Personengesellschaften, aber es werden einige allgemeine Ansätze deutlich, die auch für eine abstrakte Lösung der genannten Fragestellung berücksichtigt werden sollten:

Soyka argumentiert, Rechtsgutsinhaberschaft und Dispositionsbefugnis seien streng voneinander zu trennen, mit der Folge, dass die Dispositionsbefugnis auch jemandem anderen als dem Rechtsgutsinhaber zustehen könne. Durch diese Trennung begründet er die Möglichkeit, dass auch die Zustimmung der Gesellschaftermehrheit für eine Einwilligung ausreicht. Dadurch, dass die Gesellschaft bzw. ihre Satzung ein *System* vorsehe, in dem durch Mehrheit Entscheidungen getroffen werden könnten, müsste dies auch im Bereich der Einwilligung berücksichtigt werden. Da die Gesellschafter sich diesem *System* bzw. diesem Prinzip unterwürfen, wären sie auch damit einverstanden, dass die Dispositionsbefugnis gewissermaßen der Mehrheit der Gesellschafter übertragen werde. Folglich sei zwar erforderlich, dass an einem entsprechenden Beschluss sämtliche Gesellschafter mitwirkten, es sei aber gerade keine Einstimmigkeit notwendig.[85] Im Weiteren zeigt *Soyka* Schranken auf, die wiederum die Dispositionsbefugnis der Gesellschaftermehrheit begrenzen. Grundsätzlich sei es zwar dem Mehrheitssystem immanent, dass die überstimmte Minderheit Entscheidungen, die ihrem Willen widersprächen und sie eventuell belasteten, zu akzeptieren habe. Dennoch sieht *Soyka* eine Einwilligung der Gesellschaftermehrheit dann als unwirksam an, wenn diese den anderen nicht zustimmenden Gesellschaftern, also der Gesellschafterminderheit gegenüber als treuwidrig einzuordnen sei. Die Treuepflicht den anderen Gesellschaftern gegenüber sei ein im Gesellschaftsrecht anerkannter Grundsatz. Treuwidrigkeit sei dann gegeben, wenn die Einwilligung eine unzulässige Rechtsausübung darstelle, die einerseits bei der Verfolgung gesellschaftszweckfremder Ziele und anderseits – halten sich die Ziele im Rahmen

85 *Soyka*, Untreue, S. 145 f., S. 149 f.; (*Soyka* untersucht dies im Bereich der Personengesellschaften, dies wird in der vorliegenden Untersuchung entsprechend berücksichtigt.)

des Gesellschaftszwecks – in Fällen von Machtmissbrauch und Willkür vorliege.[86]

Soyka kommt i.R. seiner Untersuchung also zu dem Ergebnis, dass auch die Mehrheit der Rechtsgutsträger wirksam in eine Rechtsgutsverletzung einwilligen kann, jedoch müsse die zustimmende Mehrheit dabei die Treuepflichten, die sich wohl im Rahmen sämtlicher Gesellschaften gegenüber den anderen Gesellschaftern ergeben, gegenüber der Gesellschafterminderheit berücksichtigen.

b. Rechtliche Möglichkeiten einer Einwilligung durch die Mehrheit der Rechtsgutsträger

Im Grundsatz sind die Ausführungen *Soykas* überzeugend, denn er berücksichtigt i.R. seiner Untersuchung sowohl strafrechtliche als auch gesellschaftsrechtliche Besonderheiten. Jedoch ist hier zu prüfen, ob es unabhängig von gesellschaftsrechtlichen Kontexten möglich ist, eine Einwilligung auch durch die Mehrheit der Rechtsgutsinhaber zu erklären. Dass die Dispositionsbefugnis nicht stets dem Rechtsgutsinhaber zusteht, sondern manche Rechtsgüter, wie das Leben[87], überhaupt nicht disponibel sind, bzw. dass auch einem Dritten die Dispositionsbefugnis zustehen kann, ist wohl unbestritten. Wie *Soyka* zutreffend ausführt, sind Rechtsgutsinhaberschaft und Dispositionsbefugnis voneinander zu trennen[88]; das eine muss nicht immer mit dem anderen einhergehen. In der Folge ist wie angekündigt zu untersuchen, durch welche rechtlichen Konstrukte die Dispositionsbefugnis einem Dritten übertragen werden kann, bzw. in welchem Rahmen dies erfolgen kann.

aa. Stellvertretung

Zunächst wäre daran zu denken, eine solche Mehrheitsentscheidung durch die Regelungen der Stellvertretung zu ermöglichen. Grundsätzlich ist auch im Bereich der Einwilligung eine Stellvertretung möglich. Hier gilt es bei der Stellvertretung im Willen zwischen gesetzlicher und gewillkürter Stellvertretung zu differenzieren.[89] Eine gesetzliche Stellvertretung erfolgt dann, wenn der Rechts-

86 *Soyka*, Untreue, S. 150 ff.
87 Vgl. Fn. 38.
88 *Soyka*, Untreue, S. 145 f.
89 LK[12]/*Rönnau*, Vor § 32 Rn. 179.

gutsträger nicht in der Lage ist, eine eigenverantwortliche Entscheidung hinsichtlich der Einwilligung zu treffen, weil es ihm an der notwendigen Urteils- und Einsichtsfähigkeit fehlt.[90] Dies ist namentlich der Fall bei Minderjährigen, bei denen die Eltern die Dispositionsbefugnis trifft (§§ 1626, 1629 BGB) und bei Erwachsenen, die psychisch krank oder körperlich, geistig oder seelisch behindert sind, bei denen die Dispositionsbefugnis einem gerichtlich bestellten Betreuer zusteht (§§ 1896, 1902 BGB). Der Dispositionsbefugte soll im Rahmen der durch ihn zu erklärenden Einwilligung jedoch stets die Wünsche und Vorstellungen des Rechtsgutsinhabers gebührend berücksichtigen.[91]

Die gewillkürte Stellvertretung ist im Bereich der Einwilligung in Vermögensdelikte seit Langem allgemein anerkannt.[92] Bei Eingriffen in höchstpersönliche Rechtsgüter soll eine gewillkürte Stellvertretung jedoch nach einer v.a. früher weitverbreiteten Ansicht ausscheiden.[93] Mittlerweile wird aber zunehmend vertreten, eine gewillkürte Stellvertretung sei auch bei solchen Eingriffen möglich.[94] Als Begründung wird angeführt, seit 1998 sehe § 1904 BGB vor, dass sogar der Bevollmächtigte in körperliche Eingriffe des Vertretenen einwilligen kann.[95] *Sternberg-Lieben* argumentiert dahingehend, dass wenn Fremdbestimmung in gesundheitlichen Angelegenheiten unumgänglich und deshalb zulässig und mit Blick auf den Grundrechtsschutz des Betroffenen sogar geboten sei, dann könne »eine selbstbestimmte Einräumung entsprechender Rechtsmacht gerade wegen des höchstpersönlichen Charakters der Einwilligung in Heilbehandlungsmaßnahmen nicht unzulässig sein«[96]. Diese Einräumung stelle per se keinen Verstoß gegen die Menschenwürde dar, dennoch sei klar, dass die Rechtsordnung nicht jemandem anders unbegrenzte Macht über eine Person einräumen

90 BGHSt 12, S. 379 ff. (S. 383); BGH NJW 1966, S. 1855 ff. (S. 1855 f.); BGH NJW 2006, S. 1277 ff. (S. 1280); *Roxin*, Strafrecht AT I, § 13 Rn. 92 f.; MK StGB/*Schlehofer*, Vor § 32 Rn. 118; Schönke/Schröder/*Lenckner*/*Sternberg-Lieben*, StGB, Vorbem. § 32 Rn. 41.

91 LK[12]/*Rönnau*, Vor § 32 Rn. 179.

92 RGSt 11, S. 345 ff. (S. 348); BGH NJW 2003, S. 1824; *Baumann*/*Weber*/*Mitsch*, Strafrecht AT, S. 395; *Geerds* hingegen lehnt jede Form der Stellvertretung bei der Einwilligung ab, *Geerds*, Einwilligung, S. 69.

93 *Baumann*/*Weber*/*Mitsch*, Strafrecht AT, S. 395; *Honig*, Einwilligung, S. 169 ff., der die Möglichkeit einer gewillkürten Stellvertretung jedoch grundsätzlich verneint und sogar eine gesetzliche Stellvertretung bei Eingriffen in die körperliche Integrität ablehnt; *Rönnau*, Jura 2002, S. 667.

94 *Amelung*/*Eymann*, JuS 2001, S. 940; *Noll*, Rechtfertigungsgründe, S. 124 ff.; *Sternberg-Lieben*, FS Lenckner, S. 365 f.

95 *Amelung*/*Eymann*, JuS 2001, S. 940; *Spickhoff*, NJW 2000, S. 2303.

96 *Füllmich*, NJW 1990, S. 2301 f.; *Sternberg-Lieben*, FS Lenckner, S. 365 f.; so auch *Uhlenbruck*, MedR 1992, S. 140 f.

dürfe.[97] Dem ist zwar zuzustimmen, aber für die vorliegende Untersuchung kommt es, wie bereits erwähnt, entscheidend auf Vermögens- und Wettbewerbsdelikte an, in deren Bereich eine gewillkürte Stellvertretung hinsichtlich der Einwilligung unbestrittenermaßen möglich ist.

Folglich erscheint es hier im ersten Moment denkbar, das Institut der Stellvertretung i.R. der Einwilligung insofern zu bemühen, als dass eine Vertretung der Minderheit durch die Mehrheit stattfindet. Dies ist aber deshalb nicht möglich, weil bei einer Stellvertretung eine Person eine rechtsgeschäftliche Handlung für eine andere vornimmt. Hier soll aber gerade nicht die Mehrheit für die Minderheit handeln, sondern an dem Entscheidungsprozess, ob eine Einwilligung erteilt werden soll, wirken sämtliche Rechtsgutsträger mit, aber es stimmen nicht alle zu. Dies bedeutet, die Minderheit kann hier deswegen nicht vertreten werden, weil auch sie an der Entscheidungsfindung teilnimmt, denn sie stimmt mit.

Eine Einwilligung der Mehrheit der Rechtsgutsinhaber kann also nicht über die Regelungen und Wirkungen der Stellvertretung herbeigeführt werden.

bb. Durch zivilrechtlichen Vertrag

Im Weiteren erscheint es, wie auch *Soyka* darlegt[98], denkbar, dass gewissermaßen eine Delegation der mit der Rechtsgutsinhaberschaft verbundenen Dispositionsbefugnis stattfindet, und zwar eine Delegation derselben von der Gesamtheit der Rechtsgutsträger auf die jeweilige im Einzelfall zu bestimmende Mehrheit der Inhaber. Dass eine Delegation, also eine Trennung von Rechtsgutsinhaberschaft und Dispositionsbefugnis grundsätzlich möglich ist, wurde soeben im Rahmen der Ausführungen zur Stellvertretung bei der Einwilligung gesehen. Die genannte Delegation könnte beispielsweise durch einen zivilrechtlichen Vertrag erfolgen und zwar der Natur, dass sich jeder der genannten Rechtsgutsträger verpflichtet, bei Fragen der Einwilligung in eine Verletzung des ihnen gemeinsam zustehenden Rechtsguts das Votum ihrer Mehrheit anzuerkennen. Ein solcher Vertrag bzw. eine solche Verpflichtung ist gerade im Zusammenhang mit Gesellschaften denkbar, da diese zumeist vorsehen, dass für die Gesellschaft zu tätigende Entscheidungen durch die Mehrheit der Gesellschafter ergehen.[99] Im Rahmen von Gesellschaften kann eine solche Verpflichtung also stets schon in dem Abschluss der Satzung bzw. in der Mitgliedschaft gesehen werden.

97 *Sternberg-Lieben*, FS Lenckner, S. 366.
98 *Soyka*, Untreue, S. 145 f.
99 Vgl. nur § 47 Abs. 1 GmbHG; § 133 Abs. 1 AktG; § 119 Abs. 2 HGB.

Aber auch außerhalb dieser gesellschaftlichen Besonderheiten erscheint es denkbar, dass eine entsprechende Abrede getroffen wird. Dies bedeutet, es besteht aufgrund eines ausdrücklichen oder konkludenten Vertrages bzw. einer entsprechenden Verpflichtung für jeden der Personengruppe die Pflicht, die durch die Mehrheit ihrer Mitglieder getroffene Entscheidung hinsichtlich der Einwilligung als verbindlich und für sich gültig anzuerkennen.

Selbstverständlich ist eine solche Delegation stets nur unter bestimmten Bedingungen denkbar und zwar der Natur, dass beispielsweise genaue Regelungen getroffen werden, wie die Abstimmung über die Einwilligung zu erfolgen hat. Folglich ist eine Mehrheitsentscheidung auch nur dann wirksam, wenn die von allen aufgestellten Regelungen eingehalten werden. Welche Regelungen hier dann genau zu beachten sind, bzw. unter welchen Bedingungen eine Delegation erfolgt, ist eine Frage des Einzelfalls. Es ist für jede Gesellschaft detailliert zu bestimmen, welche Bedingungen zu erfüllen sind.

cc. Bindung an diese Delegation

Nachdem erarbeitet wurde, dass eine Delegation der Dispositionsbefugnis auf die Mehrheit einer Gruppe von Trägern ein und desselben Rechtsguts unter bestimmten Voraussetzungen möglich ist, gilt es zu untersuchen, ob die ihre Dispositionsbefugnis Übertragenden an diese Delegation gebunden sind.

aaa. Widerruflichkeit der Einwilligung

Grundsätzlich, das wurde bereits gesehen[100], ist die Einwilligung frei widerrufbar. Ein Widerruf, der ohne nähere Begründung oder Anfechtung gem. §§ 119 ff. BGB erfolgen kann, ist bis zur Vollendung des Deliktes möglich.[101] Ebenso wie für die Einwilligung die Einwilligungsfähigkeit erforderlich ist, so bedarf es für einen wirksamen Widerruf der Widerrufsfähigkeit.[102] Zudem ist, auch dies stellt

100 Vgl. S. 38 f.

101 RGSt 25, S. 375 ff. (S. 382); BGH NJW 1980, S. 1903 f. (S. 1903); BGH NJW 2005, S. 2385 f. (S. 2386); LK[12]/*Rönnau*, Vor § 32 Rn. 173; für das Arztrecht: *Deutsch/Spickhoff*, Medizinrecht, Rn. 255.

102 *Odenwald*, Einwilligungsfähigkeit, S. 117 f.; LK[12]/*Rönnau*, Vor § 32 Rn. 173. Diese separate Bestimmung der Widerrufsfähigkeit ist insofern von Bedeutung, als diese Fähigkeit seit der Einwilligung z.B. wegen einer in der Zwischenzeit aufgetretenen psychischen Krankheit weggefallen sein kann, *Amelung/Eymann*, JuS 2001, S. 945.

eine Parallele zur Einwilligung dar, nach herrschender und hier vertretener Ansicht eine ausdrückliche oder konkludente Willenskundgabe nach außen erforderlich.[103]

Folglich bestünde die Gefahr, dass im Rahmen einer Mehrheitsentscheidung sich zwar die Personengruppe mit der Delegation der Dispositionsbefugnis und in der Folge auch mit der mehrheitlich bestimmten Einwilligung in ihr gemeinsames Rechtsgut einverstanden erklärt, aber vor Vollendung der Tat einer der Rechtsgutsträger eben diese Einwilligung zumindest für sich selbst widerruft. Dann aber fehlt es an einer wirksamen Einwilligung, weil keine Beteiligung sämtlicher Rechtsgutsinhaber vorliegt.

Für die Delegation der Dispositionsbefugnis auf die Personenmehrheit gilt hier insofern das Gleiche wie für die eigentliche Einwilligung, weil es sich im Prinzip um eine Art *antizipierte* Einwilligung handelt, da die Gesamtheit der Rechtsgutsträger mit der Einwilligung einverstanden ist, bzw. sich diese zurechnen lässt, wenn die Mehrheit entsprechend entscheidet. Die Entscheidung, ob eine Einwilligung erfolgt wird zwar erst im Zuge einer Mehrheitsentscheidung getroffen, aber der einzelne Rechtsgutsinhaber hat seine Dispositionsbefugnis bereits zuvor dieser Mehrheit übertragen; dies bedeutet, dass er eben aufgrund des Mehrheitsprinzips weniger Einfluss auf die Einwilligungsentscheidung ausüben kann. Es findet in gewissem Maße bereits durch die Delegation eine gewisse Einengung, ja bereits eine Art bedingte Einwilligung statt.[104]

bbb. Vertragliche Abbedingung bzw. Verzicht auf die Widerruflichkeit der Einwilligung?

Im Weiteren gilt es zu untersuchen, ob ein solcher Widerruf vertraglich abbedungen bzw. auf diesen verzichtet werden kann. Dann stellte sich die soeben genannte Situation so dar, dass die Personengesamtheit sich verbindlich und unwiderruflich verpflichtet, die Einwilligungsentscheidung ihrer Mehrheit anzuerken-

103 Vgl. S. 37 f.; die Gegenansicht lässt hier eine bloße Aufgabe des zustimmenden Willens genügen: *Göbel*, Einwilligung, S. 137; LK[12]/*Rönnau*, Vor § 32 Rn. 173; *Sternberg-Lieben*, Einwilligung, S. 261.

104 Dass eine Einwilligung auch unter einer Bedingung erteilt werden kann, ist allgemein anerkannt, vgl. nur *Kühl*, Strafrecht AT, § 9 Rn. 31. Ist die Bedingung vor oder bei der Tat nicht erfüllt, so ist die Einwilligung unwirksam, *Kindhäuser*, Strafrecht AT, § 12 Rn. 15. Diese Bedingung darf jedoch nicht von einem nach der Rechtsgutsverletzung liegenden ungewissen Ereignis abhängig gemacht werden, weil die Entscheidung über die (rechtswidrige) Verwirklichung eines Straftatbestandes zum Zeitpunkt der Tathandlung feststehen muss, *Sternberg-Lieben*, Einwilligung, S. 535 f.

nen, sodass ein eventuell danach erklärter Widerruf unwirksam wäre. Fraglich ist, ob auf das Recht zum Widerruf der Einwilligung rechtswirksam verzichtet werden kann.

Teils wird vertreten, die Einwilligung sei dann nicht widerrufbar, wenn diese zugleich eine rechtswirksame Erklärung nach den Grundsätzen des bürgerlichen Rechts sei, die bindende Wirkung habe.[105] *Jakobs* nennt als Beispiel die gegen ein Schuldanerkenntnis gegebene Erlaubnis zur Entfernung vom Unfallort, der bindende Wirkung zukomme.[106]

Auch *Weber* erkennt eine durch zivilrechtliche Absprachen eintretende Bindungswirkung an, wenn er ausführt, dass für das vertragliche Einräumen der Befugnis, auf sein Vermögen einzuwirken, eben auch zivilrechtliche Grundsätze gelten müssten.[107] Wenn es sich i.R. der vertraglichen Abrede nicht um Individualrechtsgüter handele, dann wäre der Ausschluss des Widerrufs wirksam und führte zu einer entsprechenden Duldungspflicht.[108]

Dies ist zweifelsohne richtig, dennoch ist hier zwischen der strafrechtlichen Einwilligung und der zivilrechtlichen Abrede zu differenzieren. Freilich bindet die zivilrechtliche Verpflichtung auch nach zivilrechtlichen Grundsätzen, sodass diese anders als die Einwilligung nicht stets widerrufen werden kann, sondern hierbei gilt es die zivilrechtlichen Besonderheiten, wie die Anfechtungsregelungen der §§ 119 ff. BGB etc., zu berücksichtigen. Davon ist aber die strafrechtliche Einwilligung zu unterscheiden, die nämlich grundsätzlich frei widerrufbar ist. Selbst wenn beide Institute in einer Erklärung zusammenfallen, so ist jede nach ihren eigenen Regelungen zu beurteilen. Dies bedeutet, dass wenn die strafrechtliche Einwilligung widerrufen wird, dann entfaltet diese auch keine tatbestandsausschließende oder rechtfertigende Wirkung mehr. Die damit eventuell verbundene zivilrechtliche Verpflichtung, die Einwilligung nicht zu widerrufen, wird dadurch aber nicht berührt, diese bleibt vielmehr bestehen. Folglich macht sich der die Einwilligung Widerrufende, der damit entgegen der zivilrechtlichen Abrede handelt, zwar womöglich schadensersatzpflichtig, aber die strafrechtliche Einwilligung konnte er dennoch wirksam widerrufen.

Ansonsten käme man zu dem nicht vertretbaren Ergebnis, dass ein Eingriff von einer Einwilligung gedeckt wäre, obwohl der Dispositionsbefugte im Zeitpunkt der Rechtsgutsverletzung mit eben dieser nicht einverstanden ist.[109] Teils

105 LK[11]/*Hirsch*, Vor § 32 Rn. 113; *Jakobs*, Strafrecht AT, S. 246, S. 242; so wohl auch *Hinterhofer*, Einwilligung, S. 109 ff.
106 *Jakobs*, Strafrecht AT, S. 242.
107 *Weber*, GA 2000, S. 77 f.
108 LK[11]/*Hirsch*, Vor § 32 Rn. 113.
109 LK[12]/*Rönnau*, Vor § 32 Rn. 174.

wird sogar geäußert, die Annahme eines gerechtfertigten – oder aber, legt man die Gegenansicht zugrunde, tatbestandslosen – Eingriffs trotz entgegenstehenden Willens des Rechtsgutsträgers verstoße gegen das staatliche Gewaltmonopol und wäre in der Folge verfassungsrechtlich bedenklich. Die Einwilligung sei für die Rechtsordnung erst dann tolerierbar, wenn gesichert sei, dass zwischen Verletztem und Verletzer Willensübereinstimmung bestehe.[110]

Gerade dieser Voraussetzung ist aber dann nicht Genüge getan, wenn der Verletzte zwar eine Einwilligung erklärt hat, diese widerrufen möchte, es aber nicht kann, weil er durch zivilrechtlichen Vertrag darauf verzichtet hat. Dann steht zwar eine Einwilligung *im Raum*, aber der tatsächliche bzw. der auch danach geäußerte Wille weicht davon ab.

Mithin gilt es festzuhalten, dass die Widerrufbarkeit der Einwilligung nicht zivilrechtlich abbedungen werden kann, bzw. dass ein entsprechender Verzicht das Recht zum Widerruf nicht entfallen lässt. Zwar mag dies bei einem entsprechenden Vertrag dann zivilrechtliche Folgen wie Schadensersatzforderungen mit sich bringen, aber strafrechtlich entfaltet der Widerruf volle Wirkung mit der Folge, dass eine zuvor erklärte Einwilligung nicht mehr besteht.

dd. Zivilrechtlicher Vertrag als Rechtfertigungsgrund

Wurde also trotz rechtsgeschäftlicher Vereinbarung die Einwilligung wirksam widerrufen, dann fehlt es an einem Anknüpfungspunkt für eine Tatbestandsnegierung. Dies hätte zur Folge, dass der Handelnde dennoch strafbar bliebe. Dies erscheint insofern wenig sachgerecht, als dieser zuvor auf die Verpflichtungszusage bzw. auf die vertragliche Abrede vertraut hat. Er ging davon aus, dass die Einwilligung bindend erklärt worden sei, mit der Folge, er bliebe straflos. Nun macht sich der Handelnde aber trotz dieser Abrede strafbar. Dass ihm unter Umständen zivilrechtliche Ansprüche wegen Vertragsverletzung gegen den Einwilligenden zustehen, ändert an seiner Strafbarkeit nichts. Um diesem Vertrauen des Handelnden, welches er in die Einwilligung hatte, angemessen Rechnung zu tragen, wird in der Literatur vertreten, den zivilrechtlichen Vertrag selbst als Rechtfertigungsgrund einzuordnen.[111] Voraussetzung dafür wäre jedoch, dass das be-

110 *Weber*, Der zivilrechtliche Vertrag, S. 69 f.

111 Grundlegend *Weber*, Der zivilrechtliche Vertrag, S. 77 ff., der die Notwendigkeit, im zivilrechtlichen Vertrag einen Rechtfertigungsgrund zu sehen, aus dem Grundsatz der Einheit der Rechtsordnung ableitet. Da dem Vertrag im Zivilrecht die Aufgabe eines Unrechtsausschließungsgrundes zukomme, müsse dies im Strafrecht gleichermaßen der Fall sein (vgl. Nachweise für die Einordnung des Vertrags als Unrechtsausschließungsgrund

troffene Rechtsgut überhaupt Gegenstand eines Vertrages sein könne, was bei Vermögensgütern unproblematisch der Fall sein wird.[112] Zudem müsse das staatliche Gewaltmonopol unberührt bleiben und der Vertrag auch nach zivilrechtlichen Grundsätzen wirksam sein.[113]

Diese Einordnung überzeugt, da sie zur Folge hat, dass ein interessengerechtes Ergebnis erzielt wird: Der Einwilligende behält trotz entsprechenden Vertrages die Möglichkeit eines Widerrufs und der Handelnde bleibt, weil er gerade auf die Unwiderrufbarkeit der Einwilligung vertraut hat, nicht strafbar.

Unklar ist jedoch, ob dieses Konstrukt auch für die vorliegende Untersuchung entsprechende Ergebnisse liefert. Der Unterschied zum soeben diskutierten Fall liegt hier darin, dass der zivilrechtliche Vertrag nicht zwischen dem Verletzten und dem Verletzer geschlossen wurde, sondern, dass hier eine Abrede zwischen den Rechtsgutsinhabern, die grundsätzlich nur gemeinsam über das Rechtsgut disponieren können, getroffen wurde. Der Verletzer ist in diese Abrede aber gerade nicht mit einbezogen. Dies ist aber erforderlich, damit sich dieser auf den zivilrechtlichen Vertrag als Rechtfertigungsgrund berufen kann[114], denn die Rechtfertigung durch den zivilrechtlichen Vertrag erfolgt gerade deswegen, weil dem Verletzer durch den Vertrag ein bestimmtes Recht eingeräumt wurde, welches er dann auch ausüben können muss. Auch hier gibt der Verletzte, wie im Bereich der Einwilligung ein bestimmtes Interesse preis, aber eben nur gegenüber dem Vertragspartner. Der Vertrag führt im Prinzip zu einem Handlungsrecht des Täters und zu einer Duldungspflicht des Betroffenen.[115]

Verletzt also einer der Rechtsgutsinhaber das Rechtsgut, welches auch noch anderen Personen zusteht, so kann er sich ihnen gegenüber bei zuvor erfolgtem Widerruf der Einwilligung zwar nicht auf diese, wohl aber auf die zwischen ihnen erfolgte vertragliche Abrede berufen. Da er Vertragspartei dieser Vereinbarung war, haben die übrigen Rechtsgutsträger auch ihm gegenüber gerade ihr Rechtsgut preisgegeben. Handelt es sich also bei dem Täter um einen der Rechtsgutsträger, so kann sich dieser zur Rechtfertigung auf die vertragliche Abrede berufen.

im Zivilrecht bei *Weber*, Der zivilrechtliche Vertrag, S. 78 Fn. 13); MK StGB/*Schlehofer*, Vor §§ 32 Rn. 98; Schönke/Schröder/*Lenckner/Sternberg-Lieben*, StGB, Vorbem. §§ 32 ff. Rn. 53.

112 LK[12]/*Rönnau*, Vor § 32 Rn. 174.

113 Schönke/Schröder/*Lenckner/Sternberg-Lieben*, StGB, Vorbem. §§ 32 ff. Rn. 53.

114 So Schönke/Schröder/*Lenckner/Sternberg-Lieben*, StGB, Vorbem. §§ 32 ff. Rn. 53, die davon sprechen, dass derjenige, der sich auf den zivilrechtlichen Vertrag beruft, tatsächlich berechtigt sein muss.

115 Schönke/Schröder/*Lenckner/Sternberg-Lieben*, StGB, Vorbem. §§ 32 ff. Rn. 53.

Ist der Handelnde aber ein Außenstehender, der nicht an dem Vertrag beteiligt ist, so stellt sich die Frage, ob dieser sich dennoch auf die vertragliche Abrede berufen kann. Dies wird aber insofern abzulehnen sein, als schuldrechtliche Verträge – und als solche sind die genannten Abreden einzuordnen – nur Wirkung zwischen den Vertragsparteien entfalten, denn es sind relative Schuldverhältnisse.[116] Ein schutzwürdiges Vertrauen des außenstehenden, nicht am Vertrag beteiligten Handelnden, besteht hier aber gerade nicht. Dies hätte also zur Folge, dass zwar eine Delegation der Dispositionsbefugnis durch zivilrechtliche Vereinbarungen möglich, aber dass ein Widerruf der Einwilligung bzw. dieser Erklärung nicht ausgeschlossen ist. Folglich bestünde für den Handelnden stets ein gewisses Restrisiko, dass die Delegation und damit die Einwilligung widerrufen wird, mit der Folge, dass er strafbar bliebe.

Etwas anderes könnte sich aber dann ergeben, wenn man bereits hier gesellschaftsrechtliche Besonderheiten berücksichtigt. Im Rahmen des Gesellschaftsrechts, was wie angekündigt in der vorliegenden Arbeit eine erhebliche Rolle spielen wird, tritt die genannte Personenmehrheit als Gesellschaft bzw. als Mitglieder der Gesellschaft auf. Dies bedeutet, die Personenmehrheit wird auch im Rechtsverkehr als Gesellschaft oder als einer Gesellschaft zugehörig wahrgenommen. Mit dieser Zugehörigkeit zu der Gesellschaft verbunden sind aber auch gewisse gesellschaftsrechtliche Grundsätze und zwar beispielsweise derjenige der Möglichkeit von Mehrheitsentscheidungen. Aus diesen allgemeinen Grundsätzen könnte dann ein entsprechender Vertrauensschutz auch von außenstehenden Personen begründet werden, da sie aus dem Auftreten bestimmter Personen als Gesellschaft bzw. als hinter der Gesellschaft *stehend*, entsprechende Schlüsse ziehen, nämlich beispielsweise den Schluss, dass Mehrheitsentscheidungen i.R. der Gesellschaft verbindlich sind.

Dennoch darf hier nicht übersehen werden, dass aufgrund der Privatautonomie die an einer Gesellschaft beteiligten Personen das Innenverhältnis der Gesellschaft oftmals weitgehend frei gestalten können, sodass ein entsprechendes Vertrauen außenstehender Personen gerade nicht besteht, da das Innenverhältnis der Gesellschaft stets unterschiedlich ausgestaltet sein kann.

Zudem greift diese Überlegung bereits aus einem anderen Grund nicht, denn Grundlage der Rechtfertigung durch einen zivilrechtlichen Vertrag ist nicht das Vertrauen, welches der Vertragspartner der Abrede entgegenbringt, sondern die Interessenpreisgabe durch denjenigen, der sich vertraglich bindet. Freilich ist der Vertrauensschutz ein Gesichtspunkt, der das Ergebnis zwar richtig erscheinen

116 MK BGB/*Kramer*, Einleitung Rn. 15; *Looschelders*, Schuldrecht AT, Rn. 3, Rn. 29; *Westermann*/*Bydlinski*/*Weber*, Schuldrecht AT, Rn. 1/17.

lässt, er ist aber keineswegs der Grund für die Einordnung des Vertrages als Rechtfertigungsgrund.

Somit ist festzuhalten, dass ein zivilrechtlicher Vertrag grundsätzlich nur dann als Rechtfertigungsgrund in Betracht kommt, wenn sowohl Verletzer als auch Verletzter an ihm beteiligt sind. Dass der Handelnde, der nicht an der vertraglichen Delegationsabrede beteiligt ist, bei Widerruf der Einwilligung strafbar bleibt, führt insofern nicht zu unübersehbaren Risiken, als der Widerruf nur bis zur Vollendung des Deliktes erfolgen kann. Handelt folglich jemand tatbestandsmäßig, obwohl die Delegation, also die antizipierte Einwilligung widerrufen wurde, so verwirklicht sich keinesfalls ein überraschendes Risiko, denn der Täter hätte aufgrund des genannten Widerrufs die strafbare Handlung unterlassen können.

ee. Geschäftsführung ohne Auftrag als Rechtfertigungsgrund

Dennoch wäre daran zu denken, ob die Handelnden, sofern sie nicht an der vertraglichen Delegation beteiligt sind, wegen mutmaßlicher Einwilligung straffrei blieben. Voraussetzung einer mutmaßlichen Einwilligung ist jedoch, dass eine Einwilligung des Rechtsgutsträgers bei objektiver Würdigung aller Umstände mit Sicherheit zu erwarten wäre.[117] Liegt aber ein Widerruf der Delegation der Dispositionsbefugnis vor und somit ein Widerruf der antizipierten Einwilligung, dann kann keineswegs davon gesprochen werden, eine Einwilligung des Rechtsgutsträgers sei mit Sicherheit zu erwarten.

Im Weiteren könnten die Handelnden trotz Widerrufs der Delegation durch eine berechtigte Geschäftsführung ohne Auftrag gerechtfertigt sein, möchte man diese als Rechtfertigungsgrund im Strafrecht anerkennen. Ob die berechtigte GoA nach §§ 677 ff. BGB einen strafrechtlichen Rechtfertigungsgrund darstellt, wird aber kontrovers diskutiert: Während die h.M. dies ablehnt, weil die GoA ein Institut sei, das Ausgleichsrechte und -pflichten regele[118], bejaht eine andere Ansicht in der Literatur mit unterschiedlichen Begründungen eine rechtfertigende Wirkung der GoA im Strafrecht: Teils wird vertreten, strafrechtliches Unrecht sei zivilrechtlichem Unrecht gegenüber stets gesteigert, sodass was zivilrechtlich rechtswidrig sei, strafrechtlich noch keineswegs rechtswidrig sein müsse. Zivil- und öffentlich-rechtliche Erlaubnissätze, Anspruchsgrundlagen und Eingriffser-

117 *Kindhäuser*, LPK, Vor §§ 32-35 Rn. 51.
118 LK[11]/*Hirsch*, StGB, Vorb. § 32 Rn. 130; *Roxin*, FS Welzel, S. 452; *Wollschläger*, Geschäftsführung, S. 271 ff.

mächtigungen schlössen strafrechtliches Unrecht folglich immer aus, so dass auch die GoA als strafrechtlicher Rechtfertigungsgrund begriffen werden könne.[119] Andere führen vor allem die Einheit der Rechtsordnung an, um die rechtfertigende Wirkung der GoA im Strafrecht zu begründen: Die §§ 677 ff. BGB seien

> »eine abschließende Regelung des Konflikts zwischen dem Interesse der Rechtsgemeinschaft an der Förderung verantwortungsvoller Initiative zugunsten des Nächsten einerseits und dem Schutz des einzelnen vor aufdringlichen, unerwünschten Eingriffen in seinen Rechtskreis andererseits«[120].

Die Einheit der Rechtsordnung verbiete es dem Strafrecht dann aber in Fällen des § 679 BGB gegen den Geschäftsführer kriminalrechtliche Sanktionen zu verhängen. § 679 BGB enthalte auch eine für das Strafrecht wirksame Einschränkung des Autonomieprinzips.[121]

Das zuletzt genannte Argument der Einheit der Rechtsordnung überzeugt, denn es kann nicht sein, dass etwas zivilrechtlich als rechtmäßig einzuordnen ist, was dann strafrechtlich zu sanktionieren wäre. Dies führte zu widersinnigen Ergebnissen. Folglich ist die berechtigte Geschäftsführung ohne Auftrag auch als strafrechtlicher Rechtfertigungsgrund anzuerkennen.

In der Folge ist nun zu prüfen, ob sich die einen strafrechtlichen Tatbestand Verwirklichenden rechtfertigend auf die GoA berufen können, wenn die Delegation der Dispositionsbefugnis seitens einzelner Rechtsgutsinhaber widerrufen wurde, mit der Folge, dass es an einer wirksamen Einwilligung der jeweiligen Mehrheit der Rechtsgutsinhaber fehlt. Dazu müssten auch zivilrechtlich die Voraussetzungen einer berechtigten GoA vorliegen. Neben der Vornahme eines fremden Geschäfts für einen anderen ohne Auftrag wäre vor allem erforderlich, dass die Geschäftsbesorgung dem Interesse des Geschäftsherrn entspricht, d.h. sie müsste nach der konkreten Sachlage objektiv nützlich sein.[122] Widerspricht die Geschäftsführung dem Willen des Geschäftsherrn, so wäre sie dennoch als berechtigt einzuordnen, wenn die Voraussetzungen des § 679 BGB vorliegen, d.h. wenn die Geschäftsführung im öffentlichen Interesse liegt oder ansonsten eine gesetzliche Unterhaltspflicht des Geschäftsherrn nicht rechtzeitig erfüllt würde. Der zuletzt genannte Fall spielt in der vorliegenden Untersuchung, die sich mit Untreue und Korruption im Bereich von Unternehmen befasst, wohl keine Rolle.

119 *Günther*, Strafrechtswidrigkeit, S. 89 ff., S. 351 f., S. 362 ff.
120 *Weber*, FS Baur, S. 139.
121 *Weber*, FS Baur, S. 140; wohl in die gleiche Richtung: *Welzel*, Strafrecht, S. 93.
122 Palandt/*Sprau*, BGB, § 677 Rn. 12.

Nimmt der Handelnde also eine strafbare Handlung vor, die entweder im Interesse des Geschäftsherrn erfolgt oder aber ist der entgegenstehende Wille des Geschäftsherrn gem. § 679 BGB unbeachtlich, so liegt eine berechtigte GoA vor, die dann auch im Strafrecht rechtfertigend wirkt. Folglich könnten sich grundsätzlich diejenigen, die nicht Teil der Dispositionsdelegation sind, zur Rechtfertigung ihrer strafbaren Handlung auf eine berechtigte GoA berufen, sofern deren Voraussetzungen erfüllt sind. Dies wird aber in der vorliegend untersuchten Konstellation wohl nicht der Fall sein, denn wenn ein Teil der Rechtsgutsinhaber seine Einwilligung widerruft, so wird die Handlung der in das Rechtsgut Eingreifenden nicht im Interesse des Geschäftsherrn, also der Rechtsgutsinhaber, liegen. Ein Fall von § 679 BGB wird wohl eher selten vorliegen. Ist § 679 BGB aber tatsächlich einmal einschlägig, so führt dies zur Rechtfertigung des Handelnden.

ff. Widerruf der Delegation als Blockade von Mehrheitsentscheidungen?

Fraglich ist letztlich zudem, ob durch den Widerruf der Delegation der Dispositionsbefugnis Mehrheitsentscheidungen durch die Minderheit blockiert werden können, da bei einem entsprechenden Widerruf die Einwilligung der jeweiligen Mehrheit unwirksam ist. Hierzu ist sich aber vor Augen zu behalten, dass es hier allein um die strafrechtliche Einwilligung in Rechtsgutsverletzungen geht. Zivilrechtlich betrachtet ist beispielsweise der Gesellschafter einer Gesellschaft an den jeweiligen Gesellschaftsvertrag gebunden, d.h. er kann das System von Entscheidungen durch die jeweilige Mehrheit keineswegs durch einen Widerruf seiner Delegationszusage zu Fall bringen. Er ist vertraglich an dieses System gebunden, sodass Mehrheitsentscheidungen keineswegs blockiert werden können. Die strafrechtliche Einwilligung aber ist widerrufbar und diese Widerrufbarkeit kann, wie gesehen, nicht abbedungen werden. Mehrheitsentscheidungen könnten also wenn überhaupt nur im Falle einer Einwilligung blockiert werden, da es bei der Einwilligung aber um die Preisgabe des eigenen Rechtsguts geht, ist dies hinzunehmen. Eine mutmaßliche Einwilligung der die Delegation Widerrufenden könnte hingegen nicht angenommen werden, da gerade ein gegenteiliger Wille der Rechtsgutsträger vorliegt.

Eine dahingehende Zivilrechtsakzessorietät des Strafrechts, dass sämtliche gesellschaftsrechtliche Regelungen und Besonderheiten auch dort Geltung beanspruchen können, besteht nicht, denn ansonsten liefe die Widerruflichkeit der Einwilligung leer. Es wurde gesehen, dass es die strafrechtliche Einwilligung und den zivilrechtlichen Mehrheitsbeschluss, auch wenn beides zusammenfällt, zu differenzieren gilt. Beides ist nach seinen eigenen Regelungen zu bewerten. Die Möglichkeit, dass im Bereich der Einwilligung die Minderheit durch Widerruf der Dispositionsdelegation Mehrheitsentscheidungen blockieren kann, muss folglich hingenommen werden. Dazu ist die Einwilligung in die Verletzung des eigenen Rechtsguts, letztlich also eine Preisgabe des eigenen Rechtsguts, von zu weittragender Bedeutung für den Rechtsgutsinhaber.

c. Zwischenergebnis

Folglich ist zu konstatieren, dass die Delegation der Dispositionsbefugnis über das Rechtsgut von der Gesamtheit der Rechtsgutsträger auf deren Mehrheit zwar unproblematisch möglich ist, dass aber i.R. der Einwilligung die Möglichkeit des Widerrufs derselben nicht vertraglich abbedungen bzw. nicht rechtswirksam auf diese Möglichkeit verzichtet werden kann. Somit ist zwar möglich, dass die jeweilige Mehrheit für die Gesamtheit der Rechtsgutsinhaber einwilligt, widerruft jedoch einer der Rechtsgutsinhaber danach diese Delegation und damit die erteilte Einwilligung, so ist diese insgesamt unwirksam.

3. Ergebnis

Mithin kann als Ergebnis festgehalten werden, dass auch die Mehrheit der Personen, denen ein bestimmtes Rechtsgut gemeinsam zusteht, wirksam in eine Rechtsgutsverletzung einwilligen kann. Widerruft jedoch einer der Gruppe von Rechtsgutsträgern die Delegation der Dispositionsbefugnis auf die Personenmehrheit und damit die Einwilligung, so kommt es für eine Straffreiheit des Handelnden entscheidend darauf an, ob er an der Delegationsabrede, die zumeist der Gesellschaftsvertrag sein wird, beteiligt war. Ist dies nicht der Fall, so kann vereinzelt die Möglichkeit bestehen, dass er sich zur Rechtfertigung auf eine berechtigte GoA beruft.

VII. Gesamtergebnis

Eine wirksame Einwilligung kann somit sowohl durch sämtliche Rechtsgutsinhaber als auch durch deren Mehrheit erfolgen. Nun gilt es einige Besonderheiten der Einwilligung i.R. der zu untersuchenden Delikte näher zu erörtern.

C. Einwilligung im Bereich der Untreue (§ 266 StGB)

Nach diesen allgemeinen Ausführungen zur Einwilligung in Rechtsgutsverletzungen, soll im Folgenden ausführlich untersucht werden, inwieweit eine Einwilligung im Bereich der Untreue gem. § 266 StGB möglich ist.

I. Darstellung des Tatbestandes

Vorweg sind die tatbestandlichen Voraussetzungen der Untreue eingehend zu erläutern.

1. Geschütztes Rechtsgut

Geschütztes Rechtsgut des § 266 StGB ist nach ganz h.M. allein das Vermögen.[123] Die Dispositionsbefugnis des Vermögensinhabers ist daneben nicht selbstständig geschützt, vielmehr prägt die Verletzung desselben durch den Täter gerade das Handlungs- und Erfolgsunrecht des § 266 StGB mit.[124]

2. Struktur des Tatbestandes

a. Aufbau

§ 266 StGB setzt sich aus der Missbrauchs- und der Treubruchsalternative zusammen, deren Verhältnis zueinander umstritten ist: Während die wohl h.M., die sog. *monistische Theorie*, die Missbrauchsalternative als Spezialfall des Treu-

123 BGH NJW 2000, S. 154 ff. (S. 155); *Fischer*, StGB, § 266 Rn. 2; NK/*Kindhäuser*, § 266 Rn. 1; *Maurach/Schroeder/Maiwald*, Strafrecht BT 1, § 45 Rn. 1; Schönke/Schröder/*Perron*, StGB, § 266 Rn. 1; LK[11]/*Schünemann*, § 266 Rn. 28; *Wessels/Hillenkamp*, Strafrecht BT II, Rn. 747.

124 BGH NStZ 1984, S. 549 f. (S. 550); *Hillenkamp*, NStZ 1981, S. 166; *Ransiek*, ZStW 2004, S. 646 ff.; *Wessels/Hillenkamp*, Strafrecht BT II, Rn. 747.

bruchs ansieht[125], misst eine Mindermeinung, die von einem *dualistischen* Ansatz ausgeht, beiden Alternativen selbstständigen Charakter bei[126].

b. Vermögensbetreuungspflicht

Praktische Relevanz kommt dieser Kontroverse für die Frage zu, ob für beide Tatbestandsalternativen eine Vermögensbetreuungspflicht notwendig ist. Je nachdem, wie die beiden tatbestandlichen Alternativen einzuordnen sind, bezieht sich die Passage im Gesetzestext »und dadurch dem, dessen Vermögen er zu betreuen hat« entweder nur auf den Treubruch oder eben auf beide Varianten. Die genannte Vermögensbetreuungspflicht wird von Rechtsprechung und herrschender Lehre als eine Geschäftsbesorgung für einen anderen in einer nicht ganz unbedeutenden Angelegenheit definiert, die wesentlich durch Eigenverantwortlichkeit und Selbstständigkeit geprägt ist.[127]

Die h.M. hält eine solche Pflicht für beide Alternativen der Norm für erforderlich. Sie führt für sich zunächst den Wortlaut der Norm an. Ihr zufolge lasse die soeben zitierte Formulierung des Gesetzes eindeutig erkennen, dass sich die Erforderlichkeit der Vermögensbetreuungspflicht gerade auf beide Alternativen des § 266 StGB beziehe. Weiterhin wird argumentiert, dass es so gelinge, nur die Handlungen zu erfassen, die gerade dem erhöhten Unrecht der Untreue entsprächen; anderenfalls würden durch die Missbrauchsalternative, die dann keine entsprechende Pflicht voraussetzte, auch Handlungen erfasst, die unter der Schwelle des genannten Unrechts blieben.[128]

Demgegenüber geht der dualistische Ansatz zwar ebenfalls davon aus, dass der Täter in beiden Tatbestandsvarianten eine Vermögensbetreuungspflicht verletzen muss, jedoch soll lediglich im Rahmen des Treubruchs erforderlich sein, dass ihn eine besondere Fürsorgepflicht trifft.[129] Im Bereich des Missbrauchs hingegen sei der genannten Pflicht ein anderer Inhalt beizumessen, und zwar sei es ausreichend, dass dem Täter eine Verpflichtungs- oder Verfügungsbefugnis

125 BGH JR 1983, S. 515 f. (S. 515); OLG Hamm NJW 1968, S. 1940; *Maurach/Schroeder/Maiwald*, Strafrecht BT 1, § 45 Rn. 11; *Wessels/Hillenkamp*, Strafrecht BT II, Rn. 749.

126 BGH NJW 1954 S. 1616; SK/*Hoyer*, § 266 Rn. 19 f.; *Otto*, JR 1985, S. 30; Schönke/Schröder/*Perron*, StGB, § 266 Rn. 2; LK[11]/*Schünemann*, § 266 Rn. 11 ff.

127 BGHSt 13, S. 315 ff. (S. 317); BGHSt 24, S. 386 ff. (S. 387); BGHSt 33, S. 244 ff. (S. 250); *Schreiber/Beulke*, JuS 1977, S. 656 f.

128 *Kindhäuser*, LPK, § 266 Rn. 15; *Wessels/Hillenkamp*, Strafrecht BT II, Rn. 750.

129 Würde auf diese Fürsorgepflicht im Bereich des Treubruchs verzichtet, führte dies zu »weitgehenden Pönalisierungen des Schuldrechts«, so *Ranft*, JuS 1988, S. 673.

hinsichtlich fremden Vermögens eingeräumt sei.[130] Aus dieser Befugnis ergebe sich für den Täter dann gegenüber dem Vermögensinhaber die Verpflichtung, die genannte Befugnis rechtmäßig wahrzunehmen. Anderenfalls würde die Bedeutung der Missbrauchsvariante auf einen bloßen »Anschaulichkeitswert« reduziert und nur noch als Auslegungshilfe für weniger stabile »Treubruchserscheinungen« benötigt.[131]

Eine vermittelnde Ansicht möchte der genannten Pflicht zwar ebenfalls nicht für beide Tatvarianten den gleichen Inhalt beimessen, erachtet aber die Kriterien der dualistischen Theorie für die Vermögensbetreuungspflicht im Bereich des Missbrauchs als zu kurz greifend. Im Rahmen dieser Tatbestandsalternative sei der Inhalt der Vermögensbetreuungspflicht dahingehend zu präzisieren, dass dem Täter die Rechtsmacht, über fremdes Vermögen im Interesse des Vermögensinhabers und nicht im eigenen Interesse zu verfügen, verliehen sein müsse.[132] Es handele sich bei den Pflichten der 1. und 2. Alt. des § 266 StGB nicht um »vollidentische« Vermögensbetreuungspflichten.[133]

Zugunsten der h.M. spricht wohl nicht nur der bereits angeführte Wortlaut, sondern auch ein systematisches Argument: Wäre für die Missbrauchsalternative nicht die gleiche Vermögensbetreuungspflicht erforderlich wie für den Treubruch, so wäre der vom Gesetzgeber neu geschaffene § 266b StGB überflüssig, weil diese Missbrauchsfälle dann stets von § 266 StGB erfasst würden.[134] Der von § 266b StGB erfasste Kreditkartenmissbrauch erfüllt sämtliche Tatbestandsmerkmale des § 266 StGB, mit Ausnahme der Vermögensbetreuungspflicht. Somit kann wohl davon ausgegangen werden, dass der Gesetzgeber hier dem monistischen Ansatz gefolgt ist.

Mithin ist mit der h.M. zu fordern, dass sich die genannte Vermögensbetreuungspflicht gerade auf beide Tatbestandsalternativen bezieht. Folglich ist somit auch der Missbrauch als Spezialfall des Treubruchs einzuordnen.

c. Tatbestandliches Handeln

Im Weiteren sind die beiden tatbestandsmäßigen Handlungen des § 266 StGB näher zu beleuchten.

130 BGHSt 1, S. 186 ff. (S. 188 f.); *Kargl*, ZStW 2001, S. 589 ff.; *Otto*, JZ 1988, S. 884; LK[11]/*Schünemann*, § 266 Rn. 17 ff.

131 *Kargl*, ZStW 2001, S. 589 f.

132 Schönke/Schröder/*Perron*, StGB, § 266 Rn. 2.

133 *Labsch*, NJW 1986, S. 107.

134 *Kindhäuser*, LPK, § 266 Rn. 18; *Rengier*, Strafrecht BT I, § 18 Rn. 14.

aa. Missbrauchsalternative

Ein Missbrauch im Sinne des § 266 StGB liegt vor, wenn der Täter durch sein rechtliches Können im Außenverhältnis sein rechtliches Dürfen im Innenverhältnis überschreitet; dies bedeutet, der Täter missbraucht seine ihm eingeräumte Befugnis, da ihm im Außenverhältnis breitere Handlungsmöglichkeiten zustehen.[135] Die genannte Befugnis kann ihm entweder durch Gesetz, behördlichen Auftrag oder durch Rechtsgeschäft erteilt werden und bezieht sich auf die Verfügung über Vermögen des Treugebers oder dessen Verpflichtung. Erforderlich ist stets, dass die genannte Verfügung oder Verpflichtung rechtswirksam ist, denn ansonsten tangiert diese nicht die Interessen des Treugebers, sodass keineswegs von einem Missbrauch gesprochen werden könnte.[136] Die Missbrauchshandlung ist also die rechtsgeschäftliche Ausübung der erteilten Befugnis unter Verstoß gegen die Fürsorgepflicht im Innenverhältnis.[137] Folglich erfasst die Missbrauchsvariante stets rechtsgeschäftliches Handeln, rein tatsächliches kann dagegen nur von der Treubruchsalternative erfasst sein.[138] Ein Missbrauch kann auch durch Unterlassen erfolgen, und zwar dann, wenn diesem selbst rechtsgeschäftliche Wirkung zukommt.[139]

Für die vorliegende Untersuchung ist im Bereich des § 266 StGB die Missbrauchsvariante von entscheidender Bedeutung, da sie gerade das Handeln von Unternehmensangestellten im Außenbereich erfasst. Sie wird also besonders auch für die Organe einer Gesellschaft relevant, durch die die Gesellschaft erst zu rechtsgeschäftlichem Handeln nach außen fähig ist, da sie die Gesellschaft nach außen verpflichten, aber auch über deren Vermögen wirksam verfügen können.

135 BGHSt 5, S. 61 ff. (S. 63); BGH NJW 1984, S. 2539 ff. (S. 2540); *Bringewat*, GA 1973, S. 363; *Fischer*, StGB, § 266 Rn. 9; NK/*Kindhäuser*, § 266 Rn. 82; *Wessels*/*Hillenkamp*, Strafrecht BT II, Rn. 753.

136 *Fischer*, StGB, § 266 Rn. 24; *Rengier*, Strafrecht BT I, § 18 Rn. 8.

137 *Fischer*, StGB, § 266 Rn. 25.

138 *Maurach*/*Schroeder*/*Maiwald*, Strafrecht BT 1, § 45 Rn. 17; *Rengier*, Strafrecht BT I, § 18 Rn. 8.

139 *Fischer*, StGB, § 266 Rn. 32.

bb. Treubruchsalternative

Im Rahmen der Treubruchsvariante ist erforderlich, dass der Täter die ihm obliegende Pflicht, fremde Vermögensinteressen wahrzunehmen, verletzt.[140] Folglich ist eine Verletzung dieser Vermögensfürsorgepflicht ausreichend; es muss kein Missbrauch vorliegen, sodass auch rein tatsächliches Handeln erfasst wird.[141] Diese Pflicht kann auf den gleichen Grundlagen wie diejenige im Bereich des Missbrauchs beruhen, also auf Gesetz, behördlichem Auftrag oder Rechtsgeschäft. Daneben kann sich diese aber auch aus einem sog. Treueverhältnis ergeben, welches dann rein faktischer Natur sein dürfte und im Prinzip einer Garantenstellung kraft Übernahme entspricht.[142] Damit diese Tatbestandsalternative nicht uferlos wird, fordern Literatur und Rechtsprechung, dass die Vermögensbetreuungspflicht den Hauptgegenstand des Treueverhältnisses darstellt, es sich also nicht um eine bloße Nebenpflicht handelt.[143] Wie angedeutet muss es sich bei der Pflicht um »eine nicht ganz unbedeutende Angelegenheit mit einem Aufgabenkreis von einigem Gewicht und einem gewissen Grad von Verantwortlichkeit handeln«[144]. Anzeichen für eine solche Einordnung sind Art, Dauer und Umfang der jeweiligen Tätigkeit.[145]

Im Rahmen der Tathandlung ist erforderlich, dass der Täter die genannte Pflicht verletzt, das heißt er überschreitet die ihm übertragene Entscheidungsfreiheit durch Nicht- oder Fehlgebrauch.[146] Dies kann sowohl durch rechtsgeschäftliches, aber auch durch rein tatsächliches Handeln erfolgen.[147] Diese Pflichtverletzung kann zudem durch Unterlassen begangen werden, beispielsweise wenn der Täter treuwidrig Vermögensmehrungen unterlässt. Da die Vermögensbetreuungspflicht Ausdruck einer Garantenstellung kraft Übernahme ist, bedarf es dann keiner gesonderten Prüfung des § 13 StGB.[148]

140 *Maurach/Schroeder/Maiwald*, Strafrecht BT 1, § 45 Rn. 23.

141 *Wessels/Hillenkamp*, Strafrecht BT II, Rn. 753.

142 NK/*Kindhäuser*, § 266 Rn. 38.

143 BGHSt 1, S. 186 ff. (S. 189); BGHSt 22, S. 190 ff. (S. 191); BGHSt 41, S. 224 ff. (S. 228 f.); *Fischer*, StGB § 266 Rn. 35 f.; NK/*Kindhäuser*, § 266 Rn. 33; Schönke/Schröder/*Perron*, StGB, § 266 Rn. 23a; *Wessels/Hillenkamp*, Strafrecht BT II, Rn. 769; *Rengier*, Strafrecht BT I, § 266 Rn. 16.

144 *Wessels/Hillenkamp*, Strafrecht BT II, Rn. 771.

145 OLG Hamm NJW 1972, S. 298 ff. (S. 301); *Heinitz*, FS Mayer, S. 437 ff.; *Wessels/Hillenkamp*, Strafrecht BT II, Rn. 771.

146 NK/*Kindhäuser*, § 266 Rn. 63.

147 *Wessels/Hillenkamp*, Strafrecht BT II, Rn. 769.

148 *Rengier*, Strafrecht BT I, § 18 Rn. 36.

cc. Ergebnis

Folglich ist für beide tatbestandsmäßigen Handlungen der Untreue eine Verletzung der Vermögensbetreuungspflicht erforderlich.

dd. Schutzzweckzusammenhang

Da sich die Pflicht auf die Betreuung fremden Vermögens bezieht, kann aber eine Verletzung derselben auch nur dann angenommen werden, wenn ein unmittelbar und primär das Vermögen des Geschäftsherrn schädigendes Verhalten vorliegt.[149] Ein bloß mittelbar schädigendes Verhalten des Treupflichtigen ist nicht ausreichend. Dies fällt einerseits nicht in den Schutzbereich der Betreuungspflicht und würde daneben zu einer weiteren Ausdehnung des ohnehin schon sehr weit gefassten Untreuetatbestandes führen.

Um eine Einengung und Präzisierung des § 266 StGB vorzunehmen, nennt *Seier* i.R. der Kausalität drei Prüfkriterien: den Pflichtwidrigkeitszusammenhang, den Schutzzweckzusammenhang und die Unmittelbarkeit.[150] Das Kriterium der Pflichtwidrigkeit setzt am Wortlaut der Untreue, »und dadurch [...] Nachteil zufügt« an. Der für die Untreue erforderliche und im Weiteren noch näher zu bestimmende Schaden müsse gerade durch die Pflichtverletzung verursacht werden, wäre dies nicht der Fall, so könne eine Zurechnung nicht stattfinden.[151] Der Schutzzweckzusammenhang des § 266 StGB sei gerade dann gewahrt, wenn die vom Täter verletzte Verhaltensnorm gerade dem Vermögensschutz des Geschädigten diente. Der Täter müsse hier »also Vorgaben verletzen, die genuin zum Zwecke der Schadensverhinderung aufgestellt« seien.[152] Der Schutzzweck der Pflicht muss allein dem Vermögensschutz dienen. Endlich for-

149 *Günther*, FS Weber, S. 316 f.

150 Achenbach/Ransiek/*Seier*, Handbuch Wirtschaftsstrafrecht, V 2 Rn. 196 ff.

151 Achenbach/Ransiek/*Seier*, Handbuch Wirtschaftsstrafrecht, V 2 Rn. 198.

152 Achenbach/Ransiek/*Seier*, Handbuch Wirtschaftsstrafrecht, V 2 Rn. 200; in diese Richtung auch *Kubiciel*, NStZ 2005, S. 360, der ausführt: »Da § 266 StGB nicht zur Durchsetzung lauterer Geschäftsführung ermächtigen will, können nur solche gesellschaftsrechtlichen Inhalte für die Untreue relevant werden, die als Konkretisierung der Dispositionsbefugnis über das fremde Vermögen gedacht werden können, mithin in einem funktionalen Zusammenhang zum Schutz des Vermögens der Gesellschaft stehen.«; zustimmend ebenso: MK StGB/*Dierlamm*, § 266 Rn. 37; *Günther*, FS Weber, S. 316 f.; *Hillenkamp*, NStZ 1981, S. 166; *Taschke*, FS Lüderssen, S. 669 f.

dert *Seier*, dass der Vermögensnachteil unmittelbar aus der Pflichtverletzung resultieren müsse.[153]

Für die vorliegende Untersuchung ist vor allem zunächst das Tatbestandsmerkmal der Pflichtverletzung relevant, sodass hier besonders das Kriterium des Schutzzweckzusammenhangs interessiert.

Auch *Saliger* nimmt i.R. der Untreue eine objektive Zurechnung vor, wobei er den genannten Schutzzweckzusammenhang nicht für erforderlich hält, weil es für § 266 StGB nicht darauf ankomme, ob die verletzte Verhaltensnorm das Vermögen unmittelbar oder bloß mittelbar schütze.[154] Für § 266 StGB genüge jede vermögensrelevante Handlung, durch die der Täter Weisungen, gesetzliche Bestimmungen oder Richtlinien missachte und Vermögensnachteile verursache. Folglich sei eine Einengung des Tatbestandes, wie *Seier* sie vornehme, nicht sachgerecht.[155] *Saliger* stellt hingegen auf einen funktionalen Zusammenhang zwischen der Machtstellung des Handelnden und der konkreten Pflichtverletzung ab. Hierunter versteht er die »konkrete Pflichtverletzung als signifikante Ausübung der eigenverantwortlichen internen Machtposition des Täters«[156]. Ein solcher Zusammenhang sei nur dann gegeben, wenn der Täter die Pflichtverletzung nicht nur bei Gelegenheit der Vermögensbetreuung, sondern zugleich als Vermögensbetreuer verletze.[157]

In der Rechtsprechung wurde dieses Kriterium bisher nicht anerkannt. Besonders die Fälle *Kohl*[158] und *Kanther/Weyrauch*[159] machen dies deutlich. In diesen Urteilen wurde die Abgabe eines unvollständigen oder fehlerhaften Rechenschaftsberichtes als Untreue gewertet, weil der Partei dadurch Sanktionen drohten.[160] Erachtet man für eine Untreue aber die Verletzung einer Handlungspflicht als notwendig, die primär und unmittelbar das Vermögen des Geschädigten schützt, dann fehlte es hier an dem genannten Schutzzweckzusammenhang zwischen Pflichtverletzung und Vermögensschutz. Die Pflicht, einen Rechenschaftsbericht zu erbringen, dient der Öffentlichkeitskontrolle, Schutzobjekt dieser Pflicht ist das Interesse der Öffentlichkeit an der Transparenz der Parteifinanzen; die Wähler sollen über Herkunft und Verwendung der finanziellen Mittel Aus-

153 Achenbach/Ransiek/*Seier*, Handbuch Wirtschaftsstrafrecht, V 2 Rn. 203 ff.

154 Satzger/Schmitt/Widmaier/*Saliger*, StGB, § 266 Rn. 82 f.

155 *Saliger*, HRRS 2006, S. 22; *Saliger*, Parteiengesetz, S. 50 ff.

156 *Saliger*, Parteiengesetz, S. 35 f.

157 *Saliger*, Parteiengesetz, S. 36; Satzger/Schmitt/Widmaier/*Saliger*, StGB, § 266 Rn. 39; zustimmend: *Brammsen*, ZIP 2009, S. 1506.

158 LG Bonn NStZ 2001, S. 375 ff.

159 BGH NJW 2007, S. 1760 ff.

160 BGH NJW 2007, S. 1760 ff. (S. 1765 f.); LG Bonn NStZ 2001, S. 375 ff. (S. 378).

kunft erhalten, damit das Potenzial politischer Einflussnahme durch finanzielle Zuwendungen offengelegt wird.[161] Es soll aber nicht das Vermögen der Bundesrepublik Deutschland geschützt werden.

Jüngst lehnte der BGH jedoch im Zusammenhang mit der strafbaren Beeinflussung der Wahl eines Betriebsrats eine Pflichtverletzung i.S.d. § 266 StGB allein wegen des Verstoßes gegen § 119 Abs. 1 Nr. 1 BetrVG ab, da diese Norm nicht wie § 266 StGB das Vermögen schütze, sondern allein die unbeeinflusste Wahl des Betriebsrats.[162] Eine Verletzung der Vermögensbetreuungspflicht allein aus dem Grund eines Verstoßes gegen die Strafvorschrift des § 119 Abs. 1 Nr. 1 BetrVG wollte der BGH also nicht erkennen. Eine Normverletzung ist ihm zufolge i.d.R. nur dann pflichtwidrig i.S.v. § 266 StGB, wenn die verletzte Rechtsnorm ihrerseits zumindest mittelbar vermögensschützenden Charakter für das zu betreuende Vermögen hat. Nur dann, wenn die unmittelbar verletzte Rechtsnorm selbst vermögensschützenden Charakter hat, liegt der untreuespezifische Zusammenhang zwischen Pflichtverletzung und geschütztem Rechtsgut i.S.v. § 266 Abs. 1 StGB vor. Ob etwas anderes gilt, wenn an die Verletzung einer solchen Rechtsnorm eine spezifische, sich vermögensmindernd auswirkende Sanktion anknüpft, lässt der Senat ausdrücklich offen. Das BetrVG jedenfalls sehe eine solche sich vermögensmindernd auswirkende Sanktion nicht vor. Wollte man hingegen, so der BGH weiter, jeden Gesetzesverstoß als Pflichtverletzung werten und läge in der Folge auch ein Nachteil vor, so würde dies dem Untreuetatbestand nicht nur jegliche Kontur nehmen; es wäre bei weniger gewichtigen Verstößen gegen selbst nicht strafbewehrte Normen vielfach auch nicht mehr mit der Ultima-Ratio-Funktion des Strafrechts zu vereinbaren.[163]

Diese Ausführungen des BGH weisen zwar in die richtige Richtung, dennoch sind sie insofern nicht zutreffend, als dass der BGH einen mittelbaren Vermögensbezug der verletzten Verhaltensnorm für § 266 StGB ausreichen lässt. Es gilt sich zu vergegenwärtigen, dass das von § 266 StGB erfasste Unrecht gerade dasjenige eines Vermögensnachteils durch Pflichtverletzung ist. Dies bedeutet, dass die Pflicht, die verletzt wird, gerade auf Vermögensschutz ausgerichtet sein muss. Alles andere bedeutete, den Schutzbereich des § 266 StGB über Gebühr auszudehnen, denn einen mittelbaren Vermögensbezug haben nahezu sämtliche Strafvorschriften des Wirtschaftsrechts. Auch der von *Saliger* postulierte funktionale Zusammenhang erzielt eine Einengung des Tatbestandes des § 266 StGB.

161 *Böse*, SächsVBl. 2001, S. 59; *Depenheuer*/*Grzeszick*, DVBl. 2000, S. 736; Ipsen/*Jochum*, PartG, § 23 Rn. 5; *Volhard*, FS Lüderssen, S. 674.
162 EK/*Kania*, § 119 BetrVG Rn. 2.
163 BGH ZIP 2010, S. 2239 ff. (S. 2241).

Dieser geht aber wohl nicht weit genug, weil auch, wenn der Täter die Pflicht als Vermögensbetreuer verletzt, nicht gesagt ist, dass die Pflicht tatsächlich primär dem Vermögensschutz dient. Genau dies ist aber erforderlich, um den Unrechtsgehalt der Untreue angemessen zu erfassen, weil es nur durch den genannten Schutzzweckzusammenhang gelingt, der Untreue als Vermögensdelikt gerecht zu werden.[164]

Ferner erscheint der genannte Schutzzweckzusammenhang insofern notwendig, als ansonsten jede Geldbuße, die ein Unternehmen zu begleichen hat, ganz gleich wegen welchen Verstoßes, wohl immer auch eine Untreue zulasten desselben darstellte.[165] Dies ist aber weder mit dem Unrechtsgehalt der Norm zu vereinbaren noch erforderlich, weil das spezifische Unrecht gerade durch die Verhaltensnorm erfasst wird, deren Verletzung zum genannten Bußgeld führte. Nur durch den genannten Schutzzweckzusammenhang gelingt es, der Untreue als Vermögensdelikt gerecht zu werden.[166]

Somit ist, wenn im Bereich der Gesellschaften auch auf die unterschiedlichsten Untreuekonstellationen eingegangen wird, stets dieser Schutzbereich der Vermögensbetreuungspflicht im Auge zu behalten, denn nur wenn dieser angegriffen bzw. verletzt wird, liegt eine Untreue vor.

d. Nachteilszufügung/Vermögensschaden

Sowohl der Missbrauchs- als auch der Treubruchstatbestand erfordern gleichermaßen den Eintritt eines Vermögensnachteils für den Geschäftsherrn. Folglich muss der Täter zunächst eine Pflicht verletzen, durch die dann ein Vermögensnachteil entsteht. Der Begriff des Vermögensnachteils entspricht demjenigen des Vermögensschadens im Rahmen anderer Vermögensdelikte, so z.B. beim Betrug i.S.d. §263 StGB.[167] Dadurch wird dann der umstrittene Vermögensbegriff auch im Bereich des § 266 StGB relevant.[168] Auch zur Schadensberechnung ist auf die allgemeinen Grundsätze der Vermögensdelikte zu verweisen, sodass ein Schaden

164 *Volhard*, FS Lüderssen, S. 678; so auch *Gerkau*, Untreue, S. 166 f.

165 Vgl. hierzu auch *Gerkau*, Untreue, S. 36 ff.

166 *Volhard*, FS Lüderssen, S. 678; so auch *Gerkau*, Untreue, S. 166 f.

167 BGHSt 3, S. 99 ff. (S. 102); BGHSt 15, S. 342 ff. (S. 342); Achenbach/Ransiek/*Seier*, Handbuch Wirtschaftsstrafrecht, V 2 Rn. 23; NK/*Kindhäuser*, § 266 Rn. 94; *Rengier*, Strafrecht BT I, § 18 Rn. 49.

168 Hier sei nur kurz auf die wirtschaftliche, juristische, juristisch-ökonomische und personale Vermögenslehre hingewiesen. Für eine ausführliche Darstellung und Diskussion der unterschiedlichen Vermögensbegriffe vgl. NK/*Kindhäuser*, § 263 Rn. 16 ff.

prinzipiell zu bejahen ist, wenn es im Rahmen einer Gesamtsaldierung zu einer Vermögensminderung aufseiten des Treugebers kommt.

Eine Besonderheit im Rahmen der Untreue ist, dass der genannte Vermögensschaden stets nur am zu betreuenden Vermögen relevant wird, das heißt es ist erforderlich, dass das geschädigte Vermögen auch dasjenige ist, auf das sich die Fürsorgepflicht bezieht.[169]

Da den Täter unter Umständen auch eine Pflicht zur Vermögensmehrung trifft, kann auch in der Unterlassung einer solchen ein Vermögensschaden gesehen werden.[170]

e. Subjektiver Tatbestand

Im Rahmen des subjektiven Tatbestandes muss der Täter in beiden Tatbestandsalternativen zumindest mit bedingtem Vorsatz handeln. Dieser muss, da er sich bekanntlich auf sämtliche objektive Tatbestandsmerkmale zu beziehen hat, das Bestehen einer Vermögensbetreuungspflicht, deren Verletzung sowie den daraus resultierenden Vermögensnachteil umfassen.[171]

3. Ergebnis

Die Untreue ist folglich als Sonderdelikt einzuordnen, da Täter stets nur derjenige sein kann, den eine entsprechende Vermögensbetreuungspflicht[172] trifft. Mithin ist für die vorliegend zu untersuchenden Fallgestaltungen zunächst stets zu prüfen, wen eine solche Pflicht trifft, damit § 266 StGB überhaupt Anwendung findet.

169 *Rengier*, Strafrecht BT I, § 18 Rn. 51.

170 *Rengier*, Strafrecht BT I, § 18 Rn. 54.

171 NK/*Kindhäuser*, § 266 Rn. 122.

172 Diese Vermögensbetreuungspflicht gilt als besonderes persönliches Merkmal i.S.d. § 28 Abs. 1 StGB, BGH wistra 2009, S. 105; NK/*Kindhäuser*, § 266 Rn. 127.

II. Bedeutung der Einwilligung im Rahmen des § 266 StGB

1. Allgemein

Grundsätzlich bezieht sich die Einwilligung auf die Handlung des Eingreifenden.[173] Im Rahmen der Untreue wird die Einwilligung des Rechtsgutsinhabers also insofern relevant, als dass, wenn der vermeintlich Geschädigte mit der Handlung des Vermögensbetreuungspflichtigen einverstanden ist, also in diese einwilligt, schon gar keine Pflichtverletzung vorliegt. Durch die Einwilligung des Treugebers erweitert sich der Befugnisbereich des Verpflichteten und dieser ist stets im Innenverhältnis zu seinem Geschäftsherrn zu bestimmen. Bedeutet die Zustimmung von Letzterem aber, dass es bereits an einer Pflichtverletzung fehlt, so ist der objektive Tatbestand des § 266 StGB nicht erfüllt.[174] Ob man dies dann als tatbestandsausschließendes Einverständnis oder als Einwilligung, die ohnehin stets auf Tatbestandsebene wirkt, begreifen möchte, ist mit Blick auf den eingehend dargestellten Streit[175] nicht von Relevanz, weil beide Ansichten hier zum gleichen Ergebnis kommen.[176]

Folglich gilt es, bevor nun die Besonderheiten der Einwilligung in die Untreue im Bereich der unterschiedlichen Gesellschaftsformen untersucht werden, festzuhalten, dass eine Einwilligung in untreuerelevantes Handeln stets bereits die Pflichtverletzung entfallen lässt, sodass unabhängig davon, ob dem Geschäftsherrn ein Vermögensschaden entstanden ist, nicht der objektive Tatbestand des § 266 StGB erfüllt ist. Aufgrund dessen soll in der nun folgenden Untersuchung der Blickwinkel auf die Pflichtverletzung und die Wirksamkeit der Einwilligung im Rahmen der Untreue gerichtet werden. Auf vertiefende Ausführungen zum Vermögensschaden, dessen Voraussetzungen im Bereich des § 266 StGB ebenfalls kontrovers diskutiert werden, soll hier mangels Relevanz verzichtet werden.

2. Personengesellschaften/Juristische Personen

Wie im Rahmen der Einführung bereits angemerkt, sind im Bereich des Wirtschaftsstrafrechts vor allem Untreuekonstellationen in den unterschiedlichen zi-

173 OLG Karlsruhe NJW 1967, S. 2321 ff. (S. 2321); *Jakobs*, Strafrecht AT, S. 440; NK/*Paeffgen*, § 228 Rn. 12.
174 Achenbach/Ransiek/*Seier*, Handbuch Wirtschaftsstrafrecht, V 2 Rn. 88 ff. m.w.N.
175 Vgl. ausführlich S. 29 ff.
176 Vgl. nur Satzger/Schmitt/Widmaier/*Saliger*, StGB, § 266 Rn. 45 f.

vilrechtlichen Gesellschaften von Interesse. Diese lassen sich in juristische Personen und Personengesellschaften unterscheiden. Die Personengesellschaften wiederum gliedern sich in rechtsfähige und nicht rechtsfähige Vereinigungen. Während die juristischen Personen als von ihren Mitgliedern verselbstständigte Organisationen mit körperschaftlichem Charakter eingestuft werden können, die alleiniges Zuordnungsobjekt des Vermögens und der sonstigen Rechte und Pflichten sind[177], fehlt es bei den Personengesellschaften an dieser Verselbstständigung, da die Gesellschafter bzw. Mitglieder selbst Träger sämtlicher Rechte und Pflichten sind.[178] Im Folgenden sollen zunächst die unterschiedlichen juristischen Personen auf die Einwilligungsmöglichkeiten bei Untreuehandlungen untersucht werden, i.R. derer auch auf Einwilligungskonstellationen im Bereich konzernierter Unternehmen einzugehen ist. Endlich sind die Personengesellschaften dieser Prüfung zu unterziehen.

3. Juristische Personen

a. Gesellschaft mit beschränkter Haftung (GmbH)

Zunächst wird die Einwilligung in Untreuehandlungen bei der GmbH näher untersucht.

aa. Struktur, Aufbau und Verfassung der GmbH

Die GmbH verfügt über eine körperschaftliche Organisation und ist als Handelsgesellschaft[179], Kapitalgesellschaft und juristische Person[180] einzuordnen.[181] Die charakteristische Besonderheit der GmbH liegt in ihrem Stammkapital[182], auf das sich ihre Haftung beschränkt, d.h. die Gesellschafter haften für Gesellschaftsschulden nicht persönlich, sondern nur mit ihren Stammeinlagen, die in der Summe das eben genannte Stammkapital ergeben.[183] Diese Stammeinlage, die

177 *Kindler*, Gesellschaftsrecht, § 9 Rn. 14; *Windbichler*, Gesellschaftsrecht, § 2 Rn. 7.
178 *Kindler*, Gesellschaftsrecht, § 9 Rn. 12 f.; *Windbichler*, Gesellschaftsrecht, § 2 Rn. 3 f.
179 Gem. § 13 Abs. 3 GmbHG i.V.m. § 6 Abs. 2 HGB ist die GmbH Formkaufmann.
180 Vgl. § 13 Abs. 1 GmbHG.
181 Saenger/*Schmitz-Herscheid*/*Coenen*, Praxishandbuch, § 6 Rn. 2; *Schmidt*, Gesellschaftsrecht, S. 985; *Windbichler*, Gesellschaftsrecht, § 20 Rn. 1.
182 Dieses muss gem. § 5 Abs. 1 GmbHG bei mindestens 25.000 € liegen.
183 *Windbichler*, Gesellschaftsrecht, § 20 Rn. 2, Rn. 4 ff.

jeder Gesellschafter zu erbringen hat, stellt zugleich den Geschäftsanteil eines jeden Gesellschafters an der Gesellschaft dar.[184] Diese Einlagen können die Gesellschafter sowohl als Geld- als auch als Sacheinlage erbringen.[185]

Die Gründung der GmbH verläuft in drei Phasen: zunächst spricht man von der sog. Vorgründungsgesellschaft, sodann von der Vor-GmbH und nach der Eintragung ins Handelsregister von der GmbH. Wie bei jeder anderen Gesellschaft, ist der Abschluss eines Gesellschaftsvertrages, auch Satzung genannt, erforderlich. Mit dem Abschluss dieses formgerechten Vertrages, der als Organisationsvertrag zu qualifizieren ist[186], entsteht die sog. Vorgesellschaft, auch Vor-GmbH genannt.[187] Dieser Vorgesellschaft kann eine sog. Vorgründungsgesellschaft vorausgehen, im Rahmen derer sich die Gesellschafter zur Gründung einer GmbH verpflichten. Diese Vorgründungsgesellschaft, die zumindest ein vorvertragliches Vertrauensverhältnis begründet, ist als Gesellschaft bürgerlichen Rechts (GbR) einzuordnen, deren Zweck allein in der Gründung einer GmbH besteht.[188] Betreibt sie jedoch ein Handelsgewerbe, dann ist sie als Offene Handelsgesellschaft (OHG) zu qualifizieren.[189] Erst mit Eintragung in das Handelsregister, der konstitutive Wirkung zukommt, entsteht gem. § 11 Abs. 1 GmbHG die GmbH.

Jede GmbH hat mindestens zwei Organe und zwar die Gesellschafterversammlung als Willensbildungsorgan und einen oder mehrere Geschäftsführer als Handlungsorgan.[190] Daneben besteht gem. § 52 GmbHG die Möglichkeit, einen Aufsichtsrat zu bestellen, der aber nicht zwingend erforderlich ist.

Charakteristisch für die GmbH ist die Möglichkeit der sog. Fremdorganschaft, das heißt, anders als bei den Personengesellschaften, kann auch ein Dritter als Geschäftsführer tätig werden, dieser muss also nicht zwingend Gesellschafter sein.[191]

184 *Windbichler*, Gesellschaftsrecht, § 20 Rn. 7.

185 *Schmidt*, Gesellschaftsrecht, S. 1003.

186 *Schmidt*, Gesellschaftsrecht, S. 1001.

187 Die Rechtsnatur der Vor-GmbH war lange Zeit umstritten. Mittlerweile wird sie aber als Vereinigung eigener Art eingeordnet, auf die sämtliche Regelungen des GmbHG anzuwenden sind, mit Ausnahme derjenigen, die die Eintragung im Handelsregister voraussetzen; BGHZ 21, S. 242 ff. (S. 246); BGHZ 45, S. 338 ff. (S. 347); BGHZ 51, S. 30 ff. (S. 32); BGHZ 72, S. 45 ff. (S. 48); Saenger/*Schmitz-Herscheidt*/*Coenen*, Praxishandbuch, § 6 A. Rn. 25.

188 *Schmidt*, Gesellschaftsrecht, S. 1011 f.; *Windbichler*, Gesellschaftsrecht, § 21 Rn. 17.

189 Saenger/*Schmitz-Herscheidt*/*Coenen*, Praxishandbuch, § 6 A. Rn. 22.

190 *Schmidt*, Gesellschaftsrecht, S. 994.

191 Ulmer/Habersack/Winter/*Ulmer*, GmbHG, Einl. A. Rn. 20.

Der oder die Geschäftsführer der Gesellschaft führen diese im Innenverhältnis und vertreten sie im Außenverhältnis. Ihre Vertretungsbefugnis ist Dritten gegenüber gem. § 37 Abs. 2 GmbHG unbeschränkbar. Bei besonders bedeutenden Rechtsgeschäften muss der bzw. müssen die Geschäftsführer jedoch zunächst die Gesellschafterversammlung damit befassen.[192]

Die Gesellschafterversammlung setzt sich aus der Gesamtheit aller Gesellschafter zusammen und ist das oberste Organ der GmbH, sodass der Geschäftsführer ihr gegenüber weisungsgebunden ist.[193] Aufgrund dieses Vorrangs den anderen Organen gegenüber, der sich auch im Weisungsrecht gegenüber dem Geschäftsführer zeigt, ist von einem weitgehend hierarchischen Aufbau der GmbH auszugehen. Als Willensbildungsorgan der Gesellschaft obliegen der Gesellschafterversammlung die Grundlagenkompetenzen (§§ 26, 53, 60 Abs. 1 GmbHG) und die laufende Geschäftsführung (§ 37 Abs. 1 a.E. GmbHG).

bb. Vermögensbetreuungspflicht

Wie zu Beginn der Ausführungen ermittelt, ist für beide Tatbestandsalternativen des § 266 StGB erforderlich, dass der Täter gegenüber dem Geschädigten vermögensbetreuungspflichtig ist. Diese Pflicht ist zudem in beiden Varianten gleichen Inhalts.[194] Mithin ist also zu untersuchen, wen im Bereich der GmbH eine Vermögensbetreuungspflicht trifft, bevor auf mögliche Tatvarianten näher eingegangen wird.

aaa. Vermögensinhaber

Diese Vermögensbetreuungspflicht besteht stets gegenüber dem Vermögensinhaber. Folglich gilt es zunächst zu untersuchen, wer bei der GmbH Vermögensinhaber ist, bevor auf die einzelnen vermögensbetreuungspflichtigen Personen eingegangen wird. Zivilrechtlich ist dies nach den Ausführungen zur Rechtsnatur juristischer Personen unproblematisch: da die GmbH als juristische Person selbst Träger von Rechten und Pflichten ist, gilt sie auch als Vermögensinhaberin.[195] Auch im Strafrecht wird überwiegend die GmbH als Vermögensinhaberin be-

192 *Windbichler*, Gesellschaftsrecht, § 22 Rn. 11.
193 *Windbichler*, Gesellschaftsrecht, § 22 Rn. 3.
194 Vgl. S. 58 f.
195 Vgl. S. 67 f.

stimmt, sodass das Vermögen der Gesellschafter von demjenigen der Gesellschaft strikt zu trennen wäre.[196]

Teilweise wird jedoch argumentiert, das Vermögen der GmbH sei der Gesellschafterversammlung zuzuordnen. Da sie das Willensbildungsorgan der Gesellschaft sei, durch welches diese erst handlungsfähig werde, sei ihr auch das Vermögen zuzuordnen, weil auch nur sie darüber bestimmen könne, wozu das Vermögen verwendet werden solle.[197] Die formale zivilrechtliche Betrachtungsweise habe hier außer Betracht zu bleiben, weil sie nicht der wirtschaftlichen Situation der GmbH entspreche, denn aus wirtschaftlicher Sicht sei das Vermögen den Gesellschaftern und nicht der Gesellschaft zugeordnet.[198] Dies hätte zur Folge, dass die genannte Vermögensbetreuungspflicht stets gegenüber den Gesellschaftern, bzw. der Gesellschafterversammlung bestehe, da sie selbst Inhaber des GmbH-Vermögens wären.

Diese Vermögenszuordnung kann indes nicht überzeugen. Die GmbH ist als juristische Person ein rechtliches Konstrukt, dem eigenständige Rechtsfähigkeit zukommt und dem folglich auch eigenständiges Vermögen zuzuordnen ist. Das Vermögen der GmbH und dasjenige ihrer Gesellschafter sind streng voneinander zu trennen.[199] Zivilrechtlich ist dies unbestritten. Fraglich erscheint, warum diese Zuordnung im Strafrecht anders ausfallen sollte. Durch die genannte Vermögenszuordnung würden zivilrechtliche Konstrukte im Strafrecht aufgeweicht, denn im Zivilrecht würde ein Rechtssubjekt mit eigenem Vermögen existieren, im Strafrecht hingegen nicht. Die Vermögenszuordnung ist aber eine rechtliche Frage, die im Zivilrecht beheimatet ist, folglich müssen diese zivilrechtlichen Wertungen dann auch im Strafrecht Geltung beanspruchen.[200] Dem kann nicht entgegnet werden, es handele sich um eine wirtschaftliche Zuordnung, da für die strafrechtliche Bewertung allein eine rechtliche Wertung entscheidend sein kann.

196 BGHSt 3, S. 32 ff. (S. 39 f.); BGHSt 34, S. 379 ff. (S. 385); *Gehrlein*, NJW 2000, S. 1089; *Gribbohm*, ZGR 1990, S. 11 f.; *Reiß*, wistra 1989, S. 83.

197 *Nelles*, Untreue, S. 276 ff., S. 492.

198 *Labsch*, JuS 1985, S. 604.

199 BGH NJW 2006, S. 184 f. (S. 185).

200 Auch *Fleck* argumentiert in diese Richtung: Das Zivilrecht bestimme, welche Pflichten den Geschäftsführer einer GmbH träfen und wie weit seine Vertretungsbefugnis reiche. Im Rahmen der Untreue würden zivilrechtlicher Missbrauch bzw. Treubruch bestraft, also müssten auch die zivilrechtlichen Wertungen respektiert werden; *Fleck*, ZGR 1990, S. 32. Daraus folgert *Schäfer*, dass wenn bereits die Befugnisse des Geschäftsführers und deren Missbrauch im Rahmen des § 266 StGB zivilrechtlich zu bewerten wären, dann wäre erst recht der weitergehende Ansatz, dass die Vermögenszuordnung im Strafrecht anders vorgenommen würde als im Zivilrecht, abzulehnen; *Schäfer*, GmbHR 1992, S. 511.

Selbstverständlich ist, wie *Nelles* bemerkt, die GmbH nur durch ihre Organe handlungsfähig. Dies lässt aber nicht automatisch den Schluss zu, dass ihr deshalb auch kein eigenes Vermögen zustehen könne. Ein Recht innezuhaben und es auszuüben ist zweierlei. Die GmbH kann eigene Vermögensrechte innehaben, diese ausüben können hingegen ihre Organe für sie. Folglich ist das Vermögen der GmbH und nicht ihren Gesellschaftern zuzuordnen, mit der Folge, dass sie Vermögensinhaber ist, der gegenüber dann auch die genannten Betreuungspflichten bestehen.

bbb. Vermögensbetreuungspflichtige Personen

Im Weiteren ist zu prüfen, wer der GmbH gegenüber vermögensbetreuungspflichtig ist.

1. Geschäftsführer

Zunächst ist der Geschäftsführer einer GmbH zu nennen. Ihm ist es aufgrund der Unbeschränkbarkeit seiner Vertretungsbefugnis nach außen möglich, die GmbH rechtlich zu verpflichten und über ihr Vermögen zu verfügen; er hat gem. § 43 Abs. 1 GmbHG ihre Vermögensinteressen wahrzunehmen.[201] Da die Befugnisse des GmbH-Geschäftsführers den aufgezeigten Prämissen einer Vermögensbetreuungspflicht[202] genügen, ist weitgehend unstreitig, dass den Geschäftsführer einer GmbH eine solche Pflicht gegenüber der GmbH als juristische Person trifft.[203] Der Geschäftsführer einer GmbH kann folglich sowohl den Missbrauchs- als auch den Treubruchstatbestand der Untreue verwirklichen. Hat eine GmbH mehrere Gesellschafter, so sind diese, sofern nichts anderes bestimmt ist, jedoch nur gemeinsam vertretungsbefugt (§ 35 Abs. 2 GmbHG). Handelt in einem solchen Fall einer der Geschäftsführer allein, so kann er mangels rechtlicher Wirksamkeit der Handlung im Außenverhältnis nur den Treubruchstatbestand

201 BGH NJW 2006, S. 1984 f. (S. 1985).

202 Vgl. S. 58 f.

203 BGH NJW 1992, S. 250 ff. (S. 251); *Brammsen*, DB 1989, S. 1611; *Kohlmann*, Verantwortlichkeit, Rn. 178; *Schäfer*, GmbHR 1993, S. 787 f.; *Stapelfeld*, BB 1991, S. 1501; *Tiedemann*, GmbH-Strafrecht, Vor §§ 82 ff. Rn. 7.

des § 266 StGB verwirklichen[204]; steht ihm hingegen Einzelvertretungsmacht zu, so kann er auch *allein* Täter eines Missbrauchs sein.

2. Stellvertretender Geschäftsführer

Auch dem stellvertretenden Geschäftsführer stehen die gleichen Rechte und Befugnisse zu, wie dem ständigen Geschäftsführer. Daraus folgt auch für ihn eine Vermögensbetreuungspflicht i.S.d. § 266 StGB gegenüber der GmbH[205]; sodass auch er tauglicher Täter der Missbrauchs- und der Treubruchsvariante sein kann.

3. Faktischer Geschäftsführer

Unklar ist, ob auch der faktische Geschäftsführer der GmbH gegenüber vermögensbetreuungspflichtig ist, da es bei ihm schon aus der Natur der Sache heraus an einer wirksamen Bestellung fehlt. Prinzipiell werden wohl zwei Arten faktischer Geschäftsführer unterschieden: Einerseits derjenige, der Geschäftsführer sein soll, bei dem der Bestellungsakt aber zivilrechtlich unwirksam ist. Daneben gibt es aber auch Personen, die gar nicht als Geschäftsführer bestellt werden sollen, die aber auftreten, als wären sie Geschäftsführer, d.h. sie nehmen Tätigkeiten vor, die eigentlich nur einem wirksam bestellten Geschäftsführer zustehen. Oftmals wird hinter dieser Art faktischer Geschäftsführer noch ein Strohmann stehen, der jedoch lediglich auf dem Papier als Geschäftsführer gilt. Die tatsächliche Geschäftsführung hingegen tätigt jemand anders, der dann eben als faktischer Geschäftsführer zu qualifizieren ist.[206]

Ergänzend ist hier jedoch noch auf eine weitere mögliche Konstellation hinzuweisen, und zwar auf den sog. faktischen Mitgeschäftsführer. Damit ist gemeint, dass neben dem faktischen Geschäftsführer auch ein wirksam bestellter

204 Hier kommt es dann jedoch entscheidend auf die Wirksamkeit des Rechtsgeschäftes an, denn steht einem Gesellschafter keine Einzelvertretungsmacht zu, dann kann er die Gesellschaft auch nicht wirksam verpflichten, das Rechtsgeschäft ist dann bis zur Genehmigung durch die anderen Gesellschafter schwebend unwirksam, MK BGB/*Schramm*, § 177 Rn. 14. Mangels wirksamen Rechtsgeschäftes fehlt es dann auch an dem für § 266 StGB erforderlichen Schaden. Eine Pflichtverletzung ist in der Handlung aber dennoch zu sehen.

205 MK StGB/*Dierlamm*, § 266 Rn. 79; *Kohlmann*, Verantwortlichkeit, Rn. 200.

206 *Seier* nennt diese beiden Erscheinungsformen faktischen Geschäftsführer »wider Willen« und denjenigen »mit Willen«, Achenbach/Ransiek/*Seier,* Handbuch Wirtschaftsstrafrecht, V 2 Rn. 273 f.

Geschäftsführer agiert, der faktische Geschäftsführer also keineswegs anstelle eines Strohmanns allein die Geschäfte führt.[207]

Auf den Geschäftsführer, der aufgrund einer unwirksamen Bestellung als faktisch qualifiziert wird, könnte § 14 Abs. 3 StGB angewendet werden: Er möchte Geschäftsführer sein, ist es aber nicht, weil sein Bestellungsakt zivilrechtlich unwirksam ist. Dennoch wird mit seinem Tätigwerden eine Vermögensbetreuungspflicht i.S.d. § 266 StGB seinerseits bejaht. Da der Betreffende davon ausgeht, dass ihn eine solche trifft, da er ja auch davon ausgeht, dass er wirksamer Geschäftsführer mit entsprechenden Pflichten ist, könnte § 14 Abs. 3 StGB angewendet werden, ohne dass dies zu Unsicherheiten seinerseits führte.[208] Somit könnte er trotz des unwirksamen Bestellungsaktes tauglicher Täter einer Untreue sein, da er der GmbH gegenüber vermögensbetreuungspflichtig ist. § 14 StGB bestimmt aber, dass eine besondere Pflicht, die den Vertretenen trifft in einem Vertretungsverhältnis auch den Vertreter trifft. Vorliegend trifft die GmbH aber gar keine Pflicht, die über § 14 StGB dem Vertreter, nämlich dem Geschäftsführer auferlegt werden könnte, denn die GmbH ist sich selbst gegenüber keineswegs vermögensbetreuungspflichtig. § 14 Abs. 3 StGB führt hier folglich nicht weiter.

Deutlich kontroverser wird demgegenüber die Figur des faktischen Geschäftsführers dann diskutiert, wenn dieser deswegen als faktisch eingeordnet wird, weil er bewusst im Einverständnis mit den Gesellschaftern Geschäftsführertätigkeiten wahrnimmt, ohne wirksam bestellt zu sein. Zwar nimmt die Rechtsprechung des BGH seit jeher an, dass dieser faktische Geschäftsführer dem rechtswirksam bestellten Geschäftsführer gleichstehe[209], dies wird jedoch in weiten Teilen der Literatur sehr kritisch betrachtet:[210] Auf den faktischen Geschäftsführer sei § 14 Abs. 3 StGB nicht anzuwenden, da keine unwirksame Bestellung vorliege, genauer gesagt, es liege überhaupt keine Bestellung vor. Betrachtet man die anderen Alternativen des § 14 StGB, so bliebe lediglich diejenige des Absatzes 2 Nr. 1, da Absatz 2 Nr. 2 eine ausdrückliche Beauftragung verlange.[211] Daran wird es aber häufig fehlen, da der faktische Geschäftsführer von sich aus entsprechende Aufgaben wahrnimmt, ohne ausdrücklich dazu beauftragt worden zu sein, wenngleich wohl zumeist ein stillschweigendes Einverständnis der Ge-

207 Über diese Figur urteilt der BGH in: NJW 1983, S. 240 f. (S. 241) und StV 1984, S. 461 ff.

208 Achenbach/Ransiek/*Seier*, Handbuch Wirtschaftsstrafrecht, V 2 Rn. 69, Rn. 273.

209 BGHSt 3, S. 32 ff. (S. 37 f.); BGHSt 6, S. 314 ff. (S. 315); BGHSt 34, S. 379 ff. (S. 384).

210 *Achenbach*, NStZ 1989, S. 497 f.; *Tiedemann*, NJW 1977, S. 779 f.; *Tiedemann*, NJW 1979, S. 1850 f.

211 Achenbach/Ransiek/*Seier*, Handbuch Wirtschaftsstrafrecht, V 2 Rn. 275.

sellschafter vorliegen wird.[212] Ohne rechtliche Grundlage sehen einige Vertreter in der Literatur aber das verfassungsrechtlich verankerte Bestimmtheitsgebot des Art. 103 Abs. 2 GG verletzt, wenn der faktische Geschäftsführer dem rechtswirksam bestellten gleichgestellt wird, da es sich so um eine Analogie zulasten des Täters handele.[213] Erst durch die genannte Gleichbehandlung kann eine strafrechtliche Verantwortlichkeit des faktischen Geschäftsführers erzielt werden.

Im Bereich der Untreue ist der Erscheinung eines faktischen Geschäftsführers jedoch auch anders Rechnung zu tragen: Wie gesehen, enthält § 266 StGB sowohl die Missbrauchs- als auch die Treubruchsalternative, die beide eine Vermögensbetreuungspflicht gleichen Inhalts voraussetzen. Eine einverständliche Übernahme der Geschäftsführertätigkeit durch den faktischen Geschäftsführer löst eine tatsächliche Treuebeziehung i.S.d. § 266 Abs. 1 Alt. 2 StGB aus.[214] Da aber nicht die formale Stellung des Betreffenden, sondern i.R. von § 266 Abs. 1 Alt. 2 StGB seine tatsächliche Verfügungsmacht ausschlaggebend bzw. ausreichend ist, trifft den faktischen Geschäftsführer so eine Vermögensbetreuungspflicht, ohne dass es auf eine ausdrückliche Bestellung zu dieser Position ankäme.[215] Folglich besteht im Bereich der Untreue die Möglichkeit, den faktischen Geschäftsführer dem rechtswirksam bestellten gleichzusetzen, ohne dass das Gebot des Art. 103 Abs. 2 GG verletzt wird.

Diese tatsächliche Treuebeziehung ergibt sich aber für beide Arten der hier dargestellten Geschäftsführer, sodass im Bereich der Untreue § 14 StGB nicht nur nicht erforderlich, sondern wie gesehen, auch nicht sachgerecht ist. Beide Arten faktischer Geschäftsführer können somit Täter eines Treubruchs sein.[216] Dies ist insofern sachgerecht, als § 14 StGB eine Anpassung des Normbefehls

212 Teils wird im Einverständnis der Gesellschafter eine konkludente Bestellung zum Geschäftsführer i.S.d. § 14 Abs. 2 Nr. 1 StGB gesehen; vgl. nur KK OWiG/*Rogall*, § 9 Rn. 49, der dies für die Parallelvorschrift im OWiG, § 9 Abs. 2 bejaht.

213 *Dierlamm*, NStZ 1996, S. 155; *Otto*, StV 1984, S. 462; *Tiedemann*, GmbH-Strafrecht, § 84 Rn. 20 ff.; *Schmid* begegnet dieser Kritik mit dem einfachen Hinweis, dass die Strafnormen sich nicht an den rechtswirksam bestellten Geschäftsführer wenden, sondern an denjenigen, der die Aufgaben eines Geschäftsführers tatsächlich wahrnimmt; Müller-Gugenberger/Bieneck/*Schmid*, Wirtschaftsstrafrecht, § 30 Rn. 44.

214 Achenbach/Ransiek/*Seier*, Handbuch Wirtschaftsstrafrecht, V 2 Rn. 276; MK StGB/*Dierlamm*, § 266 Rn. 144; LK[11]/*Schünemann*, § 266 Rn. 125; *Tiedemann*, NJW 1986, S. 1845.

215 BGH NJW 1997, S. 66 ff. (S. 67); BGH NStZ 1999, S. 558 f. (S. 558); *Gübel*, Strafrechtliche Haftung, S. 140.

216 Wabnitz/Janovsky/*Köhler*, Handbuch, S. 405; *Schünemann* äußert, der faktische Geschäftsführer könne aber neben dem Treubruchstatbestand auch die Missbrauchsalternative verwirklichen, legte man die zivilrechtlichen Grundsätze der Duldungs- oder Anscheinsvollmacht zugrunde, LK[11]/*Schünemann*, § 266 Rn. 125.

für solche Fälle bezweckt, in denen für den Normadressaten Organe und Vertreter handeln.[217] Es handelt sich gewissermaßen um eine Vorschrift zur Überleitung strafrechtlicher Pflichten bzw. Merkmale oder Eigenschaften. Trifft die für § 266 StGB erforderliche Pflicht, nämlich diejenige zur Betreuung fremden Vermögens jedoch in tatsächlicher Hinsicht direkt das handelnde Organ bzw. den Vertreter, so ist § 14 StGB gar nicht erforderlich.

4. Gesellschafter

Weiterhin erscheint es möglich, dass auch die Gesellschafter selbst gegenüber der GmbH eine Vermögensbetreuungspflicht trifft. Dies ist wohl unproblematisch zu bejahen, wenn ein Gesellschafter gleichzeitig auch Geschäftsführer der GmbH ist, dessen Vermögensbetreuungspflicht soeben bejaht wurde. Fraglich ist hingegen, ob eine solche Pflicht auch den Gesellschafter trifft, der nicht geschäftsführend tätig ist. Folgt man entgegen dem vorliegend eingeschlagenen Weg der Ansicht *Nelles'* und *Labschs*, dass das GmbH-Vermögen nicht der GmbH selbst als juristischer Person, sondern der Gesamtheit der Gesellschafter, also der Gesellschafterversammlung, zuzuordnen sei[218], so ergibt sich daraus in logischer Konsequenz, dass die Gesellschafter selbst keine entsprechende Vermögensbetreuungspflicht gegenüber der Gesellschaft trifft.[219] Treuhänder und Vermögensbetreuungspflichtiger können nicht personenidentisch sein. Dann käme jedoch eine Vermögensbetreuungspflicht den anderen Gesellschaftern gegenüber in Betracht.

Da dieser Ansicht aber aus den angeführten Gründen nicht gefolgt werden kann[220], käme auch für die Gesellschafter gegenüber der GmbH eine Vermögensbetreuungspflicht in Betracht. Dazu wäre jedoch erforderlich, dass aufgrund der Pflichtenstellung der Gesellschafter die skizzierten Voraussetzungen und Anforderungen an eine solche Vermögensbetreuungspflicht bejaht werden könnten. Ob dies der Fall ist, wird äußerst kontrovers diskutiert:

Teils wird vertreten, aus der zivilrechtlichen Treuepflicht der Gesellschafter gegenüber der GmbH könne auch eine strafrechtlich relevante Vermögensbetreuungspflicht hergeleitet werden. Dies ergebe sich unter anderem aus der Vor-

217 MK StGB/*Radtke*, § 14 Rn. 5.
218 Vgl. S. 70 ff.
219 Dennoch trifft die Gesellschafter den anderen Gesellschaftern gegenüber eine Treuepflicht, auf die es hier jedoch zunächst nicht ankommt.
220 Vgl. S. 70 ff.

schrift des § 30 GmbHG, der ein Angreifen des Stammkapitals verbiete.[221] Der Vermögenserhalt des Stammkapitals sei nicht bloße Nebenpflicht, sondern dies sei »die Bedingung, die erfüllt sein muss«, um die weitgehend unbeschränkte Dispositionsmacht der Gesellschafter »ohne eigenes Haftungsrisiko hinnehmen zu können«.[222] Wenn ein Angreifen des Stammkapitals sogar den Gesellschaftern untersagt sei, so bedeute dies, dass den Gesellschaftern das Stammkapital anvertraut sei.[223] *Kohlmann* bejaht unter Berücksichtigung ihrer tatsächlichen Stellung zum Gesellschaftsvermögen eine Pflicht der Gesellschafter zu dessen Betreuung.[224] Ferner wird argumentiert, dass das Vermögen der Gesellschaft für die Gesellschafter fremd sei, sodass es für den Gesellschafter also stets um fremde Vermögensinteressen gehe.[225] Somit wäre dann auch eine Vermögensbetreuungspflicht der Gesellschafter gegenüber der GmbH zu bejahen.

Die Gegenansicht lehnt eine solche für § 266 StGB relevante Pflicht der Gesellschafter gegenüber der GmbH ab. Zunächst spreche der frühere Gesetzgeber gegen die Bejahung einer solchen, da in § 81 GmbHG a.F., dem früheren Spezialtatbestand der GmbH-Untreue, der Gesellschafter, anders als der Geschäftsführer, nicht als Normadressat genannt wurde.[226] Zudem sei die zivilrechtliche Treuepflicht aus § 242 BGB der Gesellschafter gegenüber der GmbH nicht geeignet, eine strafrechtlich relevante Vermögensbetreuungspflicht der Gesellschafter zu begründen. Auch die Regelungen über die Kapitalaufbringung und Kapitalerhaltung seien zivilrechtliche Pflichten, die die Gesellschafter im Rahmen der Gründung der GmbH träfen, da sie sich in der Satzung dazu verpflichtet hätten. Daraus dürfe aber keineswegs geschlossen werden, dass sie dann auch eine strafrechtliche Betreuungspflicht gegenüber dem GmbH-Vermögen treffe. Des Weiteren lasse auch nicht § 30 GmbHG, wie von der Gegenansicht vorgetragen, auf eine Vermögensbetreuungspflicht der Gesellschafter schließen, denn diese seien in der Norm gar nicht als Verpflichtete genannt, sondern lediglich als Empfänger möglicher Auszahlungen des Stammkapitals.[227] Mithin sei eine Vermögensbetreuungspflicht der Gesellschafter gegenüber der GmbH abzulehnen.

221 *Wodicka*, Untreue, S. 303 ff.
222 *Ransiek*, wistra 2005, S. 124.
223 *Richter*, GmbHR 1984, S. 144.
224 Hachenburg/*Kohlmann*, GmbHG, Vor § 82 Rn. 50.
225 *Ransiek*, wistra 2005, S. 124.
226 *Hartung*, NJW 1996, S. 232.
227 *Flum*, Schutz der GmbH, S. 229 ff.; der BGH nimmt zwar eine solche Verpflichtung der Gesellschafter an, dies aber wiederum nur in zivilrechtlicher Hinsicht, BGH NJW 1985, S. 1030 f. (S. 1031).

Der Ansicht, die die genannte Betreuungspflicht bejaht, kann nicht gefolgt werden. Neben dem historischen Argument bezüglich § 81 GmbHG a.F. ist vor allem anzuführen, dass aus zivilrechtlichen Pflichten nicht ohne Weiteres auf strafrechtlich relevante Pflichten geschlossen werden darf, da so die weniger schwerwiegende zivilrechtswidrige Zahlung automatisch strafrechtlich relevant würde.[228] Daneben überzeugen aber besonders die Ausführungen *Schäfers*[229], der anführt, dass die Vermögensbetreuungspflicht nach der Definition der h.M. gerade den wesentlichen Inhalt des Treueverhältnisses ausmachen müsse und es sich nicht um eine bloße Nebenpflicht handeln dürfe.[230] Die Pflicht der Kapitalaufbringung und Kapitalerhaltung im Rahmen des Gründungsstadiums ist aber gerade nicht eine solche wesentliche Hauptpflicht. Dass das Stammkapital Grundlage für die beschränkte Haftung der Gesellschafter ist, spricht keineswegs dafür, dass die Pflicht, dieses nicht anzugreifen, eine Hauptpflicht darstellt. Hier darf nicht von GmbH-rechtlichen Grundlagen einfach auf den Umfang einer bestimmten Pflicht geschlossen werden. Zudem kann aus der Pflicht, das Stammkapital nicht anzugreifen, keine Pflicht geschlossen werden, das Vermögen der Gesellschaft zu betreuen. Insgesamt ist eine Vermögensbetreuungspflicht derjenigen Gesellschafter, die nicht zugleich Geschäftsführer sind, abzulehnen. Vor allem auch ein Vergleich mit den Positionen der vorliegend bisher als vermögensbetreuungspflichtig eingeordneten Personen zeigt, dass die Stellung der Gesellschafter keine so enge Bindung zu dem genannten Vermögen aufweist, dass eine solche Pflicht bejaht werden könnte. Folglich sind die Gesellschafter selbst, wenn sie nicht auch geschäftsführend tätig werden, der GmbH gegenüber nicht vermögensbetreuungspflichtig.

5. Prokurist

Weiterhin kann auch den Prokuristen einer GmbH eine Vermögensbetreuungspflicht i.S.d. § 266 StGB treffen. Die GmbH ist gem. § 13 Abs. 3 GmbHG Formkaufmann, folglich kann sie ihren Mitarbeitern gem. §§ 48 ff. HGB Prokura erteilen. Da dem Prokuristen gem. § 49 HGB umfangreiche Rechte zustehen,

228 In diese Richtung argumentiert auch *Birkholz*, der ausführt, dass eine Entscheidung der Gesellschafterversammlung, die die Treuepflicht verletze, keineswegs nichtig, sondern anfechtbar sei. Wollte man aber eine Vermögensbetreuungspflicht der Gesellschafter gerade aus dieser Treuepflicht herleiten, so würde ein Verhalten strafrechtlich sanktioniert, welches zivilrechtlich bloß anfechtbar sei; *Birkholz*, Untreuestrafbarkeit, S. 256.

229 *Schäfer*, Unterkapitalisierung, S. 199 f.

230 Vgl. S. 58 f.

weil er sämtliche Geschäfte, die der Betrieb eines Handelsgewerbes mit sich bringt, vornehmen darf und er aufgrund der fehlenden Beschränkung der Prokura nach außen (§ 50 Abs. 1 HGB) die Gesellschaft wirksam verpflichten kann, ist er auch dieser gegenüber vermögensbetreuungspflichtig i.S.d. Untreue.[231] Der Prokurist kann somit beide Handlungsvarianten des § 266 StGB erfüllen.

6. Handlungsbevollmächtigter

Daneben könnte eine solche Pflicht den Handlungsbevollmächtigten gem. §§ 54 f. HGB treffen, dessen Kompetenzen jedoch nicht so weitreichend sind, wie diejenigen des Prokuristen. Auch ihn kann die GmbH aufgrund ihrer Eigenschaft als Formkaufmann mit der Vornahme von bestimmten Geschäften beauftragen. In diesem Rahmen kann der Handlungsbevollmächtigte die GmbH wirksam verpflichten und über ihr Vermögen verfügen. Mithin trifft ihn eine Vermögensbetreuungspflicht i.S.d. § 266 StGB[232], mit der Folge, dass auch er tauglicher Täter der Missbrauchs- und der Treubruchsalternative sein kann.

7. Sonstiger leitender Angestellter

Aber auch ein sonstiger leitender Angestellter einer GmbH könnte dieser gegenüber vermögensbetreuungspflichtig sein. Folglich gilt es zu untersuchen, inwieweit sich aus dem Arbeitsverhältnis für den Arbeitnehmer eine solche Pflicht i.S.d. § 266 StGB ergeben kann. Grundsätzlich begründet ein Arbeitsverhältnis eine gegenseitige Treuepflicht.[233] Jedoch soll diese zivilrechtliche Pflicht für sich allein nicht ausreichend sein, um eine strafrechtliche Vermögensbetreuungspflicht im Sinne der Untreue zu begründen.[234] Wie bereits ausgeführt, muss die Vermögensbetreuungspflicht wesentlicher Inhalt des Treueverhältnisses sein. Dies ist im Rahmen eines normalen Arbeitsverhältnisses aber gerade nicht der

231 BGH bei *Herlan* GA 1964, S. 130; BGH, Urteil v. 29.06.2006 – 5 StR 483/05; NK/*Kindhäuser*, § 266 Rn. 58.

232 NK/*Kindhäuser*, § 266 Rn. 58.

233 Diese Treuepflicht wurde früher aus § 242 BGB abgeleitet. Heute ist sie als Nebenpflicht auf Rücksichtnahme in § 241 Abs. 2 BGB verankert, der zwar für sämtliche Schuldverhältnisse gilt, aber im Arbeitsrecht eine besonders starke Ausprägung in Schutz- und Verhaltenspflichten erfährt, Palandt/*Weidenkaff*, BGB, § 611 Rn. 39.

234 BGHSt 3, S. 289 ff. (S. 293 f.); BGHSt 4, S. 170 ff. (S. 171 f.); BGHSt 5, S. 187 ff. (S. 188 f.); BGHSt 6, S. 314 ff. (S. 318); MK StGB/*Dierlamm*, § 266 Rn. 12; *Lackner*/*Kühl*, StGB, § 266 Rn. 12.

Fall[235], weil die genannte Betreuungspflicht, wenn sie den Arbeitnehmer trifft, nur eine von zahlreichen Pflichten sein wird. Das heißt grundsätzlich ergibt sich aus einem Arbeitsverhältnis keine Vermögensbetreuungspflicht für den Arbeitnehmer. Jedoch könnte sich eine solche für einen leitenden Angestellten ergeben, wenn besondere Umstände vorliegen. Steht ihm Prokura oder Handlungsvollmacht zu, so ist diese Pflicht, wie soeben gesehen, unproblematisch zu bejahen. Daneben kann sich eine solche Pflicht aber auch aus einem tatsächlichen Verhältnis ergeben. So ist eine Vermögensbetreuungspflicht eines Angestellten in einem Unternehmen dann anerkannt, wenn dessen Tätigkeit mit vermögensrelevanten Maßnahmen verbunden ist.[236] Anhaltspunkt für eine solche Pflicht kann auch die dem Angestellten möglicherweise zustehende Weisungsbefugnis gegenüber Untergebenen sein (§ 315 BGB), die auf eine rechtsgeschäftliche Vertretungsmacht des leitenden Angestellten schließen lassen kann. Folglich kann auch ein sonstiger leitender Angestellter unter den genannten Voraussetzungen Täter eines Treubruchs i.S.d. Untreue sein.

8. Aufsichtsrat

Weiterhin gilt es zu untersuchen, inwiefern den Aufsichtsrat einer GmbH, sofern ein solcher vorhanden ist, eine Vermögensbetreuungspflicht gegenüber der Gesellschaft trifft. Wie bereits angedeutet, hat nicht jede GmbH zwingend einen solchen Aufsichtsrat.[237] Auf der einen Seite gibt es den sog. *fakultativen Aufsichtsrat*, d.h. ein solcher kann frei nach dem Willen der Gründungsmitglieder in der Satzung vorgesehen werden.[238] Auf der anderen Seite ist der Aufsichtsrat der sog. mitbestimmten GmbH zu nennen, der dann als *notwendiger Aufsichtsrat* be-

235 OLG Frankfurt a. M. NStZ-RR 1997, S. 201 f. (S. 202).

236 *Lackner/Kühl*, StGB, § 266 Rn. 13. Diese Vermögensbetreuungspflicht eines Angestellten aus einem tatsächlichen Verhältnis hat der BGH auch in einem Fall bejaht, in dem dieser im Rahmen einer Auftragsvergabe des Unternehmens bestimmenden Einfluss auf diese nehmen konnte, ohne rechtlich dazu beauftragt worden zu sein, BGH wistra 1989, S. 224 f. (S. 225).

237 Vgl. S. 69.

238 Baumbach/Hueck/*Zöllner/Noack*, GmbHG, § 52 Rn. 1; die Bezeichnung »Aufsichtsrat« ist hier nicht zwingend, dieser kann, wie wohl häufig in der Praxis auch als »Verwaltungsrat«, »Beirat« oder »Gesellschafterausschuss« bezeichnet werden, vgl. Scholz/*Schneider*, GmbHG, § 52 Rn. 4. Dennoch ist für die vorliegende Untersuchung entscheidend, wie gleich zu sehen sein wird, dass es sich bei dem Gremium, egal wie es bezeichnet wird, um ein Kontrollgremium handelt, denn dies erscheint als Anknüpfungsmoment für eine Vermögensbetreuungspflicht erforderlich.

zeichnet wird. Da die Regelungen über die gesetzliche Mitbestimmung der Arbeitnehmer zwingend sind, muss eine GmbH mit einer bestimmten Anzahl von Personen einen Aufsichtsrat haben.[239] Die Notwendigkeit eines Aufsichtsrates zur Arbeitnehmermitbestimmung bestimmen das Drittelbeteiligungsgesetz (vormals Betriebsverfassungsgesetz 1952), das Mitbestimmungsgesetz, das Montanmitbestimmungsgesetz sowie das Mitbestimmungs-Ergänzungsgesetz. Daneben sieht auch § 5 Abs. 2 Investmentgesetz einen Aufsichtsrat vor; dies aber weniger wegen der Arbeitnehmermitbestimmung, als vielmehr als zusätzliche Seriositätsgarantie für Kapitalanlagegesellschaften.[240] Für die vorliegende Untersuchung soll jedoch auf die Einzelheiten solcher Aufsichtsratssysteme, insbesondere deren Zusammensetzung und deren innere Ordnung, nicht weiter eingegangen werden. Vielmehr erscheint hier relevant, ob, wenn ein solcher Aufsichtsrat gegeben ist, diesen eine Vermögensbetreuungspflicht im Sinne der Untreue trifft. Dazu ist zunächst näher zu beleuchten, welche Aufgaben der Aufsichtsrat einer GmbH wahrzunehmen hat. Als primäre Tätigkeit ist dem Aufsichtsrat, sei es ein fakultativer, sei es ein notwendiger, die Kontrolle und Überwachung der Geschäftsführung übertragen.[241] Daneben können ihm andere »Kontrollaufgaben« zustehen, soweit dies in der Satzung bestimmt ist. So ist es beispielsweise möglich, dass gewisse Entscheidungen der Geschäftsführung an die Zustimmung durch den Aufsichtsrat gebunden werden.[242] Dennoch erscheint die Aufgabe der Überwachung und Kontrolle der Geschäftsführung für die hier zu untersuchende Fragestellung am bedeutendsten. Wie eingehend geprüft, trifft den Geschäftsführer einer GmbH, sei es der wirksam bestellte, sein Stellvertreter oder sogar der faktische Geschäftsführer, stets eine Vermögensbetreuungspflicht gegenüber der Gesellschaft. Mithin stellt sich die Frage, ob den Aufsichtsrat, der deren Tätigkeit zu kontrollieren hat, daraus ableitend, ebenfalls eine solche Pflicht gegenüber der GmbH trifft, gleichsam als Überwachergarant der Geschäftsführung. Wie bereits der Name des Organs besagt, ist oberste Aufgabe des Aufsichtsrates die Aufsichtsausübung. Ein Aufsichtsrat ohne diese Aufgaben wäre Irreführung des Geschäftsverkehrs, da dieser gerade, wenn ein Aufsichtsrat besteht, darauf vertraut, dass die Geschäftsführung besser überwacht wird.[243] Aus dieser Über-

239 *Windbichler*, Gesellschaftsrecht, § 22 Rn. 19.

240 Baumbach/Hueck/*Zöllner*/*Noack*, GmbHG, § 52 Rn. 2.

241 BGHSt 14, S. 209 ff.; Baumbach/Hueck/*Zöllner*/*Noack*, GmbHG, § 52 Rn. 100 f., Rn. 242 f., Rn. 300, Rn. 324; *Henze*, BB 2000, S. 213 ff.; *Müller*/*Wolff*, NZG 2003, S. 752 ff.

242 Baumbach/Hueck/*Zöllner*/*Noack*, GmbHG, § 52 Rn. 123; Ulmer/Habersack/Winter/*Raiser*/*Heermann*, GmbHG, § 52 Rn. 110.

243 Baumbach/Hueck/*Zöllner*/*Noack*, GmbHG, § 52 Rn. 27.

wachungs- und Aufsichtsfunktion des Aufsichtsrates ergibt sich also, dass diese gerade auch den Umgang der Geschäftsführung mit dem Vermögen der GmbH umfasst, d.h. der Aufsichtsrat hat auch zu kontrollieren, ob der oder die Geschäftsführer ihrer Vermögensbetreuungspflicht gegenüber der Gesellschaft genügen. Trifft also den Aufsichtsrat auch diese Pflicht, dann kann daraus gefolgert werden, dass ihn der GmbH gegenüber zumindest mittelbar auch eine Vermögensbetreuungspflicht trifft[244], denn wenn die Geschäftsführung ihrerseits die genannte Pflicht verletzt, dann ist der Aufsichtsrat als Überwachungsorgan zum Einschreiten berufen. Ist die Pflicht der Geschäftsführung aber nicht nur zivilrechtlicher Natur, sondern auch strafrechtlich relevant, so heißt dies in der Folge, dass dann auch die Pflicht des Aufsichtsrates für § 266 StGB, also für den strafrechtlichen Bereich, von Relevanz sein muss. Daraus ergibt sich dann eine eigenständige Vermögensbetreuungspflicht des Aufsichtsrates.[245]

Auf der anderen Seite trifft den Aufsichtsrat aber wohl auch eine Pflicht als Beschützergarant und zwar in Bezug auf das Vermögen der Gesellschaft[246], denn aus der Pflicht, die Tätigkeit des Geschäftsführers zu überwachen, um die Gesellschaft vor vermögensschädigendem Verhalten zu bewahren, ergibt sich gleichsam als Gegenseite die Pflicht, das GmbH-Vermögen zu beschützen.

Somit gilt es im Ergebnis festzuhalten, dass die Mitglieder des Aufsichtsrates einer GmbH Täter einer Treubruchsuntreue durch Unterlassen sein können.

ccc. Zwischenergebnis

Die Untersuchung zeigt, dass es im Bereich der GmbH zahlreiche Personen gibt, die der Gesellschaft gegenüber vermögensbetreuungspflichtig sind. Wie gesehen sind die meisten taugliche Täter sowohl eines Missbrauchs als auch eines Treubruchs, wohingegen sich andere, z.B. sonstige leitende Angestellte, allein des Treubruchs schuldig machen können.

244 *Schramm*, Untreue und Konsens, S. 106.

245 So auch *Waßmer*, Untreue, S. 24; für den Aufsichtsrat einer Aktiengesellschaft ist die Vermögensbetreuungspflicht wohl allgemein anerkannt, vgl. dazu eingehend S. 149 f.

246 *Tiedemann*, FS Tröndle, S. 322, der dies für den Aufsichtsrat der Aktiengesellschaft herausarbeitet.

cc. Untreuehandlungen und Einwilligung

Nachdem nun untersucht wurde, welche Personen bzw. Organe der GmbH gegenüber vermögensbetreuungspflichtig i.S.d. § 266 StGB sind, gilt es im Weiteren zu analysieren, welche Handlungen der unterschiedlichen Organe für die Untreue relevant sind, welche Handlungsweisen also den Tatbestand erfüllen. Selbstverständlich gibt es, wenn man die tatbestandlichen Voraussetzungen der Untreue betrachtet, Handlungsweisen, die ganz unproblematisch als Untreue einzuordnen sind, wie beispielsweise den *klassischen Griff in die Kasse* durch den Geschäftsführer. Anderseits gibt es zahlreiche Handlungsweisen, die zunächst nicht den Anschein einer Untreuerelevanz erwecken, aber dennoch den Tatbestand erfüllen.

aaa. Tatbestandliches Handeln

Zunächst sind diejenigen Konstellationen zu nennen, in denen vermögensbetreuungspflichtige Personen der GmbH gegenüber diese Pflicht offensichtlich verletzen, sei es durch rechtsgeschäftliches Handeln, sei es durch tatsächliches, wie beispielsweise die offene Entnahme von Geld oder Gegenständen aus dem Vermögen der Gesellschaft.[247] Führt man sich nochmals die tatbestandsrelevanten Handlungen des § 266 StGB vor Augen, so ist einerseits die Missbrauchsalternative zu nennen, bei der ein Vermögensbetreuungspflichtiger sein rechtliches Dürfen durch sein rechtliches Können überschreitet und anderseits die Treubruchsalternative, im Rahmen derer der Verpflichtete seine Pflicht, fremde Vermögensinteressen wahrzunehmen, verletzt. Das bedeutet im Bereich der GmbH ist § 266 StGB immer dann verwirklicht, wenn eine der als vermögensbetreuungspflichtig eingeordneten Personen ihre Rechte missbraucht und der GmbH einen Schaden zufügt. In diesem Bereich wird wohl sehr häufig ein strafbares Verhalten seitens des Geschäftsführers gegeben sein. Er ist, wie bereits erwähnt, das Vertretungsorgan der Gesellschaft, welches die Geschäfte der Gesellschaft führt. Seine Vertretungsmacht ist gem. § 37 Abs. 1 GmbHG zwar im Innenverhältnis, also der Gesellschaft gegenüber, beschränkbar, im Außenverhältnis Dritten gegenüber aber nicht (§ 37 Abs. 2 GmbHG). Folglich kann der Geschäftsführer Geschäfte tätigen, die ihm im Innenverhältnis zwar nicht gestattet, die im Außenverhältnis jedoch wirksam sind. Die Befugnisse des Geschäftsführers bestimmen sich im Innenverhältnis nach dem Unternehmensgegenstand, dies be-

247 *Flum*, Schutz der GmbH, S. 13 f.

deutet, die Geschäfte, die der Geschäftsführer tätigt, müssen sich im Rahmen des in der Satzung bestimmten Unternehmensgegenstandes bewegen.[248] Missachtet der Geschäftsführer diese Grenzen und fügt der GmbH dadurch einen Schaden bzw. Nachteil zu, so ist der Tatbestand des § 266 Abs. 1 Alt. 1 StGB erfüllt. Ein entsprechender Missbrauch kann sich auch bei einem Prokuristen der Gesellschaft zeigen, da auch die Prokura Dritten gegenüber nicht beschränkbar ist (§ 50 Abs. 1 HGB).

Auf der anderen Seite kann die für die Untreue relevante Handlungsweise eben auch in einem tatsächlichen Verhalten liegen, wodurch dann die Treubruchsalternative erfüllt ist. Dies wird hauptsächlich dann der Fall sein, wenn vermögensbetreuungspflichtige Personen eigennützig Gelder entnehmen oder diese es z.B. unterlassen, angezeigte Vermögensmehrungen vorzunehmen.

bbb. Einwilligung

Nun gilt es genauer zu beleuchten, wie sich die Einwilligung des jeweils Höhergestellten in der unternehmerischen Ordnung auf eine mögliche Strafbarkeit des Treupflichtigen auswirkt. Grundsätzlich ist wohl die Einwilligung der Gesellschafter am bedeutsamsten, aber daneben besteht auch die Möglichkeit, dass z.B. der Geschäftsführer in die untreuerelevante Handlung eines leitenden Angestellten einwilligt. In der Folge soll eingehend untersucht werden, ob eine solche Einwilligung rechtswirksam ist und damit die Strafbarkeit des Handelnden entfallen lässt.

Zuvor ist nochmals auf die Einordnung der Einwilligung im Rahmen der Untreue hinzuweisen. Im Bereich der Untreue ist, auch dies wurde bereits zu Anfang der Ausführungen angesprochen, unbestritten, dass die Einwilligung des Treugebers bereits die Pflichtverletzung i.S.d. § 266 StGB entfallen lässst[249]; ist der Treugeber mit der Handlung des Verpflichteten einverstanden, so fehlt es in der ersten Alternative an einem Missbrauch und in der zweiten Alternative an einem Treubruch, folglich ist schon der Tatbestand nicht verwirklicht.[250] Ob dies dann als tatbestandsausschließendes Einverständnis oder als stets auf Tatbestandsebene wirkende Einwilligung eingeordnet wird, ist für unsere Untersuch-

248 Baumbach/Hueck/*Zöllner*/*Noack*, GmbHG, § 35 Rn. 30; *Lutter*, GmbHR 2000, S. 303.
249 Vgl. S. 67.
250 BGHSt 3, S. 23 ff. (S. 25); OLG Hamm NStZ 1986, S. 119 f. (S. 119); MK StGB/*Dierlamm*, § 266 Rn. 129, Rn. 176; *Lackner*/*Kühl*, StGB, § 266 Rn. 20; Schönke/Schröder/*Perron*, StGB, § 266 Rn. 21.

ung nicht von Relevanz. In der Folge soll einheitlich von Einwilligung gesprochen werden. Damit diese tatbestandsausschließende Wirkung eintreten kann, muss die Einwilligung jedoch wirksam sein.

1. Zustimmung sämtlicher Gesellschafter

Zu Beginn der Untersuchung gilt es zu prüfen, wie sich die Einwilligung sämtlicher Gesellschafter der betroffenen GmbH auf die Strafbarkeit eines ihrer Organe oder für sie Handelnden auswirkt. Zumeist wird es der oder die Geschäftsführer sein, die entsprechende Handlungen vornehmen; jedoch kann es daneben auch um Handlungen leitender Angestellter, Prokuristen oder Handlungsbevollmächtigter gehen, die der Gesellschaft gegenüber auch vermögensbetreuungspflichtig sind. Dazu sind die Wirksamkeitsvoraussetzungen einer solchen Einwilligung näher zu betrachten:

a. Inhaber des geschützten Rechtsguts

Wie zu Beginn der vorliegenden Arbeit erarbeitet, ist für eine wirksame Einwilligung zunächst erforderlich, dass der Einwilligende Inhaber des geschützten Rechtsguts ist. Das von der Untreue geschützte Rechtsgut ist das Vermögen, im vorliegenden Fall also das Vermögen der GmbH. Folglich müssten, um der ersten Wirksamkeitsvoraussetzung zu genügen, die zustimmenden Gesellschafter Inhaber des Gesellschaftsvermögens sein. Ebenfalls bereits zu Anfang wurde gesehen, dass eine Ansicht in der Literatur den Gesellschaftern das Vermögen zuordnen möchte.[251] Jedoch wurde dieser Ansatz bereits eingehend erörtert und es wurde für die vorliegende Arbeit der Gegenansicht gefolgt, die die zivilrechtliche Vermögenszuordnung auch im Strafrecht berücksichtigt und der GmbH als eigene Rechtspersönlichkeit das Vermögen zuordnet. Folglich ist die GmbH selbst als juristische Person Inhaberin ihres Vermögens. Also stellt sich die Frage, ob dies bereits zur Unwirksamkeit der Einwilligung der Gesellschafter führt. Grundsätzlich ist eine Einwilligung nur wirksam, wenn derjenige einwilligt, der das geschützte Rechtsgut innehat. Im Bereich der GmbH bzw. der juristischen Personen überhaupt gilt es jedoch einige Besonderheiten zu berücksichtigen und diesen angemessen Rechnung zu tragen. Die GmbH ist juristische Person mit eigener Rechtspersönlichkeit und als rechtliches Konstrukt alleine nicht hand-

251 Vgl. S. 70 ff.

lungsfähig. Sie benötigt Organe, um im Rechtsverkehr auftreten zu können und um rechtlich wirksam handeln zu können.[252] Bezieht man diese gesellschaftsrechtlichen Grundsätze auf das Rechtsinstitut der Einwilligung, so wird deutlich, dass die GmbH selbst gar nicht in sie schädigende Handlungen einwilligen kann; sie kann dies nur durch ihre Organe.[253] Folglich steht die Tatsache, dass die einwilligenden Gesellschafter nicht Inhaber des GmbH-Vermögens sind, der genannten Einwilligung nicht entgegen. Die Gesellschafter nehmen in diesem Fall die Einwilligung für die handlungsunfähige GmbH vor. Fraglich ist in der Folge lediglich, ob sich die GmbH stets den Willen ihrer Gesellschafter zurechnen lassen muss und somit auch jede Einwilligung oder ob es diesbezügliche Grenzen bzw. Anforderungen an den Willen der Gesellschafter gibt, sodass der genannte Wille für die GmbH nicht stets verbindlich ist. Eine wirksame Einwilligung, die ihrerseits nicht gegen rechtliche Regelungen verstößt, muss sich die Gesellschaft jedenfalls als eigene zurechnen lassen. Wann eine solche wirksame Einwilligung vorliegt, ist in der Folge zu klären.

b. Dispositionsbefugnis

Zunächst ist also zu untersuchen, ob den Gesellschaftern, die gemeinsam das Willensbildungsorgan der GmbH darstellen, die Dispositionsbefugnis über das geschützte Rechtsgut zusteht, d.h. ob sie überhaupt für die GmbH in die Verletzung von deren Vermögen wirksam einwilligen dürfen, weil darin gewissermaßen eine Verfügung über das GmbH-Vermögen zu sehen ist. Dazu werden seit jeher drei Ansichten vertreten:

aa. Körperschaftstheorie

Nach der sog. *Körperschaftstheorie*, die das Reichsgericht vertrat, waren die Gesellschafter nie über das Vermögen der Gesellschaft dispositionsbefugt, da Gesellschaft und Gesellschafter klar voneinander zu trennen wären. Dies hatte zur Folge, dass die Gesellschafter nicht wirksam in eine Schädigung des GmbH-Vermögens einwilligen konnten, da jede Schädigung als pflichtwidrig eingeordnet wurde.[254] Diese Theorie, die auch als *strenge Körperschaftstheorie* bezeich-

252 *Flum*, Schutz der GmbH, S. 103; *Roth/Altmeppen*, GmbHG, § 13 Rn. 5.
253 *Kohlmann*, FS Werner, S. 399.
254 RGSt 42, S. 278 ff. (S. 283 f.); RGSt 71, S. 353 ff. (S. 355 f.).

net wird, wurde jedoch in einigen Entscheidungen dahingehend eingeschränkt, dass die Gesellschafter in den Grenzen der Geschäftsführung eines ordentlichen Kaufmanns über das Vermögen der GmbH dispositionsbefugt seien.[255]

bb. Gesellschaftertheorie

Demgegenüber besagt die sog. *Gesellschaftertheorie*, dass die Gesellschafter über das Vermögen der GmbH insgesamt disponieren dürfen, dass also jede Einwilligung dieser in ein gesellschaftsschädigendes Verhalten rechtswirksam ist. Grundlage dieser Einordnung ist die Auffassung, dass die Interessen der Gesellschaft mit denjenigen der Gesellschafter korrespondieren.[256]

cc. Eingeschränkte Gesellschaftertheorie

Als, in Bezug auf die soeben dargestellten Meinungen, vermittelnde Ansicht ist die sog. *eingeschränkte Gesellschaftertheorie* zu nennen. Sie wird gewissermaßen in zwei Spielarten vertreten, die jedoch beide besagen, dass die Gesellschafter nur in gewissen Grenzen zu Dispositionen über das Gesellschaftsvermögen befugt sind. Während der BGH diese Grenzen dort zieht, wo die Existenz der GmbH gefährdet wird[257], sieht eine andere, streng gesellschaftsrechtlich akzessorische Ansicht die Grenze der Dispositionsbefugnis nur in § 30 GmbHG. Eine Einwilligung soll danach allein dann wegen mangelnder Dispositionsbefugnis unwirksam sein, wenn das Stammkapital angegriffen wird.[258]

255 BGHSt 9, S. 203 ff. (S. 216); BGHSt 34, S. 379 ff. (S. 385, S. 388); OLG München NJW 1994, S. 3112 ff. (S. 3114).

256 *Arloth*, NStZ 1990, S. 574 f.; *Kutzner*, NStZ 2005, S. 272; *Labsch*, wistra 1985, S. 7; *Leimenstoll*, ZIS 2010, S. 146 ff.

257 BGHSt 35, S. 333 ff. (S. 337); BGH NStZ 2004, S. 559 ff. (S. 561); *Brammsen*, DB 1989, S. 1615; *Brand*, Untreue und Bankrott, S. 295 ff.; *Geerds*, FS Geerds, S. 708 ff.; *Gehrlein*, NJW 2000, S. 1090; *Kohlmann*, FS Werner, S. 403 f.; *Lackner/Kühl*, StGB, § 266 Rn. 20a; *Salditt*, NStZ 2005, S. 270; *Zieschang*, FS Kohlmann, S. 358 f.

258 *Hellmann*, wistra 1989, S. 216 f.; *Ulmer*, FS Pfeifer, S. 861 ff.

dd. Diskussion

Betrachtet man diese drei Ansichten, so lässt sich die Frage nach der Dispositionsbefugnis der Gesellschafter wohl anders gestellt so formulieren, ob die GmbH als juristische Person ein von den Gesellschaftern unabhängiges Eigeninteresse hat. Im Gesellschaftsrecht ist dies umstritten. Soweit ein solches angenommen wird, ordnet man diesem Eigeninteresse wohl drei Bestandteile zu: die Interessen der Gläubiger, der Arbeitnehmer und diejenigen der Allgemeinheit.[259] Die Rechtsprechung und große Teile der gesellschaftsrechtlichen Literatur lehnten ein unabhängig von Gläubigerinteressen bestehendes Eigeninteresse einer GmbH jedoch ab.[260] In der Entscheidung *Bremer Vulkan*, äußert der zweite Zivilsenat des BGH allerdings erstmals, dass ihre Gesellschafter (in dem Fall der Einzelgesellschafter) angemessene Rücksicht auf die Eigenbelange der GmbH nehmen müssten.[261] Unklar ist hingegen, ob die GmbH strafrechtlich gesehen ein solches eigenes Interesse besitzt.

Wie gesagt wird diskutiert, ob die Gesellschafter über das Vermögen der GmbH unbeschränkt verfügen dürfen. Die Gesellschaftertheorie bejaht dies uneingeschränkt, die anderen beiden Ansichten (die Körperschaftstheorie zumindest in ihrer heute noch vertretenen eingeschränkten Form) nehmen jeweils Einschränkungen vor: einerseits den Maßstab eines ordentlichen Kaufmanns, anderseits die Grenze des Stammkapitals der Gesellschaft. Vor dem Hintergrund, dass die Gesellschafter in ihrer Gesamtheit das Willensbildungsorgan der GmbH sind, stellt sich jedoch die Frage, warum die Gesellschafter dann nicht frei über das gesamte Vermögen verfügen dürfen. Die Rechtfertigung einer solchen Einschränkung kann dann wohl nur mit dem genannten Eigeninteresse der Gesellschaft begründet werden. Also gilt es zu untersuchen, ob es ein Interesse der GmbH gibt, welches unabhängig vom Interesse der Gesellschafter ist. Dies wird ebenfalls kontrovers diskutiert.[262]

259 *Fleck*, ZHR 1985, S. 395; *Hommelhoff*, Konzernleitungspflicht, S. 256; *Ulmer*, ZHR 1984, S. 419.

260 BGHZ 31, S. 258 ff. (S. 278); BGHZ 95, S. 330 ff. (S. 332, S. 346); BGHZ 119, S. 257 ff. (S. 262); BGH NJW 1974, S. 1088 ff. (S. 1089); BGH NJW 1984, S. 1037 f. (S. 1038); *Lutter/Hommelhoff*, GmbHG, § 14 Rn. 24.

261 BGH NJW 2001, S. 3622 ff. (S. 3623).

262 Die Wirksamkeit der Einwilligung aller Gesellschafter einer GmbH in eine stammkapitalmindernde Handlung ist seit jeher äußerst umstritten. Die Darstellungen setzen stets an anderen Punkten der Prüfung an. Vorliegend wird für die Prüfung der Wirksamkeit der genannten Einwilligung ein Aufbau gewählt, der weitgehend sämtliche Auffassungen und Einordnungen berücksichtigt. Eine abschließende Darstellung aller Ansätze erscheint schwierig.

Teilweise wird vertreten, die GmbH als juristische Person besitze nicht nur eigene Rechtspersönlichkeit, sondern auch ein eigenes, von den Gesellschaftern unabhängiges Existenzinteresse.[263] Diese Auffassung wirft der zivilrechtlich h.M., die, wie gesehen, ein solches eigenes Interesse ablehnt, insofern Widersprüchlichkeit vor, als dass diese zwar für erforderlich halte, dass die Gesellschafter die Interessen der GmbH zu wahren hätten und deren Vermögen nicht schädigen dürften, gleichzeitig aber ein eigenes Interesse der Gesellschaft ablehne.[264] Strafrechtlich komme dieses Eigeninteresse vor allem in § 30 GmbHG zum Ausdruck, der eine Auszahlung des Stammkapitals an die Gesellschafter verbiete; dadurch zeige sich, dass die GmbH ein eigenes Interesse an ihrer Erhaltung habe. Auch wenn sämtliche Gesellschafter mit der Schädigung des Stammkapitals einverstanden seien, so sei diese der GmbH mangels Dispositionsbefugnis der Gesellschafter nicht wirksam zuzurechnen. Das Eigeninteresse der Gesellschaft schütze mittelbar auch die Gläubiger.[265] Folglich sei eine Einwilligung in Handlungen, die das Stammkapital der Gesellschaft angriffen oder zu einer Existenzgefährdung derselben führten, stets unwirksam. Das Stammkapital einer GmbH schütze gerade auch deren Existenz; führte also eine Verfügung zum Angriff des Stammkapitals oder werde die GmbH in eine Situation der Existenzgefährdung gebracht[266], dann sei dies nicht mehr von der Dispositionsbefugnis der Gesellschafter gedeckt. Die zivilrechtlichen Wertungen müssten auch im strafrechtlichen Bereich des § 266 StGB berücksichtigt werden, denn Träger des Vermögens sei die Gesellschaft, nicht die Gesellschafter; alles andere würde zu einer Ignorierung dieser rechtlichen Trennung führen. Die Einwilligung sei folglich dann unwirksam, wenn die Existenz der GmbH gefährdet werde oder die Grundsätze eines ordentlichen Kaufmanns verletzt würden.[267] Da die GmbH selbst Träger des rechtlich geschützten Interesses sei, dürften auch sämtliche Gesellschafter nicht in Handlungen oder Verfügungen einwilligen, die dem Wesen der GmbH nach ihrer gesetzlichen Ausgestaltung zuwiderliefen.[268] Bedauerlicherweise lässt der BGH in seinen Ausführungen zu dem genannten Problem nicht erkennen, woran er die Wirksamkeit der Einwilligung genau scheitern

263 *Brammsen*, DB 1989, S. 1615.

264 *Zieschang*, FS Kohlmann, S. 358 f.

265 *Kohlmann*, FS Werner, S. 403 f.

266 BGH NStZ 2009, S. 437 ff. (S. 438); auf die Existenzgefährdung stellen für die Unwirksamkeit der Einwilligung vor allem *Geerds*, FS Geerds, S. 708 ff.; *Gehrlein*, NJW 2000, S. 1090; *Lackner/Kühl*, StGB, § 266 Rn. 20a ab.

267 So auch OLG Stuttgart MDR 1978, S. 593; zur Bestimmung der Sorgfalt eines ordentlichen Kaufmannes vgl. *Ischebeck*, wistra 2009, S. 99 f.

268 BGHSt 3, S. 32 ff. (S. 39 f.); BGHSt 9, S. 203 ff. (S. 216); BGHSt 34, S. 379 ff. (S. 384 ff.).

lässt. Er spricht nicht von einer Grenze der Dispositionsbefugnis, sondern verweist pauschal auf die Unwirksamkeit der Einwilligung. Dogmatisch erscheint es jedoch wohl am sinnvollsten, diesen vom BGH genannten Grenzen im Rahmen der Dispositionsbefugnis Rechnung zu tragen. Folglich wäre also durch die genannten Grenzen die Dispositionsbefugnis der Gesellschafter begrenzt. In späterer Rechtsprechung räumten die Strafsenate des BGH dann aber ein, dass die Grenze der Sorgfalt eines ordentlichen Kaufmanns nicht aufrechterhalten werden könne; vielmehr solle die Einwilligung nur dann unwirksam sein – wohl wieder aufgrund mangelnder Dispositionsbefugnis der Gesellschafter – wenn dadurch eine konkrete Existenzgefährdung für die Gesellschaft entstehe, was wohl bei einem Angreifen des Stammkapitals stets der Fall sein wird.[269]

Die Gegenansicht lehnt ein solches Eigeninteresse der GmbH ab. Die GmbH als juristische Person sei ohne ihre Organe handlungsunfähig, also könne ihr auch kein eigenständiges Interesse zugeordnet werden.[270] *Kasiske* begründet dies damit, dass ein Interesse voraussetzen würde, »aus eigenem Willensentschluss Zwecksetzungen vornehmen zu können«, da dazu die GmbH aber gerade unfähig sei, könne ihr auch kein eigenes Interesse zugeordnet werden.[271] Folglich gäbe es auch keine Grenzen für die Dispositionsbefugnis der Gesellschafter hinsichtlich der Einwilligung in die Gesellschaft schädigende Handlungen. Jede Willensbildung der Gesellschafter sei der GmbH zuzurechnen, weil diese allein durch ihre Gesellschafter befähigt sei zu handeln, einen entsprechenden Willen zu bilden und auch zu äußern. Soweit von einem Interesse der GmbH die Rede sei, handele es sich um das Interesse ihrer Gesellschafter oder ihrer Gläubiger.[272] Daneben sei § 30 GmbHG gerade keine die GmbH schützende Regelung, sondern diese sei allein als gläubigerschützend einzuordnen.[273] Auch *Volk* spricht der GmbH ein

269 So sowohl der 3. Strafsenat (NJW 1989, S. 112 f. [S. 113]) als auch der 2. Zivilsenat des BGH (NJW 1999, S. 2817 ff. [S. 2818]). Endgültige Angleichung im Fall *Bremer Vulkan*, vgl. Strafsenat BGH NStZ 2004, S. 559 ff. (S. 561) und Zivilsenat BGH NJW 2001, S. 3622 ff. (S. 3623). Jüngst betonte der BGH in einem Urteil, das Stammkapital sei der Verfügungsmacht der Gesellschafter selbst dann entzogen, wenn dieses bereits verloren und die GmbH überschuldet sei, BGH NStZ 2009, S. 153 ff. (S. 154).

270 *Leimenstoll* äußert, die Gesellschafter handelten nicht für den Vermögensinhaber, sondern gewissermaßen als Vermögensinhaber, *Leimenstoll*, ZIS 2010, S. 147.

271 *Kasiske*, wistra 2005, S. 85.

272 *Kasiske*, wistra 2005, S. 85; in die gleiche Richtung: *Leimenstoll*, ZIS 2010, S. 146 f.

273 *Kasiske*, wistra 2005, S. 85 Fn. 45; *Schramm*, Untreue und Konsens, S. 122 f.; dem setzt *Arnold* entgegen, maßgeblich sei nicht der Grund, weshalb eine Norm geschaffen wurde, sondern maßgeblich sei die Norm selbst, folglich sei § 30 GmbHG trotz des gläubigerschützenden Charakters als Grenze für die Dispositionsbefugnis einzuordnen, *Arnold*, Jura 2005, S. 849.

eigenes Recht auf Existenz ab und äußert bildlich, die GmbH dürfe »von ihren Erzeugern sogar getötet (liquidiert) werden«[274].

Somit stellt sich als entscheidende Frage, ob ein Verstoß gegen § 30 GmbHG eine mögliche Einwilligung mangels Dispositionsbefugnis der Gesellschafter unwirksam macht. Dazu ist erforderlich, sich nochmals zu vergegenwärtigen, dass das GmbHG eine zivilrechtliche Kodifikation ist. Bei der Einwilligung geht es jedoch um diejenige in ein strafrechtlich relevantes Verhalten. Mithin ist zu fragen, ob § 30 GmbHG im Rahmen von § 266 StGB zu berücksichtigen ist. Wie eingehend erörtert, schützt § 266 StGB von seiner Schutzrichtung her allein das Vermögen.[275] Also ist das GmbH-Vermögen geschützt. Ist die GmbH aber mit einer Schädigung ihres Stammkapitals einverstanden, so ist § 266 StGB nicht verwirklicht, da es an einer Pflichtverletzung des Handelnden fehlt. Diese Einwilligung kann jedoch, wie bereits mehrfach erläutert, allein durch die Gesellschafter geäußert werden. Besäße die GmbH ein Eigeninteresse, so wäre erforderlich, dass dieses dann auch im Rahmen von § 266 StGB von Relevanz wäre. Betrachtet man jedoch die Bestandteile dieses vermeintlichen Eigeninteresses, so läuft dies bei der Mehrzahl der dafür sprechenden Argumentationen stets auf den Gläubigerschutz hinaus. Der Gläubigerschutz ist jedoch vom Schutzzweck des § 266 StGB keineswegs umfasst[276]; vielmehr sind für diesen die §§ 283 ff. StGB vorgesehen.[277] Es ist nicht nachzuvollziehen, warum der Gläubigerschutz im Rahmen von § 266 StGB berücksichtigt werden soll, wenn dieser von dessen Schutzbereich gar nicht erfasst ist.

Die Gegenansicht führt jedoch an, dass durch die Einordnung jeder Einwilligung als wirksam das gesellschaftsrechtliche Prinzip der Zuordnung zur juristischen Person, also das Trennungsprinzip, zerstört würde[278], wodurch die GmbH zum bloßen »Mantel« der Gesellschafter würde.[279]

274 *Volk*, FS Hamm, S. 812.

275 Anders wohl nur *Stapelfeld*, BB 1991, S. 1502 ff., der § 266 StGB als Schutzgesetz für Interessen der Gesellschaftsgläubiger einordnet, da diese über den primären Schutzzweck, nämlich das Vermögen des Treugebers, mittelbar mitgeschützt seien, denn das Stammkapital einer GmbH sei gerade die einzige Haftungsgrundlage für die Gläubiger.

276 *Fischer*, StGB, § 266 Rn. 99; SK/*Hoyer*, § 266 Rn. 71 f.; Schönke/Schröder/*Perron*, StGB, § 266 Rn. 21b; der BGH ließ hingegen zunächst ausdrücklich offen, ob die Gläubigerinteressen durch § 266 StGB oder durch §§ 283 ff. StGB geschützt werden, BGHSt 34, S. 379 ff. (S. 386). Erst im Urteil v. 20.7.1999, NJW 2000, S. 154 ff. (S. 155) erläuterte der BGH eindeutig, dass § 266 StGB im Unterschied zu den Bankrotttatbeständen nicht dem Gläubigerschutz diente.

277 Anders hingegen der spezielle Untreuetatbestand des § 81a GmbHG, der bis 1970 galt und auch dem Gläubigerschutz diente.

278 *Zieschang*, FS Kohlmann, S. 358.

279 LK[11]/*Schünemann* § 266 Rn. 125.

Dem ist jedoch entgegenzuhalten, dass den gesellschaftsrechtlichen Besonderheiten gerade dadurch Rechnung getragen wird, dass im Rahmen der Einwilligung die innergesellschaftlichen Zuständigkeiten gewahrt werden. Die Gesellschafter sind gemeinsam das Willensbildungsorgan der GmbH, willigen diese ein, so wird der eigenen Rechtspersönlichkeit der Gesellschaft Rechnung getragen.[280] Daneben werden strafrechtliche Besonderheiten angeführt: Wenn eine gegen zivilrechtliche Vorschriften (im vorliegenden Fall also § 30 GmbHG) verstoßende und damit zivilrechtlich rechtswidrige Einwilligung stets als unwirksam einzuordnen wäre, dann könnte die GmbH wohl nie in gläubigerschädigende Handlungen, die nach §§ 283 ff. StGB relevant wären, einwilligen. § 283d StGB sieht aber gerade eine Einwilligung des Geschädigten als Tatbestandsmerkmal vor. Wenn der GmbH nur objektiv rechtmäßiges Handeln zuzurechnen sei, dann könnten die Organe einer GmbH nie die Bankrottstraftaten verwirklichen.[281] Dies wird, wie gesagt, an § 283d StGB besonders deutlich, der gerade eine wirksame Einwilligung des Geschädigten voraussetzt.[282] Dieses Ergebnis erscheint aber wenig sachgerecht, da nicht zu erkennen ist, dass die Bankrottdelikte auf die GmbH nicht anwendbar sein sollen. Weiterhin ist nochmals darauf hinzuweisen, dass § 266 StGB von seiner Schutzrichtung her keineswegs Gläubigerinteressen schützt; § 30 GmbHG dient aber allein diesen.[283] Würde man der Einwilligung der Gesellschafter aufgrund eines Verstoßes gegen § 30 GmbHG die Wirksamkeit versagen, dann würde man den Anwendungsbereich der Untreue *contra legem* erweitern. Gleichzeitig wäre, wie soeben gesehen, ein Leerlaufen der Bankrotttatbestände die Folge. Beides ist weder zu rechtfertigen noch aus irgendeinem Grund erforderlich. Für diese Einordnung spricht auch die Aufgabe der Interessentheorie durch den BGH im Zusammenhang mit der Abgrenzung von Untreue und Insolvenzdelikten.[284] Nach der Interessentheorie konnte beispielsweise ein Geschäftsführer nur dann Täter einer Untreue sein, wenn er Gelder in eigenem Interesse veruntreute. Geschah dies im Interesse der Gesellschaft, so sollten nur

280 *Labsch*, JuS 1985, S. 605; *Zech*, Untreue, S. 107; in diese Richtung auch *Wessing/Krawczyk*, NZG 2009, S. 1177, die betonen, dass die Zuordnung des Vermögens an die GmbH fiktiv bleibe, da hinter der Gesellschaft stets die Gesellschafter stünden.

281 So *Reiß*, wistra 1989, S. 84.

282 MK StGB/*Radtke*, § 283d Rn. 10.

283 *Labsch*, JuS 1985, S. 605.

284 BGH NJW 2009, S. 2225 ff.; i.E. zustimmend: *Link*, NJW 2009, S. 2228 f.; kritisch hingegen: *Brand*, NStZ 2010, S. 11 f., der äußert, der BGH verkenne, dass es sich bei § 283 StGB um ein spezielles Selbstschädigungsdelikt handele, sodass nur derjenige wegen § 283 StGB strafbar wäre, der sein eigenes Vermögen beiseiteschaffe, beschädige etc.

die Insolvenzdelikte in Betracht kommen.[285] Die Aufgabe dieser Theorie begründet der BGH v.a. damit, dass Ziel der Insolvenzdelikte der Gläubigerschutz in der wirtschaftlichen Krise sei. Bei Anwendung der genannten Theorie liefen die §§ 283 ff. StGB dann aber häufig leer, weil auch die in § 283 StGB aufgezählten Handlungen dem Interesse der Gesellschaft zuwiderliefen.[286] Der BGH nennt als Begründungsbeispiel dasjenige einer Ein-Mann-GmbH:

> »Besonders augenfällig wird dies in Fällen der Ein-Mann-GmbH, in denen der Gesellschafter/Geschäftsführer der Gesellschaft angesichts der drohenden Insolvenz zur Benachteiligung der Gläubiger Vermögen entzieht und auf seine privaten Konten umleitet, nach wirtschaftlicher Betrachtung also aus eigennützigen Motiven handelt. Nach der Interessentheorie ist er nicht des Bankrotts schuldig, obwohl er die Insolvenz gezielt herbeigeführt hat.«[287]

Es wird folglich die vom BGH eingeschlagene Tendenz deutlich, die Funktion des Gläubigerschutzes den Insolvenzdelikten zuzuschreiben, keineswegs aber der Untreue.

Ist die Einwilligung in eine vermögensmindernde Handlung, die das gesellschaftliche Stammkapital angreift, wirksam, so ist die Strafbarkeit des Handelnden ausgeschlossen, somit der Tatbestand des § 266 StGB nicht erfüllt. Erfolgt eine solche Handlung jedoch in einer Krise der Gesellschaft und liegen auch deren weitere Voraussetzungen vor, dann greifen die §§ 283 ff. StGB und diese sind, wie soeben ausgeführt, gerade auf Gläubigerschutz ausgerichtet. Endlich ist zu sagen, dass die Einwilligung der Gesellschafter in die genannten Verhaltensweisen der GmbH wohl auch gerade deshalb zugerechnet wird, weil den Gesellschaftern über ihre Stellung zumindest mittelbar deren Vermögen zugeordnet ist, denn sie halten die Anteile an der Gesellschaft.[288] Die Gesellschafter sind gewissermaßen die wirtschaftlichen Eigentümer der GmbH, die allein »der eigennützigen Verwirklichung ihrer Interessen dient«[289]. Es zeigt sich also, dass ein umfassender strafrechtlicher Gläubigerschutz besteht, ohne dass Einschränkungen oder Auslegungen *contra legem* bemüht werden müssten.[290]

285 Vgl. zur Interessentheorie BGH NJW 1969, S. 1494 f. (S. 1494); BGH NJW 1980, S. 406 ff. (S. 407); BGH NJW 1981, S. 1793 f. (S. 1793).
286 BGH NJW 2009, S. 2225 ff. (S. 2227).
287 BGH NJW 2009, S. 2225 ff. (S. 2227).
288 *Reiß*, wistra 1989, S. 84; *Rönnau*, FS Tiedemann, S. 717.
289 Satzger/Schmitt/Widmaier/*Saliger*, StGB, § 266 Rn. 87.
290 *Radtke* und *Hoffmann* weisen darauf hin, dass das Existenzinteresse der Gesellschaft die Gesellschaft schütze und die Gläubiger nur mittelbar bzw. reflexartig geschützt seien. Folglich könne der auch hier vorgetragene Einwand, die Dispositionsschranke des Eigeninteresses diene allein dem Gläubigerschutz, nicht mehr überzeugen, *Radtke*/*Hoffmann*, GA 2008, S. 548. Jedoch ist nicht zu erkennen, warum die Gesellschaft um ihrer selbst zu

Wollte man der GmbH das genannte Eigeninteresse beimessen, so würde vielmehr deren Charakter als mitgliedschaftlicher Verband verkannt.[291] Außerdem ist nicht einzusehen, warum der Geschäftsführer einer GmbH bei einer solchen Vermögensminderung strenger haften sollte als beispielsweise ein Einzelkaufmann, der bei gläubigergefährdender Reduzierung seines Vermögens nur unter den Voraussetzungen der Bankrottdelikte strafbar wäre.[292]

Zuletzt ist noch anzuführen, dass *Zieschang,* anders als die meisten der Befürworter eines gesellschaftlichen Eigeninteresses, diesem nicht auch Gläubigerinteressen beimessen möchte. Er definiert dieses Eigeninteresse eher als Bestands- oder Existenzinteresse, das durch die eigenständige Rechtspersönlichkeit der GmbH zu rechtfertigen sei. In der Folge ordnet er die Einwilligung der Gesellschafter in stammkapitalmindernde oder existenzgefährdende Handlungen bzw. Verfügungen als treuwidrig und somit als nicht mehr von ihrer Dispositionsbefugnis umfasst ein.[293] *Zieschangs* Ausführungen ist zwar insofern beizupflichten, als er den Gläubigerschutz als nicht von § 266 StGB erfasst ansieht, aber auch er misst der GmbH ein Eigeninteresse bei, das sie nicht hat. Wie eingehend erörtert, ist die GmbH nur durch ihre Gesellschafter fähig, einen eigenen Willen zu bilden und zu äußern. Interessen der GmbH sind also immer entweder diejenigen ihrer Gesellschafter oder diejenigen ihrer Gläubiger. Fallen diejenigen ihrer Gläubiger jedoch nicht in den Schutzbereich der Untreue, so bleiben nur diejenigen ihrer Gesellschafter, die dann für eine Einwilligung relevant sein müssen.

Im Ergebnis kann also festgehalten werden, dass die Gesellschafter über das Vermögen der GmbH unbeschränkt verfügungsbefugt sind, sodass auch eine Einwilligung in Handlungen, die das Stammkapital beeinträchtigen oder zu einer Existenzgefährdung der Gesellschaft führen[294] von ihrer Dispositionsbefugnis gedeckt ist.

schützen ist. Hinter dem Interesse der Gesellschaft stehen immer Einzelinteressen, bzw. das Interesse der Gesellschaft setzt sich gerade aus diesen Einzelinteressen zusammen.

291 *Kasiske*, wistra 2005, S. 85.

292 *Reiß*, wistra 1989, S. 84; *Wehleit*, Bankrott und Untreue, S. 22.

293 *Zieschang*, FS Kohlmann, S. 360 ff.

294 Ergänzend ist noch auf den Einwand *Wattenbergs* hinzuweisen, der an der Ansicht des BGH zudem kritisiert, dass dessen Kategorien, vor allem diejenige der Gefährdung der Existenz, der Liquidität oder der Produktionsgrundlagen der Gesellschaft kaum greibar, sondern vielmehr schwammig sind und häufig nicht mit der im Strafrecht erforderlichen Sicherheit festgestellt werden können, *Wattenberg*, StV 2005, S. 524.

c. Ergebnis

Folglich liegt die erforderliche Dispositionsbefugnis der Gesellschafter für eine wirksame Einwilligung vor, der überdies keine Grenzen gesetzt sind.

d. Weitere Wirksamkeitsvoraussetzungen der Einwilligung

Als weitere Voraussetzung für die Wirksamkeit einer solchen Einwilligung ist zudem, wie zu Beginn der Ausführungen eingehend dargestellt, die Urteils- und Einsichtsfähigkeit des oder, wie im vorliegenden Fall, der Einwilligenden erforderlich.[295] Davon ist im Rahmen der vorliegenden Untersuchung auszugehen, weil diese Voraussetzung nur bei Geisteskrankheit eines der Gesellschafter fehlen würde. Für die vorliegende Untersuchung soll sogar – legt man diesbezüglich die Meinung zugrunde, die für die Einwilligung in Vermögensdelikte zivilrechtliche Geschäftsfähigkeit verlangt[296] – Geschäftsfähigkeit des oder der Einwilligenden angenommen werden. Im Weiteren ist eine, folgt man der *Willensbekundungstheorie*, ausdrückliche oder konkludente Kundgabe bzw. Äußerung der Einwilligung notwendig. Da in Unternehmen stets von einer Kommunikation zwischen den unterschiedlichen Organen, zumal bei solch relevanten Handlungen bzw. Entscheidungen, auszugehen ist, ist auch dieser Wirksamkeitsvoraussetzung hier Genüge getan. Dass die Einwilligung vor der tatbestandlichen Handlung erfolgt und der jeweils Handelnde von ihr Kenntnis hat, ist für unsere weitere Untersuchung ebenfalls als gegeben zugrunde zu legen.

e. Unwirksamkeitsgründe bzw. Schranken der Einwilligung

Endlich gilt es genauer zu betrachten, ob die Einwilligung möglicherweise anderen Unwirksamkeitsgründen oder Schranken ausgesetzt ist.

aa. § 241 Nr. 3 AktG analog?

In der gesellschaftlichen Literatur und Rechtsprechung wird vertreten, dass treuwidrige Beschlüsse oder Stimmabgaben auch im Bereich der GmbH als nich-

295 Vgl. näher zu den weiteren Wirksamkeitsvoraussetzungen der Einwilligung S. 34 ff.
296 Vgl. hierzu eingehend S. 35 ff.

tig einzuordnen seien.[297] Da das GmbHG hierzu jedoch keine ausdrückliche Regelung kennt, wird eine analoge Anwendung des § 241 Nr. 3 AktG befürwortet[298] bzw. teilweise wird von der »Anerkennung der Grundprinzipien, die in § 241 AktG Ausdruck gefunden haben«[299] gesprochen. Fraglich wäre dann in der Folge, ob diese Regelung strafrechtlich eine Schranke für die Einwilligung der Gesellschafter in stammkapitalmindernde Handlungen darstellt. Diese Regelung besagt, dass Beschlüsse der Hauptversammlung nichtig sind, die gegen das Wesen der Gesellschaft oder gegen Vorschriften, die ausschließlich oder überwiegend im Interesse der Gesellschaftsgläubiger oder im öffentlichen Interesse bestehen, verstoßen. Würde man dieser Analogie folgen bzw. anerkannte man die genannten Grundprinzipien – was strafrechtlich einer Analogie gleichkäme – so führte dies zu dem Ergebnis, dass der »Beschluss« der Gesellschafterversammlung in eine stammkapitalmindernde oder existenzgefährdende Handlung einzuwilligen, nichtig sei, da dadurch gegen § 30 GmbHG verstoßen würde und diese Regelung, wie eingehend erörtert, dem Interesse der Gläubiger dient. Dennoch erscheint die genannte *Analogie* äußerst problematisch: durch die Nichtigkeit des Beschlusses, bzw. die Unwirksamkeit der Einwilligung bleibt der Geschäftsführer bzw. eine der anderen genannten Personen, die die relevante Handlung vornimmt, strafbar gem. § 266 StGB. Es fragt sich also, ob die Analogie zu § 241 Nr. 3 AktG nicht eine solche zulasten des Täters darstellt, die im Strafrecht gem. Art. 103 Abs. 2 GG unzulässig ist. Im GmbHG findet sich keine dem § 241 AktG entsprechende oder ähnliche Regelung. Wendete man nun die aktiengesetzliche Regelung analog bei einer GmbH an, so wirkte dies zumindest mittelbar strafbarkeitsbegründend für den Geschäftsführer bzw. den Handelnden.[300] Dies wiederum stellte die eben befürchtete Analogie zulasten des Täters dar. Aufgrund dessen ist § 241 Nr. 3 AktG hier nicht analog heranzuziehen, mit der Folge, dass dieser auch keinen Unwirksamkeitsgrund für eine mögliche Einwilligung der GmbH-Gesellschafter darstellt.

297 Baumbach/Hueck/*Zöllner*, GmbHG, § 47 Rn. 108.

298 So RGZ 166, S. 129 ff. (S. 131) und die h.L.; vgl. Hachenburg/*Raiser*, GmbHG, Anh. § 47 Rn. 31; für eine analoge Anwendung auch im Bereich der strafrechtlichen Einwilligung *Brand*, NJW 2010, S. 3464.

299 So Scholz/*Schmidt*, GmbHG, § 45 Rn. 62.

300 *Labsch*, JuS 1985, S. 605.

bb. Sittenwidrigkeit der Einwilligung

Teilweise wird vertreten, dass die Einwilligung in eine stammkapitalmindernde oder existenzgefährdende Handlung als missbräuchlich und daher sittenwidrig einzuordnen sei, denn es könne nicht sein, dass sich die Gesellschafter einer GmbH, wenn es um ihre Haftung ginge, unter Verweis auf die Begrenzung selbiger auf das Stammkapital beriefen, anderseits aber gerade dieses schädigten.[301] Daneben könnte eine Einwilligung deshalb als sittenwidrig einzuordnen sein, weil sie selbst gegen Strafvorschriften verstößt. Schlösse man sich diesem Urteil bzw. dieser Einordnung an, so bliebe jedoch zu untersuchen, ob es überhaupt eine gesetzliche Grundlage für eine Wirksamkeitsschranke der Sittenwidrigkeit bei der Einwilligung in solche Handlungen gibt.

aaa. § 241 Nr. 4 AktG analog

Wie soeben geprüft, scheidet eine analoge Anwendung des § 241 Nr. 3 AktG wegen einer Analogie zulasten des Täters aus. Das Gleiche muss für § 241 Nr. 4 AktG gelten, der sittenwidrigen Beschlüssen die Wirksamkeit versagt.

bbb. § 138 BGB

Weiterhin wäre an § 138 BGB als Schranke für die Einwilligung zu denken, da die Einwilligung in stammkapitalschädigende oder existenzgefährdende Handlungen als sittenwidrig eingeordnet werden könnte. Damit diese Regelung jedoch direkt auf die Einwilligung angewendet werden könnte, müsste es sich bei dieser um eine Willenserklärung im zivilrechtlichen Sinne handeln. Eine Willenserklärung ist eine Äußerung, mit der eine Person den Rechtsverkehr beeinflusst.[302] In der strafrechtlichen Literatur und Rechtsprechung ist man sich aber heute weitgehend darüber einig, dass die Einwilligung keine zivilrechtliche Willenserklärung darstellt. Dieses Ergebnis wird jedoch ganz unterschiedlich begründet:

Die Rechtsprechung argumentiert vor allem dahingehend, dass Einwilligungsobjekte wie Ehre, Leib und Leben zu den Rechtsgütern gehörten, die selbst nicht Gegenstand eines Rechts sein könnten. Zudem könnten Menschen über

301 BGHZ 31, S. 258 ff. (S. 278); BGHSt 34, S. 379 ff. (S. 385); *Brammsen*, DB 1989, S. 1615.

302 *Amelung*, Einwilligung, S. 9.

diese nicht so verfügen wie beispielsweise über Sachen.[303] Dem ist mit *Amelung* entgegenzuhalten, dass das allgemeine Persönlichkeitsrecht sowie die Grundrechte der Art. 1 Abs. 1 GG und Art. 2 Abs. 2 GG zeigen, dass die genannten Rechtsgüter sehr wohl Gegenstand eines Rechts sein können.[304]

Andere führen für die Differenzierung zwischen Einwilligung und Willenserklärung an, Letztere beinhalte stets den sog. *Rechtsfolgewillen*; die Willenserklärung ziele also auf einen rechtlichen Erfolg, die Einwilligung hingegen lediglich auf einen tatsächlichen Erfolg ab.[305] Aber auch dieser Ansatz ist zu Recht der Kritik *Amelungs* ausgesetzt, da dieser teils widersprüchlich argumentiert: wird einerseits teilweise angenommen, die Bewirkung tatsächlicher Erfolge sei der Willenserklärung zuzurechnen[306], so wird anderseits vertreten, die Einwilligung ziele auf einen rechtlichen Erfolg ab, nämlich auf ein subjektives Recht zum Eingriff.[307]

Amelung selbst nimmt zur Begründung der Differenz zwischen Willenserklärung und Einwilligung eine überzeugende Zweiteilung von Normenarten vor: Auf der einen Seite sieht er »konstitutive« und auf der anderen Seite »regulative« Normen.[308] Erstere seien Regeln, die besagten, was ein Normadressat tun bzw. beachten müsse, damit seiner Handlung im Rechtsverkehr Gültigkeit zukomme. *Amelung* vergleicht die Situation mit derjenigen eines Schachspiels, in dem eben nur regelgerechten Spielzügen Wirkung zukomme. Solche »konstitutiven« Normen finden sich vor allem im bürgerlichen Recht. Auf der anderen Seite stünden die sog. »regulativen« Normen, die vorhandene Güter schützten. Eine Einwilligung setze solche Normen außer Kraft, da sie besage, dass der Einwilligende momentan nicht am Schutz eines bestimmten Rechtsguts interessiert sei. Zusammenfassend unterstreicht *Amelung* diese Differenzierung folgendermaßen:

> »Das Regelwerk der Willenserklärungen ist auf das Problem der Erzeugung enttäuschungsfester Erwartungen ausgerichtet, wie sie sich idealtypisch aus vertraglichen Bindungen ergeben. Die Einwilligung dient dagegen gerade umgekehrt ausschließlich der Beseitigung enttäuschungsfester Erwartungen, die der Gesetzgeber zum Schutz von Gütern rechtlich sanktioniert hat.«[309]

303 RGSt 41, S. 392 ff. (S. 395 f.); BGHZ 29, S. 33 ff.

304 *Amelung*, Einwilligung, S. 13.

305 Nachweise bei *Neyen*, Einwilligungsfähigkeit, S. 7 Fn. 17; weitere Nachweise bei *Schöllhammer*, Rechtsverbindlichkeit, S. 42 Fn. 70.

306 *Schöllhammer* zeigt die Widersprüchlichkeit dieser Ansicht auf, *Schöllhammer*, Rechtsverbindlichkeit, S. 43 m.w.N.

307 *Kohte*, AcP 1985, S. 117 ff.; weitere Nachweise bei *Neyen*, Einwilligungsfähigkeit, S. 7.

308 *Amelung*, Einwilligung, S. 14 ff.; *Amelung/Eymann*, JuS 2001, S. 944.

309 *Amelung*, Einwilligung, S. 16.

Diese Differenzierung zwischen zivilrechtlichen Willenserklärungen und der strafrechtlich relevanten Einwilligung überzeugt und wird dadurch deutlich – auch dies spricht *Amelung* an –, dass der Einwilligende an seine Einwilligung nicht gebunden ist, der Erklärende an seine Willenserklärung hingegen schon, diese ist lediglich nach den Regeln der §§ 119 ff. BGB anfechtbar.[310]

Diese grundlegenden Unterschiede rechtfertigen es zweifelsohne, dass § 138 BGB keineswegs direkt auf die Einwilligung anzuwenden ist, mit der Folge, dass diese Regelung auch keine Grenze derselben darstellt. Aus dem gleichen Grund kann auch § 134 BGB i.V.m. GmbH-rechtlichen Regelungen oder anderen Strafvorschriften keine Schranke für eine Einwilligung sein.

ccc. § 138 BGB analog?

Eine analoge Anwendung des § 138 BGB kommt deswegen nicht in Betracht, weil es bereits an den Voraussetzungen für eine solche fehlt, denn eine Analogie erfordert eine planwidrige Regelungslücke sowie eine vergleichbare Interessenlage. Bestehen zwischen zivilrechtlichen Willenserklärungen und der strafrechtlich relevanten Einwilligung jedoch solch konstitutive Unterschiede, so fehlt es bereits an einer planwidrigen Regelungslücke. Eine vergleichbare Interessenlage könnte überdies aus diesem Grund ebenfalls nicht angenommen werden.

ddd. § 228 StGB

Weiterhin könnte sich eine Sittenwidrigkeit der Einwilligung aus § 228 StGB ergeben, der die Einwilligung in eine Körperverletzung dann als unwirksam einordnet, wenn diese gegen die guten Sitten verstößt. Unabhängig von der sehr umstrittenen Frage, wie das Kriterium der Sittenwidrigkeit in diesem Bereich auszufüllen ist[311], interessiert für die vorliegende Untersuchung allein, ob § 228 StGB eine Schranke für die Einwilligung in eine Untreue darstellen kann. Explizit erfasst § 228 StGB jedoch, wie erwähnt, allein die Körperverletzungsdelikte. Fraglich ist, ob § 228 StGB einen allgemeinen Sittenwidrigkeitsvorbehalt enthält, der auch auf Einwilligungen in andere Handlungen als Körperverletzungen anzuwenden ist. Diese Einordnung wird von der h.M. jedoch wie bereits angedeutet zu Recht abgelehnt: Zunächst sprechen rechtshistorische Gründe für

310 *Amelung*, Einwilligung, S. 16 f.
311 Vgl. zu diesem Streit nur *Roxin*, Strafrecht AT I, § 13 Rn. 38 ff.

diese Annahme, da § 228 StGB, vormals § 226a StGB, deshalb in das StGB eingeführt wurde, weil v.a. die vom Betroffenen gestattete Unfruchtbarmachung strafrechtlich erfasst werden sollte; die Vorschrift wurde also aus einem Grund in das Gesetzbuch eingeführt, der allein im Zusammenhang mit den Körperverletzungsdelikten stand.[312] Zudem spricht auch die Rechtsprechung, die vor Einführung des § 226a StGB zur Frage der Sittenwidrigkeit einer Einwilligung erging, gegen die genannte Einordnung: Das RG sah lediglich bei sittenwidrigen Körperverletzungen die Einwilligung als unwirksam an, jedoch nicht im Rahmen anderer Delikte.[313] Hätte der Gesetzgeber mit Schaffung des § 226a StGB einem allgemeinen Rechtsgedanken Rechnung tragen wollen, so hätte er dies unter Berücksichtigung der genannten Rechtsprechung zum Ausdruck bringen müssen.[314] Zudem wäre eine Anwendung des § 228 StGB auf andere Tatbestände ein Verstoß gegen das Bestimmtheitsgebot des Art. 103 Abs. 2 GG, da es sich um eine Analogie zulasten des Täters handeln würde. Daneben wird aber auch dahingehend argumentiert, dass die Regelung des § 228 StGB in Bezug auf andere Rechtsgüter als Leib oder Leben wenig sinnvoll wäre, denn anderen Rechtsgütern käme nicht ein solches Gewicht zu, das es erforderte, den Einwilligenden bei Sittenwidrigkeit seiner Einwilligung vor der Preisgabe des Rechtsgutes zu bewahren.[315]

Mithin ist eine Ausdehnung des Anwendungsbereichs des § 228 StGB zu verneinen. Zudem ist aus den gleichen Erwägungen eine analoge Anwendung der Norm abzulehnen und endlich wohnt § 228 StGB auch kein allgemeiner Rechtsgedanke inne.

cc. Zwischenergebnis

Es hat sich gezeigt, dass, selbst wenn man der Einordnung der genannten Einwilligung als sittenwidrig folgen wollte, es keine rechtliche Grundlage für eine Unwirksamkeit derselben gibt.[316] Berücksichtigt man demgegenüber jedoch, dass die Einwilligung aller Gesellschafter durch Beschluss im Sinne des § 47 GmbHG ergehen kann, so wird teilweise argumentiert, dass dieser Beschluss wegen

312 *Berz*, GA 1969, S. 149 f.
313 Vgl. zur Körperverletzung: RG JW 1928, S. 2229 ff. (S. 2231 f.); RG JW 1929, S. 1015 ff. (S. 1017); vgl. zur Beleidigung: RG GA 1904, S. 44 f.; RGSt 41, S. 392 ff. (S. 395 f.).
314 *Berz*, GA 1969, S. 150.
315 MK StGB/*Hardtung*, § 228 Rn. 7.
316 So auch *Zech*, Untreue, S. 106.

§§ 134, 138 BGB nichtig wäre.[317] Dies ist gesellschaftsrechtlich sicher richtig, dennoch handelt es sich bei einem solchen Beschluss um eine Willenserklärung im zivilrechtlichen Sinne; der Unterschied zwischen Willenserklärung und Einwilligung wurde jedoch soeben eingehend erläutert, sodass festzustellen ist, dass sich die zivilrechtliche Nichtigkeit eines solchen Beschlusses nicht auf die dadurch erklärte Einwilligung auswirkt.[318]

dd. Willensmängel

Jedoch könnten sich aufgrund von Willensmängeln Wirksamkeitsschranken einer Einwilligung der Gesellschafter ergeben. Im Rahmen der Willensmängel wird zwischen Irrtum, Täuschung und Drohung unterschieden. Folglich gilt es zu untersuchen, welche Auswirkungen es auf die Wirksamkeit der Einwilligung hat, wenn die Gesellschafter bei dieser einem Irrtum unterliegen oder gar von ihren Untergebenen, den Handelnden, getäuscht oder bedroht werden. Lediglich dass die zivilrechtlichen Wertungen der §§ 119 ff. BGB hier keine Anwendung finden, ist aufgrund der eingehend erläuterten Unterschiede zwischen zivilrechtlicher Willenserklärung und strafrechtlicher Einwilligung vorwegzunehmen.[319] Ob jedoch jeder oder nur bestimmte Willensmängel beachtlich sind, also die Einwilligung unwirksam machen, ist umstritten. Wie gesehen wird teilweise vertreten, sämtliche Willensmängel seien beachtlich; während andere darauf abstellen, ob es sich um einen rechtsgutsbezogenen Mangel handelt, nimmt die Rechtsprechung stets eine Einzelfallentscheidung vor.[320]

Sicherlich ist eine stets am Einzelfall orientierte, den jeweiligen Besonderheiten Rechnung tragende Betrachtung und Bewertung sehr differenziert und führt zu sachgerechten Ergebnissen. Dennoch sollten einige Grundprinzipien aufgestellt werden, die auch um der Rechtssicherheit willen eine zumindest grobe Einordnung zulassen, wann ein Willensmangel beachtlich ist, also die Einwilligung unwirksam macht. Die Einwilligung ist die Willensäußerung bzw. -kundgabe, auf Rechtsschutz zu verzichten, also mit der Verletzung eines dem Einwilligenden zustehenden Rechtsguts einverstanden zu sein. Somit wird deutlich, dass eine solche Entscheidung eine erhebliche Tragweite besitzt, immerhin geht es um die Zustimmung zu einer Straftat, begangen am eigenen Rechtsgut. Daraus folgt,

317 *Vonnemann*, GmbHR 1988, S. 329, S. 330 Fn. 18.
318 *Schäfer*, GmbHR 1993, S. 789 f.
319 Vgl. zu dieser Differenzierung eingehend S. 98 f.
320 Vgl. zu Nachweisen bzgl. dieses Meinungsstreits Fn. 73-75.

dass dem Willen des Rechtsgutsinhabers entscheidende Bedeutung zukommt, was zur Folge hat, dass Willensmängel nicht gänzlich unberücksichtigt bleiben dürfen. Anderseits ist jedoch auch die Situation des Täters zu berücksichtigen, der, überspitzt formuliert, eine gewisse *Planungssicherheit* benötigt, denn je nach Wirksamkeit der Einwilligung macht er sich strafbar oder aber nicht. Von den erwähnten Ansätzen werden sodann auch derjenige, der jeden Willensmangel als beachtlich ansieht, als »opferfreundlich«, derjenige, der auf die Rechtsgutsbezogenheit des Willensmangels abstellt als »täterfreundlich« eingestuft.[321] Um den Interessen beider Beteiligter einer *Einwilligungskonstellation* angemessen Rechnung zu tragen, erscheint eine Differenzierung der Verantwortlichkeit für den Willensmangel sachgerecht, sodass eine Einwilligung immer dann als unwirksam anzusehen ist, wenn der Willensmangel des Opfers dem Täter objektiv zuzurechnen ist.[322] Stellt sich der Willensmangel jedoch als solcher dar, der in den Verantwortungsbereich des Opfers fällt, so ist dieser für die Wirksamkeit der Einwilligung unbeachtlich. Unter diesen Vorzeichen sind sodann die unterschiedlichen Willensmängel genauer zu betrachten:

aaa. Irrtum

Zunächst ist also zu untersuchen, wie sich ein Irrtum des Einwilligenden auf die Wirksamkeit der Einwilligung auswirkt. Unter Berücksichtigung der vorgenannten Prämisse ist also ein Irrtum, den der Täter aufseiten des Opfers verursacht hat, stets beachtlich, sodass die Einwilligung unwirksam ist, weil dann keine freie selbstbestimmte Entscheidung des Opfers mehr vorliegt.

Fraglich erscheint demgegenüber jedoch, ob jeder Irrtum, der nicht dem Täter, sondern dem Opfer selbst zuzurechnen ist, unbeachtlich ist. Dies gilt es zu verneinen, wenn den Täter gegenüber dem Einwilligenden eine Garantenstellung trifft, da ihn dann, unabhängig davon, dass er den Irrtum nicht verursacht hat, eine Aufklärungspflicht trifft.[323] Dies wird gerade bei Ärzten relevant, die gegenüber ihren Patienten eine umfassende Aufklärungspflicht trifft. Trifft den Handelnden, also denjenigen, der in das Rechtsgut des anderen eingreift, jedoch keine solche Garanten- und damit verbundene Aufklärungspflicht, so stellt sich die Frage, ob ein Irrtum dann stets unbeachtlich ist. Hier werden wiederum unterschiedliche Ansichten vertreten: teils wird, wie bereits angedeutet, danach ge-

321 So LK[12]/*Rönnau*, Vor § 32 Rn. 198.
322 *Rönnau*, Willensmängel, S. 263, S. 410 ff.; LK[12]/*Rönnau*, Vor § 32 Rn. 199.
323 *Kühl*, Strafrecht AT, § 9 Rn. 40; LK[12]/*Rönnau*, Vor § 32 Rn. 203.

fragt, ob es sich um rechtsgutsbezogene oder nicht rechtsgutsbezogene Irrtümer handelt[324], nur Erstere sollen beachtlich sein. Zum Teil wird aber allein darauf abgestellt, wem der Irrtum zuzurechnen ist, sodass im Fall eines solchen Irrtums, der allein dem Einwilligenden selbst zuzurechnen ist, keine Unwirksamkeit der Einwilligung eintritt.[325] Unwirksam soll die Einwilligung aber wohl nach beiden Ansichten dann sein, wenn der Eingreifende Kenntnis von dem Irrtum hat.[326] Folglich besteht Einigkeit, dass die Grenze der Wirksamkeit dort erreicht ist, wo der Handelnde Kenntnis vom Irrtum des Einwilligenden hat. Dann handelte der Eingreifende rechtsmissbräuchlich und könne sich nicht auf die Einwilligung berufen.[327]

bbb. Täuschung

Eine durch Täuschung erzielte Einwilligung ist stets unwirksam, denn die Täuschung wird durch den Täter erzeugt und ist somit seinem Verantwortungsbereich zuzurechnen. Wer in eine Rechtsgutsverletzung aufgrund Täuschung einwilligt, geht von falschen Vorstellungen aus, die der Täter verursacht hat. Seine Entscheidung, das Rechtsgut preiszugeben, kann dann keineswegs mehr als frei bezeichnet werden. Eine durch Täuschung erlangte Einwilligung in eine Vermögensverfügung wird dann vom Tatbestand des § 263 StGB erfasst.

Eine andere Einordnung der Täuschung erscheint wohl nur dann möglich, wenn die Haftung des Täters für die Täuschung bzw. den darauf beruhenden Irrtum aufgrund fehlender objektiver Zurechnung entfällt.[328]

ccc. Drohung

Endlich ist zu klären, wie sich eine Drohung des Täters auf die Wirksamkeit der Einwilligung auswirkt. Die h.M. versagt dieser zu Recht nur dann die Wirkung, wenn die Drohung selbst den Tatbestand der Nötigung gem. § 240 StGB er-

324 *Arzt*, Willensmängel, S. 25 ff.; *Roxin*, Strafrecht AT I, § 13 Rn. 111 f.; Schönke/Schröder/*Lenckner*/*Sternberg-Lieben*, StGB, Vor § 32 Rn. 46.

325 LK[12]/*Rönnau*, StGB, Vor § 32 Rn. 204; so schon *Hirsch* in der Vorauflage Rn. 122.

326 *Roxin*, Strafrecht AT I, § 13 Rn. 111; *Otto*, FS Geerds, S. 618; LK[11]/*Hirsch*, StGB, Vor § 32 Rn. 122.

327 *Otto*, FS Geerds, S. 618.

328 *Rönnau*, Willensmängel, S. 430 ff.; LK[12]/*Rönnau*, Vor § 32 Rn. 206.

füllt.[329] Dann läge keine frei getroffene Einwilligung vor, sodass dieser die Wirksamkeit zu versagen sei. Dass eine Drohung erst ab der Schwelle erheblich ist, ab derjenigen eine Strafbarkeit wegen Nötigung anzunehmen ist, erscheint insofern unproblematisch, als jedes andere Verhalten erlaubt ist, sodass keine unzulässige Einwirkung auf den Einwilligenden stattfindet. Erst wenn die Qualität des § 240 StGB erreicht ist, liegt keine Selbst-, sondern eine Fremdbestimmung vor.[330] Wird die Einwilligung in eine Vermögensverfügung durch Drohung erlangt, so wird i.d.R. der Tatbestand des § 253 StGB erfüllt sein.

ee. Zwischenergebnis

Somit ist festzuhalten, dass bezüglich Willensmängeln zwar stets eine einzelfallbezogene Bewertung erforderlich ist, dennoch sind einige grundlegende Prinzipien und Wertungen für deren Einordnung zu beachten. Für die vorliegende Betrachtung, die die Einwilligung im Bereich des Wirtschaftsstrafrechts vor Augen hat, spielt wohl der Willensmangel der Drohung keine allzu bedeutende Rolle. Aber gerade diejenigen des Irrtums und der Täuschung können in den Strukturen eines Unternehmens von Relevanz werden. Somit zeigt sich, dass hier dann aufgrund der soeben herausgearbeiteten Grundsätze differenzierte Lösungen möglich sind, die die jeweiligen Verantwortungsbereiche wahren und somit sämtlichen relevanten Interessen Rechnung tragen.

Zuletzt gilt es festzuhalten, dass diese Grundsätze nicht nur für die Einwilligung, sondern, wollte man der differenzierenden h.M. folgen, auch für das Einverständnis Geltung beanspruchen.[331] Es kann in Bezug auf die Freiheit der Willensäußerung bzgl. einer Rechtsgutsverletzung keinen Unterschied machen, ob die Einwilligung auf Tatbestandsebene oder auf Rechtfertigungsebene relevant wird.[332]

329 OLG Hamm NJW 1987, S. 1034 f. (S. 1035); *Murmann*, Selbstverantwortung, S. 453 ff.; *Roxin*, Strafrecht AT I, § 13 Rn. 113 f.

330 Schönke/Schröder/*Lenckner*/*Sternberg-Lieben*, StGB, Vorbem. §§ 32 ff. Rn. 48.

331 *Roxin*, Strafrecht AT I, § 13 Rn. 117; *Roxin*, FS Amelung, S. 270.

332 So auch MK StGB/*Schlehofer*, Vor §§ 32 ff. Rn. 110 f.; a.A. hingegen *Amelung*/*Eymann*, JuS 2001, S. 938, die beispielsweise einem durch Täuschung erlangten Einverständnis dennoch tatbestandsausschließende Wirkung zukommen lassen wollen.

ff. Irrtümer bzgl. des Vorliegens oder Nichtvorliegens einer Einwilligung

Ein weiteres Problem kann sich ergeben, wenn der Täter irrtümlich davon ausgeht, es liege eine Einwilligung vor und deswegen eine bestimmte Handlung in der Annahme vornimmt, er mache sich nicht strafbar. Es geht also um die Frage, wie ein Irrtum über das Vorliegen einer Einwilligung zu behandeln ist. Hier wird dann wiederum die umstrittene deliktssystematische Einordnung der Einwilligung relevant. Verortet man sie auf Tatbestandsebene, bzw. liegt nach der anderen Ansicht ein Einverständnis vor, so handelt es sich bei dem genannten Irrtum um einen Tatbestandsirrtum im Sinne des § 16 Abs. 1 StGB. Dieser lässt den Vorsatz entfallen und führt mangels Strafbarkeit einer fahrlässigen Untreue zur Straffreiheit des Täters.[333] Legt man die Gegenansicht zugrunde und handelt es sich, da diese ja von einer Zweiteilung ausgeht, um eine Einwilligung, die auf Rechtswidrigkeitsebene zu behandeln ist, so liegt ein Irrtum über das Vorliegen rechtfertigender Umstände vor, auch *Erlaubnistatbestandsirrtum* genannt. Dessen Behandlung wird kontrovers diskutiert[334], die wohl h.M., die *sog. rechtsfolgenverweisende eingeschränkte Schuldtheorie*, wendet in solchen Fällen jedoch ebenfalls die Rechtsfolgen des § 16 Abs. 1 StGB an.[335] Folglich ergäben sich vorliegend keine Unterschiede bei der Behandlung eines solchen Irrtums.

Geht der Täter jedoch auf der anderen Seite davon aus, es liege keine Einwilligung vor, obwohl dies der Fall ist, dann handelt es sich um einen untauglichen Versuch i.S.d. § 23 Abs. 3 StGB. Dann entfällt zwar aufgrund der tatsächlich bestehenden Einwilligung zwar das Erfolgsunrecht, das Handlungsunrecht bleibt hingegen bestehen. Folglich wäre der Täter noch wegen Versuchs zu bestrafen. In der vorliegenden Untersuchung geht es jedoch um die Untreue, deren Versuch nicht strafbar ist, sodass der Täter in einem solchen Fall dann straflos bliebe.[336]

333 LK[12]/*Rönnau*, Vor § 32 Rn. 211.

334 Vgl. zum Streitstand *Fischer*, StGB, § 16 Rn. 20 ff.

335 *Fischer*, StGB, § 16 Rn. 22; *Gallas*, FS Bockelmann, S. 170; *Jescheck/Weigend*, Strafrecht AT, S. 464 f.; *Wessels/Beulke*, Strafrecht AT, Rn. 478 f.

336 Zu diesem Ergebnis gelangt man, wenn man die Einwilligung, wie bei der Untreue allgemein vertreten, auf Tatbestandsebene verortet. Sieht man – dies jedoch nur im Rahmen anderer Tatbestände – die Einwilligung als Rechtfertigungsgrund an, so stellte sich hier die Situation so dar, dass dem Täter wegen mangelnder Kenntnis der Einwilligung das nach h.M. erforderliche subjektive Rechtfertigungselement fehlte. Dem wird nach h.M. insoweit Rechnung getragen, als man den Täter nach den Versuchsregeln bestraft, da er zwar das Handlungs-, nicht aber das Erfolgsunrecht der Tat verwirklicht hat, vgl. zum Ganzen ausführlich LK[12]/*Rönnau*, Vor § 32 Rn. 82 ff., Rn. 90 ff.

Somit zeigt sich, dass der Täter, der im Rahmen des § 266 StGB irrtümlicherweise vom Vorliegen bzw. Nichtvorliegen einer Einwilligung der Gesellschafter ausgeht, straffrei bleibt.

f. Zwischenergebnis

Somit hat sich gezeigt, dass sich bei Willensmängeln der Gesellschafter als Einwilligende Wirksamkeitsschranken ergeben können, und zwar dann, wenn der Täter den Einwilligenden täuscht oder bedroht (bzw. nötigt i.S.d. § 240 StGB). Liegt ein Irrtum aufseiten des Einwilligenden vor, so ist dieser nur beachtlich und schränkt die Wirksamkeit der Einwilligung ein, wenn er durch den Täter verursacht wurde, diesen eine Garantenpflicht zur Aufklärung des Einwilligenden trifft oder dem Täter der Irrtum bekannt ist.[337]

2. Gesamtergebnis

Mithin ist die Einwilligung in stammkapitalmindernde oder existenzgefährdende Handlungen nicht unwirksam, da vorliegend keine Schranke einschlägig ist. Etwas anderes ergibt sich nur dann, wenn ein relevanter Willensmangel der Gesellschafter vorliegt, wovon hier zunächst nicht auszugehen ist.

Folglich kann als Ergebnis festgehalten werden, dass die Zustimmung bzw. Einwilligung sämtlicher Gesellschafter in eine der genannten Handlungen des Geschäftsführers, bzw. einer der anderen genannten Personen, deren Strafbarkeit nach § 266 StGB entfallen lässt. Es gilt jedoch erneut zu unterstreichen, dass es vorliegend um die strafrechtliche Beurteilung der genannten Konstellationen geht. Dass die Gesellschafter gesellschaftsrechtlich verpflichtet sind, das Stammkapital der Gesellschaft wieder zurückzuführen, steht außer Frage, aber die genannte Einwilligung führt eben dazu, dass der die stammkapitalmindernde Handlung Vornehmende (wohl zumeist der Geschäftsführer) nicht nach § 266 StGB bestraft wird. Daneben bleibt aber trotz Einwilligung, wie gesehen, stets die Gefahr einer Strafbarkeit des Geschäftsführers nach §§ 283 ff. StGB, wenn die genannte Handlung in einer wirtschaftlichen Krise i.S.d. Insolvenzstraftaten vorgenommen wird.

337 Auch *Kutzner* erkennt allein Willensmängel als Schranken für die Dispositionsbefugnis der Gläubiger bei der Einwilligung in Untreuehandlungen an, *Kutzner*, NStZ 2005, S. 272.

3. Zustimmung der Gesellschaftermehrheit, einzelner Gesellschafter und anderer Personen

Im Weiteren ist zu untersuchen, ob sich an diesem Ergebnis etwas ändert, wenn nicht sämtliche Gesellschafter, sondern nur einzelne oder eine kleine Anzahl von Gesellschaftern ihre Einwilligung in stammkapitalminderndes oder existenzgefährdendes Verhalten des Geschäftsführers erklären. In der vorangegangenen Untersuchung wurde festgestellt, dass die für eine wirksame Einwilligung erforderliche Dispositionsbefugnis sämtlichen Gesellschaftern gemeinsam zusteht. Wie ändert sich die Betrachtung, wenn die Mehrzahl der Gesellschafter für oder gegen eine Einwilligung stimmt?

a. Einwilligung durch Gesellschaftermehrheit

§ 47 GmbHG bestimmt, dass die Entscheidungen der Gesellschafter in den die GmbH betreffenden Angelegenheiten durch Mehrheitsbeschluss ergehen. Dies bedeutet, die einfache Mehrheit der Stimmen entscheidet.[338] Unklar ist, ob die bereits dezidiert untersuchte Einwilligung in die GmbH schädigende Handlungen auch durch einen solchen einfachen Mehrheitsbeschluss erklärt werden kann oder ob dafür Einstimmigkeit erforderlich ist. Gesellschaftsrechtlich betrachtet, ist, wie erwähnt, einfache Mehrheit ausreichend.[339] Für die Einwilligung könnte sich jedoch insofern etwas anderes ergeben, als es um die Zustimmung zu einer Rechtsgutsverletzung geht; der Schutz des eigenen Rechtsguts wird negiert. An diesen Punkt knüpft dann auch die Dispositionsbefugnis an, die dem Einwilligenden hinsichtlich des Rechtsgutes, in welches eingegriffen bzw. welches verletzt wird, zustehen muss. Fraglich ist, ob diese Dispositionsbefugnis nur allen Gesellschaftern gemeinsam zusteht oder ob auch diesbezüglich eine Mehrheitsentscheidung ausreichend ist. Dazu gilt es sich zu vergegenwärtigen, dass die Beteiligung der Gesellschafter an der GmbH nach Anteilen aufgeteilt ist; eine Schädigung der Gesellschaft trifft also mittelbar sämtliche Gesellschafter. Dies ist freilich bei anderen Entscheidungen der Gesellschafterversammlung nicht anders, jedoch werden diese wohl auch nicht so weitreichend wie eine Einwilligung sein, bei der es wie gesagt um die Zustimmung in eine Verletzung des eigenen Rechtsgutes geht. Es geht um das Billigen einer Straftat, die an der Gesellschaft selbst begangen wird. Bei einer solchen Tragweite der Entscheidung

338 *Lutter/Hommelhoff*, GmbHG, § 47 Rn. 3.
339 *Lutter/Hommelhoff*, GmbHG, § 47 Rn. 3.

könnte man also unter Berücksichtigung der Dispositionsbefugnis Einstimmigkeit bei der Entscheidung über die Einwilligung verlangen.

aa. Delegation

Dennoch gilt es auch hier gesellschaftsrechtlichen Besonderheiten Rechnung zu tragen, sodass es möglich sein könnte, dass auch eine Zustimmung der Gesellschaftermehrheit für eine Einwilligung ausreicht.

Es wurde bereits nach eingehender Untersuchung gesehen, dass eine Delegation der Dispositionsbefugnis möglich ist.[340] Die Gesamtheit der Rechtsgutsträger bzw. der Dispositionsbefugten kann ihre Dispositionsbefugnis über das Rechtsgut auf eine stets im Einzelfall zu bestimmende Mehrheit übertragen.

Hier ist dann wiederum auf den bereits vorgestellten Ansatz *Soykas*[341] einzugehen, der ebenfalls von der Trennung von Rechtsgutsinhaberschaft und Dispositionsbefugnis ausgeht. Diese Delegation, die einen zivilrechtlichen Vertrag darstellt, sieht *Soyka* in der Satzung der Gesellschaft. Dadurch, dass die Gesellschaft bzw. ihre Satzung ein *System* vorsehe, in dem durch Mehrheit Entscheidungen getroffen werden könnten, müsste dies auch im Bereich der Einwilligung berücksichtigt werden. Da die Gesellschafter sich diesem *System* bzw. diesem Prinzip unterwürfen, wären sie auch damit einverstanden, dass die Dispositionsbefugnis gewissermaßen der Mehrheit der Gesellschafter übertragen wird. Folglich sei zwar erforderlich, dass an einem Beschluss bezüglich einer Einwilligung sämtliche Gesellschafter mitwirkten, es sei aber gerade keine Einstimmigkeit notwendig.[342]

Legt man wie *Soyka* zugrunde, dass Gesellschaften immer Mechanismen vorsehen, in denen Entscheidungen durch Mehrheiten gefällt werden (§ 47 Abs. 1 GmbHG), dann ordnen sich die Gesellschafter diesen Mechanismen und diesem *System* unter und erkennen es an; sie akzeptieren, dass die relevanten Entscheidungen durch mehrheitlichen Beschluss getroffen werden. Hinsichtlich der Einwilligung gilt hier also nichts anderes, es ist eine Entscheidung, die durch die Gesellschaftermehrheit getroffen werden kann. Wenn sich die Gesellschafter dem genannten *System* unterordnen, so bedeutet dies, dass sie als für die Gesell-

340 Vgl. hierzu eingehend S. 44 ff.

341 Vgl. S. 43 f.

342 *Soyka*, Untreue, S. 145 f., S. 149 f. (*Soyka* untersucht dies im Bereich der Personengesellschaften, dies wird in der vorliegenden Untersuchung aber auch entsprechend berücksichtigt).

schaft Dispositionsbefugte ihre Dispositionsbefugnis »auf die nach dem konkreten Gesellschaftstyp zuständigen Gremien übertragen«[343]; d.h., dass das Entscheidungsgremium der jeweiligen Gesellschaft, nämlich die Gesamtheit der Gesellschafter, über das Rechtsgut disponieren darf. Im Rahmen dieser Dispositionsentscheidung bedarf es dann aufgrund der genannten Mechanismen aber keines einstimmigen Beschlusses, vielmehr sind lediglich sämtliche Gesellschafter an dem Beschluss zu beteiligen. Es ist, wie *Soyka* treffend formuliert, »eine Entscheidung für alle, aber nicht notwendigerweise von allen«[344]. Mithin kann die Verpflichtung bzw. Vereinbarung zur Delegation der Dispositionsbefugnis hier in dem Gesellschaftsvertrag gesehen werden.

bb. Bedingungen/Schranken der Delegation

Fraglich ist in der Folge jedoch, unter welchen Voraussetzungen die Gesellschafter ihre Dispositionsbefugnis der Gesellschaftermehrheit übertragen.

Soyka zeigt Schranken auf, die wiederum die Dispositionsbefugnis der Gesellschaftermehrheit begrenzen, also die Bedingungen aufzeigen, unter denen die Delegation stattfindet. Grundsätzlich sei es zwar dem Mehrheitssystem immanent, dass die überstimmte Minderheit Entscheidungen, die ihrem Willen widersprächen und sie eventuell belasteten, zu akzeptieren habe. Dennoch sei eine Einwilligung der Gesellschaftermehrheit dann als unwirksam einzuordnen, wenn diese den anderen nicht zustimmenden Gesellschaftern, also der Gesellschafterminderheit gegenüber als treuwidrig einzuordnen sei. Die Treuepflicht den anderen Gesellschaftern gegenüber sei ein im Gesellschaftsrecht anerkannter Grundsatz. Treuwidrigkeit sei dann gegeben, wenn die Einwilligung eine unzulässige Rechtsausübung darstelle, die einerseits bei der Verfolgung gesellschaftszweckfremder Ziele und anderseits, halten sich die Ziele im Rahmen des Gesellschaftszwecks, in Fällen von Machtmissbrauch und Willkür vorliege.[345]

Oben wurde gesehen, dass die Dispositionsbefugnis sämtlicher Gesellschafter bei der GmbH keinerlei Schranken unterworfen ist, v.a. § 30 GmbHG stellt keine solche Schranke dar.[346] Folglich kann aber auch hier keine Schranke der Dispositionsbefugnis, die sich gegenüber der Gesellschaft bzw. ihrer Interessen selbst ergibt, anerkannt werden, denn das Interesse der GmbH ist »das ›aggregierte‹ In-

343 *Soyka*, Untreue, S. 145.
344 *Soyka*, Untreue, S. 145.
345 *Soyka*, Untreue, S. 150 ff.
346 Vgl. ausführlich S. 88 ff.

teresse aller Gesellschafter [...] und von den Gesellschaftern in ihrer institutionalisierten Willensbildung determiniert«[347].

Anders könnte es sich aber somit hinsichtlich einer Schranke, die sich aus Treuegesichtspunkten gegenüber den anderen Gesellschaftern ergibt, verhalten. *Soyka* sieht eine entsprechende Schranke in der Treuepflicht der einwilligenden Gesellschafter der überstimmten Minderheit gegenüber.[348] Eine solche Treupflicht der Gesellschafter untereinander ist gesellschaftsrechtlich anerkannt.[349] Dies bedeutet, die Gesellschafter treffen untereinander gewisse Loyalitäts- und Rücksichtnahmepflichten, die Gesellschafter dürfen ihre Mitgliedschaft nicht zum Schaden den anderen Gesellschaftern gegenüber ausüben.[350] Solche Treuepflichten sind nicht als bloß schuldrechtliche Pflichtbindungen zu begreifen, sondern sind organisationsrechtlich als Bestandteil der Mitgliedschaft einzuordnen.[351] Folglich besteht solch eine Treuepflicht auch seitens der Gesellschaftermehrheit der -minderheit gegenüber. Fraglich ist nun, ob sich aus dieser Treuepflicht eine Schranke für die Dispositionsbefugnis der Gesellschaftermehrheit ableiten lässt. Hierbei gilt es zu berücksichtigen, dass die GmbH, wie jede andere Gesellschaft auch, bestimmte Zielsetzungen verfolgt. Die Gesellschafter haben sich unter der Prämisse des Gesellschaftsziels dem Mechanismus der Mehrheitsentscheidungen unterworfen. Daraus folgt, dass der Gesellschaftszweck im Bereich dieser Treuepflicht eine entscheidende Rolle spielt. Die Treuepflicht gebietet es, dass sich Entscheidungen, auch wenn sie mehrheitlich getragen werden, innerhalb des Gesellschaftszweckes bewegen. Folglich stellt die Treuepflicht eine relevante Schranke für die Dispositionsbefugnis der Gesellschaftermehrheit dar. Diese Treuepflicht, die dann i.R.d. Einwilligung bedeutsam wird, ist vermögensbezogen, weil den Gesellschaftern das Vermögen der GmbH mittelbar zugeordnet ist und sich ihre Rücksichtnahmepflicht folglich primär auf die Vermögensinteressen des jeweils anderen bezieht.

Fraglich ist aber weiterhin, ob Fälle denkbar sind, in denen diese Treuepflicht auch dann eine entsprechende Schranke darstellt, wenn sich die Einwilligung zu einer Untreue noch im Rahmen des Gesellschaftszwecks bewegt. Auch hier ist wieder darauf abzustellen, dass sich die Gesellschafter im Rahmen der GmbH einem gewissen *System* unterworfen haben. Dies setzt nicht nur voraus, dass Entscheidungen durch Mehrheitsbeschlüsse ergehen und dass sich diese Entschei-

347 *Roth/Altmeppen*, GmbHG, § 13 Rn. 31.
348 *Soyka*, Untreue, S. 150 ff.
349 Vgl. nur *Roth/Altmeppen*, GmbHG, § 13 Rn. 28 ff.
350 *Schmidt*, Gesellschaftsrecht, S. 1036; vgl. vertiefend *Flume*, ZIP 1996, S. 161 ff.
351 *Schmidt*, Gesellschaftsrecht, S. 588.

dungen im Rahmen des Gesellschaftszweckes bewegen, sondern auch, dass im Rahmen dieser Entscheidungen die gesellschaftsvertraglich und gesetzlich vorgeschriebenen Mechanismen und Abläufe eingehalten werden. Eine Einwilligung ist also auch dann wegen Verstoßes gegen die genannte Treuepflicht unwirksam, wenn sie im Rahmen des Gesellschaftszweckes ergeht, aber beispielsweise die Abstimmung fehlerhaft abläuft oder Entscheidungen rechtsmissbräuchlich gefällt werden. Da die Gesellschafter ihre Dispositionsbefugnis ihrer jeweiligen Mehrheit durch den Gesellschaftsvertrag übertragen, tun sie dies auch nur zu den Bedingungen des Gesellschaftsvertrags. Sieht dieser also für die Entscheidungsfindung bestimmte Regelungen vor (§§ 47 ff. GmbHG), so sind diese zu beachten, genauso wie beispielsweise zu berücksichtigen ist, dass die Ladung zur Gesellschafterversammlung, i.R. derer dann über eine Einwilligung abgestimmt werden kann, gewissen formellen Anforderungen genügen muss (§ 51 GmbHG).

Genügt die Entscheidung über die Einwilligung den genannten Voraussetzungen, so ist sie auch bei für die Gesellschaft nachteiligen Folgen wirksam. Dies bedeutet, dass die Treuepflicht der Gesellschafter untereinander, die wie gesagt als Rücksichtnahme- und Loyalitätspflicht zu begreifen ist, nicht notwendig verletzt sein muss, wenn die Gesellschaftermehrheit in Rechtsgutsverletzungen einwilligt. Alles andere bedeutete, die Reichweite des Mehrheitsprinzips einzuschränken und führte zu einem »Einstimmigkeitsprinzip durch die ›Hintertür‹«.[352] Eine Verletzung der Treuepflicht wird im Bereich der Einwilligung in Rechtsgutsverletzungen erst dann zu bejahen sein, wenn ein Fall von Rechtsmissbrauch vorliegt. Erfolgt eine Einwilligung in eine Rechtsgutsverletzung aber nicht, um die Gesellschaft bewusst zu schädigen, sondern aus anderen Gründen, dann ist dies keineswegs bereits als rechtsmissbräuchlich zu qualifizieren. Dennoch wird die Treuepflicht der Gesellschaftermehrheit gegenüber der Gesellschafterminderheit grundsätzlich dann verletzt sein, wenn im Beschluss der Mehrheit ein Verstoß gegen geltendes Recht zu sehen ist, denn die genannte Delegation der Gesellschafter wird nur im Rahmen der Einhaltung von gesetzlichen Regelungen erfolgen. Die Einhaltung gesetzlicher Regelungen und die Achtung gesetzlicher Ge- und Verbote ist folglich Teil der zwischen den Gesellschaftern bestehenden Treuepflicht. Die Einwilligung in eine Untreue ist aber als solche kein dem Gesetz widersprechendes Verhalten. Es wird in das rechtswidrige Verhalten *eines anderen* eingewilligt.

Insgesamt ist also eine Verletzung der genannten Treuepflichten bei rechtsmissbräuchlichem oder gesetzwidrigem Einwilligungsbeschluss der Mehrheit zu

352 *Soyka*, Untreue, S. 153.

bejahen. Folge dieser Treupflichtverletzung ist die Unwirksamkeit der Einwilligung, da es dann an der Dispositionsbefugnis der Gesellschaftermehrheit fehlt.

Diese Schranke der Treuepflichten ist deswegen anzuerkennen, weil die Gesellschafter als für die GmbH Dispositionsbefugte der Gesellschaftermehrheit die Dispositionsbefugnis nur insoweit übertragen, als sich diese an die vereinbarten *Regeln* halten und dies sind nun einmal die Regeln des Gesellschaftsvertrages und die geltenden Gesetze.

Der BGH äußerte sich kürzlich zur Frage der Einwilligung des Mehrheitsgesellschafters, ließ in diesem Zusammenhang aber ausdrücklich offen,

> »ob nur Mehrheitsentscheidungen der Gesellschafter tatbestandsausschließende Wirkung beigemessen werden kann, die im Wege eines förmlichen Beschlusses herbeigeführt worden sind, oder ob tatbestandsausschließende Wirkung auch solchen Mehrheitsentscheidungen zukommt, die nicht unter Einhaltung der Formalien der §§ 47 ff. GmbHG getroffen worden sind«[353].

Erforderlich sei jedenfalls, dass an der Abstimmung über die Einwilligung sämtliche Gesellschafter beteiligt würden.[354]

Es gilt abschließend nochmals zu betonen, dass durch diese Einordnung keineswegs die aufgestellte Differenzierung zwischen strafrechtlicher Einwilligung und zivilrechtlicher Willenserklärung[355] aufgehoben wird. Für die Mehrheitsentscheidung ist zwar ein förmlicher Beschluss erforderlich und es ist notwendig, dass an der Einwilligungsentscheidung sämtliche Gesellschafter mitwirken. Dies liegt jedoch nicht daran, dass die Einwilligung jetzt als zivilrechtliches Rechtsgeschäft bestehend aus Willenserklärungen eingeordnet würde, sondern hinsichtlich der Einwilligung durch die Gesellschaftermehrheit sind dies die Bedingungen, zu denen eine Delegation auf die jeweilige Mehrheit überhaupt stattgefunden hat.

Im Prinzip ist der zugrunde gelegte Gedanke genau der gleiche, wie derjenige, dass für juristische Personen ihre Gesellschafter die Einwilligung erklären, ihnen insoweit also die Dispositionsbefugnis über deren Vermögen zusteht, obwohl die juristische Person selbst Vermögensinhaberin ist. Die den Gesellschaftern zustehende Dispositionsbefugnis übertragen diese, weil sie sich in einem Kollektiv befinden, ihrer jeweiligen Mehrheit. Die genannten Treuepflichten stellen nur insoweit eine Schranke dar, als die Gesellschafter ihre Dispositionsbefugnis allein in diesen Grenzen der jeweiligen Gesellschaftermehrheit übertragen haben. Die-

353 BGH NJW 2010, S. 3458 ff. (S. 3461).
354 BGH NJW 2010, S. 3458 ff. (S. 3461).
355 Vgl. hierzu ausführlich S. 98 f.

se Treuepflichten wurzeln zwar grundsätzlich im Gesellschaftsrecht, finden aber hier ihre Grundlage im Akt der Übertragung der Dispositionsbefugnis.

Willigen hingegen sämtliche Gesellschafter in eine Untreuehandlung ein, so liegt Einstimmigkeit vor und die genannten Treuepflichten bedürfen diesbezüglich keiner Berücksichtigung. Die Einwilligung aller unterliegt folglich, dies wurde bereits herausgearbeitet, keinerlei Dispositionsgrenzen.[356]

Somit kann festgehalten werden, dass für die Einwilligung der Gesellschafter bzw. der Gesellschaft in sie schädigende Handlungen, nicht zwingend eine einstimmige Beschlussfassung erforderlich ist. Diese Beschlussfassung muss jedoch, aufgrund der genannten *Delegationsbedingungen* anders als eine einstimmige Einwilligung, förmlich ergehen.[357]

cc. Widerrufbarkeit der Delegation

Es wurde ebenfalls bereits erarbeitet, dass die Möglichkeit des Widerrufs der Einwilligung bzw. der Delegation auf die Gesellschaftermehrheit nicht vertraglich ausgeschlossen werden kann.[358] Widerruft also einer der Gesellschafter vor einer möglichen Rechtsgutsverletzung die genannte Delegation, so ist die Einwilligung unwirksam und der Handelnde bliebe strafbar. Dann käme jedoch, auch dies wurde bereits eingehend untersucht[359], der Vertrag, der die Delegation festlegt, als Rechtfertigungsgrund in Betracht, vorliegend also der Gesellschaftsvertrag. Hierbei ist dann aber wiederum zu berücksichtigen, dass es für eine entsprechende Rechtfertigung eine entscheidende Rolle spielt, ob der Handelnde Partei des Vertrages ist oder nicht. Nur wenn er Vertragspartei ist, trifft ihn ein Handlungsrecht und den Vertragspartner gerade ihm gegenüber eine Duldungspflicht, die zur Rechtfertigung der Handlung führt.[360] Ist der Handelnde nicht an der vertraglichen Abrede beteiligt, so kommt ihm kein entsprechendes Handlungsrecht zu und er bleibt strafbar. Ausnahmsweise kann er dann nach den Regelungen über die berechtigte GoA gerechtfertigt sein.[361]

356 Vgl. S. 88 ff.
357 So auch *Tiedemann*, Wirtschaftsstrafrecht AT, Rn. 217, der bei einer Mehrheitsentscheidung, anders als bei einer einstimmigen Einwilligung, einen förmlichen Beschluss verlangt.
358 Vgl. S. 48 ff.
359 Vgl. S. 50 ff.
360 Schönke/Schröder/*Lenckner*/*Sternberg-Lieben*, StGB, Vorbem. §§ 32 ff. Rn. 53.
361 Vgl. eingehend S. 53 ff.

Folglich stellt sich im Bereich der GmbH die Situation so dar, dass sich die geschäftsführenden Gesellschafter, die eben an der vertraglichen Abrede beteiligt sind, bei einem Widerruf der erklärten Einwilligung auf den Gesellschaftsvertrag als Rechtfertigungsgrund mit der Folge der Straffreiheit berufen können.

Da die GmbH jedoch juristische Person ist und bei ihr der Grundsatz der Fremdorganschaft gilt[362], wird sie viele Organe haben, die eine Vermögensbetreuungspflicht trifft und damit taugliche Täter einer Untreue sind, die aber nicht gleichzeitig Gesellschafter sind, mit der Folge, dass sie an der Delegationsvereinbarung, nämlich dem Gesellschaftsvertrag, auch nicht beteiligt sind. Sie können sich dann aber bei einem Widerruf der Einwilligung auch nicht auf den Vertrag zur Rechtfertigung berufen.

Mithin gilt es hier festzuhalten, dass der Gesellschaftsvertrag nach erfolgtem Widerruf der Einwilligung nur den Gesellschaftern als Rechtfertigungsgrund zur Seite steht, da nur sie an diesem beteiligt sind und sie deshalb das angesprochene Handlungsrecht trifft.

b. Einwilligung einzelner Gesellschafter und anderer Personen

Einzelne Gesellschafter oder die Gesellschafterminderheit können jedoch aufgrund fehlender Dispositionsbefugnis nicht wirksam in eine Untreue einwilligen.

Daneben ist unklar, ob auch andere als die Gesellschafter (sämtliche oder deren Mehrheit) wirksam in die Gesellschaft schädigende Handlungen ihrer *Untergebenen* einwilligen können. So stellt sich beispielsweise die Frage, ob der Geschäftsführer in eine entsprechende Handlung eines Prokuristen, eines Handlungsbevollmächtigten oder eines leitenden Angestellten einwilligen kann. Jedoch wurde bereits gezeigt, dass der Geschäftsführer selbst das Vertretungsorgan der Gesellschaft ist, die Gesellschafter in ihrer Gesamtheit hingegen als deren Willensbildungsorgan einzuordnen sind. Folglich steht auch nur ihnen die Dispositionsbefugnis über das Vermögen der Gesellschaft zu, sodass auch nur sie wirksam in die genannten Handlungen, von wem auch immer, einwilligen können. Als Ergebnis ist also festzuhalten, dass andere als die Gesellschafter nicht wirksam in die Gesellschaft schädigende Handlungen ihrer *Untergebenen* einwilligen können, mit der Folge, dass deren Untreuestrafbarkeit bestehen bleibt. Dennoch kann und sollte eine solche unwirksame Einwilligung, auf die sich der Handelnde glaubt berufen zu können, im Rahmen der Strafzumessung Berücksichtigung finden.

362 *Kübler/Assmann*, Gesellschaftsrecht, S. 24; *Schmidt*, Gesellschaftsrecht, S. 409 ff.

c. Zwischenergebnis

Somit kann festgehalten werden, dass für eine wirksame Einwilligung die Zustimmung sämtlicher Gesellschafter bzw. ihrer Mehrheit erforderlich ist. Fehlt es daran, so bleibt der Handelnde strafbar nach § 266 StGB.

4. Ergebnis

Als Ergebnis ist also zu konstatieren, dass nur die Einwilligung sämtlicher Gesellschafter oder ihrer Mehrheit die Strafbarkeit des Handelnden entfallen lässt. Diese Einwilligung ist im Rahmen von § 266 StGB auch dann wirksam, wenn die Handlungen das Stammkapital angreifen oder die Existenz der GmbH bedrohen. Eine Unwirksamkeit wegen Sittenwidrigkeit der Einwilligung ist auch dann nicht gegeben. Stimmen nur einzelne der Gesellschafter bzw. ihre Minderheit der Einwilligung zu bzw. willigen nur diese ein, so ist die Einwilligung mangels Dispositionsbefugnis unwirksam und wirkt sich nicht strafbarkeitsnegierend aus. Ebenso ist festzuhalten, dass andere Personen als die Gesellschafter nicht in Untreuehandlungen ihrer Untergebenen wirksam einwilligen können. Tun sie dies dennoch, so bleibt die Strafbarkeit des Untergebenen bestehen.

Jedoch ist weiterhin zu berücksichtigen, dass auch bei Einwilligung sämtlicher Gesellschafter in eine Untreuehandlung unter bestimmten Voraussetzungen eine Strafbarkeit des Handelnden nach §§ 283 ff. StGB gegeben sein kann, nämlich dann, wenn die schädigende Handlung zum Zeitpunkt einer Krise im Sinne der Vorschriften begangen wird.

ccc. Besondere Untreuehandlungen

Neben den Verhaltensweisen, die relativ offensichtlich den Tatbestand der Untreue verwirklichen, gibt es jedoch, wie bereits angedeutet, zahlreiche Handlungen, die keineswegs so eindeutig als Untreue zu werten sind. Einige typische solcher Verhaltensweisen sollen im Folgenden näher beleuchtet und auf ihre Relevanz für § 266 StGB untersucht werden. Erfüllen sie den Tatbestand der Untreue, ist zu analysieren, wie sich eine Einwilligung des jeweils Höhergestellten auf die Strafbarkeit des Handelnden auswirkt.

1. Risikogeschäfte

Zunächst ist auf sog. Risikogeschäfte einzugehen, die im Rahmen sämtlicher zu untersuchender Gesellschaften relevant werden können und eines der zentralen Probleme der Untreue darstellen. Bei diesen geht es um Geschäfte, die das Risiko eines Vermögensverlustes in sich tragen[363] und bei denen sich dann die Frage stellt, ob sich der Handelnde strafbar macht, wenn er ein solches geschäftliches Risiko eingeht, für welches, verwirklichte es sich, letztlich die Gesellschaft haften würde. Risikogeschäfte sind also dadurch gekennzeichnet, dass eine erhebliche Unsicherheit besteht, ob das Geschäft einen Gewinn oder Verlust mit sich bringt.[364] *Waßmer* definiert diese Geschäfte als »geschäftliche Disposition, bei der ungewiß ist, ob Konsequenz eine Vermögensschädigung ist«[365]. Folglich geht es um die Frage, ob die Eingehung eines solchen Risikos einen für § 266 StGB relevanten Pflichtverstoß im Innenverhältnis darstellt. Ist der Betreffende im Innenverhältnis ausdrücklich befugt, solche geschäftlichen Risiken einzugehen, so ist keine Pflichtverletzung gegeben und der Tatbestand der Untreue nicht erfüllt.[366] Anderseits ist § 266 StGB stets zu bejahen, wenn der Treupflichtige zur Eingehung gewisser Risiken gerade nicht befugt ist und er diese dennoch eingeht.[367] Zunächst ist für die zu klärende Frage also stets das Innenverhältnis zu betrachten, um zu sehen, ob dieses nach der Art seiner Ausgestaltung die Befugnis des Verpflichteten zu solchen Geschäften beinhaltet.[368] Daneben stellt sich die Frage, wie die Eingehung eines solchen riskanten Geschäfts zu bewerten ist, wenn im Innenverhältnis keinerlei diesbezügliche Abrede vorhanden ist. Grundsätzlich ist zu sagen, dass wirtschaftliches Handeln nie gänzlich risikofrei sein wird; bestimmte Verlustgefahren wohnen wohl jedem Geschäft inne. Risikogeschäfte sind also nicht unüblich, sondern sozial adäquat.[369] Mithin gilt es zu untersuchen, welche Risiken noch von den gewöhnlichen Befugnissen eines Geschäftsführers gedeckt sind und welche den Tatbestand der Untreue verwirkli-

363 *Hellmann* nennt in diesem Bereich als Fallgruppen Vorleistungs- und Spekulationsgeschäfte sowie Sanktions- und Investitionsfälle, *Hellmann*, ZIS 2007, S. 433 f.

364 MK StGB/*Dierlamm*, § 266 Rn. 200; Schönke/Schröder/*Perron*, StGB, § 266 Rn. 20; BeckOK StGB/*Wittig* § 266 Rn. 19.

365 *Waßmer*, Untreue, S. 10.

366 *Lackner/Kühl*, StGB, § 266 Rn. 7.

367 *Ransiek*, ZStW 2004, S. 647.

368 BGH NJW 1975, S. 1234 ff. (S. 1234); BGH GA 1977, S. 342 f. (S. 342); BGH NJW 1984, S. 800 f. (S. 800); BGH NJW 1984, S. 2539 ff. (S. 2540); BGH wistra 2000, S. 384 ff. (S. 386); *Hillenkamp*, NStZ 1981, S. 165 f.; *Labsch*, Jura 1987, S. 414 f.; *Schreiber/Beulke*, JuS 1977, S. 658; *Waßmer*, Untreue, S. 30.

369 *Kindhäuser*, LPK, § 266 Rn. 62.

chen. Inzwischen darf als allgemein anerkannt gelten, dass bezüglich dieser Risikogeschäfte auf die Sorgfalt eines gewissenhaften Kaufmannes abzustellen ist[370], die häufig auch als die im Verkehr erforderliche Sorgfalt bezeichnet wird.[371] Verfehlt wäre es, die Legalität des Geschäfts im Nachhinein zu beurteilen, wenn bereits entschieden ist, ob dieses erfolgreich war oder zu einem Verlust geführt hat.[372] Legt man für die genannte Beurteilung diesen Maßstab zugrunde, so bleibt es vor allem stets möglich, den Umständen der jeweiligen Branche, in der das Risikogeschäft getätigt wird, als auch denjenigen des konkreten Einzelfalls Rechnung zu tragen. Hält sich das Risiko eines Geschäftes also noch in dem für ein vernünftiges geschäftliches Vorgehen abgesteckten Rahmen, so handelt der Täter nicht treuwidrig.[373] Handelt es sich jedoch um Geschäfte, deren Risiken der Betreffende gar nicht abschätzen kann, so ist das geschäftliche Agieren unvernünftig und nicht gewissenhaft, somit also tatbestandserfüllend. Freilich muss dem Betreffenden ein gewisser Ermessensspielraum verbleiben, innerhalb dessen er eigenständige Entscheidungen hinsichtlich der Vornahme eines bestimmten Geschäftes treffen kann.[374] Die Grenze dieses Spielraumes gilt aber wohl dann als überschritten, wenn das fragliche Geschäft klar und evident wirtschaftlich nicht mehr vertretbar ist.[375] So wird berücksichtigt, dass unternehmerischen Entscheidungen stets Prognosecharakter zukommt, sodass Fehlbeurteilungen erst im Nachhinein erkennbar sind.[376] Durch den Ermessensspielraum wird gesichert, dass die Strafbarkeit dann eben nicht im Nachhinein von der Frage eines Schadenseintritts abhängig gemacht wird.

370 BGH NStZ 1990, S. 437 f. (S. 437); BGH StV 2004, S. 424 f. (S. 424 f.); *Bringewat*, JZ 1977, S. 667 f.; *Lackner/Kühl*, StGB, § 266 Rn. 7; *Rose*, wistra 2004, S. 286 f.; zur Untreuerelevanz riskanter Entscheidungen in der Wirtschaft vgl. *Thomas*, FS Riess, S. 800 ff.

371 *Bringewat*, JZ 1977, S. 670; *Waßmer* weist darauf hin, dass dieser Maßstab auch bei Spekulationsgeschäften im Sinne des § 283 Abs. 1 Nr. 2 StGB angewendet wird; *Waßmer*, Untreue, S. 59 Fn. 396.

372 Achenbach/Ransiek/*Seier*, Handbuch Wirtschaftsstrafrecht, V 2 Rn. 346; *Arnold*, Jura 2005, S. 846; *Tiedemann*, GmbH-Strafrecht, Vor §§ 82 ff. Rn. 15.

373 OLG Karlsruhe NJW 2006, S. 1682 ff. (S. 1682 f.).

374 Der BGH hob kürzlich jedoch nochmals hervor, dass dieser Handlungs- und Beurteilungsspielraum nur auf der Grundlage sorgfältig erhobener, geprüfter und analysierter Informationen bestehe, BGH wistra 2010, S. 21 ff. (23 f.).

375 MK StGB/*Dierlamm*, § 266 Rn. 204; *Fischer*, StGB, § 266 Rn. 69; *Kohlmann*, JA 1980, S. 231; Schönke/Schröder/*Perron*, StGB, § 266 Rn. 20; LK[11]/*Schünemann*, § 266 Rn. 95 f.; *Waßmer*, Untreue, S. 72 f; *Perron* sieht den genannten Ermessensspielraum erst dann als verletzt an, wenn das konkrete Verhalten schlechterdings nicht mehr nachvollziehbar oder völlig unvertretbar ist, *Perron*, GA 2009, S. 226 f.

376 *Otto*, FS Tiedemann, S. 694 f.

Verletzte der Verpflichtete also diese Grundsätze und handelte untreuerelevant, so stellte sich in der Folge das Problem, ob ein Nachteil, also ein Vermögensschaden, aufseiten der Gesellschaft eingetreten ist. Verwirklicht sich das Risiko des Geschäftes und kommt es zu einem Vermögensverlust, so ist dieser Nachteil unproblematisch gegeben. Fraglich ist jedoch, ob ein solcher zu bejahen ist, wenn allein ein erhebliches Risiko bei einem Geschäft eingegangen wurde. Hier stellte sich dann die Frage, inwieweit eine konkrete Vermögensgefährdung bereits als relevanter Schaden zu qualifizieren wäre.[377] Mangels Relevanz für die vorliegende Untersuchung soll dieser Problemkreis hier jedoch nicht vertiefend erörtert werden.

Es gilt also festzuhalten, dass Risikogeschäfte des für die Gesellschaft Handelnden stets den Tatbestand der Untreue verwirklichen, wenn dieser entweder die ihm im Innenverhältnis aufgezeigten Grenzen überschreitet oder, fehlt es an solchen Grenzen, er die im Einzelfall zu ermittelnde Sorgfalt eines gewissenhaften Kaufmanns verletzt. Kommt es dann zu einem Vermögensschaden, so macht sich der Handelnde gem. § 266 StGB strafbar.

Willigen jedoch sämtliche Gesellschafter oder ihre Mehrheit in ein solches Risikogeschäft, welches den Untreuetatbestand verwirklicht, ein, so wirkt dies tatbestandsausschließend. Andere als die Gesellschafter können hingegen nicht wirksam in die Vornahme solcher Geschäfte einwilligen.

377 Vgl. hierzu MK StGB/*Hefendehl*, § 263 Rn. 532 ff.; Schönke/Schröder/*Cramer*/*Perron*, StGB, § 263 Rn. 143 ff.; das BVerfG urteilte jüngst über die Frage, inwieweit die Auslegung des Begriffs »Nachteil« i.R. des § 266 StGB einen Verstoß gegen das Bestimmtheitsgebot des Art. 103 Abs. 2 GG bedeute, wenn darunter auch eine konkrete Vermögensgefährdung subsumiert werde, wie es der BGH regelmäßig tut, vgl. nur BGH NJW 1999, S. 1489 ff. (S. 1491); BGH NJW 2003, S. 3717 ff. (S. 3718 f.); BGH NJW 2007, S. 1760 ff. (S. 1764). Das BVerfG hielt diese Auslegung des Tatbestandsmerkmals »Nachteil« für verfassungskonform, weil die Rechtsprechung »Kriterien zur Abgrenzung zwischen einer bloß abstrakten Gefährdungslage und einer konkreten, schadensgleichen Vermögensgefährdung entwickelt (hat), um zu bestimmen, wann eine Gefahrensituation eine solche Intensität erreicht hat, dass sie einer endgültigen Vermögenseinbuße gleichstellt werden kann«. Aufgrund dieser Kriterien bestehe nicht die Gefahr einer zu weiten gegen Art. 103 Abs. 2 GG verstoßenden Auslegung des Nachteilsbegriffs, BVerfG NJW 2009, S. 2370 ff. (S. 2372). Gleichwohl sah das BVerfG in einem anderen Fall das Bestimmtheitsgebot durch eine Verurteilung wegen § 266 StGB als verletzt an, weil die Gerichte einen Gefährdungsschaden bejaht hatten, obwohl keine den verfassungsrechtlichen Anforderungen entsprechenden Feststellungen zu dem Nachteil getroffen worden waren. So sei der als Nachteil geforderte Vermögensschaden nicht hinreichend konkret ermittelt worden, sondern dieser sei letztlich aus der angenommenen Pflichtwidrigkeit wertend entnommen worden. Hierin sah das BVerfG eine Verschleifung der Tatbestandsmerkmale der Pflichtverletzung und des Nachteils, BVerfG, NJW 2010, S. 3209 ff. (S. 3220 f.), vgl. hierzu *Saliger*, NJW 2010, S. 3195 ff.

2. Schmiergeldzahlungen, Kick-backs und schwarze Kassen

a. Schmiergeldzahlungen

Einen weiteren Problemkreis des § 266 StGB bilden Schmiergeldzahlungen, die für die Gesellschaft Handelnde tätigen. Hierbei stellt sich dann ebenso wie bei den Risikogeschäften die Frage nach einer Untreuestrafbarkeit der Handelnden. Schmiergelder werden gezahlt, um Entscheidungsträger zu beeinflussen und um so eine für den Zahlenden günstige Entscheidung zu erzielen, es handelt sich also um Bestechungszahlungen. Ist der Geschäftsherr mit den Zahlungen einverstanden, so könnte eine Strafbarkeit nach § 266 StGB ausgeschlossen sein, jedoch wäre dann eventuell § 299 StGB einschlägig.[378] Ob die Einwilligung des Geschäftsherrn dann wirksam wäre, gilt es im Weiteren zu erörtern. Folglich ist auch bei den Schmiergeldzahlungen zu untersuchen, ob diese untreuerelevant sind, wenn der Geschäftsherr nichts davon weiß. Der Verstoß gegen § 299 StGB kann nicht als Pflichtverletzung i.S.d. § 266 StGB gewertet werden, denn die Pflicht, keine Bestechungszahlungen zu tätigen, schützt nicht primär das Vermögen des Geschäftsherrn, es fehlt also am Schutzzweckzusammenhang.[379] Verstößt der Handelnde durch die Zahlung des Schmiergeldes gegen (vermögensschützende) Bestimmungen des Gesellschaftsvertrages, so macht er sich zweifelsohne wegen Untreue strafbar, weil sein Handeln dann als pflichtwidrig einzuordnen ist.[380] Unklar ist, wie es zu bewerten ist, wenn der Handelnde bei seinen Zahlungen im Interesse der Gesellschaft handelt, wenn er diese also tätigt, um Vorteile für die Gesellschaft zu erlangen. Fraglich ist, ob diese Zahlungen dann trotzdem als pflichtwidrig einzuordnen sind. Der BGH verneinte zunächst die Pflichtwidrigkeit solcher Zahlungen, wenn der Handelnde das Geld nicht

378 Park/*Zieschang*, Kapitalmarktstrafrecht, § 266 StGB Rn. 74.

379 *Ransiek*, StV 2009, S. 321. Im *VW*-Urteil deuten die Ausführungen des BGH jedoch darauf hin, dass er die gem. § 119 Abs. 1 Nr. 3 BetrVG strafbare Begünstigung von Betriebsratsmitgliedern als Verletzung der Vermögensbetreuungspflicht des § 266 StGB einordnet, BGH NStZ 2009, S. 694 ff. (S. 695). Auch in diesem Fall ist aber der erforderliche Schutzzweckzusammenhang nicht gewahrt, denn § 119 Abs. 1 Nr. 3 BetrVG schützt nicht das Vermögen des Geschäftsinhabers, sondern allein die Betätigung der Mitglieder der betriebsverfassungsrechtlichen Organe, EK/*Kania*, § 119 BetrVG Rn. 4. Vertiefend zum *VW*-Urteil vgl. *Corsten*, wistra 2010, S. 206 ff. Kürzlich stellte der BGH aber klar, dass allein in dem Verstoß gegen das BetrVG keine Pflichtverletzung i.S.d. § 266 StGB gesehen werden kann, BGH ZIP 2010, S. 2239 ff. (S. 2241).

380 So auch *Ransiek*, StV 2009, S. 321.

willkürlich verschob, sondern stets das wirtschaftliche Wohl der Gesellschaft im Blick hatte.[381]

In jüngster Zeit schien der BGH im Fall *Siemens* jedoch eine andere Einordnung vorzunehmen: Die Vorinstanz, das LG Darmstadt, sah in der Zahlung von Schmiergeldern eine Pflichtverletzung i.S. der Untreue, unabhängig davon, ob der Handelnde dabei das Wohl des Unternehmens im Blick hatte. Die Pflichtverletzung sei allein in dem Entziehen von Vermögenswerten zu sehen, denn der Angeklagte habe entgegen entsprechenden Anweisungen des Vorstands, keine Schmiergeldzahlungen zu tätigen, solche Zahlungen entrichtet. Eine entsprechende Unterlassenspflicht sollte sich aus den Compliance-Vorschriften des Unternehmens ergeben.[382] Der BGH setzte hingegen früher an, denn er wertete bereits das Anlegen schwarzer Kassen, deren Gelder für Bestechungszwecke eingesetzt wurden, als Pflichtverletzung i.S. der Untreue, da es der Verpflichtete unterlassen habe, den Vermögensinhaber über die Existenz der Gelder zu informieren.[383] Für die Frage, ob die Zahlung von Schmiergeldern als untreuerelevante Pflichtverletzung zu werten ist, kann dem Urteil mithin wenig entnommen werden.

Ransiek hingegen bejaht im Zusammenhang mit Schmiergeldzahlungen insofern eine Pflichtwidrigkeit i.S. der Untreue, als ein solches Verhalten rechtswidrig sei und mithin nicht mehr als Verhalten i.S. des § 93 AktG oder § 43 GmbHG gewertet werden könne.[384]

Die Ausführungen des LG Darmstadt überzeugen jedoch nicht gänzlich. Problematisch erscheint die Einordnung des LG, dass das Zahlen von Bestechungsgeldern als illegale Handlung grundsätzlich eine Pflichtverletzung im Sinne der Untreue darstelle. Freilich ist dies der Fall, wenn der Handelnde dabei ausdrückliche Anweisungen im Innenverhältnis verletzt; hat es im *Siemens*-Fall tatsächlich eine solche Anordnung gegeben, läge unzweifelhaft eine Pflichtverletzung i.S.d. § 266 StGB vor. Anders stellt sich die Situation aber dar, wenn man als Anknüpfungspunkt für eine solche Pflichtverletzung die Compliance-Vorschriften von *Siemens* heranziehen möchte.[385] Grundsätzlich können derartige Rege-

381 BGH wistra 1984, S. 226.

382 LG Darmstadt, Urteil v. 14.5.2007 – 712 Js 5213/04 – 9 KLs, Rn. 148 ff.; vgl. hierzu Anmerkung von *Saliger/Gaede*, HRRS 2008, S. 57 ff.

383 BGH NJW 2009, S. 89 ff. (S. 91 f.).

384 *Ransiek*, StV 2009, S. 322.

385 Kritisch hingegen *Schünemann*, NStZ 2008, S. 433 f., der äußert: »Denn der Schutzzweck von § 266 StGB ist auf das Rechtsgut ›Vermögen‹ bezogen und würde pervertiert, wenn man diese Strafvorschrift zur Sanktionierung eines Systems der Corporate Compliance einsetzen wollte. Dies gilt auch für den Deutschen Corporate Governance Codex, dessen Pflichten für § 266 StGB nur insoweit Relevanz erlangen, wie sie den Vermögens-

lungen entsprechende Pflichten bestimmen, deren Verletzung zu einer Untreue führt. Da diese Compliance-Regelungen hier aber hinsichtlich Vorteilszuwendungen so gehandhabt wurden, dass kein Verstoß vorlag, wenn die Handelnden zugunsten des Unternehmens handeln wollten und eine entsprechende Gewinnchance für dieses sahen, kann vorliegend schon von keiner Verletzung der Compliance-Vorschriften ausgegangen werden.[386] Scheiden diese Vorschriften aber im vorliegenden Fall bereits für eine Anknüpfung einer untreuerelevanten Pflichtverletzung aus, so blieben dafür lediglich die Normen des Korruptionsstrafrechts. Da § 266 StGB aber allein Pflichtverletzungen hinsichtlich des Vermögens des Geschäftsherrn unter Strafe stellt, kann eine Verletzung dieser Strafnormen, wie soeben bereits ausgeführt, nicht als Pflichtverletzung im Sinne des § 266 StGB gewertet werden.[387] Entgegen der Einordnung des LG spricht zunächst also einiges dafür, die Zahlung von Bestechungsgeldern nicht per se als Pflichtverletzung im Sinne der Untreue einzuordnen. Behält der Täter das Wohl der Gesellschaft im Blick, so kann nicht davon gesprochen werden, er verletze die Pflicht, fremde Vermögensinteressen zu betreuen, denn auch der Einsatz von Bestechungsgeldern kann für die Gesellschaft langfristig von Vorteil sein.[388] Freilich müssen dazu Anhaltspunkte vorliegen, die den Handelnden zu Recht davon ausgehen lassen, eine Gewinnchance für das Unternehmen zu erzielen. Der bloße Wille ist nicht ausreichend, um eine Pflichtverletzung zu verneinen.[389] Doch auch bei Gewinnchancen des Unternehmens gilt es zu berücksichtigen, dass bzgl. Vorteilen, die aus einer rechtswidrigen Tat erlangt wurden, gem. § 73 StGB grundsätzlich deren Verfall angeordnet wird. Folglich muss nicht jede zunächst vorteilhafte Schmiergeldzahlung auch tatsächlich zu einem für die Gesellschaft günstigen Ergebnis führen, wenn der Gewinn dem Verfall unterliegt. Hinsichtlich der Frage nach einer Verletzung der Vermögensbetreuungspflicht,

schutz bezwecken, nicht aber schon dann, wenn sie im Interesse der allgemeinen Rechtsbefolgung oder Sicherung der Dispositionsbefugnis bestimmter Organe geschaffen worden sind.«

386 *Saliger/Gaede*, HRRS 2008, S. 72; der BGH legte die Regelungen jedoch so aus, dass auch Schmiergeldzahlungen ausdrücklich stets verboten waren, BGH NJW 2009, S. 89 ff. (S. 91).

387 *Saliger/Gaede*, HRRS 2008, S. 75.

388 In die gleiche Richtung, wenngleich nicht speziell für Bestechungsgelder, *Bernsmann*, GA 2009, S. 300, der daran erinnert, mit vielen Handlungen, die von der Untreue erfasst werden sollen, intendieren die Handelnden keineswegs einen Schaden für das Unternehmen, sondern gerade dessen Bestand und dessen dauerhafte Rentabilität.

389 Kritisch zur Feststellung des Vermögensnachteils im *Siemens*-Urteil, *Marxen/Taschner*, EWiR 2009, S. 254, die diesbezüglich von der Fortführung einer höchstbedenklichen Tendenz im Umgang mit § 266 StGB sprechen.

kommt es also zudem darauf an, ob es sich bei den erzielten bzw. beabsichtigten Gewinnen um solche handelt, die dem Verfall unterliegen. Da im Grundsatz jeder Vorteil, der aus einer rechtswidrigen Tat resultiert, dem Verfall unterliegt, wäre die Zahlung von Schmiergeldern stets als untreuerelevante Pflichtverletzung einzuordnen, weil dies zu einem Schaden für die Gesellschaft führt.[390] Anderseits wäre zu fragen, ob es hinsichtlich der Pflichtverletzung auf die Wahrscheinlichkeit ankommt, ob der Verfall des erzielten Vorteils tatsächlich angeordnet wird. Darauf kann es aber für die Pflichtverletzung nicht ankommen. Wenn der die Bestechungszahlungen Vornehmende weiß, dass die begründete Gefahr besteht, dass die Vorteile, die er dem Unternehmen durch seine Tätigkeit zuführen wollte, dem Verfall unterliegen, dann ist dies nicht mehr mit der Sorgfalt eines ordentlichen Kaufmanns zu vereinbaren. Ähnlich wie bei den Risikogeschäften kann man hier darauf abstellen, ob sich das Risiko eines Geschäftes noch in dem für ein vernünftiges geschäftliches Vorgehen abgesteckten Rahmen bewegt.[391] Besteht aber wie gesagt von Anfang an die begründete Gefahr des Verfalls der erzielten oder zu erzielenden Vorteile, dann ist die Zahlung von Schmiergeldern als pflichtwidrige Hingabe fremden Vermögens zu werten. Ob dann jedoch zwischen Pflichtverletzung und Schaden ein Unmittelbarkeitszusammenhang besteht, wie *Seier* ihn für erforderlich hält, ist fraglich.[392] Dieses Erfordernis der Unmittelbarkeit findet in der Rechtsprechung kaum Beachtung.[393] Um jedoch das spezifische Unrecht des § 266 StGB, nämlich der Nachteilszufügung aufgrund der Verletzung einer Vermögensbetreuungspflicht, erfassen zu können, ist dieses einschränkende Kriterium erforderlich. Ansonsten würden auch Nachteile vom Tatbestand des § 266 StGB erfasst, die nicht durch

390 So das LG Darmstadt, Urteil v. 14.5.2007 – 712 Js 5213/04 – 9 KLs, Rn. 149.

391 So im Zusammenhang mit Risikogeschäften das OLG Karlsruhe NJW 2006, S. 1682 ff. (S. 1682 f.).

392 Achenbach/Ransiek/*Seier,* Handbuch Wirtschaftsstrafrecht, V 2 Rn. 203 ff.

393 Als Ausnahme galt hier lange Zeit das AStA-Urteil des OLG Hamm, das ausführte, das Erfordernis der Unmittelbarkeit sei ein Spezifikum des Betrugstatbestandes, das im Rahmen des § 266 StGB bedeutungslos sei, OLG Hamm NJW 1982, S. 190 ff. (S. 192). Jedoch hat sich kürzlich erstmals auch der BGH zu diesem Problemkreis geäußert. Ohne nähere Begründung und sehr knapp hielt der BGH im *Compliance*-Urteil nunmehr auch einen Unmittelbarkeitszusammenhang zwischen Pflichtverletzung und Vermögensschaden für erforderlich. Der BGH kam hier zu dem Ergebnis, dass das Risiko der Inanspruchnahme auf Schadensersatz und Prozesskosten nach Begehung einer Straftat einen Vermögensschaden i.S.d. § 266 StGB nicht begründen könne, weil eine solche Inanspruchnahme mit der Aufdeckung der Tat einen Zwischenschritt voraussetze, sodass der erforderliche Gesamtvermögensvergleich nicht auf dem vom Täter verwirklichten Tatplan erfolge. Mithin wäre der entstehende Vermögensschaden nicht unmittelbar, BGH NJW 2009, S. 3173 ff. (S. 3175); zustimmend: *Mosiek*, HRRS 2009, S. 565 ff.

Missbrauch oder Treubruch verursacht wurden. Dadurch bestünde abermals die Gefahr eines noch ausufernderen Anwendungsbereichs der Untreue. Zudem spricht die systematische Nähe des § 266 StGB zum § 263 StGB, die sich gerade in den gemeinsamen Regelbeispielen zeigt, für das Erfordernis der Unmittelbarkeit[394], welches im Bereich des Betrugs unstreitig notwendig ist.[395] Da im Zusammenhang mit Schmiergeldzahlungen und den dadurch erlangten Vorteilen aber das Gericht den Verfall Letzterer erst feststellen muss, tritt der Vermögensnachteil erst durch die gerichtliche Entscheidung ein, nicht aber durch die Pflichtverletzung in Form der Schmiergeldzahlung. Dem Kriterium der Unmittelbarkeit wäre somit nicht Genüge getan.

Da sich die vorliegende Untersuchung aber auf die Einwilligung konzentriert, die im Bereich der Untreue bereits die Pflichtwidrigkeit entfallen lässt, kommt es hier entscheidend auf die Frage an, ob eine Pflichtverletzung i.S.d. § 266 StGB vorliegt. Die Frage des Vermögensnachteils ist folglich nicht vertiefend zu erörtern.

Festzuhalten gilt es somit, dass die Zahlung von Schmiergeldern dann eine untreuerelevante Pflichtverletzung ist, wenn diese Handlung den ausdrücklichen Anweisungen des Geschäftsherrn im Innenverhältnis widerspricht (also auch, wenn es eindeutige dahingehende Compliance-Vorschriften gibt). Daneben ist eine für § 266 StGB erforderliche Pflichtverletzung aber auch dann zu bejahen, wenn es daran fehlt und der Geschäftsherr nichts von den Zahlungen weiß und der Betreffende zugunsten der Gesellschaft handeln möchte und vom zukünftigen Eintritt positiver Folgen ausgeht: denn dann unterliegen die für das Unternehmen erzielten Vorteile dem Verfall und der Handelnde durfte nicht von positiven Folgen für das Unternehmen ausgehen. Wird der Verfall hingegen nicht angeordnet, so besteht zwar eine Pflichtverletzung, aber es fehlt am Schaden.

b. Kick-back-Zahlungen

Sog. *Kick-back-Zahlungen* stellen eine besondere Art von Schmiergeldzahlungen dar. Darunter sind Zahlungen zu verstehen, die zwischen zwei Vertragspartnern vereinbart werden und auf die vertretene Gesellschaft des einen Vertragspartners abgewälzt werden. Zumeist wird dies wohl so erfolgen, dass die Parteien einen Vertrag schließen, in dem ein erhöhtes Entgelt vereinbart wird; die Differenz der Erhöhung zum eigentlichen Preis fließt als Schmiergeld an einen der beiden Ver-

394 Achenbach/Ransiek/*Seier*, Handbuch Wirtschaftsstrafrecht, V 2 Rn. 204.
395 Vgl. nur MK StGB/*Hefendehl*, § 263 Rn. 262 ff. und *Lackner*/*Kühl*, StGB, § 263 Rn. 32.

tragspartner. Finanziert wird diese Differenz durch die Gesellschaft, die der Schmiergeldempfänger vertritt, da diese den erhöhten Preis für eine bestimmte Leistung zu entrichten hat.[396] Es geht also um eine Schmiergeldzahlung, die »wirtschaftlich aus dem Vermögen eines Dritten stammt, zu dem der Schmiergeldempfänger in einer Nähebeziehung steht und auf dessen Vermögensdispositionen er Einfluss nehmen kann«[397]. Die schädigende Pflichtverletzung ist darin zu sehen, dass der Treupflichtige einen Vertrag zu einem erhöhten Entgelt abschließt, obwohl er diesen unter Umständen auch zu günstigeren Konditionen hätte abschließen können.[398] Hier zeigt sich dann jedoch ein entscheidendes Problem, denn es stellt sich die Frage, ob zwischen Leistung und Gegenleistung überhaupt ein Missverhältnis feststellbar ist. Auch hier ist oft unsicher, ob der Vertragspartner zu günstigeren Konditionen kontrahiert hätte, bzw. ob ein anderer Anbieter am Markt die Leistung wirklich günstiger erbracht hätte. Ließe sich die genannte Bereitschaft des Vertragspartners oder die Möglichkeit eines Vertragsschlusses auf dem Markt zu günstigeren Konditionen nachweisen, so läge zweifelsohne eine Pflichtverletzung i.S.d. Untreue vor. Ist dieser Nachweis hingegen nicht zu führen, so fehlte es daran, da der Treupflichtige nicht verpflichtet ist, Schmiergelder an seinen Geschäftsherrn bzw. Treugeber herauszugeben. Die entsprechende zivilrechtliche Pflicht aus §§ 687 Abs. 2, 681 Satz 2, 667 BGB gehört nicht zur strafrechtlichen Vermögensbetreuungspflicht des Handelnden, sondern ist eine bloße Schuldnerpflicht.[399]

Das gleiche Problem stellt sich hinsichtlich der Frage, ob ein Vermögensschaden eingetreten ist. Da wohl zumeist nicht zu ermitteln ist, ob die Leistung am Markt günstiger zu erhalten war, bzw. ob der Vertragspartner auch zu günstigeren Konditionen kontrahiert hätte, erscheint die Nachweisbarkeit eines konkreten Vermögensnachteils äußerst schwierig. Dennoch hat der BGH in zwei Entschei-

396 MK StGB/*Dierlamm*, § 266 Rn. 231.

397 *Szebrowski*, Kick-Back, S. 1.

398 Die Pflichtverletzung ist folglich in einem aktiven Tun, nämlich der Abschluss schmiergeldüberteuerter Verträge, nicht jedoch in dem Unterlassen der Vermögensmehrung zu sehen, BGH NJW 2006, S. 925 ff. (S. 931); zustimmend: *Saliger*, NJW 2006, S. 3378.

399 BGHSt 47, S. 295 ff. (S. 298); BGH NStZ 1986, S. 361 f. (S. 362); BGH NJW 1991, S. 1069; BGH NStZ 1995, S. 233 f. (S. 234); BGH NStZ 2001, S. 545 f. (S. 545); LG Magdeburg wistra 2002, S. 156 ff. (S. 157); *Bernsmann*, StV 2005, S. 578; MK StGB/*Dierlamm*, § 266 Rn. 231; Park/*Zieschang*, Kapitalmarktstrafrecht, § 266 StGB Rn. 65; *Thalhofer*, Kick-Backs, S. 60; a.A. LG Darmstadt, Urteil v. 14.5.2007 – 712 Js 5213/04 – 9 KLs, Rn.151, das die Herausgabepflicht des § 667 BGB i.V.m. schwarzen Kassen als Teil der Vermögensbetreuungspflicht ansieht; der BGH lässt dies im *Siemens*-Urteil mangels Relevanz offen, da er den Schwerpunkt der Vorwerfbarkeit im aktiven Tun und nicht im Unterlassen sieht, BGH NJW 2009, S. 89 ff. (S. 91).

dungen eine Untreue bejaht, obwohl ein Nachteil in den konkreten Fällen nicht bezifferbar war: In der Entscheidung zum *System Schreiber* führt der BGH aus, dass bei Provisions- und Schmiergeldzahlungen in der Regel ein Nachteil i.S.d. § 266 StGB anzunehmen sei. Dieser Einordnung liege »die Erwägung zugrunde, dass jedenfalls mindestens der Betrag, den der Vertragspartner für Schmiergelder aufwendet, auch in Form eine Preisnachlasses […] dem Geschäftsherrn des Empfängers hätte gewährt werden können«[400]. Eine »Ausnahme« von der Regel gelte allerdings dann, »wenn Umstände erkennbar sind, die es nicht unbedingt nahe legen, dass die Leistungen in die Kalkulation zu Lasten des Geschäftsherrn eingestellt wurden«[401]. Diese Rechtsprechung setzt der BGH in seiner Entscheidung zum *Kölner Müllskandal* fort. Dort führt er aus, es liege »zumeist auf der Hand, dass das Geschäft auch für einen um den aufgeschlagenen Schmiergeldanteil verminderten Preis abgeschlossen worden wäre«[402].

Nimmt der BGH aber pauschal einen solchen Schaden an, so hat dies im Fall der Kick-back-Zahlungen wohl auch Auswirkung auf die Frage, ob eine Pflichtverletzung vorliegt. Wird davon ausgegangen, der Handelnde hätte auch zu günstigeren Bedingungen kontrahieren können, so liegt im Abschluss eines ungünstigeren Geschäfts eine Pflichtverletzung i.S.d. Untreue.

Diese Tendenz des BGH, einfach von einem pflichtwidrigen Vermögensnachteil auszugehen, wird von *Dierlamm* zu Recht erheblich kritisiert. Durch die genannte Annahme des BGH werde eine Beweislastumkehr zuungunsten des Treupflichtigen geschaffen, denn er müsse so im Einzelfall nachweisen, dass kein Nachteil eingetreten wäre.[403] Ebenso hätte dieser dann nachzuweisen, dass er keine ihn treffende Vermögensbetreuungspflicht verletzt hat. Jedoch muss gerade nachgewiesen werden, dass eine Pflichtverletzung vorliege, die einen entsprechenden Schaden verursacht hat.[404]

400 BGH NJW 2005, S. 300 ff. (S. 305).

401 BGH NJW 2005, S. 300 ff. (S. 305).

402 BGH NStZ 2006, S. 210 ff. (S. 213).

403 MK StGB/*Dierlamm*, § 266 Rn. 232; so auch *Bernsmann*, der daneben kritisiert, dass der BGH den Vermögensschaden »mit der – empirisch durch nichts belegten – Vermutung, der Betrag, den der Vertragspartner für Provisionen aufwende, würde ansonsten in Form eines Preisnachlasses […] grundsätzlich dem Geschäftsherrn des Empfängers zugute kommen« begründet; *Bernsmann* wirft dem BGH insofern Realitätsferne vor, *Bernsmann*, StV 2005, S. 577.

404 Kritisch hierzu auch *Rönnau*, der von einer Fiktionalisierung des Vermögensschadens spricht, *Rönnau*, ZStW 2007, S. 919 f.; das bloße Ausgehen von einerm Vermögensnachteil ohne eingehende Prüfung dieses Tatbestandsmerkmal setzt der BGH auch im *VW*-Urteil fort, vgl. hierzu kritisch *Corsten*, wistra 2010, S. 209 f.

Jüngst hat auch das BVerfG entschieden, dass keine Verschleifung der Tatbestandsmerkmale der Pflichtverletzung und des Nachteils erfolgen dürfe, sondern vielmehr beides eigenständig geprüft werden müsse. Ansonsten verliere das Merkmal des Nachteils seine eigenständige strafbarkeitsbegrenzende Funktion.[405]

Unklar ist, ob derjenige, der Kick-backs vereinbart, den Missbrauchs- oder den Treubruchstatbestand des § 266 StGB verwirklicht. Zwar erscheinen im ersten Moment sämtliche Voraussetzungen der Missbrauchsalternative gegeben zu sein, denn der Handelnde (zumeist der Geschäftsführer) nimmt im Außenverhältnis eine wirksame Verpflichtung vor, zu der er, da er gehalten ist, Verträge zu möglichst günstigen Konditionen abzuschließen, im Innenverhältnis nicht befugt ist. Jedoch bleibt zu bedenken, dass es zivilrechtlich Schranken der Wirksamkeit gibt und zwar gerade dann, wenn Kollusion oder evidenter Missbrauch der Vertretungsmacht vorliegen. Dann greift § 138 BGB bzw. das Rechtsgeschäft ist dem Einwand unzulässiger Rechtsausübung gem. § 242 BGB ausgesetzt.[406] Bei den Kick-back-Konstellationen wirken aber Vertreter und Geschäftspartner kollusiv zusammen, um den Geschäftsherren zu schädigen. In einem solchen Fall ist das Rechtsgeschäft als sittenwidrig und mithin als nichtig einzuordnen. Folglich fehlte es an der für den Missbrauchstatbestand erforderlichen Wirksamkeit des Rechtsgeschäfts[407] und es kommt allein die Treubruchsalternative in Betracht.[408] Somit gilt es festzuhalten, dass Kick-back-Handlungen stets die Treubruchsalternative des § 266 StGB erfüllen werden.

c. Schwarze Kassen

Häufig mit der soeben dargestellten Problematik der Schmiergeldzahlungen und der Kick-backs einhergehen wird auch die Bildung schwarzer Kassen. Hierbei geht es darum, dass Gelder des Treugebers dem gewöhnlichen Geldkreislauf entzogen werden und außerhalb von diesem auf separaten Konten oder Kassen an-

405 BVerfG, NJW 2010, S. 3209 ff. (S. 3220).

406 Zu der insgesamt wohl umstrittenen zivilrechtlichen Einordnung dieser beiden Fälle vgl. MK BGB/*Schramm*, § 164 Rn. 106 ff.

407 *Bernsmann*, StV 2005, S. 577, der auch bei nachträglicher Genehmigung des Geschäfts durch den Geschäftsherrn, diese als strafrechtlich unbeachtlich einordnet, sodass es bei der zivilrechtlichen Unwirksamkeit der Abrede bzw. des Folgevertrages bliebe.

408 *Rönnau*, FS Kohlmann, S. 248 ff.

gelegt bzw. zurückgehalten werden.[409] Ist der Treugeber mit diesem *Entzug* einverstanden, so fehlt es, wie auch bei den Risikogeschäften, an einer Treuepflichtverletzung und somit an einer für die Untreue relevanten Handlung.[410] Ob dann andere Straftatbestände einschlägig sind, weil die schwarzen Kassen beispielsweise zur Umgehung der Finanzbehörden eingerichtet wurden, ist eventuell für die Wirksamkeit der Einwilligung des Treugebers relevant, was im Weiteren eingehender diskutiert wird.

Ist der Fall aber so gelagert, dass der Geschäftsherr nichts von den schwarzen Kassen weiß und der Treupflichtige das entsprechende Geld für eigene Zwecke nutzt, so liegt eine Verletzung der Vermögensbetreuungspflicht vor.[411] Die Pflichtverletzung soll dann darin gesehen werden, dass der Treupflichtige dem Geschäftsherrn die Existenz von Geldern verheimlicht.[412] Stand das Geld zuvor dem Geschäftsherrn zur Verfügung und ist es diesem danach entzogen, so könnte auch der erforderliche Vermögensschaden, zumindest in der Form einer konkreten Vermögensgefährdung, zu bejahen sein; dies gilt es hier aber mangels Relevanz nicht näher zu erörtern.

Im *Siemens*-Verfahren hat der BGH das Bilden schwarzer Kassen sogar dann als Pflichtwidrigkeit im Sinne der Untreue angesehen, wenn der Handelnde vorhatte, das zurückgelegte Geld zum Wohl des Unternehmens, nämlich z.B. zu für das Unternehmen günstigen Schmiergeldzahlungen, einzusetzen.[413] Die Pflichtverletzung sei darin zu sehen, dass der Treupflichtige es unterlasse, dem Geschäftsherrn die Existenz schwarzer Kassen, bzw. im vorliegenden Fall verdeckter Konten zu offenbaren.[414] Dies bedeutet, der BGH sieht den Schwerpunkt der strafrechtlichen Vorwerfbarkeit im Unterlassen der Aufklärung, dass es eine schwarze Kasse gibt, und nicht im Einrichten derselben. Das Unterlassen der ordnungsgemäßen Verbuchung der Gelder stelle die für § 266 StGB erforderli-

409 MK StGB/*Dierlamm*, § 266 Rn. 211; *Saliger*/*Gaede* führen den Begriff der sog. Schattenkassen ein. Dies sind »schwarze« Kassen, von deren Existenz der Geschäftsherr weiß, *Saliger*/*Gaede*, HRRS 2008, S. 67. Ob eine solche Kenntnis und mithin eine Einwilligung des Geschäftsherrn dann wirksam ist, gilt es im Folgenden zu untersuchen.

410 *Rönnau*, FS Tiedemann, S. 717 f.; *Weimann*, Schwarze Kassen, S. 55 f.

411 BGH NJW 1995, S. 603 ff. (S. 604 ff.); BGH NStZ 2000, S. 206 f. (S. 207).

412 *Strelczyk*, Schwarze Kassen, S. 31.

413 Zustimmend wohl *Fischer*, StGB, § 266 Rn. 83; kritisch zu dieser verwendungszweckunabhängigen Lesart: Satzger/Schmitt/Widmaier/*Saliger*, StGB, § 266 Rn. 77, der ausführt, so werde die Untreue zu einem Bilanz- und Korruptionsvorfelddelikt verformt.

414 Zustimmend *Brammsen*/*Apel*, WM 2010, S. 782 f.; ähnlich: *Strelczyk*, der die Pflichtverletzung im Verheimlichen der Gelder gegenüber dem Vermögensinhaber sieht, *Strelczyk*, Schwarze Kassen, S. 31.

che Pflichtwidrigkeit dar.[415] Ob es dann in der Folge der Verwendung der Gelder aus den schwarzen Kassen zu einem Vermögenszuwachs seitens des Geschäftsherrn komme, sei für die Pflichtwidrigkeit unbeachtlich.[416]

Diese Einordnung hat der BGH jüngst bestätigt, wenngleich er nicht so deutlich wie im *Siemens*-Urteil äußerte, dass die Pflichtverletzung in einem Unterlassen liege. Der BGH führte hier aus, dass der Verstoß gegen die Buchführungspflicht, wenn sie in gravierender Weise und zum Zwecke der Verschleierung von Geldern erfolge, geeignet sei, eine Pflichtverletzung i.S.d. Untreue darzustellen.[417] Die Buchführungspflichten dienten zumindest auch den Vermögensinteressen der Gesellschaft, denn die Gesellschafter hätten »im Regelfall allein über die Geschäftsbücher die Möglichkeit, den Stand des Gesellschaftsvermögens zu ermitteln, die Mittelverwendung durch den Geschäftsführer bzw. den Vorstand zu kontrollieren und sich ergebende Ersatzansprüche gegen diese geltend zu machen«[418].

Diese Ausführungen des BGH sind in der Literatur auf Kritik gestoßen: Es sei bereits fraglich, worin hier die Pflichtverletzung zu sehen sei. Der BGH argumentiert, diese sei in dem Verstoß gegen Buchführungs- und Bilanzvorschriften, also in dem Unterlassen der ordnungsgemäßen Verbuchung der Gelder zu sehen.[419] Daran wird kritisiert, dass diese den Geschäftsherrn nur nachrangig

415 BGH NJW 2009, S. 89 ff. (S. 91); im Fall *Kanther/Weyrauch* wertete der BGH das Unterhalten einer schwarzen Kasse ebenfalls als Pflichtverletzung i.S.d. § 266 StGB, weil die Treupflichtigen es unterlassen hätten, den Treugeber über die Existenz der Gelder zu informieren, BGH NJW 2007, S. 1760 ff. (S. 1763 f.); zustimmend: *Ransiek*, NJW 2007, S. 1727 ff.

416 BGH NJW 2009, S. 89 ff. (S. 91); kritisch zur Frage, ob hier der für § 266 StGB erforderliche Schaden vorliegt, *Reinhold*, HRRS 2009, S. 110 ff.

417 BGH NJW 2010, S. 3458 ff. (S. 3460); zustimmend: *Brand*, NJW 2010, S. 3463.

418 BGH NJW 2010, S. 3458 ff. (S. 3460).

419 BGH NJW 2009, S. 89 ff. (S. 91); BGH NJW 2010, S. 3458 ff. (S. 3460); dieser Einordnung des BGH widerspricht *Rönnau*, da er den Schwerpunkt des Handelns keineswegs in einem Unterlassen erblickt. Er führt aus, dass § 266 StGB ein Unterlassen nur dann erfasse, wenn dadurch bereits vorhandenes Opfervermögen geschädigt würde. Im vorliegenden Fall könne aber insofern kein Unterlassen vorliegen, da nicht klar sei, welche Taterfolgsabwendung unterlassen worden sein sollte. Bereits durch die Einrichtung der schwarzen Kassen sei dem Unternehmen ein Schaden entstanden, wenn diesem dadurch bereits dauerhaft die Verfügungsmacht über das eingebrachte Geld entzogen worden sei. Bis zur Verwendung der eingebrachten Geldmittel habe sich die Situation für das Unternehmen aber keineswegs verschlechtert. Daneben kritisiert er, dass der BGH § 13 StGB bemüht, obwohl der Tatbestand des § 266 StGB Tun und Unterlassen gleichermaßen erfasse, sodass es einer Anwendung des § 13 StGB gar nicht bedürfe, *Rönnau*, StV 2009, S. 246 f.

schützten und primär dem Gläubigerschutz dienten.[420] Wollte man aus diesen Vorschriften eine Vermögensbetreuungspflicht ableiten, so werde die Untreue zum allgemeinen Vermögensschutzdelikt ausgedehnt.[421] Dem ist sicherlich zuzustimmen, da die Ausweitung bzw. -dehnung des Untreuetatbestandes bedenkenswerte Ausmaße annimmt. Zudem dient die Schutzrichtung der Vermögensbetreuungspflicht eben gerade bzw. allein dem Rechtsgut des Vermögens, nicht aber öffentlichen Interessen wie Buchführungs- und Bilanzvorschriften. Anderseits darf nicht unberücksichtigt bleiben, dass die Bilanzvorschriften zumindest mittelbar auch das Vermögen des Geschäftsherrn schützen[422], sodass die Begründung einer Vermögensbetreuungspflicht i.S.d. Untreue zumindest mit deren Schutzgut zu erklären bzw. zu rechtfertigen sein könnte.

Dennoch bezwecken diese Vorschriften primär den Schutz öffentlicher Interessen; dass diese einen Schutzreflex zugunsten des Vermögens des Geschäftsherrn aufweisen, ist für eine Untreue nicht ausreichend. Vom Schutzzweck her schützt diese allein und unmittelbar das Vermögen; außerstrafrechtliche Pflichten sind hier nicht relevant. Für eine Verletzung der Vermögensbetreuungspflicht müssen – dies wurde zu Beginn der Ausführungen eingehend erörtert[423] – unmittelbar und primär Vermögensinteressen des Geschäftsherrn geschädigt werden.[424] Es bedarf eines Schutzzweckzusammenhangs zwischen Pflichtverletzung und Schutzgut, da ansonsten Pflichten von § 266 StGB erfasst würden, die nicht »genuin zum Zwecke der Schadensverhinderung aufgestellt«[425] wurden. Fehlt es an diesem Zusammenhang, so ist bereits eine für § 266 StGB erforderliche Pflichtverletzung zu verneinen. Die Annahme, ein mittelbar schädigendes Verhalten des Treupflichtigen sei ausreichend, ließe den ohnehin schon kaum einzugrenzenden Anwendungsbereich des Untreuetatbestandes noch weiter ausufern, machte diesen »zu einem alles überstrahlenden Universaldelikt«[426].

420 *Knauer*, NStZ 2009, S. 152.

421 *Knauer*, NStZ 2009, S. 152; auch *Jahn* kritisiert, dass die Untreue als »Allroundtalent des Wirtschaftsstrafrechts zur Bekämpfung jeglichen als strafwürdig empfundenen Verhaltens« eingesetzt werde, *Jahn*, JuS 2009, S. 175 f.

422 *Rönnau*, FS Tiedemann, S. 722; *Rönnau*, StV 2009, S. 247; *Saliger*, HRRS 2006, S. 22; *Saliger/Gaede*, HRRS 2008, S. 68.

423 Vgl. hierzu ausführlich S. 62 ff.

424 *Günther*, FS Weber, S. 316 f.; *Satzger* kritisiert, dass der BGH die Frage, ob die verletzte Pflicht einen speziellen Vermögensbezug haben müsse, offen lässt; *Satzger*, NStZ 2009, S. 300.

425 Achenbach/Ransiek/*Seier*, Handbuch Wirtschaftsstrafrecht, V 2 Rn. 200.

426 Achenbach/Ransiek/*Seier*, Handbuch Wirtschaftsstrafrecht, V 2 Rn. 201; vgl. vertiefend zu weiteren Ansätzen zur Restriktion des weit gefassten Untreuetatbestandes *Gerkau*, Untreue, S. 120 ff.

Ob die Anknüpfung an die unterlassene Offenbarung der Existenz verdeckter Konten bzw. Kassen, wie es der BGH annimmt, für eine Pflichtverletzung ausreichend ist, erscheint fraglich.

Sünner führt aus, es könne schon nicht von einem Vorenthalten der Gelder gesprochen werden. Die Kassen wurden unternehmensintern in einer Nebenbuchhaltung erfasst, sodass sowohl ihre Zielsetzung als auch ihre Verwendung geregelt waren. Da die Gelder zugunsten des Unternehmens eingesetzt werden sollten, nämlich für Schmiergeldzahlungen, um im Ausland Aufträge zu erhalten, könne insgesamt schon nicht von einem Vorenthalten der Gelder und somit nicht von einer für § 266 StGB erforderlichen Pflichtverletzung ausgegangen werden.[427] Dem ist ebenfalls zuzustimmen, denn die Gelder sollten dem Unternehmen zugutekommen, sie sollten für dessen Zwecke eingesetzt werden. Ein Vorenthalten dieser Gelder liegt mithin schon nicht vor.

Andere Vertreter in der Literatur stellen für die Frage der Pflichtverletzung darauf ab, für welche Zwecke der Handelnde die Gelder der schwarzen Kasse zu verwenden beabsichtigt. Dies bedeutet, an einer Untreue soll es dann fehlen, wenn der Treupflichtige die Gelder für Zwecke des Geschäftsherrn einsetzen möchte.[428]

Dem ist zwar zuzustimmen, aber selbst wenn die Gelder nicht zu Unternehmenszwecken eingesetzt werden sollen, kann noch nicht von einer Pflichtverletzung gesprochen werden. Knüpft man für die Verletzung der Vermögensbetreuungspflicht allein an das Einrichten schwarzer Kassen an, dann fehlt es an einer für § 266 StGB relevanten Pflichtverletzung, denn die Gelder werden zwar für welche Zwecke auch immer beiseitegelegt, sie sind dem Vermögensinhaber aber noch nicht endgültig entzogen.[429] Auch wenn durch die schwarze Kasse die Bilanz- oder Buchhaltungsvorschriften verletzt werden, so betreut der Handelnde nach wie vor fremdes Vermögen.[430] Von einem Entzug der Gelder kann zu diesem Zeitpunkt noch nicht gesprochen werden. Selbst wenn man das Verheimlichen der Gelder bzw. der schwarzen Kassen als Pflichtverletzung bewerten wollte, so fehlte es an dem zu Beginn erwähnten Unmittelbarkeitszusammenhang

427 *Sünner*, ZIP 2009, S. 938.

428 MK StGB/*Dierlamm*, § 266 Rn. 211 f.; *Matt*, NJW 2005, S. 391; *Saliger*, Parteiengesetz, S. 418 ff., S. 422 ff.; Satzger/Schmitt/Widmaier/*Saliger*, StGB, § 266 Rn. 77.

429 *Fischer* kritisiert zu Recht, dass in der Diskussion um die Untreuestrafbarkeit des Anlegens schwarzer Kassen das Tatbestandsmerkmal der Pflichtverletzung mit der Feststellung eines Vermögensnachteils vermischt werde.

430 A.A.: *Ransiek*, NJW 2009, S. 95.

zwischen Pflichtverletzung und Vermögensschaden.[431] Der Vermögensschaden resultiert nämlich bei genauer Betrachtung nicht aus dem Verheimlichen der Gelder, sondern aus der anderweitigen Nutzung der zurückgelegten Gelder. Da es i.R.d. Einwilligung aber, wie bereits erwähnt, vor allem auf das Tatbestandsmerkmal der Pflichtverletzung ankommt, ist die Frage des Vermögensnachteils hier nicht vertiefend zu erörtern.[432]

Dies bedeutet eine untreuerelevante Pflichtverletzung kann erst in dem Moment der Verwendung der beiseitegelegten Gelder erfolgen. Dann kommt es entscheidend darauf an, zu welchen Zwecken diese eingesetzt werden.[433] Verwendet der Treupflichtige die Gelder zu eigennützigen Zwecken, so verletzt er zweifelsohne seine Vermögensbetreuungspflicht. Setzt er die Gelder aber im Sinne des Unternehmens ein und darf aus objektiver Ex-ante-Sicht davon ausgehen, Letzterem würden dadurch Vorteile zufließen, so fehlt es an der Pflichtwidrigkeit seines Tuns.

Somit gilt es festzuhalten, dass die Bildung schwarzer Kassen nicht per se als Pflichtverletzung im Sinne der Untreue zu werten ist. Verstößt der Handelnde dabei gegen ausdrückliche Anweisungen des Geschäftsherrn, so ist dies als Pflichtverletzung gem. § 266 StGB einzuordnen. Hat der Vermögensinhaber hingegen keine Kenntnis von den genannten Kassen, so kann in dem bloßen Anlegen einer solchen, wie aufgezeigt, keine Vermögensbetreuungspflichtverletzung gesehen werden. Erst die Verwendung der beiseitegelegten Gelder kann als Verletzung der Treuepflicht gewertet werden. Hier kommt es dann entscheidend darauf an, zu welchen Zwecken der Treupflichtige die Gelder einsetzt. Werden die Gelder aus der schwarzen Kasse zu eigenen Zwecken verwendet und so dem Geschäftsherrn endgültig entzogen, so ist sowohl eine Pflichtverletzung als auch ein Schaden und in der Folge der Tatbestand des § 266 StGB zu bejahen. Nutzt der Handelnde das beiseitegeschaffte Geld jedoch zum Wohle des Geschäftsherrn und darf er davon ausgehen, die Zahlungen kämen dem Vermögensinhaber i.E. zugute, so liegt keine untreuerelevante Pflichtverletzung vor.

431 Diesen erachtet *Seier* für erforderlich, Achenbach/Ransiek/*Seier*, Handbuch Wirtschaftsstrafrecht, V 2 Rn. 203 ff.

432 Vgl. ausführlich zum Vermögensschaden bei der Bildung schwarzer Kassen: *Strelczyk*, Schwarze Kassen, S. 36 ff.; *Weimann*, Schwarze Kassen, S. 85 ff.

433 So auch *Bernsmann*, GA 2009, S. 303 ff.

d. Verstoß der Einwilligung gegen andere Bußgeld- und Strafvorschriften

Wie bereits eingehend erörtert, können sämtliche Gesellschafter in Untreuehandlungen ihrer Untergebenen wirksam einwilligen. Somit wären, läge eine solche Einwilligung vor, auch die soeben genannten Handlungen nicht als tatbestandsmäßig einzuordnen.

Unklar erscheint aber, wie es sich auf die Wirksamkeit der Einwilligung auswirkt, wenn diese selbst gegen Strafvorschriften verstößt. Oftmals wird ausgeführt, die Einwilligung sei nur dann wirksam, wenn diese nicht gegen Rechtsvorschriften verstoße.[434] Dass zivilrechtliche Normen als Schranken für die Wirksamkeit der Einwilligung nicht in Betracht kommen, wurde eingehend analysiert.[435] Fraglich ist jedoch, wie sich ein Verstoß gegen Strafvorschriften auf deren Einwilligung auswirkt. Gerade im Bereich der soeben dargestellten Fallgruppen kann die Einwilligung selbst aber bereits gegen Straf- oder Bußgeldvorschriften verstoßen. So kann es im Bereich von schwarzen Kassen sein, dass dadurch Steuern hinterzogen werden sollen, sodass dann auch eine Strafbarkeit des zustimmenden Geschäftsherrn wegen Vergehen nach der Abgabenordnung in Betracht kommt. Oder aber durch die Einwilligung in Schmiergeldzahlungen oder Kick-backs wird gegen Buchführungs- und Bilanzvorschriften verstoßen, deren Zuwiderhandeln straf- oder bußgeldbewährt ist. Folglich stellt sich gerade im Rahmen der hier diskutierten Fallgruppe die Frage, ob deswegen auch die Einwilligung für die Untreue unwirksam ist. In diesem Zusammenhang wird teils vertreten, bei der Einwilligung in Bestechungszahlungen sei diese wegen Verstoßes gegen Strafvorschriften unwirksam.[436]

Dies gilt es aber zu verneinen, denn die Einwilligung ist die Preisgabe des eigenen Rechtsguts, also das Einverstandensein mit der Verletzung des eigenen Rechtsguts. Diese Rechtsgutspreisgabe besteht aber als Willensäußerung ganz unabhängig davon, ob diese selbst wieder gegen Strafvorschriften verstößt. Es wird das Rechtsgut des Vermögens preisgegeben, sodass sich die Einwilligung auch nur auf den Schutzzweck des § 266 StGB beziehen muss. Ob dadurch dann, um auf das genannte Beispiel zurückzukommen, gegen die Abgabenordnung verstoßen wird, ist für die Preisgabe des Vermögensschutzes irrelevant, denn die autonome Entscheidung des Rechtsgutsträgers hinsichtlich dieses Rechtsguts ist Ausdruck seines Willens, dieses als nicht schutzwürdig einzuordnen. Es steht diesem Willen aber nicht entgegen, dass er dadurch eine andere Strafvorschrift

434 Vgl. nur BGH NJW 2006, S. 522 ff. (S. 525).
435 Vgl. hierzu eingehend S. 97 ff.
436 Vgl. nur Park/*Zieschang*, Kapitalmarktstrafrecht, § 266 Rn. 74.

verletzt. Es handelt sich hier keineswegs um eine irgendwie geartete Bedingung, der Erklärende sei mit der Rechtsgutsverletzung nur dann einverstanden, wenn dadurch keine anderen Strafnormen verletzt würden. Aufgrund dieser genannten Unabhängigkeit haben also Verstöße gegen andere Strafnormen keinerlei Auswirkung auf die Wirksamkeit einer Einwilligung. Die Tatsache, dass die Einwilligung selbst strafrechtlich relevant wird, steht, anders als beispielsweise eine Drohung, der Willensfreiheit des Erklärenden nicht entgegen, denn dies ändert nichts daran, dass es sich hinsichtlich der Untreue um eine »bewusste und freiwillige Gestattung der Verletzung eines Rechtsguts«[437] handelt.

Rönnau spricht sogar davon, bei Annahme einer Unwirksamkeit der Einwilligung wegen Verstoßes gegen andere Strafvorschriften finde eine inakzeptable »Rechtsgutsvertauschung« statt, denn so würde beispielsweise bei Unwirksamkeit der Einwilligung wegen Verstoßes gegen § 299 StGB dessen Rechtsgut zum Schutzgut des § 266 StGB avanciert.[438]

Mithin ist festzuhalten, dass es der Wirksamkeit der Einwilligung nicht entgegensteht, wenn diese selbst gegen Straf- oder Bußgeldvorschriften verstößt.

Etwas anderes gilt aber bei Zustimmung der Gesellschaftermehrheit, die wie eingehend erörtert für eine wirksame Einwilligung ausreichend ist. Ist in einem solchen Fall in der Einwilligung selbst ein Verstoß gegen Straf- oder Bußgeldvorschriften zu sehen, so ist dies als Verstoß gegen die zwischen den Gesellschaftern bestehende Treuepflicht einzuordnen, der zur Unwirksamkeit der Einwilligung führt. Die Gesellschafter haben die ihnen über das Vermögen der Gesellschaft zustehende Dispositionsbefugnis nur insofern der jeweiligen Gesellschaft übertragen, als sich diese an die gesetzlichen Regeln und die Regelungen des Gesellschaftsvertrages halten. Verstößt die Gesellschaftermehrheit aber gegen diese Regelungen, so bewegt sie sich außerhalb der genannten Delegation und ihr fehlt die Dispositionsbefugnis.

e. Ergebnis

Für die Fallgruppe der Schmiergeldzahlungen, Kick-backs und schwarzen Kassen ist folglich festzuhalten, dass eine Einwilligung sämtlicher Gesellschafter in diese die Strafbarkeit des Handelnden entfallen lässt. Ebenso ist aber auch eine Einwilligung der Gesellschaftermehrheit ausreichend. Die Treuepflichten gegenüber der Minderheit werden dann gewahrt, wenn die genannten Handlungen zu-

437 OLG Oldenburg NJW 1966, S. 2132 ff. (S. 2133).
438 *Rönnau*, ZStW 2007, S. 924 f.

gunsten des Unternehmens getätigt werden, sodass sich diese häufig noch i.R. des Unternehmenszwecks bewegen werden. Zudem darf die Einwilligung selbst nicht gegen gesetzliche Ge- oder Verbote verstoßen. Bei der Frage, ob die Untreuehandlungen zu günstigen Ergebnissen für das Unternehmen führen, ist dann, wie erwähnt § 73 StGB zu berücksichtigen, der den Verfall rechtswidrig erlangter Vorteile anordnet.

3. Verdeckte Gewinnausschüttungen, Vorabausschüttungen und Rückzahlung eigenkapitalersetzender Darlehen

a. Verdeckte Gewinnausschüttungen

Im Rahmen verdeckter Gewinnausschüttungen[439] stellt sich die Frage, ob es den Tatbestand der Untreue erfüllt, wenn Gelder oder andere Vermögensvorteile außerhalb der Gewinnverteilung entnommen werden, ohne dass dies offengelegt wird. Eine Gewinnausschüttung, die zugunsten eines Gesellschafters oder eines von diesem bestimmten Dritten erfolgen kann[440], wird zumeist dadurch verdeckt, dass die Zuwendung in ein Austauschgeschäft gekleidet wird, im Rahmen dessen der Wert der Gesellschaftsleistung denjenigen der Gesellschafterleistung übersteigt.[441] *Döllerer*[442] nennt vier »klassische Formen« der verdeckten Gewinnausschüttung:

1. Die Gesellschaft erwirbt vom Gesellschafter Wirtschaftsgüter gegen ein unangemessen hohes Entgelt.
2. Die Gesellschaft nutzt Dienste, Kapital oder Wirtschaftsgüter des Gesellschafters gegen ein unangemessen hohes Entgelt.
3. Die Gesellschaft veräußert Wirtschaftsgüter an den Gesellschafter unentgeltlich oder gegen ein unangemessen hohes Entgelt.
4. Die Gesellschaft überlässt dem Gesellschafter Dienste, Kapital oder Wirtschaftsgüter zur Nutzung unentgeltlich oder gegen ein unangemessen niedriges Entgelt.

439 Der Begriff der verdeckten Gewinnausschüttung ist dem Steuerrecht entnommen, *Flum*, Schutz der GmbH, S. 10 f.; *Krekeler/Werner*, StraFo 2003, S. 375.

440 Die Gesellschafter haben gem. § 29 GmbHG Anspruch auf Ausschüttung des Jahresüberschusses, soweit die Gesellschafterversammlung gem. § 46 Nr. 1 GmbHG nichts anderes entscheidet.

441 *Flum*, Schutz der GmbH, S. 11; *Reiß*, wistra 1989, S. 81; *Schäfer*, GmbHR 1993, S. 790.

442 *Döllerer*, Verdeckte Gewinnausschüttungen, S. 38.

Ob eine solche Gewinnausschüttung untreuerelevant ist, hängt auch davon ab, ob der dem Gesellschafter tatsächlich zustehende Gewinn ausgeschüttet wird. Ist dies der Fall und liegt keine Zustimmung der Gesellschafter vor, so ist ein Kompetenzverstoß und somit ein Missbrauch der Befugnisse im Innenverhältnis zu bejahen, da die Gewinnausschüttung gem. § 46 Nr. 1 GmbHG in den Entscheidungsbereich der Gesellschafter fällt.[443] Da die Kompetenzzuweisung des § 46 Nr. 1 GmbHG mittelbar auch besagt, dass der Geschäftsführer über den Gewinn nicht selbstständig verfügen darf[444], läge dann eine für § 266 StGB relevante Pflichtverletzung vor. Handelt es sich bei den verdeckten Ausschüttungen jedoch um dem Gesellschafter zustehende Gewinne, so entsteht der GmbH kein relevanter Schaden, sodass mangels Vermögensnachteil der Tatbestand der Untreue nicht erfüllt wäre.[445] Voraussetzung dafür ist dann aber wiederum, dass die Gesellschafterversammlung den Gewinn auch tatsächlich ausschüttet und nicht anders nutzen möchte. Beschließt sie, den Gewinn als Rücklage zu verwenden, ist also dennoch ein Schaden zu bejahen. Liegt eine Zustimmung (hier als Einwilligung zu verstehen) der Gesellschafter vor, so fehlt es grundsätzlich schon an einer für die Untreue relevanten Handlung. Wird aber durch die Ausschüttung die Existenz der Gesellschaft gefährdet, weil ihre Produktionsgrundlage entzogen oder ihre Liquidität gefährdet wird, so soll dem BGH zufolge trotz der genannten Zustimmung eine Untreue vorliegen.[446] Dass dem nicht so ist, weil die Dispositionsbefugnis der Gesellschafter keinen Schranken unterworfen ist, wurde bereits eingehend erläutert.[447] Auch ein Verstoß gegen die Buchführungspflicht des § 41

443 *Krekeler/Werner*, StraFo 2003, S. 376; *Mihm*, Konsequenzen verdeckter Gewinnausschüttungen, S. 103; *Schramm*, Untreue und Konsens, S. 109; es gilt jedoch zweierlei zu unterscheiden: einerseits den *Feststellungsbeschluss*, d.h., die Gesellschafterversammlung stellt durch Beschluss den Jahresgewinn fest, und anderseits den sog. *Verwendungsbeschluss*, d.h. die Gesellschafterversammlung beschließt nochmals gesondert über die Verwendung des Gewinns, *Lutter/Hommelhoff*, GmbHG, § 29 Rn. 12 ff., Rn. 21 f. Feststellungs- und Verwendungsbeschluss können miteinander verbunden werden, Baumbach/Hueck/*Zöllner*, GmbHG, § 46 Rn. 19.

444 Baumbach/Hueck/*Hueck/Fastrich*, GmbHG, § 29 Rn. 75.

445 BGH wistra 1989, S. 23 ff. (S. 24 f.); BGH NJW 1989, S. 112 ff. (S. 112 f.); *Lipps*, NJW 1989, S. 503 f.; *Gehrlein*, NJW 2000, S. 1089. Zuvor hatte der gleiche Senat des BGH in BGHSt 34, S. 379 ff. genau das Gegenteil angenommen und eine strafbare Untreue bejaht, obwohl die in dem betreffenden Fall entnommenen Beträge als offene Gewinnausschüttungen hätten entnommen werden dürfen.

446 BGH wistra 1989, S. 23 ff. (S. 25); BGH NJW 1989, S. 112 ff. (S. 113); BGH NJW 1997, S. 66 ff. (S. 69); BGH NJW 2000, S. 154 ff. (S. 155); *Mihm*, Konsequenzen verdeckter Gewinnausschüttungen, S. 104 f.; *Reiß*, wistra 1989, S. 82.

447 Vgl. eingehend S. 88 ff.

GmbHG macht die Zustimmung der Gesellschafter, also die Einwilligung, nicht unwirksam.[448]

Werden Gelder verdeckt ausgeschüttet, die nicht Bestandteil des Gesellschaftergewinns sind, so erscheint es ungeschickt, von Gewinnausschüttungen zu sprechen; passender ist es dann wohl, diese als verdeckte Vermögensverlagerungen oder verdeckte Vermögenszuwendungen zu bezeichnen.[449] Diese Handlungen werden grundsätzlich den Tatbestand des § 266 StGB erfüllen, da sie als Pflichtverletzung i.S.d. § 266 StGB zu werten sind. Mangels Vorhandenseins eines Gewinns entsteht der GmbH auch ein entsprechender Schaden.

b. Vorabausschüttungen

Ganz ähnliche Überlegungen können im Rahmen von sog. Vorabausschüttungen angestellt werden. Wie eingehend erörtert, ist grundsätzlich am Ende eines jeden Geschäftsjahres eine Bilanz von Gewinnen und Verlusten aufzustellen, wonach dann der jedem Gesellschafter zustehende Gewinn errechnet wird, sofern die Gesellschafterversammlung eine Gewinnausschüttung beschließt. Bei den genannten Vorabausschüttungen handelt es sich um Zahlungen, die während des laufenden Geschäftsjahres auf den bereits erzielten oder noch zu erwartenden Gewinn geleistet werden[450]; es kann gewissermaßen von einem Gewinnvorschuss gesprochen werden.[451] Möchte man, wie bei den verdeckten Gewinnausschüttungen, die Abschüttung des Gewinns während des laufenden Geschäftsjahres durch den Geschäftsführer als untreuerelevante, da im Innenverhältnis missbräuchliche Handlung begreifen, weil grundsätzlich für solche Vorschüsse eine Entscheidung der Gesellschafterversammlung erforderlich ist[452], so stellte sich in der Folge wiederum die Frage nach dem Eintritt eines Vermögensnachteils aufseiten der GmbH. Ist der Gewinn aber schon tatsächlich erwirtschaftet oder wird dieser mit Sicherheit bald erzielt, so fehlt es bei verfrühter Ausschüttung an einem Vermögensschaden und somit an einer Tatbestandsvoraussetzung des § 266 StGB.[453] Ist

448 Vgl. zur Unbeachtlichkeit des Verstoßes der Einwilligung gegen Straf- und Bußgeldvorschriften S. 132 ff.

449 *Wiedemann*, Gesellschaftsrecht, § 8 III 1 a; *Winter*, Mitgliedschaftliche Bindungen, S. 221.

450 *Flum*, Schutz der GmbH, S. 15; *Priester*, DB 1973, S. 2382; *Renkl*, BB 1988, S. 2069; *Vonnemann*, BB 1989, S. 877.

451 BGHSt 35, S. 333 ff. (S. 336 f.).

452 *Lutter/Hommelhoff*, GmbHG, § 29 Rn. 45.

453 BGH NJW 1989, S. 112 ff. (S. 113).

dieser Gewinn jedoch nicht vorhanden, bzw. auch nicht sicher zu erwarten, so muss wohl ein entsprechender Schaden angenommen werden, mit der Folge, dass dann der Untreuetatbestand verwirklicht wird.

c. Rückzahlung eigenkapitalersetzender Darlehen

Endlich ist im Rahmen dieser Fallgruppe noch die Rückzahlung eigenkapitalersetzender Darlehen zu nennen. Dies sind Darlehen, die die Gesellschafter der Gesellschaft zuführen, um deren Eigenkapital aufzubringen, d.h. einerseits sind hiermit Darlehen mit Eigenkapitalfunktion gemeint und anderseits solche, die ein Gesellschafter der Gesellschaft zu einem Zeitpunkt gewährt, zu dem ihr die Gesellschafter als ordentliche Kaufleute Eigenkapital zugeführt hätten, weil die Gesellschaft sonst auf dem Kapitalmarkt keine finanziellen Mittel erhalten hätte.[454] Fraglich war in diesem Zusammenhang, wie es zu bewerten war, wenn solche Darlehen in einer Krisensituation der GmbH i.S.d. § 32a GmbHG a.F. zurückgezahlt wurden und dadurch das Stammkapital der GmbH gemindert wurde. Minderten solche Rückzahlungen, welche durch den Geschäftsführer vorgenommen wurden, das Stammkapital der Gesellschaft, das über § 30 GmbHG besonders geschützt ist, so sollte eine Pflichtverletzung vorliegen, sodass eine Untreuestrafbarkeit des Auszahlenden gegeben war.[455] In § 32a Abs. 1 GmbHG a.F. war geregelt, dass der Gesellschafter, der in diesem Fall Gläubiger der Gesellschaft war, diesen Rückzahlungsanspruch nur nachrangig im Insolvenzverfahren anmelden konnte. Der BGH führte aus, dass die genannten Darlehen ähnlich dem Stammkapital gebunden wären, wenn durch ihre Rückzahlung eine Unterkapitalisierung oder Überschuldung eintrete.[456] Erfolgte also eine Rückzahlung unter diesen Vorzeichen, so war der Tatbestand der Untreue verwirklicht. Seit dem Gesetz zur Modernisierung des GmbH-Rechts und zur Bekämpfung von Missbräuchen (MoMiG) vom 23.10.2008 hat sich diese Rechtslage aber entscheidend geändert.[457] Die §§ 32a, b GmbHG a.F. wurden gestrichen und das Kapitalersatzrecht wurde völlig beseitigt.[458] Anstelle dessen regelt nun § 39 Abs. 1 Nr. 5 InsO, dass sämtliche Leistungen der Gesellschafter an die GmbH in der Insolvenz nur nachrangig befriedigt werden. Zudem normiert § 30 Abs. 1 Satz 3 GmbHG nun,

454 *Hartung*, NJW 1996, S. 229; *Schramm*, Untreue und Konsens, S. 111.
455 BGH NStZ 2009, S. 153 ff. (S. 154 f.); MK StGB/*Dierlamm*, § 266 Rn. 170.
456 BGH NJW 1980, S. 1524 ff. (S. 1524).
457 BGBl. 2008 I Nr. 48, S. 2026 ff.
458 *Bittmann*, wistra 2007, S. 324; *Livonius*, wistra 2009, S. 94.

dass die Kapitalerhaltungsvorschrift des § 30 Abs. 1 Satz 1 GmbHG auf die Rückgewähr eines Gesellschafterdarlehens keine Anwendung findet. Somit besteht die Untreuerelevanz der eigenkapitalersetzenden Gesellschafterdarlehen nicht mehr, sodass eine Strafbarkeit nach § 266 StGB wegen Rückzahlung derselben nicht mehr möglich ist.[459]

d. Einwilligung

Stimmen sämtliche Gesellschafter einer verdeckten Gewinnausschüttung oder einer Vorabausschüttung zu, willigen sie also in die tatbestandliche Handlung des Geschäftsführers ein, so liegt mangels Pflichtverletzung keine strafbare Untreue vor. Bei Einwilligung durch die Mehrheit der Gesellschafter ist wiederum erforderlich, dass die vermögensbezogenen Treuepflichten gegenüber der überstimmten Minderheit gewahrt werden.

4. Zahlungen an Gesellschafter, die zur Zahlungsunfähigkeit der Gesellschaft führen

Durch das MoMiG wird aber wohl eine andere Konstellation für die Untreue i.S.d. § 266 StGB relevant. § 64 GmbHG bestimmt, dass der Geschäftsführer der GmbH für Zahlungen Ersatz zu leisten hat, die er nach Eintritt der Zahlungsunfähigkeit oder nach Feststellung der Überschuldung leistet, bzw. für solche, die zur Zahlungsunfähigkeit der Gesellschaft führen mussten. Ausgenommen ist er von dieser Pflicht dann, wenn die Zahlungen mit der Sorgfalt eines ordentlichen Kaufmanns zu vereinbaren waren. Unter der Prämisse, dass Gesellschafterforderungen in der Insolvenz gem. § 39 Abs. 1 Nr. 5 InsO nur nachrangig befriedigt werden, kann sich i.V.m. dem *Zahlungsverbot* des § 64 Satz 3 GmbHG dann eine Untreuestrafbarkeit des Geschäftsführers ergeben, wenn er beispielsweise ein Gesellschafterdarlehen zurückzahlt und dadurch dann eine existenzgefährdende Lage für die Gesellschaft verursacht. Die Rückzahlungsforderung des Gesellschafters gegen die Gesellschaft ist aufgrund der genannten nachrangigen Befriedigung wirtschaftlich gesehen weniger wert als die anderer Gläubiger und er hätte bei sich eine Wertberichtigung vorzunehmen. Durch das genannte Zahlungsverbot und die Begleichung einer Forderung in voller Höhe, die eigentlich,

459 Vgl. vertiefend zum Eigenkapitalersatz nach dem MoMiG aus insolvenzrechtlicher Sicht *Dahl/Schmitz*, NZI 2009, S. 325 ff.

aufgrund der genannten Nachrangigkeit, weniger wert ist, macht sich der Geschäftsführer einer Untreue schuldig, da hierin eine Pflichtverletzung zu sehen ist. Der Schaden der Gesellschaft liegt dann in dem Eintritt ihrer Zahlungsunfähigkeit.[460]

Die Einwilligung sämtlicher Gesellschafter lässt auch hier die Tatbestandsmäßigkeit der Handlung entfallen. Dass die Handlung des Geschäftsführers zur Zahlungsunfähigkeit der Gesellschaft führt und dieser sich dadurch eines Insolvenzdeliktes strafbar machen kann, steht der Wirksamkeit der Einwilligung nicht entgegen, da bereits eingehend erörtert wurde, dass § 30 GmbHG keine Dispositionsschranke für die Gesellschafter darstellt. Fraglich ist, ob auch die Einwilligung der Gesellschaftermehrheit hier ausreichend ist, oder ob durch die weitreichenden Folgen der Insolvenz der Gesellschaft die Treuepflichten gegenüber der Minderheit verletzt werden. Dies gilt es aber zu verneinen, da in einer solchen Einwilligung kein Gesetzesverstoß zu sehen ist und die Zustimmung zu der Darlehensrückzahlung wohl nicht mit einer Schädigungsintention gegenüber der Gesellschafterminderheit getätigt wird.

5. Nichteinschreiten des Aufsichtsrates gegen schädigende Geschäftsführung[461]

Wie bereits eingehend dargestellt[462], hat der Aufsichtsrat einer GmbH, sofern diese einen solchen besitzt, die Überwachung der Geschäftsführung zur Hauptaufgabe. Da herausgearbeitet wurde, dass sich aus dieser Aufgabenzuweisung eine strafrechtlich relevante Vermögensbetreuungspflicht der GmbH gegenüber ableiten lässt, liegt es auf der Hand, dass sich die Aufsichtsratsmitglieder einer Untreue durch Unterlassen schuldig machen können, wenn sie gegen schädigen-

460 *Bittmann*, wistra 2007, S. 325; im damals aktuellen Gesetzentwurf stellte der heutige § 64 GmbHG jedoch lediglich den Abs. 2 der Norm dar, vgl. Referentenentwurf eines Gesetzes zur Modernisierung des GmbH-Rechts und zur Bekämpfung von Missbräuchen (MoMiG) vom 29. Mai 2006, abrufbar unter: http://www.bmj.bund.de/files/453ccff578887e2c29257262cc3bdbc7/1236/RefE%20MoMiG.pdf

461 Die Begrifflichkeit des geschäftsschädigenden Verhaltens ist wohl zu weit gefasst und zu unpräzise. Hierunter sollen aber all diejenigen Handlungen und Verhaltensweisen fallen, durch die sich der Vorstand einer Untreue schuldig macht. Durch die Aufnahme dieser gesonderten Kategorie soll gezeigt werden, dass mit einer Untreuestrafbarkeit des Vorstands stets auch eine solche der Aufsichtsratsmitglieder einhergeht, wenn sie nicht versuchen zu intervenieren, um ihrer Vermögensbetreuungspflicht nachzukommen.

462 Vgl. S. 80 ff.

de Handlungen der Geschäftsführung nicht einschreiten; darin ist dann eine Verletzung ihrer Garantenpflicht (Überwachergarant gegenüber der Geschäftsführung und Beschützergarant gegenüber dem Vermögen der GmbH) zu sehen.

Wurde in solche Handlungen jedoch wirksam durch sämtliche Gesellschafter oder deren Mehrheit eingewilligt, so entfällt nicht nur die Strafbarkeit des Handelnden nach § 266 StGB, sondern in der Folge auch diejenige der Aufsichtsratsmitglieder. Wenn der Geschädigte, hier die GmbH, mit der Schädigung einverstanden ist, so besteht für den Aufsichtsrat auch keine Notwendigkeit, dagegen einzuschreiten. Was durch die Einwilligung der Gesellschafter für den Geschäftsführer nicht pflicht- oder treuwidrig gegenüber der GmbH ist, kann im gleichen Zusammenhang für die Mitglieder des Aufsichtsrates ebenso wenig pflicht- oder treuwidrig sein. Folglich zeigt sich, dass sich die Einwilligung sämtlicher Gesellschafter auch mittelbar auf die Strafbarkeit der Aufsichtsratsmitglieder auswirkt. Ist die Einwilligung jedoch unwirksam, so bleiben die Aufsichtsratsmitglieder strafbar wegen Untreue durch Unterlassen.

ddd. Ergebnis

Freilich könnten wohl noch weitere Handlungsweisen im Bereich der GmbH genannt werden, die den Tatbestand der Untreue erfüllen. Für die vorliegende Untersuchung erscheinen jedoch die vorgestellten ausreichend, da sie gerade für die Problematik der Einwilligung interessant sind und zudem wohl zu anderen nicht genannten Bereichen Parallelen aufweisen.

Vergegenwärtigt man sich nochmals die soeben dargestellten Fallgruppen von Untreuehandlungen, so ergeben sich im Bereich der Einwilligung keine Besonderheiten.

Dennoch kommen hier neben der Untreue häufig auch andere Straftaten in Betracht, sodass z.B. bei Schmiergeldzahlungen und Kick-backs mit Einwilligung der Gesellschafter zwar keine Untreue vorliegt, aber dennoch an eine Strafbarkeit des Handelnden nach § 299 StGB zu denken wäre. Dies gilt es i.R. der Untersuchung des § 299 StGB jedoch noch vertiefend zu erörtern. Anderseits haben die Untersuchungen aber auch gezeigt, dass eine Einwilligung, die selbst beispielsweise gegen bilanz- oder steuerrechtliche Vorschriften verstößt, wie dies bei der Bildung schwarzer Kassen oder verdeckter Gewinnausschüttungen der Fall sein kann, nicht unwirksam ist. Weder die straf- oder ordnungswidrigkeitsrechtlichen Vorschriften noch § 134 BGB i.V.m. den einschlägigen Regelungen oder § 138 BGB stellen hier relevante Schranken auf.

Liegt also eine Einwilligung sämtlicher Gesellschafter vor, so stellt keine der aufgeführten Handlungen eine strafbare Untreue dar. Bei einer Einwilligung der Gesellschaftermehrheit hingegen hat die Mehrheit gegenüber der Minderheit vermögensbezogene Treuepflichten zu berücksichtigen. Diese Treuepflichten werden bei Rechtsmissbrauch und Gesetzesverstoß verletzt.

dd. Sonderfälle

aaa. Vorgründungsgesellschaft

Die Vorgründungsgesellschaft ist, wie bereits erläutert, als Gesellschaft bürgerlichen Rechts einzuordnen, sodass die Problematik einer Einwilligung in eine zu ihren Lasten begangene Untreue erst im Rahmen der Personengesellschaften erörtert werden soll.

bbb. Vor-GmbH

Die Vor-GmbH wurde zwar zu Beginn als Gesellschaft eigener Art bezeichnet, jedoch finden die meisten Vorschriften des GmbHG auch auf sie Anwendung[463], und zwar all diejenigen, die nicht die Eintragung der Gesellschaft voraussetzen. Die Besonderheit der Vor-GmbH besteht in der sog. *Verlustdeckungshaftung,* die besagt, dass die Gesellschafter der Gesellschaft nach innen haften, wenn das Stammkapital vor Eintragung bereits geschädigt bzw. angegriffen wird. Fraglich ist, ob sich diese Besonderheit auf die erarbeiteten Grundsätze zur Einwilligung im Bereich der GmbH-Untreue auswirken. Dies ist zu verneinen, denn die Vor-GmbH ist der GmbH bis auf die Eintragung im Handelsregister ganz ähnlich. Jedoch ist die Vor-GmbH trotz bereits körperschaftlicher Organisation mangels Eintragung noch keine juristische Person, sie ist vielmehr nach h.M. Gesamthandsgemeinschaft.[464] Sie kommt einer juristischen Person zwar sehr nahe, besitzt aber keine eigene Rechtspersönlichkeit.[465] Das Vermögen ist dieser Gesamthand zuzuordnen, also den Gesellschaftern in ihrer Gesamtheit. Willigen diese in eine die Vor-GmbH schädigende Handlung ein, so liegt keine Untreue

463 Vgl. näher Fn. 187.
464 *Windbichler*, Gesellschaftsrecht, § 21 Rn. 18 mit weiteren Nachweisen.
465 BGH wistra 1992, S. 24 ff. (S. 25); BGH wistra 2000, S. 178 ff. (S. 179 f.).

des Handelnden vor, da die Gesellschafter selbst Träger des Vermögens sind.[466] Die sehr umstrittene Problematik der Dispositionsbefugnis[467] stellt sich dann also gar nicht. Selbst wenn man, wie in neuerer Zeit erfolgt, dieser Einordnung widersprechen wollte, und verträte, die Vor-GmbH sei aufgrund ihrer Teilrechtsfähigkeit selbst Trägerin des Vermögens[468], so wäre mit der soeben zugestimmten Ansicht eine Untreue bei entsprechenden schädigenden Handlungen abzulehnen. Dann zeigten sich zwischen Vor-GmbH und GmbH noch weitreichendere Parallelen, die eine Anwendung der für die GmbH aufgestellten Grundsätze auf die Vor-GmbH rechtfertigten.[469]

Eine Einwilligung aller Gesellschafter einer Vor-GmbH wirkt also insofern strafbarkeitsausschließend, als die Gesellschafter eben selbst Inhaber des geschützten Rechtsguts sind und in der Folge auch die Dispositionsbefugnis zu bejahen wäre, oder aber als sich bei anderer Betrachtung keine Grenzen der Dispositionsbefugnis ergäben.

ccc. Einpersonen-GmbH

Eine GmbH muss nicht notwendig mehrere Gesellschafter haben, sondern es können auch sämtliche Gesellschaftsanteile einer einzelnen Person zustehen. Da die juristischen Personen mit ihrer körperschaftlichen Organisation anders als die Personengesellschaften nicht von einer Mehrheit von Personen abhängig sind, kann eine GmbH auch nur einen einzigen Gesellschafter haben.[470] Die Verfassung der Einpersonen-GmbH entspricht weitgehend derjenigen der Mehrpersonen-GmbH, weist aber einige Besonderheiten auf.[471] Die Gesellschafterversammlung besteht dann nur aus dem Alleingesellschafter, Gesellschafterbe-

466 BGHSt 3, S. 23 ff. (S. 25).

467 Vgl. hierzu eingehend S. 86 ff.

468 *Grunst*, BB 2001, S. 1538 ff.; *Schäfer*, GmbHR 1993, S. 720 f.

469 Vgl. zur gegenteiligen Auffassung speziell die Ausführungen zur Vor-GmbH bei *Hentschke*, Untreueschutz, S. 110 ff.

470 Eine solche Einpersonen-GmbH kann auf unterschiedliche Weise entstehen: gem. § 1 GmbHG kann eine GmbH bereits als Einpersonengesellschaft gegründet werden; zu dem können auch im Nachhinein sämtliche Geschäftsanteile einer mehrköpfigen GmbH in einer Hand vereinigt werden, *Windbichler*, Gesellschaftsrecht, § 21 Rn. 37 ff. Möglich ist aber auch eine sog. *Strohmanngründung*, bei der ein oder mehrere weitere Gesellschafter, auch Gründungshelfer genannt, die GmbH als Treuhänder mitgründen, um danach sämtliche Gesellschaftsanteile auf den Alleingesellschafter zu übertragen, Baumbach/Hueck/*Hueck/Fastrich*, GmbHG, § 1 Rn. 40 f., Rn. 53; *Schmidt*, Gesellschaftsrecht, S. 1246.

471 Baumbach/Hueck/*Hueck/Fastrich*, GmbHG, § 1 Rn. 21.

schlüsse gehen somit allein auf seine Entscheidungen zurück.[472] Daneben ist der Alleingesellschafter auch Geschäftsführer der Gesellschaft. Dies bedeutet, er ist Willensbildungs- und Vertretungsorgan in einer Person. Hinsichtlich der Einwilligung in die GmbH schädigende Handlungen gelten jedoch die gleichen Grundsätze wie bei der *normalen* GmbH. Formal ist das Vermögen der Gesellschaft und nicht dem Einmanngesellschafter zugeordnet, denn es ist zwischen der GmbH als juristischen Person und dem Alleingesellschafter als natürlicher Person zu unterscheiden.[473] Folglich ist aber auch der Alleingesellschafter dispositionsbefugt über deren Vermögen, da die Gesellschaft nicht selbstständig handeln kann. Nimmt er also als Geschäftsführer eine Untreuehandlung vor, so ist er nie wegen Untreue strafbar, da er wie gesagt gleichzeitig Willensbildungsorgan der Gesellschaft ist; er ist Handelnder und Einwilligender. Dieses Ergebnis mag zwar im ersten Moment merkwürdig anmuten, ist aber die logische Folgerung der erfolgten Einordnung: Die h.M., die eine Einwilligung in stammkapitalschädigende oder existenzgefährdende Handlungen als unwirksam, da nicht von der Dispositionsbefugnis der Gesellschafter gedeckt, ansieht, wurde entkräftet, da für eine solche Einschränkung der Verfügungsbefugnis der Gesellschafter kein Grund ersichtlich ist. Ist der Gesellschafter bei der Einmann-GmbH sowohl Willensbildungs- als auch Vertretungsorgan, so wird bei entsprechenden Handlungen stets eine (wirksame) Einwilligung vorliegen, was zur Folge hat, dass § 266 StGB ausscheiden muss. Da jedoch unter Umständen die §§ 283 ff. StGB einschlägig sind, entstehen keine Strafbarkeitslücken.

Faktisch stellt sich die Sachlage aber so dar, dass es bereits an dem für die Untreue erforderlichen Zweipersonenverhältnis, nämlich demjenigen zwischen Vermögensinhaber und Treupflichtigen, fehlt. Im Prinzip ist der Alleingesellschafter – dem, da er als Einziger Anteile an dem Vermögen der GmbH hält, dieses mittelbar zuzuordnen ist – Vermögensinhaber und Treupflichtiger in einer Person. Nun stellt sich aber die Frage, wie er, faktisch betrachtet, sich selbst gegenüber treupflichtig sein soll.

Zwar kann sich sowohl nach formaler als auch nach faktischer Betrachtungsweise der Alleingesellschafter einer GmbH also nie wegen Untreue strafbar machen, aber dennoch erscheint die faktische Betrachtungsweise hier insofern sachgerechter, als sie die Besonderheiten der Einpersonengesellschaft differenzierter berücksichtigt. Auch wenn der GmbH als juristischer Person eigene Rechtspersönlichkeit zukommt, beachtet Letztere, dass sie allein durch ihren Gesellschafter, der gleichzeitig Geschäftsführer ist, willensfähig wird und handeln kann.

472 *Windbichler*, Gesellschaftsrecht, § 21 Rn. 41.
473 *Windbichler*, Gesellschaftsrecht, § 21 Rn. 43.

Dennoch dann von zwei Personen zu sprechen, obwohl die eine die andere entscheidend beeinflusst, erscheint nicht sachgerecht. Mithin scheidet i.R. der Einmann-GmbH bereits eine Untreue mangels eines Zweipersonenverhältnisses aus, ohne dass auf die Einwilligung für zunächst tatbestandliches Handeln abzustellen wäre.

ddd. GmbH & Co. KG

Die GmbH & Co. KG ist eine Kommanditgesellschaft (KG) und somit eine »Grundtypvermischung«[474], bei der der persönlich haftende Gesellschafter, der sog. Komplementär, eine GmbH ist. Folglich ist die GmbH & Co. KG eine Personengesellschaft, bei der ein Gesellschafter eine juristische Person ist. Durch diese Kombination soll eine unbeschränkte Haftung verhindert werden, da die Haftung der GmbH, wie erläutert, auf das Stammkapital beschränkt ist. Da die GmbH & Co. KG aber eben Personengesellschaft ist, sollen Einwilligungskonstellationen in Untreuehandlungen in ihrem Bereich auch erst bei den Personengesellschaften diskutiert werden.

ee. Gesamtergebnis zur GmbH

Folglich ist festzuhalten, dass im Bereich der GmbH die Einwilligung sämtlicher Gesellschafter oder bei Wahrung der Treuepflichten deren Mehrheit in Untreuehandlungen einer vermögensbetreuungspflichtigen Person deren Strafbarkeit ausschließt. Von besonderer Relevanz ist, dass allein die Gesellschafter wirksam in eine Untreue einwilligen können.

b. Aktiengesellschaft (AG)

Im Weiteren soll die Einwilligung in untreuerelevantes Handeln im Bereich der AG näher untersucht werden.

474 *Zielinski*, Grundtypvermischungen, S. 7.

aa. Aufbau, Struktur und Verfassung der Gesellschaft

Gem. § 1 AktG ist die Aktiengesellschaft eine Gesellschaft mit eigener Rechtspersönlichkeit. Genauer gesagt ist die AG ein Verein, also körperschaftlich organisiert und damit, wie die GmbH, juristische Person.[475] Dies bedeutet in der Folge, dass sie eigenständige Rechte und Pflichten hat. Für ihre Verbindlichkeiten haften nicht ihre Organe, sondern grundsätzlich allein sie selbst.[476] Die AG besitzt ein in Aktien zerlegtes Grundkapital[477], dessen Aufbringung und Erhaltung rechtlich im Vordergrund steht.[478] Die Mitglieder der AG, also diejenigen, die Anteile am Grundkapital halten, werden als Aktionäre bezeichnet. Weiterhin ist die AG stets reine Kapitalgesellschaft und gem. § 3 Abs. 1 AktG Formkaufmann. Im Bereich der AG wird zwischen börsen- und nicht börsennotierten Gesellschaften unterschieden. Für nicht börsennotierte AG gelten weniger strenge Vorschriften. Für börsennotierte AG finden zusätzlich die Vorschriften des Kapitalmarktrechts Anwendung.[479] Für die vorliegende Untersuchung, im Bereich derer vor allem die Rechtsstellung der unterschiedlichen Organe der AG von Bedeutung ist, spielt diese Unterscheidung keine entscheidende Rolle.

Damit die AG als eigene Rechtspersönlichkeit entsteht, bedarf es jedoch noch der Eintragung im Handelsregister (§ 36 Abs. 1 AktG), der konstitutive Wirkung zukommt (§ 41 Abs. 1 AktG). Vor dieser Eintragung besteht, ganz ähnlich wie bei der Gründung einer GmbH, eine Vorgesellschaft bzw. Vor-AG. Diese ist eine Vereinigung eigener Art, auf welche die Regelungen des AktG anzuwenden sind, sofern diese nicht die Eintragung voraussetzen. Die Vor-AG ist also noch nicht juristische Person, sondern Gesamthandsgemeinschaft, d.h. ihr kommt noch keine eigene Rechtspersönlichkeit zu.[480] Ebenfalls wie bei der GmbH kann dieser Vor-AG eine Vorgründungsgesellschaft vorausgehen, und zwar dann, wenn die Gründer schon vor Abschluss des Gründungsvertrags im Interesse der zu gründenden Gesellschaft handeln. Diese Vorgründungsgesellschaft ist dann eine Personengesellschaft.[481]

Die AG hat stets drei Organe: einen Vorstand, einen Aufsichtsrat sowie eine Hauptversammlung. Das Verhältnis dieser Organe zueinander wird weitgehend

475 *Windbichler*, Gesellschaftsrecht, § 25 Rn. 1.

476 *Hüffer*, AktG, § 1 Rn. 8 f.; unter bestimmten Voraussetzungen bestehen jedoch Ausnahmen von diesem Grundsatz.

477 MK AktG/*Doralt*/*Diregger*, Einleitung Rn. 1.

478 *Hüffer*, AktG, § 1 Rn. 10 f.

479 *Windbichler*, Gesellschaftsrecht, § 25 Rn. 2.

480 *Windbichler*, Gesellschaftsrecht, § 26 Rn. 4.

481 Saenger/*Dewald*, Praxishandbuch, § 6 Rn. 499 f.

durch eine zwingende gesetzliche Kompetenzverteilung geregelt.[482] Dem Vorstand obliegt die Geschäftsführung, er ist also das Vertretungsorgan der Gesellschaft (§ 76 AktG), das sie gerichtlich und außergerichtlich vertritt (§ 78 AktG). Die Vertretungsmacht des Vorstandes kann zwar unter bestimmten Voraussetzungen im Innenverhältnis beschränkt werden, im Außenverhältnis ist sie gem. § 81 Abs. 1 AktG jedoch unbeschränkbar. Die Hauptversammlung ist das Willensbildungsorgan der AG[483], ihr gehören sämtliche Aktionäre an. Über sie können die Aktionäre ihre Rechte ausüben, sie ist gem. § 179 AktG für Satzungs- und Strukturänderungen zuständig.[484] Geschäftsführend wird die Hauptversammlung nur tätig, wenn der Vorstand es verlangt (§ 119 Abs. 2 AktG). Die übrigen Aufgaben der Hauptversammlung nennt § 119 Abs. 1 AktG. Der Aufsichtsrat ist wie bei der GmbH das Überwachungsorgan der AG, er bestellt und überwacht den Vorstand (§§ 84, 111 AktG). Selbst Geschäftsführungsaufgaben wahrnehmen kann der Aufsichtsrat aber nicht. Es ist ihm jedoch möglich zu bestimmen, dass gewisse Arten von Geschäften nur mit seiner Zustimmung vorgenommen werden können (§ 111 Abs. 4 AktG). Wie bereits angedeutet, schreiben bestimmte Gesetze v.a. solche zur Arbeitnehmermitbestimmung die Einrichtung eines Aufsichtsrates auch für die GmbH vor[485]; im Bereich der AG sind diesen Gesetzen weitere Erfordernisse, die an einen Aufsichtsrat zu stellen sind, zu entnehmen.[486] Die Aktionäre werden dadurch, dass sie Aktien erwerben, sei es originär bei der Gründung oder später durch Zeichnung einer Kapitalerhöhung, sei es derivativ durch rechtsgeschäftliche Übertragung von einem bisherigen Aktionär, Mitglieder der Gesellschaft.[487] Durch ihre Mitgliedschaft stehen ihnen Rechte zu, jedoch obliegen ihnen auch Pflichten. Das wohl wichtigste Mitgliedschaftsrecht ist das Stimmrecht gem. § 12 Abs. 1 AktG, die Hauptpflicht hingegen ist die Leistung der übernommenen Kapitaleinlage (§ 54 Abs. 1 AktG).

482 *Windbichler*, Gesellschaftsrecht, § 25 Rn. 10.
483 MK AktG/*Kubis*, § 118 Rn. 9.
484 *Windbichler*, Gesellschaftsrecht, § 25 Rn. 13.
485 Die Notwendigkeit eines Aufsichtsrates zur Arbeitnehmermitbestimmung sehen das Drittelbeteiligungsgesetz, das Mitbestimmungsgesetz, das Montanmitbestimmungsgesetz, das Mitbestimmungs-Ergänzungsgesetz und das Investmentgesetz vor.
486 So § 4 DrittelbG, §§ 6 f. MitbestG, §§ 1, 6 MontanmitbestG, §§ 5 ff. MontanMitbestGErgG und § 5 Abs. 2 InvG, durch den die Regelungen des InvG Anwendung finden.
487 *Windbichler*, Gesellschaftsrecht, § 30 Rn. 1 f.

bb. Vermögensbetreuungspflichtige Personen

Im Weiteren ist, nachdem nun die Grundstrukturen der AG aufgezeigt wurden, zu untersuchen, welche Personen der AG gegenüber vermögensbetreuungspflichtig im Sinne des § 266 StGB sind.

aaa. Vorstand und stellvertretender Vorstand

Wie bereits ausgeführt, ist der Vorstand das Vertretungsorgan der AG, er nimmt die Geschäftsführung wahr. Wie die Vertretungsmacht des GmbH-Geschäftsführers, so ist auch seine Vertretungsmacht im Außenverhältnis nicht beschränkbar (§ 82 Abs. 1 AktG). Dies bedeutet, der Vorstand kann die Gesellschaft im Außenverhältnis wirksam verpflichten und über ihr Vermögen verfügen. Daraus folgt, dass ihn eine Vermögensbetreuungspflicht gegenüber der AG trifft, da er als Geschäftsführungsorgan eine Rechtsstellung einnimmt, die es ihm ermöglicht, für die AG vermögensrelevante Handlungen vorzunehmen.[488] Die gleiche Pflicht trifft den stellvertretenden Vorstand (§ 94 AktG), da ihm die gleichen Kompetenzen zustehen wie dem tatsächlichen Vorstand.[489] Aufgrund ihrer Verfügungsbefugnis im Außenverhältnis können sowohl der Vorstand als auch der stellvertretende Vorstand Täter des Missbrauchstatbestandes sein; liegt die Pflichtverletzung in einem tatsächlichen Verhalten, so kommt auch eine Strafbarkeit nach der Treubruchsalternative in Betracht. Daneben ist für die Frage, welche Alternative des § 266 StGB erfüllt ist, jedoch auch von Bedeutung, ob der gesamte Vorstand gehandelt hat oder nur ein einzelnes Mitglied, wobei es dann wiederum eine Rolle spielt, ob dieses einzelvertretungsbefugt war. Handeln sämtliche Mitglieder des Vorstands gemeinsam, so kann ein Missbrauch vorliegen, da die Handlung dann zweifelsohne nach außen rechtlich wirksam ist. Handelt ein Mitglied des Vorstands alleine und ist es dazu befugt, so liegt die gleiche Wirksamkeit nach außen vor, sodass die 1. Alt. des § 266 StGB erfüllt ist. Lediglich, wenn ein Mitglied oder einzelne Mitglieder des Vorstands alleine rechtsgeschäftlich handeln, ohne zu einer Vertretung ermächtigt zu sein, kann ein Treubruch vorliegen, da es dann an einem rechtswirksamen Handeln nach außen

488 *Brammsen*, wistra 2009, S. 86; *Hirmer*, Verbot pflichtwidriger Schädigung, S. 86 ff.; Müller-Gugenberger/Bieneck/*Schmid*, Wirtschaftsstrafrecht, § 31 Rn. 15; Schönke/Schröder/*Perron*, StGB, § 266 Rn. 25; LK[11]/*Schünemann*, § 266 Rn. 126.

489 BGH NStZ 2002, S. 322 ff. (S. 322); MK StGB/*Dierlamm*, § 266 Rn. 82.

fehlt.[490] Dennoch wäre dann im Weiteren zu prüfen, ob ein Vermögensnachteil vorliegt, da das Rechtsgeschäft zunächst schwebend unwirksam sein wird, denn der Handelnde tritt mangels (Allein-)Vertretungsmacht als *falsus procurator* auf.[491]

bbb. Faktischer Vorstand

Ganz ähnlich wie im Bereich der GmbH, so kann auch bei einer AG ein faktischer Vorstand bestehen, d.h. ein Vorstand, der zwar nicht wirksam bestellt wurde, jedoch die Tätigkeiten des Vorstands vornimmt. Legt man die Ergebnisse, die im Rahmen der GmbH erarbeitet wurden[492], zugrunde, so kann sich für die Frage, ob auch den faktischen Vorstand einer AG eine Vermögensbetreuungspflicht dieser gegenüber trifft, nichts anderes als bei der GmbH ergeben: Auch hier kann zwar zwischen einem faktischen Vorstand, der dies unbeabsichtigt ist, weil der Bestellungsakt unwirksam ist, und einem solchen, der bewusst die Aufgaben eines Vorstands wahrnimmt, ohne als solcher bestellt zu sein, unterschieden werden. In beiden Fällen kann die Fürsorgepflicht des faktischen Vorstands auch hier aus einem tatsächlichen Treueverhältnis, in welchem dieser zur AG steht, begründet werden. Somit ist auch der faktische Vorstand der Gesellschaft gegenüber vermögensbetreuungspflichtig.[493]

ccc. Aktionäre

Daneben gilt es zu untersuchen, ob die Aktionäre einer AG dieser gegenüber eine Vermögensbetreuungspflicht i.S.d. § 266 StGB trifft. Gesellschaftsrechtlich ist unbestritten, dass die Aktionäre bei Ausübung des Stimm- und Anfechtungsrechts eine Treuepflicht sowohl gegenüber der AG als auch gegenüber ihren Mitaktionären trifft.[494] Fraglich ist jedoch, ob sich aus dieser zivilrechtlichen Treuepflicht eine strafrechtliche Vermögensbetreuungspflicht ableiten lässt. Dies ist zu verneinen. Wie gesagt stellt die Vermögensbetreuungspflicht eine besondere Fürsorgepflicht dar, im Rahmen derer der Wahrnehmung finanzieller

490 *Beckemper*, NStZ 2002, S. 325.
491 Vgl. Fn. 204.
492 Vgl. ausführlich S. 73 ff.
493 Müller-Gugenberger/Bieneck/*Schmid*, Wirtschaftsstrafrecht, § 31 Rn. 100.
494 BGH NJW 1988, S. 1579 ff. (S. 1580 f.); BGH NJW 1995, S. 1739 ff.; *Hüffer*, AktG, § 53a Rn. 16 ff.; *Windbichler*, Gesellschaftsrecht, § 30 Rn. 35.

Fremdinteressen entscheidende Bedeutung zukommt. Auch unter der Prämisse, dass die genannte zivilrechtliche Treuepflicht der Aktionäre beinhaltet, grundsätzlich auf die Interessen der AG Rücksicht zu nehmen[495], ist zu sagen, dass zwischen dem Aktionär und der AG wohl eher eine »lose Verbindung« besteht, der eine Vermögensfürsorgepflicht nicht entnommen werden kann. Hier macht es dann keinen Unterschied, wie viel Anteile der Aktionär an der Gesellschaft hält und wie groß sein Einfluss in der Hauptversammlung ist[496], denn bei den Aktionären steht das eigene wirtschaftliche Interesse im Vordergrund und nicht dasjenige der Gesellschaft.[497] Mithin kann festgehalten werden, dass die Aktionäre einer AG weder dieser noch den anderen Aktionären gegenüber eine Vermögensbetreuungspflicht im Sinne des § 266 StGB trifft.[498]

ddd. Aufsichtsrat

Den Aufsichtsrat einer AG trifft einen ganz ähnlichen Aufgabenkreis wie denjenigen einer GmbH. Auch er ist primär ein Überwachungsorgan, der die Geschäftsführung des Vorstands überwacht und kontrolliert, § 111 AktG.[499] Aus dieser Hauptaufgabe ergibt sich dann auch seine Vermögensbetreuungspflicht gegenüber der AG, er ist zwar nicht »Garant für die Ordnungsgemäßheit der Unternehmensführung durch den Vorstand«[500], aber ihn trifft eine Garantenstellung hinsichtlich eventueller Schädigungen der AG. Dem Aufsichtsrat ist dann ein Untreuevorwurf zu machen, wenn ihm »organspezifisches Fehlverhalten«[501] zur Last gelegt wird. Daraus folgt, dass er gegenüber der AG i.R. seiner Organstellung Beschützergarant hinsichtlich deren Vermögens ist[502], in Bezug auf den Vorstand trifft ihn jedoch eine Art Stellung als Überwachergarant.[503] Dies bedeutet aber nur, dass er den Vorstand darauf zu überwachen hat, dass dieser die AG nicht schädigt. Eine Garantenpflicht der Art, dass er es zu verhindern hat, dass der Vorstand generell Straftaten begeht, kann jedoch nicht angenommen werden;

495 BGH NJW 1988, S. 1579 ff. (S. 1581 f.).
496 LG Köln wistra 1988, S. 279 f. (S. 280); MK StGB/*Dierlamm*, § 266 Rn. 58.
497 MK StGB/*Dierlamm*, § 266 Rn. 58.
498 So auch LK[11]/*Schünemann*, § 266 Rn. 107.
499 *Hüffer*, AktG, § 111 Rn. 2 f.
500 MK StGB/*Dierlamm*, § 266 Rn. 67.
501 Achenbach/Ransiek/*Seier*, Handbuch Wirtschaftsstrafrecht, V 2 Rn. 225.
502 *Brammsen*, ZIP 2009, S. 1510; *Schilha*, Aufsichtsratstätigkeit, S. 199 f., der diese Stellung als Beschützergarant gegenüber dem AG-Vermögen an den Sorgfaltsreglungen der §§ 116, 93 Abs. 1 Satz 1 AktG festmacht.
503 *Brammsen*, wistra 2009, S. 86; *Tiedemann*, FS Tröndle, S. 322.

es liegt mithin keine grundsätzliche Unterlassungshaftung des Aufsichtsrats in Bezug auf extern wirkende Straftaten des Vorstandes vor.[504] Also ist auch der Aufsichtsrat der AG dieser gegenüber vermögensbetreuungspflichtig und kann Täter der Treubruchsalternative des § 266 StGB sein.[505]

Neben § 111 AktG ist jedoch auch auf § 112 AktG zu verweisen, der regelt, dass der Aufsichtsrat die Gesellschaft dem Vorstand gegenüber gerichtlich und außergerichtlich vertritt. Dies bedeutet, dass in Geschäften bzw. Angelegenheiten zwischen der AG und dem Vorstand, dem Aufsichtsrat eine Verpflichtungs- und Verfügungsbefugnis eingeräumt ist. In einem solchen Fall können die Mitglieder des Aufsichtsrates also auch Täter einer Missbrauchsuntreue sein.[506] Eine solche Konstellation lag im Fall *Mannesmann* vor. Der BGH urteilte, dass

> »das Gebot, alle Maßnahmen zu unterlassen, die den Eintritt eines sicheren Vermögensschadens bei der Gesellschaft zur Folge haben [...] – ohne dass es dazu weiterer gesetzlicher oder rechtsgeschäftlicher Regelungen bedürfte – zu den Treuepflichten, die ein ordentliches und gewissenhaftes Präsidiumsmitglied (§§ 93 Abs. 1 S. 1, 116 S. 1 AktG) zwingend zu beachten hat«[507]

gehöre. Aus dieser aktienrechtlichen Pflicht folgerte der BGH dann eine Vermögensbetreuungspflicht des Aufsichtsrates i.S.d. Untreue. Auf die *Mannesmann*-Entscheidung wird jedoch noch gesondert eingegangen.[508]

eee. Prokurist, Handlungsbevollmächtigter, sonstiger leitender Angestellter

Da die AG, wie die GmbH, gem. § 3 Abs. 1 AktG Formkaufmann ist, kann sie Prokura und Handlungsvollmacht erteilen. Es wurde bereits festgestellt, dass sowohl der Prokurist als auch der Handlungsbevollmächtigte gegenüber seinem Geschäftsherrn vermögensbetreuungspflichtig ist. Mithin trifft sie auch der AG gegenüber eine Vermögensbetreuungspflicht. Prokuristen und Handlungsbevollmächtigte können aufgrund der ihnen zustehenden Verfügungs- und Verpflichtungsbefugnis Täter eines Missbrauchs im Sinne des § 266 Abs. 1 Alt. 1 StGB sein. Daneben kann auf die Ausführungen zur Vermögensbetreuungs-

504 *Schilha*, Aufsichtsratstätigkeit, S. 124 ff.; vgl. hierzu zudem *Poseck*, Strafrechtliche Haftung, S. 108 ff.

505 BGH NJW 2002, S. 1585 ff. (S. 1588); *Brammsen*, ZIP 2009, S. 1505; Müller-Gugenberger/Bieneck/*Schmid*, Wirtschaftsstrafrecht, § 31 Rn. 120 ff.; *Schilha*, Aufsichtsratstätigkeit, S. 234 f.

506 *Braum*, KritV 2004, S. 70 ff.; *Schünemann*, Organuntreue, S. 23 f.; *Zech*, Untreue, S. 144, S. 210.

507 BGH NJW 2006, S. 522 ff. (S. 523).

508 Vgl. hierzu ausführlich S. 171 ff.

pflicht eines sonstigen leitenden Angestellten im Rahmen der GmbH verwiesen werden[509], den auch im Bereich der AG eine Vermögensbetreuungspflicht aus tatsächlicher Stellung treffen kann, sodass er tauglicher Täter eines Treubruchs (§ 266 Abs. 1 Alt. 1 StGB) ist.

cc. Untreuerelevante Handlungen und Einwilligung

Nachdem nun diejenigen bestimmt wurden, die im Bereich der AG eine Vermögensbetreuungspflicht gegenüber dieser trifft und die somit taugliche Täter einer Untreue sind, ist genauer zu betrachten, welche Handlungen im Bereich der AG den Tatbestand der Untreue verwirklichen können und wie sich eine Einwilligung auf die Strafbarkeit des Handelnden auswirkt.

aaa. Tatbestandliches Handeln

Zunächst sind ganz offensichtliche Missbrauchs- oder Treubruchshandlungen zu nennen, bei denen die Berechtigten ihre Befugnisse missbrauchen oder die Vermögensbetreuungspflicht durch tatsächliches Handeln verletzen. Diese Untreuehandlungen können sämtliche vermögensbetreuungspflichtige Personen vornehmen, häufig wird wohl auch hier der *Griff in die Kasse* eines der Verpflichteten vorliegen oder aber eine sonstige Verletzung der Treuepflicht.

Maßstab für die Beurteilung der Tätigkeit des Vorstands ist § 93 AktG, der bestimmt, dass dieser bei seiner Geschäftsführung die Sorgfalt eines ordentlichen und gewissenhaften Geschäftsleiters zu wahren hat. Dieser Sorgfalt genügt der Vorstand dann, wenn er

> »wie ein pflichtbewußter selbständig tätiger Leiter eines Unternehmens der konkreten Art, der nicht mit eigenen Mitteln wirtschaftet, sondern ähnlich wie ein Treuhänder fremden Vermögensinteressen verpflichtet ist«,

handelt.[510] Verletzt der Vorstand diesen Sorgfaltsmaßstab, so liegt eine Pflichtverletzung i.S.d. Untreue vor.

509 Vgl. hierzu S. 79 f.
510 *Hüffer*, AktG, § 93 Rn. 4.

bbb. Einwilligung

Es gilt nun zu untersuchen, wie es sich auswirkt, wenn in diese Handlungen eingewilligt wird. Anders als bei der GmbH kann hierbei nicht stets von der Einwilligung des jeweils Höhergestellten in der hierarchischen bzw. unternehmerischen Ordnung des Unternehmens gesprochen werden, weil die Aktiengesellschaft nicht hierarchisch organisiert ist, denn der Hauptversammlung fehlt die sog. Kompetenz-Kompetenz (§ 119 Abs. 1 AktG) und die *Folgepflicht* des Vorstands beschränkt sich auf die Ausführung der von der Hauptversammlung in ihrem Zuständigkeitsbereich beschlossenen Maßnahmen.[511] Sie hat folglich weder ein Weisungsrecht gegenüber dem Vorstand noch steht ihr eine Letztentscheidungskompetenz in reinen Geschäftsführungsaufgaben zu.[512] Das Verhältnis von Hauptversammlung, Vorstand und Aufsichtsrat ist folglich als hierarchiefrei einzuordnen, es besteht eine Machtbalance.[513]

In der Folge sollen wiederum unterschiedliche Einwilligungskonstellationen betrachtet werden.

1. Einwilligung durch Alleinaktionär oder einstimmig durch die Hauptversammlung

Zunächst ist zu untersuchen, ob die Einwilligung des Alleinaktionärs oder der Hauptversammlung in die vermögensschädigende Handlung eines der für die AG Handelnden dessen Strafbarkeit entfallen lässt, ob also bereits die Tatbestandsverwirklichung des § 266 StGB zu verneinen ist. Dazu sind wiederum die Voraussetzungen der Einwilligung eingehender zu untersuchen:

a. Inhaber des geschützten Rechtsgutes

Zunächst ist für eine wirksame Einwilligung wiederum erforderlich, dass der Einwilligende Inhaber des geschützten Rechtsguts ist. Die AG als juristische Person ist selbst Trägerin des Vermögens, also Inhaberin des geschützten Rechtsguts. Die Gesellschaft ist allein, ohne ihre Organe, aber nicht handlungsfähig, sie kann nur durch diese wirksam am Rechtsverkehr teilnehmen. Die Ak-

511 GK AktG/*Mülbert*, Vor §§ 118-147 Rn. 43.
512 MK AktG/*Kubis*, § 118 Rn. 10.
513 *Brand/Wostry*, WRP 2008, S. 639; *Hüffer*, AktG, § 118 Rn. 4.

tionäre, bzw. die Hauptversammlung ist das Willensbildungsorgan der Gesellschaft. Folglich muss sich die AG grundsätzlich den Willen der Hauptversammlung zurechnen lassen.

Teils wird diese Einordnung jedoch abgelehnt und dahingehend argumentiert, dass der Vorstand und nicht die Hauptversammlung Willensbildungsorgan der AG sei.[514] Richtig ist, dass die Hauptversammlung nicht alleiniges Willensbildungsorgan ist, sondern dass dem Vorstand, dem die Leitung und Geschäftsführung der AG obliegt, freilich in diesem Bereich ebenfalls die Kompetenz zur Willensbildung zusteht, zumal er nicht an Weisungen der Kapitaleigner gebunden ist.[515] Dennoch gilt es zu berücksichtigen, dass der Hauptversammlung eine Grundlagenkompetenz zukommt. Dies hat der BGH in der sog. *Holzmüller*-Entscheidung ausgeführt: Entscheidungen, die »tief in die Mitgliedsrechte der Aktionäre und deren im Anteilseigentum verkörpertes Vermögensinteresse eingreifen« darf der Vorstand unabhängig von der Kompetenzverteilung nicht treffen, ohne die Hauptversammlung zu beteiligen.[516]

Der BGH nahm hier eine Zweiteilung zwischen Maßnahmen der Leitung der Gesellschaft, also Geschäftsführungsmaßnahmen, und Strukturentscheidungen vor.[517] Diesbezüglich führt *Busch* aus, eine Einwilligung sei zwar keine Strukturentscheidung, für die der BGH der Hauptversammlung eine Grundlagenkompetenz zubilligte, die Differenzierung biete aber dennoch Anhaltspunkte für eine entsprechende Bewertung. Bei der Einwilligung in eine Untreuehandlung handele es sich nicht um eine Maßnahme der laufenden Geschäftsführung, sodass nicht der Vorstand zuständig sei, zudem weise die Einwilligung qualitative Unterschiede zu einer Geschäftsführungsmaßnahme auf, weil sie strafrechtliche Folgen nach sich ziehe. Somit sieht er die entsprechende Willensbildungskompetenz bei der Hauptversammlung.[518]

Legt man die genannte Zweiteilung zugrunde, so folgt daraus, dass die Willensbildungskompetenz bezüglich einer Einwilligung bei der Hauptversammlung liegen muss. Eine solch weitreichende Entscheidung ist nicht mehr der Geschäftsführung zuzuordnen.[519] Wie gesagt es handelt sich nicht um eine Struk-

514 *Brammsen/Apel*, WM 2010, S. 786; *Zech*, Untreue, S. 108; in die gleiche Richtung: *Fischer*, StGB, § 266 Rn. 102.

515 *Schmidt*, Gesellschaftsrecht, S. 805.

516 BGH NJW 1982, S. 1703 ff. (S. 1705); diese Einordnung wurde vom BGH im sog. *Gelatine*-Urteil bestätigt und konkretisiert, BGH NZG 2004, S. 571 ff. (S. 572 ff.); *Brand*, AG 2007, S. 684.

517 BGH NJW 1982, S. 1703 ff. (S. 1705);

518 *Busch*, Konzernuntreue, S. 154 f.

519 So auch Achenbach/Ransiek/*Seier*, Handbuch Wirtschaftsstrafrecht, V 2 Rn. 222; *Brammsen*, wistra 2009, S. 90; *Dittrich*, Untreuestrafbarkeit, S. 229.

turentscheidung, wie sie der BGH begreift, aber der qualitative Unterschied zu bloßen Geschäftsführungsmaßnahmen, den *Busch* anspricht, zeigt sich vor allem in der Reichweite und den Folgen einer Einwilligung hinsichtlich des den Aktionären mittelbar zuzuordnenden Vermögens, denn dieses erfährt eine Minderung. Zudem ist eine solche Einwilligungsfrage je nach Ausgestaltung des Falles wohl keine, die im Zuge der alltäglichen Geschäftsführung regelmäßig zur Entscheidung steht. Endlich erscheint es nur folgerichtig, dass über kapitalmindernde Maßnahmen auch die Kapitaleigner, nämlich die Aktionäre entscheiden.

Mithin gilt es festzuhalten, dass für eine Einwilligung die Hauptversammlung als Willensbildungsorgan berufen ist.[520] Ob dann der Gesellschaft jegliche Willenserklärung bzw. -betätigung der Hauptversammlung zuzurechnen ist, gilt es in der Folge zu untersuchen.

b. Dispositionsbefugnis

Zentrale Voraussetzung einer wirksamen Einwilligung ist, dass der Einwilligende über das geschützte Rechtsgut dispositionsbefugt ist. Wie eingehend diskutiert steht die Dispositionsbefugnis über das Vermögen der AG den Aktionären zu. Fraglich ist, ob dieser Dispositionsbefugnis der Hauptversammlung Grenzen gesetzt sind. Im Bereich der GmbH wird vielfach vertreten, die Grenze der Dispositionsbefugnis der Gesellschafter sei dort zu ziehen, wo die Existenz der Gesellschaft gefährdet sei, was zumeist dann angenommen wird, wenn deren Stammkapital angegriffen wird.[521] Diese Grenze wird deshalb bejaht, weil die Vertreter dieser Einordnung ein Eigeninteresse der GmbH bejahen, welches unabhängig von dem Interesse der Gesellschafter ist.

aa. Streitstand

Auch im Bereich der AG wird teilweise ein solches Eigeninteresse, vielfach als Unternehmensinteresse bezeichnet, angenommen, welches die Dispositionsbefugnis der Hauptversammlung, bzw. diejenige des Alleinaktionärs einschrän-

520 So auch *Schilha*, Aufsichtsratstätigkeit, S. 293 f.; diese Kompetenzverteilung ließ der BGH in einem kürzlich ergangenen Urteil mangels Relevanz dahinstehen, BGH NJW 2010, S. 3458 ff. (S. 3461).

521 Vgl. zu dieser Diskussion ausführlich S. 88 ff.

ke.[522] Dieses Eigeninteresse der AG wird teils mit den positiv-rechtlichen Vermögensbindungen des AktG begründet, welche das gesamte Vermögen der Gesellschaft vor Zugriffen der Gesellschafter schütze.[523] Ein Vergleich zwischen § 31 GmbHG und § 62 AktG zeige, dass die aktienrechtliche Rückgewährsvorschrift strenger sei, weil hier verbotswidrig bezogene Leistungen der Gesellschaft *stets* zurückzugewähren seien.[524] Eine Einschränkung, wie sie § 31 Abs. 2 GmbHG mache, nämlich dass gutgläubig erworbene Leistungen nur dann herauszugeben seien, wenn dies zur Befriedigung der Gesellschaftsgläubiger erforderlich sei, kenne das AktG nicht. Aus dieser Strenge wird teilweise gefolgert, dass der Aktiengesellschaft ein Eigeninteresse zustehe, denn die genannte Pflicht treffe auch den Alleinaktionär, sodass weder Interessen der Gläubiger noch der Mitgesellschafter bzw. -aktionäre Grund für die Rückgewähr seien. Daraus sei zu schließen, dass der AG ein Eigeninteresse zustehe, welches unabhängig von den Interessen ihrer Aktionäre bestehe. Mithin sei bei vermögensschädigenden Handlungen auch dann der Tatbestand der Untreue erfüllt, wenn sämtliche Aktionäre zustimmten.[525]

Andere begründen das genannte Eigeninteresse der AG mit der umfassenden Grundkapitalbindung des § 57 AktG und somit auch mit Gläubigerinteressen[526]; teils wird auch differenzierend argumentiert und zwar dahingehend, dass § 57 AktG nur der Wirksamkeit des Einverständnisses in das Grundkapital oder die gesetzlichen Rücklagen angreifende bzw. existenzgefährdende Handlungen versage.[527]

Die Gegenansicht, die ein entsprechendes Eigeninteresse ablehnt, vertritt hingegen, dass die Aktionäre, deren Gesamtheit die Hauptversammlung bildet, nicht nur das Willensbildungsorgan der AG darstellen, sondern ihnen mittelbar auch das Vermögen der Gesellschaft zugeordnet wird.[528] Ein Interesse der AG, welches unabhängig von demjenigen der Aktionäre sei, könne nicht anerkannt werden.[529] Auch der BGH äußerte sich im *Mannesmann*-Urteil, auf das später noch näher einzugehen sein wird, dahingehend, dass ein Einverständnis bzw. eine Ein-

522 *Kaufmann*, Organuntreue, S. 149 ff.

523 *Loeck*, Strafbarkeit des Vorstands, S. 104 f.; *Wellkamp*, NStZ 2001, S. 119.

524 *Busch*, Konzernuntreue, S. 162 f.; *Kaufmann*, Organuntreue, S. 150 f.

525 Ausnahmen davon sieht diese Ansicht nur in den Fällen der §§ 71 Abs. 1, 71d Satz 2, 237 Abs. 2, Abs. 3, 26, 222 Abs. 3 AktG, *Kaufmann*, Organuntreue, S. 151.

526 *Hüffer*, AktG, § 57 Rn. 1; auch *Arnold* sieht in § 57 AktG und dem Verbot der Einlagenrückgewähr die Grenze der Dispositionsbefugnis der Aktionäre, wenngleich er den Terminus des Eigeninteresses der AG nicht bemüht, *Arnold*, Untreue, S. 211.

527 *Brand*, AG 2007, S. 686 ff.

528 *Dittrich*, Untreuestrafbarkeit, S. 228; Schönke/Schröder/*Perron*, StGB, § 266 Rn. 21 ff.

529 *Schilha*, Aufsichtsratstätigkeit, S. 285 f.

willigung des Alleinaktionärs oder der Hauptversammlung die Strafbarkeit des Handelnden entfallen ließe. Damit diese Einwilligung wirksam wäre, müsse jedoch ein entsprechender Beschluss über die Verwendung des Bilanzgewinns vorliegen und die Einwilligung dürfe nicht gegen Rechtsvorschriften verstoßen.[530] Letzteres gilt es im Weiteren näher zu untersuchen. Die Berücksichtigung bzw. Existenz eines gesellschaftlichen Eigeninteresses erwähnt der BGH jedoch auch nicht.[531]

bb. Diskussion

Im Hinblick auf die zweite Ansicht, die ein Eigeninteresse der AG befürwortet, zeigt sich, dass im Prinzip im Bereich der AG ein ganz ähnlicher Meinungsstreit Platz greift, wie er für die GmbH eingehend dargestellt und erörtert wurde. Auch hier gilt es zu berücksichtigen, dass das vermeintliche Eigeninteresse der AG vor allem Interessen der Gläubiger, der Arbeitnehmer und wohl auch der Allgemeinheit beinhaltet.[532] Unter Zugrundelegung des im Bereich der GmbH eingeschlagenen Weges[533] ist jedoch wiederum der Schutzzweck des § 266 StGB anzuführen, der allein das Vermögen des Geschäftsherrn umfasst. Da mit den §§ 283 ff. StGB gläubigerschützende Vorschriften zur Verfügung stehen, ist nicht ersichtlich, warum § 266 StGB über seinen Anwendungsbereich hinaus ausgedehnt werden soll.

Die andere, ein Eigeninteresse der AG befürwortende, Ansicht argumentiert demgegenüber gerade nicht mit Interessen der Gläubiger, sondern versucht unabhängig davon ein Eigeninteresse der AG zu begründen. Dagegen spricht jedoch auch hier der Aufbau der Gesellschaft. Die Aktionäre halten Aktien an der Gesellschaft, dies bedeutet, dass sämtliches Vermögen der AG zumindest mittelbar den Aktionären zugeordnet ist. Aktienrechtlich mag es ein gewisses Bestandsinteresse der AG geben, welches in § 62 AktG zum Ausdruck kommt. Die entscheidende Frage für die vorliegende Untersuchung ist jedoch diejenige, ob dieses Interesse strafrechtlich eine Rolle spielt. Wenn das Willensbildungsorgan der AG, nämlich die Hauptversammlung, mithin die Gesamtheit der Aktionäre, mit einer entsprechenden Handlung einverstanden ist, dann fällt es schwer, den-

530 BGH NJW 2006, S. 522 ff. (S. 525).

531 Auch *Schaal* erwähnt ganz allgemein, dass eine Zustimmung der Hauptversammlung grundsätzlich geeignet ist, einer Untreuehandlung des Vorstands die Pflichtwidrigkeit zu nehmen, MK AktG/*Schaal*, Vor § 399 Rn. 38; ebenso *Taschke*, FS Lüderssen, S. 666.

532 *Deiters*, ZIS 2006, S. 154.

533 Vgl. S. 88 ff.

noch eine Pflichtwidrigkeit, also eine Verletzung der Vermögensbetreuungspflicht anzunehmen: Die AG ist alleine nicht fähig, einen Willen zu bilden oder zu äußern. Sie ist als juristische Person stets auf das Handeln ihrer Organe angewiesen. Nun aber im Strafrecht ein von diesen Organen unabhängiges Interesse zu statuieren, erscheint widersprüchlich. Die Treugeber sind die Aktionäre in ihrer Gesamtheit, sodass auch sie über vermögensschädigende Handlungen entscheiden können. Daneben stellt sich die Frage, wozu das von *Kaufmann* entwickelte Eigeninteresse bestehen soll, wenn nicht zum Schutze der Gläubiger, der Arbeitnehmer oder der Aktionäre. Das angeführte Argument, dass § 62 AktG auch bei der Einmann-AG zu berücksichtigen sei, entkräftet nicht den Schluss, dass dieser gerade auch Gläubigerinteressen schütze, denn ein Schutz der AG nur um ihrer selbst willen erscheint strafrechtlich wenig sinnvoll.[534] Bei genauerer Betrachtung fällt im Bereich des § 62 AktG auf, dass das Forderungsrecht aus Abs. 1 zwar der AG zusteht, aber die Gläubiger diesen Anspruch für die AG einfordern können. Mithin spielen hier Gläubigerinteressen wohl zumindest mittelbar eine Rolle. Im Aktienrecht wird denn auch teils von »Kapitalerhaltung im objektiven Gläubigerinteresse«[535] gesprochen, die § 62 AktG bezwecke. Daneben gilt es zu berücksichtigen, dass § 62 AktG den in §§ 57, 59, 66 Abs. 2 und 71 ff. AktG kodifizierten Grundsatz der Kapitalerhaltung ergänzt, der aber gerade neben den Aktionärsinteressen auch den Interessen der Gläubiger dient.[536] Spielen hier aber wiederum Gläubigerinteressen eine Rolle, so wäre abermals auf den Schutzzweck des § 266 StGB zu verweisen.[537]

Teilweise wird der von *Kaufmann* beschrittene Weg zur Bejahung eines Eigeninteresses der AG jedoch auch mit dem Argument abgelehnt, er verkenne in seiner Argumentation die Ausnahmemöglichkeit des § 62 Abs. 1 Satz 2 AktG. Daneben ergebe sich der von ihm für das Eigeninteresse angeführte unterschiedliche Wortlaut der Normen des GmbHG und des AktG aus der unterschiedlichen Vermögensbindung der Gesellschaften: Bei der AG bestehe ein Auszahlungsverbot für das gesamte Grundkapital mit Ausnahme des Bilanzgewinns, bei der GmbH bestehe lediglich eine Pflicht, das Stammkapital zu erhalten.[538]

534 So auch *Busch*, Konzernuntreue, S. 168; *Zöllner*, Stimmrechtsmacht, S. 72, der äußert, dass das Unternehmen kein »verabsolutierter Selbstzweck« sei, sondern »daß sein Schutz stets eigentlich anderen Belangen dient«.

535 MK AktG/*Bayer*, § 62 Rn. 79.

536 MK AktG/*Bayer*, § 57 Rn. 2.

537 Vgl. hierzu ausführlich im Bereich der GmbH S. 88 ff.

538 *Zech*, Untreue, S. 109 f.

Auch der Versuch *Schneiders*[539], die alleinige Dispositionsbefugnis der Hauptversammlung einzuschränken bzw. zu verneinen, ist abzulehnen, denn er geht fälschlicherweise davon aus, § 266 StGB schütze nicht nur das Vermögen der Gesellschaft, sondern daneben auch dasjenige der Gesellschaftsgläubiger und Arbeitnehmer, deren Einwilligung dann auch erforderlich sei. Vermögensinhaber ist aber allein die AG, sodass dieser Ansatz von falschen Voraussetzungen ausgeht.

Endlich ist noch auf eine jüngst von *Rönnau* erschienene Abhandlung einzugehen, der schon eine Dispositionsbefugnis der Aktionäre generell ablehnt. Einerseits begründet er dies mit der Kompetenzverteilung in der AG, da die Hauptversammlung, anders als bei der GmbH nicht *oberstes* Willensbildungsorgan sei, sie kein Weisungsrecht gegenüber dem Vorstand habe und ihr keine »umfassende[n] Interessendefinitionsmacht« zukomme.[540] Anderseits nimmt auch er ein zu berücksichtigendes Eigeninteresse der Aktiengesellschaft an, welches sich aus Interessen der Aktionäre, der Arbeitnehmer und der Öffentlichkeit zusammensetze. Jedoch stelle das Unternehmensinteresse nicht bloß die Summe der soeben genannten Einzelinteressen dar, sondern sei ein übergeordnetes Moment.[541]

Dieser Einordnung *Rönnaus* kann nicht gefolgt werden: Freilich steht der Hauptversammlung kein Weisungsrecht gegenüber dem Vorstand zu, dies ist aber für die Annahme einer Dispositionsbefugnis gar nicht erforderlich, denn es geht nicht um eine *Pflicht*, die durch Beschluss der Hauptversammlung begründet wird, sondern vielmehr um ein *Recht* bzw. eine *Erlaubnis*, eine bestimmte Handlung zu tätigen. Die Hauptversammlung billigt eine untreuerelevante Handlung in einem Bereich, in dem ihr Willensbildungskompetenz zukommt. Auch dass die Hauptversammlung nicht alleiniges Willensbildungsorgan ist, steht einer Dispositionsbefugnis hinsichtlich des Rechtsguts Vermögen nicht entgegen. Es wurde herausgearbeitet, dass ihr unter gewissen Voraussetzungen eine Grundlagenkompetenz zukommt. Bei einem so weitreichenden Eingriff wie einer Untreue, also einer strafbaren Handlung, ist die Hauptversammlung stets zu beteiligen; ihr kommt diesbezüglich also eine Dispositionsbefugnis zu.[542]

539 *Schneider*, Untreue, S. 17, S. 87 f.

540 *Rönnau*, FS Amelung, S. 257 ff.

541 *Rönnau*, FS Amelung, S. 261 f.

542 Daneben wird auch § 93 Abs. 4 AktG angeführt, der zumindest zeige, dass eine Zustimmung der Hauptversammlung sich durchaus haftungslimitierend auswirken kann, *Brand*, AG 2007, S. 683. *Brand* führt dies jedoch nur als Indiz an, sodass *Rönnaus* Einwand, § 93 Abs. 4 AktG umfasse nur ganz spezielle Fälle, insoweit zu kurz greift, *Rönnau*, FS Amelung, S. 263.

Weiterhin überzeugt auch *Rönnaus* Annahme eines Unternehmensinteresses, welches die Dispositionsbefugnis der Hauptversammlung ausschließt, nicht. Dieses soll sich aus dreierlei Interessen zusammensetzen, demjenigen der Aktionäre, demjenigen der Arbeitnehmer und demjenigen der Öffentlichkeit, bzw. noch über die Summe dieser Interessen hinausgehen. Abermals gilt es hier zu wiederholen, dass § 266 StGB allein das Vermögen des Treugebers, hier der Aktionäre schützt. Andere Interessen sind vom Schutzzweck des § 266 StGB nicht umfasst. Fallen also in diesem Bereich die Komponenten Arbeitnehmer und Öffentlichkeit heraus, so fragt sich, welchen über das Interesse der Aktionäre hinausgehenden Wert das genannte Eigeninteresse der AG haben soll. Außer demjenigen der Aktionäre als Anteilseigner, ist kein relevantes und vom Schutzzweck der Untreue erfasstes Interesse erkennbar.

c. Zwischenergebnis

Unter Verweis auf die diesbezüglichen Darstellungen im Bereich der GmbH[543] ist, da sich die Sachlage bei der AG, wie gesehen, ähnlich gestaltet, abschließend auf den dort eingeschlagenen Weg zu verweisen und als Ergebnis gilt es festzuhalten, dass die Dispositionsbefugnis der Hauptversammlung bzw. des Alleinaktionärs nicht beschränkt ist. Sie bzw. er kann folglich auch in vermögensschädigende Handlungen, die das Grundkapital angreifen bzw. die Existenz der Gesellschaft gefährden, einwilligen.

d. Weitere Voraussetzungen

aa. Allgemeine Voraussetzungen

Vom Vorliegen der weiteren Voraussetzungen einer wirksamen Einwilligung, namentlich der Urteils- und Einsichtsfähigkeit des oder der Einwilligenden, der ausdrücklichen oder konkludenten Kundgabe bzw. Äußerung selbiger, dem Vorliegen der Einwilligung vor der tatbestandlichen Handlung und die Kenntnis von derselben durch den jeweils Handelnden, soll hier ausgegangen werden.[544]

543 Zur Diskussion, ob der Dispositionsbefugnis sämtlicher GmbH-Gesellschafter Grenzen gesetzt sind, insbesondere diejenige des Stammkapitals oder des Existenzinteresses, vgl. ausführlich S. 88 ff.

544 Vgl. hierzu näher S. 34 ff.

bb. Erforderlichkeit eines wirksamen Beschlusses?

Aktienrechtlich ist für eine Verwendung des Bilanzgewinns ein Beschluss der Hauptversammlung gem. §§ 58 Abs. 3 Satz 1, 174 Abs. 2 Satz 1 AktG erforderlich.[545] Dieses aktienrechtliche Erfordernis hielt der BGH, wie bereits erwähnt, in der *Mannesmann*-Entscheidung auch als Voraussetzung für eine wirksame Einwilligung in vermögensmindernde Handlungen für erforderlich.[546] Dem kann jedoch, was die Wirksamkeit einer Einwilligung in strafrechtlich relevantes Verhalten anbelangt, nicht gefolgt werden. Freilich ist es erforderlich, dass die Hauptversammlung hier entsprechende Beschlüsse tätigt, damit vermögensmindernde Handlungen nicht aktienrechtswidrig sind; jedoch ist dies für den Ausschluss der Strafbarkeit des Handelnden nach § 266 StGB nicht erforderlich. Ein solcher Beschluss ist ein zivilrechtliches Rechtsgeschäft, bestehend aus Willenserklärungen. Aufgrund der eingehend erläuterten Wesensverschiedenheit zwischen Willenserklärung und Einwilligung[547], können jedoch auf Letztere keine zivilrechtlichen Grundsätze und Regelungen übertragen und angewendet werden. Liegt eine Einwilligung vor, die auch formlos und nicht zwingend als Beschluss ergehen kann, so scheidet eine Strafbarkeit des Handelnden aus. Aktienrechtlichen Voraussetzungen kommt hier keine Bedeutung zu.[548]

e. Schranken der Einwilligung

Weiterhin ist zu untersuchen, ob die Einwilligung im Bereich der AG Schranken ausgesetzt ist.

aa. § 241 AktG

§ 241AktG benennt Nichtigkeitsgründe für Beschlüsse der Hauptversammlung. Fraglich ist, ob die Nichtigkeit eines Beschlusses der Hauptversammlung nach § 241 AktG – hier kämen im vorliegenden Zusammenhang wohl v.a. § 241 Nr. 3 und Nr. 4 AktG in Betracht – auch die Wirksamkeit einer erteilten Einwilligung beeinträchtigt, bzw. eine Schranke für diese darstellt. Aber auch hier ist auf die

545 MK AktG/*Kropff*, § 174 Rn. 32.
546 BGH NJW 2006, S. 522 ff. (S. 525).
547 Vgl. hierzu eingehend S. 98 f.
548 So wohl auch *Vogel/Hocke*, JZ 2006, S. 570.

erwähnten essenziellen Unterschiede zwischen der zivilrechtlichen Willenserklärung und der strafrechtlichen Einwilligung zu verweisen: während die Willenserklärungen konstitutiv wirken, setzt die Einwilligung lediglich regulative Normen außer Kraft.[549] Aus dieser Differenzierung folgt, dass selbst wenn der zivilrechtliche Beschluss der Hauptversammlung, der die Einwilligung trägt, aktienrechtlich nichtig wäre, dies in der Folge keineswegs bedeutete, dass davon auch die strafrechtliche Einwilligung betroffen wäre.[550] Die Wirksamkeit der Einwilligung ist somit unabhängig von den zivilrechtlichen Nichtigkeitsgründen nach eigenen strafrechtlichen Maßstäben zu bestimmen.

bb. Sittenwidrigkeit

Wollte man die Existenz der AG gefährdende Eingriffe als sittenwidrig einordnen, so fehlte es, auch dies wurde bereits bei der GmbH eingehend untersucht, an einer tragfähigen Rechtsgrundlage für diese Einordnung und einer damit verbundenen Unwirksamkeit der Einwilligung: § 228 StGB ist nur auf die Körperverletzungsdelikte anzuwenden und § 138 BGB ist auf die Einwilligung nicht anwendbar, da es sich bei dieser nicht um eine Willenserklärung handelt.[551]

cc. § 134 BGB i.V.m. Verbotsvorschriften

Fraglich ist, ob sich eine Unwirksamkeit der Einwilligung aus § 134 BGB in Verbindung mit anderen Normen (aus dem Aktien- und Strafrecht) ergeben kann. Unter Verweis auf die ausführliche Darstellung der Differenzen zwischen der Willenserklärung und der Einwilligung gilt es jedoch festzuhalten, dass § 134 BGB auf Letztere nicht angewendet werden kann.[552]

549 Vgl. zu dieser Differenzierung *Amelungs* ausführlich S. 98 f.
550 *Hellmann*, ZIS 2007, S. 436.
551 Vgl. hierzu näher S. 97 ff.
552 Vgl. hierzu ausführlich S. 97 ff.

dd. Willensmängel

Hinsichtlich des Vorliegens und der Beachtlichkeit von Willensmängeln ist auf die Ausführungen im Bereich der GmbH zu verweisen.[553]

f. Ergebnis

Als Ergebnis kann somit festgehalten werden, dass die Einwilligung des Alleinaktionärs oder der Hauptversammlung die Strafbarkeit des das Vermögen der AG Schmälernden entfallen lässt. Diese Einwilligung ist, abgesehen von der teilweisen Beachtlichkeit von Willensmängeln, keinen Schranken ausgesetzt, auch dann nicht, wenn die Handlung das Grundkapital schmälert oder die Existenz der Gesellschaft gefährdet.

2. Einwilligung der Aktionärsmehrheit

Fraglich ist, wie sich die Situation darstellt, dass die Mehrheit der Aktionäre und nicht deren Gesamtheit in entsprechende Untreuehandlungen einwilligt. Wie auch bei der GmbH steht die erforderliche Dispositionsbefugnis über das Gesellschaftsvermögen zunächst sämtlichen Aktionären gemeinsam zu, die für die handlungsunfähige juristische Person AG den Willen bilden und äußern. Da es sich um einen tiefen Eingriff in die Aktionärsrechte handelt, da ihre Anteile an der Gesellschaft geschmälert werden, könnte auch hier zunächst davon ausgegangen werden, dass die Einwilligung der Aktionärsmehrheit aufgrund mangelnder Dispositionsbefugnis unwirksam wäre und die Strafbarkeit des Handelnden wegen § 266 StGB nicht ausschlösse.[554]

Dennoch sind auch im Rahmen der AG ähnliche Überlegungen anzustellen wie bei der GmbH.[555] Auch bei der AG werden Beschlüsse grundsätzlich durch Mehrheitsentscheidung der Hauptversammlung getroffen (§ 133 Abs. 1 AktG). Dies bedeutet, die AG weist wie die GmbH ein entsprechendes *System* auf, dem sich die einzelnen Aktionäre unterwerfen. Somit erkennen sie an, dass die ihnen

553 Vgl. hierzu näher S. 101 ff.

554 So *Schilha*, Aufsichtsratstätigkeit, S. 296, der ausführt, dass die Untreue das gesamte Vermögen der Gesellschaft, also auch das Vermögen sämtlicher Anteilseigner schütze, und nicht nur den »Großteil« des Grundkapitals.

555 Vgl. zur Einwilligung durch die Gesellschaftermehrheit bei der GmbH S. 107 ff.

zustehende Dispositionsbefugnis durch die Mehrheit der Aktionäre, also die entsprechende Mehrheit in der Hauptversammlung ausgeübt wird. Die Aktionäre *unterwerfen* sich dem Gesellschaftsvertrag und übertragen dadurch ihre Dispositionsbefugnis über das Vermögen der AG auf die jeweilige Aktionärsmehrheit. Folglich muss auch im Bereich der AG für eine wirksame Einwilligung die Zustimmung der Aktionärsmehrheit ausreichen.

Aber auch hier stellt sich in der Folge dann wieder die Frage, ob dieser Dispositionsbefugnis der Aktionärsmehrheit Schranken gesetzt sind. Da nach eingehender Untersuchung auch für den Bereich der AG festgestellt wurde, dass der Dispositionsbefugnis sämtlicher Aktionäre keinerlei Schranken gesetzt sind, die sich aus einem Gesellschaftsinteresse ergäben[556], ist auch für die Einwilligung der Aktionärsmehrheit keine dahingehende Schranke zu bejahen.

Fraglich ist jedoch, ob sich auch hier eine Schranke aus der Treuepflicht der Aktionäre untereinander ergeben kann. Eine solche Treuepflicht der Aktionäre untereinander ist ebenfalls gesellschaftsrechtlich anerkannt.[557] Hier spielt gerade auch die Kontrolle der Einwirkungsmöglichkeiten, die die Mehrheit gegenüber der Minderheit aufgrund ihrer Stimmrechtskraft hat, eine Rolle, denn

> »die Möglichkeit, durch Einflußnahme die gesellschaftsbezogenen Interessen der Mitgesellschafter zu beeinträchtigen, erfordert als Gegengewicht die gesellschaftsrechtliche Pflicht, auf diese Interessen angemessen Rücksicht zu nehmen«[558].

Diese Treuepflicht muss dann auch im Bereich der Einwilligung Berücksichtigung finden, denn die Aktionäre haben sich dem Mehrheitssystem nur unter der Bedingung *unterworfen*, dass sich die entscheidungsrelevante Mehrheit an die in Gesetz und Satzung niedergelegten *Regeln* hält. Somit ist auch der Dispositionsbefugnis der Aktionärsmehrheit insofern eine Schranke gesetzt, als dass sie die Treuepflichten gegenüber den anderen Aktionären berücksichtigen muss. Diese Treuepflichten sind dann wiederum vermögensbezogen, da den Aktionären das Vermögen der AG mittelbar zuzuordnen ist. Eine Verletzung dieser Treuepflicht liegt bei Rechtsmissbrauch oder bei Verstoß gegen gesetzliche Ge- oder Verbote vor, denn Letztere sind Bestandteil der genannten Pflicht.

Auch hier ist darauf hinzuweisen, dass durch diese Einordnung keineswegs die Differenzierung zur Willenserklärung[559] aufgehoben wird. Die Aktionäre haben ihre Dispositionsbefugnis über das AG-Vermögen vielmehr unter den genannten Bedingungen auf die Gesellschaftermehrheit übertragen. Aus diesem

556 Vgl. S. 156 ff.
557 Vgl. nur *Hüffer*, AktG, § 53a Rn. 16 ff.
558 BGH NJW 1999, S. 3197 f. (S. 3197).
559 Vgl. hierzu ausführlich S. 98 f.

Grund sind die Formvorschriften der §§ 112 ff. AktG zu berücksichtigen und nicht weil es sich bei der Einwilligung um eine Willenserklärung handelt. Die Mehrheitsentscheidung ist folglich nur dann wirksam, wenn sich die Mehrheit auch an die vereinbarten *Regeln* hält.

Mithin ist festzuhalten, dass auch die Mehrheit der Aktionäre, wenn sie die vermögensbezogenen Treuepflichten gegenüber den anderen Aktionären berücksichtigt, wirksam in Untreuehandlungen einwilligen kann.

Problematisch erscheint auch hier, wie es sich auswirkt, wenn diese Delegation der Dispositionsbefugnis bzw. die antizipierte Einwilligung durch einen Aktionär widerrufen wird, denn dieser Widerruf kann nicht wirksam vertraglich abbedungen werden.[560] Folglich käme auch hier wieder der Gesellschaftsvertrag, in dem die Delegation vereinbart wurde, als Rechtfertigungsgrund in Betracht. Auf diesen kann sich aber, dies wurde bereits eingehend erläutert[561], nur derjenige berufen, der an dem Vertrag beteiligt ist, also die Aktionäre. Alle anderen, die aufgrund des Grundsatzes der Fremdorganschaft nicht zwingend Gesellschafter, also Aktionär der AG, sein müssen, können sich hierauf jedoch nicht berufen. Vereinzelt kann aber eine Rechtfertigung nach den Regelungen über die berechtigte GoA erfolgen.[562]

3. Einwilligung durch Hauptaktionär

Im Weiteren ist zu untersuchen, wie es sich auf die Strafbarkeit des Handelnden auswirkt, wenn der Hauptaktionär, der die überwiegende Mehrheit der Aktien hält, einer schädigenden Handlung zustimmt. Grundsätzlich gilt hier wohl nichts anderes als bei einer Mehrheitsentscheidung der Hauptversammlung. Da sich jedoch im *Mannesmann*-Urteil des BGH gerade Ausführungen zu der Einwilligung des Hauptaktionärs finden und sich wohl einige Besonderheiten ergeben, ist auf diese Konstellation hier gesondert einzugehen: Der Zahlung von Anerkennungsprämien an Vorstandsmitglieder von *Mannesmann*, welche nach dem BGH als Untreue zu werten war[563], hatte *Vodafone* zugestimmt. Zum Zeitpunkt des Präsidiumsbeschlusses hielt das Unternehmen 9,8 %, zum Zeitpunkt der Prämienauszahlung jedoch 98,66 % der Aktien an der *Mannesmann AG*; es wurde aber erst danach deren Alleinaktionärin. Die Zustimmung des Alleinaktionärs müsse laut

560 Vgl. S. 48 ff.
561 Vgl. S. 50 ff.
562 Vgl. ausführlich S. 53 ff.
563 Zum Sachverhalt und der rechtlichen Würdigung im Einzelnen vgl. S. 171 ff.

BGH aber zum Zeitpunkt der schädigenden Handlung vorliegen, eine nachträgliche Einwilligung sei nicht ausreichend.[564] Aus diesen Ausführungen des BGH lässt sich schließen, dass er die Einwilligung des Hauptaktionärs als nicht ausreichend einordnet.

Dies wird von *Krause* erheblich kritisiert: Zunächst führt er an, es könne hier keinen Unterschied machen, ob die Stellung *Vodafones* als Hauptaktionär erst zum Zeitpunkt der Auszahlung und nicht bereits zum Zeitpunkt der Beschlussfassung vorlag, denn Zeitpunkt der schädigenden Handlung sei derjenige der Auszahlung gewesen, davor existierte nur ein Beschluss, der höchstens vermögensgefährdend wirkte, aber noch nicht zu einem Abfluss des Vermögens geführt hatte.[565] Des Weiteren sei fraglich, ob die Einwilligung eines Aktionärs, der 98,66 % der Aktien halte, beachtlich sei. Aktienrechtlich bestehe für einen Aktionär, der mehr als 95 % des Kapitals einer AG hält, gemäß einem in §§ 327a ff. AktG näher geregelten Verfahren die Möglichkeit, gegen eine Barabfindung der Minderheitsaktionäre die Übertragung sämtlicher Aktien auf sich zu bewirken, man spricht hier von einem sog. *squeeze-out*.[566] Diese Regelung müsse aber wohl auch im Bereich der Einwilligung von Bedeutung sein, denn, wie *Krause* ausführt, bestehe deshalb die Notwendigkeit, dass sämtliche Aktionäre einer entsprechenden Handlung zustimmten, weil die Beteiligung an einer AG Bestandteil des Vermögens jeden Anteilseigners sei und es dieses zu schützen gelte.[567] Strebe der Mehrheitsaktionär jedoch von Anfang an, so wie im *Mannesmann*-Fall, eine Alleinbeteiligung und somit einen *squeeze-out* an, so wandele sich das Interesse der Minderheitsaktionäre an ihrer Beteiligung in ein Abfindungsinteresse. Deshalb werde die Position der Minderheitsaktionäre gelockert und ihrem möglicherweise entgegenstehenden Willen komme bzgl. einer entsprechenden Einwilligung keine Bedeutung zu.[568]

Den Ausführungen des BGH ist insoweit zuzustimmen, als eine Einwilligung stets bereits zum Zeitpunkt des schädigenden Ereignisses, also zum Zeitpunkt der Pflichtverletzung – denn die Einwilligung lässt die Pflichtverletzung und nicht erst den Schaden entfallen – vorliegen muss. Eine nachträgliche Einwilligung ist keineswegs ausreichend. Stellt man, wie *Krause*, darauf ab, dass der Zeitpunkt der schädigenden Handlung derjenige der Auszahlung war, so lag dennoch zuvor ein auf die Auszahlung gerichteter Beschluss vor. Dieser begrün-

564 BGH NJW 2006, S. 522 ff. (S. 525 f.).
565 *Krause*, StV 2006, S. 310.
566 *Krause*, StV 2006, S. 310.
567 *Krause*, StV 2006, S. 311.
568 *Krause*, StV 2006, S. 311.

dete jedoch bereits eine konkrete Gefahr für das Vermögen des Unternehmens. Erkennt man, wie der BGH, die Möglichkeit eines Gefährdungsschadens an, so müsste man hier zunächst den Tatbestand der Untreue als verwirklicht ansehen.

Dennoch ist die Einwilligung des Hauptaktionärs wohl grundsätzlich beachtlich. *Krause* ist zuzustimmen, dass das Instrument des sog. *squeeze-out* auch im Rahmen der Einwilligung Berücksichtigung finden muss. Wenn dem Hauptaktionär aktienrechtlich Mittel an die Hand gegeben sind, die Minderheitsaktionäre auszuschließen, so muss dies auch strafrechtlich von Bedeutung sein. *Krause* stellt auf einen Interessenwechsel der Minderheitsaktionäre ab: vom Beteiligungsinteresse zum Abfindungsinteresse. Da somit bei Möglichkeit eines *squeeze-out* kein Interesse der Minderheitsaktionäre mehr an ihrer Beteiligung bestehe, könne dieses auch nicht der Einwilligung des Hauptaktionärs entgegenstehen.[569] Hier ist auf die Nähe zur mutmaßlichen Einwilligung abzustellen, denn ein Interessenwechsel der Minderheitsaktionäre findet erst statt, wenn der Hauptaktionär die Möglichkeit des *squeeze-out* für sich nutzt, zuvor haben auch die Minderheitsaktionäre ein entsprechendes Beteiligungsinteresse an der AG. Hätten sie jedoch Kenntnis von dem Umstand, dass der Hauptaktionär einen *squeeze-out* anstrebt, so ist davon auszugehen, dass der genannte Interessenwechsel stattfinde. Folglich kann dann bei einer Einwilligung des Hauptaktionärs in eine Untreue hinsichtlich der Minderheitsaktionäre von einer Art mutmaßlicher Einwilligung ausgegangen werden, da, wüssten sie um die Vorgänge, sie statt eines Beteiligungs- ein Abfindungsinteresse hätten. Da es möglich wäre, ihren Willen einzuholen, liegt selbstredend keine mutmaßliche Einwilligung vor; jedoch zeigt die dargestellte Nähe zu diesem Instrument, dass es kein der Einwilligung des Hauptaktionärs widersprechendes Interesse der Minderheitsaktionäre gibt, sodass diesem im Bereich der Einwilligung dann auch keine Bedeutung zukommen kann bzw. darf. Jedoch ist erforderlich, dass dann auch ein entsprechender *squeeze-out* stattfindet, denn ansonsten findet weder der Interessenwechsel statt noch besteht die der mutmaßlichen Einweisung ähnliche Situation.

Legt man diese Möglichkeit zugrunde, so hätte im Fall *Mannesmann* bereits zum Zeitpunkt des Beschlusses eine wirksame Einwilligung des Hauptaktionärs vorgelegen, da kurz danach ein entsprechender *squeeze-out* erfolgte.

Freilich wäre unter Verweisung auf die Ausführungen zur Einwilligung der Aktionärsmehrheit auch möglich, dass der Hauptaktionär aufgrund seiner Mehrheitsbeteiligung und dem damit stets verbundenen *starken* Stimmgewicht[570] in

569 *Krause*, StV 2006, S. 311.

570 Da sich das Stimmrecht nach der Höhe der Kapitalbeteiligung richtet, kommt dem Hauptaktionär proportional zu seinen hohen Anteilen an der AG auch ein *starkes* Stimmrecht

der Hauptversammlung wirksam in eine Untreue einwilligt. Jedoch ergibt sich hier die Besonderheit, dass sich für den Hauptaktionär im Rahmen der Einwilligung aufgrund des genannten Interessenwechsels der Minderheitsaktionäre keine Schranken der Dispositionsbefugnis aus Treuepflichten gegenüber Letzteren ergeben.

Fehlt es an einem sich kurz nach der Einwilligung vollziehenden *squeeze-out*, so kann der Hauptaktionär, da er die Mehrheit in der Hauptversammlung stellt, zwar dennoch wirksam einwilligen, er muss dann jedoch die genannten Treuepflichten gegenüber den Minderheitsaktionären und die formellen Regelungen, die die Satzung für Entscheidungsprozesse vorsieht, berücksichtigen.

Mithin gilt es festzuhalten, dass auch die Zustimmung des Hauptaktionärs für eine wirksame Einwilligung ausreichend sein kann.

4. Einwilligung durch den Aufsichtsrat

Fraglich ist, wie es sich auf die Strafbarkeit des oder der Handelnden auswirkt, wenn der Aufsichtsrat den untreuerelevanten Verhaltensweisen zustimmt. Hier gilt es zu differenzieren: Grundsätzlich ist die Hauptversammlung in diesem Bereich Willensbildungsorgan der AG und ihr steht in der Folge auch allein die Dispositionsbefugnis über das Vermögen der Gesellschaft zu. Willigt der Aufsichtsrat also in untreuerelevante Handlungen ein, so fehlt ihm die Dispositionsbefugnis, sodass eine solche Einwilligung unwirksam ist und keine strafbarkeitsausschließende Wirkung entfaltet. Auf der anderen Seite gilt es zu berücksichtigen, dass der Vorstand bestimmte Handlungen lediglich vornehmen kann, wenn der Aufsichtsrat diesen zustimmt (§ 111 Abs. 4 Satz 2 AktG). Liegt diese Zustimmung vor, so sind die Maßnahmen des Vorstands rechtswirksam. Dennoch ergibt sich bei untreuerelevanten Handlungen des Vorstands ein anderes Ergebnis: Einer Einwilligung durch den Aufsichtsrat fehlt, selbst wenn es sich um grundsätzlich zustimmungsbedürftige Maßnahmen handelt, abermals die Wirksamkeitsvoraussetzung der Dispositionsbefugnis. Bei der Einwilligung in Untreuehandlungen handelt es sich um eine den Grundlagenentscheidungen ähnliche Entscheidung, da sie tief in die Rechte der Aktionäre eingreift. Willensbildungs- und damit Dispositionsorgan ist, unter Verweis auf die bereits näher dar-

bzw. -gewicht zu, sodass er entsprechend seiner Kapitalbeteiligung des von ihm übernommenen Risikos Einfluss auf die Geschicke der Gesellschaft nehmen kann, man nennt dies das sog. Kapitalprinzip für die Stimmkraftbemessung; GK AktG/*Brändel*, § 12 Rn. 4; MK AktG/*Heider*, § 12 Rn. 8.

gestellten Grundsätze der *Holzmüller*-Entscheidung[571], damit die Hauptversammlung. Somit kann festgehalten werden, dass die Einwilligung des Aufsichtsrates in eine den Tatbestand der Untreue erfüllende Handlung unwirksam ist, sodass der Vorstand bzw. jeder andere Handelnde strafbar bleibt. Jedoch sollte das Vorliegen einer unwirksamen Einwilligung bei der Bemessung der Strafe der Handelnden Berücksichtigung finden.

5. Einwilligung des Vorstandes

Auch die Einwilligung des Vorstandes in untreuerelevante Handlungen Untergebener ist mangels Dispositionsbefugnis unwirksam. Es wurde erarbeitet, dass dem Vorstand zwar im Zuge der Geschäftsführung der Gesellschaft auch der Charakter eines Willensbildungsorgans zukommt, aber im Bereich der Einwilligung, eben einer nahezu grundlegenden Entscheidung, liegt diese Kompetenz nach den Grundsätzen des *Holzmüller*-Urteils bei der Hauptversammlung.[572]

6. Einwilligung anderer

Endlich bliebe noch zu untersuchen, wie sich die Einwilligung anderer, also beispielsweise von Prokuristen, Handlungsbevollmächtigten oder leitenden Angestellten in untreuerelevante Handlungen ihrer Untergebenen auswirkt. Wie gesagt steht die Dispositionsbefugnis über das Vermögen der AG allein der Hauptversammlung oder dem Alleinaktionär sowie in bestimmten Fällen dem Hauptaktionär zu. Daraus folgt, dass die Einwilligung anderer als dieser Organe mangels Dispositionsbefugnis unwirksam ist, sodass die Untergebenen strafbar bleiben. Wiederum ist die unwirksame Einwilligung bei der Strafzumessung für die Handelnden zu berücksichtigen.

ccc. Besondere Untreuehandlungen

Neben den bereits genannten Untreuehandlungen gibt es auch im Bereich der AG zahlreiche Verhaltensweisen, die den Tatbestand der Untreue verwirklichen, jedoch nicht schon offensichtlich als strafbar einzuordnen sind. Diese sollen im

571 Vgl. hierzu näher S. 152 ff.
572 Vgl. hierzu eingehend S. 152 ff.

Folgenden dargestellt werden, um dann jeweils zu betrachten, wie sich eine Einwilligung auf deren Tatbestandsmäßigkeit auswirkt.

1. Vermögensleistung außerhalb des Bilanzgewinns

§ 57 AktG schützt die Erhaltung des gesamten Grundkapitals der AG. Werden Vermögensleistungen außerhalb des Bilanzgewinns, über dessen Verwendung gem. §§ 58 Abs. 3 Satz 1, 174 Abs. 2 Satz 1 AktG die Hauptversammlung entscheidet, getätigt – wohl zumeist durch den Vorstand – so liegt eine Pflichtverletzung und somit eine Untreue vor.[573] Stimmt die Hauptversammlung einstimmig oder ihre Mehrheit einer solchen Leistung jedoch zu, willigt diese also ein, so fehlt es bereits an der Pflichtverletzung und der Vorstand macht sich nicht wegen Untreue strafbar.

2. Risikogeschäfte, Schmiergeldzahlungen, Kick-backs und schwarze Kassen

Ebenso wie bei der GmbH, so können auch im Bereich der AG Risikogeschäfte, Schmiergeldzahlungen, Kick-backs und schwarze Kassen für § 266 StGB von Relevanz sein. Zu diesen Fallgruppen gelten hier die gleichen Grundsätze, die bereits für die GmbH herausgearbeitet wurden[574], sodass diese untreuerelevant sein können.

Willigen sämtliche Gesellschafter bzw. der Haupt- oder Alleinaktionär in solche Handlungen ein, so fehlt es auch hier an einer tatbestandsmäßigen Handlung. Bei Einwilligung der Aktionärsmehrheit liegt dann keine Treuepflichtverletzung vor, die die Einwilligung unwirksam machte, wenn die genannten Handlungen zum Wohle der Gesellschaft getätigt werden und die gesetzlichen Ge- und Verbote geachtet werden.

Wie bereits angedeutet, kann es aber gerade im Bereich der vorliegenden Fallgruppe sein, dass die Einwilligung selbst gegen Straf- oder Bußgeldvorschriften verstößt. Ein solcher Verstoß macht die Einwilligung in die Untreue jedoch nicht unwirksam.[575] Vergegenwärtigt man sich nochmals, dass auch ein Verstoß gegen

573 *Brammsen*, wistra 2009, S. 90 f.

574 Vgl. ausführlich S. 116 ff.; zu Risikogeschäften im Bereich der AG vgl. *Otto*, Aktienstrafrecht, Vor § 399 Rn. 9 ff.

575 Vgl. hierzu eingehend S. 132 f.

zivilrechtliche Vorschriften die Einwilligung nicht unwirksam macht, so ist hier der Einordnung des BGH aus dem *Mannesmann*-Urteil zu widersprechen, eine wirksame Einwilligung setze voraus, dass diese nicht gegen Rechtsvorschriften verstoße.[576] Anders ist dies aber bei der Einwilligung der Aktionärsmehrheit zu bewerten: Verstößt die Einwilligung selbst gegen Straf- oder Bußgeldvorschriften, so bedeutet dies einen Verstoß der gegenüber der Minderheit bestehenden Treuepflicht und die Einwilligung ist mangels Dispositionsbefugnis unwirksam, denn die Gesellschafter übertragen ihre Dispositionsbefugnis der jeweiligen Mehrheit lediglich insoweit, als sich diese an die gesetzlichen Regelungen und diejenigen des Gesellschaftsvertrages halten.

3. Sponsoring

Daneben spielt im Rahmen der Aktiengesellschaft vor allem auch das sog. *Sponsoring*[577] eine Rolle. Darunter sind Zuwendungen zu verstehen, die durch Unternehmen, zumeist Kapitalgesellschaften, an sportliche, kirchliche oder kulturelle Einrichtungen zu deren Förderung geleistet werden.[578] Dies kann einerseits zu dem Zweck erfolgen, sich einen guten Namen zu machen[579], anderseits kann dies aber auch aus rein altruistischen Erwägungen geschehen.[580] Solche Zuwendungen sind nicht per se unzulässig und strafbar. Dennoch können sie, unabhängig von einer möglichen Erfüllung des § 299 StGB, eine für die Untreue relevante Handlung sein. Grundsätzlich steht dem Vorstand einer AG gem. § 76 Abs. 1 AktG ein Ermessensspielraum hinsichtlich der Ausübung der Geschäftsführung zu, sodass dies auch für die Vergabe von Fördergeldern gilt. Dieser Ermessensspielraum ist grundsätzlich weit zu bestimmen, da ansonsten unternehmerisches

576 So aber BGH NJW 2006, S. 522 ff. (S. 525).

577 *Höltkemeier* nennt im Grundsatz drei Formen des Sponsorings: Einmal die einfache Spende, die ohne Gegenleistung erfolgt, dann das Mäzenatentum, das ebenfalls nicht mit einer synallagmatischen Gegenleistung verbunden wird und schließlich das klassische Sponsoring, bei dem der Sponsor eine Gegenleistung in dem Sinne erwartet, dass der Gesponserte Werbeleistungen erbringt, z.B. auf das Sponsoring öffentlich hinweist, *Höltkemeier*, Sponsoring, S. 36 f. Zur Zulässigkeit von Spenden an politische Parteien vgl. *Kind*, NZG 2000, S. 567 ff.

578 MK StGB/*Dierlamm*, § 266 Rn. 225; *Satzger*, ZStW 2003, S. 470 f.

579 Der BGH spricht von dem Ziel, sich als *good corporate citizen* darzustellen, BGH NStZ 2002, S. 322 ff. (S. 323); *Kind* nennt es das »soziale Prestige« einer Gesellschaft, *Kind*, NZG 2000, S. 568.

580 Park/*Zieschang*, Kapitalmarktstrafrecht, § 266 Rn. 78.

Handeln nicht möglich ist[581]; begrenzt ist er nur durch den Sorgfaltsmaßstab eines ordentlichen und gewissenhaften Geschäftsleiters (§ 93 Abs. 1 AktG). Der BGH bejahte in diesem Zusammenhang bisher dann den Tatbestand der Untreue, wenn eine *gravierende* Pflichtverletzung gegeben ist.[582] Dazu, wann eine solche zu bejahen ist, hat der BGH detaillierte Regelungen aufgestellt. Ihm zufolge ist ein solches Sponsoring dann eine Pflichtverletzung im Sinne der Untreue, wenn die Leistung keine Nähe zum Gegenstand des Unternehmens aufweist, diese im Hinblick auf die Vermögens- und Ertragslage der Gesellschaft unangemessen ist, wenn es hinsichtlich der Leistung innerhalb der Gesellschaft an Transparenz und Publizität fehlt und die Leistung von sachwidrigen, so z.B. rein persönlichen, Motiven getragen wird.[583] Liegen sämtliche dieser Voraussetzungen vor, so handelt derjenige, der die Zahlung veranlasst, pflichtwidrig i.S.d. § 266 StGB, wenn nicht das Handeln bereits durch seine Befugnisse gedeckt ist. Eine Einwilligung des Haupt- oder Alleinaktionärs bzw. sämtlicher Aktionäre oder deren Mehrheit lässt aber auch hier die Strafbarkeit des Handelnden entfallen. Eine Einwilligung durch Mehrheitsentscheidung ist dann nicht treuwidrig, wenn durch das Sponsoring der Ruf des Unternehmens gestärkt werden soll, denn dann erfolgt dieses noch zum Zwecke der Gesellschaft.

4. Bewilligung von (Anerkennungs-)Prämien (*Mannesmann*-Urteil)

Eine weitere Verhaltensweise, die den Tatbestand der Untreue erfüllen könnte ist die Auszahlung sog. Anerkennungsprämien, auch *appreciation awards* genannt, wie sie im Fall *Mannesmann* erfolgte.[584] Hier wurde den Mitgliedern des Vorstandes für ihre besonderen Verdienste im Rahmen der Übernahme *Mannes-*

581 BGH NJW 1997, S. 1926 ff. (S. 1927); BGH NJW 2006, S. 453 ff. (S. 454 f.); *Henze*, NJW 1998, S. 3310.

582 Vgl. vertiefend zu diesem Kriterium *Lüderssen*, FS Volk, S. 346 ff.

583 BGH NStZ 2002, S. 322 ff. (S. 323 ff.); dennoch kritisiert *Otto*, dass der BGH im Ergebnis das Merkmal »gravierend« inhaltlich nicht ausfüllt, geschweige denn genau bestimmt, wann eine Verletzung erheblich und wann unerheblich sei. Aufgrund dessen führt *Otto* aus, es gehe hier wohl darum, unternehmerische Entscheidungen dann als pflichtwidrig einzuordnen, wenn sie »evident sachwidrig« sind, sodass sie »nach einheitlichem Konsens der einschlägigen Fachleute als unvertretbar, d.h. als schlicht willkürlich erscheinen«, *Otto*, FS Kohlmann, S. 201 ff.
Hinsichtlich der Angemessenheit des Sponsorings konkretisiert *Pelz*, dass die Zuwendungen nicht mehr als 5 % des ausgeschütteten Gewinns nach Steuern betragen dürfen; *Pelz*, LMuR 2009, S. 51.

584 Vgl. vertiefend zur Definition dieses Begriffs *Golaschinski*, Untreue, S. 8 f.

manns durch *Vodafone* eine individuelle, vertraglich nicht vorgesehene Prämie gezahlt, die durch die Mitglieder des Aufsichtsratsausschusses für Vorstandsangelegenheiten (Präsidium) der *Mannesmann AG* beschlossen und veranlasst wurde.[585] Diese Zahlung wertete der BGH als Untreue gem. § 266 StGB, da die Präsidiumsmitglieder ihre Vermögensbetreuungspflicht gegenüber der AG verletzt hätten. Zur Begründung führte der BGH aus, die Prämien seien nicht in den Anstellungsverträgen der Vorstandsmitglieder vorgesehen gewesen, sodass es an einer vertraglichen Grundlage für diese fehlte. Folglich galt es zu untersuchen, inwieweit das Präsidium durch diese Zahlungen seine Kompetenzen wahrte, bzw. inwieweit darin eine Pflichtverletzung gesehen werden konnte. Da es sich hier um eine Angelegenheit zwischen dem Vorstand und der AG handelte, vertrat der Aufsichtsrat, bzw. hier dessen zuständiger Ausschuss, die Gesellschaft gem. § 112 AktG. Im Rahmen dieser Vertretung billigte der BGH dem Ausschuss, da es sich hierbei um Führungs- und Gestaltungsaufgaben handelte, einen weiten Ermessensspielraum zu. Dieser finde seine Rechtfertigung darin, dass unternehmerisches Handeln immer auch Prognoseentscheidungen erfordere, die stets die Gefahr »erst nachträglich erkennbarer Fehlbeurteilungen« enthalte.[586] Deswegen liege solange keine Pflichtverletzung im Sinne der Untreue vor, wie es sich um verantwortungsbewusste am Unternehmenswohl orientierte Entscheidungen handele. Daneben äußerte der BGH, auch wenn es an der genannten vertraglichen Grundlage fehlte, sei die Bewilligung einer solchen nachträglichen Anerkennungsprämie zulässig, »wenn und soweit dem Unternehmen gleichzeitig Vorteile zufließen, die in einem angemessenen Verhältnis zu der mit der freiwilligen Zusatzvergütung verbundenen Minderung des Gesellschaftsvermögens stehen«[587]. Dies wäre dann zu bejahen, wenn diese Zahlungen Signalwirkung für andere Führungskräfte in dem Sinne hätten, dass diese sich angespornt fühlten und somit der AG aufgrund dadurch erfolgender guter Leistungen der Kräfte ein Vorteil entstünde. Im vorliegenden Fall verneinte der BGH jedoch einen solchen Nutzen, da den Boni ausschließlich belohnender Charakter zugekommen sei, der für die Gesellschaft keinerlei Nutzen gebracht hätte. In einem solchen Fall sei die genannte Zahlung als »treupflichtwidrige Verschwendung des anvertrauten Gesellschaftsvermögens zu bewerten«[588]. Daneben sei das Unternehmensinteresse bei solchen Entscheidungen als verbindliche Leitlinie anerkannt, sodass bei Handlungen, die nicht in dessen Sinne erfolgten, eine für § 266 StGB relevante

585 BGH NJW 2006, S. 522 ff. (S. 522); *Zech*, Untreue, S. 21 ff.
586 BGH NJW 2006, S. 522 ff. (S. 523).
587 BGH NJW 2006, S. 522 ff. (S. 524).
588 BGH NJW 2006, S. 522 ff. (S. 524).

Pflichtverletzung anzunehmen sei.[589] Auch den Einwand, der Dienstvertrag der belohnten Vorstandsmitglieder sei nachträglich einvernehmlich geändert worden, ließ der Bundesgerichtshof nicht gelten, da gerade in dieser Änderung des Vertrages die Verletzung der Vermögensbetreuungspflicht zu sehen sei.[590] Das Argument, eine besonders erfolgreiche Tätigkeit sei im Nachhinein besser zu beurteilen als bei Abschluss des Dienstvertrags, entkräftete der BGH mit den Hinweisen, dass es einerseits bereits bei Abschluss eines solchen Anstellungsvertrags vielfältige Gestaltungsmöglichkeiten gebe, um eine erfolgsabhängige Vergütung sicherzustellen und anderseits könne nicht der Erfolg einer geschuldeten Tätigkeit eine Veränderung des Verhältnisses zwischen Leistung und Gegenleistung rechtfertigen.[591] Endlich begegnete der BGH dem Vorbringen der Verteidigung, eine solche kompensationslose Anerkennungsprämie sei aufgrund der neueren Gesetzgebung legitimiert, mit dem bloßen Hinweis, weder dem Gesetz zur Kontrolle und Transparenz im Unternehmensbereich noch dem Wertpapiererwerbs- und Übernahmegesetz oder dem Gesetz zur Unternehmensintegrität und Modernisierung des Anfechtungsrechts sei eine solche rechtliche Grundlage zu entnehmen.[592] Der BGH bejahte im Ergebnis also eine Pflichtverletzung im Sinne der Untreue, ließ in diesem Zusammenhang jedoch offen, ob die Missbrauchs- oder die Treubruchsalternative einschlägig sei.[593]

Dieses Urteil wurde in der strafrechtlichen wie gesellschaftsrechtlichen Literatur teils erheblich kritisiert. *Braum* führt aus, dass im vorliegenden Fall nur dann eine Untreue gesehen werden könne, wenn sich das Verhalten der Angeklagten einerseits als aktienrechtswidrig darstelle und anderseits eine weitere Voraussetzung erfüllt wäre, um dies strafrechtlich zu ahnden, nämlich dasjenige der gravierenden Pflichtverletzung.[594] Selbst wenn die genannte Aktienrechtswidrigkeit zu bejahen sei, bedeute dies nicht automatisch, dass das Verhalten auch strafrechtlich relevant sei, da nicht alles, was zivilrechtlich bedenklich sei, auch stets eine Strafbarkeit nach sich ziehen könne.[595] Im Zuge seiner Untersuchung kommt *Braum* jedoch zu dem Ergebnis, dass es bereits an einem aktienrechtswidrigen Verhalten fehle: Auf die formale Wirksamkeit der Präsidiumsbeschlüs-

589 So schon BGH NJW 1997, S. 1926 ff. (S. 1928); BGH NStZ 2002, S. 322 ff. (S. 323).
590 BGH NJW 2006, S. 522 ff. (S. 524).
591 BGH NJW 2006, S. 522 ff. (S. 524).
592 BGH NJW 2006, S. 522 ff. (S. 525).
593 BGH NJW 2006, S. 522 ff. (S. 525).
594 So grundlegend BGH NJW 2002, S. 1585 ff. (S. 1587).
595 *Braum*, KritV 2004, S. 73; *Lutter* kritisiert in anderem Zusammenhang, dass teils sogar zivilrechtlich korrektes Verhalten als strafbar gewertet werde, *Lutter*, NZG 2010, S. 601 ff.

se geht er nicht weiter ein, da sich selbst aus der Verletzung formaler Vorschriften keine Aktienrechtswidrigkeit, schon gar keine Pflichtverletzung i.S.d. § 266 StGB[596], ergäbe. Sodann verneint *Braum* aber auch eine Rechtswidrigkeit in inhaltlicher bzw. materieller Hinsicht. Die Anstellungsverträge hätten, anders als vom BGH ausgeführt, gem. § 311 Abs. 1, 2. Alt. BGB geändert werden können. Dies sei zivilrechtlich keineswegs zu beanstanden.[597] Daneben kritisiert er auch die Annahme, die Zahlungen seien nicht im Unternehmensinteresse erfolgt, als sachwidrig. Bei der Bestimmung des Unternehmensinteresses spielten verschiedenste Kriterien hinein, so der Bestand und die dauerhafte Rentabilität des Unternehmens, aber auch Interessen der Aktionäre, der Arbeitnehmer und der Öffentlichkeit im Allgemeinen. All diese Kriterien müssten Vorstand und Aufsichtsrat bei ihren Entscheidungen gegeneinander abwägen.[598] Bei dieser Abwägung komme es jedoch wohl eher darauf an, dass diese stattfinde und nicht, welches Ergebnis sie liefere, bzw. wie die Interessen im Einzelnen gewichtet würden.[599] Im vorliegenden Fall sei eine solche Abwägung aber vorgenommen worden. Da diese den genannten Kriterien nicht offensichtlich zuwiderlief und ferner keine Ermessensfehler zu erkennen seien, widersprach die Entscheidung, die Zahlungen zu leisten, nicht dem Unternehmensinteresse.[600] Endlich prüft *Braum* noch die Angemessenheit der Zahlung, da sich diesbezüglich aus §§ 93 Abs. 1, 116 Satz 1 AktG ergebe, dass Vorstand und Aufsichtsrat die Sorgfalt eines ordentlichen und gewissenhaften Kaufmanns anzuwenden hätten und zudem die Bezüge des Vorstands gem. § 87 Abs. 1 AktG in einem angemessenen Verhältnis zu den Aufgaben des Vorstandsmitglieds und zur Lage der Gesellschaft stehen müssten. Aber auch hier steht ihnen, dies wurde bereits herausgearbeitet, ein weiter Handlungsspielraum zu. Folglich gelte es zu prüfen, ob die Leistung des Vorstands und die Lage der Gesellschaft gänzlich verkannt wurden. *Braum* führt danach ein Rechenbeispiel durch, in dem er die Boni mit dem Bilanzgewinn *Mannesmanns* für das Jahr 2000 bzw. mit dem Gesamtwert des Übernahmegeschäfts in Verhältnis setzt, dabei kommt er zu Verhältnissen von 0,52 % bzw.

596 So auch *Zech*, Untreue, S. 212, die ausführt, der BGH gehe deswegen in seinem Urteil zu Recht nicht auf die formellen Voraussetzungen ein; vgl. zur Bedeutung formeller Pflichtverletzungen im Bereich der Untreue *Brammsen*, wistra 2009, S. 89 f.

597 Hierzu ergänzt *Fleischer*, dass es rechtsdogmatisch keineswegs unzulässig sei, wenn der Aufsichtsrat seine gem. § 87 Abs. 1 AktG erfolgte Ermessensentscheidung hinsichtlich Vergütungen überprüfe und bestimmten Vorstandsmitgliedern für außerordentliche Leistungen Anerkennungsprämien gewähre; ein »Ermessensverbrauch« trete hier gerade nicht ein, *Fleischer*, DB 2006, S. 543.

598 *Hopt*, ZGR 1993, S. 536 ff.

599 KK AktG/*Mertens*, § 76 Rn. 9 ff.

600 *Hüffer*, BB 2003, S. 20 ff.

0,0017 %, die keineswegs als unverhältnismäßig bzw. unangemessen gewertet werden könnten.[601] Selbst wenn man jedoch die genannten Prüfungskriterien im vorliegenden Fall bejahen wollte, so fehlte es dennoch letztendlich an der Schwere bzw. der strafrechtlichen Relevanz der Pflichtverletzung. Die Handlung müsse eindeutig unvertretbar bzw. grob sachwidrig sein, damit eine gravierende Pflichtverletzung bejaht werden könne.[602] Daran aber fehle es, da die Entscheidung der Zahlungen uneigennützig, transparent und nach reichlicher Überlegung erfolgte.[603] Mangels Aktienrechtswidrigkeit und Relevanz der Pflichtverletzung sei der Tatbestand der Untreue entgegen den Ausführungen des BGH nicht erfüllt.

Weitere Kritik an dem Urteil führt *Zech* ins Feld, die vor allem das vom Bundesgerichtshof benannte Kriterium der Anreizwirkung der Boni als unklar einstuft, da solche Effekte keineswegs empirisch zu belegen seien. Dieses Kriterium werde überbetont und sei weder überprüfbar noch klar bestimmt.[604] Daneben äußert *Deiters*, dass der BGH hier auf das fehlende Rentabilitätsinteresse der Gesellschaft abstelle, im Bereich von Spenden ein solches aber zumeist bejaht; dies erscheine widersprüchlich.[605] Zudem sei das vom BGH angeführte Unternehmensinteresse, welches es zu berücksichtigen gelte, insofern für den vorliegenden Fall irrelevant, als § 87 Abs. 1 AktG hinsichtlich Vergütungen eine ab-

601 Auch *Schilha* verneint bereits die Unangemessenheit der Zahlungen. Diese Angemessenheit i.S.d. § 87 Abs. 1 AktG sei aber das einzige Kriterium, nach dem die Zahlungen zu bewerten wären. Eine Anreizwirkung, wie sie der BGH für erforderlich hält, sei gerade nicht erforderlich, *Schilha*, Aufsichtsratstätigkeit, S. 297 ff.

602 So auch *Tiedemann*, FS Tröndle, S. 328. Dieses einschränkende Kriterium hatte der 1. Strafsenat des BGH in zwei Entscheidungen aufgestellt, einmal in einem Fall der Bankuntreue, BGHSt 47, S. 148 ff., und einmal in einem solchen des Sponsorings (*SSV Reutlingen*), BGH NJW 2002, S. 1585 ff. Im *Mannesmann*-Urteil äußert sich der 3. Strafsenat des BGH jedoch dahingehend, diese Urteile seien missverstanden worden, weil sie einerseits nicht verallgemeinerungsfähig seien und sich zudem das Merkmal »gravierend« keineswegs auf das Tatbestandsmerkmal der Verletzung der Vermögensbetreuungspflicht beziehe. Wollte man diese Einschränkung dennoch anerkennen, so sei vorliegend kein den genannten Urteilen vergleichbarer Fall zu erkennen, sodass diese hier nicht zur Anwendung gelange, BGH NJW 2006, S. 522 ff. (S. 526). Jüngst bemühte der BGH dieses Kriterium aber wieder, BGH NJW 2010, S. 3458 ff. (S. 3460) und auch das BVerfG sah hierin ein adäquates Mittel, um eine restriktive Anwendung des Untreuetatbestandes sicherzustellen, BVerfG NJW 2010, S. 3209 ff. (S. 3215). Eingehend zum Kriterium der *gravierenden Pflichtverletzung* vgl. *Krause*, StV 2006, S. 308 und *Schünemann*, NStZ 2005, S. 473 ff.

603 *Braum*, KritV 2004, S. 74 ff.

604 *Zech*, Untreue, S. 214 f.

605 *Deiters*, ZIS 2006, S. 160.

schließende Regelung enthalte, die ausschließlich auf die Angemessenheit derselben abstelle.[606]

Auch der Annahme des BGH, die genannten Sonderzahlungen seien nur zulässig, wenn sie bestimmte Anreizziele setzten oder im Unternehmensinteresse erfolgten, wird widersprochen. Es sei in der Praxis üblich, für besondere Leistungen besondere Vergütungen zu zahlen und zwar auch in Form einer Einmalzahlung, die keine Erwartung für eine Fortsetzung der Zahlungen in der Zukunft wecke. Gerade der deutsche Corporate Governance Kodex sehe solche Einmalzahlungen vor.[607] Diese Praxis sei vor der *Mannesmann*-Entscheidung nie kritisiert worden.[608]

Hohn argumentiert diesbezüglich dahingehend, dass hier zu prüfen sei, ob der Nutzen für das Unternehmen darin zu sehen sei, dass die Vorstandsmitglieder durch die Prämienzahlung dazu bewegt würden, bis zur Eingliederung *Mannesmanns* in *Vodafone* reibungslos weiterzuarbeiten. Damit dies als Nutzen für das Unternehmen zu werten sei, müsse sich die Situation aber auch so darstellen, dass tatsächlich die Gefahr bestehe, dass die Vorstandsmitglieder ihre Aufgaben nicht ordnungsgemäß wahrnehmen. Da dies hier aber nicht der Fall war, hatten die Prämienzahlungen ihm zufolge auch keinen Nutzen für das Unternehmen.[609] *Golaschinski* hingegen führt aus, Zahlungen an Arbeitnehmer seien selbst dann zulässig, wenn ihnen weder Nutzen noch Anreizwirkung zukämen.[610]

Ein letzter Kritikpunkt am Urteil des BGH, jedoch auch an demjenigen der Vorinstanz, dem LG Düsseldorf, ist derjenige, dass die Annahme einer Pflichtverletzung im Rahmen des § 266 StGB zu einer Verletzung des aus Art. 103 Abs. 2 GG abgeleiteten Bestimmtheitsgebots und der Vorhersehbarkeit strafgerichtlicher Entscheidungen führe.[611] Die Urteile der Gerichte hätten zur Folge, dass sich die zivilrechtlich unklare Rechtslage zulasten der Angeklagten auswirke.[612] Strafgerichte dürften zwar gem. § 262 StPO zivilrechtliche Beurteilungen vornehmen, aber nicht in einer umstrittenen Problematik ihre Auffassung als maßgeblich erachten.[613] Es könne nicht sein, dass eine solche Entscheidung eine

606 *Brauer*, NZG 2004, S. 508; *Dreher*, AG 2002, S. 216; *Dreher*, AG 2006, S. 218; *Zech*, Untreue, S. 152 ff., S. 213. *Fonk* sieht in § 87 Abs. 1 AktG eine auf Vergütungsentscheidungen bezogene Konkretisierung des Unternehmensinteresses, *Fonk*, NZG 2005, S. 252.

607 Deutscher Corporate Governance Kodex Ziff. 4.2.3.

608 *Fonk*, NZG 2005, S. 250.

609 *Hohn*, wistra 2006, S. 163.

610 *Golaschinski*, Untreue, S. 41.

611 *Zech*, Untreue, S. 216.

612 *Dreher*, AG 2006, S. 218.

613 So aber *Rönnau*, NStZ 2006, S. 220.

Pönalisierung mit sich bringe, wenn es zivilrechtlich völlig unklar sei, ob ein bestimmtes Verhalten rechtswidrig ist oder nicht.[614]

Den Ausführungen des BGH kann aus unterschiedlichen Gründen nicht gänzlich gefolgt werden. Das Verhältnis des Aktien- zum Strafrecht spielt hier eine entscheidende Rolle: Wie bereits vorgetragen, kann nicht strafbar sein, was aktienrechtlich erlaubt ist. Daneben muss aber selbst nicht alles strafbar sein, was aktienrechtlich unzulässig ist[615], denn »das Strafrecht verhält sich gegenüber dem Wirtschaftsrecht limitiert akzessorisch. Es kann nicht bei Strafe verbieten, was das Wirtschaftsrecht erlaubt«[616]. Im vorliegenden Fall fehlt es bereits an der Aktienrechtswidrigkeit, sodass es auf das Kriterium der *gravierenden Pflichtwidrigkeit* gar nicht ankommt und somit hierauf nicht weiter einzugehen ist.[617] Es wird argumentiert, die Zahlungen fänden ihre rechtliche Grundlage im Anstellungsvertrag selbst, weil dieser nach § 311 Abs. 1 Alt. 2 BGB auch nachträglich geändert werden könne. Dies ist zweifelsohne richtig, dennoch ist in diesem Punkt dem BGH zuzustimmen, denn er stellt nicht infrage, dass die genannte rechtliche Grundlage einschlägig ist, sondern sieht die Pflichtverletzung gerade in der Anpassung des Vertrags. Im Prinzip verlagert sich das Problem nur, stellt man auf § 311 Abs. 1 Alt. 2 BGB ab, denn dann stellt nicht die Zahlung ohne rechtliche Grundlage die Pflichtverletzung dar, sondern die Vertragsänderung, sodass dies als Eingehungsuntreue zu werten wäre.

Dennoch äußert auch der BGH, dass solche Prämienzahlungen grundsätzlich legitim sind, wenn sie im Unternehmensinteresse erfolgen und dieses nicht schädigen. Dazu stellt der BGH auf eine Anreizwirkung ab, die von der Zahlung für andere Arbeitnehmer ausgehen müsse, sodass dies für das Unternehmen nützlich wäre. Diese Nützlichkeit soll hier aber gefehlt haben.

Folglich gilt es zu klären, ob eine solche Vertragsänderung mit Aktienrecht in Einklang steht, bzw. ob sie den vom BGH aufgestellten Anforderungen genügt. Eine solche Änderung nimmt der Aufsichtsrat vor, der gem. § 112 AktG die AG gegenüber dem Vorstand, um dessen Vertrag es vorliegend geht, vertritt. Im Rahmen dieser Vertretungsbefugnisse hat, auch dies wurde bereits ausgeführt,

614 *Krause*, StV 2006, S. 309; *Poseck*, Strafrechtliche Haftung, S. 23 f. *Zech*, Untreue, S. 216 ff.; a.A.: *Kubiciel*, NStZ 2005, S. 357 f.; *Rönnau*, NStZ 2006, S. 220; wohl auch *Schünemann*, NStZ 2005, S. 476.

615 So auch *Brammsen*, wistra 2009, S. 87 und *Seibt/Schwarz*, AG 2010, S. 304.

616 *Günther*, FS Weber, S. 314.

617 Ob es des Kriteriums der gravierenden Pflichtverletzung bedarf untersucht eingehend *Rixe*, Anerkennungsprämien, S. 154 ff.; die Erforderlichkeit der gravierenden bzw. wie sie es nennen »groben« Pflichtverletzung i.R.d. § 266 StGB bejahen *Seibt/Schwarz*, die dies anhand einer aktienrechtsspezifischen Akzessorietät herausarbeiten, *Seibt/Schwarz*, AG 2010, S. 312 ff.

der Aufsichtsrat gewisse Maßstäbe zu wahren, namentlich denjenigen der Sorgfalt eines ordentlichen und gewissenhaften Geschäftsleiters (§§ 93 Abs. 1, 116 Satz 1 AktG). Diesem Erfordernis hat der Aufsichtsrat, bzw. sein Ausschuss, vorliegend jedoch Genüge getan. Unter Berufung auf den ihm zustehenden diesbezüglichen Ermessensspielraum, hat er eine Entscheidung getroffen, die nach differenzierter Abwägung und Überlegung erfolgte. Ermessensfehler sind gerade nicht erkennbar. Auch das Angemessenheitserfordernis von Vergütungen wurde, berücksichtigt man das Rechenbeispiel *Braums*, gewahrt. Somit lag schon am Aktienrecht gemessen keine Rechtswidrigkeit der Zahlungen vor, sodass schwerlich von einer strafbaren Handlung ausgegangen werden kann. Es ist richtig, dass unternehmerisches Handeln nicht völlig unkontrolliert bleiben darf, aber es gilt den entsprechenden Besonderheiten Rechnung zu tragen. Wichtig ist, dass solche Entscheidungen unter Berücksichtigung der Unternehmenssituation und anhand nachvollziehbarer Kriterien und nicht willkürlich erfolgen. Dies ist im *Mannesmann*-Fall jedoch geschehen, sodass keineswegs von einer Verletzung des Unternehmensinteresses gesprochen werden kann.

Der BGH fordert daneben eine gewisse Nützlichkeit bzw. Rentabilität der Zahlungen. Folglich wäre dem BGH zufolge eine Zahlung, die eine solche Nützlichkeit nicht aufweist, als Pflichtverletzung i.S.d. Untreue zu bewerten. Dem ist zu widersprechen, denn durch diese Einordnung würde der genannte Ermessensspielraum praktisch leerlaufen: Die Unternehmer nehmen Zahlungen vor, mit welchen sie stets gewisse Zwecke verfolgen, zumeist eben gerade solche, die für das eigene Unternehmen günstig sind. Ob dann jedoch die positiven Folgen für das Unternehmen tatsächlich eintreten, steht in der Vielzahl der Fälle nicht in ihrer Macht. Entscheidend für die Frage der Pflichtverletzung kann also keineswegs sein, ob die Zahlungen einen Vorteil für das Unternehmen erwirkt haben, sondern ob der Zahlende davon ausgehen durfte, vorteilhaft für das Unternehmen zu handeln. Allein gute Absicht ist jedoch nicht ausreichend. Es ist vielmehr erforderlich, dass mit einer gewissen Wahrscheinlichkeit vom Eintritt der positiven Folgen ausgegangen werden kann. Eine Zahlung, die mit einer für das Unternehmen positiven Intention getätigt wird, während der Eintritt der positiven Folgen sehr unwahrscheinlich ist, muss dennoch als Pflichtverletzung i.S.d. § 266 StGB bewertet werden. Diese Einordnung ergibt sich aus § 93 Abs. 1 i.V.m. § 116 Satz 1 AktG, der eine Pflichtverletzung nur dann verneint, wenn das Aufsichtsratsmitglied bei einer unternehmerischen Entscheidung *vernünftigerweise* annehmen durfte, auf der Grundlage angemessener Information zum Wohle der Gesellschaft zu handeln. Dies bedeutet aus objektiver Ex-ante-Sicht muss die

Zahlung auch tatsächlich geeignet sein, entsprechende positive Folgen für das Unternehmen zu erzielen.[618]

Unter Zugrundelegung dieses Maßstabs stellt sich die Sachlage im vorliegenden Fall aber wie folgt dar: Die Angeklagten nahmen die Zahlungen zwar primär zur Belohnung für außerordentlichen Einsatz der Vorstandsmitglieder vor, dennoch liegt in ihnen bereits naturgemäß schon eine Anreizwirkung, bis zum Abschluss der Übernahme *Mannesmanns* durch *Vodafone*, diesen Einsatz weiterzuführen. Der Einwand, es habe nicht die Gefahr bestanden, dass die Belohnten ihren Arbeitseinsatz reduzierten, greift hier zu kurz. Es entspricht gängiger Praxis, dass Bonuszahlungen in Arbeitsverhältnissen für besonders verdienstvolle Arbeitnehmer nicht nur belohnender Charakter zukommt, sondern immer auch ein *Ansporn* sein soll, sich so weiter zu engagieren wie bisher, ohne dass auch nur der begründete Verdacht besteht, dies könne sich alsbald ändern. Die Motivation der Mitarbeiter hat immer nützlichen Charakter für den Geschäftsherrn. Folglich erscheint es mehr als fragwürdig, den in Rede stehenden Zahlungen den nützlichen Charakter abzusprechen. Dass die Zahlungen *ausschließlich* aus nützlichen Erwägungen erbracht werden müssen, hat der BGH gerade – zu Recht – nicht gefordert.

Neben der positiven Intention der Aufsichtsratsmitglieder mussten die Zahlungen aus objektiver Ex-ante-Sicht aber auch geeignet sein, positive Folgen für das Unternehmen zu erzielen, d.h. es muss mit einer gewissen Wahrscheinlichkeit vom Eintritt der positiven Folgen ausgegangen werden dürfen. Da die Übernahme *Mannesmanns* durch *Vodafone* noch nicht abgeschlossen war, sondern vielmehr noch von der auch weiterhin guten Arbeit der belohnten Vorstandsmitglieder abhing, bestand eine gewisse Wahrscheinlichkeit, dass die Zahlungen dem Unternehmen letztlich zugutekommen würden. Wie gesagt, die weitere Motivation der Mitarbeiter hat für den Geschäftsherrn stets positive und nützliche Konsequenzen. Die Präsidiumsmitglieder durften folglich vernünftigerweise davon ausgehen, sie handelten zum Wohle der Gesellschaft.

Somit fehlte es im vorliegenden Fall bereits an einer Verletzung des Ermessensspielraums und somit an einer Pflichtverletzung der Präsidiumsmitglieder i.S.d. § 266 StGB.

Abschließend ist noch auf die Frage einzugehen, ob in der Verurteilung wegen Untreue ein Verstoß gegen Art. 103 Abs. 2GG zu sehen ist. Dass, auch unter Berücksichtigung des § 262 StPO, der Strafsenat zivilrechtliche Wertungen vornehmen darf, ist nicht zu bestreiten, aber dass er Verhaltensweisen sanktioniert, die gesellschaftsrechtlich erlaubt sind, bzw. deren Aktienrechtswidrigkeit nicht

618 *Corsten*, wistra 2010, S. 208 f.

abschließend geklärt ist, birgt für die Handelnden eine erhebliche Unsicherheit. Freilich könnte man dahingehend argumentieren, dass Letztere Erkundigungen i.S.v. § 17 StGB einholen müssten, wie ihr Handeln zu bewerten ist. Aber selbst ein Rechtsrat hätte hier wohl insofern nicht weitergeholfen, als dass von Gesellschaftsrechtlern solche Prämien als aktienrechtskonform eingeordnet wurden.[619] Folglich besteht, auch wenn der BGH dies in seinem Urteil anders sieht, für die Handelnden eine erhebliche Unsicherheit, selbst wenn sie Rechtsrat eingeholt hätten. Zumal hätten die Angeklagten, wie der BGH jedoch ausführt, keineswegs wissen müssen, dass eine *willkürliche* Schädigung der Gesellschaft strafbar sein müsse, denn sie nahmen die Zahlungen nicht *willkürlich* vor, sondern um den erheblichen Arbeitseinsatz der Empfänger zu würdigen und um diese weiter zu motivieren.[620] Eine zivilrechtliche Würdigung durch ein Strafgericht i.S.v. § 262 StPO könnte dann, wie in der Literatur vorgebracht, gegen Art. 103 Abs. 2 GG verstoßen, denn es entsteht für den Normadressaten die Unsicherheit, dass er, da die Handlungen aktienrechtlich unterschiedlich bewertet werden, nicht weiß, ob eine bestimmte Verhaltensweise strafbar ist oder nicht. Eine solch unklare Rechtslage darf im Zweifel aber keineswegs zulasten des Angeklagten gehen. Dennoch kann ein solcher Verstoß vorliegend nicht angenommen werden, da die Aussage bzw. Regelung des § 262 StPO eindeutig ist: Strafgerichte dürfen zivilrechtliche Vorfragen klären und sind nur in Ausnahmefällen an die rechtliche Bewertung anderer Gerichte oder Stellen gebunden.[621] § 262 StPO lässt zivilrechtliche Wertungen des Strafrichters selbst dann zu, wenn ein Zivilgericht die Frage zuvor bereits anders entschieden hat. Grund dafür ist, dass aufgrund des im Zivilprozess geltenden Dispositionsgrundsatzes dieser lediglich eine »formelle Wahrheit« zulässt, der Strafrichter aber wegen des Amtsermittlungsgrundsatzes gehalten ist herauszufinden, was wirklich geschehen ist.[622] Auch wenn die Prämissen rechtmäßigen Aufsichtsratsverhaltens eigentlich durch das Aktienrecht und nicht durch das Strafrecht bestimmt werden sollten, durfte der BGH hier die Frage nach der Aktienrechtswidrigkeit gem. § 262 StPO autonom klären.[623]

619 Vgl. nur *Hüffer*, BB 2003, S. 20 ff.

620 Auch *Tiedemann* lässt keinen Schluss von der Höhe der Zuwendungen auf eine mögliche Willkür zu, da Belohnungen für geleistete Dienste, ebenso wie Spenden mal mehr und mal weniger großzügig ausfielen, *Tiedemann*, FS Weber, S. 326.

621 Löwe-Rosenberg/*Gollwitzer*, StPO, § 262 Rn. 1 ff., Rn. 6.; *Meyer-Goßner*, StPO, § 262 Rn. 1 ff.

622 KK StPO/*Engelhard*, § 262 Rn. 3.

623 Vertiefend zur Auslegungskompetenz des Strafrichters vgl. *Rönnau*, ZStW 2007, S. 913 ff.

Dies ändert am Ergebnis aber nichts, denn auch wenn der BGH eine aktienrechtliche Klärung vornehmen durfte, so hat er diese bedauerlicherweise fehlerhaft vorgenommen: die Anerkennungszahlungen verstießen nicht gegen Aktienrecht und stellten mithin auch keine für § 266 StGB relevante Pflichtverletzung dar.

Wie die Zahlungen, insbesondere im Hinblick auf ihre Höhe, und wie *Braum* ausführt auf das offensive Auftreten der Angeklagten in der Öffentlichkeit[624], moralisch zu bewerten sind, darf hier keine Rolle spielen. Rechtlich gesehen verstießen sie nicht gegen das Aktienrecht und waren in der Folge auch nicht gem. § 266 StGB zu bestrafen.

Mithin kann im Ergebnis festgehalten werden, dass, entgegen dem Urteil des BGH, die Gewährung kompensationsloser Anerkennungsprämien hier keine untreuerelevante Handlung darstellte.

Selbst wenn man dies anders bewerten wollte und eine Pflichtverletzung i.S.d. § 266 StGB bejahte, so lag, wie bereits eingehend geprüft, eine wirksame Einwilligung des Hauptaktionärs vor, die die Strafbarkeit der Präsidiumsmitglieder entfallen ließ.[625]

5. Nicht-Einschreiten des Aufsichtsrates gegen schädigende Geschäftsführung

Daneben können die Mitglieder des Aufsichtsrates sich dann wegen Untreue strafbar machen, wenn sie gegen gesellschaftsschädigendes Verhalten des Vorstands nicht einschreiten.[626] Wie auch bei der GmbH, trifft den Aufsichtsrat – dies wurde eingehend erläutert – eine Beschützergarantenpflicht in Bezug auf das Vermögen der AG sowie eine *eingeschränkte* Überwachergarantenpflicht hinsichtlich des Vorstandes. Unterlässt er also das Einschreiten gegen das ge-

624 *Braum*, KritV 2004, S. 77.

625 Vgl. hierzu ausführlich S. 164 ff.

626 Die Begrifflichkeit des geschäftsschädigenden Verhaltens ist wohl, wie auch im Bereich der GmbH, zu weit gefasst und zu unpräzise. Hierunter sollen abermals all diejenigen Handlungen und Verhaltensweisen fallen, durch die sich der Vorstand einer Untreue schuldig macht. Durch die Aufnahme dieser gesonderten Kategorie soll gezeigt werden, dass mit einer Untreuestrafbarkeit des Vorstands stets auch eine solche der Aufsichtsratsmitglieder einhergeht, wenn sie nicht versuchen zu intervenieren, um ihrer Vermögensbetreuungspflicht nachzukommen.

nannte Verhalten, so liegt eine Strafbarkeit wegen Treubruchs vor.[627] Insoweit gelten die gleichen Grundsätze, wie sie bei der GmbH erarbeitet wurden.[628]

Wurde in das schädigende Verhalten jedoch wirksam eingewilligt, so fehlt es nicht nur an einer Strafbarkeit des Handelnden, sondern in der Folge auch an einer Pflichtverletzung des Aufsichtsrates. Dann liegt bereits kein pflichtwidriges gesellschaftsschädigendes Verhalten vor, gegen welches der Aufsichtsrat einzuschreiten hätte.

Daneben kann sich eine Pflichtverletzung des Aufsichtsrates dann ergeben, wenn er es unterlässt, einen Zustimmungsvorbehalt gem. § 111 Abs. 4 Satz 2 AktG anzuordnen, obwohl er dazu aufgrund schädigender Geschäftsführung des Vorstands verpflichtet wäre. Diese grundsätzlich im Ermessen des Aufsichtsrates stehende Entscheidung wird dann zur Pflicht desselben, wenn ein Schutz der Gesellschaft vor der schädigenden Geschäftsführung nicht mehr anders möglich ist.[629]

6. Unterlassen der Erhebung von Schadensersatzklagen gegen den Vorstand durch den Aufsichtsrat

Wie bereits ausgeführt, vertritt der Aufsichtsrat die Gesellschaft gerichtlich und außergerichtlich, wenn es um Angelegenheiten zwischen der AG und dem Vorstand geht (§ 112 AktG). Folglich stellt sich die Frage, ob es den Tatbestand der Untreue verwirklicht, wenn es der Aufsichtsrat unterlässt, gegen den Vorstand Schadensersatzklage zu erheben, wenn dieser die Gesellschaft geschädigt hat. Dies wäre nur dann zu bejahen, wenn den Aufsichtsrat eine Pflicht träfe, diese Forderungen geltend zu machen. Grundsätzlich ist dem Aufsichtsrat aber auch in diesem Bereich ein Ermessensspielraum zu gewähren, denn jede Klage ist mit einem gewissen Prozessrisiko behaftet.[630] Deswegen wird angenommen, der Aufsichtsrat müsse zunächst eine sorgfältige Risikoanalyse vornehmen.[631] Im Rahmen derer ist von Relevanz, dass eine solche Klage nicht nur das Verhältnis zum Beklagten, also den Vorstandsmitgliedern, belastet, sondern je nachdem auch die Reputation des Unternehmens in der Öffentlichkeit Schaden nehmen

627 *Brammsen* äußert insofern, die Strafbarkeit der Aufsichtsratsmitglieder sei derivativ anknüpfend an das pflichtwidrige Verhalten des Vorstands, *Brammsen*, ZIP 2009, S. 1510.

628 Vgl. hierzu S. 139 ff.

629 *Otto*, Aktienstrafrecht, Vor §§ 399 Rn. 25.

630 *Dreher*, ZHR 1994, S. 637 ff.; *Poseck*, Strafrechtliche Haftung, S. 71; *Raiser*, NJW 1996, S. 554

631 BGH NJW 1997, S. 1926 ff. (S. 1928).

kann.[632] Eine Verpflichtung zur Klageerhebung wird folglich nur selten angenommen werden können. Der Aufsichtsrat ist aber als Organwalter verpflichtet, die Interessen der AG wahrzunehmen, sodass er nicht völlig frei in seinen Entscheidungen ist. Somit hat der Aufsichtsrat im Rahmen einer solchen Entscheidung notfalls Rechtsrat einzuholen, der bei einer fundierten Prognoseentscheidung behilflich ist.[633] Im Rahmen der Entscheidung, ob Klage erhoben wird, muss der Aufsichtsrat also das Prozessrisiko, die damit einhergehenden Chancen einer Vollstreckbarkeit des Urteils und die möglichen Nachteile für die Gesellschaft mit dem Nutzen, den eine solche Klage mit sich bringt, also dem Vermögensvorteil bzw. -ausgleich, abwägen. Stellt sich die Situation so dar, dass der AG durchsetzbare Schadensersatzansprüche zustehen, so hat der Aufsichtsrat diese grundsätzlich zu verfolgen. Ausnahmen von dieser Pflicht ergeben sich dann, wenn Gründe des Gesellschaftswohls dagegen sprechen.[634] Insgesamt gilt es somit zu konstatieren, dass das Unterlassen einer Klageerhebung auf Schadensersatz in bestimmten Fällen eine Verletzung der Vermögensbetreuungspflicht darstellt. Besteht folglich einmal eine entsprechende Pflicht des Aufsichtsrates, dann liegt bei Unterlassen der Klageerhebung ein Treubruch i.S.d. § 266 StGB vor, da eine angezeigte Vermögensmehrung bzw. -kompensation unterlassen wird.[635]

Eine Einwilligung des Haupt- oder Alleinaktionärs bzw. der Hauptversammlung lässt aber auch hier die Pflichtverletzung und mithin auch die Strafbarkeit des Aufsichtsrates entfallen.

ddd. Ergebnis

Im Rahmen dieser unterschiedlichen Fallgruppen wurde gesehen, dass eine Einwilligung der Hauptversammlung bzw. des Haupt- oder Alleinaktionärs die Strafbarkeit des Handelnden wegen Untreue entfallen lässt. Freilich gilt es nochmals zu betonen, dass in manchen Konstellationen die Einwilligung der Hauptversammlung wohl eher praxisfern erscheint, so z.B. bei Schmiergeldzahlungen und dem Anlegen schwarzer Kassen. Dennoch erscheint es hier möglich, dass eine Einwilligung des Allein- oder Hauptaktionärs vorliegt. Im Bereich von Ri-

632 *Poseck*, Strafrechtliche Haftung, S. 71; vgl. hierzu auch *Lutter*, ZIP 1995, S. 442.
633 *Poseck*, Strafrechtliche Haftung, S. 73.
634 BGH NJW 1997, S. 1926 ff. (S. 1927 ff.); zustimmend: *Götz*, NJW 1997, S. 3275 ff.
635 *Poseck* hingegen nimmt in einem solchen Fall einen Missbrauch durch Unterlassen an, vgl. *Poseck*, Strafrechtliche Haftung, S. 74 ff.

sikogeschäften oder dem Unterlassen von Schadensersatzklagen durch den Aufsichtsrat aber ist es durchaus denkbar, dass dazu die Hauptversammlung angehört wird und diese dann auch ihre Einwilligung erklären kann.

Endlich gilt es zu sagen, dass wenn die Strafbarkeit des Handelnden, speziell des Vorstandes, wegen einer wirksamen Einwilligung entfällt, so muss in der Folge auch eine eventuelle Strafbarkeit der Aufsichtsratsmitglieder entfallen, die für dessen Überwachung verantwortlich sind.

dd. Sonderfälle

aaa. Vorgründungsgesellschaft

Da die Vorgründungsgesellschaft, sofern eine solche im Zuge der Gründung einer AG besteht, eine Personengesellschaft ist, sollen entsprechende Einwilligungskonstellationen auch im Bereich der Personengesellschaften näher erörtert werden.[636]

bbb. Vor-AG

Die Vor-AG ist wie die Vor-GmbH eine Gesellschaft eigener Art. Das Vermögen ist gesamthänderisch gebunden; es ist den Gesellschaftern direkt und nicht der Vor-AG zugeordnet. Folglich können diese auch in untreuerelevante Verhaltensweisen des Vorstands oder anderer Handelnder schrankenlos wirksam einwilligen. Die erwähnte Ansicht, die aufgrund der Bejahung der Rechtsfähigkeit der GbR, der Gesamthand selbst und nicht ihren Gesellschaftern das Vermögen zuordnet[637], ist hier nicht von praktischer Relevanz; selbst wenn man dem folgen wollte, ist strafrechtlich kein Eigeninteresse der Gesellschaft, das unabhängig von Gesellschafter-, Gläubiger- oder Arbeitnehmerinteressen besteht, anzuerkennen, welches die Wirksamkeit der Einwilligung der Gesellschafter beschränkte.

636 Vgl. S. 251 ff.
637 Vgl. hierzu bereits S. 141 f. und noch ausführlicher S. 256 ff.

ccc. Einmann-AG

Die Besonderheit der Einmann-AG, die sich im Gesetz in § 42 AktG wiederfindet, besteht wie bei der Einpersonen-GmbH darin, dass es nur einen Gesellschafter, hier also einen Alleinaktionär gibt. Er bildet die Hauptversammlung, kann sich zum Vorstand bestellen und in den Aufsichtsrat wählen lassen. Im Prinzip ergeben sich keine großen Unterschiede zum Recht der *normalen* AG[638]; es bestehen große Parallelen zur Einmann-GmbH.[639]

Mithin ist der Alleinaktionär Willensbildungs- und Vertretungsorgan in einer Person. Bezüglich der Einwilligung in die AG schädigende Handlungen gelten jedoch die gleichen Grundsätze, wie bei der *normalen* AG. Formal ist das Vermögen der Gesellschaft und nicht dem Einmannaktionär zugeordnet. Folglich ist aber auch nur er als Aktionär/Hauptversammlung dispositionsbefugt über deren Vermögen. Nimmt er also als Vorstand eine Untreuehandlung vor, so ist er nie wegen Untreue strafbar, da er gleichzeitig Willensbildungsorgan der Gesellschaft ist; er ist Handelnder und Einwilligender. Dieses Ergebnis ist wie bei der GmbH die logische Folge der erfolgten Einordnung, die der Dispositionsbefugnis der Hauptversammlung keine durch ein gesellschaftsrechtliches Eigeninteresse begründete Schranke setzt. Freilich wird der Alleinaktionär in den seltensten Fällen eine natürliche Person, sondern vielmehr eine Gesellschaft sein. Dennoch ergeben sich für die Ausführungen zwischen beiden keine Unterschiede.

Unter Zugrundelegung einer faktischen Betrachtungsweise, wie sie im Bereich der Einpersonen-GmbH befürwortet wurde[640], fehlt es jedoch auch bei der Einpersonen-AG bereits an dem für § 266 StGB erforderlichen Zweipersonenverhältnis. Der Alleinaktionär hält sämtliche Anteile an der AG, sodass ihm mittelbar auch deren Vermögen zugerechnet wird. Zudem bestimmt er nicht nur deren Willen, sondern als Vorstand auch deren Handeln. Faktisch ist auch er Vermögensinhaber und Treupflichtiger in einer Person, sodass er bereits nicht den Tatbestand der Untreue verwirklichen kann.

Auch hier ist mithin eine faktische Betrachtung vorzuziehen, da sie den besagten Besonderheiten der Einpersonen-AG angemessen Rechnung trägt.

638 *Hüffer*, AktG, § 42 Rn. 2.
639 *Bachmann*, NZG 2001, S. 961.
640 Vgl. S. 142 ff.

ddd. Societas Europeae

Endlich ist i.R. der hier zu behandelnden Sonderfälle noch die Societas Europeae (SE) zu nennen, die europäische Aktiengesellschaft. Anders als frühere Vorschläge stellt die SE-Verordnung[641] keine abschließende Regelung bereit, sondern bietet allein einen Rahmen, der durch die bestehenden Regelungen der Mitgliedsstaaten zum Aktienrecht und die Vorschriften, die sie zur Einführung der SE erlassen können (Art. 9 SE-VO), ausgefüllt wird.[642] Die SE-Verordnung bestimmt, dass eine SE durch Verschmelzung bestehender nationaler Aktiengesellschaften entstehen kann, wobei mindestens zwei der beteiligten Gesellschaften ihren Sitz in unterschiedlichen Mitgliedsstaaten haben müssen.[643] Außerdem kann sie durch Gründung einer Holding-SE, einer Tochter-SE oder durch Umwandlung entstehen.[644]

Für den Aufbau bzw. die Struktur einer SE sieht die Verordnung zwei Möglichkeiten vor, und zwar einmal das dualistische und einmal das monistische System.[645]

Das dualistische Modell (Art. 39-42 SE-VO) ist mit dem Aufbau der deutschen AG vergleichbar, denn es setzt sich aus drei Organen zusammen, der Hauptversammlung, dem Leitungs- (Vorstand) und dem Aufsichtsorgan (Aufsichtsrat). Für die vorliegende Untersuchung bedeutet dies, dass sich im Vergleich zur Einwilligung in die Untreue im Bereich der AG keine großen Unterschiede ergeben werden. Sowohl das Leitungs- als auch das Aufsichtsorgan trifft eine Vermögensbetreuungspflicht gegenüber der Gesellschaft. Ersteres führt die Geschäfte der SE in eigener Verantwortung (Art. 39 Abs. 1 SE-VO) und kann diese folglich wirksam verpflichten und über ihr Vermögen verfügen. Das Aufsichtsorgan hat gem. Art. 40 Abs. 1 SE-VO die Geschäftsführung des Leitungsorgans zu überwachen, sodass sich aus dieser Überwachungsaufgabe eine Vermögensbetreuungspflicht ähnlich einer Garantenpflicht ergibt.[646] Die Hauptversammlung ist zumindest bzgl. Grundlagenentscheidungen das Willensbildungs-

641 Verordnung (EG) Nr. 2157/2001 des Rates v. 8.10.2001 über das Statut der Europäischen Gesellschaft (SE), ABl. L 294 v. 10.11.2001, S. 1 ff.

642 *Kübler/Assmann*, Gesellschaftsrecht, S. 578.

643 v. d. Groeben/Schwarze/*Troberg/Tiedje*, EUV und EGV, Art 44 EGV Rn. 64; vgl. vertiefend zu den unterschiedlichen Gestaltungsmöglichkeiten *Oechsler*, NZG 2005, S. 699 ff.

644 *Kübler/Assmann*, Gesellschaftsrecht, S. 578.

645 v. d. Groeben/Schwarze/*Troberg/Tiedje*, EUV und EGV, Art 44 EGV Rn. 66.

646 Vgl. zur Vermögensbetreuungspflicht des Aufsichtsrats einer GmbH S. 80 ff. und zu demjenigen einer AG S. 149 f.

organ der SE (Art. 52 ff. SE-VO)[647], sodass diese wirksam in eine Untreuehandlung einwilligen kann. Hinsichtlich eventueller Schranken der Dispositionsbefugnis ergeben sich keine Unterschiede zur deutschen AG, denn gem. Art. 5 SE-VO sind für das Kapital, dessen Erhaltung und dessen Änderung die Vorschriften des Landes anzuwenden, in dem die SE eingetragen wird. Wäre die SE somit in Deutschland eingetragen, so fänden die Kapitalerhaltungsregeln des AktG (§§ 57 ff. AktG) auch auf die SE Anwendung. Wurden diese Kapitalerhaltungsregeln, bzw. ein angebliches Eigeninteresse der AG aber bereits als Schranke der Dispositionsbefugnis der Aktionäre abgelehnt[648], so kann hier nichts anderes gelten. Es ergeben sich mithin keine Dispositionsschranken der Aktionäre einer SE, die in Deutschland eingetragen ist.

Neben dem soeben vorgestellten dualistischen Aufbau kann für die SE aber wie gesagt auch ein monistischer Aufbau (§§ 43-45 SE-VO) gewählt werden, der der britischen und französischen Tradition folgt.[649] Dann hat die SE nur zwei Organe, und zwar die Hauptversammlung und ein Verwaltungsorgan. Das Verwaltungsorgan setzt sich dann aus Mitgliedern zusammen, die die Geschäftsführung der SE tätigen und solchen Mitgliedern, die Kontrollaufgaben wahrnehmen.[650] Aus diesen Aufgaben ergeben sich dann wiederum für die jeweiligen Mitglieder Vermögensbetreuungspflichten, denn sie nehmen als Mitglieder des Verwaltungsorgans die gleichen Aufgaben wie diejenigen des Leitungs- und Aufsichtsorgans im dualistischen Aufbau wahr. Willensbildungsorgan für Grundlagenentscheidungen ist auch hier die Hauptversammlung, sodass sich an der Zuständigkeit für eine Einwilligung nichts im Vergleich zum dualistischen System ändert. Folglich ergeben sich hier trotz des unterschiedlichen Aufbaus hinsichtlich der Einwilligung in Untreuehandlungen keine Unterschiede zur deutschen AG, bzw. zwischen dualistischem und monistischem System. Auch bei Letzterem sind der Dispositionsbefugnis der Aktionäre keine Grenzen gesetzt.

Unter Verweis auf die Ausführungen im Bereich der AG zur Einwilligung durch die Gesellschaftermehrheit[651], gilt auch für die SE nichts anderes, sodass

647 Hier gilt nichts anderes als für die deutsche AG, denn gem. Art. 52 SE-VO finden auf die Hauptversammlung der SE die gleichen Regelungen Anwendungen, wie auf eine AG des jeweiligen Mitgliedsstaats, in dem die SE ihren Sitz hat. Folglich ist die Hauptversammlung auch im Bereich der SE als Willensbildungsorgan für Grundlagenentscheidungen einzuordnen. Vgl. zur Zuständigkeit der Hauptversammlung bei der AG S. 152 ff.

648 Vgl. hierzu ausführlich S. 156 ff.

649 *Kübler/Assmann*, Gesellschaftsrecht, S. 579.

650 *Kübler/Assmann*, Gesellschaftsrecht, S. 579; *Thoma/Leuering*, NJW 2002, S. 1451.

651 Vgl. hierzu eingehend S. 162 ff.

bei Wahrung der vermögensbezogenen Treuepflicht gegenüber der Aktionärsminderheit und der förmlichen Vorschriften für die Abstimmung und Beschlussfassung, auch die Mehrheit der Hauptversammlung wirksam in eine Untreue einwilligen kann.

ee. Gesamtergebnis zur AG

Insgesamt gilt es als Ergebnis festzuhalten, dass die Einwilligung in die Untreue im Bereich der AG allein der Hauptversammlung bzw. dem Allein- oder Hauptaktionär zusteht und dass diese wiederum keinerlei Schranken, mit Ausnahme derjenigen eventueller Willensmängel, unterworfen ist. Bei Einwilligung der Aktionärsmehrheit gilt es jedoch die vermögensbezogenen Treuepflichten gegenüber der Minderheit zu wahren, die als Schranke der Dispositionsbefugnis einzuordnen sind.

c. Die Kommanditgesellschaft auf Aktien (KGaA)

Die KGaA ist eine Mischform aus einer Kommanditgesellschaft und einer Aktiengesellschaft.[652] Mithin erscheint es sinnvoll, Einwilligungsproblematiken im Rahmen der KGaA erst zu behandeln, wenn auch die entsprechenden Grundzüge im Bereich der Personengesellschaften erörtert wurden.

d. Der rechtsfähige Verein

Weiterhin gilt es im Bereich der Körperschaften zu untersuchen, wie sich die Einwilligung in untreuerelevantes Handeln im Bereich des rechtsfähigen Vereins darstellt.

aa. Aufbau, Struktur und Verfassung des rechtsfähigen Vereins

Der Verein ist ein »auf Dauer angelegter Zusammenschluss von Personen zur Verwirklichung eines gemeinsamen Zwecks mit körperschaftlicher Verfas-

652 *Schmidt*, Gesellschaftsrecht, S. 972.

sung«[653]. Dies bedeutet, er ist juristische Person und Körperschaft.[654] Zu differenzieren ist zwischen rechtsfähigen und nicht rechtsfähigen Vereinen. Im Folgenden soll zunächst nur auf den rechtsfähigen Verein eingegangen werden. Die Behandlung von Einwilligungskonstellationen im Bereich des nicht rechtsfähigen Vereins erfolgt im Bereich der Personengesellschaften.[655] Als juristische Person treffen den rechtsfähigen Verein eigenständige Rechte und Pflichten und er hat stets mindestens zwei Organe, den Vorstand und die Mitgliederversammlung. Im Weiteren gilt es zwischen wirtschaftlichen und nicht wirtschaftlichen Vereinen zu differenzieren. Nur der nicht wirtschaftliche Verein erlangt gem. § 21 BGB seine Rechtsfähigkeit durch Eintragung im Vereinsregister. Der wirtschaftliche Verein hingegen erlangt seine Rechtsfähigkeit in Ermangelung besonderer *reichsgesetzlicher* Vorschriften durch staatliche Verleihung (§ 22 BGB). Ein Verein ist dann als wirtschaftlich einzuordnen, wenn er auf einen wirtschaftlichen Geschäftsbetrieb gerichtet ist.[656] Auf einen wirtschaftlichen Geschäftsbetrieb wiederum ist ein Verein nach mittlerweile wohl h.M. dann ausgerichtet, wenn er Leistungen am Markt anbietet und »dauernd und planmäßig in rechtsgeschäftlich-verbindlicher Weise am Rechtsverkehr mit Dritten« teilnimmt.[657] Wirtschaftliche Vereine, denen die Rechtsfähigkeit nicht verliehen wird, können die Rechtsfähigkeit als Kapitalgesellschaft erwerben.[658] Zu berücksichtigen gilt es im Bereich der nicht wirtschaftlichen Vereine noch das sog. Nebenzweckprivileg; dies bedeutet, dass neben der ideellen Zwecksetzung des Vereins zum Nebenzweck ein Geschäftsbetrieb erfolgt, die ideelle Zwecksetzung überwiegt diesen jedoch.[659]

Durch Eintragung in das Vereinsregister, der konstitutive Wirkung zukommt, erlangt der Verein seine Rechtsfähigkeit. Mit der Eintragung erhält der Verein gem. § 65 BGB den Zusatz eingetragener Verein (e.V.). Vor Eintragung besteht ein sog. Vorverein, auf den die Regelungen des Vereinsrechts anzuwenden sind, sofern sie nicht die Eintragung voraussetzen.[660] Der Vorverein ist nicht rechtsfähiger Verein. Ähnlich wie bei der GmbH und der AG, kann bereits dem Vorverein eine der Vorgründungsgesellschaft ähnliche Gesellschaft bürgerlichen Rechts

653 Palandt/*Ellenberger*, BGB, Einf v. § 21 Rn. 14.
654 *Schmidt*, Gesellschaftsrecht, S. 660.
655 Vgl. S. 251 ff.
656 Palandt/*Ellenberger*, BGB, § 21 Rn. 2; zu dieser Abgrenzung gibt es eine Reihe von Ansätzen, vgl. *Schmidt*, Gesellschaftsrecht, S. 668 ff.
657 BGH NJW 1966, S. 2007.
658 *Schmidt*, Gesellschaftsrecht, S. 671.
659 Palandt/*Ellenberger*, BGB, § 21 Rn. 7.
660 *Schmidt*, Gesellschaftsrecht, S. 682.

(GbR) vorgehen. Dies ist dann der Fall, wenn bereits vor Abschluss der Satzung ein entsprechender Bindungswille der Gründungsmitglieder besteht.[661]

Auf den Idealverein und den wirtschaftlichen Verein finden grundsätzlich die gleichen Vorschriften Anwendung, sodass die Untersuchung der Einwilligung in eine Untreue hier für beide Vereinsformen gemeinsam erfolgen soll.

Wie erwähnt hat der eingetragene Verein stets mindestens zwei Organe, den Vorstand und die Mitgliederversammlung. Der Vorstand, der durch die Mitgliederversammlung bestellt wird (§ 27 Abs. 1 BGB), ist das Geschäftsführungs- und Vertretungsorgan des Vereins.[662] Gem. § 26 Abs. 1 Satz 2 BGB kann er auch aus mehreren Personen bestehen. Der Verweis auf das Auftragsrecht zeigt zudem, dass die Mitgliederversammlung dem Vorstand gegenüber weisungsbefugt ist.

Die Mitgliederversammlung ist als Willensbildungsorgan[663] das *höchste* Vereinsorgan, da die übrigen Vereinsorgane bei ihren Handlungen weisungsgebunden sind.[664] Gem. § 32 Abs. 1 Satz 1 BGB werden die Angelegenheiten des Vereins durch die Mitgliederversammlung durch Beschlussfassung geordnet, soweit sie nicht von dem Vorstand oder einem anderen Vereinsorgan zu besorgen sind. Die Einberufung der Mitgliederversammlung erfolgt durch den Vorstand.[665] § 30 BGB sieht vor, dass die Satzung für besondere Geschäfte die Bestellung besonderer Vertreter bestimmen kann.

Im Rahmen der Mitgliederversammlung steht jedem Mitglied ein Stimmrecht zu, welches Bestandteil der Mitgliedschaft ist.[666] Die Mitgliedschaft ist ein höchstpersönliches und unteilbares Recht. Mit ihr sind Rechte und Pflichten verbunden. Mitgliedschaftspflicht ist vor allem die Beitragsleistung, deren Inhalt gem. § 58 Nr. 2 BGB in der Satzung bestimmt werden soll. Weitere Pflichten können sich aus der Satzung ergeben. Rechte der Mitglieder können Benutzungs- oder sonstige Leistungsrechte, Teilhabe- oder Schutzrechte sein.[667]

Für die Verbindlichkeiten des Vereins haften seine Mitglieder regelmäßig nicht, denn er ist juristische Person.[668]

661 Palandt/*Ellenberger*, BGB, § 21 Rn. 12.

662 Erman/*Westermann*, § 26 Rn. 1; *Schmidt*, Gesellschaftsrecht, S. 688.

663 *Schmidt*, Gesellschaftsrecht, S. 693.

664 *Eisele*, GA 2001, S. 389; *Grunewald*, Gesellschaftsrecht, S. 206.

665 *Schmidt*, Gesellschaftsrecht, S. 693.

666 *Schmidt*, Gesellschaftsrecht, S. 695.

667 *Schmidt*, Gesellschaftsrecht, S. 704 f.

668 *Grunewald*, Gesellschaftsrecht, S. 216; nur unter bestimmten Voraussetzungen kann eine Durchgriffshaftung erfolgen, mit der Folge, dass die Mitglieder persönlich für Verbindlichkeiten des Vereins haften, vgl. hierzu näher *Grunewald*, Gesellschaftsrecht, S. 216 ff.

bb. Vermögensbetreuungspflichtige Personen

Nachdem nun Aufbau und Struktur des rechtsfähigen Vereins dargelegt wurden, gilt es in der Folge näher zu betrachten, wen dem Verein gegenüber eine Vermögensbetreuungspflicht i.S.d. § 266 StGB trifft.

aaa. Vorstand und stellvertretender Vorstand

Wie gesehen ist der Vorstand das Geschäftsführungs- und Vertretungsorgan des rechtsfähigen Vereins, da er diesen gem. § 26 Abs. 2 BGB gerichtlich und außergerichtlich vertritt. Der Vorstand kann den Verein folglich rechtsgeschäftlich vertreten, d.h. er kann ihn verpflichten und über sein Vermögen rechtswirksam verfügen. Aus dieser Stellung des Vorstands lässt sich eine für die Untreue erforderliche Vermögensbetreuungspflicht ableiten[669], da der Pflichtenkreis des Vorstands notwendigerweise auch umfasst, dass er die Vermögensinteressen des Vereins wahrt.[670] Hat der Verein einen stellvertretenden Vorstand, so trifft auch ihn eine entsprechende Vermögensbetreuungspflicht, da er die gleichen Aufgaben wahrnimmt wie der reguläre Vorstand. Da die Vertretungsmacht grundsätzlich unbeschränkt ist, macht sich der Vorstand eines Missbrauchs i.S.d. § 266 StGB schuldig, wenn er die ihm eingeräumten Befugnisse im Außenverhältnis überschreitet. Sein Dürfen im Innenverhältnis wird in erster Linie durch die Vereinssatzung und den Vereinszweck bestimmt.[671] Dennoch ist zu berücksichtigen, dass die Vertretungsmacht gem. § 26 Abs. 2 Satz 2 BGB durch die Satzung auch mit Wirkung gegen Dritte beschränkt werden kann. Überschreitet der Vorstand in einem solchen Fall deren Grenzen, so ist das Rechtsgeschäft nach außen hin unwirksam, sodass ein Treubruch und kein Missbrauch in Betracht kommt.[672] Hier wäre dann abermals zu untersuchen, inwieweit dem Verein dann überhaupt ein Vermögensnachteil erwächst, da das Rechtsgeschäft aufgrund fehlender Alleinvertretungsmacht schwebend unwirksam ist.[673] Die für § 266 StGB erforderliche Pflichtverletzung wäre aber dennoch gegeben.

669 *Lackner/Kühl*, StGB, § 266 Rn. 5a; Schönke/Schröder/*Perron*, StGB, § 266 Rn. 8; ob der Vorstand diese Befugnis aus Gesetz (§ 26 Abs. 2 BGB) oder aus Rechtsgeschäft (da er durch die Mitgliederversammlung bestellt wird, § 27 Abs. 1 BGB) erhält, ist wohl letztlich irrelevant, vgl. *Seier*, JuS 2002, S. 240.

670 BGH NJW 1975, S. 1234 ff. (S. 1234).

671 *Eisele*, GA 2001, S. 386.

672 *Eisele*, GA 2001, S. 386.

673 Vgl. hierzu ausführlich Fn. 204.

Besteht der Vorstand aus mehreren Personen und sind diese nur gemeinschaftlich zur Vertretung des Vereins berufen, so kann nur dann ein Missbrauch vorliegen, wenn dieser gemeinschaftlich handelt, da nur dann das jeweilige Rechtsgeschäft wirksam ist. Handelt eines der Vorstandsmitglieder in einem solchen Fall allein, kommt nur ein Treubruch in Betracht; jedoch wäre, wie soeben erwähnt, auch hier wieder der Vermögensnachteil fraglich.

bbb. Faktischer Vorstand

Anknüpfend an die Überlegungen und Ergebnisse im Bereich der GmbH und AG, kann festgehalten werden, dass auch den faktischen Vorstand eines Vereins, sei es, dass es bei ihm an einer wirksamen Bestellung fehlt, sei es, dass er sich wie ein Vorstand geriert, ohne dazu berechtigt zu sein, eine Vermögensbetreuungspflicht im Sinne der Untreue trifft. In beiden Fällen ergibt sich im Verhältnis zum Verein eine tatsächliche Treuebeziehung.[674]

ccc. Vereinsmitglieder

Unklar erscheint, ob die Mitglieder des Vereins eine Vermögensbetreuungspflicht gegenüber diesem trifft. Die Untersuchungen im Bereich der GmbH und der AG haben gezeigt, dass weder die GmbH-Gesellschafter noch die Aktionäre einer AG eine solche Pflicht trifft.

Die Mitglieder des Vereins bilden in ihrer Gesamtheit die Mitgliederversammlung, also das Willensbildungsorgan des Vereins. Die Geschäftsführung und Vertretung hingegen obliegt dem Vorstand. Somit ist also keineswegs erkennbar, dass die Mitglieder Vermögensinteressen des Vereins wahrnehmen. Die Mitglieder sind mit Vermögensbelangen des Vereins grundsätzlich nicht betraut, sodass sich auch keine entsprechende Treue- und Fürsorgepflicht hinsichtlich des Vermögens begründen lässt. Grundsätzlich ist also eine Vermögensbetreuungspflicht der Vereinsmitglieder dem Verein gegenüber abzulehnen.[675]

Etwas anderes kann sich dann ergeben, wenn das einzelne Vereinsmitglied aufgrund von Beschlüssen der Mitgliederversammlung zu bestimmten Geschäften ermächtigt wird oder die Satzung bestimmte vermögensrelevante Aufgaben

674 Vgl. hierzu näher S. 73 ff.

675 Schönke/Schröder/*Perron*, StGB, § 266 Rn. 26; LK[11]/*Schünemann*, § 266 Rn. 49, Rn. 130.

den Mitgliedern auferlegt.[676] Daneben kann sich eine solche Pflicht i.S.d. § 266 StGB im Einzelfall auch aus aktiven Förderpflichten der Mitglieder oder aus Rechtsgeschäften mit dem Verein ergeben.[677] Hinsichtlich der genannten aktiven Förderpflichten ist den Umständen des Einzelfalls Rechnung zu tragen; es erscheint beispielsweise denkbar, dass die Mitglieder aufgrund des Vereinszweckes von Zeit zu Zeit zu Hilfe und Mitarbeit bei im Verein anfallenden, vermögensrelevanten Arbeiten verpflichtet sein können, ohne dass dies ausdrücklich in der Satzung niedergelegt ist. Insgesamt gilt es folglich festzuhalten, dass vom Grundsatz her die Mitglieder des Vereins keine Vermögensbetreuungspflicht gegenüber dem Verein trifft. In Ausnahmefällen kann sich eine solche jedoch aufgrund weiterer Umstände begründen lassen.

ddd. Besondere Vertreter gem. § 30 BGB

Gem. § 30 BGB kann die Vereinssatzung besondere Vertreter für die Vornahme gewisser Geschäfte vorsehen. Da solche besonderen Vertreter im Rahmen eines begrenzten Geschäftsbereichs den Verein zumeist ebenfalls rechtswirksam verpflichten und über sein Vermögen verfügen können[678], trifft auch sie eine Vermögensbetreuungspflicht i.S.d. Untreue.

cc. Untreuerelevante Handlungen und Einwilligung

Im Weiteren ist nun genauer zu untersuchen, welche Verhaltensweisen im Bereich des rechtsfähigen Vereins als Untreue zu werten sind und wie sich eine Einwilligung auf die mögliche Strafbarkeit des jeweils Handelnden auswirkt.

aaa. Tatbestandliches Handeln

Zunächst ist daran zu denken, dass ein Vorstandsmitglied oder ein besonderer Vertreter des Vereins (§ 30 BGB) die ihm zustehenden Befugnisse missbraucht. In der Geschäftsführung, also im Innenverhältnis, ist der Vorstand vor allem an Zweck und Satzung des Vereins, aber auch an Weisungen der Mitgliederver-

676 *Eisele*, GA 2001, S. 381 f.
677 *Eisele*, GA 2001, S. 382 f.
678 MK BGB/*Reuter*, § 30 Rn. 8, Rn. 10.

sammlung gebunden.[679] Hält er diese *Schranken* im Außenverhältnis nicht ein, so missbraucht er seine Befugnisse. Innerhalb dieser *Grenzen* trifft die Vorstandsmitglieder die Pflicht, die Interessen des Vereins so wirksam wie möglich wahrzunehmen. Hierzu steht ihm ein weiter Beurteilungsspielraum zu, da er alles aus seiner Sicht Erforderliche vornehmen darf. Er handelt hierbei dann pflichtgemäß, wenn er in gutem Glauben, »auf der Grundlage einer durchschnittlich umsichtigen Ermittlung der entscheidungsrelevanten Tatsachen und [...] in einer Weise, die er vernünftigerweise für im Interesse des Vereins liegend halten darf« agiert.[680] Seine Befugnisse können jedoch durch die weisungsbefugte Mitgliederversammlung eingeengt oder erweitert werden.

Zu bedenken ist jedoch, dass die Vertretungsmacht des Vorstands auch gegenüber Dritten beschränkt werden kann. Überschreitet er dann seine Befugnisse, so ist das Rechtsgeschäft auch im Außenverhältnis mangels Vertretungsmacht nicht rechtswirksam, sodass er sich dann eines Treubruchs schuldig macht. Trifft die Vereinsmitglieder ausnahmsweise doch einmal eine Vermögensbetreuungspflicht, was in den beschriebenen Situationen der Fall sein wird, so können diese ihre Befugnisse missbrauchen, bzw. ihre Treuepflicht verletzen. Diese Treuepflichtverletzung kann auch hier in einer unterlassenen Vermögensmehrung liegen, wenn eine solche angezeigt ist.

bbb. Einwilligung

Fraglich ist in der Folge, wie sich eine Einwilligung in diese Untreuehandlungen auswirkt. Hierzu soll wiederum die Einwilligung unterschiedlicher Vereinsorgane untersucht werden.

1. Einwilligung durch einstimmigen Beschluss der Mitgliederversammlung

Zunächst stellt sich die Frage, ob die Mitgliederversammlung des Vereins in eine Untreuehandlung wirksam einwilligen kann.

679 MK BGB/*Reuter*, § 27 Rn. 41.
680 MK BGB/*Reuter*, § 27 Rn. 42; vgl. zudem Hopt/v. Hippel/Walz/*Hopt*, Nonprofit-Organisationen, S. 254, der hier zwischen Sorgfaltspflichten einerseits und Treue- bzw. Loyalitätspflichten anderseits differenziert.

a. Inhaber des geschützten Rechtsguts

Der rechtsfähige Verein ist eine von ihren Mitgliedern unabhängige juristische Person. Somit ist auch er Inhaber des Vermögens, also des von § 266 StGB geschützten Rechtsguts. Da der Verein aber als juristische Person nicht handlungsfähig ist, benötigt er Organe, um rechtswirksam handeln zu können. Folglich kann bzw. muss die Mitgliederversammlung als Willensbildungsorgan des Vereins für diesen einen Willen bilden und erklären. Mithin kann sie, obwohl sie nicht Inhaberin des Rechtsguts ist, auch für den Verein die Einwilligung erklären.

b. Dispositionsbefugnis

Fraglich ist hingegen, ob die Mitgliederversammlung des Vereins auch über dessen Vermögen dispositionsbefugt ist. Da die Versammlung als Willensbildungsorgan des Vereins fungiert und, wie gesagt, der Verein nur durch sie fähig ist, einen Willen zu bilden und kundzutun, steht ihr auch grundsätzlich die Dispositionsbefugnis über dessen Vermögen zu. Auf Grundlage der diesbezüglichen Untersuchungen im Bereich der GmbH und der AG stellt sich jedoch die Frage, ob dieser Dispositionsbefugnis Grenzen gesetzt sind, sodass die Mitgliederversammlung nicht vollkommen frei über das Vereinsvermögen verfügen könnte. Eine Diskussion, ob dem rechtsfähigen Verein, ähnlich wie dies bei der GmbH und der AG vertreten wird, ein von seinen Mitgliedern unabhängiges Eigeninteresse zukommt, wird beim Verein nicht geführt. Es fehlt hier auch an Regelungen, wie Bilanzierungs- und Prüfungspflichten oder Vorschriften hinsichtlich einer Mindestkapitalausstattung, Kapitalaufbringung oder -erhaltung[681], an denen ein solches Eigeninteresse festgemacht werden könnte. Es stellte sich auch die Frage, wie ein solches Eigeninteresse eines Vereins ausgestaltet sein sollte, denn den Zweck des Vereins regelt dessen Satzung, die aber die Mitgliederversammlung ändern kann. Ein Eigeninteresse des Vereins ist also weder hinsichtlich seiner wirtschaftlichen noch seiner ideellen Zwecksetzung bzw. Situation zu erkennen. Auch Gläubigerinteressen, die im Bereich der Untreue jedoch, wie bereits eingehend erörtert, keine Relevanz haben, sind im Bereich des Idealvereins außer im Rahmen der Insolvenzantragspflicht des Vorstands (§ 42 Abs. 2 BGB) und der Liquidation (§§ 47 ff. BGB) nicht gesondert geschützt.[682] Mithin sind

681 *Eisele*, GA 2001, S. 391.
682 *Eisele*, GA 2001, S. 391.

der Dispositionsbefugnis der Mitgliederversammlung keinerlei Grenzen gesetzt, sodass diese über das Vereinsvermögen frei verfügen kann, selbst wenn dadurch die Existenz des Vereins gefährdet würde.

c. Weitere Voraussetzungen für die Einwilligung

Von den weiteren Voraussetzungen, die an eine wirksame Einwilligung zu stellen sind, soll unter abermaligem Verweis auf die eingehende Erörterung zu Beginn der Arbeit, hier ausgegangen werden.[683] Ergänzend ist jedoch darauf hinzuweisen, dass für eine wirksame Einwilligung der Mitgliederversammlung kein förmlicher Beschluss i.S.d. § 32 BGB erforderlich ist, denn die Einwilligung ist, auch dies wurde bereits ausführlich erörtert, nicht als zivilrechtliche Willenserklärung zu qualifizieren.[684]

d. Schranken der Einwilligung

Endlich ist auch im Bereich des Vereins zu untersuchen, ob die Einwilligung der Mitgliederversammlung Schranken ausgesetzt ist.

aa. Satzungsverstoß

Teils wird eine Einwilligung, die selbst gegen die Vereinssatzung verstößt, als unwirksam eingeordnet, denn die Zustimmung, die Auswirkungen auf das Vermögen des Vereins habe, müsse selbst an dessen Satzung gemessen werden.[685] Eine Einwilligung, die gegen die Vereinssatzung verstoße, sei selbst treuwidrig und in der Folge unwirksam. Daneben liege aber auch zivilrechtliche Nichtigkeit eines entsprechenden Beschlusses vor. Eine solche Zustimmung könne die Pflichtverletzung des Handelnden nicht beseitigen.[686]

Dieser Einordnung kann keineswegs gefolgt werden, denn sie zieht abermals zur Bestimmung der Wirksamkeit der Einwilligung zivilrechtliche Kriterien und Bewertungsmaßstäbe heran. Unabhängig davon, dass für eine wirksame Einwil-

683 Vgl. hierzu ausführlich S. 34 ff.
684 Vgl. S. 98 f.
685 OLG Hamm wistra 1999, S. 350 ff. (S. 353).
686 BGH wistra 1994, S. 25 ff. (S. 27); OLG Hamm wistra 1999, S. 350 ff. (S. 353).

ligung der Mitgliederversammlung kein förmlicher Beschluss erforderlich ist, können auch zivilrechtliche Unwirksamkeitsgründe keine Wirkung hinsichtlich der Einwilligung entfalten, denn sie ist keine Willenserklärung. Für die Wirksamkeit einer strafrechtlichen Einwilligung ist es ohne Belang, ob sie gegen die Satzung des Vereins verstößt oder nicht, denn dieser Umstand spielt allein zivilrechtlich eine Rolle. Folglich müssen hier sowohl die Vereinssatzung als auch zivilrechtliche Vorschriften wie § 134 BGB als Wirksamkeitsschranke ausscheiden, weil eine Akzessorietät des Strafrechts hier gerade nicht besteht. Bereits zu Beginn der Ausführungen wurde gesehen, dass die unterschiedliche Qualität von zivilrechtlicher Willenserklärung und strafrechtlicher Einwilligung eine unterschiedliche Behandlung rechtfertigt bzw. sogar erfordert.[687]

Zöge man die Satzung des Vereins hier als Wirksamkeitsschranke heran, so führte dies darüber hinaus zu dem Ergebnis, dass nie in eine Untreuehandlung des Vorstands eingewilligt werden könnte, wenn sich diese auf ein satzungswidriges Verhalten desselben gründet: Grundlage der den Vorstand treffenden Pflichten ist neben dem Gesetz vor allem die Vereinssatzung; überschreitet er seine Befugnisse, so verletzt er in der Folge auch die Satzung des Vereins. Willigt die Mitgliederversammlung nun in diese Handlung ein, so wäre diese Einwilligung nach der genannten Einordnung selbst wiederum wegen Satzungsverstoßes unwirksam. Zudem besteht der Schutzzweck einer Vereinssatzung keineswegs allein im Vermögensschutz, sondern schützt unterschiedliche Interessen der Allgemeinheit, wie z.B. die registerrechtliche Ordnung[688] und Interessen der Vereinsmitglieder, wie etwa die Regelung der Einberufung der Mitgliederversammlung.[689]

Endlich gilt es noch festzuhalten, dass selbst wenn man eine satzungswidrige Einwilligung als sittenwidrig einordnen wollte, es für eine daraus folgende Unwirksamkeit keine tragfähige Rechtsgrundlage gäbe. Weder § 138 BGB noch § 228 StGB helfen hier, wie ausführlich analysiert wurde, weiter.[690]

687 Vgl. diesbezüglich die von *Amelung* angeführte Differenzierung zwischen konstitutiven und regulativen Normen, S. 98 f.

688 BeckOK BGB/*Schwarz*/*Schöpflin*, § 58 Rn. 1.

689 BeckOK BGB/*Schwarz*/*Schöpflin*, § 58 Rn. 7.

690 Vgl. hierzu ausführlich S. 97 ff.

bb. Willensmängel

Schranken für die Wirksamkeit der Einwilligung können sich auch hier aus Willensmängeln ergeben, nämlich bei Täuschung oder Drohung des Handelnden oder bei einem relevanten Irrtum des Einwilligenden.[691]

e. Ergebnis

Mithin gilt es festzuhalten, dass die Einwilligung der Mitgliederversammlung, abgesehen von denjenigen der Willensmängel, keinerlei Schranken ausgesetzt ist. Die Mitgliederversammlung kann also wirksam in eine Untreuehandlung eines der Vereinsorgane einwilligen. Die Dispositionsbefugnis der Versammlung besteht ohne Grenzen und auch die Satzung stellt hier keine Schranke dar, sodass selbst eine satzungswidrige Einwilligung Wirksamkeit entfaltet. Freilich erscheint es eher praxisfern, dass sämtliche Mitglieder eines Vereins einstimmig einer solchen Handlung zustimmen, aber gerade in kleineren Vereinen kann dies durchaus einmal der Fall sein.

2. Einwilligung durch die Mitgliedermehrheit und andere Personen

Nachdem nun erarbeitet wurde, dass sämtliche Mitglieder des Vereins gemeinsam wirksam in eine Untreuehandlung einwilligen können, gilt es auch im Bereich des Vereins zu untersuchen, ob die Mitgliedermehrheit, also die Mehrheit der Mitgliederversammlung ebenfalls wirksam in eine Untreue einwilligen kann. Hier ergibt sich nichts anderes als bei GmbH und AG.[692] Die Dispositionsbefugnis über das dem Verein zustehende Vermögen steht zunächst sämtlichen Mitgliedern zu, die in ihrer Versammlung den Willen des Vereins bilden und äußern. Da aber auch beim rechtsfähigen Verein Entscheidungen grundsätzlich durch Mehrheitsbeschluss ergehen, zeigt sich auch hier ein solches *System*, dem sich die Mitglieder unterworfen haben. Die Delegation der Dispositionsbefugnis erfolgt aufgrund der Satzung. Folglich ist auch im Bereich des rechtsfähigen

691 Vgl. hierzu eingehend S. 101 ff.

692 Vgl. zur Einwilligung durch die Gesellschaftermehrheit im Bereich der GmbH S. 107 ff. und im Bereich der AG S. 162 ff.

Vereins davon auszugehen, dass im Bereich der Einwilligung eine Mehrheitsentscheidung der Mitgliederversammlung ausreichend ist.[693]

Doch auch beim rechtsfähigen Verein trifft die Mitglieder eine Treuepflicht untereinander.[694] Auch hier lässt sich aus dieser vermögensbezogenen Treuepflicht eine Schranke für die Dispositionsbefugnis der Mitgliedermehrheit ableiten. Werden diese Treuepflichten berücksichtigt, so kann die Mitgliedermehrheit wirksam in eine Untreue einwilligen. Die Vereinsmitglieder haben die ihnen gemeinsam zustehende Dispositionsbefugnis über das Vermögen des Vereins ihrer jeweiligen Mehrheit nur insofern übertragen, als sich diese an die in der Vereinssatzung festgelegten Regeln und die gesetzlichen Ge- und Verbote halten.

Wird die Delegation der Dispositionsbefugnis bzw. die Einwilligung jedoch wirksam durch ein Vereinsmitglied widerrufen, so ist abermals entscheidend, ob der Handelnde Mitglied des Vereins ist. Nur Mitglieder sind Vertragspartner der Satzung und können sich auf deren Regelungen zum Zwecke der Rechtfertigung berufen.[695] In der Regel wird der Vorstand des Vereins aber wohl auch deren Mitglied sein, sodass er sich entsprechend auf die Satzung zur Rechtfertigung berufen kann. Ist er jedoch kein Mitglied, so bleibt er strafbar, weil die Vereinssatzung keine rechtfertigende Wirkung entfaltet. Unter Umständen könnte er sich dann aber zur Rechtfertigung auf eine berechtigte GoA berufen.[696]

Die Einordnung, dass für eine Einwilligung die Zustimmung der Mitgliedermehrheit ausreichend ist, verstößt entgegen der Ansicht *Eiseles*[697] nicht gegen den in § 37 BGB angelegten Minderheitenschutz, denn dieser normiert ein bloßes Initiativrecht, das es der Mitgliederminderheit ermöglichen soll, ihr Anliegen der Mitgliederversammlung vorzutragen.[698] § 37 BGB bietet aber keinerlei Vermögensschutz der Mitgliederminderheit; allein dieser könnte es aber rechtfertigen, dass sämtliche Mitglieder in eine Untreuehandlung einzuwilligen hätten.

Eine Einwilligung durch andere Organe des Vereins kommt nicht in Betracht, weil nur der Mitgliederversammlung die Willensbildungskompetenz und dadurch auch die Dispositionsbefugnis über das Vereinsvermögen im Ganzen zukommt.

693 So auch OLG Hamm NJW 1982, S. 190 ff. (S. 192), welches im Bereich des AStA eine Mehrheitsentscheidung des Studentenparlaments für eine wirksame Einwilligung grundsätzlich ausreichen ließ.

694 BeckOK BGB/*Schwarz*/*Schöpflin*, § 38 Rn. 27.

695 Vgl. ausführlich zum zivilrechtlichen Vertrag als Rechtfertigungsgrund S. 50 ff.

696 Vgl. hierzu S. 53 ff.

697 *Eisele*, GA 2001, S. 392.

698 BeckOK BGB/*Schwarz*/*Schöpflin*, § 37 Rn. 1.

3. Ergebnis

Liegt also eine strafbare Untreue seitens eines Vereinsorgans oder eines seiner Mitglieder vor, so können entweder sämtliche Vereinsmitglieder oder deren Mehrheit gemeinsam wirksam darin einwilligen. Grenzen oder Schranken sind einer solchen Einwilligung mit Ausnahme von Willensmängeln nicht gesetzt.

ccc. Besondere Untreuehandlungen

Nach diesen allgemeinen Ausführungen zur Einwilligung im Bereich des rechtsfähigen Vereins, sollen im Anschluss noch zwei Verhaltensweisen erörtert werden, die nicht so offensichtlich den Tatbestand des § 266 StGB erfüllen.

1. Geschäfte, die den Gemeinnützigkeitsstatus des Vereins gefährden

Zunächst ist auf Geschäfte und Verhaltensweisen einzugehen, die den Status der Gemeinnützigkeit eines Vereins gefährden bzw. zur Aberkennung dieses Status führen.

Ein Verein wird dann als gemeinnützig i.S.v. § 52 AO eingeordnet, wenn seine Fördertätigkeit im Interesse der Allgemeinheit liegt.[699] Wird der Verein als gemeinnützig qualifiziert, so hat dies für ihn steuerliche Vorteile (§§ 51, 59 AO). Damit dem Verein jedoch solche Vorteile zuteil werden, müssen die gemeinnützigen Zwecke gem. § 55 AO selbstlos verwirklicht werden.[700] Es stellt sich nun die Frage, ob es den Tatbestand der Untreue erfüllt, wenn durch eine Handlung des Vorstands oder sonst eines Treupflichtigen dieser Status gefährdet bzw. in der Folge aberkannt wird. Letzteres ist dann der Fall, wenn der verfolgte Vereinszweck nicht mehr den Anforderungen der §§ 52, 55 AO genügt. Verfolgt der Vorstand oder sonst ein für den Verein Handelnder keine selbstlosen Zwecke, verwendet er Mittel des Vereins also z.B. nicht für satzungsmäßige Zwecke oder verfolgt er eigenwirtschaftliche Ziele, so verletzt er die Satzung und handelt somit pflichtwidrig. Diese Pflichtverletzung führt aber auch dazu, dass die Voraussetzungen der selbstlosen Zielverfolgung und somit der Gemeinnützigkeit des

699 *Reichert*, Vereins- und Verbandsrecht, Rn. 6983; diese Fallgruppe ist also nur für den Idealverein von Relevanz, da ein wirtschaftlicher Verein keiner solchen Fördertätigkeit folgen kann.

700 *Reichert*, Vereins- und Verbandsrecht, Rn. 7022 ff.

Vereins nicht mehr erfüllt sind, sodass ihm dieser Status nicht mehr zukommt. In der Folge ist dann zu erörtern, inwieweit dem Verein dadurch ein Schaden entstanden ist. Qualifiziert man die Gemeinnützigkeit im Rahmen des wirtschaftlichen Vermögensbegriffs als eine Position, der aufgrund der Steuererleichterungen ein hoher wirtschaftlicher Wert beizumessen ist, so stellt der Verlust der Gemeinnützigkeit einen Schaden bzw. Nachteil im Sinne der Untreue dar. Der Verlust des Status führt dazu, dass der Verein wieder Körperschaftssteuer entrichten muss und keinerlei öffentliche Mittel mehr erhält. Dadurch kann die Existenz eines gemeinnützigen Vereins in essenziellem Maße gefährdet werden.[701] Mithin liegt in einer solchen Fallkonstellation auch der für die Untreue erforderliche Schaden vor, da das Kriterium der Unmittelbarkeit zwischen Pflichtverletzung und Schaden hier gegeben ist. Durch die genannte Pflichtverletzung gilt der Verein nicht mehr als gemeinnützig, ohne dass es dafür weiterer Entscheidungen durch andere Instanzen bedürfte. Der Status kommt dem Verein nicht mehr zugute, sodass er nicht mehr die steuerlichen Vorteile genießt, was sich dann als unmittelbarer Schaden zeigt.

Eine bloße Gefährdung dieses Status könnte allein unter den Voraussetzungen einer schadensgleichen Vermögensgefährdung als Nachteil im Sinne des § 266 StGB gewertet werden.

Willigt die Mitgliederversammlung aber in solche Tätigkeiten des Vorstands ein und verliert der Verein den Status der Gemeinnützigkeit, so fehlt es dennoch an der Pflichtverletzung und mithin an einem tatbestandlichen Verhalten.

2. Schwarze Kassen

Auch im Bereich des rechtsfähigen Vereins ist die Fallgruppe schwarzer Kassen von Bedeutung. Vor allem im Bereich politischer Parteien kam es in der Vergangenheit dazu, dass schwarze Kassen unterhalten wurden. Politischen Parteien kommt zwar eine Sonderrolle zu, für die gesonderte Regelungen (Art. 21 GG, PartG) Anwendung finden, dennoch sind auch sie als Vereine zu qualifizieren.[702] Der BGH wertete das Anlegen und Unterhalten schwarzer Kassen durch Funktionsträger einer politischen Partei als Untreue. Die Vermögensbetreuungspflicht des Funktionsträgers ergab sich hier daraus, dass das »zu betreuende Vermögen nach Maßgabe der satzungsgemäßen Willensbildung, also nach Weisung des

701 OLG Hamm wistra 1999, S. 350 ff. (S. 353).
702 Jauernig/*Jauernig*, BGB, Vor § 21 Rn. 11.

Parteitags und des Vorstands zu verwalten«[703] war. Die Begründung einer solchen Pflicht war hier also nicht problematisch. Die erforderliche Pflichtwidrigkeit liege, so der BGH, in der Verschleierung und Verlagerung des Vermögens auf die schwarze Kasse, von der die Partei, also der Geschäftsherr keine Kenntnis hatte.[704]

Diese Ausführungen des BGH können unter Verweis auf die Ausführungen zum *Siemens*-Urteil nicht gänzlich überzeugen.[705] Hier wird abermals nicht berücksichtigt, zu welchen Zwecken der Handelnde die Gelder beiseitelegt. Tut er dies zum Vorteile und zugunsten des Geschäftsherrn, also der Partei, so kann nicht davon gesprochen werden, er verletze die Pflicht, deren Vermögen *fremdnützig* zu betreuen. Allein wenn der Handelnde die Gelder dem gewöhnlichen Geldkreislauf entzieht und diese dann auch tatsächlich zu eigenen Zwecken einsetzt, ist darin eine Pflichtverletzung i.S.d. Untreue zu sehen.[706]

Willigt die Mitgliederversammlung in die Anlage einer solchen schwarzen Kasse ein, so fehlt es aber erneut an einer tatbestandlichen Handlung. Dass die Einwilligung eventuell selbst gegen die Abgabenordnung verstößt ist, wie eingehend erörtert, für deren Wirksamkeit unschädlich.[707] Relevant wird dies allein, wenn nur die Mehrheit der Mitgliederversammlung einwilligt, da dann ein Verstoß gegen die der Minderheit gegenüber bestehende Treuepflicht vorliegt.

3. Abgabe eines unvollständigen Rechenschaftsberichts einer Partei

Ebenso im Zusammenhang mit politischen Parteien wurde im Rahmen der CDU-Spendenaffäre diskutiert, ob die Abgabe eines unvollständigen oder fehlerhaften Rechenschaftsberichtes eine Untreue sein kann.[708] Die Pflichtverletzung könnte in der Einreichung des Berichtes und der notwendige Vermögensnachteil darin zu sehen sein, dass die Partei nicht nur gem. § 31a PartG ihre Finanzierungsmittel zurückzahlen muss, sondern sie auch das Zweifache des den unrichtigen Angaben entsprechenden Betrages zurückzuzahlen hat (§ 31b PartG). Die Bejahung

703 BGH NStZ 2007, S. 583 ff. (S. 585).
704 BGH NStZ 2007, S. 583 ff. (S. 585); zustimmend: *Perron*, NStZ 2008, S. 517 und *Saliger*, NStZ 2007, S. 546 f.
705 Vgl. hierzu grundlegend S. 126 ff.
706 Vgl. vertiefend zur Untreuerelevanz des Unterhaltens schwarzer Kassen bei politischen Parteien, *Saliger*, Parteiengesetz, S. 396 ff.
707 Vgl. hierzu ausführlich S. 132 f.
708 BGH NJW 2007, S. 1760 ff. (S. 1765 f.); LG Bonn NStZ 2001, S. 375 ff. (S. 378); *Volhard*, FS Lüderssen, S. 673 ff.

einer Untreue scheitert in diesem Zusammenhang jedoch bereits an der Pflichtverletzung, denn die Abgabe eines fehlerhaften Rechenschaftsberichtes stellt gerade keine Verletzung der Vermögensbetreuungspflicht dar. Es wurde dargelegt, dass der Handelnde gerade eine Handlungspflicht verletzen muss, die primär und unmittelbar das Vermögen des Geschädigten schützt.[709] Dies ist hier jedoch nicht der Fall, weil der erforderliche Schutzzweckzusammenhang zwischen Pflichtverletzung und Vermögensschutz hier nicht besteht. Die Pflicht, einen Rechenschaftsbericht zu erbringen, dient der Öffentlichkeitskontrolle, Schutzobjekt dieser Pflicht ist das Interesse der Öffentlichkeit an der Transparenz der Parteifinanzen; die Wähler sollen über Herkunft und Verwendung der finanziellen Mittel Auskunft erhalten, damit das Potenzial politischer Einflussnahme durch finanzielle Zuwendungen offengelegt wird.[710] Es soll jedoch nicht das Vermögen der Bundesrepublik Deutschland geschützt werden. Da es somit an dem im Bereich der Untreue erforderlichen Schutzzweckzusammenhang fehlt, liegt hier weder eine Pflichtverletzung noch in der Folge eine Untreue vor.[711]

ddd. Zwischenergebnis

Auch im Bereich dieser besonderen Verhaltensweisen, die den Tatbestand der Untreue erfüllen, ergeben sich mithin keinerlei Besonderheiten und eine Einwilligung durch die Mitgliederversammlung lässt die Strafbarkeit des Handelnden entfallen.

709 Vgl. hierzu ausführlich S. 62 ff.

710 *Böse*, SächsVBl. 2001, S. 59; *Depenheuer/Grzeszick*, DVBl. 2000, S. 736; Ipsen/*Jochum*, PartG, § 23 Rn. 5; *Volhard*, FS Lüderssen, S. 674.

711 *Otto* folgt dieser Einordnung, lässt im vorliegenden Fall die Untreue aber auch am Vermögensnachteil scheitern, da er ausführt, dass selbstständige Sanktionen des Parteiengesetzes nicht in einen Vermögensschaden i.S.d. § 266 StGB umgedeutet werden dürften. Das Parteiengesetz sollte auf keinen Fall strafbewehrt sein. Ordnete man nun jedoch die genannten Sanktionen als Vermögensnachteil ein, so würde der Wille des Gesetzgebers konterkariert, *Otto*, RuP 2000, S. 110.
Demgegenüber differenziert *Saliger* i.R. der Pflichtverletzung danach, ob der Rechenschaftsbericht formell oder materiell fehlerhaft eingereicht wurde, allein bei vorsätzlichem Unterlassen des Einreichens eines *wesentlich formell richtigen* Rechenschaftsberichts möchte er die Treubruchsalternative des § 266 StGB als erfüllt ansehen, *Saliger*, Parteiengesetz, S. 332, S. 395.

dd. Ergebnis

Als Ergebnis kann folglich festgehalten werden, dass die Mitgliederversammlung des rechtsfähigen Vereins ohne Dispositionsschranken – mit Ausnahme derjenigen der Willensmängel – ausgesetzt zu sein, in Untreuehandlungen zulasten desselben wirksam einwilligen kann. Auch eine Einwilligung, die selbst gegen die Vereinssatzung verstößt, wirkt tatbestandsausschließend.

e. Die eingetragene Genossenschaft (eG)

Endlich sind im Bereich der juristischen Personen noch Einwilligungskonstellationen im Bereich der eG zu erörtern.

aa. Aufbau, Struktur und Verfassung der eG

Die eG ist, wie in § 1 GenG legaldefiniert, eine Gesellschaft von nicht geschlossener Mitgliederzahl, welche die Förderung des Erwerbs oder der Wirtschaft ihrer Mitglieder mittels gemeinschaftlichen Geschäftsbetriebes bezweckt. Sie ist eine spezielle Form des wirtschaftlichen Vereins[712], denn sie ist ein durch besondere *reichsgesetzliche* Vorschrift – was, wie gesagt, heute als *anderweitige gesetzliche* Vorschrift gelesen wird – nämlich das GenG geregelter wirtschaftlicher Verein (§ 22 BGB).[713] Die Genossenschaft ist folglich auch juristische Person und Körperschaft; gem. § 17 Abs. 2 GenG ist sie Formkaufmann. In der Folge soll aufgrund ihrer Einordnung als wirtschaftlicher Verein mithin auch nur auf die wesentlichen Unterschiede zum Vereinsrecht eingegangen werden, da entsprechende Einwilligungskonstellationen bereits erörtert wurden.

Im Unterschied zu den Kapitalgesellschaften ist die eG, obwohl sie Körperschaft ist, eher personalistisch organisiert.[714] Dies ist durch den Förderzweck der eG zu erklären, der »nicht auf eine unpersönliche Kapitalrendite, sondern auf die persönliche Förderung der Einzelwirtschaften der Mitglieder« ausgerichtet ist.[715]

712 *Schmidt*, Gesellschaftsrecht, S. 1263.
713 *Beuthien*, GenG, § 1 Rn. 2.
714 *Pöhlmann/Fandrich/Bloehs*, GenG, § 1 Rn. 3.
715 *Beuthien*, GenG, § 1 Rn. 3.

Eine Gewinnerzielungsabsicht der eG als Selbstzweck ist mit diesem Förderzweck also nicht zu vereinbaren.[716]

Aufgrund dieser Zielsetzung bzw. dieses Zwecks kann die Rechtsform der eG also auch nur für einen spezifischen genossenschaftlichen Zweck gewählt werden, nicht aber für jeden beliebigen Zweck, wie dies bei anderen Gesellschaften oftmals der Fall ist.[717]

Ihre Rechtsfähigkeit erlangt die Genossenschaft kraft Eintragung ins Genossenschaftsregister. Zuvor ist sie Vor-Genossenschaft, auf die sämtliche Vorschriften des GenG Anwendung finden, es sei denn, diese setzen die Eintragung voraus.[718] Vor Abschluss des Gründungsvertrages kann auch bei der eG eine Vorgründungsgesellschaft, die als GbR einzuordnen ist, bestehen, wenn sich die Gründungsmitglieder darüber einig sind, dass sie eine eG gründen möchten.

Jede eG hat, da dies gesetzlich vorgeschrieben ist, mindestens drei Organe: den Vorstand, den Aufsichtsrat und die Generalversammlung. Dem Vorstand obliegt die Geschäftsführung und Vertretung der Genossenschaft.[719] Seine Vertretungsmacht kann anders als im Bereich des rechtsfähigen Vereins nicht mit Wirkung gegenüber Dritten beschränkt werden (§ 27 Abs. 2 GenG). Dem Vorstand müssen mindestens zwei Mitglieder angehören und er wird von der Generalversammlung gewählt (§ 24 GenG).

Dem Aufsichtsrat obliegt gem. § 38 Abs. 1 GenG vor allem die Pflicht zur Überwachung des Vorstands. Gegenüber dem Vorstand kommt ihm aber auch eine Vertretungsbefugnis der eG zu (§ 39 Abs. 1 GenG).

§ 9 Abs. 2 GenG bestimmt, dass die Mitglieder des Vorstands und des Aufsichtsrats Mitglieder der Genossenschaft sein müssen. Anders als bei den anderen Körperschaften gilt hier also nicht das Prinzip der Fremdorganschaft.

Der Generalversammlung gehören sämtliche Mitglieder der eG an und sie ist das höchste Willensbildungs- und Entscheidungsorgan der Genossenschaft.[720] Die Mitgliedschaft in der eG wird entweder durch Teilnahme an der Gründung oder durch Eintritt erworben.[721] Bei Eintritt haben sich die Mitglieder in einer in der Satzung näher bestimmten Höhe mit Einlagen an der Genossenschaft zu beteiligen; dieser Anteil wird als Geschäftsanteil bezeichnet (§ 7 GenG). Anders als die GmbH und die AG hat die eG aber kein festes Stamm- oder Grundkapital, allein die Geschäftsanteile der Mitglieder sind in der Satzung bestimmt. Diese

716 *Pöhlmann/Fandrich/Bloehs*, GenG, § 1 Rn. 6.
717 *Schmidt*, Gesellschaftsrecht, S. 1264.
718 *Schmidt*, Gesellschaftsrecht, S. 1268.
719 *Schmidt*, Gesellschaftsrecht, S. 1270.
720 *Beuthien*, GenG, § 43 Rn. 2.
721 *Schmidt*, Gesellschaftsrecht, S. 1274.

Geschäftsanteile sind durch Aufrechnungs- und Auszahlungsverbote gesichert (§ 22 Abs. 4, 5 GenG).

Wichtigstes Recht der Mitglieder ist dasjenige auf Teilhabe an den Förderleistungen der Genossenschaft.[722]

bb. Vermögensbetreuungspflichtige Personen

Nachdem kurz auf die Grundlagen des Genossenschaftsrechts eingegangen wurde, gilt es näher zu beleuchten, wen gegenüber der eG eine Vermögensbetreuungspflicht im Sinne der Untreue trifft.

aaa. Vorstand, stellvertretender und faktischer Vorstand

Der Vorstand ist das Geschäftsführungs- und Vertretungsorgan der eG. Er hat also sämtliche tatsächlichen Handlungen und Rechtsgeschäfte zu tätigen, die zur Erreichung des genossenschaftlichen Zwecks erforderlich sind.[723] Aufgrund seiner Vertretungsmacht kann er die Gesellschaft wirksam verpflichten und über ihr Vermögen verfügen. Mithin trifft den Vorstand eine Vermögensbetreuungspflicht gegenüber der eG.[724] Da seine Vertretungsmacht Dritten gegenüber nicht beschränkbar ist, kann er die eG auch wirksam verpflichten, wenn er seine Befugnisse im Innenverhältnis überschreitet, mithin ist der Vorstand tauglicher Täter einer Missbrauchsuntreue. Der Vorstand ist bei der Leitung der eG im Innenverhältnis an die Satzung, den Unternehmensgegenstand und den Förderzweck gebunden; seine Entscheidungen müssen diesbezüglich verantwortungsbewusst ergehen.[725]

Da der Vorstand aber gem. § 24 Abs. 2 GenG aus mindestens zwei Personen besteht, die, wenn die Satzung nichts anderes bestimmt, gem. § 25 Abs. 1 GenG nur zur gemeinschaftlichen Vertretung der Genossenschaft befugt sind, kann, wenn einer der Vorstandsmitglieder alleine handelt, sich dieser nur eines Treubruchs schuldig machen.[726]

722 *Pöhlmann/Fandrich/Bloehs*, GenG, § 1 Rn. 7; *Schmidt*, Gesellschaftsrecht, S. 1275.
723 *Beuthien*, GenG, § 24 Rn. 2.
724 BeckOK StGB/*Wittig*, § 266 Rn. 8.3.
725 *Pöhlmann/Fandrich/Bloehs*, GenG, § 27 Rn. 6.
726 Hier gilt es dann i.R. der Frage nach einem Vermögensnachteil wiederum auf die Wirksamkeit des Rechtsgeschäfts abzustellen, denn bei mangelnder Alleinvertretungsmacht ist

Hat die Genossenschaft einen stellvertretenden Vorstand, so trifft diesen der gleiche Aufgabenbereich und somit in der Folge auch eine Vermögensbetreuungspflicht gegenüber der eG.

Unter Bezug auf die Ausführungen zum faktischen Geschäftsführer bei der GmbH und zum faktischen Vorstand bei der AG[727] kann festgestellt werden, dass auch den faktischen Vorstand einer eG eine Vermögensbetreuungspflicht trifft, weil zwischen diesem und der eG ein tatsächliches Treueverhältnis besteht.

bbb. Mitglieder

Fraglich ist, ob die Mitglieder einer Genossenschaft dieser gegenüber eine Vermögensbetreuungspflicht trifft. In ihrer Gesamtheit bilden die Mitglieder die Generalversammlung, das Willensbildungsorgan der Genossenschaft. Ihr wohl wichtigstes Recht ist dasjenige auf Teilhabe an dem Förderzweck. Ihre wohl bedeutendste Pflicht ist diejenige zur Erbringung der Einlage. Eine derartige Stellung der Mitglieder, dass sie die Pflicht trifft, fremde Vermögensinteressen, also diejenigen der Genossenschaft, wahrzunehmen, ist jedoch nicht erkennbar. Auch unter der Prämisse, dass die Mitglieder eine zivilrechtliche Treuepflicht gegenüber der Genossenschaft trifft, deren Interessen zu wahren und diese nicht zu schädigen[728], ist dies keine Pflicht, die sich – legt man die gängige Definition der Rechtsprechung zugrunde[729] – als eine Geschäftsbesorgung für einen anderen in einer nicht ganz unbedeutenden Angelegenheit darstellt, die wesentlich durch Eigenverantwortlichkeit und Selbstständigkeit geprägt ist. Eine strafrechtlich relevante Vermögensbetreuungspflicht der Mitglieder der Genossenschaft gegenüber derselben besteht im Ergebnis also nicht.

ccc. Aufsichtsrat

Den Aufsichtsrat trifft wie bei der AG und bei der GmbH die Pflicht, die Geschäftsführung des Vorstands zu überwachen. Folglich ergeben sich hier auch keinerlei Besonderheiten im Vergleich zum Aufsichtsrat der genannten Gesell-

dieses bis zur Genehmigung durch die anderen Gesellschafter schwebend unwirksam, MK BGB/*Schramm*, § 177 Rn. 14.

727 Vgl hierzu S. 73 ff. und S. 148.

728 *Pöhlmann/Fandrich/Bloehs*, GenG, § 18 Rn. 14.

729 BGHSt 13, S. 315 ff. (S. 317); BGHSt 24, S. 386 ff. (S. 387); BGHSt 33, S. 244 ff. (S. 250); *Schreiber/Beulke*, JuS 1977, S. 656 f.

schaftsformen.[730] Auch bei der eG trifft den Aufsichtsrat aufgrund seiner Überwachungsfunktion eine Vermögensbetreuungspflicht. Er ist Beschützergarant hinsichtlich des Vermögens der Genossenschaft und Überwachergarant gegenüber dessen Vorstand. Letztere Garantenpflicht beschränkt sich aber, wie eingehend erläutert, auf gesellschaftsinternes Verhalten; es liegt hingegen keine Unterlassungshaftung des Aufsichtsrats in Bezug auf extern wirkende Straftaten des Vorstandes vor. Die Mitglieder des Aufsichtsrats einer eG sind folglich taugliche Täter eines Treubruchs.

ddd. Prokurist und Handlungsbevollmächtigter

Da die eG, wie bereits erwähnt, Formkaufmann ist, kann sie Prokura und Handlungsvollmacht erteilen. Sowohl den Prokuristen als auch den Handlungsbevollmächtigten trifft aufgrund seiner Befugnisse eine Vermögensbetreuungspflicht i.S.d. Untreue gegenüber der Genossenschaft.

cc. Relevante Untreuehandlungen und Einwilligung

Im Weiteren gilt es zu untersuchen, welche Verhaltensweisen im Bereich der eG den Tatbestand der Untreue verwirklichen und wie sich eine Einwilligung in diese auf die Strafbarkeit des Handelnden auswirkt.

Im Bereich der eG sind vor allem die bereits mehrfach erwähnten Handlungen von Relevanz, die offensichtlich als Untreue zu bewerten sind, d.h. der Missbrauch der einem Treupflichtigen zustehenden Befugnisse und der Treubruch durch tatsächliches Handeln oder Unterlassen. Besondere Verhaltensweisen, die im Bereich der anderen Körperschaften noch nicht erörtert wurden und die den Tatbestand des § 266 StGB erfüllen, sind nicht erkennbar. Freilich besteht auch im Bereich einer Genossenschaft die Möglichkeit, dass der Vorstand Risikogeschäfte tätigt oder schwarze Kassen anlegt. Insofern ist auf die Ausführungen im Bereich der GmbH zu verweisen.[731]

Fraglich ist jedoch, wie sich die Einwilligung auf die Strafbarkeit des Handelnden auswirkt. Zunächst ist an eine Einwilligung der Generalversammlung zu

730 Vgl. zur Vermögensbetreuungspflicht des Aufsichtsrates der GmbH S. 80 ff. und desjenigen der AG S. 149 f.

731 Vgl. hierzu ausführlich S. 116 ff.; vgl. vertiefend zur Untreue bei der eG *Krüger*, ZfgG 2010, S. 221 ff.

denken, denn sie ist das Willensbildungsorgan der Gesellschaft. Sie ist zwar nicht Inhaber des Vermögens der Genossenschaft, sie kann aber als zuständiges Organ der allein handlungsunfähigen eG für diese einen Willen bilden und kundtun. Folglich kann die Generalversammlung auch für die Genossenschaft eine Einwilligung erklären. Aufgrund dieser Stellung der Generalversammlung steht ihr die Dispositionsbefugnis über die Rechte der Genossenschaft und somit auch über deren Vermögen zu. Wiederum stellt sich die Frage, ob dieser Dispositionsbefugnis eine Grenze in Form eines Eigeninteresses der eG gesetzt ist. Wie bereits angedeutet, sind die Einlagen, die die Genossen bei ihrem Eintritt in die Genossenschaft leisten, durch ein besonderes Aufrechnungs- und Auszahlungsverbot geschützt (§ 22 Abs. 4 und 5 GenG). Diese Verbote schützen aber nicht ein unabhängig von den Mitgliederinteressen bestehendes Eigeninteresse der Genossenschaft, sondern dienen allein dem Gläubigerschutz, da so das Haftkapital der eG erhalten bleiben soll.[732] § 266 StGB dient aber, auch dies wurde bereits ausführlich erörtert, allein dem Schutz des Vermögens des Geschäftsherrn, sodass Gläubigerinteressen nicht geschützt sind. Mithin ist kein Eigeninteresse der Genossenschaft, welches die Dispositionsbefugnis der Generalversammlung hinsichtlich des Vermögens einschränkt, zu erkennen.

Die Einwilligung ist zudem formlos möglich, sodass es keines Beschlusses im Sinne des § 43 Abs. 2 GenG bedarf. Ansonsten sind abgesehen von Willensmängeln keinerlei Schranken für eine Einwilligung der Generalversammlung erkennbar, sodass diese grundsätzlich auch dann in eine Untreue zulasten der eG einwilligen kann, wenn das genannte Haftkapital angegriffen wird.

Wie bei AG, GmbH und rechtsfähigem Verein, kann im Bereich der eG auch die Mehrheit der Mitglieder wirksam in eine Untreue einwilligen, wenn sie dabei die gegenüber den anderen Mitgliedern bestehenden vermögensbezogenen Treuepflichten und die formellen Regelungen der Satzung berücksichtigt. Die Genossen haben ihre Dispositionsbefugnis über das Vermögen der eG ihrer jeweiligen Mehrheit nur insofern übertragen, als sich diese an die vereinbarten *Regeln* (§§ 44 ff. GenG) halten. Folglich bedarf es dann auch eines formellen Beschlusses gem. § 43 Abs. 2 GenG. Hinsichtlich eines eventuellen Widerrufs der Delegation bzw. der Einwilligung gilt das Gleiche wie bei GmbH, AG und rechtsfähigem Verein.[733]

Der in § 45 GenG niedergelegte Minderheitenschutz steht dieser Einordnung nicht entgegen, weil er hauptsächlich auf ein Einberufungsrecht der Generalver-

732 *Pöhlmann/Fandrich/Bloehs*, GenG, § 22 Rn. 7, Rn. 13.
733 Vgl. für die GmbH S. 113 f., für die AG S. 162 ff. und für den rechtsfähigen Verein S. 198 f.

sammlung und ein Recht auf Ankündigung von Beschlussgegenständen durch die Minderheit abstellt[734], nicht jedoch auf einen Vermögensschutz.

Aufgrund fehlender Dispositionsbefugnis können andere Organe der eG, wie der Vorstand oder der Aufsichtsrat, nicht wirksam in eine Untreue einwilligen.

d. Ergebnis

Mithin ist festzuhalten, dass im Bereich der eG allein die Generalversammlung einstimmig oder ihre Mehrheit in eine Untreue zulasten der Genossenschaft einwilligen kann. Wirksamkeitsschranken einer solchen Einwilligung können sich allein durch Willensmängel ergeben.

Liegt eine Einwilligung vor, so fehlt es an der Pflichtwidrigkeit der entsprechenden Handlung und somit auch an der Tatbestandsmäßigkeit der Handlung. Macht sich dadurch also der Handelnde nicht einer Untreue schuldig, so bedeutet dies in der Folge, dass es auch an einer Pflichtverletzung und damit an einer Untreue der Aufsichtsratsmitglieder fehlt.

4. Zwischenergebnis zur Einwilligung in die Untreue im Bereich von GmbH, AG, rechtsfähigem Verein und eG

Insgesamt kann für die Untersuchung im Bereich der genannten Gesellschaften festgehalten werden, dass eine Einwilligung in Untreuehandlungen von für die Gesellschaft Handelnder stets möglich ist. Einzige Schranke für die Wirksamkeit einer solchen stellen eventuelle Willensmängel der oder des Einwilligenden dar. Zivilrechtliche Schranken sind für die Einwilligung aber ansonsten irrelevant.

Stets kann das jeweilige Willensbildungsorgan der Körperschaft – dessen Entscheidung der juristischen Person, obwohl diese selbst Vermögensinhaberin ist, zuzurechnen ist – in seiner Gesamtheit eine wirksame Einwilligung vornehmen. Liegt diese Einstimmigkeit vor, so ergeben sich keine Grenzen der Dispositionsbefugnis, die mit einem wie auch immer ausgestalteten Eigeninteresse der Gesellschaft begründet werden könnten. Willigt lediglich die Mehrheit der Gesellschafter bzw. Mitglieder oder Genossen ein, so ergeben sich für deren Dispositionsbefugnis Schranken aus den Treuepflichten den anderen überstimmten Gesellschaftern gegenüber.

734 *Pöhlmann/Fandrich/Bloehs*, GenG, § 45 Rn. 1, Rn. 7.

5. Konzernierte Unternehmen

Im Weiteren soll auf Untreuekonstellationen im Bereich konzernierter Unternehmen und die Einwilligung in solche Verhaltensweisen eingegangen werden.

a. Allgemeines zu Aufbau und Struktur von Konzernen[735]

Konzerne sind verbundene Unternehmen. In den §§ 291 ff. AktG finden sich gesetzliche Regelungen zum Aktienkonzern. Der GmbH-Konzern hingegen ist gesetzlich nicht geregelt. Nachdem wohl lange Zeit allgemein anerkannt war, dass die §§ 291 ff. AktG weitgehend auch auf ihn Anwendung finden[736], wird jetzt nach Abkehr des BGH[737] von dieser Einordnung eine Analogie nur teilweise in Betracht gezogen, bzw. von Fall zu Fall entschieden.[738] Grundsätzlich sind im Konzernrecht der Unterordnungs- (§ 18 Abs. 1 AktG) und der Gleichordnungskonzern (§ 18 Abs. 2 AktG) zu unterscheiden.[739] Ersterer zeichnet sich dadurch aus, dass an ihm rechtlich selbstständige Unternehmen beteiligt sind, von denen eines herrschend und ein oder mehrere weitere abhängig sind. Geleitet wird dieser Konzern einheitlich durch das herrschende Unternehmen.[740] Im Gleichordnungskonzern hingegen sind die ihm zugehörigen Unternehmen rechtlich selbstständig und voneinander unabhängig und die Konzerneigenschaft wird durch eine einheitliche Leitung begründet.[741] Dennoch gilt es zu berücksichtigen, dass eine solch klare Differenzierung nicht immer möglich ist, weil es denkbar erscheint, dass abhängige Unternehmen wiederum in einem Gleichordnungsverhältnis zueinander stehen.[742]

735 Hier soll zunächst auf Aktien- und GmbH-Konzerne gemeinsam eingegangen werden, in der weiteren Untersuchung wird dort differenziert, wo dies notwendig erscheint.

736 *Busch*, Konzernuntreue, S. 13; *Kübler/Assmann*, Gesellschaftsrecht, S. 435 ff.; vgl. vertiefend *Schmidt*, Gesellschaftsrecht, S. 1215 ff.

737 BGH NJW 2001, S. 3622 ff. (S. 3623 ff.).

738 *Eisenhardt*, Gesellschaftsrecht, Rn. 879 f.

739 Für die vorliegende Untersuchung ist der Begriff Konzern i.S.d. § 18 AktG zu verstehen. Auf abhängige Unternehmen i.S.d. § 17 AktG soll hier nicht weiter eingegangen werden. Für die vorliegende Arbeit, in der es entscheidend auf Vermögensbetreuungspflichten und Pflichtverletzungen i.S.d. § 266 StGB ankommt, erscheint es erheblich, dass die einheitliche Leitungsmacht des Konzerns beim herrschenden Unternehmen liegt.

740 *Eisenhardt*, Gesellschaftsrecht, Rn. 858.

741 *Eisenhardt*, Gesellschaftsrecht, Rn. 862.

742 *Schmidt*, Gesellschaftsrecht, S. 946.

Daneben gilt es zwischen Vertragskonzernen und faktischen Konzernen zu differenzieren. Vertragskonzerne beruhen auf vertraglicher Grundlage, die Verbindung der ihnen zugehörigen Unternehmen ergibt sich zumeist aus sog. Beherrschungsverträgen.[743] Dem faktischen Konzern hingegen fehlt eine solche vertragliche Grundlage, er entsteht allein durch tatsächliche Leitungsmacht eines Unternehmens gegenüber einem anderen. Diese tatsächliche Leitungsmacht wird sich meist daraus ergeben, dass das herrschende Unternehmen Mehrheitsanteile, d.h. Kapital- und/oder Stimmenmehrheit, an dem beherrschten Unternehmen hält.[744]

Im Bereich des Vertragskonzerns, der auf einem Beherrschungsvertrag beruht, kann das herrschende Unternehmen dem Vorstand oder dem Geschäftsführer der abhängigen Gesellschaft gem. § 308 AktG Weisungen erteilen. Den Organen des herrschenden Unternehmens kommt im Verhältnis zum abhängigen Unternehmen Leitungsmacht (§ 308 AktG) und Verantwortlichkeit (§ 309 AktG) zu.[745] Demgegenüber trifft das herrschende Unternehmen gem. § 302 AktG jedoch eine Verlustübernahmepflicht gegenüber dem abhängigen Unternehmen.

Handelt es sich bei der Grundlage eines Vertragskonzerns hingegen um einen Gewinnabführungsvertrag, so verpflichtet sich ein Unternehmen, seinen gesamten Gewinn an ein anderes Unternehmen abzuführen (§ 291 Abs. 1 Satz 1 AktG). Daneben ist eine vertragliche Konzernierung auch durch eine Gewinngemeinschaft, einen Teilgewinnabführungsvertrag oder einen Betriebspacht- oder Betriebsüberlassungsvertrag möglich (§§ 292 Abs. 1 Nr. 1-3 AktG).[746] Diese Unternehmensverträge finden auch auf den GmbH-Konzern Anwendung, sodass sich im Vergleich zum AG-Vertragskonzern diesbezüglich keine großen Unterschiede ergeben, die Regelungen des AktG werden rechtsformspezifische Besonderheiten berücksichtigend angewendet.[747]

743 *Eisenhardt*, Gesellschaftsrecht, Rn. 863.

744 *Kübler/Assmann*, Gesellschaftsrecht, S. 443; § 17 Abs. 2 stellt die Vermutung auf, dass ein Unternehmen, welches in Mehrheitsbesitz eines anderen Unternehmens steht, von diesem abhängig ist. Daraus folgt auch, dass eine Mehrheitsbeteiligung für einen beherrschenden Einfluss ausreichend ist, darüber hinausgehende Anforderungen dürfen nicht gestellt werden, MK AktG/*Bayer*, § 17 Rn. 25. Unter bestimmten Umständen kann eine Abhängigkeit auch dann bestehen, wenn das herrschende Unternehmen keine Stimmenmehrheit hat, dann muss aufgrund der Umstände des Einzelfalls eine Situation vorliegen, die in ihrer Wirkung der Herrschaftsmacht kraft Stimmenmehrheit so nahekommt, dass ein verständiger Beobachter von einer entsprechenden Beherrschung ausgeht, MK AktG/*Bayer*, § 17 Rn. 28; so i.E. auch *Hüffer*, AktG, § 17 Rn. 9.

745 *Schmidt*, Gesellschaftsrecht, S. 950 ff.

746 Vgl. hierzu auch *Kübler/Assmann*, Gesellschaftsrecht, S. 430.

747 *Emmerich/Habersack*, Konzernrecht, Anhang § 318 Rn. 1; *Kübler/Assmann*, Gesellschaftsrecht, S. 435 f.

Weiterhin kann ein AG-Vertragskonzern durch Eingliederung eines Unternehmens entstehen (§§ 319 ff. AktG). Auch dann steht dem herrschenden Unternehmen ein Weisungsrecht i.S.d. § 308 AktG gegenüber dem Vorstand des eingegliederten Unternehmens zu.

Für die vorliegende Untersuchung ist aber vor allem der Vertragskonzern aufgrund eines Beherrschungsvertrages oder aufgrund einer Eingliederung relevant.

Regelungen zum faktischen Konzern finden sich in den §§ 311 ff. AktG. Gem. § 311 Abs. 1 AktG darf das herrschende Unternehmen seinen tatsächlichen Einfluss nicht dazu gebrauchen, das abhängige Unternehmen zu nachteiligen Rechtsgeschäften oder Maßnahmen zu veranlassen, es sei denn, es findet ein Nachteilsausgleich statt. Daraus folgt, dass jedoch innerhalb dieser Grenzen auch im faktischen Konzern dem herrschenden gegenüber dem abhängigen Unternehmen Leitungsmacht zukommt. Eine Verlustübernahmepflicht analog § 302 AktG kennt der faktische Konzern jedoch nicht.[748] Auch im Bereich des faktischen Konzerns ist zwischen dem Aktien- und dem GmbH-Konzern zu differenzieren, wobei diese Unterscheidung hier eine größere Rolle spielt als beim Vertragskonzern. Erheblich erscheint hier, dass die AG eine Aufteilung der Kompetenzen auf drei voneinander getrennte Organe (Vorstand, Hauptversammlung und Aufsichtsrat) aufweist und der AG-Vorstand die AG eigenverantwortlich leitet, wohingegen im Bereich der GmbH der Gesellschafterversammlung ein Weisungsrecht gegenüber der Geschäftsführung und somit erheblicher Einfluss auf diese zukommt.[749] Aufgrund dessen wird der AG teils auch Konzernresistenz, der GmbH hingegen Konzernoffenheit nachgesagt.[750] Dennoch wurden lange Zeit die §§ 311 ff. AktG entsprechend auf den faktischen GmbH-Konzern angewendet.[751] Mittlerweile wird hierfür jedoch die Figur des existenzvernichtenden Eingriffs verwendet[752], auf die im Weiteren näher einzugehen ist. Ferner wird auf entsprechende Differenzen zwischen GmbH- und AG-Konzernen in der Folge nur eingegangen, soweit dies erforderlich erscheint.

Im Weiteren ist hier noch der qualifiziert faktische Konzern zu nennen, der dann vorliegt, wenn »das herrschende Unternehmen die abhängige Gesellschaft sachlich umfassend und zeitlich dauernd beeinflusst und damit den Kontroll- und

748 OLG Köln NZG 1998, S. 820 ff. (S. 821); *Emmerich/Habersack*, Konzernrecht, § 302 Rn. 26; *Schmidt*, Gesellschaftsrecht, S. 963.

749 *Busch*, Konzernuntreue, S. 15 f.

750 *Ensthaler/Kreher*, BB 1995, S. 1422.

751 Vgl. nur BGH NJW 1986, S. 188 ff.; *Rehbinder*, ZGR 1976, S. 394; *Schilling*, BB 1975, S. 1452; *Schmidt*, ZGR 1981, S. 475.

752 BGH NJW 2001, S. 3622 ff. (S. 3623); BGH NZG 2002, S. 914 ff. (S. 915 f.).

Ausgleichsmechanismus der §§ 311 ff. (AktG) systematisch unterläuft«[753]. In solchen Fällen wendete der BGH dann die den Vertragskonzern regelnden Bestimmungen entsprechend an.[754] Inzwischen hat sich der BGH von dieser Analogie aber verabschiedet und behandelt entsprechende Fälle durch eine Haftung des herrschenden gegenüber dem abhängigen Unternehmen für existenzvernichtende Eingriffe.[755]

Wichtig für die vorliegende Untersuchung ist also, dass zwischen den an einem Konzern beteiligten Unternehmen gewisse (Leitungs-)Verbindungen bestehen.[756] Freilich besteht auch stets die Möglichkeit von Untreuehandlungen innerhalb der beteiligten Unternehmen, hier soll jedoch genauer untersucht werden, inwieweit eine Untreue eines an einem Konzern beteiligten Unternehmens gegenüber einem weiteren beteiligten Unternehmen möglich ist.

b. Einwilligung in die Untreue in konzernierten Unternehmen

Im Folgenden ist genauer zu prüfen, wer sich im Bereich konzernierter Unternehmen einer Untreue schuldig machen kann und wie sich eine Einwilligung auf eine mögliche Strafbarkeit des Handelnden auswirkt. Wiederum ist hier auch auf unterschiedliche untreuerelevante Handlungen im Bereich von Konzernen einzugehen.

753 *Kübler/Assmann*, Gesellschaftsrecht, S. 447.

754 BGH NJW 1986, S. 188 ff. (S. 190 ff.).

755 BGH NJW 2001, S. 3622 ff. (S. 3623); BGH NZG 2002, S. 914 ff. (S. 915 f.).

756 Anzumerken bleibt noch, dass es ein- und mehrstufige Konzerne gibt. Für die vorliegende Untersuchung soll eine solche Differenzierung jedoch nicht bemüht werden, denn »strafrechtlich entscheidend ist die konkrete Einzelbeziehung«, wie *Busch* zutreffend ausführt, *Busch*, Konzernuntreue, S. 16. Es gilt hier also immer auf das Verhältnis zweier Unternehmen zueinander abzustellen. Dass dann auch noch nachgeordnete Unternehmen betroffen sein können, ist hier nicht von Relevanz. Bezüglich der Natur des Verhältnisses zwischen den Unternehmen ändert sich nichts, ob ein Beherrschungsvertrag zwischen Mutter und Tochter und Tochter und Enkel oder ob auch ein entsprechender Vertrag zwischen Mutter und Enkel besteht. Entscheidend ist immer das Verhältnis zwischen den beiden am Vertrag beteiligten Unternehmen, bzw. dasjenige zwischen den beiden abhängigen Gesellschaften. Grundlage aller konzernrechtlichen Regelungen ist stets ein zweiseitiges Verhältnis, *Busch*, Konzernuntreue, S. 16; *Limmer*, Haftungsverfassung, S. 67. In der folgenden Untersuchung geht es also stets um eine *Zweierbeziehung* und somit hinsichtlich der Untreue stets auch nur um das Vermögen der in diese Betrachtung einbezogenen Gesellschaften. Vgl. vertiefend zur Untreue im mehrstufigen Konzern *Brand*, Der Konzern 2010, S. 285 ff.

aa. Vermögensbetreuungspflichtige Personen

Zunächst ist zu analysieren, wen im Bereich des Konzerns eine Vermögensbetreuungspflicht i.S.d. § 266 StGB trifft. Vorwegzunehmen ist, dass innerhalb des jeweiligen Unternehmens die bereits herausgearbeiteten Grundsätze sowohl hinsichtlich der Vermögensbetreuungspflichten als auch bezüglich der Frage, wem gegenüber eine solche Pflicht besteht, gelten; denn es sind freilich stets auch Untreuekonstellationen innerhalb des herrschenden und des abhängigen Unternehmens denkbar. Hier soll aber, wie angekündigt, untersucht werden, wer im Konzern im Bereich der herrschenden Gesellschaft vermögensbetreuungspflichtig gegenüber dem abhängigen Unternehmen ist, bzw. umgekehrt.

aaa. Vorstand/Geschäftsführer des herrschenden Unternehmens

1. Im Vertragskonzern

Zunächst ist daran zu denken, dass sich eine Vermögensbetreuungspflicht des leitenden Organs des herrschenden Unternehmens aus seiner Gesellschafterstellung ergibt, denn oftmals wird es so sein, dass der Konzern eine personelle Verflechtung aufweist, sodass das Leitungsorgan der herrschenden Gesellschaft gleichzeitig Gesellschafter der abhängigen Gesellschaft ist.[757] Doch auch wenn eine solche personelle Verflechtung vorliegt, so lässt sich aus der Gesellschafterstellung des leitenden Organs keine Vermögensbetreuungspflicht i.S.d. Untreue gegenüber der Tochtergesellschaft ableiten. Es wurde bereits erläutert, dass grundsätzlich weder die Gesellschafter der GmbH noch die Aktionäre der AG eine Vermögensbetreuungspflicht gegenüber der Gesellschaft trifft.[758] Dennoch leitet *Ransiek* eine Vermögensbetreuungspflicht des herrschenden Unternehmens aus dessen Gesellschafterstellung ab, da er diesem aufgrund seiner Einflussmöglichkeiten eine fremdnützige Vermögensfürsorgepflicht auferlegt.[759] Dem gilt es jedoch abermals entgegenzusetzen, dass das herrschende Unternehmen trotz seiner Gesellschafterstellung primär eigene Interessen wahrnimmt und keineswegs hauptsächlich fremdnützig agiert. Allein ein Abstellen auf etwaige Einflussmög-

757 Eine an die Stellung als Gesellschafter anknüpfende Vermögensbetreuungspflicht untersucht auch *Busch*, der eine solche i.E. aber ablehnt, *Busch*, Konzernuntreue, S. 157 ff.; so auch *Wessing/Krawczyk*, NZG 2009, S. 1177.

758 Vgl. ausführlich für die GmbH-Gesellschafter S. 76 ff. und für die Aktionäre S. 148 f.

759 *Ransiek*, wistra 2005, S. 123 f.; *Ransiek*, FS Kohlmann, S. 219 ff.

lichkeiten ist hier keineswegs ausreichend, da eine Vermögensbetreuungspflicht eine Geschäftsbesorgung für einen anderen in einer nicht ganz unbedeutenden Angelegenheit erfordert, die wesentlich durch Eigenverantwortlichkeit und Selbstständigkeit geprägt ist.[760] Dies bedeutet, die Geschäftsbesorgung muss fremdnütziger Natur sein; die Gesellschafter verfolgen aber in erster Linie eigennützige Interessen.[761]

Etwas anderes gilt freilich dann, wenn das Leitungsorgan des herrschenden Unternehmens insofern – aufgrund der genannten personellen Verflechtung der am Konzern beteiligten Unternehmen – eine Doppelstellung trifft, als dieses gleichzeitig bestelltes Leitungsorgan (Geschäftsführer oder Vorstand) des abhängigen Unternehmens ist. Dann ergibt sich eine Vermögensbetreuungspflicht i.S.d. Untreue direkt aus seiner Geschäftsführer- oder Vorstandsstellung.

Besteht diese Stellung des Leitungsorgans des herrschenden Unternehmens hingegen nicht, so stellt sich in der Folge die Frage, ob sich im Bereich des Vertragskonzerns eine Vermögensbetreuungspflicht aus dem Beherrschungs- oder Eingliederungsvertrag ergeben kann.

Für den Vertragskonzern aufgrund Eingliederung gem. §§ 319 ff. AktG ist zu sagen, dass aufgrund der Eingliederung des abhängigen Unternehmens in das herrschende auch eine Vermögenseingliederung stattfindet, da sämtliche Aktien des einzugliedernden Unternehmens auf die Hauptgesellschaft übergehen (§ 320a AktG); Letztere muss Eigentum an allen Aktien erwerben.[762] Folglich ergibt sich die Vermögensbetreuungspflicht des genannten Organs schon aus seiner Stellung im herrschenden Unternehmen, denn es wurde im Bereich der unabhängigen AG gesehen, dass den Vorstand eine Vermögensbetreuungspflicht gegenüber der Gesellschaft bzw. mittelbar gegenüber den Anteilseignern derselben trifft.[763] Wird eine AG aber in eine andere eingegliedert, werden also sämtliche Aktien erworben, so trifft den Vorstand der herrschenden Gesellschaft folglich auch eine Vermögensbetreuungspflicht gegenüber dem eingegliederten Unternehmen, also mittelbar gegenüber dessen Anteilseignern.

Im Weiteren ist zu untersuchen, ob sich eine entsprechende Vermögensbetreuungspflicht des Geschäftsführers oder Vorstands des herrschenden Unternehmens aus dem Beherrschungsvertrag ergeben kann. Der Beherrschungsvertrag als solcher trifft mit seinen Regelungen direkt allein die beteiligten Unter-

760 BGHSt 13, S. 315 ff. (S. 317); BGHSt 24, S. 386 ff. (S. 387); BGHSt 33, S. 244 ff. (S. 250); *Schreiber/Beulke*, JuS 1977, S. 656 f.

761 Vgl. nochmals S. 76 ff. für die GmbH-Gesellschafter und S. 148 f. für die Aktionäre.

762 *Emmerich/Habersack*, Konzernrecht, § 319 AktG Rn. 8.

763 Vgl. S. 147 f.

nehmen, nicht jedoch deren Organe.[764] Fraglich ist in der Folge dennoch, ob das herrschende Unternehmen aufgrund vertraglicher Gestaltung eine Vermögensbetreuungspflicht gegenüber dem abhängigen Unternehmen trifft, welche gem. § 14 Abs. 1 Nr. 1 StGB dann auf deren Organe *übergeleitet* werden könnte. Dazu wäre aber, wie gesagt, zunächst erforderlich, dass das herrschende Unternehmen aufgrund des genannten Vertrages eine entsprechende Pflicht trifft. Gem. § 308 Abs. 1 AktG ist das herrschende Unternehmen berechtigt, dem abhängigen Unternehmen Weisungen zu erteilen, die dieses grundsätzlich zu befolgen hat. Für die abhängige Gesellschaft nachteilige Weisungen dürfen nur dann erteilt werden, wenn dies den Belangen desselben oder des Konzerns dienlich ist (§ 308 Abs. 1 Satz 2 AktG). Folglich gilt es zu klären, ob sich aus dieser Leitungsmacht des herrschenden Unternehmens eine entsprechende Vermögensbetreuungspflicht ergibt. Dazu wäre erforderlich, dass das herrschende Unternehmen zur Vermögensfürsorge hinsichtlich des abhängigen Unternehmens berufen wäre. Es ist hier jedoch zu berücksichtigen, dass allein die Kompetenz zu Weisungen auch in Vermögensangelegenheiten der Konzernmutter nicht eine solche Position einräumt, dass von einer fremdnützigen Geschäftsbesorgung in nicht unerheblichem Ausmaße gesprochen werden kann. Die Herrschaft über das Vermögen der abhängigen Gesellschaft wird gerade nicht auf das herrschende Unternehmen übertragen; in der Folge kann Letzteres dann auch nicht zur Wahrung der Vermögensinteressen des abhängigen Unternehmens verpflichtet werden.[765] Es fehlt aufgrund der Eigenständigkeit der unterschiedlichen Konzerngesellschaften an einer solchen Verknüpfung[766], denn trotz der Konzernierung bleiben die beteiligten Gesellschaften rechtlich selbstständig.[767] Selbst wenn man eine Herrschaft der Konzernmutter über das Vermögen der Tochter annehmen und daraus eine entsprechende Macht ableiten wollte, so fehlte es an einer fremdnützigen Geschäftsbesorgung.

Freilich sind im Einzelfall Beherrschungsverträge denkbar, die aufgrund entsprechender detaillierter Regelungen eine solche Fürsorgepflicht beinhalten, mit der Folge, dass für die Muttergesellschaft eine Vermögensbetreuungspflicht gegenüber der Konzerntochter besteht, die dann gem. § 14 Abs. 1 Nr. 1 StGB deren Organe trifft.[768] Da sich dann jedoch die Situation so darstellen wird, dass sich

764 *Arnold*, Untreue, S. 127.

765 *Arnold*, Untreue, S. 132 f.

766 *Busch*, Konzernuntreue, S. 99; ebenso *Ransiek*, der auf die Autonomie der Tochtergesellschaft abstellt, *Ransiek*, ZGR 1999, S. 630 f.

767 MK AktG/*Bayer*, § 18 Rn. 1.

768 So zumindest ein Teil der Rechtsprechung und Literatur: BGH NJW 1996, S. 65 f. (S. 66); BGH NJW 2001, S. 3622 ff. (S. 3623); BGH NStZ 2004, S. 559 ff. (S. 561);

bei einem solchen Verhältnis der am Konzern beteiligten Unternehmen die Organe der Konzernmutter in einem tatsächlichen Treueverhältnis zum Vermögen der Konzerntochter befinden werden, bräuchte hier § 14 StGB gar nicht bemüht zu werden.[769] Solche Beherrschungsverträge setzten dann aber detaillierte Regelungen der Aufgaben der Muttergesellschaft voraus, sodass diese atypischerweise in gewissen Angelegenheiten eine fremdnützige Geschäftsbesorgung für die Tochtergesellschaft tätigt. In der Regel weist ein Beherrschungsvertrag aber wie bereits erwähnt eine solche Aufgabenzuweisung nicht auf.

Mithin ist zu konstatieren, dass sich grundsätzlich aus einem Beherrschungsvertrag jedoch keine solche Pflicht für die Konzernmutter ergibt.

Endlich gilt es zu untersuchen, ob sich eine Vermögensbetreuungspflicht der Geschäftsführung oder des Vorstands der Konzernmutter gegenüber dem Tochterunternehmen aus ihrer bzw. seiner tatsächlichen Stellung ergeben kann. Im Rahmen der Untersuchung der Frage nach einer Vermögensbetreuungspflicht von faktischen Geschäftsführungsorganen wurde dargestellt, dass sich im Bereich der Untreue eine solche aufgrund einer tatsächlichen Treuebeziehung i.S.d. Treubruchsalternative ergeben kann.[770] Folglich erscheint es denkbar, dass die Geschäftsführungsorgane aufgrund ihrer tatsächlichen Einwirkungsmöglichkeiten auf die Vermögensinteressen des abhängigen Unternehmens eine Vermögensbetreuungspflicht i.S.d. § 266 StGB trifft. Aus der Leitungsmacht und der sich daraus ergebenden Herrschaftsmacht der Organe ließe sich eine entsprechende Vermögensbetreuungspflicht herleiten, denn wenn sie ihre Leitungsmacht tatsächlich für das herrschende Unternehmen ausübten, so könnte dies einer gesellschaftsrechtlichen Geschäftsbesorgung i.S.d. § 675 BGB gleichkommen, die vermögensfürsorglichen Charakter hätte.[771] Dies bedeutet zwar keineswegs, dass ihnen so umfassende Leitungsmacht zukommt bzw. zukommen müsste, dass sie als faktischer Geschäftsführer des abhängigen Unternehmens einzu-

Keuffel-Hospach, Grenzen der Strafbarkeit, S. 52; ein anderer Teil der Rechtsprechung bemüht hingegen nicht § 14 StGB, um die Organe der Gesellschaft in die Pflicht zu nehmen, sondern weist diesen unmittelbar die Vermögensbetreuungspflicht aufgrund eines tatsächlichen Treueverhältnisses zu, BGHSt 13, S. 330 ff. (S. 331 f.); BGH MDR 1954, S. 495; BGH NJW 1983, S. 1807 ff. (S. 1807); BGH NJW 1984, S. 800 f. (S. 800).

769 Vgl. zur Anwendbarkeit des § 14 StGB im Bereich der Untreue ausführlich S. 73 ff., wo dies im Zusammenhang mit dem faktischen Geschäftsführer einer GmbH diskutiert und dargestellt wird.

770 Vgl. hierzu eingehend im Bereich der GmbH S. 73 ff.

771 So *Arnold*, Untreue, S. 134; *Schramm*, Untreue und Konsens, S. 149; LK[11]/*Schünemann*, § 266 Rn. 128; *Ewald*, Untreue, S. 109 spricht hingegen bei Weisungen von einer Verschiebung der Organzuständigkeit.

ordnen wären[772], jedoch wäre dies für die genannte tatsächliche Treuebeziehung auch gar nicht erforderlich. Fraglich ist, ob diese Leitungsmacht bzw. die genannte Fürsorgepflicht fremdnützig ist, denn sie darf nicht eigenen Interessen der Leitungsorgane bzw. des herrschenden Unternehmens dienen. Hier gilt es zu differenzieren: Einerseits wurde gesehen, dass die Konzernunternehmen rechtlich eigenständige Unternehmen bleiben, die lediglich unter einheitlicher Leitung stehen. Folglich spricht dies dafür, dass der Betreuungspflicht aufgrund eigener Interessen der jeweiligen Konzerngesellschaften auch Fremdnützigkeit zukommt, da die Leitungsorgane der Mutter dann auch die (Vermögens-)Interessen der Tochter zu berücksichtigen haben. Anderseits ergibt sich aufgrund der einheitlichen Leitungsmacht und der Verlustbeteiligung der Mutter an der Tochter, dass die Mutter bzw. deren Leitungsorgane gerade auch eigene Interessen verfolgen. Fraglich ist, ob dieses doppelte Interesse für eine Fremdnützigkeit der Vermögensbetreuungspflicht ausreichend ist. Dies wird aber abzulehnen sein, denn die fremdnützige Vermögensbetreuung muss wesentliche Hauptpflicht der Beziehung sein[773], die allgemeine zivilrechtliche Pflicht, auf die Vermögensinteressen des Vertragspartners Rücksicht zu nehmen, ist für die genannte Fremdnützigkeit aber nicht ausreichend.[774] Entscheidend für die vorliegende Fragestellung ist, dass es sich bei der Fürsorgepflicht für fremdes Vermögen um eine wesentliche, nicht nur beiläufige Pflicht handeln muss. Dies bedeutet, dass fremdnützige Elemente im Rahmen des Verhältnisses erst dann eine Vermögensbetreuungspflicht begründen, wenn die fremdnützige Fürsorgepflicht wesentlicher Inhalt des Treueverhältnisses ist und diesem sein entscheidendes Gepräge gibt. Die Fürsorge für fremdes Vermögen muss im Mittelpunkt der Treuebeziehung stehen.[775]

Legt man diese Anforderungen dem vorliegenden Sachverhalt zugrunde, so muss eine Vermögensbetreuungspflicht der Leitungsorgane des herrschenden Unternehmens hier ausscheiden, denn die Betreuung des Vermögens der Konzerntochter ist hier nicht Hauptpflicht, sondern vielmehr lediglich eine Teilpflicht neben anderen Pflichten. Stellt sich die Situation aber so dar, dass das Leitungsorgan der Konzernmutter faktischer Geschäftsführer oder Vorstand der Tochter ist, so lässt sich daraus zweifelsohne eine Vermögensbetreuungspflicht kraft eines tatsächlichen Treueverhältnisses ableiten.[776]

772 Vgl. hierzu ausführlich *Kramer*, WM 2004, S. 307 f.
773 BeckOK StGB/*Wittig*, § 266 Rn. 31.
774 BGHSt 1, S. 186 ff. (S. 188).
775 MK StGB/*Dierlamm*, § 266 Rn. 54.
776 *Tiedemann*, JZ 2005, S. 46 f., in diese Richtung wohl auch BGH NJW 2004 S. 2761 ff. (S. 2765).

Es gilt also festzuhalten, dass sich eine Vermögensbetreuungspflicht der Geschäftsführungsorgane der Konzernmutter nicht aus der tatsächlichen Ausübung ihrer Leitungsmacht ergeben kann, selbst wenn sie dadurch erheblichen Einfluss auf die Vermögenssituation des abhängigen Unternehmens haben. Jedoch kann sich eine entsprechende Vermögensbetreuungspflicht, wie gesagt, aus ihrer Stellung ergeben, wenn ihnen neben der Leitung der Konzernmutter gleichzeitig die Geschäftsführungsposition bei der abhängigen Gesellschaft obliegt oder sie als faktisches Leitungsorgan der Konzerntochter zu qualifizieren sind. Im ersten Fall können sie Täter eines Missbrauchs, im zweiten Fall Täter eines Treubruchs i.S.d. § 266 StGB sein.

Grundsätzlich ergibt sich eine Vermögensbetreuungspflicht aber weder aus ihrer eventuellen Stellung als Gesellschafter der Konzerntochter noch direkt aus dem zwischen den Unternehmen bestehenden Beherrschungsvertrag. Dieses Ergebnis gilt gleichermaßen für den AG- wie für den GmbH-Vertragskonzern.

2. Im faktischen Konzern

Im Folgenden ist zu untersuchen, ob die Geschäftsführung oder den Vorstand der Konzernmutter im faktischen Konzern eine Vermögensbetreuungspflicht gegenüber dem abhängigen Unternehmen trifft. Vorwegzunehmen ist, dass sich eine entsprechende Pflicht für die Leitungsorgane der Konzernmutter gegenüber dem Vermögen der Tochter ergibt, wenn sie als deren faktische Leitungsorgane zu qualifizieren sind.[777] Aber auch hier erscheint es denkbar, dass sich eine Vermögensbetreuungspflicht aufgrund der tatsächlichen Stellung der Geschäftsführungsorgane zum Vermögen der Konzerntochter ergibt. Mangels rechtlicher Grundlage einer Verbindung kann es freilich auch allein auf die tatsächliche Herrschaftsmacht ankommen. Können die Organe des herrschenden Unternehmens eine solche gerade auch in Bezug auf die Vermögensangelegenheiten ausüben, so trifft sie auch aufgrund einer tatsächlichen Treuebeziehung eine Vermögensbetreuungspflicht i.S.d. § 266 StGB.[778] Die Treuebeziehung bzw. diese

777 *Tiedemann*, JZ 2005, S. 46 f., so wohl auch BGH NJW 2004 S. 2761 ff. (S. 2765).

778 BGH NJW 1997, S. 66 ff. (S. 67); *Beckemper*, GmbHR 2005, S. 593 f.; *Beiner/Lanzius*, NZI 2004, S. 688; MK StGB/*Dierlamm*, § 266 Rn. 233; *Fleischer*, NJW 2004, S. 2868 f.; *Krause*, JR 2006, S. 52; *Schramm*, Untreue und Konsens, S. 154; LK[11]/*Schünemann*, § 266 Rn. 128; so wohl auch: *Emmerich*, AG 2004, S. 425; *Bittmann/Terstegen*, wistra 1995, S. 253, die von einer Vermögensbetreuungspflicht ausgehen, ohne diese explizit zu prüfen; a.A.: *Ewald*, Untreue, S. 190 ff., der eine Vermögensbetreuungspflicht

Pflicht ergibt sich hier aber daraus, dass sich im faktischen Konzern die Situation so darstellt, dass die beteiligten Unternehmen miteinander verknüpft sind, anders als im Bereich des Vertragskonzerns, wo lediglich eine vertragliche Absprache besteht. Diese Verknüpfung ergibt sich daraus, dass zumeist eine Beteiligung der Konzernmutter an der Konzerntochter besteht. Aus dieser Beteiligung ergibt sich dann, dass das Leitungsorgan der Konzernmutter, welches zweifelsohne eine Vermögensbetreuungspflicht gegenüber der Mutter trifft, dann auch eine entsprechende Pflicht gegenüber der Konzerntochter trifft.

3. Im qualifiziert faktischen Konzern

Im Bereich des qualifiziert faktischen Konzerns stellt sich die Sachlage, wie bereits angedeutet, so dar, dass die Konzernmutter faktisch so viel Herrschafts- und Leitungsmacht auf das abhängige Unternehmen ausübt, dass

> »das herrschende Unternehmen die abhängige Gesellschaft sachlich umfassend und zeitlich dauernd beeinflusst und damit den Kontroll- und Ausgleichsmechanismus der §§ 311 ff. (AktG) systematisch unterläuft«[779].

Zunächst wendete der BGH auf den qualifiziert faktischen Konzern die gleichen Regelungen wie auf den Vertragskonzern an. Folglich würde hinsichtlich der Vermögensbetreuungspflichtigen hier nichts anderes gelten als im eingehend dargestellten Bereich des Vertragskonzerns.[780]

Jedoch hat sich der BGH in der Entscheidung *Bremer Vulkan* von dieser entsprechenden Anwendung der §§ 308 ff. AktG verabschiedet und behandelt seitdem solche Fälle durch eine Haftung des herrschenden gegenüber dem abhängigen Unternehmen für existenzvernichtende Eingriffe.[781] Dies bedeutet, der BGH – hier der 2. Zivilsenat i.R. einer Schadensersatzklage – nahm in einem Fall des qualifiziert faktischen Konzerns an, die Organe der Konzernmutter träfe eine Vermögensbetreuungspflicht in dem Sinne, dass sie angemessene Rücksicht auf das Eigeninteresse der abhängigen Gesellschaft an der Aufrechterhaltung ihrer Fähigkeit, Verbindlichkeiten nachzukommen, und deren Existenzinteresse nehmen müsse.[782] Ganz ähnlich hatte der 3. Strafsenat des BGH bereits im Jahre

aus dem Garantentatbestand der Ingerenz herleitet, also an ein pflichtwidriges Vorverhalten anknüpft; *Kramer*, WM 2004, S. 308 f.

779 *Kübler/Assmann*, Gesellschaftsrecht, S. 447.

780 Vgl. S. 215 ff.

781 BGH NJW 2001, S. 3622 ff. (S. 3623 ff.); BGH NZG 2002, S. 914 ff. (S. 915 f.).

782 BGH NJW 2001, S. 3622 ff. (S. 3623); Bestätigung dieser Rechtsprechung durch BGH NJW 2007, S. 2689 ff.

1996 geurteilt.[783] Im strafrechtlichen Verfahren *Bremer Vulkan* wegen Untreue bejahte auch der 5. Strafsenat des BGH eine solche Vermögensbetreuungspflicht, als er ausführte, die Organe der Muttergesellschaft träfe eine Pflicht, die Gesellschaft nicht existenzgefährdend zu beeinträchtigen.[784] Anders als der Zivilsenat leitete der Strafsenat diese Pflicht aber nicht aus der Stellung als herrschendes Unternehmen ab, sondern vielmehr direkt aus der die Existenz des abhängigen Unternehmens gefährdenden Handlung.[785] Jedoch ließ der Senat offen, ob diese Pflicht zur Rücksichtnahme auf die Existenz des abhängigen Unternehmens »schon die Wahrnehmung fremder Vermögensinteressen betrifft oder nicht vielmehr nur die Schranke eigener Dispositionsfreiheit aufzeigt«[786].

Diese Einordnung wurde in der strafrechtlichen und gesellschaftsrechtlichen Literatur kontrovers diskutiert: Teils wurde das Urteil begrüßt und als erfreuliche Synchronisierung zwischen Straf- und Gesellschaftsrecht[787] bzw. als Paradigmenwechsel in der Auslegung des § 266 StGB[788] eingeordnet. Letzteres insofern, als der BGH die Vermögensbetreuungspflicht im Konzern »aus dem Gedanken der Gefahrenherrschaft über eine kraft Leitungsbefugnis angelegte Existenzgefährdung« hergeleitet hätte und die Heranziehung einer Gefährdung bereits für die Vermögensbetreuungspflicht als Annäherung an die Dogmatik der Begründung von Garantenpflichten im Allgemeinen Teil gesehen wird.[789]

Dierlamm wirft den gerichtlichen Ausführungen jedoch zirkuläre Tendenzen vor, weil der BGH im Prinzip Pflicht und Pflichtverletzung jeweils mit sich selbst begründe.[790] Dem ist insofern zuzustimmen, als der BGH nicht zunächst die Pflicht begründet, um dann zu untersuchen, ob dieselbe verletzt wurde, sondern er vermengt Pflicht und Pflichtverletzung, wenn er ausführt, dass die Vermögensbetreuungspflicht der Muttergesellschaft daraus herzuleiten wäre, dass »der Vermögenstransfer ein solches Ausmaß« erreicht habe, »dass die Erfüllung der eigenen Verbindlichkeiten des einlegenden Konzernmitglieds im Falle eines Verlustes der Gelder gefährdet wäre«[791]. Es gilt aber Pflicht und Pflichtverletzung streng voneinander zu trennen, denn die Pflicht stellt erst das für den Handelnden erforderliche Verhaltens- oder Unterlassensgebot auf. Erst wenn bekannt

783 BGH NJW 1997, S. 66 ff. (S. 67).
784 BGH NStZ 2004, S. 559 ff. (S. 561); Bestätigung dieser Einordnung durch BGH NStZ 2010, S. 89 ff. (S. 90 f.); vgl. hierzu kritisch: *Leimenstoll*, ZIS 2010, S. 143 ff.
785 Vgl. diese Gegenüberstellung bei MK StGB/*Dierlamm*, § 266 Rn. 236.
786 BGH NStZ 2004, S. 559 ff. (S. 561).
787 *Fleischer*, NJW 2004, S. 2870.
788 *Krause*, JR 2006, S. 53.
789 *Krause*, JR 2006, S. 53.
790 MK StGB/*Dierlamm*, § 266 Rn. 237.
791 BGH NStZ 2004, S. 559 ff. (S. 561).

ist, welche Pflicht den Handelnden trifft, kann untersucht werden, ob diese verletzt wurde. Die Annäherung an die Dogmatik der Begründung von Garantenpflichten, wie *Krause* sie zu erkennen glaubt[792], erscheint zwar hilfreich, wird aber vom BGH gar nicht vorgenommen:

Garantenpflichten sind rechtliche Handlungspflichten. Sie setzen voraus, dass der Garant rechtlich dafür einzustehen hat, dass der Erfolg nicht eintritt. Die bloße Möglichkeit oder eine sittlich-moralische Pflicht, den Erfolg abzuwenden, ist hingegen nicht ausreichend.[793] Dass im Bereich der Untreue die Vermögensbetreuungspflicht keineswegs immer eine Pflicht zum Handeln darstellt, auch wenn im Falle einer unterlassenen Vermögensmehrung im Hinblick auf die genannte Pflicht wohl häufig eine Nähe bzw. Parallele zu einer Garantenpflicht vorliegt, spielt hier keine Rolle. Die Berücksichtigung der Gefahr bereits für die Definition der Pflicht ist keine unterlassensspezifische Besonderheit für die Bestimmung einer Handlungspflicht. Im Gegenteil, es ist gerade auch im Bereich von Unterlassenspflichten erforderlich, die Gefahren, die durch das Aufstellen einer konkreten Pflicht verhindert oder beseitigt werden sollen, zu kennen. Insofern ist *Krauses* Ansatz sehr wohl beizupflichten. Jedoch geht der BGH diesen Weg bedauerlicherweise gerade nicht, denn er zieht nicht die Gefahr zur Bestimmung der Pflicht heran, sondern er bestimmt eine Pflichtverletzung, um davon auf eine Pflicht zu schließen, bzw. er vermengt beide Prüfungspunkte miteinander. Es erscheint aber nicht nur aus dogmatischer Sicht, sondern gerade auch aus praktischer Sicht mit Blick auf die sich aus § 266 StGB ergebenden Handlungsmaximen für in Unternehmen tätige Personen notwendig, zwischen der Pflicht, fremde Vermögensinteressen wahrzunehmen einerseits und der Verletzung dieser Pflicht anderseits zu differenzieren. Alles andere führte zu einer weiteren Aufweichung und Verwischung des ohnehin schon sehr weit gefassten Tatbestandes der Untreue; es bestünde die Gefahr, dass der Eintritt einer Gefahr bzw. eines Schadens als Pflichtverletzung eingeordnet würde, um dann zu erörtern, welche Pflicht denn konkret verletzt worden sein könnte.[794]

Insgesamt erscheint die Herleitung einer Vermögensbetreuungspflicht i.S.d. Untreue im Bereich qualifiziert faktischer Konzerne aus der tatsächlichen Stellung der Leitungsorgane der Konzernmutter in Bezug auf das Vermögen des Tochterunternehmens am differenziertesten. Wie beim einfach faktischen Konzern, so findet auch beim qualifiziert faktischen Konzern eine Verknüpfung der

792 *Krause*, JR 2006, S. 53.

793 BeckOK StGB/*Heuchemer*, § 13 Rn. 33.

794 Die Notwendigkeit dieser Differenzierung sieht freilich auch *Krause*, er gesteht dem BGH aber fälschlicherweise zu, diese vorgenommen zu haben, *Krause*, JR 2006, S. 54.

beiden Unternehmen durch Beteiligung der Konzernmutter an der Konzerntochter statt. Folglich kann hier eine Vermögensbetreuungspflicht aus der tatsächlichen Treuebeziehung hergeleitet werden, ohne dass unsaubere und die Struktur des § 266 StGB verkennende Prüfungen anzustrengen wären.

Freilich ergibt sich auch im qualifiziert faktischen Konzern eine Vermögensbetreuungspflicht der Leitungsorgane der Konzernmutter immer dann, wenn diese als faktischer Geschäftsführer oder Vorstand der Konzerntochter einzuordnen sind.

Im Ergebnis ist mithin festzuhalten, dass auch im qualifiziert faktischen Konzern die Leitungsorgane der Konzernmutter eine Vermögensbetreuungspflicht gegenüber der abhängigen Gesellschaft treffen kann. Diese ergibt sich aber allein aus der tatsächlichen Treuebeziehung, die zwischen den Beteiligten bestehen kann. Die Einordnung des 5. Strafsenats, die soeben eingehend diskutiert wurde, ist jedoch abzulehnen. Ebenso muss hier – anders als das LG Bremen als Vorinstanz und der BGH, die jeweils eine Vermögensbetreuungspflicht der Konzernmutter hergeleitet hatten, die gem. § 14 Abs. 1 Nr. 1 StGB deren Organe traf[795] – nicht § 14 StGB bemüht werden. Aufgrund des tatsächlichen Treueverhältnisses ergibt sich die genannte Pflicht direkt zwischen den entsprechenden Organen und dem abhängigen Unternehmen. § 14 StGB ist folglich im Zusammenhang mit der Untreue, dies wurde bereits ausgeführt[796], gar nicht erforderlich, denn es besteht eine tatsächliche Treuebeziehung zwischen Leitungsorgan der Konzernmutter und der Konzerntochter, ohne dass zunächst eine Pflicht der Mutter zu begründen wäre, die dann gem. § 14 StGB auf deren Organe übergeleitet werden müsste.

bbb. Zwischenergebnis für Leitungsorgane der Konzernmutter

Eine Vermögensbetreuungspflicht der Leitungsorgane der Konzernmutter gegenüber der Konzerntochter kann sich einerseits dann ergeben, wenn die Organe eine Doppelstellung trifft, also wenn sie sowohl Geschäftsführer oder Vorstand der Mutter wie der Tochter sind. Anderseits ergibt sich eine solche Pflicht aber weder direkt aus dem Beherrschungsvertrag noch aus ihrer tatsächlichen Stellung gegenüber der Konzerntochter. Sind die Leitungsorgane der Mutter jedoch fakti-

795 Auf diese Ausführungen der Vorinstanz nimmt der BGH in seinem Urteil v. 13.5.2004, NStZ 2004, S. 559 ff. (S. 560) im Rahmen der Sachverhaltsdarlegung Bezug und bestätigt die Anwendung von § 14 StGB, S. 561.

796 Vgl. S. 73 ff.

sche Leitungsorgane der Tochter, so trifft sie ebenfalls eine Vermögensbetreuungspflicht gegenüber der Tochter.

In bestimmten Ausnahmefällen erscheint es zudem denkbar, dass sich eine solche Pflicht dennoch einmal aus dem Beherrschungsvertrag ergibt.

Im faktischen und im qualifiziert faktischen Konzern ergibt sich eine Vermögensbetreuungspflicht der Leitungsorgane gegenüber der Konzerntochter aus ihrer tatsächlichen Stellung, denn sie trifft aufgrund der Verknüpfung der am Konzern beteiligten Unternehmen eine entsprechende Fürsorgepflicht auch gegenüber dem abhängigen Unternehmen.

ccc. Aufsichtsrat des herrschenden Unternehmens

Ferner ist zu erörtern, ob den Aufsichtsrat des herrschenden Unternehmens eine Vermögensbetreuungspflicht gegenüber dem abhängigen Unternehmen trifft. Dass der Aufsichtsrat aufgrund seiner Stellung in der Gesellschaft grundsätzlich Beschützergarant hinsichtlich deren Vermögen und Überwachergarant im Hinblick auf die Geschäftsführung ist, wurde eingehend untersucht.[797] In der Folge fragt sich nun, ob sich diese Stellung auf das Vermögen und die Geschäftsführung des abhängigen Unternehmens ausweitet. Während teils vertreten wird, durch die Konzernierung werde der betreffende Aufsichtsrat zum Konzern-Überwachungsorgan[798], gehen andere davon aus, der Aufsichtsrat bleibe allein derjenige der Obergesellschaft.[799] Erstere Ansicht müsste dann auch zu dem Ergebnis kommen, dass den Aufsichtsrat durch die Konzernierung auch eine Vermögensbetreuungspflicht gegenüber der abhängigen Gesellschaft trifft. Entscheidend für die Klärung dieser Frage ist, wie *Arnold* zutreffend ausführt, wie die Rechte und Pflichten des Aufsichtsrats im Konzern ausgestaltet sind.[800] Hier fällt dann aber auf, dass die Regelungen zum Aufsichtsrat weder im AktG noch im GmbHG auf Besonderheiten durch Konzernierung eingehen. Die Regelungen haben stets allein die *eigene* Gesellschaft des Aufsichtsrates im Blick. Hat der Aufsichtsrat aber im Konzern keine Möglichkeit, auf die Geschicke des Leitungsorgans des abhängigen Unternehmens einzugehen bzw. einzuwirken, so kann ihn in der Folge auch keine Vermögensbetreuungspflicht gegenüber der Untergesellschaft treffen; denn »strafrechtlich relevante Sonderpflichten können einer Person nur

797 Vgl. hierzu ausführlich S. 80 ff. und S. 149.
798 *Schneider*, FS Hadding, S. 625 f.
799 *Hoffmann-Becking*, ZHR 1995, S. 331 ff.
800 *Arnold*, Untreue, S. 137.

dann auferlegt werden, wenn sie diesen auch ohne weiteres nachkommen kann«[801]. Folglich kann der Aufsichtsrat allein die Tätigkeit des eigenen Leitungsorgans überwachen; selbstverständlich kann er bzw. hat er in diesem Rahmen auch dessen Tätigkeit in Bezug auf das abhängige Unternehmen zu kontrollieren, aber hierbei ändert sich nicht der Kreis der zu überwachenden Personen, sondern allein der Umfang der zu überwachenden Tätigkeiten des Leitungsorgans der Obergesellschaft.[802] Grundsätzlich trifft also den Aufsichtsrat des herrschenden Unternehmens eine Vermögensbetreuungspflicht allein gegenüber dem eigenen Unternehmen. Das abhängige Unternehmen wird zumeist einen eigenen Aufsichtsrat haben, den diesem gegenüber dann auch wieder eine entsprechende Pflicht trifft.

Jedoch ist zu berücksichtigen, dass aufgrund spezieller vertraglicher Absprachen auch einmal den Aufsichtsrat der Obergesellschaft eine Vermögensbetreuungspflicht gegenüber dem abhängigen Unternehmen treffen kann.

Ferner ist von dem soeben aufgestellten Grundsatz in § 308 Abs. 3 Satz 2 AktG eine Ausnahme zu sehen. Diese Regelung sieht einen Zustimmungsvorbehalt des Aufsichtsrates der Obergesellschaft hinsichtlich Weisungen gegenüber der abhängigen Gesellschaft vor, dem dieser dann zusteht, wenn im Rahmen eines angewiesenen Geschäfts eigentlich der Aufsichtsrat des abhängigen Unternehmens zustimmen müsste. In diesem Fall aber steht dem Aufsichtsrat der Obergesellschaft ausnahmsweise eine Einflussnahmemöglichkeit auf die abhängige Gesellschaft zu.[803] Hat der Aufsichtsrat dann aber die Möglichkeit, gemeinsam mit der Konzerngeschäftsleitung die Vermögensgeschicke des abhängigen Unternehmens zu lenken, dann ergibt sich aus dieser Herrschaftsmacht in der Folge auch eine Vermögensbetreuungspflicht i.S.d. Untreue. In diesem Ausnahmefall handelt er dann, anders als sonst, im überwiegenden Interesse des abhängigen Unternehmens.[804]

Mithin gilt es festzuhalten, dass den Aufsichtsrat des herrschenden Unternehmens grundsätzlich nur eine Vermögensbetreuungspflicht gegenüber der eigenen Gesellschaft trifft. Allein wenn es spezielle vertragliche Absprachen gibt oder der soeben geschilderte Sonderfall des § 308 Abs. 3 AktG vorliegt, besteht diese Pflicht auch gegenüber dem abhängigen Unternehmen.

801 *Arnold*, Untreue, S. 138.
802 *Arnold*, Untreue, S. 139; *Semler/v. Schenck*, Arbeitshandbuch, § 1 Rn. 309.
803 *Arnold*, Untreue, S. 140.
804 *Arnold*, Untreue, S. 141.

ddd. Vorstand/Geschäftsführer der abhängigen Gesellschaft gegenüber dem herrschenden Unternehmen?

Endlich ist zu untersuchen, ob auch das abhängige Unternehmen bzw. deren Leitungsorgane eine Vermögensbetreuungspflicht gegenüber der Konzernmutter trifft. Dies erscheint mit Blick auf die Pflicht zur Befolgung der Weisungen oder der Pflicht zur Gewinnabführung aufgrund eines entsprechenden Vertrages durchaus denkbar.[805]

Eine Vermögensbetreuungspflicht des Leitungsorgans des abhängigen Unternehmens gegenüber der Konzernmutter wird immer dann gegeben sein, wenn dieses eine Doppelstellung trifft, wenn es also gleichzeitig auch Geschäftsführungsorgan der Konzernmutter ist.[806] Dann folgt diese Vermögensbetreuungspflicht aus Stellung und Kompetenzen des Geschäftsführungsorgans. Besteht keine solche Doppelstellung des Leitungsorgans der abhängigen Gesellschaft, so kann sich aber dennoch eine Vermögensbetreuungspflicht desselben gegenüber der Konzernmutter aus dessen Anstellungsvertrag ergeben, wenn dieser nicht mit der *eigenen* Gesellschaft abgeschlossen wurde, sondern direkt mit der Konzernmutter. Dann besteht die Möglichkeit, dass dem Geschäftsführungsorgan durch diesen Vertrag auch Handlungsmöglichkeiten hinsichtlich des Vermögens der Konzernmutter gegeben sind.[807] Aber auch wenn der Anstellungsvertrag mit dem *eigenen* Unternehmen besteht, erscheint es möglich, dass sich in der Art eines Vertrages zugunsten Dritter (§ 328 BGB) oder eines solchen mit Schutzwirkung zugunsten Dritter eine Vermögensbetreuungspflicht des Leitungsorgans gegenüber der herrschenden Gesellschaft ergeben kann.[808]

Weiterhin ist denkbar, dass die Konzerntochter eine Vermögensbetreuungspflicht gegenüber ihrer Mutter trifft, die dann gem. § 14 Abs. 1 Nr. 1 StGB auf deren Leitungsorgane übergeht. Zunächst besteht die Möglichkeit, dass sich eine solche Fürsorgepflicht, wie bereits für die Konzernmutter untersucht[809], bei entsprechenden Regelungen direkt aus dem Beherrschungsvertrag ergibt; dies wird jedoch aufgrund der Tatsache, dass es meist an der Selbstständigkeit der Aufgabenwahrnehmung durch die Tochtergesellschaft fehlt, eher die Ausnahme sein.[810] Wird dies aber dennoch einmal der Fall sein, so ergibt sich aufgrund des

805 Achenbach/Wannemacher/*Seier*, Beraterhandbuch, § 21 II Rn. 250; *Ewald*, Untreue, S. 119 ff.; *Schramm*, Untreue und Konsens, S. 150.

806 *Busch*, Konzernuntreue, S. 103; *Hommelhoff*, Konzernleitungspflicht, S. 243.

807 *Busch*, Konzernuntreue, S. 103.

808 *Busch*, Konzernuntreue, S. 103; *Kohlmann*, Verantwortlichkeit, Rn. 361.

809 Vgl. S. 215 ff.

810 *Busch*, Konzernuntreue, S. 105 f.

Verhältnisses der am Konzern beteiligten Unternehmen bereits ein tatsächliches Treueverhältnis zwischen den Leitungsorganen der Konzernmutter und dem Vermögen der Konzerntochter. § 14 StGB müsste hier dann abermals nicht bemüht werden.[811]

Ebenso ist es denkbar, dass sich aufgrund detaillierter Regelungen im Beherrschungsvertrag eine entsprechende Pflicht direkt für die Leitungsorgane der Tochter gegenüber dem Vermögen der Mutter ergibt. Aber auch dies wird nur ausnahmsweise der Fall sein.

Um abschließend noch auf das zu Beginn angeführte Beispiel der Nichtbefolgung von Weisungen einzugehen, so gilt es diesbezüglich zu sagen, dass sich aus diesen Weisungen der Konzernmutter keine Vermögensbetreuungspflicht des abhängigen Unternehmens ergibt, da dieses nicht selbstständig auf das Vermögen der Mutter einwirken kann.[812] Ebenso verhält es sich hinsichtlich der Pflicht der Gewinnabführung aus einem entsprechenden Vertrag. Auch hier fehlt es an der Selbstständigkeit der fremdnützigen Tätigkeit[813], sodass auch mit Blick auf das zweite Eingangsbeispiel eine Vermögensbetreuungspflicht der Leitungsorgane der Konzerntochter gegenüber der Mutter abzulehnen ist.[814]

Auch im faktischen Konzern ergeben sich keine entsprechenden Vermögensbetreuungspflichten, denn auch in diesem fehlt es aufgrund der noch deutlicher einseitigen – der Beherrschungsvertrag ist trotz der Beherrschung zweiseitiger Vertrag – Beziehung zwischen den beteiligten Unternehmen an einer selbstständigen Stellung der Tochter hinsichtlich des Vermögens der Konzernmutter.[815]

eee. Zwischenergebnis

Folglich gilt es insgesamt festzuhalten, dass es im Bereich konzernierter Unternehmen durchaus Vermögensbetreuungspflichten i.S.d. § 266 StGB gibt. Jedoch bestehen diese hauptsächlich im Verhältnis der Konzernmutter bzw. deren Leitungs- und Geschäftsführungsorganen gegenüber der abhängigen Gesellschaft.

811 Vgl. zur Anwendbarkeit bzw. zur Notwendigkeit des § 14 StGB im Bereich der Untreue eingehend S. 73 ff.

812 *Busch*, Konzernuntreue, S. 108.

813 *Busch*, Konzernuntreue, S. 109.

814 A.A.: LK[11]/*Schünemann*, § 266 Rn. 128, der jedoch irrigerweise auf ein Urteil des OLG Koblenz, wistra 1984, S. 79 f. (S. 80) eingeht, welches die Vermögensbetreuungspflicht des angeklagten Verkaufsleiters nicht aus dem Gewinnabführungsvertrag, sondern aus dem Anstellungsvertrag des Angeklagten ableitet, so *Busch*, Konzernuntreue, S. 110.

815 *Busch*, Konzernuntreue, S. 111 f.; *Ewald*, Untreue, S. 233 ff.

Die genannten Organe trifft eine solche Pflicht direkt aus ihrer tatsächlichen Stellung gegenüber dem Vermögen der Konzerntochter.[816]

Im Bereich mehrstufiger Konzerne bestehen die Vermögensbetreuungspflichten dann immer auch nur zwischen den Unternehmen, die an einem Unternehmensvertrag oder an einem Abhängigkeitsverhältnis beteiligt sind. Ist aber für die Bewertung stets nur dieses konkrete Verhältnis von Bedeutung[817], so wirkt sich dies auch auf die Vermögensbetreuungspflicht aus. Besteht also im mehrgliedrigen Konzern ein Abhängigkeitsverhältnis zwischen Mutter und Tochter und zwischen Tochter und Enkel, so trifft die Mutter auch keine Vermögensbetreuungspflicht gegenüber dem Enkel, sondern allein gegenüber dem Vermögen der Tochter. Dass sich diese Pflicht gegenüber der Tochter dann eventuell mittelbar auf die Enkelin auswirken kann, ist für die vorliegende Untersuchung nicht von Relevanz.[818]

bb. Untreuerelevante Handlungen und Einwilligung

Im Weiteren ist zu untersuchen, welche Handlungen im Bereich konzernierter Unternehmen den Tatbestand der Untreue erfüllen können, um sodann zu prüfen, inwieweit eine Einwilligung in diese Verhaltensweisen möglich ist.

aaa. Tatbestandliches Handeln

Zunächst ist wiederum an die unzulässige Entnahme von Geldern durch vermögensbetreuungspflichtige Personen zu denken. Im Verhältnis der Leitungsorgane der Konzernmutter zur abhängigen Gesellschaft spielt in diesem Zusammenhang der Einfluss Ersterer gegenüber Letzterer eine entscheidende Rolle (im Vertragskonzern wird dies als Recht bzw. Macht zur Konzernleitung bezeichnet[819]). So ergibt sich aus dem Verhältnis der verbundenen Unternehmen zwar die Leitungs- bzw. Weisungsmacht des § 308 AktG im Vertragskonzern bzw. im faktischen Konzern die tatsächliche Einflussmöglichkeit gem. § 311 Abs. 1 AktG, aber auch dieser sind Grenzen gesetzt. Bereits § 308 Abs. 1 Satz 2 AktG normiert,

816 Vgl. ergänzend zu Vermögensbetreuungspflichten gegenüber der Schwestergesellschaft *Arnold*, Untreue, S. 165 ff. und *Busch*, Konzernuntreue, S. 112 ff.

817 *Busch*, Konzernuntreue, S. 16; *Limmer*, Haftungsverfassung, S. 67.

818 Vgl. Fn. 756.

819 Vgl. nur MK AktG/*Altmeppen*, § 309 Rn. 51 ff.

dass nachteilige Weisungen nur dann erteilt werden dürfen, wenn sie für das herrschende Unternehmen oder den Konzern von Vorteil sind. Ist dies nicht der Fall, so ist in einer solchen unzulässigen Weisung eine Pflichtverletzung der Leitungsorgane der Konzernmutter zu sehen, vorausgesetzt es besteht im Vertragskonzern überhaupt die erforderliche Vermögensbetreuungspflicht.

§ 311 Abs. 1 verbietet sogar generell nachteiligen Einfluss auf das abhängige Unternehmen, es sei denn, dieser wird ausgeglichen. Ein entsprechender Nachteil liegt vor, wenn der »Wert des Vermögens der abhängigen Gesellschaft, wie er sich bei Einbeziehung aller Chancen und Risiken in die Bewertung ergibt, vermindert ist«[820]. Folglich ist ein dem widersprechendes Verhalten – also ein solches, das dem abhängigen Unternehmen dennoch einen Nachteil, der nicht ausgeglichen wird, zufügt – ebenfalls als untreuerelevante Pflichtverletzung zu bewerten. Freilich gilt es hier zu berücksichtigen, dass die am Konzern beteiligten Unternehmen unterschiedliche Interessen verfolgen, diejenigen der Konzernmutter werden nicht immer bzw. wohl eher selten mit denjenigen der Konzerntochter übereinstimmen. Dennoch müssen die Leitungsorgane der Konzernmutter im faktischen Konzern aufgrund der Verknüpfung der Unternehmen und der sich daraus ergebenden Vermögensbetreuungspflicht i.R. der eigenen Interessenverfolgung Rücksicht auf die Vermögensinteressen der Konzerntochter nehmen.

Untersagt der Beherrschungsvertrag jedoch generell für die Konzerntochter nachteilige Weisungen, so liegt bei einem entsprechenden Verstoß bereits eine untreuerelevante Pflichtverletzung vor. Freilich wäre dann in der Folge zu untersuchen, ob die Weisungen wirksam wären und der abhängigen Gesellschaft daraus ein Schaden entstünde. Eine Pflichtverletzung i.S.d. § 266 StGB wäre aber jedenfalls gegeben. Überschreiten die Leitungsorgane der Konzernmutter also die zulässigen Grenzen der Konzernleitungsmacht des § 308 AktG, so ist darin eine Tathandlung i.S.d. Untreue zu sehen.

Anderseits ist in der gesellschaftsrechtlichen Literatur teils auch eine Pflicht zur Konzernleitung anerkannt.[821] Diese Pflicht bestehe darin, dass der Konzernvorstand i.S.d. § 309 AktG das unternehmerische Geschehen im Konzern vorgeben müsse, ihn treffe folglich eine Weisungspflicht gegenüber den abhängigen Unternehmen.[822] Sofern eine solche Konzernleitungspflicht bejaht wird, ordnen deren Vertreter diese jedoch nahezu ausschließlich als gesellschaftsinterne

820 MK AktG/*Altmeppen*, § 311 Rn. 157.

821 *Bous*, Konzernleitungsmacht, S. 116; *Hommelhoff*, Konzernleitungspflicht, S. 1 ff.; *Schmidt*, Gesellschaftsrecht, S. 947; *Schneider*, ZHR 1979, S. 503; *Schneider*, BB 1981, S. 253; *Timm*, AG 1980, S. 181; differenzierend: *Götz*, ZGR 1998, S. 526; ablehnend: MK AktG/*Altmeppen*, § 309 Rn. 51 ff.; *Altmeppen*, Haftung, S. 32 f.

822 *Hommelhoff*, Konzernleitungspflicht, S. 165 ff., S. 178 f., S. 305 ff.

Pflicht, nicht jedoch als eine solche gegenüber der abhängigen Gesellschaft, ein.[823] Folglich kommt eine Untreue durch Unterlassen in diesem Zusammenhang dann auch nur gegenüber der eigenen Gesellschaft, nicht aber gegenüber der abhängigen Gesellschaft in Betracht.[824] Dennoch ist eine solche Untreue durch Unterlassen gegenüber der Konzerntochter dann möglich, wenn durch vorangegangene Weisungen eine Gefahr für das abhängige Unternehmen geschaffen wurde. Dann trifft die Konzernmutter die Pflicht, diese Gefahr durch weitere Weisungen zu beseitigen. Beim Unterlassen dieser Gefahrenbeseitigung kann eine Unterlassensstrafbarkeit gegeben sein.[825] Diese beruhte dann aber auf der Verletzung einer Garantenpflicht aus Ingerenz. Anderseits wäre im Einzelfall zu untersuchen, ob nicht bereits die vorangegangenen gefahrschaffenden Weisungen als Untreue zu qualifizieren wären. Eine Pflichtverletzung wäre zweifelsohne zu bejahen. Ein Vermögensnachteil könnte dann bereits nach der vom BGH vertretenen schadensgleichen Vermögensgefährdung vorliegen. Da es für die vorliegende Untersuchung aber entscheidend auf die Pflichtverletzung ankommt, die dann aufgrund einer eventuellen Einwilligung verneint werden muss, ist die Problematik des Vermögensnachteils hier abermals nicht zu vertiefen.

Da aber, wie bereits eingehend untersucht wurde[826], auch die Leitungsorgane der Konzerntochter unter besonderen Umständen eine Vermögensbetreuungspflicht gegenüber der Konzernmutter trifft, besteht auch in diesem Verhältnis die Möglichkeit von Untreuehandlungen. So erscheint es denkbar, dass das Leitungsorgan der Konzerntochter Gelder der Konzernmutter beiseiteschafft oder sonst das Vermögen des herrschenden Unternehmens durch Pflichtverletzung schädigt.

Insgesamt wird also deutlich, dass im Bereich konzernierter Unternehmen Untreuehandlungen durch aktives Tun oder durch Unterlassen begangen werden können.

bbb. Einwilligung

Im Weiteren ist zu untersuchen, wer in Konzernen wirksam in solche Untreuehandlungen einwilligen kann. Hier gilt es jedoch hinsichtlich der Wirksamkeits-

823 *Bous*, Konzernleitungsmacht, S. 118; *Hommelhoff*, Konzernleitungspflicht, S. 417 ff.; *Kantzas*, Weisungsrecht, S. 73 ff.
824 *Busch*, Konzernuntreue, S. 23.
825 *Busch*, Konzernuntreue, S. 23.
826 Vgl. S. 227 f.

voraussetzungen der Einwilligung zwischen GmbH- und AG-Konzernen zu differenzieren.

1. Einwilligung im GmbH-Konzern

a. Dispositionsbefugnis

Zunächst ist zu klären, wem im Bereich des GmbH-Konzerns die Dispositionsbefugnis über das Vermögen der verbundenen Unternehmen zusteht. Grundsätzlich steht die Dispositionsbefugnis über das Gesellschaftsvermögen bei der unverbundenen GmbH der Gesellschafterversammlung zu.[827] Unklar ist, ob sich dies ändert, wenn die Gesellschaften miteinander verbunden sind. Einfacher erscheint es in diesem Kontext, die Dispositionsbefugnis bei der Konzernmutter zu bestimmen, wenn eine Untreuehandlung zu ihren Lasten durch ein Leitungsorgan der Konzerntochter in Betracht kommt. Dann bleibt es bei der Dispositionsbefugnis der Gesellschafterversammlung der Konzernmutter.

Fraglich ist, wie sich die Situation im umgekehrten Fall darstellt, wenn die Konzerntochter in eine Untreuehandlung zu ihren Lasten durch ein Leitungsorgan der Konzermutter einwilligen möchte. Grundsätzlich steht die Dispositionsbefugnis dann auch der Gesellschafterversammlung der Tochter zu. Jedoch gilt es in diesem Bereich die Verbindung zwischen Mutter und Tochter zu berücksichtigen, denn Erstere hat bekanntlich Weisungsrechte gegenüber Letzterer. Durch die Einwilligung wird nicht allein über die Vermögenssituation der Konzerntochter entschieden, sondern zumindest mittelbar auch über diejenige der Konzernmutter, da diese am Verlust der Tochter beteiligt ist. Entweder trifft die Konzernmutter im Vertragskonzern entsprechend § 302 AktG eine Pflicht zur Verlustübernahme oder im faktischen Konzern entsprechend § 317 Abs. 1 AktG eine Pflicht zum Nachteilsausgleich. Aufgrund dieser Verflechtungen erscheint es notwendig, dass auch die Konzernmutter mit in eine Untreuehandlung einwilligt, damit diese Wirksamkeit erlangt. Fraglich ist in der Folge jedoch, wer für diese Beteiligung in der Konzernmutter verantwortlich bzw. dispositionsbefugt ist. Einerseits wäre auch hier wiederum an die Gesellschafterversammlung zu denken, anderseits könnte diese Zuständigkeit jedoch auch der Geschäftsführung zustehen. Es gilt für eine entsprechende Zuordnung also zu klären, als was für eine Art von Maßnahme die Beteiligung an der Einwilligung einzuordnen ist.

827 Vgl. hierzu ausführlich S. 85 f.

Der Geschäftsführung obliegt die Aufgabe zur Unternehmensleitung[828], die Gesellschafterversammlung ist das Willensbildungsorgan der Gesellschaft, dem auch Strukturmaßnahmen und -entscheidungen obliegen.[829] Grundsätzlich steht die Dispositionsbefugnis hinsichtlich des Vermögens, wie eingehend erläutert, der Gesellschafterversammlung zu. Legt man aber die konzernrechtliche Konstellation zugrunde und berücksichtigt das Verhältnis der verbundenen Unternehmen zueinander, so erscheint die Beteiligung an der Einwilligung als Maßnahme der Geschäftsführung bzw. als Ausübung der Leitungs- und Entscheidungsmacht über das abhängige Unternehmen. Folglich ist im Bereich des herrschenden Unternehmens der Geschäftsführer und nicht die Gesellschafterversammlung dispositionsbefugt, wenn es um das Vermögen der abhängigen Gesellschaft geht.[830] Wie *Busch* zutreffend ausführt, weist die genannte Entscheidung aus Sicht des herrschenden Unternehmens lediglich einen mittelbaren Vermögensbezug auf und

> »dieser mittelbare Vermögensbezug tritt hinter den dominierenden Charakter der aus der Gesellschafterstellung der herrschenden GmbH fließenden Einverständniserteilung als Verwaltung der in Bezug auf die abhängige Gesellschaft bestehenden Beteiligung zurück. Eine solche Beteiligungsverwaltung ist Bestandteil der dem Geschäftsführer grundsätzlich zur selbständigen Wahrnehmung zugewiesenen laufenden Geschäftsführung«.[831]

Oft wird dann in der Vornahme der Untreuehandlung des Leitungsorgans der Konzernmutter zugleich die Einwilligung in eben jene Handlung zu sehen sein.

Im faktischen Konzern, i.R. dessen eine Verknüpfung zwischen den Unternehmen erfolgt, vertritt der Geschäftsführer der Konzernmutter diese als Gesellschafterin in der Gesellschaftsversammlung der Konzerntochter.

Ist die Untreuehandlung zulasten der Konzerntochter gleichzeitig aber auch eine solche zulasten der Konzernmutter, so kann in Letztere mangels Dispositionsbefugnis nicht deren Geschäftsführung, sondern allein die Gesellschafterversammlung wirksam einwilligen.

Besteht zwischen den konzernierten Gesellschaften jedoch eine personelle Verflechtung der Natur, dass die Gesellschafter der Konzernmutter auch Gesellschafter der Tochter sind, so bleibt es bei der Dispositionsbefugnis der Gläubigerversammlung, da durch die genannte Stellung bereits eine Beteiligung der Konzernmutter an der Einwilligung stattfindet.

828 Baumbach/Hueck/*Zöllner*/*Noack*, GmbHG, § 35 Rn. 29.
829 *Schmidt*, Gesellschaftsrecht, S. 837 f.; *Windbichler*, Gesellschaftsrecht, § 25 Rn. 13, § 29 Rn. 1, Rn. 6.
830 *Arnold*, Untreue, S. 197.
831 *Busch*, Konzernuntreue, S. 149.

Folglich gilt es hinsichtlich der Dispositionsbefugnis im Bereich des GmbH-Konzerns insgesamt Folgendes festzuhalten: Grundsätzlich steht auch hier die Dispositionsbefugnis über das Vermögen der Gesellschaft der jeweiligen Gesellschafterversammlung zu. Allein wenn es um eine Einwilligung der abhängigen Gesellschaft geht, ist neben deren Gesellschafterversammlung auch das Geschäftsführungsorgan des herrschenden Unternehmens zu beteiligen, wenn nicht die genannte personelle Verflechtung besteht.

b. Grenzen der Dispositionsbefugnis

Im Weiteren ist zu prüfen, ob dieser Dispositionsbefugnis im Bereich des GmbH-Konzerns Grenzen gesetzt sind. Jedoch sind im Vergleich zur unabhängigen GmbH zunächst keine Unterschiede zu erkennen. Auch hier stellt weder das Stammkapital noch das Existenzinteresse der geschädigten Gesellschaft eine Grenze der Dispositionsbefugnis dar. Der Dispositionsbefugnis der Gesellschafter bzw. teils in Verbindung mit derjenigen der Geschäftsführung sind keine Grenzen gesetzt, weil es kein im Bereich der Untreue relevantes Eigeninteresse der konzernierten Unternehmen gibt.[832] Jedoch gilt es in der Folge zu untersuchen, ob sich aufgrund der Konzernierung etwas anderes ergibt:

Im Bereich des GmbH-Vertragskonzerns kommt es für diese Frage entscheidend darauf an, ob die aktienrechtlichen Regelungen der §§ 291 ff. AktG entsprechend anzuwenden sind. Bis zum MoMiG war dies sehr umstritten: Lehnte man dies ab[833], so blieben die Kapitalerhaltungsvorschriften des GmbHG trotz § 291 Abs. 3 AktG anwendbar. Nahm man hingegen eine Analogie der §§ 291 ff. AktG an[834], so führte dies über § 291 Abs. 3 AktG zur Außerkraftsetzung der Kapitalerhaltungsvorschriften der §§ 30 f. GmbHG. Unter Zugrundelegung der hier vertretenen Auffassung ergaben sich bei beiden Ansichten jedoch insofern keine Unterschiede, als § 30 GmbHG und ein Eigeninteresse im Bereich der Einwilligung in Untreuehandlungen ohnehin nicht als Grenzen für die Dispositionsbefugnis anerkannt werden. Ob § 30 GmbHG im GmbH-Vertragskonzern al-

832 Vgl. hierzu ausführlich S. 88 ff.

833 So Hachenburg/*Goerdeler*/*Müller*, GmbHG, § 30 Rn. 72; *Kühbacher*, Konzernunternehmen, S. 50 ff.; Michalski/*Zeidler*, GmbHG, Syst. Darst. 4 Rn. 51; *Raiser*/*Veil*, Kapitalgesellschaften, § 54 Rn. 36; Scholz/*Emmerich*, GmbHG, Anh. Konzernrecht Rn. 177; *Seibt*, NJW-Spezial 2004, S. 220.

834 So *Fuhrmann*, NZG 2004, S. 554; *Habersack*/*Schürnbrand*, NZG 2004, S. 691; Rowedder/Schmidt-Leithoff/*Pentz*, GmbHG, § 30 Rn. 75; *Schön*, ZHR 1995, S. 373; Scholz/*Westermann*, GmbHG, § 30 Rn. 51; *Sonnehol*/*Groß*, ZHR 1995, S. 409 f.

so Geltung beanspruchte oder nicht, führte zu den gleichen Ergebnissen. Durch das MoMiG wurde § 30 GmbHG jedoch dahingehend verändert, dass dessen Satz 1 nun i.R. des GmbH-Vertragskonzerns ausdrücklich keine Anwendung findet (§ 30 Abs. 1 Satz 2 GmbHG).

Im faktischen GmbH-Konzern ergeben sich ebenfalls keine Unterschiede zur unverbundenen GmbH, denn die §§ 311 ff. AktG finden nach ganz h.M. hier keine entsprechende Anwendung.[835] Auch wenn es dann bei der Anwendbarkeit des § 30 GmbHG bleibt, führt das nicht zu anderen Ergebnissen, denn dieser ist nicht als Dispositionsgrenze i.R. der Einwilligung einzuordnen.[836]

Da der BGH im *Bremer Vulkan*-Urteil[837] die Analogie zu §§ 291 ff. AktG für den qualifiziert faktischen Konzern aufgab, spielt die Regelung des § 291 Abs. 3 AktG hier keine Rolle mehr. Jedoch vertrat der BGH in diesem Urteil, dass die Konzernmutter im faktischen Konzern Rücksicht auf das Existenzinteresse des abhängigen Unternehmens nehmen müsse[838], sodass sich aus dieser Einordnung eine Dispositionsgrenze für die Einwilligung ergeben könnte. Jedoch ist hier abermals darauf hinzuweisen, dass ein solches Eigeninteresse einer GmbH nach eingehender Diskussion abgelehnt wurde[839], weil es sich aus Interessen zusammensetzt, die im Zusammenhang mit der Einwilligung in Untreuehandlungen nicht von Bedeutung sind.[840] Also ergeben sich auch für den qualifiziert faktischen Konzern hinsichtlich der Dispositionsbefugnis keine Unterschiede zur unverbundenen GmbH.

Mithin ist eine entsprechende Einwilligung im Bereich des GmbH-Konzerns auch dann wirksam, wenn sie in stammkapitalmindernde oder existenzgefährdende Handlungen erfolgt. Um dies nochmals zu wiederholen: die Stammkapitalerhaltungsvorschriften schützen Interessen, die i.R. der Untreue irrelevant sind; von Bedeutung sind hier die Interessen der Gesellschafter v.a. auch der

835 Vgl. nur KK AktG/*Koppensteiner*, Vorb. § 311 Rn. 17 ff.; *Kropff*, AG 1993, S. 492 f., der, obwohl er die genannte Analogie bejaht, von der Geltung des § 30 GmbHG ausgeht; *Lutter*/*Hommelhoff*, GmbHG, Anh. 13 Rn. 15; *Zimmerling*, Kapitalerhaltung, S. 102 ff.; a.A.: *Altmeppen*, Haftung, S. 79 ff.

836 Vgl. eingehend S. 88 ff.

837 BGH NJW 2001, S. 3622 ff.

838 BGH NJW 2001, S. 3622 ff. (S. 3623).

839 Vgl. hierzu ausführlich S. 88 ff.

840 Das genannte Unternehmensinteresse soll sich aus Interessen der Gläubiger, der Arbeitnehmer und der Öffentlichkeit zusammensetzen, vgl. *Fleck*, ZHR 1985, S. 395; *Hommelhoff*, Konzernleitungspflicht, S. 256; *Ulmer*, ZHR 1984, S. 419. Da es bei der Untreue jedoch um Vermögensschutz zugunsten des Geschäftsherrn geht, würde die Unwirksamkeit einer Einwilligung aufgrund eines Verstoßes gegen die genannten Interessen, den Anwendungsbereich der Untreue *contra legem* ausdehnen.

Minderheitsgesellschafter. Willigen diese aber in die schädigende Handlung ein, so fehlt es an der für die Untreue relevanten Pflichtverletzung.

c. Weitere Wirksamkeitsvoraussetzungen für die Einwilligung

Daneben ist auch im Rahmen einer Einwilligung im GmbH-Konzern erforderlich, dass der Einwilligende urteils- und einsichtsfähig ist, die Einwilligung ausdrücklich oder konkludent kundgetan wird, diese vor der tatbestandlichen Handlung erfolgt und der jeweils Handelnde von dieser Kenntnis hat.[841]

d. Schranken der Einwilligung

Endlich gilt es zu prüfen, ob die genannte Einwilligung im Bereich des GmbH-Konzerns sonstigen Wirksamkeitsschranken unterliegt. Auch hier ergeben sich im Vergleich zur unabhängigen GmbH keinerlei Unterschiede. Wollte man eine Einwilligung in stammkapitalmindernde oder existenzgefährdende Handlungen als sittenwidrig einordnen, so fehlte hier, wie eingehend untersucht, eine entsprechende Rechtsgrundlage.[842] Daneben finden auch zivilrechtliche Normen, wie § 241 AktG analog auf die Einwilligung keine Anwendung.[843] Einzig Willensmängel können unter Umständen eine Schranke für die Wirksamkeit der Einwilligung sein.[844]

e. Ergebnis

Insgesamt lässt sich zur Einwilligung in Untreuehandlungen im GmbH-Konzern festhalten, dass im Vergleich zur Einwilligung in solche Verhaltensweisen bei der unabhängigen GmbH kaum Unterschiede bestehen. Allein im Bereich der Dispositionsbefugnis im Rahmen der abhängigen Gesellschaft ist eine Differenz erkennbar, da dort die Geschäftsführung der Konzernmutter an einer Einwilligung zu beteiligen ist.

841 Vgl. zu diesen Wirksamkeitsvoraussetzungen ausführlich S. 34 ff.
842 Vgl. hierzu eingehend S. 97 ff.
843 Vgl. hierzu S. 95 ff.
844 Vgl. hierzu ausführlich S. 101 ff.

2. Einwilligung im AG-Konzern

Im Weiteren sind die Möglichkeit und die Voraussetzungen der Einwilligung in Untreuehandlungen im Bereich des AG-Konzerns zu untersuchen.

a. Dispositionsbefugnis

Zunächst ist auch im AG-Konzern zu bestimmen, wem die Dispositionsbefugnis über das Vermögen der konzernierten Unternehmen zusteht. Grundsätzlich – dies wurde im Rahmen der Untersuchung der unabhängigen AG untersucht – steht die Dispositionsbefugnis der Hauptversammlung, also den Aktionären zu.[845] Im Bereich der Konzernmutter steht die Dispositionsbefugnis ebenfalls der Hauptversammlung zu. Soll also in eine Untreuehandlung eines Leitungsorgans der Konzerntochter zulasten der Konzernmutter eingewilligt werden, so ist hierfür die Hauptversammlung des herrschenden Unternehmens zuständig.

Unklar ist jedoch, wem im Bereich des abhängigen Unternehmens die Dispositionsbefugnis zusteht, wenn eine Einwilligung in Untreuehandlungen der Leitungsorgane der Konzernmutter erteilt werden soll. Hier gilt es abermals die konzernrechtliche Verbindung der beiden Unternehmen zu berücksichtigen. Da die Konzernmutter im Vertragskonzern auch hier gem. § 302 AktG eine Pflicht zur Verlustübernahme oder im faktischen Konzern gem. § 317 Abs. 1 AktG eine Pflicht zum Nachteilsausgleich trifft und eine entsprechende Einwilligung also gerade auch Folgen für die Konzernmutter hat, kann die Dispositionsbefugnis nicht der Konzerntochter allein zustehen. Jedoch stellt sich die Situation im faktischen AG-Konzern so dar, dass das herrschende Unternehmen Anteilseigner der abhängigen Gesellschaft ist. Folglich stehen ihr auch Stimmrechte in der Hauptversammlung des abhängigen Unternehmens zu. Aufgrund dieser Beteiligung steht die Dispositionsbefugnis im Bereich der Konzerntochter dann ebenfalls der Hauptversammlung zu.

Fehlt es an einer solchen Beteiligung – dies wird wohl meist im AG-Vertragskonzern der Fall sein – und übt das herrschende Unternehmen ohne personelle Verflechtung Einfluss auf das abhängige Unternehmen aus, dann ist Ersteres dennoch an einer Einwilligung zu beteiligen. Diese Beteiligung könnte dann entweder durch den Vorstand oder durch die Hauptversammlung ausgeübt werden. Folglich gilt es wie bei der GmbH zu prüfen, in wessen Zuständigkeit eine solche Einwilligungsentscheidung fällt. Der Vorstand ist zur Geschäftsführung

845 Vgl. ausführlich S. 152 ff.

und Leitung der Gesellschaft berufen (§§ 76 f. AktG), der Hauptversammlung kommt Grundlagenkompetenz zu.[846] Da sich hier aber ein Bild wie bei der GmbH zeigt, nämlich, dass die Untreue zulasten der Konzerntochter nur einen mittelbaren Vermögensbezug zur Konzernmutter aufweist, ist die Beteiligung an der Einwilligung eher als Führung der täglichen Geschäfte einzuordnen und somit dem Vorstand zuzuweisen.[847] Oftmals wird dann auch hier in der Vornahme der Untreuehandlung des Leitungsorgans der Konzernmutter zugleich die Einwilligung in eben jene Handlung zu sehen sein.

Im Bereich des Eingliederungskonzerns findet eine Übernahme sämtlicher Aktien der Konzerntochter durch die Konzernmutter statt, dennoch bleiben beide Gesellschaften eigenständige Unternehmen.[848] Aufgrund dieser vollständigen Übernahme steht auch hier die Dispositionsbefugnis der Hauptversammlung zu.

b. Grenze der Dispositionsbefugnis

Im Bereich der unverbundenen AG wurde nach eingehender Untersuchung gesehen, dass der Gesellschaft kein Eigeninteresse zusteht, welches i.R. von § 266 StGB als Grenze für die Dispositionsbefugnis der Aktionäre einzuordnen ist.[849] Dieses oft auch als Unternehmensinteresse bezeichnete Interesse wird von seinen Befürwortern u.a. durch die Grundkapitalbindung in der AG gerechtfertigt.[850] Da diese aber allein dem Gläubigerschutz dient, ist sie nicht als für die Dispositionsbefugnis der Aktionäre relevante Schranke einzuordnen.[851] Das Gleiche muss zunächst auch für die an einem Konzern beteiligten Unternehmen gelten: es gibt kein Eigeninteresse der Gesellschaften, welches eine entsprechende Grenze darstellte. In der Folge ist nun aber zu untersuchen, ob sich aus der Besonderheit der Konzernierung eine Schranke für die Dispositionsbefugnis der Aktionäre ergibt:

Für den Vertragskonzern bestimmt § 291 Abs. 3 AktG, dass Leistungen der Gesellschaft aufgrund eines Beherrschungs- oder eines Gewinnabführungsvertrages nicht als Verstoß gegen die §§ 57, 58 und 60 AktG gelten. Diejenigen Vertreter, die im Bereich der AG in der Grundkapitalbindung des § 57 AktG eine Grenze für die Dispositionsbefugnis erkennen, sehen in der genannten Regelung

846 MK AktG/*Kubis*, § 119 Rn. 2.
847 Vgl. zur Zuständigkeit bei der GmbH S. 232 ff.
848 *Arnold*, Untreue, S. 20 f.
849 Vgl. hierzu eingehend S. 154 ff.
850 Vgl. nur *Hüffer*, AktG, § 57 Rn. 1.
851 Vgl. S. 156 ff.

eine Erweiterung der Dispositionsbefugnis, allerdings nur bis zum Existenzinteresse der Gesellschaft.[852] Da im Rahmen der vorliegenden Arbeit jedoch herausgearbeitet wurde, dass die Grundkapitalbindung keine Grenze für die Dispositionsbefugnis darstellt, ergibt sich i.R. des AG-Vertragskonzerns auch keine entsprechende Erweiterung. Folglich ist hier keine *konzernspezifische* Dispositionsgrenze erkennbar.

Im Bereich des faktischen Konzerns besteht für das herrschende Unternehmen gem. § 311 AktG eine Ausgleichspflicht bei für die Konzerntochter nachteiligen Rechtsgeschäften oder Maßnahmen. Jedoch bewirkt § 311 AktG keine umfassende Außerkraftsetzung der Kapitalerhaltungsvorschriften, sondern diese bleibt auf den Anwendungsbereich des § 311 AktG beschränkt.[853] Da sich nach hier vertretener Auffassung jedoch aus den Kapitalerhaltungsvorschriften keine Dispositionsgrenze ergibt, ist § 311 AktG hinsichtlich einer solchen Schranke auch nicht von Relevanz. Ergänzend sei noch darauf hingewiesen, dass § 311 AktG dem Schutz der Gläubiger und der außenstehenden[854] Aktionäre dient.[855] Geschützt sind also Interessen, die bei Einwilligung der Hauptversammlung für § 266 StGB irrelevant sind, denn § 266 StGB schützt, wie in dieser Arbeit bereits mehrfach betont, keine Gläubigerinteressen und das Schutzinteresse der Minderheitsaktionäre entfällt durch deren Beteiligung an der Einwilligung, denn sie verzichten dann auf ihren Vermögensschutz.

Für den qualifiziert faktischen AG-Konzern gilt nichts anderes als für den qualifiziert faktischen GmbH-Konzern: Der BGH hat im *Bremer Vulkan*-Urteil[856] die Analogie zu §§ 291 ff. AktG für den qualifiziert faktischen Konzern aufgegeben, sodass hier die Regelung des § 291 Abs. 3 AktG keine Rolle mehr spielt. Obwohl der BGH in diesem Urteil äußerte, die Konzernmutter müsse im faktischen Konzern Rücksicht auf das Existenzinteresse des abhängigen Unternehmens nehmen[857], ergibt sich hieraus keine Dispositionsgrenze für die Einwilligung. In diesem Zusammenhang gilt es nochmals zu betonen, dass ein solches Eigeninteresse einer AG deswegen abgelehnt wurde[858], weil es sich aus Interes-

852 Vgl. nur *Arnold*, Untreue, S. 212 f.; *Wellkamp*, NStZ 2001, S. 117.
853 *Habersack/Schürnbrand*, NZG 2004, S. 692.
854 Unter außenstehenden Aktionären sind Minderheitsaktionäre zu verstehen.
855 MK AktG/*Altmeppen*, § 311 Rn. 3.
856 BGH NJW 2001, S. 3622 ff.
857 BGH NJW 2001, S. 3622 ff. (S. 3623).
858 Vgl. hierzu ausführlich S. 156 ff.

sen zusammensetzt, die im Zusammenhang mit der Einwilligung in Untreuehandlungen nicht von Relevanz sind.[859]

Abschließend ist zu prüfen, ob sich im Rahmen von Eingliederungskonzernen Besonderheiten für die Dispositionsgrenze im Bereich der AG ergeben. § 323 Abs. 2 AktG normiert einen vollständigen Ausschluss der Kapitalerhaltungsregeln, denn die Konzernmutter kann das Vermögen der Konzerntochter beliebig an sich ziehen.[860] § 324 Abs. 3 AktG bestimmt dann jedoch eine Ausgleichspflicht der Konzernmutter des der Konzerntochter entstehenden Bilanzverlustes. Diese Ausgleichspflicht spielt aber, da sie eine Art *reparatio damni* wäre, i.R. von § 266 StGB keine Rolle. Da jedoch i.R. der vorliegenden Ausführungen die Ansicht vertreten wird, dass die Kapitalerhaltungsvorschriften und ein sich aus ihnen angeblich abzuleitendes Eigeninteresse der AG keine Grenze für die Dispositionsbefugnis der Aktionäre enthalten, ist auch eine Außerkraftsetzung dieser Vorschriften hier diesbezüglich nicht von Bedeutung. Folglich ergeben sich insgesamt hinsichtlich eventueller Dispositionsgrenzen i.R. der Einwilligung im AG-Konzern keine Unterschiede zur unverbundenen AG.

c. Weitere Wirksamkeitsvoraussetzungen

Auch für die Einwilligung in Untreuehandlungen im AG-Konzern bedarf es wiederum deren weiterer Wirksamkeitsvoraussetzungen, namentlich der Urteils- und Einsichtsfähigkeit, der zumindest konkludenten Äußerung, des Vorliegens vor der Tat und der Kenntnis der Einwilligung.[861]

d. Schranken der Einwilligung

Hinsichtlich eventueller Wirksamkeitsschranken einer Einwilligung in Untreuehandlungen im AG-Konzern ergeben sich ebenfalls keine Unterschiede zur unverbundenen AG. Weder eine mögliche Sittenwidrigkeit noch § 241 AktG oder § 134 BGB i.V.m. anderen Vorschriften stellen eine Schranke für die Wirksam-

859 Im Bereich der AG soll sich ähnlich wie bei der GmbH das angebliche Eigeninteresse aus Interessen der Aktionäre, der Arbeitnehmer und der Allgemeinheit zusammensetzen, vgl. nur *Rönnau*, FS Amelung, S. 261 f. Diese Interessen sind aber, wie gesagt, bei der Schrankenbestimmung der Einwilligung in Untreuehandlungen durch die Aktionäre nicht von Bedeutung, vgl. vertiefend S. 156 ff.

860 *Zimmerling*, Kapitalerhaltung, S. 81.

861 Vgl. hierzu ausführlich S. 34 ff.

keit der Einwilligung dar.[862] Allein Willensmängel können eine entsprechende Einwilligung unwirksam machen.[863]

e. Ergebnis

Insgesamt gilt es folglich festzuhalten, dass sich auch im Bereich der Einwilligung in Untreuehandlungen im AG-Konzern keine Unterschiede zur Einwilligung in entsprechende Handlungen in der unverbundenen AG ergeben. Wie auch im Bereich des GmbH-Konzerns ist eine Differenz allein im Bereich der Dispositionsbefugnis im Rahmen der abhängigen Gesellschaft erkennbar, da dort der Vorstand der Konzernmutter an einer Einwilligung zu beteiligen ist.

3. Einwilligung durch Mehrheit der Gesellschafter- oder Hauptversammlung

Unter Zugrundelegung der Ergebnisse zur Dispositionsbefugnis der Mehrheit der Gesellschafter- und der Hauptversammlung[864], kann für GmbH- und AG-Konzerne nichts anderes gelten: Findet eine Mehrheitsentscheidung der Gesellschafter statt, die die Treuepflichten gegenüber der überstimmten Minderheit und die formellen Regelungen für Entscheidungsprozesse wahrt, so ist auch eine Mehrheitsentscheidung für eine wirksame Einwilligung ausreichend.

ccc. Besondere Untreuehandlungen[865]

1. Cash-Pooling/Cash-Pool-Management

Zunächst ist auf das sog. Cash-Pooling einzugehen, über das auch der BGH im *Bremer Vulkan*-Fall urteilte. Hierbei handelt es sich um ein System zur Konzernfinanzierung, das sich durch eine Zentralisierung der Kassenhaltung auszeichnet.[866] Die konzernierten Unternehmen unterstellen ihre flüssigen Finanzmittel der Konzernmutter, die diese für sämtliche beteiligte Gesellschaften in einem

862 Vgl. eingehend S. 160 f.
863 Vgl. hierzu S. 101 ff.
864 Vgl. hierzu ausführlich für die GmbH S. 107 ff. und für die AG S. 162 ff.
865 Auswahl der diskutierten Fallgruppen nach *Arnold*, Untreue, S. 227 ff.
866 Lüdicke/Sistermann/*Eilers*/*Ottermann*, Unternehmenssteuerrecht, § 8 Rn. 33.

Pool sammelt und verwaltet.[867] Diese Übertragung der Finanzmittel erfolgt zumeist durch Darlehensvereinbarungen zwischen Konzernmutter und -tochter. Letztere gewährt Ersterer also ein Darlehen, was die Konzerntochter jedoch bei Bedarf zurückgezahlt bekommen soll, um ihren Liquiditätsbedarf zu befriedigen.[868] Durch ein solches System soll die Liquidität für alle verbundenen Unternehmen gesichert werden[869], da Liquiditätsbedarf und Liquiditätsüberschüsse in Ausgleich gebracht werden.[870]

Im Zusammenhang mit solchen Cash-Pool-Systemen stellt sich dann die Frage, ob das Einstellen des Geldes in ein solches System den Tatbestand der Untreue verwirklicht bzw. unter welchen Voraussetzungen die Verwendung der eingestellten Finanzmittel durch die Konzernmutter eine Untreue gem. § 266 StGB darstellt.

Dafür wäre zunächst zu klären, ob die Konzernmutter bzw. deren Leitungsorgane durch die Verwaltung dieses Systems eine Vermögensbetreuungspflicht trifft.[871] Da jedoch gesehen wurde, dass die Leitungsorgane der Konzernmutter im faktischen und qualifiziert faktischen Konzern grundsätzlich eine Vermögensbetreuungspflicht i.S.d. § 266 StGB aus ihrer tatsächlichen Stellung gegenüber dem Vermögen der Konzerntochter trifft[872], ergeben sich diesbezüglich i.R. eines Cash-Management-Systems keine Besonderheiten. Im Bereich des Vertragskonzerns ergibt sich nur teilweise eine entsprechende Pflicht der Leitungsorgane. Besteht eine solche nicht, so wäre zu prüfen, ob sich eine solche Pflicht durch das Cash-Managementsystem ergibt. Dies ist aber abzulehnen, weil es sich bei diesem System, wie gesagt, um Darlehensverträge handelt und sich innerhalb dieser typischerweise keine Vermögensbetreuungspflicht des Darlehensnehmers

867 *Arnold*, Untreue, S. 76; *Roth/Altmeppen*, GmbHG, § 30 Rn. 92.
868 *Ammelung/Kaeser*, DStR 2003, S. 659; MK BGB/*Berger*, Vor § 488 Rn. 31 f.
869 *Arnold*, Untreue, S. 77.
870 *Rönnau*, FS Samson, S. 426 f.; *Winter*, NJW-Spezial 2006, S. 267.
871 Teils wurde den Äußerungen des BGH im *Bremer Vulkan*-Urteil entnommen, auch Kreditverhältnisse seien von nun an dem Schutz des § 266 StGB unterworfen (*Wattenberg*, StV 2005, S. 524 f.; *Schünemann*, LM, Bl. 902 für das Urteil des Zivilsenats). Jedoch wurde bereits erläutert, dass der BGH in dem genannten Fall die Vermögensbetreuungspflicht aus dem existenzgefährdenden Eingriff herleitete, nicht jedoch aus dem Cashpool-System bzw. Darlehensverhältnis (vgl. hierzu S. 221 ff.); auch der Zivilsenat hatte die Vermögensbetreuungspflicht nicht aus dem »konzernierten Liquiditätsverbund« hergeleitet, wie es der 1. Leitsatz vermuten lässt, sondern aus seiner Stellung als beherrschendes Unternehmen, BGH NJW 2001, S. 3622 ff. (S. 3623).
872 Vgl. näher S. 220 ff.

gegenüber dem Darlehensgeber ergibt.[873] Denn der Darlehensnehmer handelt keineswegs in fremdem, sondern allein in eigenem Interesse. Ihn trifft die Hauptpflicht, den Kredit zuzüglich Zinsen zurückzuzahlen; er hat an die Bank zu leisten, nicht für sie zu handeln.[874]

Anderseits trifft die Leitungsorgane der Konzerntochter, also Geschäftsführer oder Vorstand, eine Vermögensbetreuungspflicht gegenüber ihrer Gesellschaft, sodass, wie angekündigt, zu klären sein wird, ob die durch sie veranlasste Einstellung von Geldern in ein solches System als Pflichtverletzung i.S.d. der Untreue zu werten ist.

Grundsätzlich ist den Leitungsorganen diesbezüglich ein weiter Ermessensspielraum zuzubilligen. Sie haben zu prüfen, welche Gefahren mit der Einstellung der Gelder in ein solches System verbunden sind, insbesondere beispielsweise, wie es um die Kreditwürdigkeit der Konzernmutter bestellt ist. Anderseits gilt es aber auch zu prüfen, wie sich die Zinssituation darstellt und ob nicht im Rahmen einer anderen Anlage höhere Erträge hätten erzielt werden können.[875] Namentlich sind hier wohl das Interesse der Gesellschaft, der Drittvergleich und die Sicherheit des Rückgewährsanspruchs zu berücksichtigen.[876] Werden Vor- und Nachteile einer solchen Einstellung sachgerecht gegeneinander abgewogen, so kann, auch wenn die Konzernmutter später ausfällt, nicht von einer Pflichtverletzung gesprochen werden.[877] Nimmt das Leitungsorgan eine solche Abwägung und Prüfung jedoch nicht vor, so verletzt sie durch die Einstellung ihre Pflichten hinsichtlich des Gesellschaftsvermögens, sodass eine tatbestandliche Handlung i.S.d. § 266 StGB gegeben ist. In der Folge wäre dann zu untersuchen, ob der Tochtergesellschaft ein Schaden entstanden ist; i.R. dessen wäre zu prüfen, wie werthaltig die Darlehensforderung ist. Da es für die vorliegende Untersuchung aber primär auf die Pflichtverletzung und nicht auf den Nachteil i.S.d. Untreue ankommt, soll auf weitere detailliertere Ausführungen zu diesem Prüfungspunkt hier abermals verzichtet werden.[878]

873 BGH NStZ 1984, S. 118 f. (S. 119); MK StGB/*Dierlamm*, § 266 Rn. 70; NK/*Kindhäuser*, § 266 Rn. 57; Schönke/Schröder/*Perron*, StGB, § 266 Rn. 26; BeckOK StGB/*Wittig*, § 266 Rn. 34.5.

874 BGH StV 1984, S. 326; MK StGB/*Dierlamm*, § 266 Rn. 70; für ähnliche Situation des Girovertrags vgl. BGH NJW 1972, S. 1904 f.

875 *Arnold*, Untreue, S. 231.

876 *Seibt*, NJW-Spezial 2004, S. 220; *Schilmar* diskutiert noch das Kriterium der Kreditwürdigkeit, *Schilmar*, DB 2004, S. 1414. Das Kriterium des Drittvergleichs ist wohl seit dem MoMiG nicht mehr von Relevanz, so *Kiefner/Theusinger*, NZG 2008, S. 806; *Rönnau*, FS Samson, S. 432 f.

877 Siehe hierzu näher *Rönnau*, FS Samson, S. 434 f.

878 Vertiefend zum Vermögensschaden vgl. *Arnold*, Untreue, S. 228 ff.

Weiterhin ist zu untersuchen, inwieweit die Leitungsorgane der Konzernmutter ihre Vermögensbetreuungspflicht, wenn sie eine solche trifft, gegenüber der Konzerntochter verletzen, wenn sie die in das Cashpool-System eingebrachten Gelder verwenden. Hier gilt es Sinn und Zweck der genannten Systeme zu berücksichtigen. Diese dienen der Konzernfinanzierung, d.h. es soll im Rahmen konzernierter Unternehmen sichergestellt werden, dass Liquiditätsbedarf und Liquiditätsüberschüsse im Konzern in Ausgleich gebracht werden sollen.[879] Dies bedeutet, es liegt in der Natur des Systems, dass Finanzmittel im Zuge dieses Ausgleichs verschoben werden. Eine Pflichtverletzung i.S.d. § 266 StGB wird also erst dann gegeben sein, wenn die Konzernmutter nicht mehr in der Lage ist, den Liquiditätsbedarf einer Tochter, die zuvor Mittel in das Cash-Pool-System eingestellt hatte, zu befriedigen. Dann kommt sie ihrer Pflicht, das Vermögen zu betreuen, nicht nach.

Im Fall *Bremer Vulkan* entwickelte der BGH sowohl die Vermögensbetreuungspflicht der Konzernmutter aus dem existenzgefährdenden Eingriff als auch die für § 266 StGB erforderliche Pflichtverletzung.[880] Dass diese Einordnung nicht überzeugen kann, wurde bereits eingehend erläutert.[881] Dennoch ist dem BGH insofern zuzustimmen, als er in diesem Zusammenhang dann eine untreuerelevante Pflichtverletzung annahm, wenn die Konzernmutter nicht mehr die Rückzahlung der eingestellten Gelder vornehmen kann und das abhängige Unternehmen dadurch nicht in der Lage ist, den eigenen Verbindlichkeiten nachzukommen.[882] Dies bedeutet, eine Pflichtverletzung i.S.d. Untreue ist erst dann gegeben, wenn der Bedarf der Tochter an Finanzmitteln nicht befriedigt werden kann. Dass die Konzernmutter nicht in der Lage ist, stets sofort sämtliche einge-

879 *Winter*, NJW-Spezial 2006, S. 267.

880 BGH NStZ 2004, S. 559 ff. (S. 561).

881 Vgl. S. 221 ff.

882 So auch der Zivilsenat im Fall *Bremer Vulkan*, BGH NJW 2001, S. 3622 ff. (S. 3623); der BGH prüfte in diesem Verfahren jedoch noch eine weitere Untreue. Im Rahmen des Konzerns hatten Tochtergesellschaften zweckgebundene staatliche Subventionen erhalten, die bedingt durch das Cash-Pooling dann auch für andere als die vorgesehenen Zwecke ausgegeben wurden. Es ging folglich um die Frage, ob der Subventionsempfänger durch anderweitige Investierung des Geldes eine Untreue zulasten des Subventionsgebers begangen hatte. Dies lehnte der Strafsenat des BGH ab, da es bereits an einer Vermögensbetreuungspflicht des Subventionsempfängers fehlte, denn dieser werde nicht fremdnützig, sondern vielmehr mit dem Ziel der eigenen Wertschöpfung tätig, BGH NStZ 2004, S. 559 ff. (S. 561). Der Zivilsenat hingegen bejahte eine Vermögensbetreuungspflicht des Subventionsempfängers aufgrund der Zweckgebundenheit der Subvention. Den Tatbestand der Untreue sah er aber insofern nicht als erfüllt an, als diese Betreuungspflicht nicht das in Rede stehende Unternehmen, sondern ein anderes am Konzern beteiligtes Unternehmen traf, BGH NJW 2001, S. 3622 ff. (S. 3626).

zahlten Gelder zurückzuzahlen, liegt in dem Mechanismus des Cash-Poolings begründet. Aber das System, das gerade darauf ausgerichtet und angelegt ist, die Finanzmittel der Konzernmitglieder zu verwalten und Überschuss und Bedarf in Ausgleich zu bringen, muss so organisiert sein, dass ein entsprechender *Bedarf* an Finanzmitteln befriedigt werden kann. Kann die Konzernmutter also einem bedürftigen Konzernmitglied, welches zuvor Gelder in das System eingezahlt hatte, keine Finanzmittel zur Verfügung stellen, so ist darin eine Pflichtverletzung i.S.d. § 266 StGB zu sehen, wenn das bedürftige Mitglied dadurch nicht mehr in der Lage ist, seinen Verbindlichkeiten nachzukommen.

Ergibt sich folglich im Zusammenhang mit Cash-Pool-Systemen die Möglichkeit einer Untreuestrafbarkeit sowohl der Leitungsorgane der Tochtergesellschaft als auch derjenigen der Konzernmutter, so ist in der Folge zu erörtern, wie sich eine Einwilligung in diese Handlungen auswirkt. Da es sich in beiden Fallkonstellationen je um eine Untreue zulasten der Konzerntochter handelt, kommt eine Einwilligung derselben unter Beteiligung der Konzernmutter in Betracht.[883] Geht es um eine Untreue des Leitungsorgans der Tochtergesellschaft durch Einstellung der Gelder in ein entsprechendes System, so kann in der Aufforderung der Konzernmutter, die genannte Einstellung vorzunehmen, bereits eine Einwilligung ihrerseits gesehen werden.[884] Daneben muss auch die Gesellschafterversammlung der Konzerntochter zustimmen. Aber auch bei einer Einwilligung in eine Untreuehandlung zulasten der Konzerntochter durch ein Leitungsorgan der Konzernmutter müssen diese und die Gläubigerversammlung der Tochter einwilligen. Liegt eine solche Einwilligung, die frei von Willensmängeln ist, vor, so fehlt es in der Folge bereits an der Pflichtwidrigkeit der genannten Handlungen und somit am Tatbestand der Untreue. Die Kapitalerhaltungsregeln sind auch hier, wie ausführlich dargelegt[885], nicht als Dispositionsgrenze einzuordnen.

2. Upstream-Besicherung

Im Weiteren gilt es zu untersuchen, inwieweit die Bestellung von Upstream-Sicherheiten eine Pflichtverletzung i.S.d. Untreue ist. Unter einer Upstream-Besicherung ist im Konzern die Bestellung einer Sicherheit durch die Konzerntochter für die Konzernmutter oder umgekehrt zu verstehen. Meist soll dadurch

883 Vgl. zur Notwendigkeit der Beteiligung der Konzernmutter beim GmbH-Konzern S. 232 ff. und beim AG-Konzern S. 237 f.

884 *Arnold*, Untreue, S. 231.

885 Vgl. ausführlich zum GmbH-Konzern S. 234 ff. und zum AG-Konzern S. 238 ff.

ein Darlehen der Mutter gesichert werden.[886] Eine solche Upstream-Besicherung kann zwar auch zwischen Aktionär und Gesellschaft erfolgen, ist aber insofern unzulässig, als die Sicherheitenbestellung für den Aktionär als gegen § 57 AktG bzw. bei einer GmbH gegen § 30 GmbHG verstoßende Leistung der AG zu qualifizieren ist, denn die AG übernimmt in einem solchen Fall das Insolvenzrisiko des Aktionärs.[887] Im Bereich konzernierter Unternehmen ist eine solche Upstream-Besicherung dann zulässig, wenn die Konzernspitze zentral ein Darlehen aufnimmt und danach zumindest in Höhe der von der Konzerntochter bestellten Sicherheit die Mittel an diese weiterleitet.[888] Dann erhält die Tochter für ihre Leistung einen Ausgleich. Jedoch stellt sich die Frage, ob sich das Leitungsorgan des jeweiligen Konzernunternehmens einer Untreue strafbar macht, wenn es die Bestellung einer Sicherheit für ein anderes Unternehmen veranlasst, ohne dass entsprechende Mittel weitergeleitet werden. Da bei Inanspruchnahme der Sicherheit durch den Sicherungsnehmer das Vermögen der sicherungsgebenden Gesellschaft geschmälert wird, entsteht dieser ein Schaden i.S.d. § 266 StGB. Erkennt man mit dem BGH das Institut der schadensgleichen Vermögensgefährdung an, so kann dem sicherungsgebenden Unternehmen bereits mit Übernahme der Sicherheit ein Nachteil entstehen.[889] Fraglich ist also, inwieweit die Übernahme einer entsprechenden Sicherheit eine Pflichtverletzung i.S.d. § 266 StGB ist. Dass die Leitungsorgane der konzernierten Unternehmen eine Vermögensbetreuungspflicht trifft bzw. treffen kann, wurde eingehend erläutert.[890] Auch bei der Entscheidung, ob entsprechende Sicherheiten bestellt werden, steht der Geschäftsführung bzw. dem Vorstand wiederum ein breiter Ermessensspielraum zu.[891] Sie haben die Risiken einer solchen Bestellung zu berücksichtigen. Namentlich sind hier vor allem die Wahrscheinlichkeit der Inanspruchnahme und

886 *Arnold*, Untreue, S. 232; *Schön*, ZHR 1995, S. 354; als in der Praxis relevante Sicherheiten nennt *Henze* Grundpfandrechte, Zessionen und Sicherungsübereignung, Verpfändung von Depotwerten, Forderungen oder Sachen sowie Personalsicherheiten wie Garantie, Bürgschaft und Mithaftung, *Henze*, WM 2005, S. 721.

887 MK AktG/*Bayer*, § 57 Rn. 104; *Bayer*, FS Lutter, S. 1024; *Bayer*/*Lieder*, ZGR 2005, S. 141 ff.

888 MK AktG/*Bayer*, § 57 Rn. 106; *Bayer*, FS Lutter, S. 1025; *Kiefner*/*Theusinger*, NZG 2008, S. 803.

889 *Arnold*, Untreue, S. 232; MK AktG/*Bayer*, § 57 Rn. 104; *Kollmorgen*/*Santelmann*/*Weiß*, BB 2009, S. 1818; *Messer*, ZHR 1995, S. 376 f.; *Schön*, ZHR 1995, S. 357 ff., die jeweils erläutern, dass bereits die Übernahme der Sicherheit als Auszahlung gem. § 30 GmbHG bzw. als Rückgewähr i.S.d. § 57 AktG zu begreifen ist. A.A.: *Tillmann*, NZG 2008, S. 404.

890 Vgl. S. 215 ff.

891 *Arnold*, Untreue, S. 233.

die Vollwertigkeit des Rückgriffsanspruchs zu beachten.[892] Erst wenn keine solche Abwägung stattfindet, bzw. eine fehlerhafte Bewertung und Abwägung, kann von einer Pflichtverletzung i.S.d. Untreue gesprochen werden. Wird durch die Besicherung gegen Kapitalerhaltungsregeln verstoßen, so ist dies jedoch zweifelsohne als Pflichtverletzung zu werten. Im Rahmen konzernierter Unternehmen gilt es dann aber § 291 Abs. 3 und § 311 Abs. 2 AktG zu berücksichtigen, die die Kapitalerhaltungsvorschriften teils außer Kraft setzen.

Liegt eine wirksame Einwilligung der jeweiligen Gesellschaft vor, so lässt dies die Strafbarkeit des Handelnden entfallen. Im Rahmen dieser Einwilligung gilt dann wiederum weder § 30 GmbHG[893] noch § 57 AktG[894] bzw. ein Eigeninteresse der jeweiligen Gesellschaft als Dispositionsgrenze für die Gesellschafter.

3. Unternehmenserwerb durch Buy-out-Verfahren

Eine weitere untreuerelevante Verhaltensweise im Bereich konzernierter Unternehmen ist der Unternehmenserwerb durch den sog. Buy-out. Hierbei handelt es sich um einen Unternehmenskauf, der hauptsächlich durch die Zielgesellschaft finanziert wird, es erfolgt also eine Fremdfinanzierung durch das zu erwerbende Unternehmen.[895] Die Gestaltungsmöglichkeiten solcher Fremdfinanzierungen sind vielschichtig.[896] Diese Finanzierung kann beispielsweise so erfolgen, dass die Erwerbergesellschaft für den Kaufpreis einen Kredit aufnimmt, der dann nach dem Erwerb entweder mit den Mitteln der Zielgesellschaft getilgt wird, oder die Erträge der erworbenen Gesellschaft werden zur Zinstilgung verwendet.[897] Daneben ist denkbar, dass das erwerbende Unternehmen das Vermögen des erworbenen Unternehmens zur Besicherung der Kaufpreisfinanzierung verwendet.[898] Folglich stellen sich in diesem Zusammenhang hinsichtlich der Untreue zwei Fragen: Trifft die handelnden Personen bereits eine Vermögensbetreuungspflicht gegenüber dem zu erwerbenden Unternehmen und stellt diese

892 *Kiefner/Theusinger*, NZG 2008, S. 805.
893 Vgl. ausführlich S. 88 ff.
894 Vgl. S. 156 ff.
895 *Arnold*, Untreue, S. 78.
896 Aufgrund dieser zahlreichen Gestaltungsmöglichkeiten ist es nicht möglich, dieses Instrument in allen Details zu beschreiben und zu erläutern, so auch *Arnold*, Untreue, S. 78. Vorliegend soll versucht werden, die Problemfelder, die sich i.R. eines solchen Buy-outs im Hinblick auf § 266 StGB ergeben können, überblicksartig darzustellen. Vertiefend zu den unterschiedlichen Modellen des Buy-outs vgl. *Fleischer*, AG 1996, S. 497 f.
897 *Kerber*, DB 2004, S. 1027.
898 Hölters/*Semler*, Handbuch, Teil VII Rn. 272.

Fremdfinanzierung eine Pflichtverletzung i.S.d. § 266 StGB dar? Die erste Frage ist insofern zu bejahen, als die Fremdfinanzierung erst erfolgt, nachdem das Unternehmen erworben wurde und somit entweder bereits eine Verschmelzung oder zumindest eine Konzernierung stattgefunden hat. Erst dann haben die Leitungsorgane der Erwerbsgesellschaft auch tatsächlich die Möglichkeit, Zugriff auf das Vermögen der erworbenen Gesellschaft zu nehmen. Folglich trifft die genannten Leitungsorgane zweifelsohne eine Vermögensbetreuungspflicht gegenüber der erworbenen Gesellschaft aus ihrer tatsächlichen Stellung, denn durch den Kauf findet eine Verknüpfung der Unternehmen statt.

Hinsichtlich der zweiten Frage und zwar derjenigen nach der Pflichtverletzung gilt es abermals die Kapitalerhaltungsvorschriften des GmbHG und des AktG zu berücksichtigen. Werden diese durch das Finanzierungsmodell verletzt, so ist dies als Pflichtverletzung i.S.d. Untreue zu bewerten.[899] Bei entsprechender Einwilligung der Gesellschafter des erworbenen Unternehmens unter Beteiligung der Erwerbergesellschaft – wenn eine Konzernierung vorliegt – lässt diese die Pflichtwidrigkeit und damit die Strafbarkeit des Handelnden abermals entfallen. Findet i.R. der Buy-outs eine Upstream-Besicherung statt, so sind i.R. der Ermessensausübung durch das Leitungsorgan der Erwerbergesellschaft die genannten Grundsätze zu berücksichtigen.[900] Auch hier ist dann, wenn eine entsprechende Vermögensbetreuungspflicht verletzt wird, wieder eine Einwilligung möglich, die bereits die Pflichtwidrigkeit entfallen lässt. Im Rahmen einer solchen Einwilligung sind die Kapitalerhaltungsvorschriften jedoch nicht von Relevanz.[901]

4. Aushöhlung von Unternehmen und Vermögensverschiebung im Konzern

Endlich ist im Bereich der besonderen Verhaltensweisen noch auf die Aushöhlung von Unternehmen einzugehen.[902] Hierbei werden zumeist Unternehmen erworben, um ihnen die lukrativen Geschäftsbereiche oder wertvollen Vermögens-

899 *Otto*, DB 1989, S. 1392; *Peltzer*, DB 1987, S. 977; *Schäfer*, GmbHR 1993, S. 795 f.; *Tiedemann*, GmbH-Strafrecht, Vor §§ 82 ff. Rn. 16; *Wagner*, wistra 1992, S. 163 f.; *Wittkowski*, GmbHR 1990, S. 547 f., jeweils zum Spezialfall des Management-Buy-outs, wodurch sich aber keine Besonderheiten bzgl. § 266 StGB ergeben. Zur zivilrechtlichen Pflichtwidrigkeit vgl. *Koppensteiner*, ZHR 1991, S. 104 f.

900 Vgl. S. 245 f.

901 Vgl. für die GmbH und den GmbH-Konzern S. 88 ff. und S. 234 ff. und für die AG und den AG-Konzern S. 156 ff. und S. 238 ff.

902 Diese Begrifflichkeit wurde von *Lampe* geprägt, *Lampe*, GA 1987, S. 241 ff.

gegenstände zu entziehen. Teils erfolgt dies aber auch im Rahmen konzernierter Unternehmen, um bei drohendem Niedergang einer Tochtergesellschaft deren lukrative Geschäftsbereiche und Vermögensgegenstände zu *retten*. Hierzu werden diese dann zu nicht marktgerechten Preisen von einem anderen am Konzern beteiligten Unternehmen erworben, die teilweise zuvor als Auffanggesellschaften gegründet wurden.[903] Durch dieses Aushöhlen, welches nur noch eine leere Hülle der Gesellschaft übrig lässt, wird das Unternehmen im Prinzip in die Insolvenz getrieben. Trifft die Leitungsorgane der Konzernmutter eine Vermögensbetreuungspflicht gegenüber der Konzerntochter, so stellt dieses umfangreiche Entziehen von Vermögen eine Pflichtverletzung i.S.d. § 266 StGB dar. Durch dieses Vorgehen gelingt es, die Vermögensmasse des Unternehmens zu schmälern, um diese vor dem Zugriff der Gläubiger im Insolvenzverfahren zu schützen.[904]

Liegt eine wirksame Einwilligung vor, so lässt dies aber auch in diesem Fall die genannte Pflichtwidrigkeit entfallen. Ab dem Zeitpunkt, in dem sich das Unternehmen, welches ausgehöhlt wird, aber in einer Krise i.S.d. §§ 283 ff. StGB befindet, kommt eine Strafbarkeit nach den Insolvenzdelikten in Betracht. Diese wird dem Schutz der Gläubiger gerecht, weil diese Vorschriften gerade jenem dienen; § 266 StGB ist hierfür bei wirksamer Einwilligung dann nicht von Relevanz, da er, wie bereits mehrfach betont, nicht dem Gläubigerschutz dient.

Anderseits erscheint es im Konzern auch denkbar, dass Vermögen von einer gesunden zu einer sich in der Krise befindenden Gesellschaft verschoben wird, um diese zu retten bzw. vor der Insolvenz zu bewahren. Diese Vermögensverschiebung erfolgt meist über Kaufverträge, im Rahmen derer dann, anders als in der soeben angeführten Konstellation, überhöhte Preise gezahlt werden, um so die Bilanz des maroden Unternehmens zu schönen.[905] Findet im Zuge dieser Zahlungen eine Verletzung der Kapitalerhaltungsregeln statt, so liegt die erforderliche Pflichtverletzung vor, die dann wiederum durch eine Einwilligung der Gesellschafter beseitigt werden kann. Jedoch kann sich eine Pflichtverletzung in diesem Zusammenhang auch ohne Verstoß gegen die Kapitalerhaltungsregeln ergeben und zwar dadurch, dass das Unternehmen zu einem erheblich über dem Marktpreis liegenden Preis erworben wird. Das gesunde Unternehmen nimmt so ein nachteiliges Rechtsgeschäft vor, welches bei pflichtgemäßer Ermessensausübung unterblieben wäre bzw. zu anderen Konditionen abgeschlossen worden wäre. Jedoch entfällt auch hier bei wirksamer Einwilligung die Pflichtverletzung.

903 *Arnold*, Untreue, S. 235 f.
904 *Arnold*, Untreue, S. 80.
905 *Arnold*, Untreue, S. 80.

Fehlt es daran, so wäre im Rahmen des Nachteils zu prüfen, inwieweit der entstandene Schaden durch die Vorteile der Rettung eines verbundenen Unternehmens kompensiert würde.[906] Mangels Relevanz für die vorliegende Untersuchung ist dies hier aber nicht zu vertiefen.

ddd. Ergebnis zu besonderen Verhaltensweisen

Im Zusammenhang mit den soeben untersuchten besonderen Untreuehandlungen im Konzern, erscheint wichtig, dass sowohl Cash-Pooling als auch die sog. Upstream-Besicherung als Leistung i.S.d. § 30 GmbHG und § 57 AktG eingeordnet werden, wenn sie das Stamm- bzw. Grundkapital betreffen, sodass diese Handlungen als Pflichtverletzung i.S.d. § 266 StGB zu bewerten sind. Außerhalb der Kapitalerhaltungsvorschriften steht den Handelnden ein Ermessensspielraum zu.

cc. Zwischenergebnis

Die Einwilligung der Gesellschaftergesamtheit, aber auch ihrer Mehrheit lässt also auch im Bereich von GmbH- und AG-Konzernen die Untreuestrafbarkeit des Handelnden entfallen.

c. Ergebnis zu Konzernen

Insgesamt gilt es zur Einwilligung in Untreuehandlungen im Bereich konzernierter Unternehmen festzuhalten, dass sich im Vergleich zu der unverbundenen GmbH und der unverbundenen AG keine großen Unterschiede ergeben. Der Besonderheit, dass die Unternehmen verbunden sind, wird im Rahmen der Einwilligung dadurch Rechnung getragen, dass zumindest bei Einwilligung der Konzerntochter auch die Konzernmutter zu beteiligen ist. Hinsichtlich der Frage, ob die Kapitalerhaltungsvorschriften des GmbHG und des AktG als Grenze für die Dispositionsbefugnis der Gesellschafter einzuordnen sind, ergibt sich auch im Bereich der Konzerne kein anderes Ergebnis. Entweder gelten die genannten Vorschriften für das Tochterunternehmen bereits aufgrund ausdrücklicher gesetzlicher Regelungen nicht (§ 291 Abs. 3 AktG auch i.V.m. § 30 Abs.1 Satz 2 GmbHG, § 311 Abs. 1 AktG) oder aber, so im Bereich des faktischen GmbH-

906 *Arnold*, Untreue, S. 80.

Konzerns, das vermeintliche Eigeninteresse der Gesellschaften, das zumeist an den Kapitalerhaltungsregeln festgemacht wird, stellt keinerlei Dispositionsschranke dar.

Als Wirksamkeitsschranke für die Einwilligung kommen auch hier allein Willensmängel in Betracht.[907]

6. Personengesellschaften

Nachdem eingehend Möglichkeit, Reichweite und Schranken der Einwilligung in Untreuehandlungen im Bereich der juristischen Personen erörtert wurden, soll nun betrachtet werden, ob und wie die Einwilligung in Untreuehandlungen bei Personengesellschaften möglich ist. Da sich die unterschiedlichen Personengesellschaften in vieler Hinsicht ähneln, soll nur dort auf Unterschiede eingegangen werden, wo diese relevant erscheinen.

a. Struktur und Aufbau der Personengesellschaften

Wie bereits zu Beginn der vorliegenden Arbeit erwähnt, fehlt es bei den Personengesellschaften im Gegensatz zu den juristischen Personen an der Verselbstständigung der Organisation von ihren Mitgliedern, da die Gesellschafter bzw. Mitglieder selbst Träger sämtlicher Rechte und Pflichten sind. Daneben gilt das Prinzip der Selbstorganschaft, welches bedeutet, dass allein die Mitglieder der Gesellschaft zur Geschäftsführung und Vertretung derselben berechtigt und verpflichtet sind.[908] Die Personengesellschaften sind Gesamthandsgemeinschaften, d.h. das Vermögen ist nicht der Gesellschaft, sondern den Gesellschaftern zur gesamten Hand zugeordnet (§§ 718, 719 BGB, auch i.V.m. §§ 105 Abs. 3, 161 Abs. 2 HGB).[909] Folglich steht den Gesellschaftern ein Anteil am Gesamtvermögen zu; diese Beteiligung ist »untrennbarer Bestandteil der Mitgliedschaft«[910]. Obwohl die Personengesellschaften keine juristischen Personen sind, kommt ihnen Rechtsfähigkeit zu, d.h. sie können eigenständig am Rechtsverkehr teilnehmen.

907 Vgl. ausführlich S. 101 ff.

908 *Kindler*, Gesellschaftsrecht, § 9 Rn. 13; *Windbichler*, Gesellschaftsrecht, § 2 Rn. 17.

909 *Kindler*, Gesellschaftsrecht, § 9 Rn. 16; eine neuere Ansicht sieht dies anders, da sie von einer weitgehenden Angleichung der Personengesellschaften an die juristischen Personen ausgeht; dazu aber ausführlich S. 256 ff.

910 *Windbichler*, Gesellschaftsrecht, § 3 Rn. 5.

b. Besonderheiten der jeweiligen Gesellschaften

Nach diesen allgemeinen Grundlagen soll nun kurz auf die jeweiligen Besonderheiten der unterschiedlichen Personengesellschaften eingegangen werden.

aa. Gesellschaft bürgerlichen Rechts (GbR)

Gewissermaßen die Grundform der Personengesellschaften ist die GbR. In dem für sie notwendigerweise abzuschließenden Gesellschaftsvertrag verpflichten sich die Gesellschafter zur Erreichung eines gemeinsamen Zwecks, den es vor allem durch die Leistung der vereinbarten Beiträge zu fördern gilt (§ 705 BGB). Die GbR kann sowohl als Innen- wie auch als Außengesellschaft bestehen. Ersteres ist dann der Fall, wenn die Gesellschaft nicht nach außen auftritt und ihre Tätigkeit sich auf das Innenverhältnis beschränkt, also auf das Verhältnis der Gesellschafter untereinander.[911] Die Außengesellschaft hingegen nimmt am Rechtsverkehr teil, tritt also nach außen auf, sodass es auch auf das Verhältnis der Gesellschaft zu Dritten ankommt. Relevant ist diese Unterscheidung für die unterschiedlichen Untreuehandlungen im Bereich der GbR, da der Missbrauchstatbestand bei einer reinen Innengesellschaft nicht von Bedeutung ist, denn eine Gesellschaft, die nach außen nicht in Erscheinung tritt, kann auch nicht Dritten gegenüber verpflichtet werden.

Ist die Gesellschaft Außengesellschaft, so wird sie, wenn nichts anderes vereinbart ist, durch ihre oder ihren Geschäftsführer vertreten, denn gem. § 714 BGB deckt sich die Geschäftsführungsbefugnis mit der Vertretungsmacht. Wurde also nichts anderes vereinbart, dann besteht bei der GbR Gesamtgeschäftsführung (§ 709 BGB) und somit auch Gesamtvertretungsmacht.[912] Natürlich kann auch bestimmt werden, dass Einzelvertretungsmacht besteht.

Handeln die Gesellschafter oder – wenn ihm Einzelvertretungsmacht zusteht – ein Gesellschafter wirksam für die GbR, so wird die Gesellschaft verpflichtet und berechtigt. Umstritten ist jedoch, wie dies rechtlich zu begründen ist. Während einerseits angenommen wird bzw. wurde, der oder die handelnden Gesellschafter, verpflichteten und berechtigten unmittelbar auch die anderen Gesellschafter, sodass diesen die erworbenen Rechte zur gesamten Hand zustünden und

911 *Kindler*, Gesellschaftsrecht, § 9 Rn. 17.

912 *Windbichler*, Gesellschaftsrecht, § 8 Rn. 8.

sie die Pflichten als Gesamtschuldner träfen[913], geht die Gegenansicht von der rechtlichen Verselbstständigung der Gesellschaft aus. Dies hat zur Folge, dass diese bei entsprechendem Handeln auch selbst wirksam verpflichtet und berechtigt wird.[914] Seit der BGH-Entscheidung *Weißes Ross* ist wohl nahezu einhellig anerkannt[915], dass der Außen-GbR Rechtsfähigkeit zukommt, sodass diese auch bei entsprechendem Handeln der Gesellschafter selbst verpflichtet und berechtigt wird.

bb. Offene Handelsgesellschaft (OHG)

Betreibt eine GbR ein Handelsgewerbe i.S.d. HGB oder ist sie kleingewerblich oder vermögensverwaltend tätig, so ist sie als OHG einzuordnen, die gem. § 6 Abs. 1 HGB Kaufmann ist. Gem. § 105 Abs. 3 HGB finden ergänzend die Vorschriften des BGB über die Gesellschaft Anwendung. Da die von der OHG verfolgten Zwecke stets die Teilnahme am Rechtsverkehr voraussetzen, ist sie immer Außengesellschaft.[916] Gem. § 124 Abs. 1 HGB kann die OHG unter ihrer Firma Rechte erwerben und Verbindlichkeiten eingehen, sie ist also rechtsfähig.

Hinsichtlich der Vertretung der OHG gilt im Grundsatz Einzelvertretungsmacht (§ 125 Abs. 1 HGB). Natürlich kann im Gesellschaftsvertrag auch anderes vereinbart werden. Die Vertretungsmacht kann Dritten gegenüber nicht beschränkt werden (§ 126 Abs. 2 HGB), sodass sich hier gerade die Möglichkeit eines Missbrauchs ergibt. Grundlagengeschäfte, wie die Änderung des Gesellschaftsvertrages, sind von der Vertretungsmacht nicht gedeckt.[917]

Die OHG entsteht im Innenverhältnis mit Abschluss des Gesellschaftsvertrages und im Außenverhältnis mit Eintragung im Handelsregister, vorher ist die Gesellschaft eine GbR. Handelt es sich um eine handelsgewerbliche OHG[918], so

913 Vgl. Nachweise für diese v.a. früher vertretene Ansicht bei *Windbichler*, Gesellschaftsrecht, § 9 Rn. 6, Fn. 9.
914 BGH NJW 2001, S. 1056 ff.
915 BGH NJW 2001, S. 1056 ff.; zustimmend: *Hüffer*, Gesellschaftsrecht, § 8 Rn. 2; *Schmidt*, NJW 2001, S. 995, der von einem Meilenstein für die Fortbildung des Außenrechts der Personengesellschaften spricht; *Ulmer*, ZIP 2001, S. 587 ff.; *Ulmer*, ZIP 2003, S. 1114; ablehnend: *Peifer*, NZG 2001, S. 296 ff.; *Prütting*, FS Wiedemann, S. 1192 f.
916 *Kindler*, Gesellschaftsrecht, § 10 Rn. 5.
917 *Windbichler*, Gesellschaftsrecht, § 15 Rn. 12.
918 Dies bedeutet, die OHG betreibt ein Handelsgewerbe i.S.d. HGB und ist nicht kleingewerblich oder allein vermögensverwaltend tätig (§ 105 Abs. 2 HGB).

kann sie bei Zustimmung aller Gesellschafter auch durch Geschäftsbeginn entstehen.[919]

cc. Kommanditgesellschaft (KG)

Wiederum eine Sonderform der OHG ist die KG. Auch sie ist auf den Betrieb eines Handelsgewerbes ausgerichtet oder gem. § 105 Abs. 2 HGB kleingewerbetreibend oder vermögensverwaltend tätig. Sie weist zwei Gruppen von Gesellschaftern auf, die Komplementäre und die Kommanditisten. Während die Komplementäre unbeschränkt persönlich haften, beschränkt sich die Haftung der Kommanditisten auf ihre Einlage (§ 161 Abs. 1 HGB). Die Kommanditisten sind gem. § 170 HGB nicht zur Vertretung der Gesellschaft berechtigt. Da aber auch die KG ein Handelsgewerbe betreibt und sie somit Kaufmann i.S.d. § 6 Abs. 1 HGB ist, kann auch dem Kommanditisten Prokura oder Handlungsvollmacht erteilt werden, sodass im Ergebnis auch er zur Vertretung der Gesellschaft berechtigt ist.

Wie die OHG entsteht auch die KG im Innenverhältnis mit Abschluss des Gesellschaftsvertrages und im Außenverhältnis mit Eintragung in das Handelsregister; zuvor ist die Gesellschaft GbR. Handelt es sich um eine handelsgewerbliche und nicht um eine kleingewerbliche oder vermögensverwaltende KG, so kann diese auch bei Zustimmung sämtlicher Gesellschafter mit Geschäftsbeginn entstehen.[920]

dd. Partnerschaftsgesellschaft

Die Partnerschaftsgesellschaft, die auch als »Schwesterfigur der OHG« bezeichnet wird[921], ist gem. § 1 PartGG eine Gesellschaft, in der sich Angehörige freier Berufe zur Ausübung ihrer Berufe zusammenschließen. Sie übt kein Handelsgewerbe aus. Dennoch verweist das PartGG wo möglich auf die Vorschriften über die OHG (vgl. § 7 Abs. 2, 3 und § 8 Abs. 1 PartGG) bzw. auf diejenigen des BGB (§ 1 Abs. 4 PartGG) und somit auf die Regelungen über die GbR. Auch der Partnerschaft kommt in entsprechender Anwendung des § 124 HGB Rechtsfä-

919 *Kindler*, Gesellschaftsrecht, § 10 Rn. 49 f.
920 *Kindler*, Gesellschaftsrecht, § 13 Rn. 6 ff.
921 MHG/*Salger*, Bd. 1 § 37 Rn. 2; *Schmidt*, ZIP 1993, S. 635.

higkeit zu (§ 7 Abs. 2 PartGG); sie ist Berufsausübungsgesellschaft, sodass die Mandats-, Behandlungsverträge u.Ä. mit ihr geschlossen werden.[922]

Die Partnerschaftsgesellschaft entsteht wie OHG und KG im Innenverhältnis mit Abschluss des Partnerschaftsvertrages und im Außenverhältnis mit Eintragung in das Partnerschaftsregister (§ 7 Abs. 1 PartGG).

Die Vertretung der Gesellschaft erfolgt gem. § 7 Abs. 3 PartGG wie bei der OHG, also sämtlichen Partnern steht Einzelvertretungsmacht zu.

ee. Nicht rechtsfähiger Verein[923]

Endlich gilt es noch auf die Besonderheiten des nicht rechtsfähigen Vereins einzugehen. Er ist zwar keine Personengesellschaft, sondern eher dem rechtsfähigen Verein wesensgleich[924], dennoch soll er hier erörtert werden, weil auch er, wie die Personengesellschaften, Gesamthand ist.[925] Wie bereits kurz angesprochen, fehlt dem Verein mangels Eintragung und Verleihung die Rechtsfähigkeit. § 54 BGB besagt, dass auf den nicht rechtsfähigen Verein die Vorschriften über die Gesellschaft Anwendung finden. Dies führte allerdings zu dem Ergebnis, dass, da der BGH, wie erwähnt, die Rechtsfähigkeit der Außen-GbR bejaht hat, auch der nicht rechtsfähige Verein als rechtsfähig eingeordnet werden müsste. Insgesamt werden die Regelungen der §§ 705 ff. BGB als für den nicht rechtsfähigen Verein unpassend eingeordnet. Vielmehr werden auf ihn die gleichen Regelungen wie auf den rechtsfähigen Verein angewendet, es sei denn, diese setzen seine Eintragung voraus.[926] Auch der nicht rechtsfähige Verein wird durch seinen Vorstand vertreten.

Zudem ist wohl, wie erwähnt, unbestritten, dass das Vereinsvermögen nicht dem Verein zugeordnet wird, sondern den »im Rahmen einer rechtsfähigen Personenvereinigung gesamthänderisch miteinander verbundenen Mitgliedern«[927].

922 MHG/*Salger*, Bd. 1 § 36 Rn. 15.

923 Gemeint ist hier der nicht rechtsfähige Idealverein, weil auf den nicht rechtsfähigen wirtschaftlichen Verein die Vorschriften des Gesellschaftsrechts anzuwenden sind, denn häufig wird ein nicht rechtsfähiger Verein, der wirtschaftliche Ziele verfolgt, OHG oder GbR sein, BeckOK BGB/*Schwarz*/*Schöpflin*, § 54 Rn. 35 f.

924 *Schmidt*, Gesellschaftsrecht, S. 733.

925 *Flume*, AT 1/2, S. 88; *Schmidt*, Gesellschaftsrecht, S. 736.

926 *Schmidt*, Gesellschaftsrecht, S. 743.

927 *Kübler*/*Assmann*, Gesellschaftsrecht, S. 136.

c. Untreue und Einwilligung

aa. Vermögensinhaber

Bevor untersucht wird, wen im Bereich der Personengesellschaften eine Vermögensbetreuungspflicht i.S.d. § 266 StGB trifft, gilt es zu klären, wem das Vermögen hier zuzuordnen ist, der Gesellschaft oder den Gesellschaftern; im Rahmen der Bestimmung der Vermögensbetreuungspflichten ist entscheidend, wem gegenüber diese bestehen. Wem das Vermögen im Bereich der Personengesellschaften zuzuordnen ist, wird kontrovers diskutiert.

Allein beim nicht rechtsfähigen Verein ist wohl aufgrund der soeben aufgezeigten Einordnung unumstritten, dass das Vermögen den Mitgliedern selbst zugeordnet ist.

aaa. Klassische Ansicht

Grundsätzlich wird im Bereich der Vermögenszuordnung bei Personengesellschaften davon ausgegangen, dass dieses den Gesellschaftern zur gesamten Hand zugeordnet ist. Folglich wird dann auch im Bereich der Untreue vertreten, dass die Gesellschafter in ihrer Gesamtheit als Vermögensinhaber einzuordnen seien.[928] Der BGH betont hier stets, dass die Schädigung eines Gesamthands- oder Sondervermögens nur insoweit möglich bzw. bedeutsam ist, als dadurch gleichzeitig das Vermögen der Gesellschafter berührt wird.[929] Geschädigter einer Untreue könne nur ein mit dem Täter nicht identischer Träger fremden Vermögens sein.[930] Daneben betont er, dass beispielsweise die KG und die Vor-GmbH, die ebenfalls als Gesamthandsgesellschaft einzuordnen sind, zwar einer juristischen Person sehr nahekommen, diese aber keine eigene Rechtspersönlichkeit besitzen und mithin auch nicht selbst Träger eigenen Vermögens sein können.[931] Folglich bestünde auch keine Vermögensbetreuungspflicht gegenüber der Gesellschaft,

928 BGH wistra 1989, S. 264 ff. (S. 266); *Bittmann/Richter*, wistra 2005, S. 51 f.; MK StGB/*Dierlamm*, § 266 Rn. 179; *Schulte*, NJW 1983, S. 1773; *Schulte*, NJW 1984, S. 1671; *Winkelbauer*, wistra 1986, S. 18; *Zieschang*, NZM 1999, S. 394.

929 BGH NStZ 1987, S. 279 f. (S. 279); BGH wistra 1991, S. 183; BGH wistra 1992, S. 24 ff. (S. 25 f.); BGHZ 100, S. 190 (S. 192 f.).

930 BGH wistra 1984, S. 71; *Bittmann/Richter*, wistra 2005, S. 51.

931 BGH wistra 1984, S. 71; BGH wistra 1992, S. 24 ff. (S. 25); BGH wistra 2000, S. 178 ff. (S. 179 f.).

wie dies bei den juristischen Personen der Fall ist, sondern gegenüber den Gesellschaftern.

bbb. Neuere Ansicht

Die Gegenansicht vertritt, dass im Bereich der Untreue auch die Personengesellschaften selbst und nicht ihre Gesellschafter als Vermögensinhaber einzuordnen seien. Vertreten wird dies vor allem im Bereich der KG, wo man davon ausging, dass das Vermögen der Gesellschafter und dasjenige der Gesellschaft zu trennen seien, denn Letzteres diene »dem Erreichen des Gesellschaftszweckes (vgl. § 161 I HGB), nämlich dem Betrieb des vereinbarten Handelsgewerbes mit dem Ziel, Gewinn zu erwirtschaften und an die Gesellschafter zu verteilen«[932]. Festgemacht wird diese Trennung der Vermögensmassen vor allem wohl an § 124 Abs. 1 HGB, auch i.V.m. § 161 Abs. 2 HGB, die die Rechtsfähigkeit der OHG und der KG regeln. Da die rechtsfähigen Personengesellschaften selbst Träger von Rechten und Pflichten sein könnten, sei auch ihnen das Vermögen zuzuordnen. Daneben diene das Gesellschaftsvermögen den Gläubigern als Haftungsmasse, sodass die Gesellschafter dieses nicht beliebig schmälern dürften.[933]

Diese Ansicht hat gerade in jüngerer Zeit weiteren Zuspruch erfahren, da teils in der Entscheidung des BGH, der Außen-GbR Rechtsfähigkeit zuzusprechen[934], eine Bestätigung dieser Einordnung gesehen wird.[935]

Dies führte zu dem Ergebnis, dass die sogleich näher zu individualisierenden Vermögensbetreuungspflichten gegenüber der Personengesellschaft selbst und nicht bloß gegenüber ihren Gesellschaftern bestünden.

ccc. Stellungnahme

Es ist zwar richtig, dass die Personengesellschaften, nicht zuletzt durch die Zuerkennung der Teilrechtsfähigkeit auch der Außen-GbR, den juristischen Personen immer ähnlicher werden. Dennoch darf man den fundamentalen Unterschied zwischen beiden, nämlich denjenigen der eigenen Rechtspersönlichkeit, nicht

932 *Schäfer*, NJW 1983, S. 2851.
933 LG Bonn NJW 1981, S. 469 f.; *Richter*, GmbHR 1984, S. 146; *Schäfer*, NJW 1983, S. 2851; *Schäfer*, GmbHR 1993, S. 720 f., für die Vor-GmbH, die nach h.M. ebenfalls Gesamthand ist.
934 BGH NJW 2001, S. 1056 ff.
935 *Grunst*, BB 2001, S. 1538 ff.

verkennen; Rechtsfähigkeit und Rechtspersönlichkeit sind zweierlei und streng voneinander zu unterscheiden. Die Rechtspersönlichkeit ermöglicht es den juristischen Personen, selbst Inhaberin ihres Vermögens zu sein, unabhängig von ihren Gesellschaftern. Diese Unabhängigkeit zwischen Gesellschaft und Gesellschaftern, bzw. diese Verselbstständigung Ersterer von der Gesellschaft, weisen die Personengesellschaften aber gerade nicht auf. Deren Eigenart besteht darin, dass sie nicht eine gegenüber den Gesellschaftern verselbstständigte Person, sondern vielmehr eine in den Gesellschaftern existierende Personengruppe sind[936], die Personengesellschaften können nicht von der Persönlichkeit ihrer Gesellschafter getrennt werden.[937] Die rechtsfähige Personengesellschaft bleibt Schuldverhältnis der Gesellschafter untereinander, sie gründet auf der Verbundenheit ihrer Gesellschafter.[938] Die Gesamthandsgesellschaft ist »in ihrer Existenz vom Fortbestand des Gesellschaftsvertrags abhängig und auf das Vorhandensein von mindestens 2 Mitgliedern angewiesen«[939].

Daran ändert sich aber auch nichts dadurch, dass OHG und KG und seit 2001 auch der Außen-GbR Teilrechtsfähigkeit zukommt. Die Unterscheidung zwischen juristischen Personen und Personengesellschaften wurde dadurch nicht aufgegeben, auch wenn es in der Literatur Stimmen geben mag, die eine Aufgabe dieser Differenzierung befürworten.[940] Anders als die juristischen Personen sind nämlich die Personengesellschaften nicht gänzlich als eigenständiges Rechtssubjekt einzuordnen, sondern ihnen kommt nur in bestimmtem Maße Teilrechtsfähigkeit zu.[941] Gerade die Regelung des § 128 HGB, die die persönliche Haftung der Gesellschafter normiert, spricht gegen eine Rechtspersönlichkeit der Personenhandelsgesellschaften, weil Verbindlichkeiten der Gesellschaft gleichzeitig solche der Gesellschafter sind.[942] Die Tatsache, dass die Zivilrechtsprechung, wie *Grunst* ausführt, selbst der GbR im Laufe der Zeit immer mehr Rechtspositionen zuerkannt hat, lässt jedoch noch nicht den Schluss auf eine eigene Rechtspersönlichkeit derselben zu, denn auch wenn der Gesamthand eigenständig Rechte und Pflichten zustehen können, darf dies keine Schlussfolgerung auf eine gänzlich verselbstständigte Struktur zulassen.[943] Endlich gilt es zu be-

936 *Flume*, AT 1/2, S. 105.
937 BGH NJW 1961, S. 1022 f. (S. 1022).
938 *Habersack*, BB 2001, S. 478.
939 *Ulmer*, AcP 198, S. 151.
940 *Raiser*, AcP 194, S. 499 ff.; *Timm*, NJW 1995, S. 3210 ff.; so wohl auch *Schmidt*, Gesellschaftsrecht, S. 184 f.
941 *Grub*, Insolvenzstrafrechtliche Verantwortlichkeit, S. 32.
942 BGHZ 34, S. 293 ff. (S. 297).
943 *Brand*, Untreue und Bankrott, S. 137 f., S. 213 f., der sich dennoch für eine Angleichung der Personengesellschaften an die juristischen Personen ausspricht.

denken, dass gegenteilige Stimmen vor allem den *Wunsch* nach einer Annäherung von Personengesellschaften an juristische Personen äußern[944], eine Angleichung beider Gesellschaftsformen durch den Gesetzgeber hat aber noch keineswegs stattgefunden.

Grub fasst die entscheidende Differenzierung zutreffend wie folgt zusammen:

> »Die Personenhandelsgesellschaften sind juristischen Personen nur insofern angenähert, als die Gesellschafter unter der Firma der Gesellschaft Rechte erwerben, Verbindlichkeiten eingehen und vor Gericht klagen und verklagt werden können. Inhaber der Rechte, Schuldner, Kläger oder Beklagte sind aber gleichwohl die persönlich haftenden Gesellschafter in ihrer Verbundenheit.«[945]

Mithin gilt es festzuhalten, dass das Vermögen bei den Personengesellschaften den Gesellschaftern in ihrer Gesamtheit zugeordnet ist. Folglich kann eine Vermögensbetreuungspflicht i.S.d. § 266 StGB auch nur diesen gegenüber, nicht aber der Gesellschaft gegenüber, bestehen.

bb. Vermögensbetreuungspflicht

Im Weiteren ist nun zu untersuchen, wen gegenüber den Gesellschaftern, denen das Vermögen der Gesellschaft zugeordnet wird, eine Vermögensbetreuungspflicht trifft.

aaa. Gesellschafter

Zunächst könnte die geschäftsführenden Gesellschafter eine Vermögensbetreuungspflicht gegenüber den restlichen Gesellschaftern treffen. Die geschäftsführenden Gesellschafter vertreten die Gesellschaft Dritten gegenüber. Da sie somit notwendigerweise auch die Vermögensangelegenheiten der Gesamthand wahrnehmen und befugt sind, diese Dritten gegenüber zu verpflichten, trifft sie eine Vermögensbetreuungspflicht ihren Mitgesellschaftern gegenüber.[946]

Fraglich ist, ob auch die nicht geschäftsführenden Gesellschafter den anderen Gesellschaftern gegenüber eine Vermögensbetreuungspflicht trifft. Zivilrechtlich ist eine solche Treuepflicht der Gesellschafter untereinander, die auch die Pflicht einschließt, bei der Verfolgung der eigenen Interessen auf diejenigen der Mitge-

944 Z.B. *Grunst*, BB 2001, S. 1539 f.

945 *Grub*, Insolvenzstrafrechtliche Verantwortlichkeit, S. 33.

946 Achenbach/Ransiek/*Seier*, Handbuch Wirtschaftsstrafrecht, V 2 Rn. 312; *Soyka*, Untreue, S. 141.

sellschafter Rücksicht zu nehmen, zweifelsohne zu bejahen.[947] Ob diese jedoch für eine Vermögensbetreuungspflicht i.S.d. Untreue ausreicht, ist unklar. Dazu gilt es die Aufgaben und Kompetenzen der nicht geschäftsführenden Gesellschafter näher zu untersuchen. Als wohl wesentliche Rechte und Pflichten der Gesellschafter sind die Beitragsleistung (§ 706 BGB auch i.V.m. § 105 Abs. 3, § 161 Abs. 2 HGB und § 1 Abs. 4 PartGG), das Stimmrecht (§ 119 HGB auch i.V.m. § 161 Abs. 2 HGB und § 6 Abs. 3 PartGG), der Anspruch auf Gewinn und die Beteiligung am Verlust (§§ 721, 722 BGB, auch i.V.m. § 1 Abs. 4 PartGG und §§ 121, 122, §§ 167 ff. HGB), das Entnahmerecht (§ 122 HGB, auch i.V.m. § 161 Abs. 2 HGB), Auskunfts- und Kontrollrechte (§ 716 BGB, § 118 HGB, auch i.V.m. § 161 Abs. 2 HGB und § 6 Abs. 3 PartGG) und die Haftungspflicht (§ 128, § 171 HGB, § 8 PartGG) zu nennen. Eine Vermögensbetreuungspflicht i.S.d. § 266 StGB setzt aber eine Geschäftsbesorgung für einen anderen in einer nicht ganz unbedeutenden Angelegenheit voraus, die wesentlich durch Eigenverantwortlichkeit und Selbstständigkeit geprägt ist.[948] Eine solche Position kommt unter Zugrundelegung der genannten Rechte und Pflichten den nicht geschäftsführenden Gesellschaftern aber hinsichtlich des gesamthänderisch gebundenen Vermögens und mithin gegenüber ihren Mitgesellschaftern gerade nicht zu. Folglich trifft die nicht geschäftsführenden Gesellschafter keine Vermögensbetreuungspflicht gegenüber ihren Mitgesellschaftern. Gleiches gilt für die nicht geschäftsführenden Partner der Partnerschaftsgesellschaft.

bbb. Prokurist, Handlungsbevollmächtigter, sonstiger leitender Angestellter

OHG und KG sind gem. § 6 Abs. 1 HGB Formkaufleute. Folglich können sie wirksam Prokuristen und Handlungsbevollmächtigte bestellen. Diese trifft den Gesellschaftern gegenüber ebenfalls eine Vermögensbetreuungspflicht i.S.d. Untreue.[949]

Wie bereits ausgeführt kann auch einen sonstigen leitenden Angestellten eine solche Pflicht aus einem tatsächlichen Treueverhältnis gegenüber der Gesamthand treffen.[950]

947 MK BGB/*Ulmer*, § 705 Rn. 229.
948 Vgl. hierzu ausführlich S. 58 f.
949 Vgl. hierzu näher S. 78 f.
950 Vgl. näher S. 79 f.

ccc. Vorstand des nicht rechtsfähigen Vereins

Da auf den nicht rechtsfähigen Verein, wie bereits erörtert, weitgehend die gleichen Vorschriften wie auf den rechtsfähigen angewendet werden, trifft auch beim nicht rechtsfähigen Verein den Vorstand, der dessen Vertretungs- und Geschäftsführungsorgan ist, eine Vermögensbetreuungspflicht i.S.d. § 266 StGB, hier jedoch der Gesamthand, also sämtlichen Mitgliedern gegenüber.

cc. Untreuerelevante Handlungen und Einwilligung

aaa. Tatbestandliches Handeln

Im Rahmen der Erläuterung des tatbestandliches Handelns erscheint es aufgrund der unterschiedlichen Möglichkeiten, wie Geschäftsführung und Vertretung der Gesellschaft organisiert werden können, sinnvoll, zwischen Missbrauchs- und Treubruchshandlungen zu differenzieren.

1. Missbrauch

Der Missbrauchstatbestand setzt voraus, dass der Täter im Rahmen seines rechtlichen Könnens die Grenzen seines Dürfens überschreitet und dabei den Geschäftsherrn wirksam verpflichtet.[951] Damit im Bereich der Personengesellschaften diese verpflichtet werden, ist erforderlich, dass die Gesellschaft wirksam vertreten wird. Dies wird sie nur dann, wenn die Ausgestaltung der Vertretungsmacht berücksichtigt wird; haben also mehrere Gesellschafter zusammen Gesamtvertretungsmacht, so wird die Gesellschaft nur wirksam verpflichtet, wenn diese auch gemeinsam agieren und nicht Einzelne von ihnen allein. Besteht aber, so wie dies bei der GbR gesetzlich vorgesehen ist, Gesamtvertretungsmacht sämtlicher Gesellschafter zusammen, so könnte man annehmen, der Missbrauchstatbestand der Untreue wäre *de facto* nie erfüllt. Wenn nur alle Gesellschafter gemeinsam wirksam für die Gesellschaft handeln können, könnte deswegen kein Missbrauch vorliegen, da sie in ihrer gesamthänderischen Bindung Vermögensinhaber sind und somit nicht ihre Befugnisse sich selbst gegenüber missbrauchen könnten. Hier darf aber nicht verkannt werden, dass für jeden der Gesellschafter das Vermögen, welches ihm nicht alleine zugeordnet ist, im Prin-

951 Vgl. S. 60.

zip *auch fremdes* Vermögen ist. Handeln nun sämtliche Gesellschafter gemeinsam, so besteht die Möglichkeit, dass jeder Einzelne die ihn gegenüber seinen Mitgesellschaftern treffende Vermögensbetreuungspflicht verletzt; da aber alle gemeinsam agieren, ist dann von einer Einwilligung der anderen auszugehen, die dann in der Folge jeweils die Pflichtwidrigkeit der einzelnen Gesellschafter entfallen lässt.

Liegt Einzelvertretungsmacht, wie bei OHG und KG, vor, so kann auch ein einzelner Gesellschafter den Missbrauchstatbestand des § 266 StGB erfüllen. Im Bereich des nicht rechtsfähigen Vereins kann der Vorstand, der diesen gerichtlich und außergerichtlich vertritt, seine Befugnisse missbrauchen und sich gem. § 266 Abs. 1 Alt. 1 StGB strafbar machen.

Im Weiteren ist zu untersuchen, wann die vertretungsberechtigten Gesellschafter ihre Befugnisse missbrauchen, wo also die Grenzen ihrer Kompetenzen, also die Grenzen ihrer Geschäftsführungsbefugnisse zu ziehen sind. Die Geschäftsführung betrifft das Innenverhältnis der Gesellschaft, die Vertretung hingegen deren Außenverhältnis. Folglich ist zu untersuchen, wann sich der oder die Gesellschafter im Rahmen ihrer Vertretung der Gesellschaft nach außen an die Grenzen ihrer Geschäftsführungsbefugnisse im Innenverhältnis halten.

a. OHG

Im Bereich der OHG regelt § 114 Abs. 1 HGB, dass grundsätzlich alle Gesellschafter geschäftsführungsbefugt und -verpflichtet sind, sie haben also Einzelgeschäftsführung. § 116 Abs. 1 HGB bestimmt, dass sich die Befugnis zur Geschäftsführung auf alle Handlungen, die der gewöhnliche Betrieb des Handelsgewerbes mit sich bringt, erstreckt. Unter gewöhnlichen Geschäften versteht man Geschäfte,

> »die bei einem Handelsgewerbe, wie es die konkrete OHG betreibt, normalerweise vorkommen können. Es ist daher nicht allein maßgeblich, ob die Maßnahme dem gewöhnlichen Betrieb eines derartigen Handelsgewerbes generell entspricht. Entscheidend ist vielmehr des Weiteren, dass sie auch gerade nach Art und Größe des konkreten Unternehmens typisch oder üblich ist«.[952]

Entscheidend sind folglich die individuellen Besonderheiten der jeweiligen Gesellschaft. Hält sich der geschäftsführende Gesellschafter also mit seinem Handeln innerhalb dieser Grenze, so liegt noch kein Überschreiten seines Dürfens vor. Für die Vornahme von Handlungen, die über den in § 116 Abs. 1 HGB be-

952 Ebenroth/*Mayen*, HGB, § 116 Rn. 3.

stimmten Rahmen hinausgehen, bedarf es eines Beschlusses sämtlicher Gesellschafter (§ 116 Abs. 2 HGB).

Daneben können auch Regelungen im Gesellschaftsvertrag diese Grenze ausweiten oder verengen. Dennoch gilt es auch § 115 Abs. 2 HGB zu berücksichtigen, der vorsieht, dass, liegt Einzelgeschäftsführung vor, jeder andere geschäftsführende Gesellschafter der Vornahme einer Handlung durch einen der geschäftsführenden Gesellschafter widersprechen kann. Erfolgt ein solcher Widerspruch, werden die Befugnisse des Handelnden im Innenverhältnis verkürzt und die Maßnahme muss unterbleiben. Missachtet der Handelnde diese Einschränkung bzw. diesen Widerspruch, so missbraucht er seine Stellung i.S.d. Untreue.[953] Aus diesem Widerspruchsrecht der anderen geschäftsführenden Gesellschafter wird gefolgert, dass vor Vornahme einer für die Gesellschaft bedeutenden Handlung, beispielsweise, wenn ein Nachteil für dieselbe zu erwarten ist, eine Unterrichtungspflicht gegenüber den anderen Gesellschaftern besteht.[954] Wird diese unterlassen, so liegt eine Pflichtverletzung i.S.d. § 266 StGB vor.

b. KG

Im Bereich der KG obliegt die Geschäftsführung den Komplementären, da gem. § 164 Satz 1 HGB die Kommanditisten von der Führung der Geschäfte ausgeschlossen sind. Für die Komplementäre gilt für die Bestimmung ihrer Befugnisse das Gleiche wie für die geschäftsführenden Gesellschafter der OHG, denn § 161 Abs. 2 HGB verweist auf deren Regelungen. Das bereits skizzierte Widerspruchsrecht der übrigen geschäftsführenden Gesellschafter der OHG gilt im Bereich der KG gem. § 164 Satz 1 HGB lediglich für die persönlich haftenden Gesellschafter, also für die Komplementäre. An dem Beschluss, den es einzuholen gilt, wenn die Grenzen des § 116 Abs. 1 i.V.m. § 161 Abs. 2 HGB überschritten werden, dürfen bzw. müssen nach ganz h.M. aber auch die Kommanditisten mitwirken.[955] Werden diese Grenzen, die auch im Bereich der KG durch individuelle Vereinbarungen im Gesellschaftsvertrag erweitert oder verkürzt werden können, überschritten, ohne einen entsprechenden Beschluss einzuholen, so liegt ein Missbrauch i.S.d. § 266 StGB vor.

953 *Soyka*, Untreue, S. 147.
954 BGH BB 1971, S. 759; MK HGB/*Rawert*, § 115 Rn. 20; *Schmidt*, Gesellschaftsrecht, S. 1390.
955 RGZ 158, S. 302 (S. 306 f.); *Baumbach*/*Hopt*, HGB, § 164 Rn. 2; *Schmidt*, Gesellschaftsrecht, S. 1538 f.; *Windbichler*, Gesellschaftsrecht, § 17 Rn. 10.

Fraglich erscheint, ob auch in dem genannten Beschluss, der die Befugnisse des Geschäftsführers erweitert, eine Untreue gesehen werden kann. Hier gilt es zu berücksichtigen, dass an einem solchen Beschluss sowohl die geschäftsführungsberechtigten und der Gesellschaft gegenüber vermögensbetreuungspflichtigen Komplementäre als auch die keine solche Vermögensbetreuungspflicht treffenden Kommanditisten mitwirken. Somit erscheint es grundsätzlich möglich, dass durch die Erweiterung der Befugnisse der Geschäftsführung eine Pflichtverletzung der Komplementäre – denn nur sie trifft eine Vermögensbetreuungspflicht i.S.d. Untreue – zu sehen ist. Eine relevante Pflichtverletzung wird dann gegeben sein, wenn die Befugnisse der Geschäftsführung zum Schaden der Gesellschaft erweitert werden. Da an einem solchen Beschluss jedoch sämtliche Gesellschafter mitwirken müssen, gilt es im Folgenden näher zu untersuchen, ob darin dann zugleich eine Einwilligung in die Untreuehandlung zu sehen ist.

Im Bereich der OHG stellt sich die Situation ganz ähnlich dar: auch hier kann in einem Beschluss, der die genannten Befugnisse erweitert, eine Pflichtverletzung zu sehen sein. Aber auch hier ist dann zu prüfen, ob in dem Beschluss, an dem sämtliche Gesellschafter mitwirken müssen, eine Einwilligung zu sehen ist.

c. GbR

Wie soeben erläutert, kann bei einer GbR dann kein Missbrauch i.S.d. Untreue vorliegen, wenn, den gesetzlichen Regeln folgend, nur alle Gesellschafter gemeinsam vertretungsbefugt sind. Ist die Geschäftsführung, und damit bei der GbR auch automatisch die Vertretung (§ 714 BGB), jedoch abweichend von der gesetzlichen Regelung organisiert und steht beispielsweise einzelnen Gesellschaftern alleinige Vertretungsmacht zu, so stellt sich hier die Frage, wann sie ihre ihnen im Innenverhältnis zustehenden Befugnisse missbrauchen. Dies wird dann der Fall sein, wenn die getätigten Geschäfte nicht mehr dem Gesellschaftszweck dienen.[956] Anders als bei OHG und KG ist also der Gesellschaftszweck und nicht die *Gewöhnlichkeit* der Geschäfte die entscheidende Grenze. Überschreitet der Handelnde diese Grenze, so liegt eine Pflichtverletzung i.S.d. Untreue vor. Durch einen Gesellschafterbeschluss, an dem sämtliche Gesellschafter zu beteiligen sind, können jedoch die Befugnisse des bzw. der geschäfts- und vertretungsbefugten Gesellschafter über diese Grenze hinaus ausgeweitet wer-

956 *Soyka*, Untreue, S. 157.

den.[957] Auch hierin kann eine Untreuehandlung gesehen werden, wobei dann abermals zu prüfen sein wird, ob in der Beteiligung sämtlicher Gesellschafter an diesem Beschluss eine wirksame Einwilligung gesehen werden kann.

Wie bei OHG und KG steht bei Vornahme von Geschäften durch einen geschäftsführenden Gesellschafter den anderen nicht handelnden geschäftsführenden Gesellschaftern ein Widerspruchsrecht zu (§ 711 Satz 1 BGB). Liegt ein solcher Widerspruch vor, so muss die Handlung unterbleiben, andernfalls liegt ein Missbrauch i.S.d. Untreue vor.

d. Partnerschaftsgesellschaft

Das PartGG verweist für Geschäftsführung und Vertretung in § 6 Abs. 3 PartGG und § 7 Abs. 3 PartGG auf die Regelungen des HGB zur OHG. Selbstverständlich kann im Partnerschaftsvertrag etwas anderes vereinbart werden. Zu berücksichtigen ist im Bereich der Partnerschaftsgesellschaft noch, dass § 6 Abs. 2 PartGG regelt, dass einzelne Partner von der Führung der *sonstigen* Geschäfte ausgeschlossen werden können. Diese sonstigen Geschäfte sind sämtliche Angelegenheiten, die nicht zu der Berufsausübung i.S.d. § 6 Abs. 1 PartGG zählen.[958]

Mithin ergeben sich ansonsten im Bereich der Partnerschaftsgesellschaft im Prinzip keine wesentlichen Unterschiede im Vergleich zur OHG.

e. Nicht rechtsfähiger Verein

Für Geschäftsführung und Vertretung des nicht rechtsfähigen Vereins kann auf die Ausführungen beim rechtsfähigen Verein verwiesen werden[959], weil auf Ersteren die gleichen Regelungen Anwendung finden. Dies bedeutet, dass sich die Pflichten des Vorstands im Innenverhältnis vor allem aus Zweck und Satzung des Vereins sowie Weisungen der Mitgliederversammlung ergeben. Innerhalb dieses Rahmens steht dem Vorstand ein Entscheidungsspielraum zu. Überschreitet er diese Grenzen bzw. diesen Spielraum, so missbraucht er seine Befugnisse

957 An diesem Beschluss zur Erweiterung der Befugnisse des geschäftsführenden Gesellschafters müssen nach h.M. aber nicht nur sämtliche Gesellschafter beteiligt werden, sondern es muss auch Einstimmigkeit vorliegen. Dieses Erfordernis wird aus § 709 Abs. 1 Hs. 2 BGB abgeleitet, Bamberger/Roth/*Timm*/*Schöne*, BGB, § 709 Rn. 29; MK BGB/*Ulmer*, § 709 Rn. 71.

958 Meilicke/*Meilicke*, PartGG, § 6 Rn. 43.

959 Vgl. hierzu näher S. 193 f.

im Außenverhältnis und es liegt eine für § 266 StGB relevante Pflichtverletzung vor.

2. Treubruch

Die Verwirklichung des Treubruchtatbestandes setzt voraus, dass der Täter die ihm obliegende Pflicht, fremde Vermögensinteressen wahrzunehmen, verletzt. Hierzu bedarf es keiner rechtsgeschäftlichen Handlungen, sondern tatsächliches Handeln ist ausreichend. Während also auch hier ein Treubruch beim klassischen Griff in die Kasse in Betracht kommt, kann sich auch ein einzelner mit Vertretungsmacht ausgestatteter Gesellschafter des Treubruchs strafbar machen, wenn er, weil beispielsweise nur Gesamtvertretungsmacht besteht, allein die Gesellschaft wirksam verpflichten möchte.[960] Entscheidend ist abermals, wie die Vertretungsmacht ausgestaltet ist.

Im Bereich des nicht rechtsfähigen Vereins liegt dann ein Treubruch vor, wenn der Vorstand die Beschränkung seiner Vertretungsmacht, die auch Dritten gegenüber wirksam ist, missachtet.[961]

bbb. Einwilligung sämtlicher Gesellschafter (bzw. Mitglieder)

Liegt eine Untreuehandlung eines Treupflichtigen vor, so stellt sich die Frage, wie sich die Einwilligung sämtlicher Gesellschafter, bzw. beim nicht rechtsfähigen Verein diejenige sämtlicher Mitglieder, in diese Untreue auf die Strafbarkeit des Handelnden auswirkt. Dazu gilt es abermals die einzelnen Voraussetzungen derselben zu prüfen:

960 Hier kommt es wieder entscheidend auf die Wirksamkeit des Rechtsgeschäftes an, denn steht einem Gesellschafter keine Einzelvertretungsmacht zu, so kann er die Gesellschaft auch nicht wirksam verpflichten, das Rechtsgeschäft ist dann bis zur Genehmigung durch die anderen Gesellschafter schwebend unwirksam, MK BGB/*Schramm*, § 177 Rn. 14. Mangels wirksamen Rechtsgeschäftes fehlt es dann an dem für § 266 StGB erforderlichen Schaden. Eine Pflichtverletzung, auf die es i.R. der vorliegenden Untersuchung entscheidend ankommt, ist in der Handlung dann aber dennoch zu sehen.

961 Vgl. zur ähnlichen Lage beim rechtsfähigen Verein S. 193 f.

1. Inhaber des geschützten Rechtsguts

Wie eingehend geprüft, wird im Bereich der Personengesellschaften den Gesellschaftern, bzw. beim nicht rechtsfähigen Verein den Mitgliedern selbst, das Vermögen gesamthänderisch zugeordnet. Folglich gilt die erste Voraussetzung der Einwilligung, nämlich diejenige, dass der Einwilligende Inhaber des geschützten Rechtsguts sein muss, hier als erfüllt.

2. Dispositionsbefugnis

Daneben muss dem Einwilligenden die Dispositionsbefugnis über das verletzte Rechtsgut zustehen. Vorliegend sind die Gesellschafter, bzw. die Mitglieder, berechtigt, frei über das ihnen gesamthänderisch zugeordnete Vermögen zu verfügen. Grenzen dieser Dispositionsbefugnis sind nicht erkennbar; da die Personengesellschaften Gesamthand sind, besteht kein von den Gesellschaftern unabhängiges Gesellschaftsinteresse, wie dies bei GmbH und AG vertreten wird, welches eine solche Grenze darstellen könnte.[962] Mithin ist auch dem Erfordernis der Dispositionsbefugnis Genüge getan.

3. Erforderlichkeit eines förmlichen Beschlusses?

Fraglich ist, ob es für die Einwilligung eines förmlichen Beschlusses bedarf, wie dies auch bei anderen Rechtsgeschäften der Gesellschaft der Fall ist. § 119 HGB auch i.V.m. § 161 Abs. 2 HGB und nach h.M. auch § 709 Abs. 1 Hs. 2 BGB sehen vor, dass für Entscheidungen der Gesellschaft ein Beschluss aller Gesellschafter erforderlich ist. Aber auch hier ist auf die dargestellte Differenzierung zwischen zivilrechtlicher Willenserklärung und strafrechtlicher Einwilligung zu verweisen.[963] Da somit eine Einwilligung lediglich regulative Normen außer Kraft setzt und nicht konstitutiv wirkt, ist diese keine zivilrechtliche Willenserklärung und mithin bedarf es für selbige auch keines förmlichen Beschlusses; dennoch sind sämtliche Gesellschafter an der Einwilligung zu beteiligen.

962 Anders hingegen *Brand*, Untreue und Bankrott, der auch i.R. der KG ein Existenzvernichtungsverbot erkennen möchte, *Brand*, Untreue und Bankrott, S. 318 ff.

963 Vgl. hierzu ausführlich S. 98 f.

4. Weitere Voraussetzungen der Einwilligung

Von den weiteren Voraussetzungen für eine wirksame Einwilligung, nämlich der Urteils- und Einsichtsfähigkeit des oder der Einwilligenden, der ausdrücklichen oder konkludenten Kundgabe bzw. Äußerung selbiger, dem Vorliegen der Einwilligung vor der tatbestandlichen Handlung und die Kenntnis von derselben durch den jeweils Handelnden, soll hier abermals ausgegangen werden.[964]

5. Schranken der Einwilligung

Als Schranke für die Einwilligung kommt auch hier nur diejenige bestimmter Willensmängel in Betracht.[965]

ccc. Ergebnis

Willigen also sämtliche Gesellschafter bzw. Mitglieder in eine Untreuehandlung eines Treupflichtigen ein, so wirkt dies für den Handelnden strafbarkeitsausschließend.[966]

Im Hinblick auf die i.R. der OHG, der KG und der GbR aufgeworfene Frage, ob in dem pflichtwidrigen Beschluss sämtlicher Gesellschafter, die Befugnisse der Geschäftsführung zu erweitern, gleichzeitig eine Einwilligung gesehen werden kann, gilt es dies zu bejahen. Paradoxerweise liegt hierin einerseits die Pflichtverletzung aller vermögensbetreuungspflichtigen Gesellschafter (bei der KG also nur der Komplementäre) gegenüber ihren Mitgesellschaftern, anderseits liegt in der gleichzeitigen Zustimmung zu dieser Erweiterung auch die notwendige Beteiligung an der Einwilligung. Sind also wie bei der OHG sämtliche Gesellschafter geschäftsführungsbefugt und somit vermögensbetreuungspflichtig gegenüber ihren Mitgesellschaftern, so verletzen sie durch die Zustimmung einerseits die genannte Pflicht, willigen aber gleichzeitig in die gleiche Verletzung durch ihre Mitgesellschafter ein.

964 Vgl. hierzu näher S. 34 ff.
965 Vgl. hierzu im Einzelnen S. 101 ff.
966 BGHSt 3, S. 23 ff. (S. 25); BGH wistra 1988, S. 113 ff. (S. 115); BGH wistra 1989, S. 264 ff. (S. 266); BGH NJW-RR 1986, S. 371 ff. (S. 372); BGH NJW 2003, S. 2996 ff. (S. 2999).

ddd. Einwilligung der Gesellschaftermehrheit

Nachdem die Einwilligung sämtlicher Gesellschafter untersucht wurde, soll in der Folge erörtert werden, ob auch eine Einwilligung der Gesellschaftermehrheit in eine Untreuehandlung wirksam ist. Da die Personengesellschaften und auch der nicht rechtsfähige Verein Gesamthandsgemeinschaften sind, sind die Gesellschafter selbst Vermögensinhaber und ihnen steht in der Folge auch die Dispositionsbefugnis über selbiges zu. Bei der Einwilligung in die Untreue handelt es sich um eine Entscheidung, die für das Vermögen der Gesellschafter insofern sehr weitreichend ist, als dass dieses geschmälert wird, denn sie sind mit der vermögensschädigenden Pflichtverletzung des Handelnden einverstanden. Aufgrund dieser Bedeutung könnte angenommen werden, dass sämtliche Gesellschafter einwilligen müssten, um die Strafbarkeit des Veruntreuenden auszuschließen. Im Weiteren könnte man sich aber fragen, ob nicht auch der Gesellschaftermehrheit die Dispositionsbefugnis über das Vermögen der Gesellschaft zustehen kann.

1. Der Ansatz *Soykas*

Wie bereits im Bereich der GmbH ausgeführt[967] bejaht *Soyka* die Möglichkeit einer Einwilligung durch die Gesellschaftermehrheit, weil es Rechtsgutsinhaberschaft und Dispositionsbefugnis streng voneinander zu trennen gelte.[968] Zwar seien sämtliche Gesellschafter Rechtsgutsinhaber, aber die Dispositionsbefugnis könne auch jemandem anderen zustehen. Wenn der Gesellschaftsvertrag ein *System* vorsehe, in dem durch Mehrheit Entscheidungen getroffen werden könnten, dann müsste dies auch im Bereich der Einwilligung berücksichtigt werden. Da die Gesellschafter sich diesem *System* bzw. diesem Prinzip unterwürfen, hätten sie auch die Dispositionsbefugnis über ihr Vermögen gewissermaßen der Mehrheit der Gesellschafter übertragen. Folglich sei zwar erforderlich, dass an einem entsprechenden Beschluss sämtliche Gesellschafter mitwirkten, es sei aber gerade keine Einstimmigkeit notwendig.[969] Im Weiteren zeigt *Soyka* dann aber Schranken auf, die wiederum die Dispositionsbefugnis der Gesellschaftermehr-

967 Vgl. S. 107 ff.

968 Trotz der Darstellungen zu Beginn wird hier nochmals dezidiert auf die Ausführungen *Soykas* eingegangen, weil sich seine Untersuchung gerade auf Personengesellschaften bezieht.

969 *Soyka*, Untreue, S. 145 f., S. 149 f.

heit begrenzen. Hier stellt er vor allem auf die Treuepflicht den anderen Gesellschaftern und vor allem der Gesellschafterminderheit gegenüber ab.

Eine Unwirksamkeit der Einwilligung wegen Treuwidrigkeit der Gesellschaft gegenüber sei insofern nicht möglich, als dass, dem Prinzip der Gesamthand folgend, es kein von den Gesellschaftern unabhängiges Rechtssubjekt gäbe, demgegenüber eine Handlung treuwidrig sein könne. Eine Treuwidrigkeit gegenüber der Gesellschaft sei eine Treuwidrigkeit sämtlichen Gesellschaftern gegenüber.[970]

2. Gegenansicht

Die Gegenansicht lässt eine Einwilligung durch die Gesellschaftermehrheit nicht ausreichen, vielmehr müssten für eine wirksame Einwilligung sämtliche Gesellschafter zustimmen, da diesen gemeinsam auch das Vermögen zustehe.[971]

3. Stellungnahme

Richtig ist, dass das Vermögen sämtlichen Gesellschaftern zur gesamten Hand zugeordnet ist, sie sind Vermögensinhaber, also Rechtsgutsinhaber. Dennoch ist davon, dies wurde bereits erläutert[972], die Dispositionsbefugnis über das Rechtsgut zu unterscheiden. Diese steht zunächst auch den Gesellschaftern gemeinsam zu. Dennoch müssen Rechtsgutsinhaber und Disponierender nicht stets personenidentisch sein. Legt man auch hier wieder das gesellschaftsrechtliche *Mehrheitssystem* zugrunde, so ordnen sich die Gesellschafter diesem *System* unter und erkennen es an; sie akzeptieren, dass die relevanten Entscheidungen durch mehrheitlichen Beschluss getroffen werden. Hinsichtlich der Einwilligung gilt hier also nichts anderes, es ist eine Entscheidung, die durch die Gesellschaftermehrheit getroffen werden kann, weil die Dispositionsbefugnis sämtlicher Gesellschafter über ihr Vermögen auf die Gesellschaftermehrheit übertragen wurde. Diese Delegation der Dispositionsbefugnis, die eingehend geprüft wurde, erfolgt mit Abschluss des Gesellschaftsvertrages, wenn dieser entsprechende Mehrheitsent-

970 *Soyka*, Untreue, S. 154 ff.
971 LK[11]/*Hirsch*, Vor § 32 Rn. 116; LK[12]/*Rönnau*, Vor § 32 Rn. 178.
972 Vgl. S. 107 f.

scheidungen vorsieht.[973] Mithin ist festzuhalten, dass eine Einwilligung auch dann wirksam ist, wenn lediglich die Gesellschaftermehrheit zustimmt.[974]

Im Weiteren ist zu untersuchen, ob dieser Dispositionsbefugnis der Gesellschaftermehrheit Schranken zu setzen sind.

Soyka sieht eine entsprechende Schranke in der Treuepflicht der einwilligenden Gesellschafter der überstimmten Minderheit gegenüber.[975] Eine solche Treuepflicht der Gesellschafter untereinander ist auch bei den Personengesellschaften gesellschaftsrechtlich anerkannt.[976] Dies bedeutet, die Gesellschafter treffen untereinander Loyalitäts- und Rücksichtnahmepflichten, die vermögensbezogen sind, da den Gesellschaftern das Vermögen zur gesamten Hand zugeordnet ist.

Fraglich ist, ob sich auch hier aus dieser Treuepflicht eine Schranke für die Dispositionsbefugnis der Gesellschaftermehrheit ableiten lässt. Dazu gilt es zu sagen, dass abermals darauf abzustellen ist, dass sich die Gesellschafter im Rahmen der Gesamthand einem gewissen *System* unterworfen haben. Dies setzt nicht nur voraus, dass Entscheidungen durch Mehrheitsbeschlüsse ergehen und dass sich diese Entscheidungen im Rahmen des Gesellschaftszweckes bewegen, sondern auch, dass im Rahmen dieser Entscheidungen, die gesellschaftsvertraglich und gesetzlich vorgeschriebenen Mechanismen und Abläufe eingehalten werden. Eine Einwilligung ist also auch dann wegen Verstoßes gegen die genannte Treuepflicht unwirksam, wenn sie nicht im Rahmen des Gesellschaftszweckes ergeht, oder aber wenn beispielsweise die Abstimmung fehlerhaft abläuft oder Entscheidungen rechtsmissbräuchlich gefällt werden. Genügt die Entscheidung über die Einwilligung den genannten Voraussetzungen, so ist sie auch bei Schädigung der Gesellschaft wirksam, denn beispielsweise ein riskantes Geschäft kann der Gesellschaft langfristig durchaus zum Vorteil genügen. Ist in der Zustimmung selbst aber ein Verstoß gegen geltendes Recht zu erkennen, so führt dies zur Unwirksamkeit derselben, denn die Delegation der Dispositionsbefugnis auf die jeweilige Mehrheit erfolgte nur unter der Bedingung, dass die gesetzlichen Ge- und Verbote eingehalten werden. Es ist auch hier zu unterstreichen, dass diese Schranke der vermögensbezogenen Treuepflichten deswegen anzuerkennen ist, weil die Gesellschafter als Rechtsgutsinhaber der Gesellschaftermehrheit die

973 Vgl. ausführlich im Bereich der GmbH S. 108 ff.

974 Wie gesagt, dies setzt voraus, dass der Gesellschaftsvertrag Entscheidungen durch Mehrheitsentscheidung zulässt; gelten die gesetzlichen Regelungen, so ist bei OHG und KG gem. § 119 Abs. 1 HGB erforderlich, dass sämtliche Gesellschafter zustimmen, also einwilligen.

975 *Soyka*, Untreue, S. 150 ff.

976 Vgl. nur MK BGB/*Ulmer*, § 705 Rn. 229.

Dispositionsbefugnis nur insoweit übertragen, als sich diese an die vereinbarten *Regeln* halten.

Wiederum ist aber fraglich, wie es sich auswirkt, wenn die Delegation bzw. die antizipierte Einwilligung durch einen der Gesellschafter widerrufen wird, sodass die Einwilligung unwirksam wird bzw. wegfällt. Dann bliebe es bei der Strafbarkeit des Handelnden, jedoch gilt es dann die vertragliche Abrede der Delegation der Dispositionsbefugnis zu berücksichtigen, denn im Gesellschaftsvertrag lag eine entsprechende Verpflichtung vor. Auf diese Verpflichtung können sich die Handelnden berufen, wenn sie Gesellschafter der Gesellschaft sind, weil sie am Vertrag als Partei beteiligt sind. Das durch diese Abrede erwirkte Handlungsrecht steht eben gerade nur den am Vertrag Beteiligten zu.[977] Da im Bereich der Personengesellschaften aber das Prinzip der Selbstorganschaft gilt[978], sind die Geschäftsführer stets Gesellschafter der jeweiligen Gesellschaft, mit der Folge, dass für sie der Gesellschaftsvertrag rechtfertigende Wirkung entfaltet. Prokuristen und Handlungsbevollmächtigte, die jedoch nicht zwingend Gesellschafter sein müssen, sind nicht am Gesellschaftsvertrag beteiligt, sodass sie sich auch nicht auf diesen zur Rechtfertigung berufen können. Folglich bleiben sie trotz der Abrede bei widerrufener Einwilligung strafbar, es sei denn es liegt ausnahmsweise einmal ein Fall der berechtigten GoA vor.[979]

Ist in der Einwilligung ein Verstoß gegen die genannten Treuepflichten zu sehen, so ist die Einwilligung wegen fehlender Dispositionsbefugnis unwirksam.

eee. Ergebnis

Mithin ist festzuhalten, dass auch die Mehrheit der Gesellschafter bzw. der Mitglieder wirksam in eine Untreue einwilligen kann. Dies setzt aber voraus, dass diese Entscheidung nicht gegen die zwischen allen Gesellschaftern bestehende Treuepflicht verstößt, da sich hieraus Schranken ergeben. Bleiben die Gesellschafter mit der Einwilligung im Bereich des Gesellschaftszweckes und missbrauchen sie nicht ihre Befugnisse, so ist diese wirksam und die Strafbarkeit des den Tatbestand der Untreue Verwirklichenden ist zu verneinen.

977 Schönke/Schröder/*Lenckner*/*Sternberg-Lieben*, StGB, Vorbem. §§ 32 ff. Rn. 53
978 *Kübler*/*Assmann*, Gesellschaftsrecht, S. 23; *Schmidt*, Gesellschaftsrecht, S. 409 ff.
979 Vgl. hierzu eingehend S. 53 ff.

fff. Einwilligung anderer

Da nur den Gesellschaftern, bzw. den Mitgliedern, in ihrer Gesamtheit bzw. der Mehrheit der Gesellschafter die Dispositionsbefugnis über selbiges zusteht, können weder einzelne Gesellschafter noch andere für die Gesellschaft oder den Verein Tätige wirksam in eine Untreue einwilligen. Fehlt es an einer wirksamen Einwilligung, weil allein die Gesellschafterminderheit der veruntreuenden Handlung zugestimmt hat, so ist eine Untreue des Handelnden auch nur zulasten der übrigen, nicht zustimmenden Gesellschafter möglich.[980]

ggg. Besondere Untreuehandlungen

Im Bereich der Untreuehandlungen, die nicht zugleich als solche erkennbar sind, ergeben sich im Vergleich zu den juristischen Personen keine wesentlichen Unterschiede, denn auch im Bereich der Personengesellschaften und des nicht rechtsfähigen Vereins ist es möglich, dass Risikogeschäfte, Schmiergeld- und Kick-back-Zahlungen getätigt oder schwarze Kassen gebildet werden. Liegen die bereits näher ausgeführten Voraussetzungen im Bereich dieser Fallgruppen vor[981], dann kommt eine Untreue der Handelnden in Betracht. Hinsichtlich der Einwilligung der Gesellschafter bzw. Mitglieder ergeben sich hier aber keine Besonderheiten, sodass die Strafbarkeit des Handelnden zu verneinen ist, wenn sämtliche Gesellschafter bzw. Mitglieder einwilligen.

Willigt nur die Mehrheit der Gesellschafter in eine solche Untreuehandlung ein, so ist auch hier zu prüfen, ob die Treuepflicht gegenüber den anderen Gesellschaftern berücksichtigt wird. Der Gesellschaftszweck, dies gilt es hier zu beachten, kann auch mit der Einwilligung beispielsweise in Risikogeschäfte verfolgt werden. Die Grenze ist hier dort zu ziehen, wo die Gesellschaft primär geschädigt werden soll, mit der Handlung aber keine für sie vernünftige Zielsetzung verfolgt wird. Auch ein Gesetzesverstoß ist als Verletzung der vermögensbezogenen Treuepflicht zu qualifizieren, der die Wirksamkeit der Einwilligung mangels Dispositionsbefugnis entfallen lässt.

980 BGHSt 34, S. 221 ff. (S. 222 f.); BGH wistra 1984, S. 226; Achenbach/Ransiek/*Seier*, Handbuch Wirtschaftsstrafrecht, V 2 Rn. 317.

981 Vgl. hierzu ausführlich S. 116 ff.

dd. Zwischenergebnis

Mithin gilt es festzuhalten, dass sowohl die Einwilligung sämtlicher Gesellschafter der Personengesellschaft bzw. sämtlicher Mitglieder des Vereins als auch die Einwilligung der Gesellschafter- bzw. Mitgliedermehrheit, bei Berücksichtigung der Treuepflichten, die Untreuestrafbarkeit des Handelnden entfallen lässt. Willigt nur ein einzelner oder lediglich die Minderheit der Gesellschafter bzw. Mitglieder in die Handlung ein, so bleibt es bei der Strafbarkeit des Handelnden.

d. Ergebnis

Insgesamt ist für die Untersuchung im Bereich der Personengesellschaften zu sagen, dass die Gesellschafter selbst Vermögensinhaber sind und vollkommen frei über dieses Vermögen verfügen können. Folglich ist auch die Einwilligung in Untreuehandlungen der geschäftsführenden Gesellschafter bzw. anderer für die Gesellschaft Handelnder nahezu keinerlei Schranken unterworfen, wenn sämtliche Gesellschafter einwilligen; allein eventuelle Willensmängel können selbige unwirksam machen. Willigt nur die Gesellschaftermehrheit in die Untreuehandlung ein, so muss sie dabei die vermögensbezogenen Treuepflichten gegenüber der Minderheit berücksichtigen.

7. Sonderformen

a. GmbH & Co. KG

aa. Allgemeines

Wie bereits erläutert[982], ist die GmbH & Co. KG eine Kommanditgesellschaft, an der eine GmbH, in der Regel als Komplementär, beteiligt ist. Im Bereich der KG sind die Kommanditisten gem. § 164 Satz 1 HGB von der Geschäftsführung ausgeschlossen; da diese vielmehr dem oder den Komplementären obliegt, wird zumeist der Geschäftsführer der GmbH, falls diese einziger Komplementär ist, auch der Geschäftsführer der KG sein, denn die KG wird durch die GmbH und

982 Vgl. S. 144.

diese wiederum durch ihren Geschäftsführer vertreten.[983] Folglich ergeben sich in den folgenden Ausführungen Überschneidungen und Parallelen zur Einwilligung in die Untreue bei KG und bei GmbH.

bb. Vermögensbetreuungspflichtige Personen

Eine Vermögensbetreuungspflicht trifft zunächst innerhalb der Komplementär-GmbH den oder die Geschäftsführer und ihre Stellvertreter, daneben aber auch den oder die faktischen Geschäftsführer der GmbH gegenüber. Daneben sind auch Prokuristen, Handlungsbevollmächtigte und unter Umständen sonstige leitende Angestellte sowie, falls vorhanden, der Aufsichtsrat der Gesellschaft gegenüber vermögensbetreuungspflichtig.[984]

Im Rahmen der KG wurde erarbeitet, dass die geschäftsführenden Gesellschafter, also die Komplementäre sowie Prokuristen, Handlungsbevollmächtigte und eventuell sonstige leitende Angestellte eine Vermögensbetreuungspflicht gegenüber ihren Mitgesellschaftern trifft. Im Bereich der GmbH & Co. KG, wo die beteiligte GmbH zumeist Komplementär sein wird, um die unbeschränkte Haftung zu verhindern, bedeutet dies in der Folge, dass die GmbH, die somit die Gesellschaft vertritt, eine Vermögensbetreuungspflicht gegenüber den anderen Gesellschaftern trifft. Gem. § 14 Abs. 1 Nr. 1 StGB trifft diese Vermögensbetreuungspflicht dann jedoch das Vertretungsorgan der GmbH, nämlich den oder die Geschäftsführer. Dies bedeutet, die Geschäftsführung der GmbH trifft einerseits eine Vermögensbetreuungspflicht der GmbH gegenüber, daneben aber auch den Mitgesellschaftern der KG gegenüber.

cc. Untreuehandlungen und Einwilligung

Folglich können sich sowohl die der KG als auch der GmbH gegenüber Vermögensbetreuungspflichtigen einer Untreue durch Missbrauch oder Treubruch schuldig machen. Hinsichtlich der Befugnisse des GmbH-Geschäftsführers ergibt sich hier jedoch die Situation, dass dieser aufgrund seiner *Doppelstellung*

983 *Binz/Sorg*, GmbH & Co. KG, § 4 Rn. 2 f., die insofern von einem »mittelbaren Geschäftsführer« sprechen; *Schmidt*, Gesellschaftsrecht, S. 1630.

984 Vgl. eingehend zu den Vermögensbetreuungspflichtigen bei der GmbH S. 72 ff.; hier ist dann auch von Relevanz, ob die GmbH als einzige Aufgabe ihr Dasein als Komplementär verfolgt, was zumeist der Fall sein wird, sodass es weder Prokuristen noch Handlungsbevollmächtigte geben wird oder ob die GmbH daneben auch andere Ziele verfolgt.

weder seine ihm zustehenden Befugnisse im Bereich der GmbH noch diejenigen den KG-Gesellschaftern gegenüber überschreiten und damit missbrauchen darf. Im Bereich der KG erstreckt sich, wie eingehend erläutert, die Befugnis zur Geschäftsführung auf alle Handlungen, die der gewöhnliche Betrieb des Handelsgewerbes mit sich bringt.[985] Im Bereich der GmbH umfasst die Geschäftsführung vor allem die laufende Geschäftsführung, unter der man ebenfalls sämtliche rechtsgeschäftlichen und tatsächlichen Handlungen versteht, die der gewöhnliche Betrieb eines Handelsgewerbes mit sich bringt.[986] Aufgrund dieser Kongruenz der Befugnisse des Geschäftsführers ergeben sich für diesen keine Konflikte aufgrund seiner *Doppelstellung*, v.a. nicht wenn die GmbH die Komplementärstellung als Hauptaufgabe hat, da dann auch das Handelsgewerbe beider Unternehmen im Prinzip das gleiche ist. Überschreitet oder missachtet der Geschäftsführer diese Grenzen, so liegt eine untreuerelevante Pflichtverletzung vor.

Eine Untreue ist unzweifelhaft dann gegeben, wenn sowohl die Komplementär-GmbH als auch die übrigen KG-Gesellschafter geschädigt werden.[987]

985 Zu § 116 Abs. 1 HGB, der über § 161 Abs. 2 HGB auch für die KG gilt, vgl. S. 262.

986 BeckOK GmbHG/*Wisskirchen*/*Kuhn*, § 37 Rn. 3.

987 *Tiedemann*, GmbH-Strafrecht, Vor §§ 82 ff. Rn. 22; für einen Schaden aufseiten der Komplementär-GmbH ist jedoch erforderlich, dass deren Komplementärhaftung eingreift, denn die GmbH haftet für die Schulden der KG; Wabnitz/Janovsky/*Köhler*, Handbuch, S. 388. Teils wird hierzu vertreten, dass sich dazu die KG in einer Krise befinden müsse, d.h. sie hat zahlungsunfähig oder überschuldet zu sein, denn zuvor stehe ihr gegen die KG ein Freistellungsanspruch zu, mit der Folge, dass sie nicht in ihrem Vermögen gefährdet oder geschädigt werde; *Tiedemann*, GmbH-Strafrecht, Vor §§ 82 ff. Rn. 22. Grundlage dieser Ansicht ist die teils im Gesellschaftsrecht vorgenommene Einordnung, dass die GmbH im Innenverhältnis der KG häufig von jeder Gewinn- und Verlustbeteiligung ausgeschlossen werde und allein für die Haftungsübernahme fungiere und dafür eine entsprechende Vergütung erhalte. Dies hätte dann im Innenverhältnis automatisch den genannten Freistellungsanspruch zur Folge, *Hesselmann*, GmbH & Co., Rn. 240 f., in der 18. Auflage dieses Handbuchs wird diese Auffassung jedoch revidiert, *Hesselmann*/*Tillmann*, GmbH & Co., Rn. 500; *Klamroth*, BB 1972, S. 430; *Weber*/*Jansen*, NJW 1971, S. 1678 ff. Da dies aber faktisch dazu führte, dass die begrenzte Haftung der Kommanditisten konterkariert würde, da sie dann stets im Innenverhältnis freistellungspflichtig würden, hat sich diese Ansicht nicht durchgesetzt, *Baumbach*/*Hopt*, HGB, Anh. § 177a Rn. 43; *Heinze*/*Rieker*, NJW 1972, S. 472; *Fehl*, BB 1976, S. 112; *Ganssmüller*, NJW 1972, S. 1034 f.; *Schmidt*, Gesellschaftsrecht, S. 1645. Folglich entsteht der GmbH durch ihre Inanspruchnahme als Komplementär, dem kein entsprechender Freistellungsanspruch zusteht, ein Schaden, ohne dass es einer genannten Krise bedürfte, so auch jüngst BGH wistra 2009, S. 273. Ist im Einzelfall ein solcher Freistellungsanspruch im Innenverhältnis einmal explizit vereinbart, so bleibt es dabei, dass für eine Haftung der GmbH eine entsprechende Krise erforderlich ist; *Saenger*/Gregoritza, Praxishandbuch, § 5 Rn. 668.

Die Geschäftsführung der Komplementär-GmbH kann aufgrund ihrer doppelten Pflichtenstellung sowohl eine Untreue zulasten der GmbH als auch zulasten der KG-Gesellschafter begehen.

Im Weiteren ist nun zu untersuchen, wie es sich auswirkt, wenn sämtliche Gesellschafter der KG mit einer entsprechenden Pflichtverletzung einverstanden sind, also in diese einwilligen. In Bezug auf die Einwilligung in eine Untreue zulasten der KG-Gesellschafter, denen das Vermögen gesamthänderisch zugeordnet ist, ergeben sich keine Besonderheiten im Vergleich zu der Untersuchung im Bereich der KG.[988]

Interessant ist im Weiteren die Frage, wie sich eine Einwilligung der KG- bzw. der GmbH-Gesellschafter auf die Strafbarkeit des GmbH-Geschäftsführers auswirkt. Durch die Einwilligung der KG- und der GmbH-Gesellschafter ist eine Strafbarkeit des GmbH-Geschäftsführers wegen Untreue zulasten der KG ausgeschlossen. Da auch die GmbH Gesellschafterin der KG ist, erfordert eine einstimmige Einwilligung auch die Zustimmung des Willensbildungsorgans der GmbH, nämlich der Gesellschafterversammlung. Willigen jedoch die GmbH-Gesellschafter bzw. deren Mehrheit nicht in diese Untreuehandlung ein, so bleibt der Geschäftsführer strafbar wegen Untreue zulasten der GmbH. Eine Untreue zulasten der KG kann dann aufgrund einer Entscheidung der Gesellschaftermehrheit ausgeschlossen sein. Nur wenn auch seitens der GmbH-Gesellschafter eine wirksame Einwilligung vorliegt, ist eine Strafbarkeit wegen § 266 StGB zulasten der GmbH auszuschließen. Es zeigt sich also, dass der GmbH-Geschäftsführer wegen seiner Doppelstellung hier gewissermaßen *doppelt Gefahr läuft*, sich wegen Untreue strafbar zu machen.

Unter Bezugnahme auf die Ausführungen zu GmbH[989] und KG[990], kann festgehalten werden, dass im Rahmen der Einwilligung weder der Dispositionsbefugnis der GmbH- noch der KG-Gesellschafter Grenzen gesetzt sind.[991] Allein eventuelle Willensmängel können eine Wirksamkeitsschranke der Einwilligung darstellen.[992]

Ebenso ist auf die Möglichkeit der Einwilligung durch die Gesellschaftermehrheit zu verweisen, wenn diese die vermögensbezogenen Treuepflichten gegenüber den anderen Gesellschaftern berücksichtigt.[993]

988 Vgl. hierzu näher S. 266 ff.
989 Vgl. S. 88 ff.
990 Vgl. S. 267.
991 Anders hingegen *Brand*, Untreue und Bankrott, S. 293 ff.
992 Vgl. hierzu ausführlich S. 101 ff.
993 Vgl. hierzu ausführlich S. 107 ff. und S. 269 ff.

b. Ergebnis

Zur GmbH & Co. KG gilt es mithin festzuhalten, dass die Stellung des GmbH-Geschäftsführers, den eine doppelte Vermögensbetreuungspflicht, nämlich sowohl der KG als auch der GmbH gegenüber, trifft, von besonderer Relevanz ist. Um bei einer Untreuehandlung seinerseits zu Straffreiheit zu gelangen, müssen sowohl die GmbH- wie die KG-Gesellschafter einwilligen. Die anderen Personen innerhalb der Binnenstruktur der jeweiligen Gesellschaft bedürfen für Straffreiheit allein der Einwilligung *ihrer* Gesellschafter.

c. Kommanditgesellschaft auf Aktien (KGaA)

aa. Allgemeines

In § 278 Abs. 1 AktG ist die KGaA als eine Gesellschaft mit eigener Rechtspersönlichkeit definiert, bei der mindestens ein Gesellschafter den Gesellschaftsgläubigern unbeschränkt haftet (persönlich haftender Gesellschafter) und die übrigen an dem in Aktien zerlegten Grundkapital beteiligt sind, ohne persönlich für die Verbindlichkeiten der Gesellschaft zu haften (Kommanditaktionäre). Dies bedeutet, dass die KGaA zwar eine Mischung aus KG und AG darstellt, aber als juristische Person einzuordnen ist.[994] Da aber gem. § 278 Abs. 2 AktG für das Innenverhältnis die Regeln über die KG anwendbar sind, sollen Einwilligungskonstellationen im Bereich der KGaA gleichwohl hier im Rahmen der Personengesellschaften besprochen werden. Der Komplementär, der persönlich haftet, ist das Geschäftsführungs- und Vertretungsorgan der Gesellschaft (§§ 114 ff., 161 Abs. 2 HGB i.V.m. § 278 Abs. 2 AktG). Auf ihn sind gem. § 283 AktG wichtige Vorstandspflichten der AG anwendbar. Die Hauptversammlung ist wie auch bei der AG das Willensbildungsorgan der Gesellschaft. Hier dürfen die Komplementäre jedoch nur mitstimmen, wenn sie gleichzeitig auch Kommanditaktionäre sind (§ 285 Abs. 1 Satz 1 AktG), da die KGaA juristische Person ist, besteht die Möglichkeit dieser Doppelstellung.[995] Der Aufsichtsrat ist wie bei der AG das Überwachungsorgan der Gesellschaft. Ansonsten ergeben sich bei der KGaA weitgehende Parallelen zur AG.

994 *Schmidt*, Gesellschaftsrecht, S. 972.
995 *Schmidt*, Gesellschaftsrecht, S. 974.

bb. Vermögensbetreuungspflichtige Personen

Im Weiteren ist nun zu untersuchen, wer der KGaA gegenüber, denn diese ist juristische Person, vermögensbetreuungspflichtig ist. Der Komplementär ist wie erwähnt das Geschäftsführungs- und Vertretungsorgan der Gesellschaft. Er kann diese folglich wirksam verpflichten und über ihr Vermögen verfügen. Mithin trifft ihn eine Vermögensbetreuungspflicht der KGaA gegenüber.[996] Die Kommanditaktionäre hingegen trifft, wie auch die Aktionäre der AG[997], keine solche Vermögensbetreuungspflicht. Der Aufsichtsrat, der als Überwachungsorgan des Vorstands fungiert und darüber zu wachen hat, dass dieser keine schädigende Geschäftsführung betreibt, hat eine Garantenpflicht gegenüber dem Gesellschaftsvermögen inne. Er ist Beschützergarant hinsichtlich des Vermögens und Überwachergarant hinsichtlich des Vorstandes. Somit ist auch er der KGaA gegenüber vermögensbetreuungspflichtig.[998] Da die KGaA gem. § 278 Abs. 3 i.V.m. § 3 Abs. 1 AktG Formkaufmann ist, kann sie Prokura und Handlungsvollmacht erteilen, sodass deren Inhaber dann auch wieder vermögensbetreuungspflichtig gegenüber der Gesellschaft werden. Endlich kann auch einen sonstigen leitenden Angestellten aufgrund tatsächlicher Treuestellung eine Vermögensbetreuungspflicht treffen.

cc. Untreuehandlungen und Einwilligung

Sämtliche Vermögensbetreuungspflichtige können zulasten der KGaA eine Untreue begehen; Komplementär, Prokurist und Handlungsbevollmächtigter können sowohl einen Missbrauch als auch einen Treubruch, die Aufsichtsratsmitglieder und der sonstige leitende Angestellte hingegen nur einen Treubruch begehen.

Hinsichtlich der Einwilligung ergeben sich bei der KGaA aufgrund ihrer Nähe zur AG keine Unterschiede im Vergleich zur Einwilligung bei dieser. Sowohl die gesamte Hauptversammlung als auch deren Mehrheit und u.U. der Hauptaktionär können wirksam in eine Untreuehandlung eines Treupflichtigen einwilligen. Stimmt die gesamte Hauptversammlung zu, dann ergeben sich auch hier keinerlei Schranken der Dispositionsbefugnis. Liegt lediglich eine Einwilligung der Aktionärsmehrheit vor, die auch aufgrund der Delegation der Dispositionsbefugnis von der Aktionärsgesamtheit auf deren jeweilige Mehrheit möglich ist, so er-

996 LK[11]/*Schünemann*, § 266 Rn. 126.
997 Vgl. hierzu näher S. 148 f.
998 LK[11]/*Schünemann*, § 266 Rn. 126.

geben sich auch hier Schranken aufgrund von Treuepflichten den nicht zustimmenden Aktionären gegenüber.[999]

Andere Personen hingegen können mangels Dispositionsbefugnis nicht wirksam in die Untreue einwilligen. Als Wirksamkeitsschranke der Einwilligung sind wieder allein etwaige Willensmängel zu nennen.[1000]

d. Ergebnis

Insgesamt gilt es also festzuhalten, dass sich hinsichtlich der Einwilligung in Untreuehandlungen bei der KGaA, obwohl diese eine Mischform aus KG und AG ist, keine wesentlichen Unterschiede zur Einwilligung in die Untreue bei der AG ergeben.

8. Vergleich und Zusammenfassung juristische Personen – Personengesellschaften

Nach der Untersuchung der Untreue im Bereich der juristischen Personen und der Personengesellschaften, lassen sich, was die Einwilligung anbelangt, wohl weniger Unterschiede als vielleicht erwartet ausmachen. Zwar ist die Vermögenszuordnung, wie eingehend geschildert, eine andere, da die juristischen Personen selbst Vermögensträger sind, während bei den Personengesellschaften den Gesellschaftern selbst zur gesamten Hand das Vermögen zugeordnet ist. Aber dennoch können sämtliche Gesellschafter der jeweiligen Gesellschaft frei in Untreuehandlungen einwilligen. Einzige Schranke stellen in beiden Fällen eventuelle Willensmängel der Einwilligenden dar. Das im Bereich der juristischen Personen vielfach vorgetragene Eigeninteresse der Gesellschaften hat sich als für die strafrechtliche Bewertung der Einwilligung in die Untreue irrelevant herausgestellt, sodass auch eine Einwilligung, die gegen gesellschaftsrechtliche Kapitalbindungsvorschriften verstößt, nicht unwirksam wird. Dies gilt sowohl im Bereich unverbundener als auch konzernierter Unternehmen. Auch sonstige Verstöße der Einwilligung gegen Rechtsvorschriften oder die guten Sitten machen selbige weder im Bereich der Personengesellschaften noch in demjenigen der juristischen Personen unwirksam.

999 Vgl. ausführlich zur Möglichkeit der Einwilligung durch die Aktionärsmehrheit bei der AG S. 162 ff.

1000 Vgl. hierzu eingehend S. 101 ff.

Aber auch die Gesellschaftermehrheit kann sowohl im Bereich der juristischen Personen als auch der Personengesellschaften wirksam in Untreuehandlungen einwilligen, wenn sie die vermögensbezogenen Treuepflichten gegenüber der Gesellschafterminderheit berücksichtigen. Tut sie dies nicht, so fehlt es an einer wirksamen Einwilligung.

Insgesamt bleibt also festzuhalten, dass trotz der unterschiedlichen Vermögenszuordnung die Gesellschafter beider Gesellschaftsformen frei in sämtliche untreuerelevanten Handlungen wirksam einwilligen können.

III. Zusammenfassung der Ergebnisse zur Einwilligung in die Untreue

Zunächst erscheint relevant, dass im Bereich der Untreue die Einwilligung bereits die Pflichtwidrigkeit entfallen lässt, also bereits auf Tatbestandsebene Wirkung entfaltet. Der Meinungsstreit, ob die Einwilligung i.R. des Tatbestandes oder der Rechtswidrigkeit Platz greift, ist im Bereich der Untreue insofern nicht von Relevanz, als beide Ansichten hier die Einwilligung als tatbestandsausschließend begreifen: Die eine Ansicht insofern, als sie die Einwilligung stets auf Tatbestandsebene verortet, die Gegenansicht insofern, als sie die Zustimmung zur Rechtsgutsverletzung hier als tatbestandsausschließendes Einverständnis wertet.[1001] Da zudem die Wirksamkeitsvoraussetzungen der Einwilligung zunehmend einzelfallabhängig, unter Berücksichtigung der Besonderheiten des jeweiligen Tatbestandes bestimmt werden sollen,[1002] ergeben sich auch diesbezüglich keine relevanten Unterschiede zwischen den beiden Ansichten.

Im Weiteren ist festzuhalten, dass die Dispositionsbefugnis hinsichtlich des Gesellschaftsvermögens in sämtlichen untersuchten Fällen den Gesellschaftern zusteht, sie sind folglich zuständig für die Einwilligung. Eine Einwilligung durch sämtliche Gesellschafter lässt die Tatbestandsmäßigkeit der Handlung stets entfallen, es sei denn, es liegen Willensmängel seitens der Einwilligenden vor. Willensmängel sind die einzige für die Wirksamkeit der Einwilligung relevante Schranke. Andere Schranken sind nicht erkennbar: Weder die zivilrechtliche noch die strafrechtliche Regelung zur Sittenwidrigkeit noch andere zivilrechtliche Normen, wie z.B. diejenigen zur Bilanzführung und Buchhaltung sind als Wirksamkeitsschranke für die Einwilligung einzuordnen. Insbesondere das vielfach angeführte Eigeninteresse juristischer Personen, welches neuerdings auch im Bereich der Personengesellschaften angeführt wird, stellt keine Dispositions-

1001 Vgl. zu diesem Meinungsstreit ausführlich S. 29 ff.
1002 Vgl. eingehend S. 31 f.

grenze für die Einwilligenden dar. Dieses Eigeninteresse setzt sich stets aus Interessen zusammen, denen im Bereich der Untreue dann keine Bedeutung zukommt, wenn sämtliche Gesellschafter zustimmen. Namentlich sind dies die Interessen der Gesellschafter, der Gläubiger, der Arbeitnehmer und der Allgemeinheit. Schutzrichtung des § 266 StGB ist aber nur das Vermögen des Geschäftsherrn. Willigen aber sämtliche Gesellschafter, die bei juristischen Personen für diese handeln und bei Personengesellschaften selbst Geschäftsherr sind, ein, so bleiben noch die Interessen der Gläubiger und diejenigen der Allgemeinheit. Mäße man diesen i.R. der Untreue jedoch Bedeutung bei, so würde der Anwendungsbereich des § 266 StGB *contra legem* erweitert. Da aber beispielsweise Gläubigerinteressen über die §§ 283 ff. StGB geschützt werden, entstehen keine Strafbarkeitslücken.

Dass die Ausweitung bzw. die Überdehnung des Tatbestandes des § 266 StGB in den letzten Jahren ein erhebliches Problem darstellt, wurde in den zahlreichen untersuchten Fallgruppen deutlich gesehen. Besonders die Rechtsprechung des BGH zu Kick-back-Zahlungen und zur Anlegung und Unterhaltung schwarzer Kassen[1003] zeigt bedenkliche Tendenzen. Um diesen entgegenzuwirken und die Ausdehnung des Tatbestandes zu verhindern, erscheinen die von *Seier* ins Feld geführten Prüfungspunkte des Pflichtwidrigkeitszusammenhangs, des Schutzzweckzusammenhangs und der Unmittelbarkeit[1004] sinnvoll und notwendig, da so sichergestellt werden kann, dass § 266 StGB auch wirklich nur dasjenige Unrecht erfasst, welches er erfassen soll, nämlich die Verletzung von Pflichten, die speziell und originär das Vermögen des Geschäftsherrn schützen. Ansonsten besteht die Gefahr, dass § 266 StGB, wie es *Rönnau* formuliert, zu einer »Superverbotsnorm« mutiert[1005].

Neben der Einwilligung in Untreuehandlungen durch sämtliche Gesellschafter ist auch die Einwilligung der Gesellschaftermehrheit möglich. Diese ist jedoch nur dann als wirksam einzuordnen, wenn die Treuepflichten gegenüber der überstimmten Minderheit berücksichtigt werden. Diese Treuepflichten spielen hier deshalb eine Rolle, weil sämtliche Gesellschafter die ihnen gemeinschaftlich zustehende Dispositionsbefugnis über das Gesellschaftsvermögen in einem gewissen Rahmen der Mehrheit der Gesellschafter übertragen haben. Eine solche Delegation der Dispositionsbefugnis auf die jeweilige Mehrheit der Gesellschafter ist problemlos möglich. Jedoch erfolgt diese Delegation, wie dargelegt, nur in

1003 Vgl. Fall *Schreiber*, BGH NJW 2005, S. 300 ff.; Fall *Kölner Müllskandal*, BGH NStZ 2006, S. 210 ff. und v.a. Fall *Siemens*, BGH NJW 2009, S. 89 ff.
1004 Achenbach/Ransiek/*Seier*, Handbuch Wirtschaftsstrafrecht, V 2 Rn. 196 ff.
1005 *Rönnau*, FS Tiedemann, S. 719.

einem bestimmten Rahmen, d.h. sie kann nur dann wirksam *genutzt* werden, wenn sich die Mehrheit an ihre Kompetenzen, den Gesellschaftszweck und die gesetzlichen Regelungen, kurzum also an die gemeinsam vereinbarten oder gesetzlich vorgeschriebenen Regeln hält. Nicht möglich ist jedoch der Ausschluss der Widerrufsmöglichkeit bzw. der Delegation durch Vertrag. Widerruft ein Gesellschafter die Delegation, die als antizipierte Einwilligung verstanden werden kann, so wird die durch die Gesellschaftermehrheit erklärte Einwilligung unwirksam. Dann ist jedoch zu untersuchen, ob die vertragliche Abrede der Delegation als Rechtfertigungsgrund greift. Dass auch zivilrechtlichen Verträgen rechtfertigende Wirkung zukommen kann, ist allseits anerkannt. Jedoch entfalten sie diese nur zwischen den Vertragspartnern, da nur ihnen ein Handlungsrecht eingeräumt bzw. eine Duldungspflicht auferlegt wird.[1006] Sind die den Tatbestand der Untreue Verwirklichenden also Gesellschafter und somit an dem jeweiligen Gesellschaftsvertrag, der die Delegation regelt, beteiligt, so können sie sich zweifelsohne auf diesen zur Rechtfertigung berufen. Sind sie jedoch nicht daran beteiligt, so bleibt es grundsätzlich bei ihrer Strafbarkeit nach § 266 StGB. Dies birgt jedoch insofern keine unvorhersehbaren Risiken für die Handelnden, als die Einwilligung nur bis zur Vollendung der tatbestandlichen Handlung widerrufen werden kann. Handelt also jemand, obwohl die Einwilligung widerrufen wurde, so verwirklicht sich mit der daraus folgenden Unwirksamkeit der Einwilligung kein überraschendes Risiko. Teilweise kann aber eine Rechtfertigung wegen berechtigter GoA vorliegen.

Insgesamt ist mit Blick auf künftige Untreuesachverhalte und -konstellationen wünschenswert, dass den genannten bedenklichen Tendenzen, § 266 StGB zu einem »Allroundtalent des Wirtschaftsstrafrechts«[1007] werden zu lassen, Einhalt geboten wird, damit § 266 StGB auch wirklich *nur dann greift* bzw. angewendet wird, wenn das durch ihn vertypte Unrecht im Raum steht.

Daneben erscheint die Erkenntnis, dass die Einwilligung generell auch durch die Mehrheit der Rechtsgutsträger erfolgen kann, sodass es nicht stets einer einstimmigen Entscheidung bedarf, von entscheidender Bedeutung. So kann gerade im Wirtschaftsstrafrecht, dessen Sachverhalte oft gesellschaftsrechtliche Bezüge und Strukturen aufweisen, den Besonderheiten juristischer Personen und Personengesellschaften angemessen Rechnung getragen werden.

1006 Schönke/Schröder/*Lenckner*/*Sternberg-Lieben*, StGB, Vorbem. §§ 32 ff., Rn. 53.
1007 *Jahn*, JuS 2009, S. 175 f.

D. Einwilligung im Bereich der Bestechlichkeit und Bestechung im geschäftlichen Verkehr

Nachdem untersucht wurde, ob und unter welchen Bedingungen in Untreuehandlungen im Bereich der unterschiedlichen Gesellschaften eingewilligt werden kann, soll geprüft werden, ob und wenn ja unter welchen Voraussetzungen in eine Bestechlichkeit oder eine Bestechung im geschäftlichen Verkehr (§ 299 StGB) eingewilligt werden kann und darüber hinaus analysiert werden, ob Parallelen zu § 266 StGB bestehen.

I. Aufbau und Struktur des Tatbestandes

Zunächst sind hierzu Aufbau und Struktur des § 299 StGB darzustellen und zu erläutern.

1. Geschütztes Rechtsgut

In einem ersten Schritt ist zu prüfen, welches Rechtsgut von § 299 StGB geschützt ist. Dies ist mit Blick auf die Einwilligung von entscheidender Bedeutung, da davon abhängig ist, wer über das Rechtsgut dispositionsbefugt ist. In Rechtsprechung und Literatur werden dem § 299 StGB jedoch unterschiedliche Rechtsgüter zugeordnet:

a. Rechtsprechung und h.M. in der Literatur

Die Rechtsprechung und die h.M. in der Literatur sehen als von § 299 StGB geschütztes Rechtsgut den freien Wettbewerb an.[1008] Daneben seien aber auch die

1008 BGH GRUR 1958, S. 27 f. (S. 28); BGH NJW 1983, S. 1919 ff. (S. 1920); *Arzt/Weber/Heinrich/Hilgendorf*, Strafrecht BT, § 49 Rn. 51; *Fischer*, StGB, Vor § 298 Rn. 6, § 299 Rn. 2; *Lackner/Kühl*, StGB, § 299 Rn. 1; *Pfeiffer*, FS v. Gamm, S. 131; Satzger/ Schmitt/ Widmaier/*Rosenau*, StGB, § 299 Rn. 4; Schönke/Schröder/*Heine*, StGB, Vor §§ 298 ff. Rn. 2, § 299 Rn. 2; LK[12]/*Tiedemann*, § 299 Rn. 1; *Wittig*, wistra 1998, S. 10; *Wolters*, JuS 1998, S. 1103.

Vermögensinteressen der Mitbewerber sowie ihre Chancengleichheit geschützt.[1009] Während einige Autoren diesen Schutz als gleichrangig neben dem Wettbewerb ansehen[1010], ordnen ihn andere als nachrangig bzw. als bloßen Schutzreflex ein.[1011]

Ferner sollen aber, wenn auch nur nachrangig, ebenso die Interessen des Geschäftsherrn geschützt sein.[1012] Darüber hinaus wird auch die Allgemeinheit als mittelbar von § 299 StGB geschützt angesehen, d.h. dieser Schutz soll konkret vor der Verteuerung und Verschlechterung von Waren bestehen.[1013]

b. Abweichende Ansichten in der Literatur

aa. Ansichten, die einen Wettbewerbsschutz ablehnen

Zu Beginn sind diejenigen Auffassungen darzustellen, die den Wettbewerb nicht als von § 299 StGB erfasst einordnen wollen. *Lüderssen* argumentiert in diesem Zusammenhang, dass der Wettbewerb zwar von bedeutendem Rang für die Rechtsordnung sei, der Begriff aber zu unbestimmt sei, um als strafrechtlich geschütztes Rechtsgut qualifiziert werden zu können.[1014] In die gleiche Richtung argumentieren auch *Rittner* und *Kulka,* die bemängeln, dass der Begriff des wirtschaftlichen Wettbewerbs nicht definiert werden könne.[1015] Folglich gehen auch sie davon aus, dass der Wettbewerb nicht als strafrechtlich geschütztes Rechtsgut tauge. Dem stimmt *Hohmann* insofern zu, als er zum Wettbewerb als strafrechtliches Rechtsgut ausführt,

1009 BGHSt 2, S. 396 ff. (S. 402); BGH NJW 1991, S. 367 ff. (S. 370); NK/*Dannecker*, § 299 Rn. 5; *Fischer*, StGB, § 299 Rn. 2; *Szebrowski*, Kick-Back, S. 177 ff.; Schönke/Schröder/*Heine*, StGB, § 299 Rn. 2; LK[12]/*Tiedemann*, § 299 Rn. 1; *Ulbricht*, Bestechung und Bestechlichkeit, S. 36.

1010 NK/*Dannecker*, § 299 Rn. 5; LK[12]/*Tiedemann*, § 299 Rn. 1.

1011 *Mitsch*, Strafrecht BT II/2, § 3 Rn. 217; so auch *Bannenberg*, Korruption, S. 25.

1012 BGH GRUR 1983, S. 330 ff. (S. 331); *Bannenberg*, Korruption, S. 25; *Köhler*/*Piper*, UWG, § 12 Rn. 2; *Pfeiffer*, FS v. Gamm, S. 131; *Ulbricht*, Bestechung und Bestechlichkeit, S. 36 f., die jedoch von einem gleichrangigen Schutz des Geschäftsherrn ausgeht.

1013 BGH NJW 1968, S. 1572 ff. (S. 1574); *Lackner*/*Kühl*, StGB, § 299 Rn. 1; *Pfeiffer*, FS v. Gamm, S. 131; vgl. zudem: Erbs/Kohlhaas/*Diemer*, Nebengesetze, § 12 UWG a.F. Rn. 2 ; *Köhler*/*Piper*, UWG, § 12 Rn. 2; Müller-Gugenberger/Bieneck/*Blessing*, Wirtschaftsstrafrecht, § 53 Rn. 54; LK[12]/*Tiedemann*, § 299 Rn. 4; *Ulbricht*, Bestechung und Bestechlichkeit, S. 37 f.

1014 *Lüderssen*, StV 1997, S. 320, der der genannten Unbestimmtheit jedoch vor allem im Bereich des § 298 StGB kritisch gegenübersteht.

1015 *Rittner*/*Kulka*, Wettbewerbs- und Kartellrecht, S. 2 f.

»dass es nicht Aufgabe des Strafrechtes ist und auch nicht sein kann, einzelne, die Wirtschaftsordnung mitkonstituierende Institutionen um ihrer selbst Willen als Universalrechtsgut zu schützen. Bei diesen handelt es sich vielmehr um normative Gebilde, zusammengesetzt aus den Normen der staatlichen Wirtschaftsordnung und -lenkung sowie den Normen, welche die wirtschaftliche Betätigung regeln, auch solchen des Strafrechts. Angriffe auf die Wirtschaftsordnung und ihre Institutionen durch Verletzung der sie konstituierenden Normen haben jedoch keine naturwissenschaftlich messbaren Schäden zur Folge«.[1016]

Auch *Oldigs* misst dem Wettbewerb nicht den Charakter einer festen oder klar eingrenzbaren Institution bei, sodass dieser nicht in den strafrechtlichen Schutzgüterkanon aufgenommen werden könne.[1017]

bb. Ansichten, die das Schuldverhältnis zwischen Geschäftsherrn und Angestelltem als geschützt ansehen

Jaques vertritt die Auffassung, dass § 299 StGB das einzelne Schuldverhältnis zwischen dem Arbeitgeber und dem Angestellten bzw. Beauftragten schütze; geschütztes Rechtsgut der Norm seien somit die Rechtsinstitute zur Übertragung von Aufgaben im wirtschaftlichen Bereich.[1018] Er ordnet § 12 UWG a.F. (der mit dem heutigen § 299 StGB weitgehend identisch war) im Zuge verfassungskonformer Auslegung als Spezialfall des Treubruchs des § 266 StGB ein, der teilweise wegen mangelnder Vermögensbetreuungspflicht nicht vom Tatbestand der Untreue erfasst werde.[1019] Folglich soll der Tatbestand des § 299 StGB seiner Ansicht nach der Lückenfüllung dienen.

Szebrowski sieht die Pflichten- und Loyalitätsbeziehung zwischen Täter und Prinzipal im vermögensrechtlichen Bereich als von § 299 Abs. 1 StGB geschützt an.[1020] Den freien Wettbewerb und den Schutz der Allgemeinheit möchte er insofern nicht unter § 299 StGB subsumieren, als diese Güter zu abstrakt und entmaterialisiert seien.[1021] § 299 Abs. 2 StGB schützt nach *Szebrowski* »die Chancengleichheit der Mitbewerber als Grundlage des freien Leistungswettbewerbs«[1022].

1016 MK StGB/*Hohmann*, § 299 Rn. 3.
1017 *Oldigs*, Submissionsabsprachen, S. 125 f.; *Oldigs*, wistra 1998, S. 294.
1018 *Jaques*, Bestechungstatbestände, S. 110 ff., S. 115 f.
1019 *Jaques*, Bestechungstatbestände, S. 113.
1020 *Szebrowski*, Kick-Back, S. 167 ff., der sich jedoch, wie gesagt, nur auf Abs. 1 des § 299 StGB bezieht.
1021 *Szebrowski*, Kick-Back, S. 164.
1022 *Szebrowski*, Kick-Back, S. 179.

cc. Schutzgut der Nichtkäuflichkeit übertragener Entscheidungsmacht

Pragal hingegen ordnet als Schutzgut des § 299 StGB die Nichtkäuflichkeit übertragener oder sonst besonders fremdverantwortlicher Entscheidungsmacht ein sowie das diesbezügliche Vertrauen der Allgemeinheit.[1023] Auch er möchte das Schutzgut des freien Wettbewerbs aus dem Bereich des § 299 StGB herausnehmen, weil es sich bei diesem nicht um ein einheitliches und »fassbares« Rechtsgut handele, sondern um ein »Konglomerat« von verschiedenen Einzelinteressen.[1024] Als gemeinsamen Unrechtskern sämtlicher Korruptionsdelikte macht *Pragal* die Verursachung eines »Prinzipal-Agent-Konfliktes« aus.[1025] Den Wettbewerbsbezug ordnet er nur als den Lebensbereich ein, »innerhalb dessen die Verletzung einer, auf einer höheren Abstraktionsstufe liegenden Funktionsbedingung durch den Tatbestand des § 299 StGB pönalisiert ist«[1026].

dd. Reiner Wettbewerbsschutz

Ferner ist die Ansicht *Mölders* anzuführen, die als Rechtsgut des § 299 StGB allein den freien Wettbewerb einordnet. Andere Interessen, wie diejenigen der Mitbewerber oder des Geschäftsherrn, seien hier nicht von Bedeutung, da diese vermögensrechtlicher Natur seien, § 299 StGB sei aber gerade keine das Vermögen schützende Norm.[1027]

Koepsel argumentiert in die gleiche Richtung; sie ordnet als Schutzgut des § 299 StGB jedoch allein das Leistungsprinzip als Entscheidungsmaßstab für Bevorzugungen im Wettbewerb ein.[1028] Dies bedeutet, dass über eine Bevorzugung im Wettbewerb die Leistung der einzelnen Marktteilnehmer entscheidet, sodass es also darauf ankomme, welcher Unternehmer die beste Leistung erbringe.[1029]

1023 *Pragal*, ZIS 2006, S. 75; *Pragal*, Korruption, S. 146 ff.
1024 *Pragal*, ZIS 2006, S. 70.
1025 *Pragal*, ZIS 2006, S. 72 ff.
1026 *Pragal*, Korruption, S. 134.
1027 *Mölders*, Bestechung und Bestechlichkeit, S. 106 ff., S. 161; zustimmend: *Brand/Wostry*, WRP 2008, S. 638.
1028 *Koepsel*, Bestechlichkeit und Bestechung, S. 99 ff., S. 111.
1029 *Koepsel*, Bestechlichkeit und Bestechung, S. 100; zustimmend: *Peinemann*, Strafbarkeit, S. 106 f.

c. Diskussion

In der Folge sollen die Argumente der unterschiedlichen Ansichten erläutert und diskutiert werden, um abschließend zu einem Ergebnis zu kommen, wie das Rechtsgut des § 299 StGB zu bestimmen ist. Für die vorliegende Untersuchung ist die Bestimmung des Rechtsguts insofern von Relevanz, als die Möglichkeit und die Reichweite einer Einwilligung in die Bestechlichkeit und Bestechung im geschäftlichen Verkehr untersucht werden soll. Im Rahmen dieser Untersuchung ist es für den Prüfungspunkt der Dispositionsbefugnis aber von entscheidender Bedeutung, welche Interessen von § 299 StGB geschützt sind, damit in der Folge geprüft werden kann, wer darüber zu verfügen berechtigt ist.

aa. Wettbewerb

Für den Wettbewerb als von § 299 StGB geschütztes Rechtsgut spricht zunächst der Wille des Gesetzgebers, da er bei Einführung des § 12 UWG a.F. in das StGB davon ausging, dass der freie Wettbewerb ein im Kerngesetz des Strafrechts zu schützendes Rechtsgut sei. Da der Wettbewerbsschutz für das Funktionieren der sozialen Marktwirtschaft unerlässlich sei, gehöre dieser zu den wichtigsten Aufgaben des Staates und sei strafrechtlich zu schützen.[1030] Zwar werde der Wettbewerb auch durch die Normen des UWG und des GWB geschützt, teils mit Straf-, teils mit Bußgeldvorschriften, aber der neue 26. Abschnitt des StGB enthalte »Straftatbestände gegen besonders strafwürdige Verhaltensweisen, die dem Prinzip des freien Wettbewerbs zuwiderlaufen«[1031]. Die Gesetzesmaterialen lassen also erkennen, dass der Gesetzgeber den Wettbewerb als überindividuelles Rechtsgut geschützt wissen wollte.[1032]

Aus diesen Überlegungen lässt sich schließen, dass der freie Wettbewerb als von § 299 StGB geschützt einzuordnen ist, da sich die Gesetzesbegründung auf die Einführung des 26. Abschnittes des StGB insgesamt bezieht und somit §§ 298, 299 StGB dem gleichen Schutzgedanken folgen.[1033]

Dieser Wille des Gesetzgebers findet seine Stütze sowohl im Wortlaut des § 299 StGB, da der Begriff Wettbewerb in sämtlichen Absätzen der Regelung Niederschlag gefunden hat, als auch in der systematischen Auslegung des § 299

1030 BT-Drucks. 13/5584, S. 9, S. 12; BR-Drucks. 553/96, S. 26 f.

1031 BT-Drucks. 13/5584, S. 12; BR-Drucks. 553/96, S. 26 f.

1032 BR-Drucks. 553/96, S. 26 f.

1033 *Mölders*, Bestechung und Bestechlichkeit, S. 107.

StGB. Ihren Ursprung fand die Norm im UWG, welches primär dem Wettbewerbsschutz dient, was auch in § 1 UWG deutlich zum Ausdruck kommt.[1034]

Der Einordnung, der Begriff des Wettbewerbs sei nicht konkret genug und es handele sich um ein nicht determiniertes System[1035], ist insofern zu widersprechen, als dass der Begriff zu definieren ist, und zwar als Möglichkeit der Entfaltung aller Mitglieder der Rechtsgesellschaft, also als die Garantie, die grundrechtlich garantierte wirtschaftliche Handlungsfreiheit ausüben zu können. Dies bedeutet, der Wettbewerb ist keineswegs ein Kollektivrechtsgut, das sich lediglich aus unterschiedlichen Individualinteressen zusammensetzt. Es ist vielmehr ein Ordnungssystem, das jedem Einzelnen die wirtschaftliche Handlungsfreiheit ermöglicht, es garantiert die wirtschaftliche Entfaltung aller Mitglieder der Rechtsgesellschaft. Daneben dient der Wettbewerbsschutz auch der sozialen Kontrolle, da er die Gesellschaft begünstigende Funktionen übernimmt.[1036] Dieses System ist aber sehr wohl bestimmbar und keine ungreifbare Begrifflichkeit, denn es dient dem gewissermaßen überindividuellen Gut der Freiheitssicherung, durch welches dann der Wettbewerbsprozess ausgelöst wird.[1037]

Folglich schützt § 299 StGB den »Wettbewerb als Ordnungssystem innerhalb der Sozialen Marktwirtschaft und damit ein Kollektivrechtsgut«[1038]. Die Aufgabe des § 299 StGB ist somit in einem Institutionenschutz zu sehen.[1039] In jüngster Zeit wurde das Schutzgut des Wettbewerbs dann als Leistungswettbewerb konkretisiert.[1040]

bb. Geschäftsinhaber

Fraglich ist im Weiteren, ob § 299 StGB auch dem Schutz des Geschäftsinhabers dient. Sowohl die Rechsprechung und die h.M. in der Literatur als auch die Ansichten *Jaques, Szebrowskis* und *Pragals* sehen von dem Straftatbestand auch Interessen des Geschäftsherrn als geschützt an. Allein *Mölders* und *Koepsel* lehnen einen solchen Schutz ab.

1034 Vgl. hierzu ausführlich *Mölders*, Bestechung und Bestechlichkeit, S. 108 ff.
1035 Vgl. die Ansichten, die den Begriff des Wettbewerb als nicht definierbar einordnen S. 285 f.
1036 *Mölders*, Bestechung und Bestechlichkeit, S. 105 f., S. 133.
1037 *Mölders*, Bestechung und Bestechlichkeit, S. 127.
1038 *Mölders*, Bestechung und Bestechlichkeit, S. 133.
1039 *Mölders*, Bestechung und Bestechlichkeit, S. 113.
1040 *Koepsel*, Bestechlichkeit und Bestechung, S. 99 ff., S. 111; zustimmend: Achenbach/Ransiek/*Rönnau*, Handbuch Wirtschaftsstrafrecht, III 2 Rn. 7.

Für den Schutz des Geschäftsherrn durch § 299 StGB spricht zunächst, dass gerade auch dieser durch das Verhalten seines Angestellten oder Beauftragten unmittelbar betroffen ist. Entweder weil sich dieser aufgrund von Bestechungszahlungen von sachfremden, nicht dem Interesse des Geschäftsherrn dienenden Erwägungen leiten lässt oder weil dieser selbst Gelder des Geschäftsherrn zu Bestechungszwecken auszahlt.

Der Wortlaut des § 299 StGB ist für einen Geschäftsherrenschutz nicht aussagekräftig, auch wenn *Walter* eine Verankerung desselben in der Formulierung des »geschäftlichen Betriebes« zu erkennen glaubt.[1041] Hier ist *Mölders*, die wie gesagt einen Geschäftherrenschutz i.E. ablehnt, jedoch insofern zuzustimmen, als dass dieses Merkmal der Abgrenzung zu dem nicht vom Tatbestand erfassten privaten Bereich dient.[1042] Ihr systematisches Argument aber, die Überschrift des 26. Abschnitts des StGB besage, dass es sich bei den nachfolgenden Delikten um solche handele, die sich allein gegen den Wettbewerb und nicht gegen den Geschäftsherrn bzw. dessen Vermögen richteten, greift insofern zu kurz, als dass dem StGB gerade kein entsprechender systematischer Aufbau zugrunde liegt.[1043] Zieht man hier z.B. den 25. Abschnitt des StGB heran, und zwar denjenigen des strafbaren Eigennutzes, so lässt auch diese Überschrift keinerlei Schluss auf die Rechtsgüter der enthaltenen Delikte zu. Vielmehr ist sogar anerkannt, dass die Tatbestände dieses Abschnittes kein gemeinsames Schutzobjekt haben.[1044] Daneben zeigt auch § 142 StGB, der im Abschnitt der Straftaten gegen die öffentliche Ordnung zu finden ist, dass von der Einordnung des Tatbestandes nicht auf das Rechtsgut geschlossen werden darf, da § 142 StGB allein die Individualinteressen der Unfallbeteiligten schützt.[1045] Auch im Rahmen der Abgrenzung zwischen Raub und räuberischer Erpressung wird stets darauf hingewiesen, dass dem StGB gerade keine logisch-systematische Grundkonzeption zugrunde liege.[1046] Mithin kann aus der Einordnung des § 299 StGB in den 26. Abschnitt nicht darauf geschlossen werden, dass dieser allein den Wettbewerbsschutz bezwecke.

1041 *Walter*, wistra 2001, S. 323.

1042 *Mölders*, Bestechung und Bestechlichkeit, S. 137; auch *Koepsel* äußert, diese Einordnung sage nichts darüber aus, ob die Interessen des Geschäftsherrn Rechtsgut der Norm seien, *Koepsel*, Bestechlichkeit und Bestechung, S. 67.

1043 Auch *Peinemann* glaubt hier eine Systematik zu erkennen, die gegen einen Schutz des Geschäftsherrn spreche, *Peinemann*, Strafbarkeit, S. 112.

1044 Schönke/Schröder/*Eser*/*Heine*, StGB, Vor § 284.

1045 Schönke/Schröder/*Sternberg-Lieben*, StGB, § 142 Rn. 1a.

1046 *Kindhäuser*, Strafrecht BT II, § 18 Rn. 8.

Mölders zeigt dann Parallelen zu § 266 StGB auf, um zu belegen, dass dieser Tatbestand das Handlungsunrecht gegenüber dem Geschäftsherrn erfasse, sodass § 299 StGB diesbezüglich gerade nicht bemüht werden müsse, denn Letzterem fehle der vermögensrechtliche Bezug, der gerade Kern des § 266 StGB sei. Würde man § 299 StGB einen solchen vermögensrechtlichen Bezug beimessen, dann führte dies ihrer Ansicht nach dazu, die versuchte Untreue, die gerade nicht strafbar ist, zu pönalisieren.[1047] Einen vermögensrechtlichen Bezug des § 299 StGB lehnt *Mölders*, selbst wenn dieser einmal vermögenswerte Expektanzen schütze, ab.[1048]

Auch *Koepsel* sieht die meisten bestechungsbedingten Vermögensbeeinträchtigungen des Geschäftsherrn bereits als durch § 266 StGB erfasst an.[1049]

Hierzu ist anzumerken, dass, wie bereits im Bereich der Untreue eingehend untersucht wurde[1050], viele Bestechungshandlungen nicht unter § 266 StGB fallen, denn dieser setzt gerade die Verletzung einer Vermögensbetreuungspflicht voraus, durch die dann ein Vermögensnachteil entsteht. Da für § 266 StGB jedoch stets der Schutzzweck- sowie der Unmittelbarkeitszusammenhang gewahrt sein müssen[1051], kann § 266 StGB hier keineswegs als stets greifende und das Bestechungsunrecht zulasten des Geschäftsherrn erfassende Regelung eingeordnet werden.

Ferner greift dieses Argument nur dann Platz, wenn man von § 299 StGB ausschließlich den Geschäftsherrn als geschützt ansieht. Da aber bereits ausgeführt wurde, dass § 299 StGB auch dem Wettbewerbsschutz dient, zeigt sich, dass diese angeführte Parallele zwischen § 299 StGB und § 266 StGB nicht besteht.

Darüber hinaus ist der Einordnung *Mölders* und *Koepsels* entgegenzusetzen, dass die Ansichten, die einen Schutz des Geschäftsherrn i.R. des § 299 StGB befürworten, keineswegs nur von Vermögensinteressen ausgehen.[1052] § 299 StGB soll gerade die Lauterkeit bzw. die Freiheit des Wettbewerbs schützen. Dieser Wettbewerb besteht aber gerade zwischen sämtlichen Marktteilnehmern, sodass hier auch der Geschäftsinhaber zu berücksichtigen ist. Seine Interessen, und zwar nicht nur die Vermögensinteressen, werden aber gerade auch dann verletzt, wenn sich der für ihn Handelnde nicht von sachlichen Erwägungen, sondern von finanziellen Mitteln leiten lässt. Unabhängig davon, ob es durch diese sachfrem-

1047 *Mölders*, Bestechung und Bestechlichkeit, S. 138 ff.

1048 *Mölders*, Bestechung und Bestechlichkeit, S. 140 ff.

1049 *Koepsel*, Bestechlichkeit und Bestechung, S. 74.

1050 Vgl. hierzu ausführlich S. 119 ff.

1051 Vgl. eingehend S. 62 ff.

1052 Auch *Wollschläger* prüft bei Interessen des Geschäftsherrn allein dessen Vermögensinteressen, *Wollschläger*, Täterkreis, S. 16 ff.

de Entscheidung zu einem Vermögensschaden des Geschäftsherrn kommt, werden seine Interessen an wirtschaftlich sachgerechten Entscheidungen verletzt. Dies bedeutet, dass er in seiner Dispositionsfreiheit beeinträchtigt wird, was freilich mittelbar wiederum zu einem Vermögensschutz führt. Vergegenwärtigt man sich aber z.B. den bereits näher dargestellten Idealverein, der je nachdem sogar gemeinnützige Zwecke verfolgt, so wird deutlich, dass von § 299 StGB neben den finanziellen Interessen des Geschäftsinhabers auch ideelle Interessen geschützt sind, die nicht einmal einen mittelbaren Vermögensbezug aufweisen. Beispielsweise kann es einem Verein, der sich um die ökologische Landwirtschaft bemüht, gerade darauf ankommen, dass seine Vertragspartner sich an bestimmte ökologische Richtlinien halten. Tätigt einer seiner Angestellten aber nun aufgrund eines ihm angebotenen Vorteils ein Rechtsgeschäft mit einem Unternehmen, welches Legebatterien betreibt, so sind keineswegs die finanziellen, sondern gerade ideelle Interessen verletzt.

Freilich können auch ohne finanzielle Zuwendungen einmal nicht sachgerechte Entscheidungen für den Geschäftsherrn getätigt werden, aber es geht hier gerade um den Schutz desselben vor Einflüssen von außen, die die Entscheidungen seiner Mitarbeiter durch Verzerrungen beeinflussen. Dass ein Mitarbeiter auch ohne finanzielle Zuwendung einmal sachfremde Entscheidungen treffen kann, spielt deshalb hierbei keine Rolle.

Für einen Geschäftsherrenschutz spricht auch die Systematik des Tatbestandes, denn wenn der Geschäftsherr nicht geschützt wäre, dann wäre es keineswegs erforderlich in Abs. 1 des § 299 StGB als taugliche Täter nur Angestellte oder Beauftragte eines geschäftlichen Betriebes als Täter zu bestimmen. Wäre der Geschäftsherr nicht mitgeschützt, bedürfte es dieser Einengung gerade nicht.

Nach h.M. ist eine unlautere Bevorzugung dann gegeben, wenn diese auf sachfremden Erwägungen beruht, also durch die finanzielle Zuwendung beeinträchtigt bzw. dominiert wird.[1053] Unter Berufung auf das UWG, dem § 299 StGB gewissermaßen *entstammt*, verweist *Mölders* auf die Ausführungen des Gesetzgebers zur UWG-Novelle von 2004. Danach sollten unlauter alle Handlungen sein, »die anständigen Gepflogenheiten im Handel, Gewerbe, Handwerk oder selbständiger beruflicher Tätigkeit zuwiderlaufen«[1054]. Daraus schließt sie dann, unlautere Wettbewerbshandlungen seien nur solche, die geeignet seien, den Wettbewerb zum Nachteil der Mitbewerber, Verbraucher oder sonstiger Marktteilnehmer zu beeinträchtigen.[1055] Auch *Bürger* argumentiert, eine Unlau-

1053 Vgl. nur Schönke/Schröder/*Heine*, StGB, § 299 Rn. 19; vgl. ausführlich S. 304 ff.
1054 BR-Drucks. 301/03, S. 29; *Mölders*, Bestechung und Bestechlichkeit, S. 150 f.
1055 *Mölders*, Bestechung und Bestechlichkeit, S. 151.

terkeit in Bezug auf das Verhältnis Angestellter/Beauftragter zum Geschäftsherrn scheide bereits begrifflich aus, weil diese Beziehung dem UWG hinsichtlich des Merkmals unlauter fremd sei.[1056]

Diese Argumentation kann indes nicht überzeugen. Zunächst ergibt sich aus der angeführten Begründung des Gesetzgebers bzw. aus dem Wortlaut des UWG keineswegs, dass die Interessen des Geschäftsherrn nicht geschützt sind, denn die von *Mölders* genannten anständigen Gepflogenheiten beziehen sich gerade auch auf ihn. Der Geschäftsherr kann, um den Wortlaut des § 1 UWG hier zugrunde zu legen, als sonstiger Marktteilnehmer qualifiziert werden. Außerdem kennt das UWG, wie sogar *Koepsel* zugibt, die i.E. einen Geschäftsherrenschutz ablehnt, auch eine Unlauterkeit im Verhältnis von Angestelltem und Geschäftsinhaber (§ 4 Nr. 11 i.V.m. §§ 17, 18 UWG).[1057] Obwohl das UWG primär den Wettbewerb im Blick hat, sind also Tathandlungen erfasst, die gerade den Geschäftsherrn bzw. -inhaber schützen, wie eben der Tatbestand des Geheimnisverrats (§ 17 UWG) und die Verwertung von Vorlagen (§ 18 UWG). Bemüht man folglich aufgrund der Gesetzgebungsgeschichte die Parallele zum UWG, dann spricht gerade auch diese für einen Schutz des Geschäftsinhabers neben dem Wettbewerb.

Ferner führt *Mölders* zur Begründung ihrer Einordnung die UWG-Novelle von 2004 an. Zu diesem Zeitpunkt war § 12 UWG a.F. aber bereits leicht abgeändert in das StGB eingeführt worden. Mithin erscheint die Begründung der UWG-Novelle, durch die § 299 StGB in keiner Weise tangiert wurde, hier nicht als tragfähige Grundlage für die Begründung, das Merkmal der Unlauterkeit beziehe sich nicht auch auf den Geschäftsherrn.

Letztlich spricht auch die Strafantragsregelung des § 301 StGB dafür, dass § 299 StGB auch den Geschäftsinhaber schützt.[1058] Letzterer ist von § 301 Abs. 2 StGB i.V.m. § 8 UWG nicht erfasst. Wäre der Geschäftsinhaber aber von § 299 StGB nicht geschützt, sodass ihm als Verletzter kein Antragsrecht nach § 77 Abs. 1 StGB zukäme, so stellt sich die Frage, warum den Mitbewerbern über den Verweis in das UWG ein entsprechendes Antragsrecht zukommen sollte, dem Geschäftsherrn, der gerade den unlauter Handelnden beschäftigt, jedoch nicht. Eine solche Differenzierung erschiene wenig überzeugend. Somit muss davon ausgegangen werden, dass der Geschäftsherr bereits als Verletzter des

1056 *Bürger*, wistra 2003, S. 133.

1057 *Koepsel*, Bestechlichkeit und Bestechung, S. 67.

1058 Auch die h.M. ordnet den Geschäftsherrn als Strafantragsberechtigten i.S.d. § 301 StGB ein, vgl. nur LK[12]/*Tiedemann*, StGB, § 301 Rn. 3; *Lackner*/*Kühl*, StGB, § 301 Rn. 2; MK StGB/*Diemer*/*Krick*, § 301 Rn. 2.

§ 299 StGB qualifiziert wird, sodass ihm ein Strafantragsrecht nach § 77 Abs. 1 StGB zukommt und er von § 8 UWG nicht gesondert genannt wird. Den Mitbewerbern steht als Nichtverletzte wohl insofern ein gesondertes Strafantragsrecht zu, als ihre Interessen zumindest mittelbar über eine Verletzung des freien Wettbewerbs tangiert werden können.

Es gilt mithin festzuhalten, dass von § 299 StGB auch Interessen des Geschäftsherrn geschützt sind, da sich der Angestellte oder der Beauftragte auch ihm gegenüber lauter verhalten muss. Dieses lautere Verhalten setzen aber sowohl Abs. 1 als auch Abs. 2 des § 299 StGB voraus: Ersterer mit Blick auf sachgerechte Entscheidungen, Zweiterer wohl insofern, als dass Waren oder gewerbliche Leistungen auf lautere Weise vertrieben werden müssen. Bei unlauterem Vertrieb wird das zivilrechtliche Rechtsgeschäft wegen §§ 134, 138 BGB aber unwirksam sein, sodass hier wiederum Interessen des Geschäftsherrn berührt werden.

Ferner ist noch auf die Ansätze *Jaques'*, *Szebrowskis* und *Pragals* einzugehen. *Jaques* vertritt, wie bereits angesprochen, dass § 299 StGB darauf angelegt sei, »die Überschreitung oder den Missbrauch von Entscheidungsbefugnissen, die dem Beauftragten oder Angestellten eines geschäftlichen Betriebs aufgrund eines Rechtsverhältnisses übertragen sind, zu unterbinden«[1059]. Er sieht in § 12 UWG a.F. bzw. § 299 StGB einen Spezialfall des Treubruchs nach § 266 StGB, da so unabhängig von der für den Tatbestand der Untreue erforderlichen Vermögensbetreuungspflicht die Loyalität des Angestellten bzw. Beauftragten gegenüber dem Prinzipal geschützt sei.[1060] Insgesamt diene § 12 UWG a.F. dem Schutz des einzelnen Schuldverhältnisses zwischen Angestelltem/Beauftragtem und Geschäftsherrn.[1061] Richtig an der Einordnung *Jaques'* ist, dass er das Verhältnis des Angestellten bzw. Beauftragten zum Geschäftsherrn mit in die Betrachtung bzw. Analyse des § 12 UWG a.F. (jetzt § 299 StGB) einbezieht. Wie dargelegt, schützt § 299 StGB auch das Interesse des Geschäftsherrn an lauterem Wettbewerbsverhalten des für ihn Handelnden. *Jaques* fokussiert jedoch allein auf das genannte Innenverhältnis und vernachlässigt das wettbewerbliche Außenverhältnis. Der Wettbewerb als Organisationssystem ist jedoch – dies wurde bereits eingehend untersucht[1062] – das andere Rechtsgut des § 299 StGB, sodass dieser nicht völlig ausgeblendet bleiben kann. Eine weitere Schwachstelle in der Argumentation *Jaques'* ist darin zu sehen, dass das von ihm ausgemachte

1059 *Jaques*, Bestechungstatbestände, S. 113.
1060 *Jaques*, Bestechungstatbestände, S. 113.
1061 *Jaques*, Bestechungstatbestände, S. 115.
1062 Vgl. S. 288 ff.

Rechtsgut deutlich zu unbestimmt und unpräzise ist. Der Missbrauch übertragener Entscheidungsbefugnisse im wirtschaftlichen Bereich weist keine klaren Konturen auf, da *Jaques* unbestimmt lässt, welche Befugnisse in welchem Maße übertragen wurden.[1063] Zudem greift hier auch der Einwand *Wollschlägers*, dass wenn die bloße Illoyalität des Angestellten/Beauftragten gegenüber dem Geschäftsherrn unter Strafe gestellt ist, dies wohl kaum als verfassungskonform einzuordnen wäre[1064], denn dann wäre in der Regelung ein Verstoß gegen das Übermaßverbot zu sehen sein. Insgesamt kann der Ansatz *Jaques'* folglich nicht überzeugen.

Auch *Szebrowski* ordnet die Pflichten- und Loyalitätsbeziehung zwischen Täter und Prinzipal im vermögensrechtlichen Bereich als Rechtsgut des § 299 Abs. 1 StGB ein.[1065] Den freien Wettbewerb und die Allgemeinheit möchte er, wie dargelegt, nicht von § 299 StGB geschützt wissen, weil diese Güter zu abstrakt und entmaterialisiert seien.[1066] Als Schutzgut des § 299 Abs. 2 StGB hingegen sieht *Szebrowski* »die Chancengleichheit der Mitbewerber als Grundlage des freien Leistungswettbewerbs«[1067] an. Auch *Szebrowski* ist insofern beizupflichten, als er das Verhältnis von Angestelltem bzw. Beauftragtem und Prinzipal mit in die Analyse des § 299 StGB einbezieht. Problematisch ist aber, dass er zunächst allein von dieser Beziehung ausgeht, um dann einen Angriff des Täters gegen den lauteren Wettbewerb auf einer höheren Abstraktionsebene zu verorten.[1068] Dies ist insofern nicht richtig, als dass es sich bei dem Schutz des Wettbewerbs nicht bloß um eine mittelbare Folge des Pflichtenverstoßes gegenüber dem Geschäftsherrn handelt, sondern dass der Wettbewerbsverstoß, wie eingehend erörtert, primäre Zielrichtung des tatbestandlichen Handelns ist. Die Interessen des Geschäftsherrn und der Wettbewerb sind beide *primäre* Rechtsgüter, also gleichermaßen geschützt. Seine Auffassung, primär sei die Loyalitätsbeziehung des Täters zu seinem Prinzipal geschützt, ist abermals zu Recht der Kritik *Wollschlägers* ausgesetzt, weil ein solcher Schutz durch das Strafrecht wohl kaum verfassungskonform wäre.[1069] Unter Berücksichtigung der Konkretisierung

1063 Freilich wird i.R.d. § 299 StGB auch argumentiert, der Begriff bzw. das Rechtsgut des Wettbewerbs sei zu unbestimmt (vgl. S. 285 f.). Jedoch wurde dieses Rechtsgut präzisiert, da der Wettbewerb als Institution geschützt wird, der die wirtschaftliche Handlungsfreiheit des Einzelnen garantiert (vgl. S. 288 f.).

1064 *Wollschläger*, Täterkreis, S. 18.

1065 *Szebrowski*, Kick-Back, S. 167 ff., der sich jedoch nur auf Abs. 1 des § 299 StGB bezieht.

1066 *Szebrowski*, Kick-Back, S. 164.

1067 *Szebrowski*, Kick-Back, S. 179.

1068 *Szebrowski*, Kick-Back, S. 161.

1069 *Wollschläger*, Täterkreis, S. 18.

Szebrowskis, der die Rechtsinstitute zur Aufgabenübertragung im wirtschaftlichen Bereich als geschützt ansieht, führte dies dazu, sämtliche zivilrechtliche Anstellungsverträge oder Beauftragungsverhältnisse innerhalb eines Unternehmens als strafrechtlich geschützt einzuordnen. Dies hätte aber, neben den verfassungsrechtlichen Bedenken, zur Folge, dass § 299 StGB primär das Innenverhältnis der Prinzipal-Agenten-Beziehung erfasste und deren wettbewerbliche Auswirkungen bloß als mittelbare Folgen sanktionierte. Dem ist jedoch zu widersprechen, weil Geschäftsherr und Wettbewerb gleichrangig geschützt sind.

Für Abs. 2 des § 299 StGB erarbeitet *Szebrowski* hingegen ein anderes Rechtsgut, und zwar dasjenige der Chancengleichheit der Mitbewerber.[1070] Folglich gilt es diesen Ansatz näher zu betrachten, wenn untersucht wird, ob auch Interessen der Mitbewerber von § 299 Abs. 1 StGB geschützt werden.

Pragal ordnet als Schutzgut des § 299 StGB die Nichtkäuflichkeit übertragener oder sonst besonders fremdverantwortlicher Entscheidungsmacht ein sowie das diesbezügliche Vertrauen der Allgemeinheit.[1071] Als gemeinsamen Unrechtskern sämtlicher Korruptionsdelikte macht *Pragal* die Verursachung eines »Prinzipal-Agent-Konfliktes« aus.[1072] Den Wettbewerbsbezug ordnet er nur als den Lebensbereich ein, »innerhalb dessen die Verletzung einer, auf einer höheren Abstraktionsstufe liegenden Funktionsbedingung durch den Tatbestand des § 299 StGB pönalisiert ist«[1073]. Korruption will er »als einen regelwidrigen Tausch einer Entscheidung […] gegen einen Vorteil«[1074] verstehen. Dies bedeutet, auch er rückt die Beziehung des Angestellten/Beauftragten zum Geschäftsherrn in den Mittelpunkt des § 299 StGB. Dies ist insofern richtig, als der Geschäftsherr von § 299 StGB auch, wie soeben herausgearbeitet wurde, direkt geschützt ist. *Pragals* Definition geht folglich in die richtige Richtung, bleibt jedoch, wie er sogar selbst bereits befürchtet, zu vage und zu blass.[1075] Es ist unklar, welche Verhaltensweisen von der Käuflichkeit fremdverantwortlicher Entscheidungsmacht erfasst werden sollen. Fremdverantwortliche Entscheidungsmacht ist ein wohl bewusst weit gefasstes Kriterium, das nahezu auf jeden Sachverhalt im Wirtschaftsleben zu passen scheint und wohl auch passen soll. Folglich liefe man hier abermals Gefahr, jedes zivilrechtliche Unrecht zu pönalisieren.

1070 *Szebrowski*, Kick-Back, S. 177 ff.
1071 *Pragal*, ZIS 2006, S. 75; *Pragal*, Korruption, S. 146 ff.
1072 *Pragal*, Korruption, S. 145 f.
1073 *Pragal*, Korruption, S. 134.
1074 *Pragal*, ZIS 2006, S. 72.
1075 *Pragal*, ZIS 2006, S. 75.

Zudem kann auch *Pragals* Anspruch, mit dem definierten Rechtsgut ein Schutzgut gefunden zu haben, welches für sämtliche Korruptionsdelikte gelten könne[1076], nicht überzeugen, da der Gesetzgeber bewusst unterschiedliche Korruptionstatbestände (§§ 108b, 108e, 299, 331 ff. StGB) geschaffen hat und nicht lediglich einen, der die Käuflichkeit von übertragener oder sonst fremdverantwortlicher Entscheidungsmacht unter Strafe stellt.[1077]

Der zweite Schutzaspekt des § 299 StGB, den *Pragal* auszumachen glaubt, nämlich das Vertrauen der Allgemeinheit in die Nichtkäuflichkeit von Entscheidungen, wird im Weiteren näher zu untersuchen sein.

cc. Mitbewerber

Die h.M. sieht auch die Interessen von Mitbewerbern als von § 299 StGB geschützt an. Schon in der berühmten *Korkengeld-Entscheidung* des Reichsgerichts wurde ausgeführt, dass gerade der Mitbewerber von § 12 UWG a.F. geschützt werde.[1078] Diese Einordnung wurde später vom BGH in seiner *Bierexport-Entscheidung* bestätigt, wobei der Gerichtshof neben den Interessen des Mitbewerbers auch die Allgemeinheit als von § 299 StGB vor der Verteuerung von Waren geschützt ansah.[1079]

Allein der Wortlaut des § 299 StGB lässt für die Frage, ob auch die Mitbewerber geschützt sind, wenig erkennen, auch wenn *Walter* deren *Verankerung* im Wort »bevorzuge« sieht, da es eine Bevorzugung nur dort gäbe, wo andere benachteiligt würden.[1080] Auch wenn dieser Auffassung zuzustimmen ist, lässt sich davon nicht auf das Rechtsgut der Norm schließen.

1076 *Pragal*, ZIS 2006, S. 78; *Pragal*, Korruption, S. 159.

1077 *Peinemann*, Strafbarkeit, S. 115.

1078 RGSt 48, S. 291 ff. (S. 295); so schon zuvor RGSt 47, S. 183 ff. (S. 185). Der *Korkengeld-Entscheidung* lag folgender Sachverhalt zugrunde: Ein Champagner-Hersteller zahlte den Kellnern von Restaurants ein sog. Korkengeld, wenn sie seinen Champagner Gästen bei »passender Gelegenheit« empfahlen. Dazu hatten die Kellner den Korken jeder verkauften Flasche bei dem Hersteller abzuliefern und erhielten dafür 25 Pfennig, später 35 Pfennig pro Korken. In dieser Entscheidung äußerte das RG nicht nur, dass von § 12 UWG a.F. vor allem auch die Mitbewerber geschützt seien, sondern untersuchte auch die Frage, wie sich die Einwilligung bzw. die Kenntnis des Geschäftsherrn auf die Strafbarkeit des Handelnden auswirkte. Auf letztere Frage wird noch ausführlich eingegangen. Vgl. S. 336 ff.

1079 BGH NJW 1968, S. 1572 ff. (S. 1574).

1080 *Walter*, wistra 2001, S. 323.

Es ist damit zu klären, ob sich das Merkmal der Unlauterkeit auch auf die Mitbewerber bezieht, die ein Interesse daran haben, dass der freie Wettbewerb nicht verfälscht wird. Fraglich ist folglich, ob § 299 StGB die Chancengleichheit der Mitbewerber auf dem Markt schützen soll. Hier stellt sich jedoch das Problem, wie *Mölders* zutreffend ausführt, dass § 299 StGB gerade kein konkretes Wettbewerbsverhältnis voraussetzt, sodass es sich bei den Interessen der Mitbewerber wohl nicht um ein Individualrechtsgut handelt. Die von einem unlauteren Verhalten betroffenen Mitbewerber sind nicht individualisierbar, sodass die entsprechenden Konsequenzen für diese auch nicht konkretisierbar sind.[1081] Diese sind vielmehr »so unbestimmt, diffus, und im Grunde unfassbar, dass hier vernünftigerweise von der Verletzung irgendeines bestimmten, subjektiven Rechts des Konkurrenten nicht mehr die Rede sein kann«[1082]. Ihre Position und ihr Interesse am allgemeinen Wettbewerb werden vielmehr durch dessen allgemeinen Schutz ausreichend gesichert, denn das Bestehen eines solchen freien Wettbewerbs ist Voraussetzung dafür, »dass die einzelnen Marktteilnehmer ihre wirtschaftliche Handlungsfreiheit überhaupt ausüben können, d.h. sie erlangen ihre Bedeutung erst im Rahmen des Gesamtsystems ›Wettbewerb‹«[1083].

Dies spricht folglich gegen einen Schutz der Mitbewerber durch § 299 StGB. Im Unterschied zu ihnen ist der Geschäftsherr, dessen Angestellter oder Beauftragter sich bestechen lässt, aber konkret und individualisierbar betroffen, denn der für ihn Handelnde fällt eine auf sachfremder Grundlage basierende Entscheidung. Somit ist die unterschiedliche *Behandlung* von Geschäftsherrn und Mitbewerbern i.R. des § 299 StGB nicht nur gerechtfertigt, sondern vielmehr folgerichtig.[1084]

Endlich spricht gegen einen Schutz der Interessen der Mitbewerber auch § 301 Abs. 2 i.V.m. § 8 Abs. 3 Nr. 1 UWG, der gerade bestimmt, dass auch den Mitbewerbern ein Strafantragsrecht zukommt. Wären sie aber von § 299 StGB mitgeschützt, so ergäbe sich dieses Antragsrecht für sie bereits aus § 77 Abs. 1 StGB, da sie dann als Verletzte einzuordnen wären.[1085]

Abschließend ist nochmals auf den Ansatz *Szebrowskis* einzugehen, der Abs. 1 und Abs. 2 des § 299 StGB unterschiedliche Rechtsgüter zugrunde

1081 *Mölders*, Bestechung und Bestechlichkeit, S. 160.

1082 GK UWG/*Otto*, § 4 Rn. 3.

1083 *Mölders*, Bestechung und Bestechlichkeit, S. 160.

1084 *Koepsel* prüft dezidiert die unterschiedlichen Interessen der Mitbewerber, namentlich Gewinnaussichten, Vermeidung unnützer Aufwendungen sowie das Interesse auf Chancengleichheit, lehnt i.E. aber auch einen Schutz der Mitbewerber über § 299 StGB ab, *Koepsel*, Bestechlichkeit und Bestechung, S. 81 ff.

1085 *Mölders*, Bestechung und Bestechlichkeit, S. 160.

legt.[1086] Während er von Abs. 1 die Loyalitätspflicht des Angestellten/Beauftragten gegenüber seinem Geschäftsherrn im vermögensrechtlichen Bereich als geschützt ansieht, ordnet er Abs. 2 das Schutzgut der Chancengleichheit der Mitbewerber zu. Ziel des aktiv bestechenden Täters sei es, das Gleichgewicht des Wettbewerbs bzw. die genannte Chancengleichheit zu stören. Im Gegensatz zur Bestechlichkeit des Abs. 1 stehe bei der Bestechung des Abs. 2 des § 299 StGB die aktive Einwirkung auf den Konkurrenten im Vordergrund, der *Angriff* auf die Pflichtenbeziehung zum Geschäftsherrn sei hier nachrangig; Letzterer sei hier nur Mittel zum Zweck.[1087] Die Einordnung *Szebrowskis* kann aber auch hinsichtlich des Abs. 2 der Norm nicht überzeugen. Zwar ist ihm beizupflichten, dass § 299 StGB mittelbar auch die Chancengleichheit der Mitbewerber schützt, denn dies ist Folge des Schutzes der Institution Wettbewerb. Jedoch sind die Mitbewerber nicht primär geschützt; die ihnen zugutekommende Chancengleichheit ist gerade die Folge des primär angelegten Wettbewerbsschutzes. Zudem wurde aufgezeigt, dass § 299 StGB das Gesamtsystem Wettbewerb schützt, sodass, wollte man das von *Szebrowski* definierte Schutzgut anerkennen, dies bloß einen Bruchteil des gesamten Rechtsguts ausmachen würde. Schließlich kann nicht überzeugen, dass den beiden Absätzen des § 299 StGB unterschiedliche Rechtsgüter zugrunde liegen sollen. Es wurde bereits ausgeführt, dass Abs. 2 spiegelbildlich zu Abs. 1 der Norm ausgestaltet ist, sodass nicht einzusehen ist, warum das gleiche Handeln, was gewissermaßen nur aus zwei unterschiedlichen Blickwinkeln betrachtet wird, unterschiedliche Rechtsgüter verletzen soll. § 299 StGB setzt ein Drei-Personen-Verhältnis voraus, nämlich dasjenige zwischen dem Geschäftsinhaber, seinem Angestellten/Beauftragten und demjenigen, der den Vorteil anbietet bzw. gewährt. § 299 Abs. 1 StGB nimmt den Angestellten/Beauftragten in den Blick, Abs. 2 der Norm hingegen den Dritten, der den Vorteil anbietet. Beide machen sich strafbar und die zugrundeliegende Konstellation ist in beiden Fällen die gleiche. Warum die beiden Absätze des § 299 StGB dennoch unterschiedliche Schutzgüter haben sollen, bleibt offen. Insgesamt kann die Zweiteilung der Rechtsgüter *Szebrowskis* für § 299 Abs. 1 und Abs. 2 StGB also nicht überzeugen.

1086 Vgl. S. 286.
1087 *Szebrowski*, Kick-Back, S. 177.

dd. Interessen der Kunden bzw. der Allgemeinheit

Letztlich ist zu prüfen, ob, wie von der h.M. vertreten, auch die Interessen der Allgemeinheit durch § 299 StGB geschützt sind. Dies ist jedoch aus zwei Gründen abzulehnen: Erstens stellt sich die Situation genauso dar wie bei den Mitbewerbern, denn die Allgemeinheit ist weder individualisierbar noch sind eventuelle sie treffende Konsequenzen konkretisierbar. Zweitens zielen die von § 299 StGB erfassten Handlungen in keiner Weise gegen die Allgemeinheit, sondern gegen den Wettbewerb bzw. gegen den Geschäftsherrn. Die Beeinträchtigung der Qualität und der Preise der Waren ist lediglich mittelbare Folge des tatbestandlichen Verhaltens[1088]; die Kunden bzw. die Allgemeinheit sind »zwar durch § 299 schutzreflexbegünstigt (sic) aber nicht Rechtsgutträger«[1089].

Abschließend ist nochmals auf *Pragals* bereits vorgestellten Ansatz[1090] für eine Schutzgutbestimmung des § 299 StGB zurückzukommen. Er sieht neben der Nichtkäuflichkeit übertragener oder sonst besonders fremdverantwortlicher Entscheidungen das diesbezügliche Vertrauen der Allgemeinheit als Rechtsgut des § 299 StGB an.[1091] Er argumentiert, das Vertrauen in die Geltung einzelner Normen sei dann gesondert geschützt, »wenn die Norm ein auf Interaktion mit der Allgemeinheit angelegtes System schützt, welches sich durch das Vertrauen der Allgemeinheit in bestimmte Mechanismen, Medien oder Übereinkünfte konstituiert und daher ohne dieses Vertrauen schlicht nicht existierte«[1092]. *Pragal* spricht wenig später vom Vertrauen in die Marktkriterien.[1093]

Auch diese Einordnung kann nicht überzeugen, denn *Pragal* äußert zwar zunächst zutreffenderweise, ein Rechtsgut müsse stets auf der niedrig möglichsten Abstraktionsstufe bestimmt werden[1094], geht dann aber i.R. der Rechtsgutsbestimmung selbst in eine höhere Abstraktionsstufe. Seine Beschreibungen des Systems, in welches die Allgemeinheit vertraut, lassen nur den Schluss zu, dass er das System des Wettbewerbs meint. Dann ist aber schwer verständlich, warum er das Vertrauen der Allgemeinheit in den Wettbewerb als geschützt ansieht und nicht das System selbst, also die Institution des Wettbewerbs. Zudem gilt es sich nochmals zu vergegenwärtigen, dass der Geschäftsinhaber gerade nicht taugli-

1088 *Koepsel*, Bestechlichkeit und Bestechung, S. 80.
1089 *Koepsel*, Bestechlichkeit und Bestechung, S. 81.
1090 Vgl. S. 287.
1091 *Pragal*, Korruption, S. 146.
1092 *Pragal*, ZIS 2006, S. 76.
1093 *Pragal*, ZIS 2006, S. 76.
1094 *Pragal*, ZIS 2006, S. 71; so auch *Hefendehl*, Kollektive Rechtsgüter, S. 178; *Krause*, Ordnungsgemäßes Wirtschaften, S. 173; *Tiedemann*, Tatbestandsfunktionen, S. 116 ff.

cher Täter des § 299 Abs. 1 StGB ist, da er sich i.R. seiner Entscheidungen aufgrund der Privatautonomie auch von sachfremden Kriterien leiten lassen darf. Folglich kann es bzgl. der jeweiligen Entscheidungen des Geschäftsinhabers seitens der Allgemeinheit gar kein Vertrauen in die Einhaltung der Marktkriterien geben.

Mithin kann auch dieser Ansatz *Pragals* nicht überzeugen und ist i.E. abzulehnen.

d. Ergebnis

Insgesamt gilt es hinsichtlich der Frage, welches Rechtsgut von § 299 StGB geschützt wird, festzuhalten, dass § 299 StGB sowohl den Wettbewerb als überindividuelles Rechtsgut als auch die Interessen des Geschäftsherrn schützt.

2. Tatbestandsmerkmale

Im Weiteren sind nun die einzelnen Tatbestandsmerkmale des § 299 StGB näher zu beleuchten.

a. § 299 Abs. 1 StGB

Zunächst werden diejenigen des § 299 Abs. 1 StGB definiert.

aa. Tauglicher Täter

Als tauglichen Täter ordnet der Tatbestand den Angestellten oder den Beauftragten eines geschäftlichen Betriebes ein. Folglich handelt es sich bei § 299 StGB um ein Sonderdelikt.[1095]

Unter den Begriff des Angestellten fallen sämtliche Personen, die in einem faktischen oder vertraglichen Dienstverhältnis zum Geschäftsherrn stehen und

1095 NK/*Dannecker*, § 299 Rn. 15; Schönke/Schröder/*Heine*, StGB, § 299 Rn. 5; *Winkelbauer*, FS Weber, S. 389.

dessen Weisungen unterworfen sind.[1096] Auf die Dauer des Verhältnisses kommt es hierbei nicht an.[1097] Der Angestellte muss zudem die Möglichkeit betrieblicher Einflussnahme haben und die sogleich zu bestimmende Tathandlung muss gerade in dieser Funktion erfolgen.[1098]

Beauftragter hingegen ist, wer ohne Geschäftsinhaber oder Angestellter zu sein, berechtigt und verpflichtet ist, für den Betrieb zu handeln, d.h. dauernd oder gelegentlich für den Betrieb geschäftlich tätig zu werden.[1099] Zudem muss er die Möglichkeit haben, auf geschäftliche Entscheidungen Einfluss zu nehmen.[1100] Dem Beauftragtenbegriff kommt gewissermaßen eine Auffangfunktion zu.[1101]

Nicht als tauglicher Täter von § 299 Abs. 1 StGB erfasst, ist der Geschäftsinhaber selbst, »denn § 299 beschreibt nach Wortlaut und Schutzzweck einen Täterkreis, der auf die geschäftliche Tätigkeit eines anderen Einfluss nehmen kann«[1102]. Zudem steht es ihm gerade aufgrund der Vertragsfreiheit zu, seinen Vorteil auch auf Kosten anderer zu suchen. Er ist somit frei in seiner Entscheidung über den Bezug von Waren oder Dienstleistungen.[1103]

Die tauglichen Täter müssen, wie dargelegt, Angestellte oder Beauftragte eines geschäftlichen Betriebes sein. Ein geschäftlicher Betrieb ist »eine auf Dauer angelegte Unternehmung, die außerhalb des reinen Privatbereichs am Wirtschaftsverkehr durch Austausch von Leistung und Gegenleistung teilnimmt«[1104]. Von diesem Begriff sind Geschäftsbetriebe aller Art sowie nahezu sämtliche freien Berufe erfasst.[1105] Da der geschäftliche Betrieb aber anders als der Gewerbebetrieb nicht auf Gewinnerzielung ausgerichtet sein muss, werden von ihm

1096 *Fischer*, StGB, § 299 Rn. 9; *Kindhäuser*, LPK, § 299 Rn. 5; *Lackner/Kühl*, StGB, § 299 Rn. 2.

1097 Schönke/Schröder/*Heine*, StGB, § 299 Rn. 7; *Pfeiffer*, FS v. Gamm, S. 133.

1098 Erbs/Kohlhaas/*Diemer*, Nebengesetze, § 12 UWG a.F. Rn. 12; *Lackner/Kühl*, StGB, § 299 Rn. 2; GK UWG/*Otto*, § 12 Rn. 42.

1099 BGH GRUR 1968, S. 587 ff. (S. 588); *Kindhäuser*, LPK, § 299 Rn. 5; SK/*Rudolphi*, § 299 Rn. 4; *Wittig*, wistra 1998, S. 9. Das OLG Braunschweig ordnete kürzlich sogar den niedergelassenen Kassenarzt als Beauftragten der Krankenkassen ein, OLG Braunschweig, NStZ 2010, S. 392 f.

1100 Schönke/Schröder/*Heine*, StGB, § 299 Rn. 8.

1101 *Böse/Mölders*, MedR 2008, S. 586.

1102 MK StGB/*Diemer/Krick*, § 299 Rn. 4; so auch: *Baumbach/Hefermehl*, Wettbewerbsrecht, § 12 UWG Rn. 4; *Köhler/Piper*, UWG, § 12 Rn. 4; *Lackner/Kühl*, StGB, § 299 Rn. 2; *Lampe*, FS Stree/Wessels, S. 464 f.; *Odenthal*, wistra 2005, S. 171; Schönke/Schröder/*Heine*, StGB, § 299 Rn. 7; LK[12]/*Tiedemann*, § 299 Rn. 10; *Tiedemann*, FS Lampe, S. 762 f.; *Winkelbauer*, FS Weber, S. 393; *Zöller*, GA 2009, S. 138 f.; kritisch zu der Nichterfassung des Geschäftsinhabers durch § 299 StGB: *Bürger*, wistra 2003, S. 134 f.

1103 NK/*Dannecker*, § 299 Rn. 27; Schönke/Schröder/*Heine*, StGB, § 299 Rn. 7.

1104 *Kindhäuser*, LPK, § 299 Rn. 5.

1105 BGHSt 2, S. 396 ff. (S. 403); Schönke/Schröder/*Heine*, StGB, § 299 Rn. 6.

auch Betriebe erfasst, die gemeinnützige, soziale oder kulturelle Ziele verfolgen.[1106] Geschäftsbetriebe mit ausschließlich illegaler Tätigkeit fallen jedoch nicht unter den Tatbestand, weil Vermögensinteressen potenziell illegaler Art nicht geschützt werden sollen.[1107]

bb. Im geschäftlichen Verkehr

Daneben muss die von § 299 StGB erfasste und sogleich näher zu bestimmende Tathandlung im geschäftlichen Verkehr erfolgen. Geschäftlicher Verkehr meint sämtliche Handlungen, die der Förderung eines bestimmten Geschäftszweckes dienen, folglich jede selbstständige, wirtschaftliche Zwecke verfolgende Tätigkeit, die als Teilnahme am Wettbewerb zu bewerten ist.[1108] Hiervon werden auch künstlerische, wissenschaftliche oder freiberufliche Tätigkeiten erfasst, solange sie zum Zwecke des Wettbewerbs erfolgen.[1109] Unerheblich hingegen ist, ob durch die Tätigkeit ein Gewinn erzielt wird.[1110] Nicht als Handlung im geschäftlichen Verkehr werden hingegen Tätigkeiten eingeordnet, die ausschließlich im privaten Bereich erfolgen.[1111] Auch rein hoheitliche Tätigkeiten sind nicht unter »geschäftlichen Verkehr« i.S.d. § 299 StGB zu subsumieren.[1112]

cc. Tathandlung

Als Tathandlung nennt § 299 Abs. 1 StGB das Fordern, das Sich-versprechen-Lassen und das Annehmen eines Vorteils.

1106 Schönke/Schröder/*Heine*, StGB, § 299 Rn. 6; LK[12]/*Tiedemann*, 299 Rn. 19.

1107 *Fischer*, StGB, § 299 Rn. 5; *Ulbricht*, Bestechung und Bestechlichkeit, S. 65; a.A.: *Baumbach/Hefermehl*, Wettbewerbsrecht, § 12 UWG Rn. 5.

1108 Erbs/Kohlhaas/*Diemer*, Nebengesetze, § 12 UWG a.F. Rn. 8; *Fischer*, StGB, § 299 Rn. 12; *Köhler/Piper*, UWG, Einl Rn. 156; *Lackner/Kühl*, StGB, § 299 Rn. 3; *Pfeiffer*, FS v. Gamm, S. 131; LK[12]/*Tiedemann*, § 299 Rn. 21 f.

1109 Schönke/Schröder/*Heine*, StGB, § 299 Rn. 9.

1110 Schönke/Schröder/*Heine*, StGB, § 299 Rn. 9.

1111 NK/*Dannecker*, § 299 Rn. 28; *Kindhäuser*, LPK, § 299 Rn. 6; *Lesch*, AnwBl. 2003, S. 264; Satzger/Schmitt/Widmaier/*Rosenau*, StGB, § 299 Rn. 14; *Wollschläger*, Täterkreis, S. 57 f.

1112 NK/*Dannecker*, § 299 Rn. 28; Erbs/Kohlhaas/*Diemer*, Nebengesetze, § 12 UWG a.F. Rn. 9; *Fischer*, StGB, § 299 Rn. 12.; *Gloy*, Handbuch, § 11 Rn. 5; *Lackner/Kühl*, StGB, § 299 Rn. 3; Müller-Guggenberger/Bieneck/*Blessing*, Wirtschaftsstrafrecht, § 53 Rn. 70.

Unter einem Vorteil ist »jede unentgeltliche Leistung materieller oder immaterieller Art, welche die wirtschaftliche, rechtliche oder persönliche Lage des Vorteilsempfängers objektiv verbessert und auf die er keinen Anspruch hat«[1113] zu verstehen. Seit die Bestechlichkeit und Bestechung i.R. des Gesetzes zur Bekämpfung der Korruption vom 13.8.1997 (KorrBekG) in das StGB eingefügt wurden[1114], sind vom Tatbestandsmerkmal des Vorteils auch Drittvorteile, also Vorteile für jemanden anderen als den Täter, erfasst.[1115] Dritter kann hier auch der Betrieb bzw. der Geschäftsherr sein, für den der Täter tätig ist.[1116]

Für das Fordern und Sich-versprechen-Lassen ist keine besondere Form erforderlich; hierbei muss jedoch der Vorteil so konkretisiert sein, dass sich aus den Umständen des Einzelfalles Rückschlüsse auf die Art und Weise des Vorteils ergeben.[1117] Das Fordern ist als Äußerungshandlung einzuordnen, sodass es erforderlich ist, dass der Vorteilsgeber davon Kenntnis erlangt; die Bedeutung des Ansinnens muss er hingegen nicht erfassen.[1118] Unter Annehmen ist das tatsächliche Entgegennehmen des Vorteils zu verstehen, bei dem der Wille, über den Vorteil zu eigenen Zwecken oder zugunsten von Dritten zu verfügen, nach außen zum Ausdruck kommen muss.[1119]

dd. Gegenleistung

Der genannte Vorteil muss als Gegenleistung für eine zukünftige unlautere Bevorzugung beim Bezug von Waren oder gewerblichen Leistungen im Wettbewerb gefordert, versprochen oder angenommen werden. Da der Vorteil also stets als Gegenleistung erbracht wird, ist zwischen dem Versprechenden und dem Vorteilsgeber eine Unrechtsvereinbarung oder eine auf diese abzielende Erklä-

1113 BGH NJW 2003, S. 2996 ff. (S. 2997 f.); Schönke/Schröder/*Heine*, StGB, § 299 Rn. 11.

1114 § 299 StGB wurde in seiner aktuellen Fassung durch Art. 1 Nr. 3 des Gesetzes zur Bekämpfung der Korruption vom 13.8.1997 (BGBl. I S. 2038) in das StGB eingefügt. Er entspricht weitgehend dem durch Art. 139 Nr. 6 EGStGB vom 2.3.1974 (BGBl. I S. 469, 574) neu gefassten und durch das KorruptionsBekG aufgehobenen § 12 des Gesetzes gegen den unlauteren Wettbewerb vom 7.6.1909 (RGBl. S. 499); MK StGB/*Diemer*/*Krick*, § 299 Rn. 1.

1115 Schönke/Schröder/*Heine*, StGB, § 299 Rn. 12.

1116 *Fischer*, StGB, § 299 Rn. 11a; *Winkelbauer*, FS Weber, S. 393; a.A.: Satzger/Schmitt/Widmaier/*Rosenau*, § 299 Rn. 21.

1117 GK UWG/*Otto*, § 12 Rn. 16; Schönke/Schröder/*Heine*, StGB, § 299 Rn. 14.

1118 *Pfeiffer*, FS v. Gamm, S. 141 f.; Schönke/Schröder/*Heine*, StGB, § 299 Rn. 14.; LK[12]/*Tiedemann*, § 299 Rn. 48.

1119 NK/*Dannecker*, § 299 Rn. 34.

rung erforderlich.[1120] Einer Willensübereinstimmung i.S.d. BGB bedarf es jedoch nicht.[1121] Im Falle des Sich-versprechen-Lassens und des Annehmens kommt der genannten Unrechtsvereinbarung jedoch eine gewisse »Erfolgskomponente« zu, da sie als objektive Tatbestandsvoraussetzung einzuordnen ist; es ist folglich nicht ausreichend, dass der Täter den Eindruck einer Bevorzugung erweckt.[1122] Im Rahmen des Forderns eines Vorteils ist es erforderlich, aber auch ausreichend, dass die Handlung des Täters objektiv geeignet ist, seine eigene Bevorzugung oder die eines Dritten zu veranlassen.[1123] Dazu ist nicht notwendig, dass der Dritte die Erklärung tatsächlich versteht, sondern es ist ausreichend, dass er diese verstehen soll.[1124] Dennoch ist in jedem Fall notwendig, dass der Vorteil als Gegenleistung konkretisiert ist.[1125]

Weiterhin muss die Unrechtsvereinbarung auf eine unlautere Bevorzugung des Täters im Wettbewerb abzielen. Als Bevorzugung ist jede geplante Besserstellung des Täters oder eines Dritten zu bewerten, auf die er oder der Dritte keinen Anspruch hat.[1126] Die Belohnung einer bereits erfolgten Leistung ist hierfür jedoch nicht ausreichend, weil Marktinteressen von Konkurrenten im Nachhinein nicht mehr betroffen sein können und es daneben an der Eignung fehlt, sachwidrige Marktentscheidungen zu begünstigen.[1127]

Die Bevorzugung ist dann unlauter, wenn sie »nicht auf sachlichen Erwägungen, gemessen am ›freien‹ Wettbewerb (vgl. den Wortlaut ›im Wettbewerb‹), gründet, sondern durch den gesetzlich verlangten Vorteil geleitet ist«[1128]. Dies bedeutet es geht um die Erhaltung der Sachgerechtigkeit von Marktentscheidungen.[1129] Folglich ist der Begriff der Unlauterkeit weder identisch mit demjenigen

1120 BGH NStZ 2000, S. 319 f. (S. 319) (für § 332 StGB a.F.); Schönke/Schröder/*Heine*, StGB, § 299 Rn. 16; *Tiedemann*, Wirtschaftsstrafrecht BT, Rn. 205.
1121 BGHSt 15, S. 184 f. (S. 185).
1122 Schönke/Schröder/*Heine*, StGB, § 299 Rn. 16.
1123 BGHSt 10, 358 ff. (S. 367 f.); GK UWG/*Otto*, § 12 Rn. 21.
1124 BGHSt 15, S. 88 ff. (S. 102); BGHSt 15, S. 184 f. (S. 185).
1125 Schönke/Schröder/*Heine*, StGB, § 299 Rn. 16.
1126 NK/*Dannecker*, § 299 Rn. 43; Erbs/Kohlhaas/*Diemer*, Nebengesetze, § 12 UWG a.F. Rn. 23; *Köhler/Piper*, UWG, § 12 Rn. 11; *Lackner/Kühl*, StGB, § 299 Rn. 5; LK[12]/*Tiedemann* § 299 Rn. 34; da jedoch oftmals noch keine genaue Vorstellung darüber bestehe, wann und wie die Bevorzugung erfolge, erachtet es der BGH als ausreichend, dass die geplante Bevorzugung nach ihrem sachlichen Gehalt in groben Umrissen erkennbar und festgelegt ist, BGH wistra 2010, S. 447 ff. (S. 448 f.).
1127 BGH NJW 1968, S. 1572 ff. (S. 1573); OLG Düsseldorf NJW 1974, S. 417; Schönke/Schröder/*Heine*, StGB, § 299 Rn. 18.
1128 Schönke/Schröder/*Heine*, StGB, § 299 Rn. 19.
1129 So wohl die h.M., vgl. LK[12]/*Tiedemann*, § 299 Rn. 42 m.w.N.

des § 138 BGB noch mit demjenigen des § 1 bzw. § 3 UWG.[1130] Kleinere Aufmerksamkeiten, wie beispielsweise die Einladung zu einem Mittagessen sind aber nicht als unlauter, sondern als sozialadäquat einzuordnen, weil sie i.d.R. nicht geeignet sind, geschäftliche Entscheidungen sachwidrig zu beeinflussen.[1131]

Endlich muss sich die Bevorzugung auf den Bezug von Waren oder gewerblichen Leistungen im Wettbewerb beziehen. Das Tatbestandsmerkmal »bei dem Bezug« gilt es weit auszulegen; es umfasst das gesamte wirtschaftliche Geschäft und erstreckt sich auf jede Besserstellung des Vorteilsgebers, die in Zusammenhang mit dem wirtschaftlichen Vorgang, der mit dem Bezug von Waren oder gewerblichen Leistungen verbunden ist, gebracht werden kann[1132], also alles, was mit dem Erhalt und der Bearbeitung einer Warenlieferung zusammenhängt.[1133]

Waren sind alle wirtschaftlichen Güter, die Handelsgegenstand im geschäftlichen Verkehr sein können, unabhängig von ihrer Substanz.[1134] Der Begriff gewerbliche Leistungen meint sämtliche geldwerten Leistungen, die im geschäftlichen Verkehr erbracht werden.[1135]

ee. Erforderlichkeit der Pflichtwidrigkeit gegenüber dem Geschäftsherrn?

Fraglich ist, ob für die Tatbestandserfüllung des § 299 StGB ein pflichtwidriges Verhalten des Angestellten bzw. Beauftragten gegenüber dem Prinzipal erforderlich ist. Es geht folglich um die Frage, ob das Merkmal der Unlauterkeit gleichzeitig eine Pflichtwidrigkeit gegenüber dem Geschäftsherrn impliziert.

1130 RGSt 48, S. 291 ff. (S. 293); Erbs/Kohlhaas/*Diemer*, Nebengesetze, § 12 UWG a.F. Rn. 28; *Fischer*, StGB, § 299 Rn. 16; HK/*Meckel*, Einl. E 3 Rn. 42; a.A.: *Baumbach*/*Hefermehl*, Wettbewerbsrecht, § 12 UWG Rn. 12; *Köhler*/*Piper*, UWG, § 12 Rn. 13; *Meyer*/*Möhrenschläger*, WiVerw 1982, S. 33; *Pfeiffer*, FS v. Gamm, S. 138; wohl auch BGH GRUR 1977, S. 619 ff. (S. 620).

1131 *Lackner*/*Kühl*, StGB, § 299 Rn. 4; GK UWG/*Otto*, § 12 Rn. 13; Schönke/Schröder/*Heine*, StGB, § 299 Rn. 20.

1132 BGHSt 10, S. 269 ff. (S. 270); MK StGB/*Diemer*/*Krick*, § 299 Rn. 17; *Mölders*, Bestechung und Bestechlichkeit, S. 54.

1133 *Kindhäuser*, LPK, § 299 Rn. 8.

1134 MK StGB/*Diemer*/*Krick*, § 299 Rn. 17; *Mölders*, Bestechung und Bestechlichkeit, S. 54; Schönke/Schröder/*Heine*, StGB, § 299 Rn. 22.

1135 NK/*Dannecker*, § 299 Rn. 54; MK StGB/*Diemer*/*Krick*, § 299 Rn. 17; *Köhler*/*Piper*, UWG, Einf. Rn. 189.

Bereits im Zuge der Diskussion, ob auch der Geschäftsherr von § 299 StGB geschützt werde, trägt *Mölders* gegen den Geschäftsherrenschutz vor, dass »Unlauterkeit« nicht mit »Pflichtwidrigkeit« gleichgesetzt werden dürfte.[1136] Der BGH sah dies aber anders, da er in seiner *Antragsrecht-Entscheidung* urteilte, dass auch der Geschäftsherr strafantragsberechtigt sei, wenn die verbotene Handlung auch ihm gegenüber pflichtwidrig sei. Der BGH ging jedoch davon aus, dass nicht jede unlautere Wettbewerbshandlung auch dem Geschäftsherrn gegenüber pflichtwidrig sein müsse. Liege aber eine Pflichtwidrigkeit vor, so stehe auch dem Geschäftsherrn ein Strafantragsrecht zu. Der BGH äußerte also, unlauteres Verhalten müsse nicht stets auch pflichtwidrig sein, aber es könne pflichtwidrig gegenüber dem Geschäftsherrn sein.[1137]

Bereits während der Verhandlungen der mit der Ausarbeitung des Gesetzes betrauten Kommission zu § 299 StGB wurde erörtert, ob das Merkmal der »Pflichtwidrigkeit« in den Tatbestand aufgenommen werden sollte.[1138] Man entschied sich jedoch gegen den Begriff der Pflichtwidrigkeit und für denjenigen der Unlauterkeit. Es wurde zudem ausgeführt:

> »damit sei nicht gesagt, dass eine Bestrafung nur dann eintreten solle, wenn die Gewährung von Geschenken usw. eine Handlung des Angestellten betreffe, die [...] im Verhältnis zum Prinzipal pflichtwidrig sei«[1139].

Diese Ausführungen während des Gesetzgebungsverfahrens werden immer wieder dafür angeführt, dass eine Tatbestandserfüllung des § 299 StGB gerade kein pflichtwidriges Verhalten des Angestellten bzw. Beauftragten gegenüber dem Geschäftsinhaber voraussetze.[1140]

Diese Begründung des Gesetzgebers wiegt zunächst freilich schwer. Dennoch äußert *Lampe*, dass dem Passus des unlauteren Verhaltens für die Frage, ob davon gerade pflichtwidriges Verhalten erfasst sei oder nicht, keine klare Lösung

1136 *Mölders*, Bestechung und Bestechlichkeit, S. 151 f.; so auch *Heiseke*, WRP 1969, S. 362 f., S. 365.

1137 BGH NJW 1983, S. 1919 ff. (S. 1920).

1138 Verhandlungen des Reichstages, Bd. 255, Anlagen zu den Stenographischen Berichten, Nr. 1390, S. 8433 ff. (S. 8448 ff.); vgl. hierzu *Jülich*, Bestechung und Bestechlichkeit, S. 3 ff.; ferner *Lampe*, FS Wessels/Stree, S. 462 f.

1139 Verhandlungen des Reichstages, Bd. 255, Anlagen zu den Stenographischen Berichten, Nr. 1390, S. 8433 ff. (S. 8464).

1140 RGSt 48, S. 291 ff. (S. 294 f.); *Mölders*, Bestechung und Bestechlichkeit, S. 152; zudem gehen nicht vom Erfordernis der Pflichtwidrigkeit aus: NK/*Dannecker*, § 299 Rn. 52; MK StGB/*Diemer*/*Krick*, § 299 Rn. 19; *Fischer*, StGB, § 299 Rn. 16; LK[12]/*Tiedemann*, § 299 Rn. 40; *Tiedemann*, Wirtschaftsstrafrecht BT, Rn. 199.

zu entnehmen sei. Das Problem sei vielmehr vom Gesetzgeber nicht gelöst worden.[1141]

Auch die Begründung des Einführungsgesetzes zum StGB vom 2. März 1974[1142], durch welches der Passus »durch unlauteres Verhalten« durch die Wendung »in unlauterer Weise« ersetzt wurde, enthält keinerlei Hinweis darauf, ob sich die unlautere Handlung gegen den Geschäftsherrn oder den Wettbewerb richten muss.[1143] Allerdings wurde in dem Entwurf, den die Bundesregierung in das Gesetzgebungsverfahren zum Korruptionsbekämpfungsgesetz einführte, die Ansicht vertreten, eine unlautere Bevorzugung setze eine Pflichtwidrigkeit voraus.[1144] Die Gesetzgebungsgeschichte lässt also, anders als oftmals vertreten, keinen eindeutigen Schluss zu, dass eine Pflichtwidrigkeit gegenüber dem Geschäftsinhaber nicht erforderlich sei.

In der Folge gilt es jedoch darzulegen, dass aus systematischer Sicht allein die Einordnung überzeugen kann, die auch eine Pflichtwidrigkeit gegenüber dem Geschäftsherrn für eine Tatbestandserfüllung fordert.

Zunächst ist zu sagen, dass es gar nicht darum geht, ob Unlauterkeit mit Pflichtwidrigkeit gleichgesetzt werden kann. Präziserweise geht es um die Frage, ob das Merkmal der Unlauterkeit das Merkmal der Pflichtwidrigkeit beinhaltet.

Dass ein unlauteres Verhalten einmal eine Unlauterkeit gegenüber dem Wettbewerb und anderseits eine Pflichtwidrigkeit gegenüber dem Geschäftsherrn erfordert, liegt aber bei näherer Betrachtung des § 299 StGB auf der Hand:

Früher stand der Begriff der Bestechung umgangssprachlich demjenigen des *Schmierens* gleich. Schon *Hirschenkrämer* führte diesbezüglich aus:

> »Schmieren bedeutet, daß jemand den fremden Geschäftsapparat gegen Bezahlung den eigenen Zwecken nutzbar macht, aber so, daß es der Eigentümer nicht merkt. Er macht sich vielmehr heimlich an die inneren Teile des Apparats, er schmiert verborgene Triebräder, d.h. er bringt durch verdeckte Zuführungen die eigensüchtigen Instinkte von Unterorganen für seine Interessen in Bewegung. Der Angestellte wird dazu gewonnen, seine ihm vom Arbeitgeber zugewiesene und entlohnte Dienststellung einem Fremden zur Verfügung zu stellen.«[1145]

Hirschenkrämer ist insofern beizupflichten, als, geht man von der Bedeutung des Wortes unlauter aus, wie das Verhalten der an der Bestechung Beteiligten nach dem Gesetzeswortlaut sein muss, dessen Bedeutung oft als *betrügerisch* be-

1141 *Lampe*, FS Wessels/Stree, S. 463.
1142 BGBl. 1974 I, S. 469 ff.
1143 BT-Drucks. 7/550, S. 393.
1144 BT-Drucks. 13/3353, S. 13.
1145 *Hirschenkrämer*, WRP 1965, S. 131; auch *Rengier* spricht hinsichtlich dieser Konstellation von der typischen Bestechungssituation des § 299 StGB, *Rengier*, FS Tiedemann, S. 844.

zeichnet wird. Als Synonyme werden unaufrichtig, unehrlich, unredlich, unkorrekt genannt. Besonders die Begriffe unaufrichtig und unredlich sind aber solche, die auch die Beziehung des Angestellten zum Prinzipal umschreiben. Unaufrichtiges Verhalten scheint gegenüber den Mitbewerbern nicht möglich, denn Aufrichtigkeit ist gerade ein Merkmal, das sich auf ein Verhältnis von Personen bezieht, die einander kennen. Entgegen der Auffassung des Gesetzgebers lässt also zunächst einmal der Wortlaut »unlauter« den Schluss zu, dass das Verhalten des Angestellten auch gegenüber dem Geschäftsherrn pflichtwidrig sein muss.

Weiterhin gilt es sich Aufbau und Struktur des § 299 StGB zu vergegenwärtigen. Die Handlung des Tatbestandes setzt jeweils voraus, dass der Vorteilsempfänger Angestellter oder Beauftragter eines geschäftlichen Betriebes ist, d.h. die Beziehung des Angestellten zu seinem Prinzipal ist explizit mit in die Gesetzesformulierung aufgenommen. Daneben muss die Handlung im geschäftlichen Verkehr und zum Zwecke der Bevorzugung im Wettbewerb erfolgen. Somit ist auch das Verhältnis des Angestellten/Beauftragten, der für seinen Prinzipal im Wettbewerb handelt, zu Letzterem hergestellt. Die tatbestandsmäßige Handlung des § 299 StGB, sowohl des Abs. 1 als auch des Abs. 2, weist also sowohl einen Bezug zum Geschäftsherrn als auch einen solchen zum Wettbewerb auf. Die h.M. lässt aber offen, warum sich das Merkmal der Unlauterkeit allein auf den Wettbewerb beziehen soll.

Zudem spricht auch die Einordnung der h.M., die davon ausgeht, der Geschäftsinhaber selbst sei nicht tauglicher Täter des § 299 StGB, dafür, dass ihm gegenüber ein pflichtwidriges Verhalten vorliegen müsse. Warum sollte die Beziehung zum Geschäftsinhaber in den Tatbestand aufgenommen werden, wenn er weder Täter noch stets Opfer der inkriminierten Handlung ist? Genau die gleiche Frage stellt sich, folgte man i.R. des § 299 StGB einem reinen Wettbewerbsmodell, wie es z.B. *Mölders* und *Koepsel* befürworten. Dann fragt sich, warum der Geschäftsinhaber mit in den Tatbestand aufgenommen wurde, obwohl er nicht Täter des § 299 StGB sein kann und daneben auch nicht von dem Tatbestand geschützt ist.[1146]

Wenn man davon ausginge, die Handlung könne, müsse aber keineswegs pflichtwidrig gegenüber dem Geschäftsherrn sein, so bleibt unklar, warum die Beziehung zum Prinzipal in den Tatbestand aufgenommen wurde, denn nach dieser Auslegung ist die Pflichtwidrigkeit keine notwendige Bedingung für die Erfüllung des Tatbestandes.

1146 Vgl. zu den Ansichten *Mölders'* und *Koepsels* S. 287.

Es bleibt zudem offen, warum die h.M. auch den Geschäftsherrn als von § 299 StGB geschützt ansieht, obwohl sich die Tathandlung nicht auch stets gegen ihn richten muss.

Ferner gilt es nochmals auf *Hirschenkrämer* zurückzukommen, der es für widersprüchlich hält, den Angestellten gegenüber dem Wettbewerb zu lauterem Verhalten zu verpflichten, gegenüber dem Geschäftsherrn jedoch nicht. Der Angestellte sei der Angestellte des Prinzipals, nicht des Wettbewerbs bzw. der Wettbewerber. Somit bestehe eine rechtliche Bindung für den Angestellten nur zu seinem Dienstherrn, nicht aber gegenüber den Wettbewerbern.[1147] Dies aber erscheint hier ein weiterer entscheidender Punkt zu sein. Man kann aus der dem § 299 StGB zugrundeliegenden Konstellation nicht einfach den Geschäftsinhaber ausblenden. Ihm gegenüber ist der Angestellte bzw. der Beauftragte gleichermaßen verpflichtet. Freilich darf man nicht so weit gehen wie *Hirschenkrämer*, der eine Bindung des Angestellten dem Wettbewerb gegenüber gänzlich ablehnen möchte und eine Ersetzung des Begriffs »Unlauterkeit« durch »Pflichtwidrigkeit« befürwortet.[1148] Diese Einordnung geht indes, wie gesagt, zu weit, denn so wird der Wettbewerbsbezug, den § 299 StGB zweifelsohne haben muss, i.E. beseitigt. Es geht i.R. des Tatbestandes aber gerade auch um die Verzerrung des Wettbewerbs. Unlauteres Verhalten i.S.d. § 299 StGB muss also gerade zwei Bezugspunkte haben: den Geschäftsherrn und den Wettbewerb.

Endlich kann auch *Mölders'* Argument gegen eine Gleichstellung von Unlauterkeit und Pflichtwidrigkeit nicht überzeugen: Sie führt aus, dass die von der h.M. vertretene Irrelevanz der Einwilligung durch den Geschäftsherrn für die Strafbarkeit des Handelnden gegen die genannte Gleichsetzung spreche. Wäre aber immer eine Pflichtwidrigkeit Letzterem gegenüber erforderlich, dann führte die Einwilligung des Prinzipals zum Ausschluss des objektiven Tatbestandes des § 299 StGB.[1149] Hier argumentiert *Mölders* aber zirkulär: Sie begründet im Prinzip eine Frage der Rechtsgutsbestimmung mit einer Folge der Rechtsgutseinordnung bzw. -bestimmung; sie lehnt den Schutz lauteren Verhaltens gegenüber dem Geschäftsherrn als nicht von § 299 StGB erfasst ab, mit der Begründung, dieser sei über das Rechtsgut mit Blick auf eine Einwilligung nicht dispositionsbefugt. Dieser Ansatz läuft aber insoweit ins Leere, als dass auch der zweite Punkt zunächst voraussetzt, das Rechtsgut zu bestimmen. Der Hinweis auf die bloße Folge der genannten Bestimmung führt nicht weiter.

1147 *Hirschenkrämer*, WRP 1965, S. 133; zustimmend: *Heiseke*, WRP 1969, S. 364.
1148 *Hirschenkrämer*, WRP 1965, S. 133.
1149 *Mölders*, Bestechung und Bestechlichkeit, S. 152.

Das Argument *Bürgers*, § 301 Abs. 2 StGB, der den Verletzten als strafantragsberechtigt einordnet, spreche gegen die Erforderlichkeit einer Pflichtverletzung gegenüber dem Geschäftsherrn, weil dieser eben nicht immer Verletzter sei und somit auch nicht explizit genannt werde, kann nicht überzeugen.[1150] Die Regelung ordnet sich in die Terminologie des § 77 StGB ein, der ebenfalls vom Verletzten spricht. Dem Umstand, dass § 301 Abs. 2 StGB die Antragsberechtigten nicht namentlich nennt, sondern ebenfalls vom Verletzten spricht, kann folglich keinerlei Bedeutung beigemessen werden, denn keine der Strafantragsregelungen des StGB nennt explizit den Antragsberechtigten.[1151]

Auch die Gesetzesnovelle des § 299 StGB aus dem Jahre 2007[1152], die für eine Ablehnung der Notwendigkeit der Pflichtwidrigkeit gegenüber dem Geschäftsherrn angeführt wird, lässt keinen entsprechenden Schluss zu. In dem Neuvorschlag, der mittlerweile wegen des Endes der Legislaturperiode obsolet geworden ist, hieß es explizit, tatbestandsmäßiges Handeln liege auch bei einer Pflichtverletzung gegenüber dem Geschäftsherrn vor.[1153] Daraus folgern einige Vertreter in der Literatur, dies spreche für die bisherige Unbeachtlichkeit einer Pflichtwidrigkeit, da diese jetzt erst ausdrücklich in den Tatbestand aufgenommen werden sollte.[1154] Dem ist jedoch zu entgegnen, dass dies auch so ausgelegt werden kann, dass nach dieser Novelle auch allein gegenüber dem Geschäftsinhaber pflichtwidriges Verhalten von § 299 StGB erfasst sein sollte, sodass nicht unlauteres Verhalten gegenüber dem Wettbewerb und dem Geschäftsherrn wie bisher erforderlich gewesen wäre. In der Begründung des Entwurfs wurde nämlich ausgeführt, dass auch bisher Wettbewerb und Geschäftsherr gleichermaßen geschützt seien.[1155] Letztlich sagt aber ein bloßer Gesetzesentwurf über die gegenwärtige Rechtslage wenig aus.

Der Tatbestand des § 299 StGB setzt also, entgegen allen anderslautenden Einordnungsversuchen eine Pflichtwidrigkeit des Angestellten/Beauftragten gegenüber dem Geschäftsherrn voraus. Nur so kann dem inneren und äußeren Bezug der Vorschrift Rechnung getragen werden. Das unlautere Verhalten des Geschäftsherrn muss sich also sowohl gegen den Geschäftsherrn als auch gegen die Freiheit des Wettbewerbs richten. Und unlauteres Verhalten gegenüber dem Geschäftsherrn ist aber stets pflichtwidrig.

1150 *Bürger*, wistra 2003, S. 134.
1151 Vgl. nur § 123 Abs. 2, § 194 Abs. 1, § 303c StGB; § 205 und § 294 StGB sprechen ebenfalls nur vom »Verletzten«.
1152 BR-Drucks. 548/07.
1153 BR-Drucks. 548/07, S. 23 f.
1154 *Mölders*, Bestechung und Bestechlichkeit, S. 152; *Peinemann*, Strafbarkeit, S. 109 f.
1155 BR-Drucks. 548/07, S. 23.

Insgesamt gilt es folglich festzuhalten, dass allein ein doppelter Bezug des unlauteren Verhaltens der Regelung des § 299 StGB angemessen Rechnung trägt.

Mithin zeigt sich hier eine erste Parallele zum Tatbestand der Untreue, der zunächst eine Pflichtenbeziehung zwischen Vermögensinhaber und Treupflichtigen erfordert und dessen inkriminierte Handlung dann auch die Verletzung dieser Pflicht erfordert. Im Unterschied zur Untreue setzt § 299 StGB aber keine qualifizierte Pflicht (dort Vermögensbetreuungspflicht) voraus, sondern eine einfache Pflichtenbeziehung zwischen Geschäftsinhaber und dessen Angestellten bzw. Beauftragten. Dennoch ist das tatbestandsmäßige Unrecht auch hier durch die Verletzung dieser Pflicht gekennzeichnet.

ff. Vorsatz

Im Bereich des subjektiven Tatbestandes ist zunächst zumindest *dolus eventualis* bzgl. sämtlicher objektiver Tatbestandsmerkmale erforderlich.[1156] Daneben bedarf es bei der Tatbestandsalternative des Forderns eines Vorteils der Absicht des Abschlusses einer Unrechtsvereinbarung.[1157]

b. § 299 Abs. 2 StGB

Im Bereich des § 299 Abs. 2 StGB ergeben sich im Vergleich zu Abs. 1 folgende Besonderheiten:

Tauglicher Täter ist jeder Mitbewerber oder ein für diesen handelnder Dritter.[1158] Abs. 2 des § 299 StGB ist anders als Abs. 1 folglich kein Sonderdelikt.[1159] Dennoch kommen, da der Geschäftsinhaber selbst von § 299 StGB geschützt ist, nur Mitbewerber als taugliche Täter in Betracht. Die Tathandlungen entsprechen denjenigen des Abs. 1 spiegelbildlich, d.h., das Anbieten entspricht dem Fordern, das Versprechen dem Sich-versprechen-Lassen und das Gewähren schließlich dem Annehmen.[1160] Ferner muss der Täter im geschäftlichen Verkehr zu Zwe-

1156 *Kindhäuser*, LPK, § 299 Rn. 9; *Pfeiffer*, FS v. Gamm, S. 139; LK[12]/*Tiedemann*, § 299 Rn. 51.

1157 *Mölders*, Bestechung und Bestechlichkeit, S. 55.

1158 *Böse*/*Mölders*, MedR 2008, S. 586; *Lackner*/*Kühl*, StGB, § 299 Rn. 6; *Otto*, Strafrecht BT, § 61 Rn. 171; Schönke/Schröder/*Heine*, StGB, § 299 Rn. 25.

1159 *Bürger*, wistra 2003, S. 131; MK StGB/*Diemer*/*Krick*, § 299 Rn. 23.

1160 *Kindhäuser*, LPK, § 299 Rn. 11 i.V.m. § 333 Rn. 3; Satzger/Schmitt/Widmaier/*Rosenau*, StGB, § 299 Rn. 6.

cken des Wettbewerbs handeln; die Tat muss also objektiv geeignet sein, fremden oder eigenen Absatz zu fördern.[1161] Die übrigen Tatbestandsmerkmale entsprechen denjenigen des Abs. 1 des § 299 StGB.

Im subjektiven Tatbestand ist ebenfalls zumindest *dolus eventualis* bzgl. aller objektiven Tatbestandsmerkmale erforderlich. Daneben muss der Täter aber, wie gesagt, zu Zwecken des Wettbewerbs handeln, d.h. er muss mit Wettbewerbsabsicht, also diesbezüglich mit *dolus directus 1. Grades* handeln.[1162] Dazu ist es erforderlich, dass er

> »in der Absicht handelt, den Geschäftsbetrieb eines Mitkonkurrenten durch Schmälerung des Absatzes, Entziehung von Kunden oder auf andere Weise zu beeinträchtigen oder unproduktiver zu machen und sich selbst oder einem Dritten die entsprechenden Marktanteile oder sonstigen Vorteile zu sichern oder jedenfalls den bisherigen eigenen oder fremden Kundenkreis zu erhalten«[1163].

Weiterhin muss der Täter aber auch in der Absicht handeln, zu der verfolgten Unrechtsvereinbarung zu gelangen.[1164]

3. Zwischenergebnis

Für die weitere Untersuchung ist vor allem von Relevanz, dass § 299 StGB den freien Wettbewerb und den Geschäftsinhaber gleichermaßen schützt. Zudem erscheint von Bedeutung, dass der Geschäftsinhaber nicht tauglicher Täter der Bestechlichkeit (§ 299 Abs. 1 StGB) und damit in der Folge auch nicht derjenige der Bestechung (§ 299 Abs. 2 StGB) sein kann.

II. Relevante Handlungen und Einwilligung des Geschäftsherrn

Nachdem eingehend die Tatbestandsmerkmale des § 299 StGB erläutert wurden, soll in der Folge zunächst untersucht werden, wer im Bereich der bereits i.R. der Untreue untersuchten Gesellschaften tauglicher Täter des § 299 StGB ist und welche Handlungen i.R. dieser Gesellschaften für § 299 StGB relevant sind. Im Anschluss gilt es dann dezidiert zu prüfen, wem i.R. der Gesellschaften die Ei-

1161 *Lackner/Kühl*, StGB, § 299 Rn. 6.

1162 *Fischer*, StGB, § 299 Rn. 22; *Hellmann/Beckemper*, Wirtschaftsstrafrecht, Rn. 773; *Mölders*, Bestechung und Bestechlichkeit, S. 55.

1163 MK StGB/*Diemer/Krick*, § 299 Rn. 24.

1164 MK StGB/*Diemer/Krick*, § 299 Rn. 27.

genschaft des Geschäftsinhabers zukommt und ob dieser in eine § 299 StGB erfüllende Handlung wirksam einwilligen kann.

1. Taugliche Täter des § 299 Abs. 2 StGB

Vorwegzunehmen ist, dass tauglicher Täter des § 299 Abs. 2 StGB jeder Mitbewerber oder für ihn Handelnder Dritter sein kann.[1165] Da § 299 Abs. 2 StGB kein Sonderdelikt, sondern ein Allgemeindelikt ist, kann im Bereich der unterschiedlichen Gesellschaften im Prinzip jede für sie tätige Person Täter sein.

2. Taugliche Täter des § 299 Abs. 1 StGB

Im Weiteren sind i.R. der bereits im Zusammenhang mit der Untreue untersuchten Gesellschaften die für § 299 Abs. 1 StGB tauglichen Täter zu bestimmen. Dies weist im Gegensatz zu Abs. 2 der Vorschrift eher Schwierigkeiten auf, da es sich um ein Sonderdelikt handelt.[1166]

a. Juristische Personen

Ausgangspunkt der Untersuchung bilden wiederum, wie im Bereich der Untreue, die tauglichen Täter i.R. der juristischen Personen.

aa. Geschäftsführungsorgane, Prokuristen, Handlungsbevollmächtigte und sonstige leitende Angestellte

Täter des § 299 Abs. 1 StGB sind Angestellte oder Beauftragte eines geschäftlichen Betriebes. Wie bereits gezeigt, ist der Begriff des geschäftlichen Betriebes weit auszulegen und dieser ist als »eine auf Dauer angelegte Unternehmung, die außerhalb des reinen Privatbereichs am Wirtschaftsverkehr durch Austausch von

1165 *Lackner/Kühl*, StGB, § 299 Rn. 6; *Otto*, Strafrecht BT, § 61 Rn. 171; Schönke/Schröder/*Heine*, StGB, § 299 Rn. 25.

1166 NK/*Dannecker*, § 299 Rn. 15; *Hellmann/Beckemper*, Wirtschaftsstrafrecht, Rn. 762; Schönke/Schröder/*Heine*, StGB, § 299 Rn. 5; LK[12]/*Tiedemann*, § 299 Rn. 10; *Winkelbauer*, FS Weber, S. 389.

Leistung und Gegenleistung teilnimmt«[1167] zu definieren. Die GmbH und die AG können mithin zweifelsohne als geschäftliche Betriebe i.S.d. Vorschrift eingeordnet werden. Da der geschäftliche Betrieb jedoch anders als der Gewerbebetrieb nicht auf Gewinnerzielung ausgerichtet sein muss[1168], können auch der rechtsfähige Idealverein und die eingetragene Genossenschaft unter dieses Tatbestandsmerkmal subsumiert werden.

Die Geschäftsführungsorgane der genannten Körperschaften könnten als Angestellte einzuordnen sein, da sie bei der Gesellschaft angestellt sind, also i.R. eines entsprechenden Vertrages für diese tätig werden und sie die erforderliche Möglichkeit tatsächlicher Einflussnahme haben.[1169] Fraglich könnte jedoch sein, ob sie auch den Weisungen des Geschäftsherrn unterstellt sind, so wie es die Definition des *Angestellten* verlangt.[1170] Als Geschäftsherr ist bei den juristischen Personen zunächst die Gesellschaft selbst als eigene Rechtspersönlichkeit einzuordnen.[1171] Folglich ist zu prüfen, ob die genannten Geschäftsführungsorgane der Gesellschaft gegenüber weisungsgebunden sind. Der GmbH-Geschäftsführer und der Vorstand eines Vereins bzw. einer eG könnten der Gesellschafter- bzw. der Mitgliederversammlung gegenüber weisungsgebunden sein.

Die Gesellschafterversammlung der GmbH ist oberstes Organ der Gesellschaft und der Geschäftsführer ist ihr gegenüber weisungsgebunden.[1172] Die Mitgliederversammlung des rechtsfähigen Vereins ist als Willensbildungsorgan[1173] das *höchste* Vereinsorgan und die übrigen Vereinsorgane sind dieser gegenüber bei ihren Handlungen weisungsgebunden.[1174] Da auch die eG als wirtschaftlicher Verein einzuordnen ist[1175], besteht die genannte Weisungsgebundenheit des Vorstands auch gegenüber der Mitgliederversammlung. Die Gesellschafter- bzw. Mitgliederversammlung ist zudem Willensbildungsorgan der genannten Körperschaften, sodass diese, die allein handlungsunfähig sind, sich deren Willen zurechnen lassen müssen.[1176] Folglich handeln die genannten Versammlungen für

1167 *Kindhäuser*, LPK, § 299 Rn. 5.
1168 Schönke/Schröder/*Heine*, StGB, § 299 Rn. 6; LK[12]/*Tiedemann*, § 299 Rn. 19.
1169 Vgl. nur für den Geschäftsführer der GmbH: NK/*Dannecker*, § 299 Rn. 21; *Lackner/Kühl*, StGB, § 299 Rn. 2; BeckOK StGB/*Momsen*, § 299 Rn. 10.1.; Schönke/Schröder/*Heine*, StGB, § 299 Rn. 7.
1170 Vgl. S. 301 f.
1171 *Bürger*, DStR 2003, S. 1424.
1172 *Windbichler*, Gesellschaftsrecht, § 22 Rn. 3.
1173 *Schmidt*, Gesellschaftsrecht, S. 693.
1174 *Eisele*, GA 2001, S. 389; *Grunewald*, Gesellschaftsrecht, S. 206.
1175 Vgl. S. 204 ff.
1176 Vgl. zur Frage der Rechtsgutsinhaberschaft bzw. der Dispositionsbefugnis i.R. der Einwilligung in die Untreue im Bereich der GmbH S. 85 f.

den Geschäftsherrn, sodass die genannte Weisungsgebundenheit der Geschäftsführungsorgane gegenüber den Versammlungen als eine solche gegenüber der Gesellschaft, also gegenüber dem Geschäftsherrn, gewertet werden kann. Mithin besteht bei GmbH, rechtsfähigem Verein und eG die für die Einordnung als Angestellte notwendige Weisungsgebundenheit.

Wie sich die Situation ändert, wenn ein oder mehrere Gesellschafter die Geschäftsführung der Gesellschaft übernehmen, wird im Weiteren zu untersuchen sein. Festzuhalten gilt also zunächst, dass die Geschäftsführungsorgane der GmbH, des rechtsfähigen Vereins und der eG Angestellte i.S.d. § 299 StGB sind.[1177] Eine Einordnung als Beauftragte kann aufgrund der soeben aufgezeigten Weisungsgebundenheit hingegen nicht überzeugen,[1178] wenngleich sich an der Tätereigenschaft der genannten Organe nichts ändert. Auch den stellvertretenden Geschäftsführungsorganen kommt eine *Stellung* als Angestellte zu. Fehlt es beispielsweise aber einmal bei dem Vorstand eines rechtsfähigen Vereins an einem entsprechenden Anstellungsvertrag, so ist dieser jedenfalls als Beauftragter einzuordnen.

Der Vorstand der AG ist der Hauptversammlung gegenüber, die für den Geschäftsherrn AG den erforderlichen Willen bildet, nicht weisungsgebunden. Mithin kann er auch nicht als Angestellter i.S.d. § 299 Abs. 1 StGB eingeordnet werden. Jedoch könnte der Vorstand als Beauftragter i.S.d. Tatbestandes gewertet werden. Als Beauftragter ist derjenige einzuordnen, der, ohne Geschäftsinhaber oder Angestellter zu sein, berechtigt und verpflichtet ist, für den Betrieb zu handeln, d.h. dauernd oder gelegentlich für den Betrieb geschäftlich tätig zu werden.[1179] Diese Voraussetzungen sind beim Vorstand der AG, der die Gesellschaft leitet und ihre Geschäfte führt, jedoch zweifelsohne gegeben, sodass er Beauftragter i.S.d. § 299 StGB ist.[1180] Auch hier gilt jedoch, dass zunächst davon

1177 Für den (Fremd-)Geschäftsführer einer GmbH zustimmend: Achenbach/Ransiek/*Rönnau*, Handbuch Wirtschaftsstrafrecht, III 2 Rn. 10; *Fischer*, StGB, § 299 Rn. 9; NK/*Dannecker*, § 299 Rn. 21; LK[12]/*Tiedemann*, § 299 Rn. 14; *Ulbricht*, Bestechung und Bestechlichkeit, S. 52; *Wollschläger*, Täterkreis, S. 103.

1178 So aber: *Köhler/Piper*, UWG, § 12 Rn. 6. *Blessing* hingegen lehnt sowohl eine Einordnung als Angestellter als auch als Beauftragter ab, da der Geschäftsführer vielmehr zum geschützten Personenkreis des Tatbestandes gehöre, Müller-Gugenberger/Bieneck/*Blessing*, Wirtschaftsstrafrecht, § 53 Rn. 67.

1179 BGH GRUR 1968, S. 587 ff. (S. 588); *Kindhäuser*, LPK, § 299 Rn. 5; SK/*Rudolphi*, § 299 Rn. 4; *Wittig*, wistra 1998, S. 9.

1180 BeckOK StGB/*Momsen*, § 299 Rn. 11; *Ulbricht*, Bestechung und Bestechlichkeit, S. 53; *Wollschläger*, Täterkreis, S. 107; a.A.: MK StGB/*Diemer/Krick*, § 299 Rn. 5; *Greeve*, Korruptionsdelikte, Rn. 434; LK[12]/*Tiedemann*, § 299 Rn. 14, die die AG-Vorstandsmitglieder als Angestellte einordnen. Mangels Weisungsgebundenheit kann dies jedoch nicht überzeugen, so auch Achenbach/Ransiek/*Rönnau*, Handbuch Wirtschaftsstrafrecht,

ausgegangen werden soll, dass der Vorstand nicht zugleich Gesellschafter der AG ist. Es bleibt hinzuzufügen, dass auch der stellvertretende Vorstand der AG deren Beauftragter ist.

Da der Vertrag, der dem Angestelltenverhältnis zugrunde liegt, auch faktischer Natur sein kann, sind i.d.R. auch die faktischen Geschäftsführungsorgane von GmbH[1181], rechtsfähigem Verein und eG als Angestellte i.S.d. § 299 StGB einzuordnen. Sollte es an einer der genannten Voraussetzungen fehlen, so sind sie jedenfalls Beauftragte.[1182] Der faktische Vorstand der AG ist ebenfalls Beauftragter.

Daneben sind auch die Prokuristen und Handlungsbevollmächtigten, die GmbH, AG und eG bestellen können, als taugliche Täter einzuordnen. Da diese i.d.R. auch bei der jeweiligen Gesellschaft angestellt sind, werden sie wohl als Angestellte i.S.d. Tatbestandes einzuordnen sein. Sollte dies nicht der Fall sein, so sind sie jedenfalls Beauftragte i.S.d. § 299 StGB.

Im Bereich des rechtsfähigen Vereins gilt es noch die besonderen Vertreter i.S.d. § 30 BGB zu nennen, die jedenfalls Beauftragte des Vereins und folglich taugliche Täter des § 299 Abs. 1 StGB sind.

Andere Angestellte der Gesellschaften sind i.R. von § 299 StGB wohl nicht als taugliche Täter zu nennen, weil es regelmäßig an der tatsächlichen Einflussnahme (für die Qualifizierung als Angestellter i.S.d. § 299 StGB) oder an der Möglichkeit der Einflussnahme auf betriebliche Entscheidungen (für die Qualifizierung als Beauftragter) v.a. aber auf die Einflussmöglichkeiten hinsichtlich des Bezuges von Waren oder gewerblichen Leistungen fehlen wird.[1183]

bb. Gesellschafter und Mitglieder

Im Weiteren gilt es zu prüfen, ob die Gesellschafter von GmbH und AG bzw. die Mitglieder von rechtsfähigem Verein und eG taugliche Täter des § 299 Abs. 1

III 2 Rn. 10; *Brand/Wostry*, WRP 2008, S. 643 f., lehnen eine Tätertauglichkeit des AG-Vorstandes insgesamt ab, da dessen Mitglieder weder Angestellte noch Beauftragte seien, vielmehr handele die Gesellschaft durch den Vorstand selbst als Willensbildungs- und Handlungsorgan im Bereich der Geschäftsführung. Die Gesellschaft sei aber als Geschäftsinhaberin gerade nicht taugliche Täterin des § 299 Abs. 1 StGB.

1181 LK[12]/*Tiedemann*, § 299 Rn. 14 i.V.m. Rn. 11.

1182 So auch *Wollschläger*, Täterkreis, S. 104.

1183 Gerade auf diese Einflussmöglichkeit kommt es i.R. des § 299 Abs. 1 StGB aber entscheidend an: NK/*Dannecker*, § 299 Rn. 19; LK[12]/*Tiedemann*, § 299 Rn. 11.

StGB sind. Dazu müssten sie entweder als Angestellte oder als Beauftragte der jeweiligen Gesellschaft zu qualifizieren sein.

Zunächst könnte daran gedacht werden, dass die Mitglieder bzw. Gesellschafter Angestellte sind. Es gilt jedoch zu berücksichtigen, dass sowohl die Gesellschafter als auch die Mitglieder gemeinsam die Gesellschafter- bzw. Hauptversammlung bzw. bei rechtsfähigem Verein und eG die Mitgliederversammlung bilden. Diese Versammlungen sind Willensbildungsorgane der Gesellschaften; ihr Wille wird der an sich handlungsunfähigen Gesellschaft zugerechnet. Die Gesellschaft als solche ist zwar als Geschäftsinhaber bzw. Geschäftsherr i.S.d. § 299 StGB einzuordnen, deren Willen bildet aber nicht sie selbst, sondern ihre Gesellschafter- bzw. Mitgliedergesamtheit. Folglich fehlt es bei den Gesellschaftern bzw. Mitgliedern an der für die Angestellteneigenschaft erforderlichen Weisungsgebundenheit, denn die Gesellschafter können nicht sich selbst gegenüber weisungsgebunden sein.

Im Weiteren ist zu untersuchen, ob sie als Beauftragte i.S.d. § 299 Abs. 1 StGB eingeordnet werden können. Als Beauftragte müssten die Gesellschafter jedoch geschäftlich für die Gesellschaft tätig werden. Die Gesellschafter bzw. Mitglieder sind jedoch gemeinsam das Willensbildungsorgan der jeweiligen Körperschaft. Sie bilden also nur den Willen der Gesellschaft, sie werden aber nicht geschäftlich für diese tätig. Mithin sind die Gesellschafter bzw. Mitglieder auch keine Beauftragten i.S.d. § 299 Abs. 1 StGB.

Die Gesellschafter bzw. die Mitglieder kommen in ihrer Eigenschaft als Willensbildungsorgan vielmehr dem Geschäftsinhaber sehr nahe:

Die Gesellschafter der GmbH und die Aktionäre der AG sind Anteilseigner der jeweiligen Gesellschaft, sie halten entweder Geschäftsanteile oder Aktien an dieser, sodass ihnen das Vermögen der Gesellschaft zumindest mittelbar zugeordnet ist. Auch den Vereinsmitgliedern kommt das Vereinsvermögen mittelbar zugute, da sie kraft ihrer Stellung als Mitglieder die Vereinseinrichtungen nutzen können.[1184] Im Bereich der eG haben sich die Mitglieder mit Einlagen an der Genossenschaft zu beteiligen (§ 7 Nr. 1 GenG). Folglich besteht das Vermögen der eG aus diesen Geschäftsanteilen, sodass dieses auch hier zumindest mittelbar den Genossen zuzuordnen ist.

Mithin bilden die Gesellschafter bzw. Mitglieder nicht nur den Willen der jeweiligen Gesellschaft, sondern ihnen ist daneben auch, zumindest mittelbar, das Vermögen der Gesellschaft zugeordnet. Aufgrund dieser Nähe sind die Gesellschafter bzw. Mitglieder zwar nicht selbst als Geschäftsinhaber einzuordnen, aber sie entscheiden über dessen Willen und ihnen ist mittelbar dessen Vermö-

1184 MHG/*Waldner*, Bd. 5 § 39 Rn. 14.

gen zugeordnet. Bei rein formaler Betrachtungsweise bliebe freilich die Gesellschaft als juristische Person Geschäftsinhaber; lehnte man diese Sichtweise jedoch ab und führte sich vor Augen, welchen *Einfluss* die Gesellschafter tatsächlich auf die Gesellschaft ausüben können, dann besteht zwischen beiden eine besondere Nähe, die die Gesellschafter bzw. Mitglieder zumindest faktisch als Geschäftsinhaber erscheinen ließe. Nicht zuletzt aufgrund dieser Nähe sind die Gesellschafter bzw. Mitglieder nicht taugliche Täter des § 299 Abs. 1 StGB, unabhängig davon, dass sie, wie gesehen, weder unter den Begriff des Angestellten noch unter denjenigen des Beauftragten subsumiert werden können.

Fraglich ist, ob sich an dieser Einordnung etwas ändert, wenn Vorstand oder Geschäftsführer der Gesellschaft gleichzeitig Gesellschafter der jeweiligen Gesellschaft sind. Es wurde gesehen, dass die Geschäftsführungsorgane der hier behandelten juristischen Personen entweder als Angestellte oder als Beauftragte einzuordnen sind[1185], ihre Gesellschafter aber gerade nicht. Unklar ist dann also, wie der geschäftsführende Gesellschafter einzuordnen ist, denn er vereint im Prinzip beide Rollen in einer Person.

Hier könnte daran gedacht werden, dass der geschäftsführende Gesellschafter als Beauftragter i.S.d. § 299 Abs. 1 StGB einzuordnen wäre, da er im Auftrag der Gesellschaft bzw. mittelbar der anderen Gesellschafter die Geschäftsführung übernommen hat. Er ist also derjenige, der die Geschäfte führt und somit der Gesellschaft als eigener Rechtspersönlichkeit gegenüber verpflichtet ist. Er handelt primär in fremdem Interesse, nämlich in demjenigen der Gesellschaft, daneben freilich auch im eigenen Interesse.[1186] Zudem gilt es zu berücksichtigen, dass die Gesellschafter formal betrachtet nicht Geschäftsinhaber sind, diese bilden allein den Willen für den ansonsten handlungsunfähigen Geschäftsinhaber, sie kommen folglich in ihrer Gesamtheit dem Geschäftsinhaber sehr nahe, faktisch sind sie mithin als solcher zu qualifizieren. Ist einer der Gesellschafter, die eben nur gemeinsam den genannten Willen für die Gesellschaft bilden können, zugleich Geschäftsführer, dann besteht zwar immer noch die Nähe zum Geschäftsinhaber, aber gleichzeitig ist er für die Gesellschaft geschäftlich tätig und hat erhebliche Einflussnahmemöglichkeiten auf betriebliche Entscheidungen. Geschäftsinhaber und Handelnder sind hier also keineswegs personenidentisch, weil nicht der einzelne Gesellschafter das Unternehmensinteresse repräsentiert, sondern die Ge-

1185 Vgl. S. 314 ff.

1186 Der Geschäftsführer führt nicht nur die Geschäfte der Gesellschaft, sondern vertritt diese gem. § 35 GmbHG auch gerichtlich und außergerichtlich, d.h. er ist Stellvertreter der Gesellschaft. Stellvertretung bedeutet aber immer Handeln in fremdem Namen und somit auch in fremdem Interesse. Freilich verfolgt er als geschäftsführender Gesellschafter auch eigene Interessen, jedoch primär fremde.

sellschafter in ihrer Gesamtheit.[1187] Mithin kann also der geschäftsführende Gesellschafter als Beauftragter i.S.d. § 299 StGB eingeordnet werden, mit der Folge, dass er tauglicher Täter des § 299 Abs. 1 StGB ist.

cc. Besonderheiten bei Einpersonen-Gesellschaften

Bei der Einpersonen-Gesellschaft (nur bei AG und bei GmbH, denn sowohl rechtsfähiger Verein als auch eG benötigen mindestens 7 Mitglieder [§ 56 BGB]) besteht die Besonderheit, dass der Gesellschafter gleichzeitig Geschäftsführer bzw. Vorstand ist, sodass er in einer Person Angestellter bzw. Beauftragter und Geschäftsinhaber ist. Ob er dann tauglicher Täter des § 299 Abs. 1 StGB ist, wird in Literatur und Rechtsprechung gerade hinsichtlich der GmbH kontrovers diskutiert, wobei sich im Prinzip zwei Ansichten herausgebildet haben:

Teils wird diese Situation allein formal betrachtet, sodass der Geschäftsinhaber Angestellter bzw. Beauftragter der GmbH sein soll, die als eigene Rechtspersönlichkeit unabhängig von ihm als alleinigem Gesellschafter ist. Mithin könne der Alleingesellschafter auch Täter der Bestechlichkeit sein.[1188] Die Gegenansicht[1189], die zugleich h.M. ist, lehnt diese formale Betrachtung ab und führt aus, dass der Geschäftsführer, der gleichzeitig Alleingesellschafter ist, faktisch Geschäftsinhaber sei, da er der Gesellschaft gegenüber nicht weisungsabhängig sei. Deshalb sei er nicht tauglicher Täter des § 299 Abs. 1 StGB.

Die h.M. führt daneben für sich ins Feld, dass nach Wortlaut und Schutzzweck des § 299 StGB nur Täter sein könne, wer auf die geschäftliche Tätigkeit einer anderen Person, die nicht Geschäftsinhaber ist, Einfluss nehmen kann. Diese Einflussnahme sei beim Einmanngesellschafter aber gerade nicht möglich.[1190] Zudem wird angeführt, dass bei der Vorteilszuwendung an den Gesellschafter einer Einmann-GmbH ebenso wie z.B. bei einem Einzelkaufmann der Nachfrager der Leistung und der Entscheidungsträger personenidentisch seien, denn der Einmanngesellschafter frage entsprechende Waren oder Leistungen nach und

1187 *Wollschläger*, Täterkreis, S. 102.

1188 *Bürger*, wistra 2003, S. 132; *Peinemann*, Strafbarkeit, S. 142 ff.; *Pragal*, Korruption, S. 163 f.; *Szebrowski*, Kick-Back, S. 185 ff.; *Ulbricht*, Bestechung und Bestechlichkeit, S. 52.

1189 NK/*Dannecker*, § 299 Rn. 21; MK StGB/*Diemer*/*Krick*, § 299 Rn. 4; *Hanft*, Einmann-GmbH, S. 166; *Lesch*, AnwBL 2003, S. 264; Schönke/Schröder/*Heine*, StGB, § 299 Rn. 7; LK[12]/*Tiedemann*, § 299 Rn. 10, Rn. 14.

1190 MK StGB/*Diemer*/*Krick*, § 299 Rn. 4.

entscheide gleichzeitig, von wem er diese beziehe.[1191] Da der Geschäftsinhaber aber grundsätzlich in seiner Entscheidungshoheit frei sei und sich auch von unsachlichen Motiven leiten lassen dürfe[1192], sei dann auch der Einmanngesellschafter nicht tauglicher Täter. Dass es entscheidend auf die Nichtidentität von Nachfrager und Entscheidungsträger ankommt, begründet *Koepsel* mit dem von ihr vertretenen Rechtsgut des Leistungswettbewerbs und dem diesem zugrundeliegenden Leistungsprinzip, welches nur bei einem Auseinanderfallen der genannten Personen als Entscheidungskriterium bzw. -maßstab in Gefahr gerate.[1193]

Die Gegenansicht stellt, wie dargelegt, auf die formale Betrachtung ab und argumentiert, dass auch der Alleingesellschafter Beauftragter der GmbH als eigener Rechtspersönlichkeit ist. Die Angestellteneigenschaft scheide aufgrund mangelnder Weisungsbefugnis aus.[1194] Daneben wird in systematischer Hinsicht eine Parallele zur möglichen Untreuestrafbarkeit des Alleingesellschafters angeführt, da § 266 StGB eben auch eine formale und keine faktische Betrachtung zugrunde liege.[1195] Ferner wird als historisches Argument vorgetragen, der Gesetzgeber habe mit der Einführung der Korruptionsdelikte das Schmiergeldunwesen umfassend abwenden wollen.[1196] Endlich wird auch der Rahmenbeschluss des Europäischen Rates vom 22.7.2003 zur Bekämpfung der Bestechung im privaten Sektor[1197] für die Erfassung des Alleingesellschafters angeführt, da dieser jede Person erfasse, die für ein Unternehmen mit oder ohne Erwerbszweck im privaten Sektor in leitender oder sonstiger Stellung tätig sei.[1198]

Teils wird aber auch anstatt der Einordnung des Alleingesellschafters als Beauftragtem eine Einordnung desselben als Angestellter vorgenommen, was jedoch ohne weitere Begründung erfolgt. Es wird lediglich darauf hingewiesen, dass sonst ein Widerspruch zur arbeitsrechtlichen und gesellschaftsrechtlichen Stellung des Geschäftsführers entstehe.[1199]

1191 *Koepsel*, Bestechlichkeit und Bestechung, S. 179.

1192 GK UWG/*Otto*, § 12 Rn. 31; Wabnitz/Janovsky/*Bannenberg*, Handbuch, Kap. 10 Rn. 101; so auch NK/*Dannecker*, § 299 Rn. 21, der betont, dass der Betriebsinhaber frei sei, seinen Vorteil auch auf Kosten anderer zu suchen.

1193 *Koepsel*, Bestechlichkeit und Bestechung, S. 179.

1194 Laufs/Kern/*Ulsenheimer*, Handbuch, § 152 Rn. 117; *Szebrowski*, Kick-Back, S. 186; *Ulbricht*, Bestechung und Bestechlichkeit, S. 52.

1195 *Fischer*, StGB, § 299 Rn. 10c; Laufs/Kern/*Ulsenheimer*, Handbuch, § 152 Rn. 117; *Pragal*, Korruption, S. 163 f.; zustimmend: *Peinemann*, Strafbarkeit, S. 87 f.

1196 *Pragal*, Korruption, S. 163.

1197 Abl. EU 2003 Nr. L 192, S. 54 ff.

1198 *Pragal*, Korruption, S. 164.

1199 *Bürger*, wistra 2003, S. 132, Fn. 35.

Betrachtet man die von den beiden Ansichten ins Feld geführten Argumente, dann fällt auf, dass die entscheidende Frage darin zu sehen ist, ob der GmbH-Alleingesellschafter als Geschäftsinhaber einzuordnen ist bzw., ob man diesen formal oder faktisch zu bestimmen hat.

Bevor diese Frage eingehend erörtert und einer Lösung zugeführt wird, sollen vorweg jedoch zwei angeführte Argumente der beiden Ansichten entkräftet werden, da sie für die vorliegende Diskussion nicht fruchtbar erscheinen:

Zunächst ist das Argument der h.M., dass es beim Alleingesellschafter an einer Weisungsgebundenheit fehle als eher schwach einzuordnen, da dann in der Folge zu prüfen wäre, ob dieser Beauftragter ist.

Auch das historische Argument der Gegenansicht, der Gesetzgeber habe das Schmiergeldunwesen umfassend abwenden wollen, ist wenig zielführend. Der Wille des Gesetzgebers ist zwar ein Kriterium für die Auslegung des Tatbestandes, gleichwohl lässt die Äußerung, das Schmiergeldunwesen umfassend abwenden zu wollen, noch keinen Schluss auf die Tätereigenschaft einer bestimmten Person zu.

Im Folgenden ist zu prüfen, ob der Alleingesellschafter als Geschäftsinhaber zu qualifizieren ist.

Zunächst ist der dies ablehnenden Ansicht freilich Recht zu geben, dass rein formal die GmbH als eigene Rechtspersönlichkeit der Geschäftsinhaber ist. Jedoch wurde bereits skizziert, dass trotz ihrer Eigenschaft als Körperschaft die Gesellschafter eine besondere Nähe zu ihr aufweisen, denn sie bestimmen nicht nur den Willen der Gesellschaft, sondern auch deren Interesse.[1200] Zudem ist den Gesellschaftern zumindest mittelbar auch das Vermögen der zu diskutierenden juristischen Personen zugeordnet, da sie Anteile an ihnen halten. *Wollschläger* spricht sogar davon, die Gesellschafter seien die wirtschaftlichen *Eigentümer* der Gesellschaft.[1201] Dieser Besonderheit gilt es dann aber Rechnung zu tragen, denn der bloße Verweis auf die eigene Rechtspersönlichkeit führt hier nicht weiter, da er das Verhältnis der Gesellschafter zur Gesellschaft nicht ausreichend berücksichtigt. Hier überzeugen jedoch die Ausführungen *Koepsels*, die darauf abstellt, ob Nachfrager der Leistung und Entscheidungsträger auseinanderfallen.[1202] Im Fall der Einmanngesellschaft ist dem nicht so, denn der Geschäftsführer ist sowohl Nachfrager der Leistung als auch Entscheidungsträger, weil er für die handlungsunfähige GmbH die Entscheidung trifft. So wird aber dem einen der beiden Rechtsgüter des § 299 Abs. 1 StGB, nämlich dem Leistungswettbewerb

1200 Vgl. S. 317 ff.
1201 *Wollschläger*, Täterkreis, S. 105.
1202 *Koepsel*, Bestechlichkeit und Bestechung, S. 179.

Rechnung getragen, denn das ihm zugrunde liegende Leistungsprinzip gerät nur in Gefahr, wenn das genannte Auseinanderfallen von Nachfrager und Entscheidungsträger der Fall ist. Folglich scheint eine faktische Bestimmung des Geschäftsherrn sachgerechter.

Auch die von der eine formale Bestimmung befürwortenden Meinung aufgezeigte Parallele zu § 266 StGB kann nicht überzeugen, denn es wird auf § 266 StGB abgestellt, um darzulegen, dass auch i.R. dieses Tatbestandes eine formale Bestimmung des Vermögensinhabers vorgenommen werde. Dazu wird versucht aufzuzeigen, dass sich der Alleingesellschafter einer GmbH auch zu deren Lasten einer Untreue schuldig machen kann, weil Vermögensinhaber allein die GmbH als eigene Rechtspersönlichkeit sei. Dass dies nicht der Fall ist, wurde i.R. der vorliegenden Untersuchung aufgezeigt.[1203] Auch wenn die GmbH als juristische Person als eigene Rechtspersönlichkeit einzuordnen ist, so ist und bleibt sie alleine nicht handlungsfähig; sie benötigt Organe. Wenn aber derjenige, der handelt, gleichzeitig ihr Willensbildungsorgan ist und folglich *automatisch* mit der sie schädigenden Handlung einverstanden ist, dann muss eine Strafbarkeit wegen § 266 StGB ausscheiden, denn die Einwilligung sämtlicher Gesellschafter, hier also des einzigen Gesellschafters, lässt die Strafbarkeit des Handelnden entfallen.[1204] Diese Einwilligung ist auch keinerlei Dispositionsschranken ausgesetzt, da der Gesellschaft, wie eingehend erläutert wurde, kein Eigeninteresse zukommt[1205], welches die Gesellschafter i.R. ihrer Einwilligung zu respektieren hätten. Das Interesse der Gesellschaft setzt sich zusammen aus den Interessen ihrer Gesellschafter, ihrer Gläubiger (dazu zählen dann auch ihre Arbeitnehmer) und der Allgemeinheit. Für § 266 StGB, der dem Vermögensschutz des Geschäftsherrn dient, ist aber allein dessen Interesse, folglich dasjenige der Gesellschafter relevant. Mithin greift das Argument, das eine Untreuestrafbarkeit des Alleingesellschafters anführt, nicht, denn der Alleingesellschafter einer GmbH kann sich keiner Untreue schuldig machen. Entweder weil er selbst gleichzeitig einwilligt, oder aber bereits deswegen, weil er sich selbst gegenüber nicht treuwidrig handeln kann. Im Gegenteil, die Parallele zur Untreue ist eher geeignet, die Einordnung der h.M. zu stützen, denn auch i.R. des § 299 Abs. 1 StGB bedarf es zweier Personen, nämlich des Geschäftsherrn und des Angestellten bzw.

1203 Vgl. S. 142 ff.

1204 Darauf stellt auch *Wollschläger* i.R. des § 299 StGB ab, da er äußert, dass selbst wenn man die Bestimmung des Geschäftsinhabers nach formalen Kriterien vornähme, könne der als Täter handelnde Geschäftsführer sogleich in seiner Eigenschaft als Gesellschafter in diese Rechtsgutsverletzung einwilligen, *Wollschläger*, Täterkreis, S. 105, vgl. zur Möglichkeit der Einwilligung durch den Geschäftsinhaber ausführlich S. 336 ff.

1205 Vgl. ausführlich S. 88 ff.

Beauftragten. Formal sind auch bei der Einpersonengesellschaft zwei Personen erkennbar, nämlich der Gesellschafter als natürliche Person und die Gesellschaft als juristische Person. Letztere ist aber allein handlungs- und willensunfähig, sie bedarf natürlicher Personen, die für sie handeln. Bestimmen aber die natürlichen Personen Willen und Interesse der juristischen Person, so kann schwerlich von zwei Personen gesprochen werden, denn der Alleingesellschafter handelt als natürliche Person zurechenbar für die Gesellschaft und bildet gleichzeitig deren Willen. Die rein formale Sichtweise des § 299 Abs. 1 StGB lässt diese Besonderheiten aber völlig unberücksichtigt, wenn sie allein mit der Rechtspersönlichkeit der GmbH argumentiert. Auch die h.M. stellt diese nicht infrage, aber sie berücksichtigt im Prinzip die hinter der GmbH stehenden Personen. Diese sind diejenigen, die die Entscheidungen treffen, die GmbH als juristische Person ist nur das »Rechtskleid«, dessen sich die dahinterstehenden Personen bedienen.[1206] Auch wenn *Szebrowski* eine formale Bestimmung des Geschäftsinhabers vornehmen möchte, erkennt auch er an, dass der Alleingesellschafter im Prinzip der »Eigentümer« der Gesellschaft ist.[1207] Folglich ist auch im Bereich des § 299 StGB der Geschäftsherr faktisch und gerade nicht formal zu bestimmen.[1208]

Insgesamt ist die Nichterfassung des Geschäftsinhabers auch sachgerecht, »denn § 299 beschreibt nach Wortlaut und Schutzzweck einen Täterkreis, der auf die geschäftliche Tätigkeit eines anderen Einfluss nehmen kann«[1209], dies ist aber aufgrund der aufgezeigten Personenidentität gerade beim Alleingesellschafter nicht der Fall.

Endlich ist auch der Schutzzweck bzw. das Rechtsgut des § 299 StGB, welches zu Beginn eingehend bestimmt wurde[1210], für die Einordnung der h.M. anzuführen. § 299 StGB dient neben dem Schutz des Wettbewerbs auch dem Schutz des Geschäftsherrn. Wenn aber Geschädigter des § 299 StGB auch der Geschäftsherr ist, also mittelbar die Gesellschafter der GmbH, die die Anteile an der Gesellschaft halten, so wäre die Folge der Mindermeinung, dass Täter und Opfer im Prinzip personenidentisch wären. Zwar ist Opfer nach dieser Ansicht die formal vom Alleingesellschafter zu trennende GmbH, aber da er, wie gesagt Anteile an der Gesellschaft hält und ihm deren Vermögen zumindest mittelbar zugeordnet ist, ist er im Prinzip Täter und Opfer in einer Person.

1206 *Koepsel*, Bestechlichkeit und Bestechung, S. 181.
1207 *Szebrowski*, Kick-Back, S. 186.
1208 Vgl. für die Einmann-GmbH S. 142 ff. und für die Einpersonen-AG S. 185 f.
1209 MK StGB/*Diemer*/*Krick*, § 299 Rn. 4.
1210 Vgl. S. 288 ff.

Mithin erscheint es mit der h.M. folgerichtig, den Alleingesellschafter *de facto* auch als Geschäftsinhaber einzuordnen mit der Folge, dass er nicht tauglicher Täter des § 299 Abs. 1 StGB ist. Allein die faktische Betrachtungsweise kann das Verhältnis des Gesellschafters zur Gesellschaft adäquat berücksichtigen, während die rein formale Einordnung bzw. Interpretation des Tatbestandes hier nicht weiterhilft. Bei Letzterer macht es zudem keinen Unterschied, ob der Alleingesellschafter dann als Angestellter, wie *Bürger* dies vorschlägt[1211], oder als Beauftragter einzuordnen ist. Beide Auffassungen führen zu nicht sachgerechten Ergebnissen, da sie die Personenidentität von Handelndem und Willensbildendem und somit von Nachfrager und Entscheidungsträger unberücksichtigt lassen.

Im Bereich der Einpersonen-AG kann dann nichts anderes gelten. Zwar greift hier das Argument der h.M. hinsichtlich der GmbH bzgl. der fehlenden Weisungsgebundenheit schon insoweit nicht, als der Vorstand einer AG dieser gegenüber ohnehin nicht weisungsgebunden ist, aber dieses Argument wurde bereits als unbrauchbar eingeordnet. Ansonsten stellt sich die Situation bei der Einpersonen-AG wie bei der Einmann-GmbH dar, sodass auch hier nur eine faktische Betrachtungsweise zur Bestimmung des Geschäftsherrn überzeugen kann, denn auch bei der Einpersonen-AG sind Vorstand und Aktionär, also Handelnder und Willensbildender, personenidentisch.

Insgesamt ist also festzuhalten, dass der Geschäftsführer bzw. Vorstand einer Einpersonengesellschaft nicht tauglicher Täter des § 299 Abs. 1 StGB ist.

dd. Aufsichtsrat

Ferner stellt sich die Frage, ob die Mitglieder des Aufsichtsrates von GmbH, AG und eG taugliche Täter des § 299 Abs. 1 StGB sind. Dazu müssten sie Angestellte oder Beauftragte der Gesellschaft sein. Unter den Begriff des Angestellten fallen, wie bereits mehrfach ausgeführt, sämtliche Personen, die in einem faktischen oder vertraglichen Dienstverhältnis zum Geschäftsherrn stehen und dessen Weisungen unterworfen sind.[1212] Jedenfalls kann bei Mitgliedern des Aufsichtsrates nicht von einer Weisungsgebundenheit gegenüber dem Geschäftsherrn, also der Gesellschaft gegenüber die Rede sein, denn der Aufsichtsrat hat Überwachungsfunktionen wahrzunehmen und ist weder bei GmbH noch bei der AG oder eG weisungsgebunden.

1211 *Bürger*, wistra 2003, S. 132.

1212 *Fischer*, StGB, § 299 Rn. 9; *Kindhäuser*, LPK, § 299 Rn. 5; *Lackner/Kühl*, StGB, § 299 Rn. 2.

Fraglich ist dann aber, ob die Mitglieder des Aufsichtsrates Beauftragte der jeweiligen Gesellschaft sind. Beauftragter ist, wer ohne Geschäftsinhaber oder Angestellter zu sein, berechtigt und verpflichtet ist, für den Betrieb zu handeln, d.h. dauernd oder gelegentlich für den Betrieb geschäftlich tätig zu werden.[1213] Zudem muss er die Möglichkeit haben, auf geschäftliche Entscheidungen Einfluss zu nehmen.[1214] Allein an letzterer Voraussetzung könnte die Einordnung der Aufsichtsratsmitglieder als Beauftragte wohl scheitern. Jedoch trifft den Aufsichtsrat die Aufgabe, die Geschäftsführung zu überwachen. Falls dies angezeigt ist, also wenn das Wohl der Gesellschaft gefährdet ist, hat er bei der AG die Hauptversammlung einzubestellen (§ 111 Abs. 3 AktG). Zudem kann er gem. § 111 Abs. 4 AktG, wonach die Satzung oder der Aufsichtsrat zu bestimmen hat, dass für bestimmte Geschäfte seine Zustimmung erforderlich ist, aktiv auf geschäftliche Entscheidungen Einfluss nehmen. Dem Aufsichtsrat der GmbH, sofern diese einen solchen besitzt, stehen ganz ähnliche Rechte zu, wie demjenigen der AG (§ 52 GmbHG). Im Bereich der eG trifft den Aufsichtsrat ebenfalls eine Überwachungsaufgabe (§ 38 GenG) und er kann sogar gem. § 40 GenG Vorstandsmitglieder vorläufig ihres Amtes entheben.

Mithin stehen dem Aufsichtsrat der AG, der GmbH und der eG Einflussmöglichkeiten auf geschäftliche Entscheidungen zu, sodass seine Mitglieder als Beauftragte i.S.d. § 299 Abs. 1 StGB zu qualifizieren sind.[1215] Folglich sind auch die Mitglieder des Aufsichtsrates taugliche Täter des § 299 Abs. 1 StGB.

ee. Konzern

Im Bereich konzernierter Unternehmen ergeben sich keine Besonderheiten, denn durch die Verbindung der Gesellschaften ändert sich nichts an der Beziehung der jeweiligen Organe zur Mutter- oder Tochtergesellschaft.

Es könnte zwar daran gedacht werden, dass die Konzerntochter oder deren Organe als Angestellte oder Beauftragte der Konzernmutter einzuordnen wären. Dies ist jedoch deswegen abzulehnen, weil die Organe der Konzertochter zwar

1213 BGH GRUR 1968, S. 587 ff. (S. 588); *Kindhäuser*, LPK, § 299 Rn. 5; SK/*Rudolphi*, § 299 Rn. 4; *Wittig*, wistra 1998, S. 9.

1214 Schönke/Schröder/*Heine*, StGB, § 299 Rn. 8.

1215 So auch: RGSt 68, S. 119 f. (S. 120); NK/*Dannecker*, § 299 Rn. 23; MK StGB/*Diemer/Krick*, § 299 Rn. 5; BeckOK StGB/*Momsen*, § 299 Rn. 11; *Moosmayer*, wistra 2004, S. 407; Schönke/Schröder/*Heine*, StGB, § 299 Rn. 8; LK[12]/*Tiedemann*, § 299 Rn. 16; *Ulbricht*, Bestechung und Bestechlichkeit, S. 53; *Wollschläger*, Täterkreis, S. 106 f.; zweifelnd: *Fischer*, StGB, § 299 Rn. 10c.

weisungsgebunden gegenüber der Konzernmutter sind, aber sie verfolgen allein das Interesse ihrer Gesellschaft, sie werden also keineswegs für die Konzernmutter tätig. Nur wenn eine Doppelstellung des Leitungsorgans der Konzerntochter insofern besteht, als dieses gleichzeitig Leitungsorgan der Konzernmutter ist, dann ist dieses entweder als deren Angestellter oder Beauftragter einzuordnen.

b. Personengesellschaften

Endlich ist zu untersuchen, ob die Gesellschafter einer Personengesellschaft als deren Angestellte oder Beauftragte zu qualifizieren sind. Vorwegzunehmen ist, dass die Personengesellschaften als geschäftliche Betriebe i.S.d. § 299 StGB einzuordnen sind, denn Gewinnerzielungsabsicht ist hierfür nicht erforderlich (dies ist für die GbR und den rechtsfähigen Verein von Bedeutung, da sie zumeist ideelle Ziele verfolgen).[1216]

Zunächst ist davon auszugehen, dass sämtliche Gesellschafter selbst als Geschäftsinhaber anzusehen sind, denn Personengesellschaften sind Gesamthandsgemeinschaften, d.h. den Gesellschaftern ist das Vermögen zur gesamten Hand zugeordnet, sie haften persönlich für die Verbindlichkeiten der Gesellschaft.

Anderseits wäre jedoch zu überlegen, ob die Gesellschafter nicht als Beauftragte der Gesamthand eingeordnet werden können; so könnte eine Beauftragung »darin erblickt werden, dass jeder Gesellschafter auf Grund Gesellschaftsvertrags verpflichtet sein soll, die Interessen der übrigen Gesellschafter durch Verfolgung eines gemeinsamen Zwecks wahrzunehmen«[1217]. Jedoch setzt die Beauftragung voraus, dass der Beauftragte primär fremde Interessen wahrnimmt, nämlich diejenigen des Auftraggebers. Daran wird es im Bereich einer Personengesellschaft aber fehlen, denn die Gesellschafter nehmen, wenn sie nicht geschäftsführend tätig sind, primär eigene Interessen wahr, sodass nicht von der Verfolgung primär fremder Interessen gesprochen werden kann.[1218]

Fraglich ist jedoch, ob sich an dieser Einordnung etwas ändert, wenn die Gesellschafter geschäftsführungsbefugt sind. Dann könnte der jeweils geschäftsführende Gesellschafter tatsächlich als Beauftragter der anderen Gesellschafter einzuordnen sein, denn er handelt zwar auch in seinem eigenen Interesse, aber wohl primär i.S.d. Gesellschaft, also im Interesse der anderen Gesellschafter. Zudem ist er alleine nicht Geschäftsinhaber, denn die Personengesellschaften sind wie

1216 Schönke/Schröder/*Heine*, StGB, § 299 Rn. 6; LK[12]/*Tiedemann*, § 299 Rn. 19.
1217 *Bürger*, DStR 2003, S. 1425.
1218 *Bürger*, DStR 2003, S. 1425.

gesagt Gesamthand, d.h. die Gesellschafter sind auch nur in ihrer Gesamtheit Geschäftsinhaber. Da der geschäftsführende Gesellschafter gerade auch geschäftlich für die Gesellschaft tätig wird und erheblichen Einfluss auf betriebliche Entscheidungen hat, ist er als Beauftragter i.S.d. § 299 Abs. 1 StGB und somit als tauglicher Täter der Bestechlichkeit zu qualifizieren.[1219] Ein weiteres, wenngleich eher schwaches Indiz für diese Einordnung ist der Verweis auf das Auftragsrecht aus § 713 BGB, der über §§ 105 Abs. 3, 161 Abs. 2 HGB und § 1 Abs. 4 PartGG auch für die anderen Personengesellschaften gilt.[1220] Die Rechte und Pflichten des geschäftsführenden Gesellschafters richten sich, sofern sich aus dem Gesellschaftsverhältnis nichts anderes ergibt, nach dem Auftragsrecht. Daraus folgt zwar keineswegs, dass es sich zwischen Gesellschaft und geschäftsführendem Gesellschafter um ein Auftragsverhältnis i.S.d. § 662 BGB handelt. Aber der Beauftragte i.S.d. § 299 StGB ist faktisch und nicht zivilrechtlich zu bestimmen.[1221] Da, wie gesagt, die Stellung als Beauftragter stets ein Handeln in primär fremdem Interesse erfordert[1222], ist dieser Voraussetzung hier Genüge getan, denn der Geschäftsführer handelt primär im Interesse der Gesellschaft; dass er daneben auch im eigenen Interesse – denn er ist Teil der Gesellschaft – handelt, ist unschädlich.[1223] Bei Zugrundelegung der gesetzlichen Einordnung bzw. dem gesetzlichen Leitbild hinsichtlich der Geschäftsführungsbefugnis, die freilich im Gesellschaftsvertrag abgeändert werden kann, zeigt sich also, dass bei der GbR keiner der geschäftsführenden Gesellschafter Beauftragter der anderen ist, da sie die Geschäftsführung nur gemeinsam tätigen dürfen (§ 709 Abs. 1 BGB). Folglich fehlte es hier an der Personenverschiedenheit zwischen Geschäftsinhaber und Beauftragtem, denn die Gesellschafter sind in ihrer Gesamtheit auch Geschäftsinhaber. Im Bereich der OHG gilt nach der gesetzlichen Vorgabe Einzelvertretungsmacht (§ 114 HGB) für jeden Gesellschafter, sodass der jeweils Handelnde als Beauftragter der anderen Gesellschafter zu qualifizieren ist. Bei der KG gilt nichts anderes, außer dass die Kommanditisten von der Geschäftsführung ausgeschlossen sind (§ 164 HGB), sodass die einzelvertretungsberechtigten Komplementäre jeweils Beauftragte der anderen Gesellschafter

1219 So auch *Winkelbauer*, FS Weber, S. 389 und *Rönnau*, der betont, dass nur die gemeinschaftlich handelnden (zur Gesamtgeschäftsführung befugten) Gesellschafter als Geschäftsinhaber einzuordnen sind, Achenbach/Ransiek/*Rönnau*, Handbuch Wirtschaftsstrafrecht, III 2 Rn. 10.

1220 NK/*Dannecker*, § 299 Rn. 23; LK[12]/*Tiedemann*, § 299 Rn. 16.

1221 OLG Karlsruhe NJWE-WettbR 2000, S. 227 ff. (S. 228); NK/*Dannecker*, § 299 Rn. 22.

1222 Schulze/Dörner/Ebert/*Schulze*, BGB, § 662 Rn. 7.

1223 Schulze/Dörner/Ebert/*Schulze*, BGB, § 662 Rn. 7.

sind.[1224] Für die Partnerschaftsgesellschaft gilt gem. § 6 Abs. 3 PartGG das Gleiche wie für die OHG, sodass der jeweils für die Partnerschaft handelnde Partner Beauftragter der anderen Partner und in der Folge tauglicher Täter des § 299 Abs. 1 StGB ist. Im Bereich des nicht rechtsfähigen Vereins ist der Vorstand als Beauftragter der Vereinsmitglieder einzuordnen.

Fraglich ist jedoch, ob sich diese Einordnung hinsichtlich beschränkt haftender Gesellschafter einer Personengesellschaft, namentlich also der Kommanditisten einer KG, ändert. *Bürger* ordnet die Kommanditisten der KG als deren Beauftragte und somit als taugliche Täter des § 299 Abs. 1 StGB ein, da diese aufgrund ihrer beschränkten Haftung vorrangig fremde Interessen verfolgten.[1225]

Diese Einordnung kann indes nicht überzeugen, denn *Bürger* verkennt, dass die Interessen, die die Gesellschafter verfolgen, nicht immer nur finanzieller Natur sind. So kann es i.R. der Tätigkeit einer KG durchaus auch andere eigene Interessen geben, die die Kommanditisten trotz nur beschränkter Haftung verfolgen. Aber selbst wenn man deren Interessen auf diejenigen rein finanzieller Natur beschränkte, so verfolgen sie trotz der genannten beschränkten Haftung wohl primär eigene Interessen, beispielsweise das Interesse an der Erwirtschaftung eines hohen Gewinns, der an alle Gesellschafter ausgekehrt wird, auch an die Kommanditisten (§§ 167 ff. HGB). Da also auch der Kommanditist nicht primär fremde, sondern primär eigene und daneben *auch* fremde Interessen verfolgt, kann nicht von einer Beauftragung gesprochen werden. Unabhängig von der Frage, welche Interessen die Kommanditisten verfolgen, erscheint aber deutlich relevanter, dass ihnen keinerlei Entscheidungsmacht zukommt, denn sie werden gerade nicht geschäftsführend für die Gesellschaft tätig. Sie sind von dieser Aufgabe vielmehr ausgeschlossen (§ 164 HGB). Mangels Entscheidungsmacht können die Kommanditisten aber weder als Angestellte noch als Beauftragte der anderen Gesellschafter qualifiziert werden. Folglich sind die nicht persönlich haftenden Gesellschafter, also die Kommanditisten, keine tauglichen Täter des § 299 Abs. 1 StGB.[1226]

1224 *Ulbricht* ordnet die Komplementäre als Beauftragte der KG ein, da diese den Gesellschaftern als eigenes Rechtssubjekt gegenüberstehe, *Ulbricht*, Bestechung und Bestechlichkeit, S. 53 f. Hierbei verkennt sie aber, dass die KG als Gesamthand zu qualifizieren ist; sie legt aber die Ansicht zugrunde, die eine Annäherung zwischen Personengesellschaften und juristischen Personen befürwortet. Diese Einordnung wurde bereits eingehend dargelegt und abgelehnt, vgl. S. 257 ff.

1225 *Bürger*, DStR 2003, S. 1425; so auch NK/*Dannecker*, § 299 Rn. 21, der betont, dass die Komplementäre einer KG deshalb als Geschäftsinhaber zu qualifizieren seien, weil sie persönlich hafteten; zustimmend auch: Achenbach/Ransiek/*Rönnau*, Handbuch Wirtschaftsstrafrecht, III 2 Rn. 10.

1226 So i.E. auch *Wollschläger*, Täterkreis, S. 108.

Da OHG und KG auch Prokuristen und Handlungsbevollmächtigte bestellen können, ist hier ergänzend noch anzumerken, dass diese freilich als Angestellte oder Beauftragte der Gesellschaft taugliche Täter des § 299 Abs. 1 StGB sind.[1227]

Für die Gesellschafter der sog. Vorgründungsgesellschaften, die bei GmbH, AG und eG den jeweiligen Vor-Gesellschaften vorgehen können, gilt das Gleiche wie bei der GbR, denn auch diese Gesellschaften sind, wie bereits erwähnt, als Gesellschaften bürgerlichen Rechts zu qualifizieren.

Endlich ist noch auf die Vorgesellschaften einzugehen, die im Zuge der Gründung einer GmbH, einer AG oder einer Genossenschaft vor Eintragung der jeweiligen Gesellschaften bestehen. Da diese Vor-Gesellschaften als Gesamthandsgemeinschaften einzuordnen sind, ergeben sich hinsichtlich der Frage nach tauglichen Tätern Parallelen zu den Personengesellschaften. Grundsätzlich sind die Gesellschafter in ihrer Gesamtheit also als Geschäftsinhaber einzuordnen. Hat bereits einer von ihnen die Geschäftsführung übernommen, so kann er als Beauftragter Täter des § 299 Abs. 1 StGB sein.

c. Sonderfälle

aa. GmbH & Co. KG

Im Bereich der GmbH & Co. KG ergeben sich im Vergleich zu den Personengesellschaften und zur GmbH zunächst keine Unterschiede. Innerhalb der GmbH, die Komplementär der KG ist, können sowohl der Geschäftsführer als auch Prokuristen und Handlungsbevollmächtigte Täter des § 299 Abs. 1 StGB sein. Die Kommanditisten der KG sind jedoch, wie gerade geprüft, nicht taugliche Täter des Tatbestandes. Fraglich ist jedoch, ob der Geschäftsführer der GmbH, der deren Angestellter ist, gleichzeitig Angestellter oder Beauftragter der KG ist. Im Bereich der KG sind allein die Komplementäre zur Geschäftsführung befugt (Umkehrschluss aus § 164 HGB). Dies bedeutet aber, wie dargelegt, dass diese Beauftragte der Gesellschaft, bzw. der anderen Gesellschafter sind. Mithin ist die Komplementär-GmbH als Beauftragte der KG einzuordnen. Für die allein handlungsunfähige GmbH handelt aber der Geschäftsführer. Auch hier zeigt sich wiederum die bereits im Bereich der Untreue festgestellte Doppelstellung des GmbH-Geschäftsführers.[1228] Er ist folglich gem. § 14 Abs. 1 Nr. 1 StGB auch

1227 Vgl. bereits S. 317.
1228 Vgl. S. 275 ff.

Beauftragter der KG.[1229] Somit ist der Geschäftsführer der GmbH sowohl im Kontext der GmbH als auch in demjenigen der KG tauglicher Täter des § 299 Abs. 1 StGB.

Ist die Komplementär-GmbH jedoch eine Einpersonengesellschaft, so fehlt es dem Geschäftsführer hinsichtlich der GmbH an der Tätereigenschaft, da er faktisch Geschäftsinhaber ist.[1230] Gegenüber der KG bleibt er jedoch auch als Geschäftsinhaber der GmbH Beauftragter und somit tauglicher Täter.

bb. KGaA

Im Bereich der KGaA ist der Komplementär, der persönlich haftet, das Geschäftsführungs- und Vertretungsorgan der Gesellschaft (§§ 114 ff., 161 Abs. 2 HGB i.V.m. § 278 Abs. 2 AktG).[1231] Folglich ist er auch als Beauftragter der KGaA, die juristische Person ist, i.S.d. § 299 Abs. 1 StGB einzuordnen.[1232]

Die Kommanditaktionäre sind die Anteilseigner der KGaA und mithin weder deren Angestellte noch deren Beauftragte i.S.d. § 299 Abs. 1 StGB. Die Mitglieder des Aufsichtsrates sind wie bei GmbH, AG und eG Beauftragte der Gesellschaft.

cc. Societas Europeae

Für die SE gelten die gleichen Ergebnisse wie für die AG, denn sowohl unter Zugrundelegung des monistischen als auch des dualistischen Modells ergeben sich zur AG keine relevanten Unterschiede.[1233] Das dualistische Modell entspricht nahezu demjenigen der AG, sodass sowohl Vorstandsmitglieder als auch Aufsichtsratsmitglieder taugliche Täter des § 299 Abs. 1 StGB sind, während im Bereich des dualistischen Modells dann die Mitglieder des Verwaltungsrates, die entweder geschäftsführend oder beaufsichtigend tätig sind, als taugliche Täter der Bestechlichkeit einzuordnen sind.

1229 *Wollschläger*, Täterkreis, S. 109.
1230 Vgl. S. 320 ff.
1231 Vgl. eingehend zu Aufbau und Struktur der KGaA S. 278.
1232 *Moosmayer*, wistra 2004, S. 407.
1233 Vgl. ausführlich zur SE S. 186 ff.

d. Ergebnis

Mithin gilt es festzuhalten, dass sowohl im Bereich juristischer Personen als auch in demjenigen der Personengesellschaften Geschäftsführer, Vorstandsmitglieder, Prokuristen und Handlungsbevollmächtigte taugliche Täter des § 299 Abs. 1 StGB sind. Den Gesellschaftern kommt, wenn sie keine Geschäftsführungsfunktionen ausüben, keine entsprechende Stellung zu, denn sie sind sowohl bei juristischen Personen als auch bei Personengesellschaften in ihrer Gesamtheit als Geschäftsinhaber zu qualifizieren.

Täter des § 299 Abs. 2 StGB kann, wie bereits angesprochen[1234], jeder Mitbewerber oder für ihn Handelnder Dritter sein, da der Tatbestand ein Allgemeindelikt ist.

3. Bestechungshandlungen

Nachdem untersucht wurde, wer im Bereich der hier untersuchten Körperschaften und Personengesellschaften tauglicher Täter des § 299 StGB ist, gilt es in der Folge zu prüfen, welche Handlungsweisen im Bereich dieser Gesellschaften für den Tatbestand des § 299 StGB relevant sind.

a. Schmiergeldzahlungen

Bereits i.R. der Ausführungen und Untersuchungen zur Untreue wurden Schmiergeldzahlungen auf ihre Relevanz für § 266 StGB geprüft.[1235] Dabei zeigte sich, dass die Zahlung von Schmiergeldern stets als untreuerelevante Pflichtverletzung zu bewerten ist, es aber wohl häufig an der Unmittelbarkeit des Vermögensnachteils fehlen wird. Die Annahme von Schmiergeldern durch einen gegenüber der Gesellschaft Vermögensbetreuungsverpflichteten hingegen ist dann als Untreue i.S.d. § 266 StGB zu werten, wenn dieser dadurch bestimmte Aufträge bzw. Geschäfte an den Zahlenden im Namen der Gesellschaft vergibt. Dies führt nach dem BGH zu einer Wettbewerbsverschiebung bzw. Ausschaltung desselben, sodass die Aufträge zu überhöhten Preisen vergeben werden, obwohl unter Umständen die Möglichkeit bestand, den Auftrag zu einem niedrigeren Preis zu vergeben. Dann handelte der Treupflichtige insoweit pflichtwidrig als er sich

1234 Vgl. S. 312 f.
1235 Vgl. S. 119 ff.

durch die genannten Zahlungen davon abhalten lässt, wirtschaftlich sinnvoll für die Gesellschaft zu handeln. Durch die genannten überhöhten Preise wäre dann auch ein Vermögensnachteil aufseiten der Gesellschaft zu bejahen.[1236] Selbstverständlich wäre dann, um eine Pflichtverletzung bejahen zu können, der Nachweis erforderlich, dass der Geschäftspartner auch tatsächlich zu günstigeren Konditionen kontrahiert hätte.

Während also die Zahlung oder Annahme von Schmiergeldern nur unter bestimmten Voraussetzungen bzw. Bedingungen eine Untreue darstellt, werden diese Handlungen aber regelmäßig den Tatbestand des § 299 StGB erfüllen, denn die Annahme von Schmiergeldern, bzw. das bloße Fordern oder Sich-versprechen-Lassen ist für den Tatbestand des § 299 Abs. 1 StGB ausreichend. Dass der Täter dann auch tatsächlich eine Bevorzugung des Zahlenden vornimmt, ist folglich nicht erforderlich. Mithin greift § 299 Abs. 1 StGB deutlich früher als § 266 StGB, sofern dessen Voraussetzungen überhaupt erfüllt sind, denn eine Untreue liegt erst dann vor, wenn eine Bevorzugung des Zahlenden erfolgt und es dann tatsächlich zu einem Vermögensschaden des Geschäftsherrn kommt.

Die Zahlung von Schmiergeldern als aktives Verhalten wird von § 299 Abs. 2 StGB erfasst. Als Untreue ist dieses Verhalten dann zu werten, wenn Gelder des Vermögensinhabers zu Bestechungszwecken hingegeben werden.

b. Kick-backs

Im Weiteren sind sog. Kick-back-Zahlungen zu nennen, die ebenfalls als Schmiergeldzahlungen zu qualifizieren sind, und bei denen der jeweilige finanzielle Vorteil vom Geschäftsherrn finanziert wird.[1237] Das Annehmen bzw. Zahlen solcher Kick-backs wird ebenfalls von § 299 Abs. 1 bzw. Abs. 2 StGB erfasst. Eine Untreue gem. § 266 StGB liegt aber nur dann vor, wenn nachgewiesen werden kann, dass der Treupflichtige einen Vertrag zu einem erhöhten Entgelt abschließt, obwohl er diesen unter Umständen auch zu günstigeren Konditionen hätte abschließen können.[1238] Nur dann liegt eine Verletzung der Vermögensbetreuungspflicht und in der Folge auch ein Vermögensschaden vor.

1236 BGH NJW 2006, S. 2864 ff. (S. 2866 f.); zu diesem Urteil vgl. Anmerkung in: NJW-Spezial 2006, S. 473 f. (S. 473).

1237 Vgl. ausführlich S. 123 ff.

1238 Die Pflichtverletzung ist folglich in einem aktiven Tun, nämlich dem Abschluss schmiergeldüberteuerter Verträge, nicht jedoch in dem Unterlassen der Vermögensmehrung zu sehen, BGH NJW 2006, S. 925 ff. (S. 931), zustimmend: *Saliger*, NJW 2006, S. 3378.

c. Entschleierte Schmiergelder

Endlich ist im Bereich des § 299 StGB noch die Zahlung bzw. Annahme sog. entschleierter Schmiergelder zu nennen. Dabei handelt es sich um Schmiergelder, von denen der Geschäftsherr Kenntnis hat und diese billigt.[1239] Zunächst erfüllen auch diese Schmiergeldzahlungen bzw. die Annahme solcher Gelder den Tatbestand des § 299 StGB. Wie sich die Kenntnis bzw. Billigung des Geschäftsherrn dieser Zahlungen dann auf die Strafbarkeit des Handelnden auswirkt, wird i.R. der Untersuchung der Einwilligung durch denselben näher zu prüfen sein.

d. Sponsoring

Im Bereich der Untreue wurde untersucht, inwieweit das Sponsoring für § 266 StGB von Relevanz ist.[1240] Grundsätzlich steht den für eine Gesellschaft Handelnden hier ein Ermessensspielraum zu. Jedoch ist dem BGH zufolge ein solches Sponsoring dann eine Pflichtverletzung i.S.d. Untreue, wenn die Leistung keine Nähe zum Gegenstand des Unternehmens aufweist, diese im Hinblick auf die Vermögens- und Ertragslage der Gesellschaft unangemessen ist, wenn es hinsichtlich der Leistung innerhalb der Gesellschaft an Transparenz und Publizität fehlt und die Leistung von sachwidrigen, so z.B. rein persönlichen Motiven getragen wird.[1241]

Neben der möglichen Erfüllung des § 266 StGB erscheint Sponsoring aber gerade mit Blick auf § 299 StGB von Bedeutung zu sein. Da das Sponsoring immer mit der Zuwendung von Geld- oder Sachmitteln verbunden ist und der Zuwendende in der Regel als Gegenleistung eine Unterstützung bei der Erreichung seiner kommunikativen Ziele (v.a. Werbung) erwartet[1242], stellt sich die Frage, ob das Sponsoring nicht grundsätzlich als tatbestandsmäßige Handlung i.S.d. § 299 StGB zu bewerten ist.

Durch die Zuwendung von Geld- oder Sachmitteln liegt zweifelsohne ein Vorteil i.S.d. § 299 StGB vor. Dass dieser Vorteil nicht dem Angestellten oder

Rönnau erläutert, dass aufgrund von Kollusion das Rechtsgeschäft stets unwirksam ist, sodass allein ein Treubruch i.S.d. § 266 StGB vorliegen könne, *Rönnau*, FS Kohlmann, S. 248 ff.

1239 *Peinemann*, Strafbarkeit, S. 131; *Wassermann*, GRUR 1931, S. 553.

1240 Vgl. eingehend S. 170 f.

1241 BGH NStZ 2002, S. 322 ff. (S. 323 ff.).

1242 *Satzger*, ZStW 2003, S. 470 f.

Beauftragten des Unternehmens zugutekommen muss, sondern vielmehr auch ein Vorteil für das Unternehmen, also den Geschäftsinhaber sein kann, ist unproblematisch, da § 299 StGB nach h.M. auch Drittvorteile erfasst.[1243] Dieser Vorteil muss als Gegenleistung für eine zukünftige unlautere Bevorzugung beim Bezug von Waren oder gewerblichen Leistungen im Wettbewerb gefordert, versprochen oder angenommen werden. Da der Vorteil also stets als Gegenleistung erbracht wird, ist zwischen dem Versprechenden und dem Vorteilsgeber eine Unrechtsvereinbarung oder eine auf diese abzielende Erklärung erforderlich.[1244] Diese Unrechtsvereinbarung muss auf eine unlautere Bevorzugung des Täters im Wettbewerb abzielen. Als Bevorzugung ist, wie dargelegt, jede geplante Besserstellung des Täters oder eines Dritten zu bewerten, auf die er oder der Dritte keinen Anspruch hat.[1245] Folglich zeigt sich, dass neben dem Vorteil, den das Sponsoring als Phänomen immer mit sich bringt, auch eine Unrechtsvereinbarung erforderlich ist. Es bedarf also, wie *Satzger* es formuliert, einer »sachwidrigen Koppelung«. Somit fallen all diejenigen Zuwendungen aus dem Anwendungsbereich des § 299 StGB heraus, die »nicht im Sinne eines ›do ut des‹ getätigt werden, sondern mit einer bloßen Zweckbestimmung verbunden sind«[1246]. Für die genannte Unrechtsvereinbarung ist vielmehr erforderlich, dass der Vorteil sachwidrig mit einer unlauteren Bevorzugung verknüpft wird.[1247] Folglich sollen rein altruistische Formen des Sponsorings (Spende, Mäzenatentum)[1248] nicht den Tatbestand des § 299 StGB erfüllen, da ihnen keine Unrechtsvereinbarung zugrunde liegt.[1249]

1243 *Bürger*, wistra 2003, S. 131; NK/*Dannecker*, § 299 Rn. 41; MK StGB/*Diemer*/*Krick*, § 299 Rn. 10; Dölling/*Möhrenschläger*, Handbuch, 8. Kapitel Rn. 95; *Peinemann*, Strafbarkeit, S. 134 f.; Schönke/Schröder/*Heine*, StGB, § 299 Rn. 12; LK[12]/*Tiedemann*, § 299 Rn. 26; so wohl auch *Fischer*, StGB, § 299 Rn. 11 f.

1244 BGH NStZ 2000, S. 319 f. (S. 319) (für § 332 StGB a.F.); Schönke/Schröder/*Heine*, StGB, § 299 Rn. 16.

1245 NK/*Dannecker*, § 299 Rn. 43; Erbs/Kohlhaas/*Diemer*, Nebengesetze, § 12 UWG a.F. Rn. 23; *Köhler*/*Piper*, UWG, § 12 Rn. 11; *Lackner*/*Kühl*, StGB, § 299 Rn. 5; LK[12]/*Tiedemann* § 299 Rn. 34.

1246 *Satzger*, ZStW 2003, S. 482, der dies jedoch zunächst für den § 331 StGB ausführt, wobei er später i.R. der Untersuchung des § 299 StGB auf diese Einordnung zurückgreift, S. 488 f.; ebenso *Pelz*, LMuR 2009, S. 53.

1247 Im Rahmen des § 331 StGB zeigt sich ein Parallelproblem, da dort eine sachwidrige Verknüpfung von Vorteil und Diensthandlung erforderlich ist, vgl. hierzu eingehend BGH NJW 2008, S. 3580 ff. (S. 3582 ff.); *Paster*/*Sättele*, NStZ 2008, S. 373 f.; *Trüg*, NJW 2009, S. 197 f.

1248 Vgl. zur Erläuterung der unterschiedlichen Formen des Sponsorings Fn. 577.

1249 *Satzger*, ZStW 2003, S. 488.

Somit wird zwar jede Form des Sponsorings einen Vorteil i.S.d. § 299 StGB mit sich bringen, aber entscheidend ist in diesem Zusammenhang das ungeschriebene Tatbestandsmerkmal der Unrechtsvereinbarung. Wird der Vorteil also zu dem Zweck gewährt, eine unlautere Bevorzugung zu erlangen, dann ist der Tatbestand des § 299 StGB erfüllt. Fehlt es an dieser Vereinbarung, so birgt das Sponsoring keine strafrechtlichen Gefahren.

4. Einwilligung durch Geschäftsinhaber bzw. durch die Gesellschaftergesamtheit

In der Folge gilt es zu untersuchen, ob der Geschäftsinhaber in die den § 299 StGB erfüllenden Handlungsweisen einwilligen kann bzw. ob eine Einwilligung die Strafbarkeit der Handelnden entfallen lässt.

a. Bestimmung des Geschäftsinhabers

Bevor die einzelnen Wirksamkeitsvoraussetzungen der Einwilligung näher beleuchtet und im Zusammenhang mit § 299 StGB geprüft werden, gilt es zunächst zu bestimmen, wer im Bereich der unterschiedlichen Gesellschaften als Geschäftsinhaber i.S.d. § 299 StGB zu qualifizieren ist.

Im Bereich der juristischen Personen sind diese formal selbst als Geschäftsherren i.S.d. Tatbestandes einzuordnen, da ihnen eigene Rechtspersönlichkeit zukommt. Die Gesellschafter, die den Willen der Körperschaften bilden und Anteile an ihnen halten, kommen dem Geschäftsherrn aber sehr nahe und sind faktisch betrachtet trotz der eigenen Rechtspersönlichkeit der Körperschaft als Geschäftsinhaber zu qualifizieren.

Im Bereich der Personengesellschaften sind die Gesellschafter selbst in ihrer Gesamtheit als Geschäftsherrn anzusehen, denn die Personengesellschaften sind Gesamthandsgesellschaften und diesen kommt zwar Rechtsfähigkeit, aber keine Rechtspersönlichkeit zu, auch wenn dies in jüngster Zeit teilweise anders gesehen wird.[1250]

1250 Vgl. zu diesem Streit und der entsprechenden Diskussion ausführlich S. 256 ff.

b. Rechtsgutsinhaber

Zunächst müssten die Geschäftsinhaber für eine wirksame Einwilligung Inhaber des von § 299 StGB geschützten Rechtsguts sein. Nach eingehender Diskussion wurde gesehen, dass die von § 299 StGB geschützten Rechtsgüter einerseits der freie (Leistungs-)Wettbewerb und anderseits die Interessen des Geschäftsherrn sind.[1251] Folglich liegen dem Tatbestand zwei Schutzgüter zugrunde. Der Geschäftsinhaber ist aber allein hinsichtlich eines dieser beiden Schutzgüter Rechtsgutsinhaber, nämlich desjenigen seiner eigenen Interessen. Das andere Rechtsgut, dasjenige des freien Wettbewerbs, steht ihm nicht zu.

Mithin gilt es festzuhalten, dass der Geschäftsinhaber zumindest hinsichtlich seiner eigenen Interessen als Rechtsgutsinhaber einzuordnen ist. Wie es sich auswirkt, dass ihm das Rechtsgut des freien Wettbewerbs nicht zusteht, wird noch zu untersuchen sein.

Im Bereich der Personengesellschaften ergeben sich ferner insofern keine Probleme, als den Gesellschaftern das Rechtsgut ihrer Interessen selbst zusteht, da sie als Geschäftsinhaber zu qualifizieren sind, sodass wenn sie einwilligen auch der Geschäftsinhaber einwilligt.

Bereits im Rahmen der Ausführungen zur Untreue wurde eingehend analysiert, dass den juristischen Personen eigenständige Rechtspersönlichkeit zukommt.[1252] Sie sind formal selbst als Geschäftsinhaber zu qualifizieren, die Einwilligung können sie hingegen nicht vornehmen, da sie als rechtliches Konstrukt nicht alleine handlungsfähig sind. Sie benötigen Organe, um im Rechtsverkehr auftreten zu können und um rechtlich wirksam handeln zu können. Die Gesellschafter nehmen in diesem Fall die Einwilligung für die handlungsunfähige Gesellschaft vor. Da sie zumindest faktisch betrachtet – dies ist, wie eingehend dargelegt, die für § 299 StGB zutreffende Sichtweise – als Geschäftsinhaber zu qualifizieren sind, können sie in der Folge faktisch auch als Rechtsgutsinhaber bezeichnet werden.

Dennoch ist fraglich, ob sich die Gesellschaft stets den Willen ihrer Gesellschafter zurechnen lassen muss und somit auch jede Einwilligung oder ob es diesbezügliche Grenzen bzw. Anforderungen an den Willen der Gesellschafter gibt, sodass der genannte Wille für die Gesellschaft nicht stets verbindlich ist.

1251 Vgl. eingehend S. 288 ff.
1252 Vgl. nur zur GmbH S. 70 ff. und S. 85 f.

c. Folgen der fehlenden Dispositionsbefugnis des Geschäftsinhabers über das Rechtsgut des Wettbewerbs

Im Weiteren ist die Einwilligungsvoraussetzung der Dispositionsbefugnis zu prüfen. Grundsätzlich steht dem Rechtsgutsinhaber auch die Dispositionsbefugnis über dasselbe zu. Wie betont steht im Bereich der juristischen Personen diese Dispositionsbefugnis den Gesellschaftern zu, die für die handlungsunfähige Gesellschaft handeln. § 299 StGB schützt wie eingehend erörtert zwei Rechtsgüter, nämlich die Freiheit des Wettbewerbs und die Interessen des Geschäftsherrn an lauterem Verhalten seiner Angestellten bzw. Beauftragten.

Grundsätzlich wirkt die Einwilligung in Abhängigkeit von der deliktssystematischen Einordnung entweder tatbestandsausschließend oder rechtfertigend.[1253] Im Bereich der Untreue zeigte sich, dass beide Ansichten der Einwilligung tatbestandsausschließende Wirkung beimessen[1254], weil die Einwilligung des Geschäftsherrn die Befugnisse des Vermögensbetreuungspflichtigen erweitert und somit bereits die Pflichtverletzung entfallen lässt.

Im Bereich des § 299 StGB zeigt sich insofern eine Parallele zu § 266 StGB, weil die Einwilligung in die Interessenverletzung des Geschäftsinhabers als Rechtsgutsinhaber geprüft wird. Es wurde analysiert, dass eine unlautere Wettbewerbshandlung zumeist auch eine Pflichtverletzung gegenüber dem Geschäftsherrn darstellt, weil entweder Entscheidungen nach sachfremden Kriterien getroffen oder aber zivilrechtlich unwirksame Verträge abgeschlossen werden. Ist der Geschäftsherr aber mit der Bestechungshandlung einverstanden, dann ist das Verhalten des Täters ihm gegenüber nicht mehr unlauter und somit auch nicht pflichtwidrig. Es zeigt sich also, dass bei Einwilligung des Geschäftsherrn auch hier der Handlungsradius des Angestellten bzw. Beauftragten erweitert wird, sodass bereits sein unlauteres bzw. pflichtwidriges Verhalten auf Tatbestandsebene entfällt. Somit wirkt die Einwilligung wie im Bereich der Untreue bereits auf tatbestandlicher Ebene, entweder als tatbestandsausschließendes Einverständnis oder aber als stets auf Tatbestandsebene wirkende Einwilligung.

Mithin fehlt es bei wirksamer Einwilligung des Geschäftsherrn an einem unlauteren bzw. pflichtwidrigen Verhalten diesem gegenüber durch den Angestellten bzw. Beauftragten.

Unklar ist hingegen, ob dem Geschäftsinhaber auch die Dispositionsbefugnis über das zweite von § 299 StGB geschützte Rechtsgut, nämlich dasjenige des freien Wettbewerbs, zusteht.

1253 Vgl. eingehend zum diesbezüglichen Meinungsstreit S. 29 ff.
1254 Vgl. S. 67.

Dies gilt es jedoch abzulehnen, weil das Rechtsgut des Wettbewerbs ein Kollektivrechtsgut ist, welches überindividuelle Interessen schützt.

Folglich stellt sich das Problem, dass der Geschäftsinhaber, dessen Einwilligung vorliegend untersucht wird, nur über eines der von § 299 StGB geschützten Rechtsgüter dispositionsbefugt ist. Es bleibt also festzuhalten, dass zwar die Rechtsgutsverletzung gegenüber dem Geschäftsherrn durch dessen Einwilligung nicht mehr für den Tatbestand des § 299 StGB von Relevanz ist, die Verletzung des freien Wettbewerbs hingegen besteht nach wie vor.

Da § 299 StGB also zwei Rechtsgüter gleichermaßen schützt, ist zu prüfen, ob auch die Verletzung eines der beiden Rechtsgüter für die Erfüllung des Tatbestandes ausreichend ist, oder aber, ob dafür beide Rechtsgüter verletzt werden müssen. § 299 StGB setzt eine unlautere Wettbewerbshandlung voraus, d.h. diese muss sowohl dem Geschäftsherrn als auch dem Wettbewerb gegenüber unlauter sein. Nur so kann, wie bereits angesprochen, dem inneren und äußeren Bezug der Vorschrift Rechnung getragen werden. Das unlautere Verhalten des Geschäftsherrn muss sich also sowohl gegen den Geschäftsherrn als auch gegen die Freiheit des Wettbewerbs richten. Nur wenn beide Rechtsgüter verletzt sind, ist der Tatbestand des § 299 StGB erfüllt.

Im Weiteren gilt es zu untersuchen, welche Folgen sich daraus ergeben, dass nur eines der beiden Schutzgüter des § 299 StGB als verletzt einzuordnen ist.

Einerseits könnte angenommen werden, dass so nicht das volle Unrecht des Tatbestandes verwirklicht ist, mit der Folge, dass die alleinige Wettbewerbsverletzung auch nicht für eine Bestrafung nach § 299 StGB ausreicht. Dann könnte der Geschäftsinhaber zwar nach wie vor allein in die Verletzung seiner eigenen Interessen einwilligen, aber die danach noch bestehende Rechtsgutsverletzung reichte für § 299 StGB nicht mehr aus, sodass der Geschäftsinhaber gewissermaßen doch in § 299 StGB einwilligen könnte, weil seine Einwilligung die Strafbarkeit des Handelnden nach § 299 StGB entfallen ließe. Dann läge zwar ein wettbewerbswidriges Verhalten i.S.d. UWG vor, aber dies allein wäre für eine Bestrafung nach § 299 StGB nicht mehr ausreichend.[1255]

1255 Diese Vorgehensweise schlägt *Paul* ein, der dann von einer teilweisen Einwilligung im weiteren Sinn spricht, weil es durch die Einwilligung, die hier unstreitig auf Tatbestandsebene wirkt, teils an Rechtsgutsangriffen und somit teils auch an dem erforderlichen Unrechtsgehalt fehlt. Eine Strafbarkeit bleibt dann allein insofern möglich, als Delikte *vorhanden sind,* die das verbleibende Unrecht erfassen, *Paul,* Zusammengesetztes Delikt, S. 93 f.

Anderseits könnte man so vorgehen, dass geklärt wird, welches der geschützten Rechtsgüter dominierend ist, das disponible oder das indisponible.[1256] Dominiert das indisponible Rechtsgut den Tatbestand, dann soll eine Einwilligung keine strafbefreiende Wirkung haben; dominiert hingegen das disponible Rechtsgut den Tatbestand, dann soll der Einwilligung die genannte Wirkung zukommen. Folglich wäre hier zu untersuchen, welches der genannten Schutzgüter des § 299 StGB den Tatbestand dominiert. Dies lässt sich schwer sagen, einerseits könnte man aufgrund der Einordnung in den Abschnitt Delikte gegen den Wettbewerb daran denken, dass dem Wettbewerbsschutz dominierender Charakter zukommt, mit der Folge, da dieser für den Geschäftsherrn indisponibel ist, dass seine Einwilligung dennoch nicht strafbefreiend wirkte. Oder aber man berücksichtigt den bereits herausgestellten für § 299 StGB erforderlichen inneren und äußeren Bezug der entsprechenden Handlung und man käme zu dem Ergebnis, dass keines der Schutzgüter dominiere, sondern dass vielmehr beide gleichermaßen von Bedeutung für den Tatbestand und das von diesem vertypte Unrecht sind.

aa. Parallele zu § 315c StGB

Die h.M. geht einen ähnlichen Weg. Schaut man sich die Ausführungen zu § 315c StGB an, dann wird deutlich, dass sich dort genau die gleiche Problematik wie bei § 299 StGB zeigt, denn § 315c StGB schützt einerseits die Sicherheit des Straßenverkehrs, also die Allgemeinheit, und anderseits Leib und Leben des einzelnen Verkehrsteilnehmers. Auch hier ist der Einzelne nur über eines der beiden Rechtsgüter dispositionsbefugt, nämlich über die eigene Leibesgefährdung. Im Zusammenhang mit § 315c StGB hielt der BGH aber die Einwilligung des Einzelnen in die eigene Gefährdung insoweit für bedeutungslos, als es ihm an der Dispositionsbefugnis fehle. Seine Einwilligung habe nur dort Bedeutung, »wo er alleiniger Träger des geschützten Rechtsgutes ist und dieses seiner Disposition unterliegt«[1257]. Hier stellte der BGH also erst gar nicht darauf ab, welches der geschützten Rechtsgüter den Tatbestand dominiere, sondern darauf, dass der Einwilligende nicht alleiniger Träger der geschützten Rechtsgüter sei.

1256 *Maurach/Zipf*, Strafrecht AT 1 § 17 Rn. 44, die vertreten, dass im Fall eines gleichrangigen Schutzes beider Rechtsgüter ein partieller Strafbarkeitsausschluss in Betracht komme.

1257 BGH NJW 1970, S. 1380 f. (S. 1381); so schon BGH NJW 1954, S. 1255; zustimmend: *Jescheck/Weigend*, Strafrecht AT, S. 380 f.

Teile der Literatur hingegen ordnen solche Delikte so ein, dass diese die Allgemeinheit schützen, aber die Auswirkungen der Tat auch den Einzelnen treffen können.[1258] Mithin bestimmen auch sie im Prinzip ein den Tatbestand dominierendes Rechtsgut, nämlich hier dasjenige des Schutzes der Allgemeinheit.

Bereits die Schwierigkeiten, die sich bei der Bestimmung des dominierenden Rechtsguts eines Deliktes mit mehreren Schutzgütern gezeigt haben, machen deutlich, dass der h.M nicht gefolgt werden kann. Einerseits weist nicht jedes dieser Delikte stets ein Schutzgut auf, das den Tatbestand dominiert und anderseits fehlt, auch wenn nur in die Verletzung des nicht dominierenden Rechtsguts eingewilligt wurde, stets ein Teil des Unrechts des Tatbestandes. Nur die Verletzung sämtlicher Rechtsgüter kann die Tatbestandserfüllung bewirken[1259], denn ein Verhalten ist nur dann tatbestandsmäßig, »wenn es mit der deliktstypischen Unrechtsbeschreibung im gesetzlichen Tatbestand übereinstimmt«[1260]. Dies bedeutet, jeder Tatbestand weist ein bestimmtes vertyptes Unrecht auf; dieses Unrecht setzt sich dann bei Delikten, die mehrere Rechtsgüter schützen, aber auch aus der Verletzung sämtlicher Schutzgüter zusammen. Vergegenwärtigt man sich, dass sich dieses vertypte Unrecht aus Handlungs- und Erfolgsunrecht zusammensetzt, so ist für die Erfüllung des Erfolgsunrechts auch erforderlich, dass sämtliche geschützte Rechtsgüter verletzt werden.[1261] Fehlt die Verletzung eines Schutzguts, bzw. wurde in eine Rechtsgutsverletzung wirksam eingewilligt, dann fehlt ein Teil dieses vertypten Unrechts, d.h. dieses ist nicht gänzlich erfüllt und damit auch nicht der Tatbestand.[1262] Die Einordnung bzw. der Ansatz der h.M. führte hingegen dazu, die typische Struktur der Delikte mit mehreren Schutzgütern zu umgehen, da sie diese aufgrund des Vorrangs des dominierenden Rechtsguts wieder als Delikte mit nur einem geschützten Rechtsgut einordnete.[1263] Auch der BGH lässt in seiner Rechtsprechung zu § 315c StGB vollkommen unberücksichtigt, dass dieser Tatbestand mehrere Rechtsgüter schützt; der bloße

1258 LK[12]/*Rönnau*, Vor § 32 Rn. 176; ähnlich: *Kühl*, Strafrecht AT, § 9 Rn. 27.

1259 *Hinterhofer*, Einwilligung, S. 28.

1260 *Wessels/Beulke*, Strafrecht AT, Rn. 115.

1261 So auch *Paul*, Zusammengesetztes Delikt, S. 15 ff., S. 31 f., der sämtliche vertretenen Unrechtsbegriffe analysiert und zu dem Ergebnis kommt, dass sowohl nach dem klassischen, nach dem neoklassischen, nach dem finalistischen als auch nach dem teleologischen Unrechtsbegriff bei einem zusammengesetzten Delikt, also ein solches, das mehrere Rechtsgüter schützt, für das Unrecht sämtliche geschützte Rechtsgüter verletzt sein müssen.

1262 *Amelung/Eymann*, JuS 2001, S. 939 f.; *Hinterhofer*, Einwilligung, S. 28; für § 315c StGB vgl. *Roxin*, Strafrecht AT I, § 13 Rn. 35; so auch MK StGB/*Schlehofer*, Vor §§ 32 ff. Rn. 113.

1263 *Hinterhofer*, Einwilligung, S. 28.

Verweis darauf, dass der Einzelne nicht alleiniger Träger des Rechtsguts sei, führt nicht weiter. Der BGH gibt ohne weitere Begründung einem der geschützten Rechtsgüter den Vorrang, mit dem Ergebnis, dass er die Struktur des Tatbestandes verkennt und in ein Delikt zum Schutz der Allgemeinheit modifiziert.[1264] Er lässt folglich das von § 315c StGB vertypte Unrecht einfach unberücksichtigt.

bb. Parallele zu §§ 17, 18 UWG

Zudem sind erneut die §§ 17, 18 UWG anzuführen, die den Verrat von Betriebs- und Geschäftsgeheimnissen sowie die Verwertung von Vorlagen unter Strafe stellen. Beide Tatbestände schützen neben dem Wettbewerb, wie bereits ausgeführt, auch den Geschäftsinhaber, sodass diese Delikte wie § 299 StGB jeweils ein doppeltes Schutzgut aufweisen. Willigt aber der Geschäftsinhaber in den Verrat der genannten Geheimnisse bzw. in die Verwertung der Vorlagen ein, so fehlt es unstreitigerweise an der Tatbestandsverwirklichung[1265], obwohl der Geschäftsinhaber über das Rechtsgut des Wettbewerbs gar nicht verfügen kann. Folglich spricht auch diese Einordnung dafür, dass für die Tatbestandsverwirklichung eines Deliktes mit mehreren Schutzgütern auch beide Schutzgüter verletzt sein müssen. Fehlt es an der Verletzung eines der Schutzgüter, so ist nicht das tatbestandsmäßige Unrecht erfüllt. Auch bei §§ 17, 18 UWG lässt die Einwilligung des Geschäftsinhabers allein dessen Rechtsgutsverletzung entfallen, nicht aber den Wettbewerbsverstoß. Dieser allein ist aber für eine Strafbarkeit nach diesen Normen nicht mehr ausreichend.

Diese Einordnung, die sämtliche Rechtsgüter einer Norm berücksichtigt, verdient also auch im Zusammenhang mit § 299 StGB den Vorrang, sodass die bloße Verletzung des freien Wettbewerbs keineswegs mehr für dessen Erfüllung ausreicht: Dessen Unrecht setzt die Verletzung zweier Schutzgüter, nämlich neben dem Wettbewerb noch die Interessen des Geschäftsherrn, voraus.[1266] Willigt

1264 § 315c findet sich im StGB aber im Abschnitt der gemeingefährlichen Delikte, denen zwar gemein ist, dass sie einen Bezug zur Allgemeinheit aufweisen, aber daneben gerade auch einen individuellen Bezug zum einzelnen Rechtsgutsträger, MK StGB/*Radtke*, Vorbemerkung zu den §§ 306 ff. Rn. 2.

1265 *Hefermehl/Köhler/Bornkamm*, UWG, § 17 Rn. 21, Rn. 36, § 18 Rn. 7; *Piper/Ohly/Sosnitza*, UWG, § 17 Rn. 27, § 18 Rn. 8.

1266 Diese Einordnung ist insofern schlüssig, als es hier, unabhängig davon, wo man die Einwilligung deliktssystematisch verorten möchte, an einem Teil des Tatbestandes fehlt. Entweder schließt die stets auf Tatbestandsebene wirkende Einwilligung oder aber das tatbestandsmäßige Einverständnis das Merkmal der Unlauterkeit zumindest hinsichtlich des Geschäftsherrn aus. Schwieriger erscheint, wie *Paul* eingehend erörtert, die Einord-

der Geschäftsinhaber wirksam in die Verletzung seiner eigenen Interessen ein, so muss eine Strafbarkeit wegen § 299 StGB entfallen. Ansonsten würde man § 299 StGB *contra legem* in ein Delikt mit nur einem Rechtsgut umwandeln.

Insgesamt gilt es bezüglich der Dispositionsbefugnis folglich festzuhalten, dass dem Geschäftsinhaber, also den Gesellschaftern, allein diejenige über seine bzw. ihre eigenen Interessen zusteht. Da es bei erfolgter Einwilligung desselben aber, wie eingehend untersucht, an einer der beiden für § 299 StGB erforderlichen Rechtsgutsverletzungen fehlt, ist nicht das von dieser Norm vertypte Unrecht erfüllt und es fehlt insgesamt an der Tatbestandsverwirklichung. Obwohl also den Gesellschaftern nicht die Dispositionsbefugnis über das Rechtsgut des Wettbewerbs zusteht, führt ihre Einwilligung i.E. dennoch dazu, dass die Tatbestandsverwirklichung des § 299 StGB insgesamt auszuschließen ist.

nung, wenn man die Einwilligung auf Rechtfertigungsebene ansiedeln möchte (*Paul*, Zusammengesetztes Delikt, S. 94 ff.). Dann stellt sich die Frage, ob die Rechtswidrigkeit auch nur hinsichtlich einer der von einem Tatbestand erfassten Rechtsgutsverletzungen entfallen kann. Die h.M. in der Literatur und die Rechtsprechung gehen entsprechend der Lehre von der Teilbarkeit des Unrechtsbewusstseins (BGHSt 10, S. 35 ff. [S. 38 ff.]; BGHSt 15, 377 ff. [S. 383]; BGH StV 1982, S. 218 f. [S. 218]; *Jescheck/Weigend*, Strafrecht AT, S. 455 f.; *Rudolphi*, Unrechtsbewußtsein, S. 79 f.) davon aus, das Rechtswidrigkeitsurteil beziehe sich allein auf die einzelne Rechtsgutsverletzung, sodass auch bei einem Verhalten, das mehrere Rechtsgüter verletze, eine Teilbarkeit der Rechtswidrigkeit möglich sei (BGHSt 5, S. 245 ff. [S. 248]; BGH [Zivilsenat] NJW 1978, S. 2028 f. [S. 2029]; *Baumann/Weber/Mitsch*, Strafrecht AT, S. 309 f.; *Denckner*, JuS 1979, S. 779 f.; *Günther*, Strafrechtswidrigkeit, S. 106 f.; LK[11]/*Hirsch*, Vor § 32 Rn. 66; *Rudolphi*, GS Kaufmann, S. 376; *Spendel*, FS Bockelmann, S. 258 f.; *Widmaier*, JuS 1970, S. 612 f.). Folglich sei dann bei auch nur teilweiser Rechtfertigung eine Strafbarkeit wegen des gesamten Delikts ausgeschlossen, da der verbleibende Unrechtsgehalt hinter demjenigen des gesamten Delikts zurückbleibe. Reicht die verbleibende Rechtsgutsverletzung für die Erfüllung eines Straftatbestandes aus, so bleibt es freilich bei dessen Erfüllung.
Ginge man jedoch davon aus, das Rechtswidrigkeitsurteil beziehe sich auf ein Verhalten, das mehrere Rechtsgüter verletze (davon gehen, wie *Paul*, Zusammengesetztes Delikt, S. 95 Fn. 451, zutreffend ausführt, die Vertreter aus, die i.R. des § 315c StGB einer Teileinwilligung keine Bedeutung beimessen, vgl. für Nachweise Fn. 1243, 1244), dann wäre hier in einem weiteren Schritt zu prüfen, ob trotz Rechtfertigung einzelner Rechtsgutsverletzungen das gesamte Verhalten als rechtmäßig oder rechtswidrig einzuordnen wäre. Bezugspunkt der Rechtswidrigkeit ist dann nicht die jeweilige Rechtsgutsverletzung, sondern das Verhalten des Täters insgesamt, vgl. hierzu ausführlich *Paul*, Zusammengesetztes Delikt, S. 95 f.

d. Schranken der Dispositionsbefugnis

Im Folgenden ist zu untersuchen, ob dieser Dispositionsbefugnis der Gesellschafter Schranken gesetzt sind. Im Bereich der Untreue wurde gezeigt, dass teils vertreten wird, dass ein sog. Eigen- bzw. Existenzinteresse der juristischen Personen die Dispositionsbefugnis der Gesellschafter einschränkt.[1267] Dass es ein solches Eigeninteresse nicht gibt, bzw. dass dies, wollte man es anerkennen, nicht als Dispositionsschranke für eine Einwilligung in § 266 StGB taugt, wurde ebenfalls eingehend dargelegt.[1268]

Fraglich ist, wie sich die Situation im Bereich des § 299 StGB darstellt. Das Rechtsgut, in dessen Verletzung hier eingewilligt werden soll, ist das Interesse des Geschäftsherrn an lauterem Wettbewerbsverhalten seines Angestellten bzw. Beauftragten. In das daneben von § 299 StGB geschützte Rechtsgut, nämlich die Freiheit des Wettbewerbs kann der Geschäftsinhaber, wie gesagt, mangels Rechtsgutsinhaberschaft nicht disponieren.

Willigen nun sämtliche Gesellschafter in die genannte Interessenverletzung für die juristische Person ein, dann stellt sich die Frage, ob der Wirksamkeit dieser Einwilligung ein Eigeninteresse derselben entgegensteht. Jedoch wurde nach eingehender Untersuchung gesehen, dass sich das angebliche Unternehmensinteresse aus den Interessen der Gläubiger, der Arbeitnehmer, der Allgemeinheit und natürlich der Gesellschafter zusammensetzen soll, welches dann zumeist an den Kapitalerhaltungsvorschriften der unterschiedlichen Gesellschaften festgemacht wird (§ 30 GmbHG, § 57 AktG, § 22 Abs. 4 und 5 GenG). Das Rechtsgut, in welches die Einwilligung hier jedoch diskutiert wird, ist das Interesse des Geschäftsherrn, mittelbar also das Interesse der Gesellschafter an lauterem Wettbewerbsverhalten *ihrer* Mitarbeiter. Für dieses Rechtsgut spielen aber weder die Interessen der Gläubiger, deren Schutz die Kapitalerhaltungsvorschriften aber dienen, noch diejenigen der Arbeitnehmer, noch der Allgemeinheit eine Rolle, da diese von § 299 StGB gerade nicht geschützt sind.[1269] Willigen aber die Gesellschafter, die hier für die juristische Person handeln, in die Rechtsgutsverletzung ein, dann ist das einzige für § 299 StGB relevante Interesse, nämlich dasjenige der Gesellschafter, für das Schutzgut nicht mehr von Bedeutung, da die Geschützten mit der Verletzung einverstanden sind.

Folglich ergeben sich vorliegend auch im Bereich des § 299 StGB keine Schranken für die Dispositionsbefugnis der Gesellschafter der juristischen Per-

1267 Vgl. im Bereich der GmbH S. 86 ff. und im Bereich der AG S. 154 ff.
1268 Vgl. die Diskussion für die GmbH S. 88 ff. und für die AG S. 156 ff.
1269 Vgl. eingehend zum Rechtsgut des § 299 StGB S. 288 ff.

sonen. Selbst wenn man ein Eigeninteresse der Körperschaften anerkennen wollte, dann ist dies für § 299 StGB nicht von Bedeutung.

Auch im Bereich der Personengesellschaften sind keine Dispositionsschranken erkennbar. Wie gesagt, als Gesamthandsgemeinschaften sind die Gesellschafter selbst Rechtsgutsinhaber. Ein Eigeninteresse der Gesellschaft kann sich folglich nicht ergeben.[1270]

Insgesamt steht die für die Einwilligung in § 299 StGB erfüllenden Verhaltensweisen erforderliche Dispositionsbefugnis also sowohl den Gesellschaftern der Körperschaften (GmbH, AG, rechtsfähiger Verein, eG) als auch denjenigen der Personengesellschaften (GbR, OHG, KG, Partnerschaftsgesellschaft, nicht rechtsfähiger Verein) zu. Schranken dieser Dispositionsbefugnis sind nicht erkennbar.

e. Weitere Voraussetzungen der Einwilligung

Nun gilt es noch das Vorliegen der weiteren Voraussetzungen, die für die Wirksamkeit einer Einwilligung erforderlich sind, zu prüfen. Zunächst ist, wie zu Beginn der Ausführungen eingehend dargestellt, die Urteils- und Einsichtsfähigkeit des oder, wie im vorliegenden Fall, der Einwilligenden erforderlich.[1271] Davon ist, wie auch im Bereich der Untreue, hier auszugehen, weil diese Voraussetzung nur bei Geisteskrankheit eines der Gesellschafter fehlen würde. Für die vorliegende Untersuchung soll sogar – legte man diesbezüglich die Meinung zugrunde, die für die Einwilligung in Vermögensdelikte zivilrechtliche Geschäftsfähigkeit verlangt[1272] – Geschäftsfähigkeit des oder der Einwilligenden angenommen werden. Daneben ist – folgt man auch hier der *Willensbekundungstheorie*[1273] – eine ausdrückliche oder konkludente Kundgabe bzw. Äußerung der Einwilligung notwendig. Da, wie gesagt, in Unternehmen stets von einer Kommunikation zwischen den unterschiedlichen Organen, zumal bei solch relevanten Handlungen bzw. Entscheidungen, auszugehen ist, wird auch dieser Wirksamkeitsvoraussetzung hier genügt. Dass die Einwilligung vor der tatbestandlichen Handlung erfolgt und der jeweils Handelnde von dieser Kenntnis hat, ist für die weitere Untersuchung ebenfalls als gegeben zugrunde zu legen.

1270 Vgl. zur gegenteiligen Auffassung S. 257 ff.
1271 Vgl. hierzu ausführlich S. 34 ff.
1272 Vgl. hierzu näher S. 35 f.
1273 Vgl. hierzu S. 37 f.

f. Wirksamkeitsschranken der Einwilligung

Im Weiteren ist zu untersuchen, welche Wirksamkeitsschranken sich hier für die Einwilligung in Bestechung und Bestechlichkeit ergeben.

Wollte man die Einwilligung in Bestechungshandlungen insoweit als sittenwidrig einordnen, als dadurch der Gesellschaft, für die eingewilligt wird, ein Schaden entstehen kann, dann gilt es unter Verweis auf die Ausführungen im Bereich der GmbH zu bemerken, dass es hier keine tragfähige rechtliche Grundlage für eine Unwirksamkeit der Einwilligung wegen Sittenwidrigkeit gibt.[1274]

Als einzige Wirksamkeitsschranken für eine Einwilligung in Bestechlichkeit und Bestechung, sind auch hier Willensmängel des Einwilligenden auszumachen.[1275]

Für die Einwilligung im Bereich des Wirtschaftsstrafrechts spielt wohl der Willensmangel der Drohung keine allzu bedeutende Rolle. Aber gerade diejenigen des Irrtums und der Täuschung können in den Strukturen eines Unternehmens von Relevanz werden.

5. Ergebnis

Insgesamt ist folglich festzuhalten, dass der Geschäftsinhaber, bzw. bei juristischen Personen die Gesamtheit ihrer Gesellschafter, die diesem faktisch gleichsteht, wirksam in die Verletzung der eigenen Interessen einwilligen kann. Sie sind dabei keinerlei Dispositionsschranken unterworfen. Durch diese Einwilligung wird der Handlungsspielraum des Täters erweitert und es fehlt dadurch an einem unlauteren und pflichtwidrigen Verhalten gegenüber dem Geschäftsinhaber. In der Folge fehlt es dann aber auch an einer Rechtsgutsverletzung des Geschäftsinhabers. Die dann noch verbleibende Verletzung des freien Wettbewerbs reicht aber für eine Tatbestandserfüllung des § 299 StGB nicht mehr aus. Mithin führt die Einwilligung des Geschäftsinhabers bzw. sämtlicher Gesellschafter dazu, dass sich der Handelnde nicht mehr wegen § 299 StGB strafbar macht. Wie im Bereich der Untreue, so wirkt auch bei § 299 StGB die Einwilligung auf Tatbestandsebene, entweder als tatbestandliches Einverständnis oder als stets auf Tatbestandsebene wirkende Einwilligung.

1274 Vgl. eingehend S. 97 ff.
1275 Vgl. hierzu ausführlich S. 101 ff.

6. Mehrheitsentscheidungen

Im Bereich der Untreue zeigte sich, dass unter bestimmten Voraussetzungen auch die Mehrheit der Gesellschafter von juristischen Personen und von Personengesellschaften wirksam in die Rechtsgutsverletzung einwilligen kann.[1276] Mithin gilt es nun auch im Bereich des § 299 StGB zu prüfen, ob die Einwilligung der Gesellschaftermehrheit ausreicht.

Auch bei § 299 StGB geht es um die Einwilligung in ein Rechtsgut der Gesellschafter bzw. der von ihnen vertretenen Gesellschaft. Grundsätzlich könnte dann auch hier wieder davon ausgegangen werden, dass nur die Gesellschaftergesamtheit wirksam in die Rechtsgutsverletzung einwilligen kann, da auch nur ihr in der Gesamtheit die entsprechende Dispositionsbefugnis zusteht. Jedoch wurde zu Beginn der Ausführungen erarbeitet, dass Rechtsgutsinhaberschaft und Dispositionsbefugnis zu differenzieren sind und dass die Dispositionsbefugnis übertragbar ist.[1277] Da sich sowohl die Gesellschafter einer juristischen Person als auch diejenigen einer Personengesellschaft einem gewissen Mehrheitssystem unterwerfen, übertragen sie gleichzeitig die ihnen zunächst in ihrer Gesamtheit zustehende Dispositionsbefugnis über ihre Interessen der jeweiligen im Einzelfall zu bestimmenden Gesellschaftermehrheit. Diese Übertragung findet freilich nur unter der Bedingung statt, dass sich die Mehrheit an die vereinbarten Regeln hält; dies bedeutet, dass einerseits beispielsweise die Formvorschriften für Abstimmungen zu respektieren sind, sich die Entscheidungen anderseits aber auch innerhalb des Unternehmenszwecks halten müssen. Zudem sind die gesetzlichen Ge- und Verbote einzuhalten. Werden diese Bedingungen erfüllt, dann kann auch die Mehrheit der Gesellschafter wirksam in die Interessenverletzung des § 299 StGB einwilligen.

Wird die genannte Übertragung der Dispositionsbefugnis – denn diese kann nicht unwiderruflich erfolgen – vor der Rechtsgutverletzung durch einen der Gesellschafter widerrufen, dann ist die Einwilligung der Gesellschaftermehrheit unwirksam. Jedoch kommt auch hier dann der Gesellschaftsvertrag als Rechtfertigungsgrund in Betracht; wobei es dann abermals zu berücksichtigen gilt, dass sich nur die Gesellschafter, die Vertragspartner des Gesellschaftsvertrages sind, auf den Vertrag als Rechtfertigung berufen können.[1278] Andere für die Gesell-

1276 Vgl. nur für die GmbH S. 107 ff.
1277 Vgl. S. 42 ff.
1278 Vgl. hierzu ausführlich S. 50 ff.

schaft Handelnde können sich u.U. rechtfertigend auf eine berechtigte GoA berufen.[1279]

7. Zwischenergebnis

Mithin gilt es festzuhalten, dass sowohl die Gesellschaftergesamtheit als auch deren Mehrheit bei Einhaltung der genannten Bedingungen wirksam in eine Interessenverletzung i.S.d. § 299 StGB einwilligen kann. Der Handelnde begeht dann zwar trotz dieser Einwilligung nach wie vor einen Verstoß gegen den freien Wettbewerb, dieser reicht aber für eine Erfüllung des Tatbestandes des § 299 StGB nicht mehr aus. Mithin führt die Einwilligung des Geschäftsinhabers, also der Gesellschafter oder der Gesellschaft, für die die Gesellschafter handeln, zu einer Straffreiheit des Handelnden hinsichtlich § 299 StGB.

8. Vorteile der vorliegenden Einordnung

Abschließend gilt es noch die Vorteile der hier getätigten Einordnung aufzuzeigen, da sie einige Problempunkte, die an § 299 StGB und dessen Nichterfassung des Geschäftsinhabers in den letzten Jahren kritisiert wurden, angemessenen Lösungen zuführt.

Erster Kritikpunkt an der Nichterfassung des Geschäftsinhabers ist, dass es unbillig sei, wenn der Geschäftsherr von den Bestechungszahlungen Kenntnis habe, diese eventuell sogar billige, er aber im Gegensatz zu seinem Angestellten bzw. Beauftragten nicht strafbar sei.[1280] Die Einwilligung des Geschäftsherrn wird von der h.M. aufgrund mangelnder Dispositionsbefugnis als für die Strafbarkeit des Handelnden irrelevant eingeordnet. Sie sieht, wie eingehend aufgezeigt, das Rechtsgut des § 299 StGB primär im freien Wettbewerb, über das der Geschäftsinhaber, selbst wenn auch er daneben geschützt sei, nicht verfügen und somit in dessen Verletzung auch nicht wirksam einwilligen könne.[1281]

1279 Vgl. eingehend S. 53 ff.

1280 Achenbach/Ransiek/*Rönnau*, Handbuch Wirtschaftsstrafrecht, III 2 Rn. 38; Müller-Gugenberger/Bieneck/*Blessing*, Wirtschaftsstrafrecht, § 53 Rn. 81.

1281 *Baumbach/Hefermehl*, Wettbewerbsrecht, § 12 UWG, Rn. 14; *Bürger*, wistra 2003, S. 134; *Lackner/Kühl*, StGB, § 299 Rn. 5; *Pfeiffer*, FS v. Gamm, S. 138 f.; Schönke/Schröder/*Heine*, StGB, § 299 Rn. 20, Rn. 30; *Vogel*, FS Weber, S. 405, die darauf abstellen, die Einwilligung lasse die Unlauterkeit der Bevorzugung nicht entfallen; NK/*Dannecker*, § 299 Rn. 80; MK StGB/*Diemer/Krick*, § 299 Rn. 30; *Odenthal*, wistra 2005,

Endlich wird teils vorgebracht § 299 StGB in seiner jetzigen Fassung führe zu einer rechtsformabhängigen Pönalisierung, denn je nachdem welche Rechtsform gewählt würde, ob Körperschaft oder Einzelkaufmann, sei der Handelnde als Betriebsinhaber zu qualifizieren und in der Folge nicht strafbar.[1282]

Während teils eine Änderung des § 299 StGB gefordert wird, wonach auch der Geschäftsinhaber tauglicher Täter sein solle[1283], legen andere § 299 StGB so aus, dass es zu ihrer Ansicht nach *sachgerechten* Ergebnissen kommt.[1284]

In der Folge soll auf die unterschiedlichen Bedenken und Fallkonstellationen eingegangen werden und aufgezeigt werden, dass diese i.E. nicht überzeugen können, bzw. sich einige Probleme nach der hier vertretenen Auffassung gar nicht als solche darstellen.

Zunächst wird hinsichtlich der Kenntnis bzw. der Billigung der Bestechungszahlungen durch den Geschäftsinhaber vorgetragen, dies sei insoweit zunächst für die Strafbarkeit des Handelnden nicht von Bedeutung, als dieser eben nicht in die Rechtsgutsverletzung des § 299 StGB einwilligen könne.[1285] Da das Ergebnis, dass der Handelnde strafbar, der Geschäftsinhaber aber straflos bleibe, als unbillig empfunden wird[1286], befürwortet *Winkelbauer*[1287], den Geschäftsinhaber dann zumindest wegen Teilnahme zu bestrafen. Andere möchten eine teleologische Reduktion des Tatbestandes vornehmen, da sich der Geschäftsinhaber bei Kenntnis oder Billigung der Bestechungszahlung das Verhalten seines Angestellten oder Beauftragten im Prinzip zu eigen mache, mit der Folge, dass es sich um

S. 171; LK[12]/*Tiedemann*, § 299 Rn. 55; *Ulbricht*, Bestechung und Bestechlichkeit, S. 117 f. stellen hingegen darauf ab, die Einwilligung lasse die Rechtswidrigkeit der Handlung nicht entfallen.

1282 *Bürger*, wistra 2003, S. 131.

1283 *Bürger*, wistra 2003, S. 136; NK/*Dannecker*, § 299 Rn. 27; *Satzger*, ZStW 2003, S. 488; *Vogel*, FS Weber, S. 405; *Ulbricht*, Bestechung und Bestechlichkeit, S. 56 f.; so wohl auch *Volk*, GS Zipf, S. 427.

1284 Achenbach/Ransiek/*Rönnau*, Handbuch Wirtschaftsstrafrecht, III 2 Rn. 25, Rn. 38; Müller-Gugenberger/Bieneck/*Blessing*, Wirtschaftsstrafrecht, § 53 Rn. 81; so auch schon *Jaques*, Bestechungstatbestände, S. 95.

1285 So schon das RG in seiner bereits genannten *Korkengeld*-Entscheidung, RGSt 48, S. 291 ff. (S. 293 ff.), vgl. zum Sachverhalt Fn. 1078.

1286 Achenbach/Ransiek/*Rönnau*, Handbuch Wirtschaftsstrafrecht, III 2 Rn. 38; *Lampe*, Gesamtwirtschaftliches Interesse, S. 21 f.

1287 *Winkelbauer*, FS Weber, S. 390; ablehnend hingegen: Achenbach/Ransiek/*Rönnau*, Handbuch Wirtschaftsstrafrecht, III 2 Rn. 39, der eine Teilnahmestrafbarkeit des Geschäftsherrn ablehnt. Er begründet dies nicht mit dem Strafgrund der Teilnahme, denn nach seiner Ansicht wird der Geschäftsinhaber von § 299 StGB nicht geschützt. Jedoch habe der Gesetzgeber sich klar gegen einen Schutz des lauteren Wettbewerbs gegenüber dem Geschäftsherrn entschieden, sodass dies sowohl für eine Täterschaft als auch für eine Teilnahme desselben gelten müsse.

eine tatbestandslose Geschäftsinhaberbestechung handele.[1288] Folglich sei dann auch der Handelnde nicht strafbar. Die gleiche Einordnung wird vorgenommen, wenn die Bestechungszahlungen, also der Vorteil, der geleistet wird, i.E. dem Geschäftsinhaber zugutekommt, weil seit der Neufassung des § 299 StGB auch Drittvorteile erfasst werden. Ob der Geschäftsinhaber tatsächlich aber auch als Dritter i.S.d. Tatbestandes einzuordnen ist, wird in Literatur und Rechtsprechung kontrovers diskutiert:

Teils wird dies bejaht, mit der Folge, dass der Geschäftsinhaber Nutznießer des Vorteils ist, aber anders als der Handelnde straffrei bleibe.[1289]

Anderseits wird vertreten, es komme in einem solchen Fall keine Unrechtsvereinbarung, die für § 299 StGB zwischen Vorteilgeber und -nehmer erforderlich ist, zustande, da es nicht zu einer Vereinbarung mit dem Angestellten oder Beauftragten, sondern vielmehr mit dem Unternehmen direkt komme, für welches der Täter handele. Das Handeln des Geschäftsinhabers, dem diese Konstellation i.E. gleichsteht, sei aber von § 299 StGB nicht erfasst.[1290]

Rengier führt aus, bei Kenntnis des Geschäftsherrn liege dann ein innerbetriebliches Geschehen vor, welches nicht wettbewerbswidrig sei, wenn der Geschäftsinhaber für die Weitergabe des von außen angebotenen Vorteils verantwortlich bleibe. In der Folge seien also auch Angestellte bzw. Beauftragte nicht wegen § 299 StGB strafbar.[1291]

Der BGH und Teile der Literatur legen § 299 StGB hinsichtlich Drittvorteilen so aus, dass die Zuwendung zumindest mittelbar dem Täter zugutekommen müsse.[1292] So wurde der Tatbestand bereits vor dem KorrBekG verstanden, sodass

1288 Achenbach/Ransiek/*Rönnau*, Handbuch Wirtschaftsstrafrecht, III 2 Rn. 38; Müller-Gugenberger/Bieneck/*Blessing*, Wirtschaftsstrafrecht, § 53 Rn. 81; *Rönnau*, StV 2009, S. 305; so bereits *Jaques*, Bestechungstatbestände, S. 95; in die gleiche Richtung *Wollschläger*, Täterkreis, S. 120; *v. Harder* weist in einem solchen Fall darauf hin, dass das Merkmal der Unlauterkeit nicht gegeben sei, wenn der Prinzipal Kenntnis von dem Verhalten habe, denn wenn die h.M. davon ausgehe, dass »der Prinzipal durch Prämien bestimmte Verkäufe stimulieren kann; dann kann er dies auch Dritten überlassen«, *v. Harder*, GRUR 1967, S. 185.

1289 *Bürger*, wistra 2003, S. 131; NK/*Dannecker*, § 299 Rn. 41; MK StGB/*Diemer*/*Krick*, § 299 Rn. 10; Dölling/*Möhrenschläger*, Handbuch, 8. Kapitel Rn. 95; *Peinemann*, Strafbarkeit, S. 134 f.; Schönke/Schröder/*Heine*, StGB, § 299 Rn. 12; LK[12]/*Tiedemann*, § 299 Rn. 26; so wohl auch *Fischer*, StGB, § 299 Rn. 11a.

1290 *Odenthal*, wistra 2005, S. 172.

1291 *Rengier*, FS Tiedemann, S. 845 f.; so auch schon *Fezer*, BB 1971, S. 807.

1292 BGH NJW 2006, S. 925 ff. (S. 927); Achenbach/Ransiek/*Rönnau*, Handbuch Wirtschaftsstrafrecht, III 2 Rn. 25; *Rönnau* weist hinsichtlich dieser Konstellation zudem auf eine schwer erträgliche Pflichtenkollision des Angestellten hin, denn einerseits verbietet § 299 StGB es ihm, seinem Geschäftsherrn Vorteile zu verschaffen und anderseits ist er

der Gesetzgeber, dieser Ansicht zufolge, mit der Einfügung der Formulierung »oder einen Dritten« lediglich beabsichtigte klarzustellen, dass für die Frage, ob eine Drittzuwendung ein Vorteil i.S.d. Tatbestandes sei, »dem persönlichen Interesse des Bestochenen entscheidende Bedeutung« zukomme.[1293]

Winkelbauer hingegen möchte bei Zuwendungen an das Unternehmen stets das Merkmal der Unlauterkeit verneinen.[1294]

Schließlich ist noch die Einordnung *Koepsels* zu nennen, die äußert, es sei erst gar keine Konstellation denkbar, in der das Unternehmen bzw. der Geschäftsinhaber Dritter i.S.d. § 299 StGB sei. Entweder erhalte auch immer der Angestellte bzw. Beauftragte einen Teilvorteil, sodass nicht von einem Drittvorteil die Rede sein könne, oder aber, wenn der Vorteil tatsächlich allein dem Unternehmen zugutekomme, dann liege aufgrund des Rechtsguts des freien Leistungswettbewerbs schon kein tatbestandliches Handeln vor.[1295]

Es zeigt sich jedoch, dass nahezu all diese Ansichten mit Schwierigkeiten zu kämpfen haben: Entweder es wird eine Gesetzesänderung für erforderlich gehalten, um zu sachgerechten Ergebnissen zu kommen, oder aber es bedarf hierzu teleologischer Reduktionen. Unter Zugrundlegung der hier erarbeiteten Einordnungen werden jedoch auch die von den anderen Ansichten kritisierten Widersprüche bzw. Unbilligkeiten angemessen gelöst, ohne solche *Korrekturen* vornehmen zu müssen. Geht man, wie anfangs eingehend erörtert, davon aus, dass § 299 StGB zwei Schutzgüter, nämlich ein inneres und ein äußeres hat, den Geschäftsinhaber und den freien (Leistungs-)Wettbewerb, und kommt zudem zu dem Ergebnis, dass die Einwilligung des Geschäftsinhabers in die Verletzung seiner eigenen Interessen den Tatbestand des § 299 StGB insgesamt entfallen lässt, so ergeben sich im Bereich der genannten Fallgruppen keine Schwierigkeiten. Hat der Geschäftsinhaber also Kenntnis von den Bestechungszahlungen, bzw. billigt er diese sogar, so entfällt in jedem Fall die Pflichtwidrigkeit bzw. Unlauterkeit der Handlung gegenüber diesem. Folglich fehlt es dann aber an einem Tatbestandsmerkmal und der Tatbestand des § 299 StGB ist nicht erfüllt.[1296] Handelt der Täter zugunsten des Geschäftsherrn, sodass dieser Empfänger oder

innerbetrieblich verpflichtet, das für den Geschäftsherrn günstigste Geschäft zu tätigen, da ihn sonst der Vorwurf der Untreue treffen kann, *Rönnau*, StV 2009, S. 305.

1293 BGH NJW 2006, S. 925 ff. (S. 927).

1294 *Winkelbauer*, FS Weber, S. 391.

1295 *Koepsel*, Bestechlichkeit und Bestechung, S. 172 f.

1296 Zu dem gleichen Ergebnis kommt i.R. des § 299 Abs. 1 StGB *Szebrowski*, Kick-Back, S. 195, der jedoch, wie ausgeführt, von einem anderen Rechtsgut des § 299 StGB ausgeht, er sieht von Abs. 1 der Norm nämlich die Pflichtenstellung des Agenten zum Prinzipal als geschützt an, vgl. zu dieser Ansicht S. 286.

jedenfalls Nutznießer des Vorteils ist, so entfällt ebenfalls das Merkmal der Unlauterkeit, denn wenn der Angestellte bzw. Beauftragte zum Wohle des Geschäftsherrn handelt, sind dessen Interessen nicht verletzt und er handelt diesem gegenüber keineswegs pflichtwidrig. Somit bedarf es nach der hier zugrunde gelegten Auslegung des § 299 StGB weder teleologischer Reduktionen noch einschränkender Auslegungen des Merkmals der Drittvorteile, um unbillige *Ergebnisse* zu vermeiden.

Zudem wird teils vertreten, § 299 StGB führe in seiner jetzigen Fassung zu einer rechtsformabhängigen Pönalisierung bei faktisch gleichen Verhältnissen, da je nachdem welche Rechtsform gewählt würde, eine Strafbarkeit bestehe oder aber nicht.[1297] *Bürger* erläutert diese Einordnung an zwei Beispielen: zunächst nennt er einen Anlageberater, der von interessierter Seite »geschmiert« wird. Dieser sei dann nicht strafbar, wenn er selbst Inhaber des Beratungsunternehmens sei. Sei genau der gleiche Anlageberater aber Angestellter des Unternehmens, dann mache er sich hingegen strafbar. In seinem zweiten Beispiel nennt er die KG, bei der der Komplementär als Geschäftsinhaber nicht tauglicher Täter des § 299 StGB sei. Werde als Komplementär jedoch eine GmbH eingesetzt, so sei deren Geschäftsführer Angestellter und folglich tauglicher Täter.[1298]

Beide Beispiele vermögen jedoch hinsichtlich der von *Bürger* vertretenen rechtsformspezifischen Pönalisierung keineswegs zu überzeugen. Im ersten Beispielsfall zeigt *Bürger* die Straflosigkeit eines Geschäftsinhabers für eine Handlung auf, wegen der sich ein Angestellter jedoch strafbar macht. Dies ist in der Sache freilich richtig, jedoch bleibt offen, was *Bürger* damit beweisen möchte. Es wurde bereits ausgeführt, dass der Gesetzgeber sich bewusst gegen eine Strafbarkeit des Geschäftsinhabers nach § 299 StGB ausgesprochen hat, da dieser im Wettbewerb frei agieren soll und sich aufgrund der Privatautonomie auch von sachfremden Erwägungen leiten lassen darf. Er ist nicht »zu vernünftiger Ökonomie« verpflichtet.[1299] Dass der Angestellte sich dann durch eine wohlmöglich gleiche Handlung strafbar macht, ist aber insoweit richtig, als er eben in einem Weisungsverhältnis zum Geschäftsherrn steht. Ihn trifft die Pflicht, bei Entscheidungen nach sachgerechten Kriterien vorzugehen und sich nicht von anderen Erwägungen beeinflussen zu lassen. Dieser Wertungsunterschied ist aber gerade beabsichtigt und nicht bloßer Zufall, der durch die Wahl einer bestimmten Rechtsform umgangen werden kann. Es liegen hier zudem nicht, wie *Bürger* vorträgt, faktisch gleiche Verhältnisse vor.

1297 So *Bürger*, wistra 2003, S. 131.
1298 *Bürger*, wistra 2003, S. 132.
1299 *Lüderssen*, FS Tiedemann, S. 890 Fn. 7.

Auch *Bürgers* Beispiel zur KG und der GmbH und Co. KG kann nicht überzeugen. Der Geschäftsführer der GmbH ist dieser gegenüber als Angestellter einzuordnen. Zudem ist er gem. § 14 Abs. 1 Nr. 1 StGB, da die GmbH Komplementärin der KG ist, auch im Bereich dieser geschäftsführungsbefugt und somit als Beauftragter zu qualifizieren. Als »Gesellschafter« der KG ändert sich für den GmbH-Geschäftsführer aber nichts: er ist i.R. der KG ebenso tauglicher Täter des § 299 Abs. 1 StGB wie i.R. der GmbH. Da, sofern er nicht Alleingesellschafter ist, sich hinsichtlich der GmbH also die Sachlage so darstellt, dass er als deren Angestellter und somit als tauglicher Täter der Bestechlichkeit zu qualifizieren ist, ergibt sich der von *Bürger* aufgezeigte Widerspruch aber gerade nicht. Als Komplementär kommt ihm Entscheidungsmacht zu, da er i.d.R. geschäftsführungsbefugt sein wird. Mithin gilt er, wie eingehend ausgeführt, auch als Beauftragter der anderen Gesellschafter. Aber auch den Gesellschaftern der GmbH kommt dann eine Stellung als Angestellter oder Beauftragter zu, wenn ihnen die Geschäftsführung übertragen wurde, da ihnen dann Entscheidungsmacht zukommt. Ist die GmbH nun aber als Komplementär i.R. einer KG eingesetzt, so bezieht sich die taugliche Tätereigenschaft des Geschäftsführers bzw. des geschäftsführenden Gesellschafters sowohl auf die GmbH als auch auf die KG.

Da der Komplementär selbst auch i.R. der KG tauglicher Täter ist und sich daran nichts ändert, wenn diese Stellung die GmbH und mittelbar deren Geschäftsführer übernimmt, bleibt offen, worin *Bürger* das Problem der rechtsformabhängigen Pönalisierung zu erkennen glaubt.

Eine geänderte Sachlage ergibt sich nur dann, wenn die Komplementär-GmbH eine Einpersonengesellschaft ist, da deren Gesellschafter dann faktisch als Geschäftsinhaber und somit als nicht tauglicher Täter einzuordnen ist.

Im Ergebnis besteht das Problem rechtsformabhängiger Pönalisierungen also nicht, denn sowohl die Gesellschafter von Personengesellschaften als auch diejenigen juristischer Personen oder aber Einzelkaufmänner sind allesamt als Geschäftsinhaber einzuordnen und somit nicht taugliche Täter der Bestechung.[1300] Die geschäftsführenden Gesellschafter von Personengesellschaften können aber als Beauftragte genauso Täter des § 299 Abs. 1 StGB sein wie die Leitungsorgane der juristischen Personen, die entweder Angestellte oder Beauftragte sind.

Insgesamt gilt es somit festzuhalten, dass die vorliegend erarbeitete Auslegung des § 299 StGB zu einem insofern sachgerechten Ergebnis führt, als Wertungswidersprüche und Korrekturen durch teleologische Reduktionen nicht erforderlich sind. Auch das von *Bürger* aufgezeigte Problem der rechtsformspezifischen Pönalisierungen besteht i.E. nicht.

1300 So auch *Wollschläger*, Täterkreis, S. 109.

III. Ergebnis zur Einwilligung in § 299 StGB

Der Geschäftsinhaber bzw. sämtliche Gesellschafter einer Personengesellschaft oder juristischen Person, aber unter bestimmten Voraussetzungen auch deren jeweilige Mehrheit, kann bzw. können wirksam in eine den Tatbestand des § 299 StGB erfüllende Handlung einwilligen. Zwar ist es richtig, dass § 299 StGB auch ein Rechtsgut schützt, über welches der oder die Geschäftsinhaber nicht disponieren können, nämlich dasjenige der Freiheit des Wettbewerbs. Aber daneben schützt der Tatbestand gleichrangig die Interessen des Geschäftsherrn an wettbewerbskonformem Verhalten seiner Angestellten und Beauftragten. Über dieses Rechtsgut kann der Geschäftsinhaber aber disponieren und folglich auch in dessen Verletzung wirksam einwilligen. Liegt eine solche Einwilligung vor, dann fehlt es an der notwendigen Verletzung beider Rechtsgüter, sodass der Tatbestand nicht gänzlich erfüllt ist. Allein eine Verletzung des freien Wettbewerbs ist nicht nach § 299 StGB strafbar, ist also für das tatbestandliche Unrecht nicht ausreichend.

E. Vergleichende Betrachtung von § 266 StGB und § 299 StGB

Betrachtet man abschließend vergleichend Möglichkeit und Reichweite der Einwilligung im Bereich der Untreue und der Bestechlichkeit und Bestechung, dann fallen einige Parallelen auf:

Sowohl die Untreue als auch die Korruption schützen jeweils zumindest ein Individualrechtsgut. Die Untreue schützt allein dasjenige des Vermögens (C.I.1.) und die Korruption die Interessen des Geschäftsherrn an lauterem Verhalten seiner Mitarbeiter sowie die Freiheit des Wettbewerbs (D.I.1.). § 299 StGB schützt also neben einem Individualrechtsgut auch noch ein Rechtsgut der Allgemeinheit. Dispositionsbefugt sind Vermögensinhaber und Geschäftsinhaber freilich nur über ihr eigenes Rechtsgut.

Eine weitere Parallele zeigt sich, wenn man die tatbestandliche Handlung der beiden Delikte miteinander vergleicht. Die Untreue setzt stets ein Zwei-Personen-Verhältnis, nämlich dasjenige zwischen Vermögensinhaber und Treupflichtigem voraus, welches als Pflichtenbeziehung zu charakterisieren ist (C.I.2.b., c.). Im Bereich der Korruption zeigt sich zwar zunächst ein Drei-Personen-Verhältnis, und zwar zwischen Geschäftsinhaber, seinem Angestellten bzw. Beauftragten und demjenigen, der entsprechende Zahlungen tätigt bzw. annimmt (D.I.2.a., b.), aber auch hier ist unter der Prämisse, dass der Geschäftsinhaber von § 299 StGB geschützt ist, das Zwei-Personen-Verhältnis zwischen Geschäftsinhaber und seinem Mitarbeiter von Bedeutung. Auch diese Beziehung stellt sich, wie eingehend dargelegt, als Pflichtenbeziehung dar (D.I.2.a.ee.). Anders als § 266 StGB, für den es einer Vermögensbetreuungspflicht des Täters bedarf, weist § 299 StGB jedoch keine qualifizierte Pflichtenbeziehung voraus. Für das inkriminierte Verhalten beider Tatbestände ist dann eine Verletzung der jeweiligen Pflicht erforderlich.

Damit der Tatbestand des § 299 StGB erfüllt ist, bedarf es eines unlauteren Verhaltens des Angestellten/Beauftragten sowohl gegenüber seinem Geschäftsherrn als auch gegenüber dem Wettbewerb (D.I.2.a.ee.). Willigt nun aber der Geschäftsherr in die unlautere Handlung ein, dann wird der Pflichtenkreis bzw. Handlungsradius des Agenten erweitert und es fehlt an der tatbestandlichen Handlung gegenüber dem Geschäftsinhaber. Bei der Untreue zeigt sich die gleiche Sachlage: Willigt der Vermögensinhaber in die Pflichtverletzung ein, dann erweitert sich der Befugnisspielraum des Treupflichtigen und lässt die tatbestandliche Handlung entfallen. Sowohl im Bereich des § 266 StGB als auch in demjenigen des § 299 StGB knüpft die Einwilligung also auf tatbestandlicher Ebene an die Pflichtverletzung an (C.II.1.; D.II.4.c.). Im Rahmen der Korruption bleibt jedoch die Verletzung des Wettbewerbs bestehen, da der Geschäftsinhaber über dieses Rechtsgut nicht verfügen darf. Diese Wettbewerbsverletzung ist wie dargelegt für § 299 StGB aber nicht ausreichend, sodass der Tatbestand durch die Einwilligung des Geschäftsinhabers i.E. nicht erfüllt ist (D.II.4.c.).

Im Bereich beider Tatbestände entfällt also durch die Einwilligung des Inhabers des Individualrechtsguts die Strafbarkeit des Handelnden. Eine Schranke ihrer Dispositionsbefugnis ist ebenfalls in beiden Tatbeständen nicht ersichtlich. Zwar wird v.a. im Bereich der Untreue bei der GmbH und der AG vertreten, diese Gesellschaften besäßen ein sog. Eigeninteresse, aber nach eingehender Analyse wurde festgestellt, dass es ein solches von den Gesellschaftern unabhängiges Eigeninteresse nicht gibt, bzw. dass es nicht als Dispositionsschranke fungieren kann (C.II.3.a.cc.bbb.1.b.; C.II.3.b.cc.bbb.1.b.).

Ebenso wurde nach eingehender Untersuchung erarbeitet, dass weder zivilrechtliche Nichtigkeitsgründe (C.II.3.a.cc.bbb.1.e.) noch der Verstoß gegen Strafvorschriften (C.II.3.a.cc.ccc.2.d.) die Einwilligung unwirksam machen. Ersteres ist damit zu begründen, dass die Einwilligung keine Willenserklärung ist, sodass auf sie deren Regelungen nicht anzuwenden sind. Nach *Amelungs* i.R. der vorliegenden Arbeit zugrundegelegten Einordnung sind die Regelungen über Willenserklärungen konstitutive Normen, wohingegen die Einwilligung regulative Normen außer Kraft setzt.[1301]

Allein Willensmängel i.R. der Einwilligung vermögen dieser ihre Wirksamkeit zu nehmen. Liegt also eine Täuschung oder eine Drohung (mit der Qualität des § 240 StGB) seitens des Täters vor oder kennt Letzterer den Irrtum aufseiten des Opfers, dann ist der Einwilligung ihre Wirksamkeit zu versagen (C.II.3.a.cc. bbb.1. e.dd.).

Ferner bleibt festzuhalten, dass sowohl im Bereich der Untreue als auch in demjenigen der Bestechlichkeit und Bestechung auch die Einwilligung der Mehrheit der Rechtsgutsträger bzw. Dispositionsbefugten, was hier stets die Gesellschafter sind, für eine Straflosigkeit des Handelnden ausreichend ist (B.VI. 2.). Dazu ist aber erforderlich, dass zunächst eine Delegation der Dispositionsbefugnis auf die jeweilige Mehrheit gegeben ist, was zumeist durch den jeweiligen Gesellschaftsvertrag erfolgen wird. Daneben muss die Mehrheit aber stets die Treuepflichten gegenüber der Minderheit berücksichtigen. Dies bedeutet, eine

1301 Vgl. ausführlich S. 98 f.

Einwilligung darf nur unter Einhaltung der Regeln erfolgen, unter denen die Dispositionsbefugnis übertragen wurde.

Schließlich zeigen sich zwischen § 266 StGB und § 299 StGB auch Gemeinsamkeiten im Bereich der Einpersonen-Gesellschaften (C.II.3.a.dd.ccc.; C.II.3.b. dd.ccc.; D.II.2.a.cc.). Im Rahmen beider Tatbestände ist für die Bestimmung des Treugebers bzw. des Geschäftsinhabers eine faktische Betrachtungsweise vorzunehmen, da nur diese den gesellschaftsrechtlichen Besonderheiten Rechnung trägt: Bei der Einpersonen-Gesellschaft sind Leitungs- und Willensbildungsorgan personenidentisch, sodass es bereits an dem für beide Delikte erforderlichen Zwei- bzw. Drei-Personen-Verhältnis fehlt. Freilich wäre bei rein formaler Betrachtung die jeweilige juristische Person als eigene Rechtspersönlichkeit auch als zweite Person neben dem Einmanngesellschafter einzuordnen. Da Letzterer aber für die Gesellschaft zurechenbar handelt und deren Willen bildet, bedeutete dies i.E., dass er sich selbst gegenüber pflichtgemäß verhalten müsste. Im Bereich der Untreue kann also keineswegs davon gesprochen werden, der Einmanngesellschafter verletze letztlich sich selbst gegenüber die Vermögensbetreuungspflicht und im Bereich der Bestechlichkeit und Bestechung kann gerade nicht gesagt werden, der Einmanngesellschafter handele sich selbst gegenüber pflichtwidrig. Somit kann i.R. beider Tatbestände allein eine faktische Bestimmung des Geschäftsherrn bzw. -inhabers überzeugen.

Literaturverzeichnis*

Achenbach, Hans: Aus der 1987/1988 veröffentlichten Rechtsprechung zum Wirtschaftsstrafrecht, in: Neue Zeitschrift für Strafrecht 1989 (9. Jg.), S. 497 ff. (zitiert: *Achenbach*, NStZ 1989)

Achenbach, Hans; Ransiek, Andreas (Hrsg.): Handbuch Wirtschaftsstrafrecht, 2. Auflage, Heidelberg 2008 (zitiert: Achenbach/Ransiek/*Bearbeiter*, Handbuch Wirtschaftsstrafrecht)

Achenbach, Hans; Wannemacher, Wolfgang (Hrsg.): Beraterhandbuch zum Steuer- und Wirtschaftsstrafrecht, Herne/Berlin 1997 (zitiert: Achenbach/Wannemacher/*Bearbeiter*, Beraterhandbuch)

Altmeppen, Holger: Die Haftung des Managers im Konzern, München 2008 (zitiert: *Altmeppen*, Haftung)

Amelung, Knut: Über die Einwilligungsfähigkeit (Teil I), in: Zeitschrift für die gesamte Strafrechtswissenschaft 1992 (Bd. 104), S. 525 ff. (zitiert: *Amelung*, ZStW 1992)

Amelung, Knut: Irrtum und Täuschung als Grundlage von Willensmängeln bei der Einwilligung des Verletzten, Berlin 1998 (zitiert: *Amelung*, Einwilligung)

Amelung, Knut: Einwilligungsfähigkeit und Rationalität, in: Juristische Rundschau 1999 (o. Jg.), S. 45 ff. (zitiert: *Amelung*, JR 1999)

Amelung, Knut; Eymann, Frieder: Die Einwilligung des Verletzten im Strafrecht, in: Juristische Schulung 2001 (41. Jg.), S. 937 ff. (zitiert: *Amelung/Eymann*, JuS 2001)

Ammelung, Ulrich; Kaeser, Christian: Cash-Management-Systeme in Konzernen, in: Deutsches Steuerrecht 2003 (41. Jg.), S. 655 ff. (zitiert: *Ammelung/Kaeser*, DStR 2003)

Arloth, Frank: Zur Abgrenzung von Untreue und Bankrott bei der GmbH, in: Neue Zeitschrift für Strafrecht 1990 (10. Jg.), S. 570 ff. (zitiert: *Arloth*, NStZ 1990)

Arnold, Stefan: Untreue durch Schädigung des Unternehmens durch den Vorstand bzw. die Geschäftsführung, in: Juristische Ausbildung 2005 (37. Jg.), S. 844 ff. (zitiert: *Arnold*, Jura 2005)

Arnold, Stefan: Untreue im GmbH- und Aktienkonzern, Herbolzheim 2006 (zitiert: *Arnold*, Untreue)

Arzt, Gunther: Willensmängel bei der Einwilligung, Frankfurt a. M. 1970 (zitiert: *Arzt*, Willensmängel)

Arzt, Gunther; Weber, Ulrich; Heinrich, Bernd; Hilgendorf, Erich: Strafrecht Besonderer Teil, Lehrbuch, 2. Auflage, Bielefeld 2009 (zitiert: *Arzt/Weber/Heinrich/Hilgendorf*, Strafrecht BT)

Bachmann, Gregor: Die Einmann-AG, in: Neue Zeitschrift für Gesellschaftsrecht 2001 (4. Jg.), S. 961 ff. (zitiert: *Bachmann*, NZG 2001)

* Literatur und Rechtsprechung wurden bis Ende 2010 berücksichtigt.

Bamberger, Heinz Georg; Roth, Herbert (Hrsg.): Kommentar zum Bürgerlichen Gesetzbuch. Band 2 §§ 611-1296, AGG, ErbbauVO, WEG, 2. Auflage, München 2008 (zitiert: Bamberger/Roth/*Bearbeiter*, BGB)

Bamberger, Heinz Georg; Roth, Herbert (Hrsg.): Beck'scher Online-Kommentar BGB, Stand: 1.8.2010, Edition 18 (BeckOK BGB/*Bearbeiter*)

Bannenberg, Britta: Korruption in Deutschland und ihre strafrechtliche Kontrolle, Eine kriminologisch-strafrechtliche Analyse, Neuwied/Kriftel 2002 (zitiert: *Bannenberg*, Korruption)

Baumann, Jürgen; Weber, Ulrich; Mitsch, Wolfgang: Strafrecht Allgemeiner Teil. Lehrbuch, 11. Auflage, Bielefeld 2003 (zitiert: *Baumann/Weber/Mitsch*, Strafrecht AT)

Baumbach, Adolf; Hefermehl, Wolfgang: Wettbewerbsrecht. Gesetz gegen den unlauteren Wettbewerb, Zugabeverordnung, Rabattgesetz und Nebengesetze, 19. Auflage, München 1996 (zitiert: *Baumbach/Hefermehl*, Wettbewerbsrecht)

Baumbach, Adolf (Begr.); Hopt, Klaus J.: Handelsgesetzbuch mit GmbH & Co. KG, Handelsklauseln, Bank- und Börsenrecht, Transport (ohne Seerecht), 34. Auflage, München 2010 (zitiert: *Baumbach/Hopt*, HGB)

Baumbach, Adolf; Hueck, Alfred (Begr.): GmbH-Gesetz, 19. Auflage, München 2010 (zitiert: Baumbach/Hueck/*Bearbeiter*, GmbHG)

Bayer, Walter: Zentrale Konzernfinanzierung, Cash Management und Kapitalerhaltung, in: Festschrift für Marcus Lutter zum 70. Geburtstag, Deutsches und europäisches Gesellschafts-, Konzern- und Kapitalmarktrecht, hrsg. v. Uwe H. Schneider, Peter Hommelhoff, Karsten Schmidt, Wolfram Timm, Barbara Grunewald, Tim Drygala, Köln 2000, S. 1011 ff. (zitiert: *Bayer*, FS Lutter)

Bayer, Walter; Lieder, Jan: Darlehen der GmbH an Gesellschafter und Sicherheiten aus dem GmbH-Vermögen für Gesellschaftsverbindlichkeiten, Besprechung der Entscheidung BGHZ 157, 72, in: Zeitschrift für Unternehmens- und Gesellschaftsrecht 2005 (34. Jg.), S. 133 ff. (zitiert: *Bayer/Lieder*, ZGR 2005)

Beckemper, Katharina: Anmerkung zum Urteil des BGH vom 6.12.2001 – 1 StR 215/01, in: Neue Zeitschrift für Strafrecht 2002 (22. Jg.), S. 324 ff. (zitiert: *Beckemper*, NStZ 2002)

Beckemper, Katharina: Untreuestrafbarkeit des GmbH-Gesellschafters bei einverständlicher Vermögensverschiebung, in: GmbH-Rundschau 2005 (96. Jg.), S. 592 ff. (zitiert: *Beckemper*, GmbHR 2005)

Beiner, Torsten; Lanzius, Tim: Anmerkung zum BGH-Urteil vom 13.5.2004 – 5 StR 73/03, in: Neue Zeitschrift für das Recht der Insolvenz und Sanierung 2004 (7. Jg.), S. 687 ff. (zitiert: *Beiner/Lanzius*, NZI 2004)

Bernsmann, Klaus: »Kick-back« zu wettbewerbswidrigen Zwecken – keine Untreue, in: Strafverteidiger 2005 (25. Jg.), S. 576 ff. (zitiert: *Bernsmann*, StV 2005)

Bernsmann, Klaus: Untreue und Korruption – der BGH auf Abwegen, in: Goltdammer's Archiv für Strafrecht 2009 (156. Jg.), S. 296 ff. (zitiert: *Bernsmann*, GA 2009)

Berz, Ulrich: Die Bedeutung der Sittenwidrigkeit für die rechtfertigende Einwilligung, in: Goltdammer's Archiv für Strafrecht 1969 (116. Jg.), S. 145 ff. (zitiert: *Berz*, GA 1969)

Beuthien, Volker: Genossenschaftsgesetz mit Umwandlungs- und Kartellrecht sowie Statut der Europäischen Genossenschaft, 15. Auflage, München 2011 (zitiert: *Beuthien*, GenG)

Beuthien, Volker; Gummert, Hans (Hrsg.): Münchener Handbuch des Gesellschaftsrechts. Band 5 Verein, Stiftung bürgerlichen Rechts, 3. Auflage, München 2009 (zitiert: MHG/*Bearbeiter*)

Bichlmeier, Gerd: Die Wirksamkeit der Einwilligung in einen medizinisch nicht indizierten ärztlichen Eingriff, in: Juristenzeitung 1980 (35. Jg.), S. 53 ff. (zitiert: *Bichlmeier*, JZ 1980)

Binz, Mark K.; Sorg, Martin H.: Die GmbH & Co. KG im Gesellschafts- und Steuerrecht. Handbuch für Familienunternehmen, 11. Auflage, München 2010 (zitiert: *Binz/Sorg*, GmbH & Co. KG)

Birkholz, Matthias: Untreuestrafbarkeit als strafrechtlicher »Preis« der beschränkten Haftung, Berlin 1998 (zitiert: *Birkholz*, Untreuestrafbarkeit)

Bittmann, Folker: Reform des GmbHG und Strafrecht, in: Zeitschrift für Wirtschafts- und Steuerstrafrecht 2007 (26. Jg.), S. 321 ff. (zitiert: *Bittmann*, wistra 2007)

Bittmann, Folker; Richter, Susann: Zum Geschädigten bei der GmbH- und der KG-Untreue, in: Zeitschrift für Wirtschafts- und Steuerstrafrecht 2005 (25. Jg.), S. 51 ff. (zitiert: *Bittmann/Richter*, wistra 2005)

Bittmann, Folker; Terstegen, Ralf: Auswirkungen der Rechtsprechung der Zivilgerichte zur Haftung im qualifizierten faktischen GmbH-Konzern auf das Strafrecht, in: Zeitschrift für Wirtschafts- und Steuerstrafrecht 1995 (14. Jg.), S. 249 ff. (zitiert: *Bittmann/Terstegen*, wistra 1995)

Böse, Martin: Die »Sanktionen« des Parteiengesetzes, in: Sächsische Verwaltungsblätter 2001 (9. Jg.), S. 58 ff. (zitiert: *Böse*, SächsVBl. 2001)

Böse, Martin; Mölders, Simone: Die Durchführung sog. Anwendungsbeobachtungen durch den Kassenarzt als Korruption im Geschäftsverkehr (§ 299 StGB)?, in: Medizinrecht 2008 (26. Jg.), S. 585 ff. (zitiert: *Böse/Mölders*, MedR 2008)

Bous, Ulrich: Die Konzernleitungsmacht im Insolvenzverfahren konzernverbundener Kapitalgesellschaften, Köln/Berlin/Bonn/München 2001 (zitiert: *Bous*, Konzernleitungsmacht)

Brammsen, Joerg: Strafbare Untreue des Geschäftsführers bei einverständlicher Schmälerung des GmbH-Vermögens?, in: Der Betrieb 1989 (42. Jg.), S. 1609 ff. (zitiert: *Brammsen*, DB 1989)

Brammsen, Joerg: Vorstandsuntreue – Aktienrechtliche Unternehmensführung auf dem Prüfstand des § 266 StGB, in: Zeitschrift für Wirtschafts- und Steuerstrafrecht 2009 (28. Jg.), S. 85 ff. (zitiert: *Brammsen*, wistra 2009)

Brammsen, Joerg: Aufsichtsratsuntreue, in: Zeitschrift für Wirtschaftsrecht 2009 (30. Jg.), S. 1504 ff. (zitiert: *Brammsen*, ZIP 2009)

Brammsen, Joerg; Apel, Simon: »Schwarze Kassen« in Privatunternehmen sind strafbare Untreue, § 266 StGB – Zugleich eine Besprechung von BGH, Urt. V. 29.8.2008 = BGHSt 52, 323 = WM 2009, 40 –, in: Wertpapier-Mitteilungen 2010 (64. Jg.), S. 781 ff. (zitiert: *Brammsen/Apel*, WM 2010)

Brand, Christian: Die Strafbarkeit des Vorstandes gem. § 266 StGB trotz Zustimmung aller Aktionäre, in: Die Aktiengesellschaft 2007 (52. Jg.), S. 681 ff. (zitiert: *Brand*, AG 2007)

Brand, Christian: Untreue und Bankrott in der KG und GmbH & Co KG. Zugleich ein Beitrag zum Gesamthandsprinzip, Berlin 2010 (zitiert: *Brand*, Untreue und Bankrott)

Brand, Christian: Abschied von der Interessentheorie – und was nun? – Besprechung von BGH, Beschl. v. 10.2.2009 – 3 StR 372/08 (NStZ 2009, 437) –, in: Neue Zeitschrift für Strafrecht 2010 (30. Jg.), S. 9 ff. (zitiert: *Brand*, NStZ 2010)

Brand, Christian: Untreue im mehrstufigen Konzern – Zugleich Besprechung von BGH, Beschl. v. 31.7.2009 – 2 StR 95/09, Der Konzern 2010, 315 –, in: Der Konzern 2010 (o. Jg.), S. 285 ff. (zitiert: *Brand*, Der Konzern 2010)

Brand, Christian: Anmerkung zum Urteil des BGH v. 27. 8. 2010 – 2 StR 111/09, in: Neue Juristische Wochenschrift 2010 (63. Jg.), S. 3463 f. (zitiert: Brand, NJW 2010)

Brand, Christian; Wostry, Thomas: Die Strafbarkeit des Vorstandsmitglieds einer AG gemäß § 299 Abs. 1 StGB, in: Wettbewerb in Recht und Praxis 2008 (o. Jg.), S. 637 ff. (zitiert: *Brand/Wostry*, WRP 2008)

Brauer, Markus: Die aktienrechtliche Beurteilung von »appreciation awards« zu Gunsten des Vorstands, in: Neue Zeitschrift für Gesellschaftsrecht 2004 (7. Jg.), S. 502 ff. (zitiert: *Brauer*, NZG 2004)

Braum, Stefan: Zur Strafbarkeit des »goldenen Handschlags« wegen Untreue (§ 266 StGB). Rechtliche Überlegungen zum Fall Mannesmann, in: Kritische Vierteljahresschrift für Gesetzgebung und Rechtswissenschaft 2004 (87. Jg.), S. 67 ff. (zitiert: *Braum*, KritV 2004)

Bringewat, Peter: Scheckkartenmißbrauch und nullum crimen sine lege, in: Goltdammer's Archiv für Strafrecht 1973 (120. Jg.), S. 353 ff. (zitiert: *Bringewat*, GA 1973)

Bringewat, Peter: Finanzmanipulation im Ligafußball – ein Risikogeschäft?, in: Juristenzeitung 1977 (32. Jg.), S. 667 ff. (zitiert: *Bringewat*, JZ 1977)

Bürger, Sebastian: § 299 StGB – eine Straftat gegen den Wettbewerb?, in: Zeitschrift für Wirtschafts- und Steuerstrafrecht 2003 (22. Jg.), S. 130 ff. (zitiert: *Bürger*, wistra 2003)

Bürger, Sebastian: Bestechungsgelder im privaten Wirtschaftsverkehr – doch noch steuerlich abzugsfähig?, in: Deutsches Steuerrecht 2003 (41. Jg.), S. 1421 ff. (zitiert: *Bürger*, DStR 2003)

Busch, Dirk: Konzernuntreue, Frankfurt a. M. 2004 (zitiert: *Busch*, Konzernuntreue)

Corsten, Johannes: Pflichtverletzung und Vermögensnachteil bei der Untreue. Kritische Betrachtung des »VW-Urteils« des BGH wistra 2009, 468, in: Zeitschrift für Wirtschafts- und Steuerstrafrecht 2010 (29. Jg), S. 206 ff. (zitiert: *Corsten*, wistra 2010)

Dahl, Michael; Schmitz, Jan: Eigenkapitalersatz nach dem MoMiG aus insolvenzrechtlicher Sicht, in: Neue Zeitschrift für das Recht der Insolvenz und Sanierung 2009 (12. Jg.), S. 325 ff. (zitiert: *Dahl/Schmitz*, NZI 2009)

Deiters, Mark: Organuntreue durch Spenden und prospektiv kompensationslose Anerkennung, in: Zeitschrift für Internationale Strafrechtsdogmatik 2006 (1. Jg.), S. 152 ff. (zitiert: *Deiters*, ZIS 2006)

Denckner, Friedrich: Der verschuldete rechtfertigende Notstand – BayObLG, NJW 1978, 2046, in: Juristische Schulung 1979 (19. Jg.), S. 779 ff. (zitiert: *Denckner*, JuS 1979)

Depenheuer, Otto; Grzeszick, Bernd: Zwischen gesetzlicher Haftung und politischer Verantwortlichkeit – Sanktionen des Parteiengesetzes bei Verletzung des Transparenzgebotes –, in: Deutsches Verwaltungsblatt 2000 (115. Jg.), S. 736 ff. (zitiert: *Depenheuer/Grzeszick*, DVBl. 2000)

Deutsch, Erwin; Spickhoff, Andreas: Medizinrecht. Arztrecht, Arzneimittelrecht, Medizinproduktrecht und Transfusionsrecht, 6. Auflage, Berlin/Heidelberg 2008 (zitiert: *Deutsch/Spickhoff*, Medizinrecht)

Dierlamm, Alfred: Der faktische Geschäftsführer im Strafrecht – ein Phantom?, in: Neue Zeitschrift für Strafrecht 1996 (16. Jg.), S. 153 ff. (zitiert: *Dierlamm*, NStZ 1996)

Dittrich, Elisabeth: Die Untreuestrafbarkeit von Aufsichtsratsmitgliedern bei der Festsetzung überhöhter Vorstandsvergütungen. Zugleich ein Beitrag zur rechtlichen Behandlung von Vorstandsvergütungen in deutschen Aktiengesellschaften, Berlin 2007 (zitiert: *Dittrich*, Untreuestrafbarkeit)

Döllerer, Georg: Verdeckte Gewinnausschüttungen und verdeckte Einlagen bei Kapitalgesellschaften, Heidelberg 1990 (zitiert: *Döllerer*, Verdeckte Gewinnausschüttungen)

Dölling, Dieter: Fahrlässige Tötung bei Selbstgefährdung des Opfers, in: Goltdammer's Archiv für Strafrecht 1984 (131. Jg.), S. 71 ff. (zitiert: *Dölling*, GA 1984)

Dölling, Dieter (Hrsg.): Handbuch der Korruptionsprävention für Wirtschaftsunternehmen und öffentliche Verwaltung, München 2007 (zitiert: Dölling/*Bearbeiter*, Handbuch)

Dreher, Meinrad: Das Ermessen des Aufsichtsrats, Der Aufsichtsrat in der Aktiengesellschaft zwischen Verbandsautonomie und Richterkontrolle, in: Zeitschrift für das gesamte Handelsrecht und Wirtschaftsrecht 1994 (Bd. 158), S. 614 ff. (zitiert: *Dreher*, ZHR 1994)

Dreher, Meinrad: Change of control-Klauseln bei Aktiengesellschaften, in: Die Aktiengesellschaft 2002 (47. Jg.), S. 214 ff. (zitiert: *Dreher*, AG 2002)

Dreher, Meinrad: Überformung des Aktienrechts durch die Rechtsprechung von Straf- und Verwaltungsgerichten?, in: Die Aktiengesellschaft 2006 (51. Jg.); S. 213 ff. (zitiert: *Dreher*, AG 2006)

Ebenroth, Carsten Thomas; Boujong, Karlheinz; Joost, Detlev; Strohn, Lutz (Hrsg.): Handelsgesetzbuch. Band 1 §§ 1-342e, 2. Auflage, München 2008 (zitiert: Ebenroth/*Bearbeiter*, HGB)

Eisele, Jörg: Untreue in Vereinen mit ideeller Zwecksetzung, in: Goltdammer's Archiv für Strafrecht 2001 (148. Jg.), S. 377 ff. (zitiert: *Eisele*, GA 2001)

Eisenhardt, Ulrich: Gesellschaftsrecht, 14. Auflage, München 2009 (zitiert: *Eisenhardt*, Gesellschaftsrecht)

Ekey, Friedrich L.; Klippel, Diethelm; Kotthoff, Jost; Meckel, Astrid; Plaß, Gunda: Heidelberger Kommentar zum Wettbewerbsrecht, Heidelberg 2000 (zitiert: HK/*Bearbeiter*)

Emmerich, Volker: Anmerkungen zu der Vulkan-Doktrin, in: Die Aktiengesellschaft 2004 (49. Jg.), S. 423 ff. (zitiert: *Emmerich*, AG 2004)

Emmerich, Volker; Habersack, Mathias: Aktien- und GmbH-Konzernrecht, 6. Auflage, München 2010 (zitiert: *Emmerich/Habersack*, Konzernrecht)

Ensthaler, Jürgen; Kreher, Markus: Verlustausgleichspflicht im qualifizierten faktischen Konzern, in: Betriebs-Berater 1995 (50. Jg.), S. 1422 ff. (zitiert: *Ensthaler/Kreher*, BB 1995)

Erbs, Georg; Kohlhaas, Max; Ambs, Friedrich (Hrsg.): Strafrechtliche Nebengesetze. Band 4, München, Stand: März 2000, 136. Lieferung (zitiert: Erbs/Kohlhaas/*Bearbeiter*)

Erman, Walter: Bürgerliches Gesetzbuch, hrsg. v. Harm Peter Westermann, Band I, 12. Auflage, Köln 2008 (zitiert: Erman/*Bearbeiter*)

Ewald, Rolf: Untreue zwischen »verbundenen Unternehmen«. Eine Untersuchung zu Notwendigkeit und Umfang des durch § 266 StGB gewährten Vermögensschutzes im Konzernrecht des Aktiengesetzes, Bochum 1980 (zitiert: *Ewald*, Untreue)

Fehl, Norbert: Unbeschränkte Haftung der Kommanditisten bei der GmbH & Co. KG? Ausschluß der Komplementär-GmbH von Gewinn und Verlust der KG als haftungsrechtliches Auslegungsproblem im Rahmen von § 167 Abs. 3 HGB, in: Betriebs-Berater 1976 (31. Jg.), S. 109 ff. (zitiert: *Fehl*, BB 1976)

Fezer, Karl-Heinz: Die wettbewerbsrechtliche Beurteilung des Einsatzes von Industrieverkäufern im Einzelhandel, in: Betriebs-Berater 1971 (26. Jg.), S. 806 ff. (zitiert: *Fezer*, BB 1971)

Fischer, Thomas: Strafgesetzbuch und Nebengesetze, 57. Auflage, München 2010 (zitiert: *Fischer*, StGB)

Fleck, Hans-Joachim: Die Drittanstellung des GmbH-Geschäftsführers, in: Zeitschrift für das gesamte Handelsrecht und Wirtschaftsrecht 1985 (Bd. 149), S. 387 ff. (zitiert: *Fleck*, ZHR 1985)

Fleck, Hans-Joachim: Missbrauch der Vertretungsmacht oder Treubruch des mit Einverständnis aller Gesellschafter handelnden GmbH-Geschäftsführers aus zivilrechtlicher Sicht, in: Zeitschrift für Unternehmens- und Gesellschaftsrecht 1990 (19. Jg.), S. 31 ff. (zitiert: *Fleck*, ZGR 1990)

Fleischer, Holger: Finanzielle Unterstützung des Aktienerwerbs und Leveraged Buyout, § 71a Abs. 1 im Lichte italienischer Erfahrungen, in: Die Aktiengesellschaft 1996 (41. Jg.), S. 494 ff. (zitiert: *Fleischer*, AG 1996)

Fleischer, Holger: Konzernuntreue zwischen Straf- und Gesellschaftsrecht: Das Bremer Vulkan-Urteil, in: Neue Juristische Wochenschrift 2004 (57. Jg.), S. 2867 ff. (zitiert: *Fleischer*, NJW 2004)

Fleischer, Holger: Das Mannesmann-Urteil des Bundesgerichtshofs: Eine aktienrechtliche Nachlese, in: Der Betrieb 2006 (58. Jg.), S. 542 ff. (zitiert: *Fleischer*, DB 2006)

Flum, Joachim: Der strafrechtliche Schutz der GmbH gegen Schädigungen mit Zustimmung der Gesellschafter, Konstanz 1990 (zitiert: *Flum*, Schutz der GmbH)

Flume, Werner: Allgemeiner Teil des bürgerlichen Rechts, Bd. 1/2 Die Juristische Person, Berlin/Heidelberg/New York/Tokio 1977 (zitiert: *Flume*, AT 1/2)

Flume, Werner: Die Rechtsprechung des II. Zivilsenats des BGH zur Treupflicht des GmbH-Gesellschafters und des Aktionärs. Zugleich eine Besprechung des Girmes-Urteils des BGH vom 20. März 1995, II ZR 205/94, ZIP 95, 819, in: Zeitschrift für Wirtschaftsrecht 1996 (17. Jg.), S. 161 ff. (zitiert: *Flume*, ZIP 1996)

Fonk, Hans-Joachim: Die Zulässigkeit von Vorstandsbezügen dem Grunde nach, Aktienrechtliche Anmerkungen zum Urteil des LG Düsseldorf – Mannesmann, in: Neue Zeitschrift für Gesellschaftsrecht 2005 (8. Jg.), S. 248 ff. (zitiert: *Fonk*, NZG 2005)

Füllmich, Reiner: Zur Ablehnung künstlich lebensverlängernder medizinischer Maßnahmen durch nicht entscheidungsfähige Patienten, in: Neue Juristische Wochenschrift 1990 (43. Jg.), S. 2301 ff. (zitiert: *Füllmich*, NJW 1990)

Fuhrmann, Lambertus: Kreditgewährung an Gesellschafter: Ende des konzernweiten Cash-Managements?, in: Neue Zeitschrift für Gesellschaftsrecht 2004 (7. Jg.), S. 552 ff. (zitiert: *Fuhrmann*, NZG 2004)

Gallas, Wilhelm: Zur Struktur des strafrechtlichen Unrechtsbegriffs, in: Festschrift für Paul Bockelmann zum 70. Geburtstag am 7. Dezember 1978, hrsg. v. Arthur Kaufmann, Günter Bemmann, Detlev Krauss, Klaus Volk, München 1979, S. 155 ff. (zitiert: *Gallas*, FS Bockelmann)

Ganssmüller, Helmut: Nochmals: Unbeschränkt haftende Kommanditisten der GmbH & Co. KG, in: Neue Juristische Wochenschrift 1972 (25. Jg.), S. 1034 f. (zitiert: *Ganssmüller*, NJW 1972)

Geerds, Detlev: Die Rückzahlung kapitalersetzender Darlehen durch den Allein-Gesellschaftergeschäftsführer in der Krise der GmbH, in: Kriminalistik und Strafrecht. Festschrift für Friedrich Geerds zum 70. Geburtstag, hrsg. v. Ellen Schlüchter, Lübeck 1995, S. 689 ff. (zitiert: *Geerds*, FS Geerds)

Geerds, Friedrich: Einwilligung und Einverständnis des Verletzten, Kiel 1953 (zitiert: *Geerds*, Einwilligung)

Geerds, Friedrich: Einwilligung und Einverständnis des Verletzten im Strafrecht, in: Goltdammer's Archiv für Strafrecht 1954 (101. Jg.), S. 262 ff. (zitiert: *Geerds*, GA 1954)

Gehrlein, Markus: Einverständliche verdeckte Gewinnentnahmen der Gesellschafter als Untreue (§ 266 StGB) zu Lasten der GmbH, in: Neue Juristische Wochenschrift 2000 (53. Jg.), S. 1089 ff. (zitiert: *Gehrlein*, NJW 2000)

Geilen, Gerd: Einwilligung und ärztliche Aufklärungspflicht, Bielefeld 1963 (zitiert: *Geilen*, Einwilligung)

Geppert, Klaus: Rechtfertigende »Einwilligung« des verletzten Mitfahrers bei Fahrlässigkeitsstraftaten im Straßenverkehr? (Ein Beitrag zur dogmatischen Struktur der Einwilligung), in: Zeitschrift für die gesamte Strafrechtswissenschaft 1971 (Bd. 83), S. 947 ff. (zitiert: *Geppert*, ZStW 1971)

Gerkau, Frank H.: Untreue und objektive Zurechnung, Eine Untersuchung zur Restriktion der Untreuestrafbarkeit auf der Ebene des objektiven Tatbestandes, Hamburg 2008 (zitiert: *Gerkau*, Untreue)

Gloy, Wolfgang: Handbuch des Wettbewerbsrechts, 2. Auflage, München 1997 (zitiert: *Gloy*, Handbuch)

Göbel, Alfred A.: Die Einwilligung im Strafrecht als Ausprägung des Selbstbestimmungsrechts, Frankfurt a. M. 1992 (zitiert: *Göbel*, Einwilligung)

Goette, Wulf; Habersack, Mathias (Hrsg.): Münchener Kommentar zum Aktiengesetz. Band 1 §§ 1-75 AktG, 3. Auflage, München 2008, Band 5 §§ 278-328, SpruchG, ÖGesAusG, Österreichisches Konzernrecht, 3. Auflage, München 2010 (zitiert: MK AktG/*Bearbeiter*)

Götz, Heinrich: Die Pflicht des Aufsichtsrats zur Haftbarmachung von Vorstandsmitgliedern – Besprechung des ARAG-Urteils des BGH, in: Neue Juristische Wochenschrift 1997 (50. Jg.), S. 3275 ff. (zitiert: *Götz*, NJW 1997)

Götz, Heinrich: Leistungssorgfalt und Leistungskontrolle der Aktiengesellschaft hinsichtlich abhängiger Unternehmen, in: Zeitschrift für Unternehmens- und Gesellschaftsrecht 1998 (27. Jg.), S. 524 ff. (zitiert: *Götz*, ZGR 1998)

Golaschinski, Timo: Untreue des Aufsichtsrates bei Gewährung eines »appreciation award«. Aktien- und strafrechtliche Bewertung der Gewährung eines »appreciation award« an Vorstandsmitglieder vor dem Hintergrund des »Mannesmann-Falles«, Saarbrücken 2008 (zitiert: *Golaschinski*, Untreue)

Greeve, Gina: Korruptionsdelikte in der Praxis, München 2005 (zitiert: *Greeve*, Korruptionsdelikte)

Gribbohm, Günter: Untreue zum Nachteil der GmbH, in: Zeitschrift für Unternehmens- und Gesellschaftsrecht 1990 (19. Jg.), S. 1 ff. (zitiert: *Gribbohm*, ZGR 1990)

Groeben, Hans von der; Schwarze, Jürgen (Hrsg.): Kommentar zum Vertrag über die Europäische Union und zur Gründung der Europäischen Gemeinschaft, 6. Auflage, Baden-Baden 2003 (zitiert: v. d. Groeben/Schwarze/*Bearbeiter*, EUV und EGV)

Grub, Maximilian: Die insolvenzstrafrechtliche Verantwortlichkeit der Gesellschafter von Personenhandelsgesellschaften, Pfaffenweiler 1995 (zitiert: *Grub*, Insolvenzstrafrechtliche Verantwortlichkeit)

Grunewald, Barbara: Gesellschaftsrecht, 7. Auflage, Tübingen 2008 (zitiert: *Grunewald*, Gesellschaftsrecht)

Grunst, Barbara: Untreue zum Nachteil von Gesamthandsgesellschaften – Auswirkungen der BGH-Entscheidung zur Rechtsfähigkeit der GbR auf den strafrechtlichen Vermögensschutz, in: Betriebs-Berater 2001 (56. Jg.), S. 1537 ff. (zitiert: *Grunst*, BB 2001)

Gübel, Nils: Die Auswirkungen der faktischen Betrachtungsweise auf die strafrechtliche Haftung faktischer GmbH-Geschäftsführer, Baden-Baden 1994 (zitiert: *Gübel*, Strafrechtliche Haftung)

Günther, Hans-Ludwig: Strafrechtswidrigkeit und Strafunrechtsausschluss. Studien zur Rechtswidrigkeit als Straftatmerkmal und zur Funktion der Rechtfertigungsgründe im Strafrecht, Köln 1983 (zitiert: *Günther*, Strafrechtswidrigkeit)

Günther, Hans-Ludwig: Die Untreue im Wirtschaftsrecht, in: Festschrift für Ulrich Weber zum 70. Geburtstag, 18. September 2004, hrsg. v. Bernd Heinrich, Eric Hilgendorf, Wolfgang Mitsch, Detlev Sternberg-Lieben, Bielefeld 2004, S. 311 ff. (zitiert: *Günther*, FS Weber)

Gummert, Hans; Riegger, Bodo; Weipert, Lutz (Hrsg.): Münchener Handbuch des Gesellschaftsrechts. Band 1 BGB-Gesellschaft, Offene Handelsgesellschaft, Partnerschaftsgesellschaft, Partenreederei, EWIV, 3. Auflage, München 2009 (zitiert: MHG/*Bearbeiter*)

Habersack, Mathias: Die Anerkennung der Rechts- und Parteifähigkeit der GbR und der akzessorischen Gesellschafterhaftung durch den BGH, in: Betriebs-Berater 2001 (56. Jg.), S. 477 ff. (zitiert: *Habersack*, BB 2001)

Habersack, Mathias; Schürnbrand, Jan: Cash Management und Sicherheitenbestellung bei AG und GmbH im Lichte des richterrechtlichen Verbots der Kreditvergabe an Gesellschafter, in: Neue Zeitschrift für Gesellschaftsrecht 2004 (7. Jg.), S. 689 ff. (zitiert: *Habersack/Schürnbrand*, NZG 2004)

Hachenburg, Max: Gesetz betreffend die Gesellschaften mit beschränkter Haftung (GmbHG), Großkommentar, hrsg. v. Peter Ulmer, 8. Auflage, Erster Band Allgemeine Einleitung; §§ 1-34, Berlin/New York 1992, Zweiter Band §§ 35-52, Berlin/New York 1997, Dritter Band §§ 53-85; Register, Berlin/New York 1997 (zitiert: Hachenburg/*Bearbeiter*, GmbHG)

Hamm, Rainer: Kann der Verstoß gegen Treu und Glauben strafbar sein?, in: Neue Juristische Wochenschrift 2005 (58. Jg.), S. 1993 ff. (zitiert: *Hamm*, NJW 2005)

Hanft, Christian: Strafrechtliche Probleme im Zusammenhang mit der Einmann-GmbH. Für und Wider eines Schutzes zivilrechtlich formalisierter Rechtspositionen durch das Strafrecht, Baden-Baden 2006 (zitiert: *Hanft*, Einmann-GmbH)

Hannich, Rolf (Hrsg.): Karlsruher Kommentar zur Strafprozessordnung mit GVG, EGGVG und EMRK, 6. Auflage, München 2008 (zitiert: KK StPO/*Bearbeiter*)

Harder, Hermann L. von: Verkäuferprämien, in: Gewerblicher Rechtsschutz und Urheberrecht 1967 (69. Jg.), S. 182 ff. (zitiert: *v. Harder*, GRUR 1967)

Hartung, Wolfgang: Kapitalersetzende Darlehen – eine Chance für Wirtschaftskriminelle?, in: Neue Juristische Wochenschrift 1996 (49. Jg.), S. 229 ff. (zitiert: *Hartung*, NJW 1996)

Hefendehl, Roland: Kollektive Rechtsgüter im Strafrecht, Köln/Berlin/Bonn/München 2002 (zitiert: *Hefendehl*, Kollektive Rechtsgüter)

Hefermehl, Wolfgang; Köhler, Helmut; Bornkamm, Joachim: Gesetz gegen den unlauteren Wettbewerb, Preisangabenverordnung, Unterlassungsklagengesetz, 27. Auflage, München 2009 (zitiert: *Hefermehl/Köhler/Bornkamm*, UWG)

Heinitz, Ernst: Zur neueren Rechtsprechung über den Untreuetatbestand, in: Beiträge zur gesamten Strafrechtswissenschaft. Festschrift für Hellmuth Mayer zum 70. Geburtstag am 1. Mai 1965, hrsg. v. Friedrich Geerds, Wolfgang Naucke, Berlin 1966, S. 434 ff. (zitiert: *Heinitz*, FS Mayer)

Heintschel-Heinegg, Bernd von (Hrsg.): Beck'scher Online-Kommentar StGB, Stand: 1.9.2010, Edition 12 (zitiert: BeckOK StGB/*Bearbeiter*)

Heinze, Gerhard, B.; Rieker, Klaus J.: Unbeschränkt haftende Kommanditisten in der GmbH & Co. KG?, in: Neue Juristische Wochenschrift 1972 (25. Jg.), S. 472 ff. (zitiert: *Heinze/Rieker*, NJW 1972)

Heiseke, Jörg: »Schmiergelder« als Verkaufshilfen, in: Wettbewerb in Recht und Praxis 1969 (o. Jg.), S. 362 ff. (zitiert: *Heiseke*, WRP 1969)

Hellmann, Uwe: Verdeckte Gewinnausschüttungen und Untreue des GmbH-Geschäftsführers, in: Zeitschrift für Wirtschaft Steuer Strafrecht 1989 (8. Jg.), S. 214 ff. (zitiert: *Hellmann*, wistra 1989)

Hellmann, Uwe: Risikogeschäfte und Untreue, in: Zeitschrift für Internationale Strafrechtsdogmatik 2007 (2. Jg.), S. 433 ff. (zitiert: *Hellmann*, ZIS 2007)

Hellmann, Uwe; Beckemper, Katharina: Wirtschaftsstrafrecht. Studienbuch, 2. Auflage, Stuttgart 2008 (zitiert: *Hellmann/Beckemper*, Wirtschaftsstrafrecht)

Hentschke, Helmar: Der Untreueschutz der Vor-GmbH vor einverständlichen Schädigungen, Berlin 2002 (zitiert: *Hentschke*, Untreueschutz)

Henze, Hartwig: Prüfungs- und Kontrollaufgaben des Aufsichtsrates in der Aktiengesellschaft – Die Entscheidungspraxis des Bundesgerichtshofes, in: Neue Juristische Wochenschrift 1998 (51. Jg.), S. 3309 ff. (zitiert: *Henze*, NJW 1998)

Henze, Hartwig: Leitungsverantwortung des Vorstands – Überwachungspflicht des Aufsichtsrats, in: Betriebs-Berater 2000 (55. Jg.), S. 209 ff. (zitiert: *Henze*, BB 2000)

Henze, Hartwig: Konzernfinanzierung und Besicherung – Das Upstreamrisiko aus Gesellschafter- und Bankensicht, in: Wertpapier-Mitteilungen 2005 (59. Jg.), S. 717 ff. (zitiert: *Henze*, WM 2005)

Hesselmann, Malte: Handbuch der GmbH & Co., 16. Auflage, Köln 1980 (zitiert: *Hesselmann*, GmbH & Co.)

Hesselmann, Malte; Tillmann, Bert: Handbuch der GmbH & Co., 18. Auflage, Köln 1997 (zitiert: *Hesselmann/Tillmann*, GmbH & Co.)

Hillenkamp, Thomas: Verkehrsgefährdung durch Gefährdung des Tatbeteiligten – OLG Stuttgart, NJW 1976, 1904, in: Juristische Schulung 1977 (17. Jg.), S. 166 ff. (zitiert: *Hillenkamp*, JuS 1977)

Hillenkamp, Thomas: Risikogeschäft und Untreue, in: Neue Zeitschrift für Strafrecht 1981 (1. Jg.), S. 161 ff. (zitiert: *Hillenkamp*, NStZ 1981)

Hillenkamp, Thomas: Vorsatztat und Opferverhalten, Göttingen 1981 (zitiert: *Hillenkamp*, Vorsatztat)

Hinterhofer, Hubert: Die Einwilligung im Strafrecht, Wien 1998 (zitiert: *Hinterhofer*, Einwilligung)

Hirmer, Hans-Peter: Zivil- und strafrechtliches Verbot pflichtwidriger Schädigungen für Vorstandsmitglieder von unabhängigen und durch Beherrschungsvertrag gebundenen Aktiengesellschaften, Augsburg 1984 (zitiert: *Hirmer*, Verbot pflichtwidriger Schädigungen)

Hirsch, Hans Joachim: Einwilligung und Selbstbestimmung, in: Festschrift für Hans Welzel zum 70. Geburtstag am 25. März 1974, hrsg. v. Günter Stratenwerth, Armin Kaufmann, Gerd Geilen, Hans Joachim Hirsch, Hans-Ludwig Schreiber, Günther Jakobs und Fritz Loos, Berlin/New York 1974, S. 775 ff. (zitiert: *Hirsch*, FS Welzel)

Hirschenkrämer, Klaus: Fallen »entschleierte Schmiergelder« unter § 12 UWG?, in: Wettbewerb in Recht und Praxis 1965 (o. Jg.), S. 130 ff. (zitiert: *Hirschenkrämer*, WRP 1965)

Höfling, Wolfram; Demel, Michael: Zur Forschung an Nichteinwilligungsfähigen, in: Medizinrecht 1999 (17. Jg.), S. 540 ff. (zitiert: *Höfling/Demel*, MedR 1999)

Hölters, Wolfgang (Hrsg.): Handbuch des Unternehmens- und Beteiligungskaufs, 7. Auflage, Köln 2010 (zitiert: Hölters/*Bearbeiter*, Handbuch)

Höltkemeier, Kai: Sponsoring als Straftat. Die Bestechungsdelikte auf dem Prüfstand, Berlin 2005 (zitiert: *Höltkemeier*, Sponsoring)

Hoffmann-Becking, Michael: Der Aufsichtsrat im Konzern, in: Zeitschrift für das gesamte Handelsrecht und Wirtschaftsrecht 1995 (Bd. 159), S. 325 ff. (zitiert: *Hoffmann-Becking*, ZHR 1995)

Hohn, Kristian: Die »äußersten« Grenzen des erlaubten Risikos bei Entscheidungen über die Verwendung von Gesellschaftsvermögen – Anmerkung zum Urteil des BGH im sog. Mannesmann-Verfahren –, in: Zeitschrift für Wirtschafts- und Steuerstrafrecht 2006 (25. Jg.), S. 161 ff. (zitiert: *Hohn*, wistra 2006)

Hommelhoff, Peter: Die Konzernleitungspflicht, Zentrale Aspekte eines Konzernverfassungsrechts, Köln/Berlin/Bonn/München 1982 (zitiert: *Hommelhoff*, Konzernleitungspflicht)

Honig, Richard: Die Einwilligung des Verletzten. Teil I. Die Geschichte des Einwilligungsproblems und die Methodenfrage, Mannheim/Berlin/Leipzig 1919 (zitiert: *Honig*, Einwilligung)

Hopt, Klaus J.: Aktionärskreis und Vorstandsneutralität, in: Zeitschrift für Unternehmens- und Gesellschaftsrecht 1993 (22. Jg.), S. 534 ff. (zitiert: *Hopt*, ZGR 1993)

Hopt, Klaus J.; Hippel, Thomas von; Walz, W. Rainer (Hrsg.): Nonprofit-Organisationen in Recht, Wirtschaft und Gesellschaft, Tübingen 2005 (zitiert: Hopt/v. Hippel/Walz/*Bearbeiter*, Nonprofit-Organisationen)

Hopt, Klaus J.; Wiedemann, Herbert (Hrsg.): Aktiengesetz. Großkommentar. Erster Band: Einleitung, §§ 1-53, 4. Auflage, Berlin 2004, Fünfter Band: Mitbestimmungsgesetz; §§ 118-149, 4. Auflage, Berlin 2008 (zitiert: GK AktG/*Bearbeiter*)

Hüffer, Uwe: Mannesmann/Vodafone: Präsidiumsbeschlüsse des Aufsichtsrats für die Gewährung von »Appreciation Awards« an Vorstandsmitglieder (im Auftrag der Deutschen Bank AG erstattetes Rechtsgutachten), in: Betriebs-Berater 2003 (58. Jg.), Beilage 7 zu Heft 43, S. 1 ff. (zitiert: *Hüffer*, BB 2003)

Hüffer, Uwe: Gesellschaftsrecht, 7. Auflage, München 2007 (zitiert: *Hüffer*, Gesellschaftsrecht)

Hüffer, Uwe: Aktiengesetz, 9. Auflage, München 2010 (zitiert: *Hüffer*, AktG)

Ipsen, Jörn (Hrsg.): Parteiengesetz. Kommentar, München 2008 (zitiert: Ipsen/*Bearbeiter*, PartG)

Ischebeck, Lars: Die Sorgfalt eines ordentlichen Geschäftsmanns und das Strafrecht in der Unternehmenskrise – zugleich Anmerkung zu BGH, Urt. v. 5.5.2008 – II ZR 38/07 – in: Zeitschrift für Wirtschafts- und Steuerstrafrecht 2009 (28. Jg.), S. 95 ff. (zitiert: *Ischebeck*, wistra 2009)

Jacobs, Rainer; Lindacher, Walter F.; Teplitzky, Otto (Hrsg.): UWG. Gesetz gegen den unlauteren Wettbewerb mit Nebengesetzen. Großkommentar. Erster Band: Einleitung; §§ 1 bis 12 (§ 4 Stand 1.7.1992, § 12 Stand 1.11.1991), Berlin (zitiert: GK UWG/*Bearbeiter*)

Jähnke, Burkhard; Laufhütte, Heinrich Wilhelm; Odersky, Walter (Hrsg.): Strafgesetzbuch. Leipziger Kommentar. Großkommentar. Zweiter Band §§ 32-60, 11. Auflage, Berlin 2003, Siebter Band §§ 264-302, 11. Auflage, Berlin 2005 (zitiert: LK^{11}/*Bearbeiter*)

Jahn, Matthias: Untreue durch die Führung »schwarzer Kassen« – Fall Siemens/ENEL, in: Juristische Schulung 2009 (49. Jg.), S. 173 ff. (zitiert: *Jahn*, JuS 2009)

Jakobs, Günther: Strafrecht Allgemeiner Teil. Die Grundlagen und die Zurechnungslehre. Lehrbuch, 2. Auflage, Berlin/New York 1991 (zitiert: *Jakobs*, Strafrecht AT)

Jaques, Henning: Die Bestechungstatbestände unter besonderer Berücksichtigung des Verhältnisses der §§ 331 ff. StGB zu § 12 UWG, Frankfurt a. M. 1996 (zitiert: *Jaques*, Bestechungstatbestände)

Jauernig, Othmar (Hrsg.): Bürgerliches Gesetzbuch mit Allgemeinem Gleichbehandlungsgesetz (Auszug), 13. Auflage, München 2009 (zitiert: Jauernig/*Bearbeiter*, BGB)

Jescheck, Hans-Heinrich; Weigend, Thomas: Lehrbuch des Strafrechts. Allgemeiner Teil, 5. Auflage, Berlin 1996 (zitiert: *Jescheck*/*Weigend*, Strafrecht AT)

Joecks, Wolfgang; Miebach, Klaus (Hrsg.): Münchener Kommentar zum Strafgesetzbuch. Band 1 §§ 1-51 StGB, München 2003, Band 4 §§ 263-358 StGB, §§ 1-8, 105, 106 JGG, München 2006 (zitiert: MK StGB/*Bearbeiter*)

Jülich, Johann Maria: Bestechung und Bestechlichkeit von Angestellten – § 12 Unl. Wettbew. Ges. –, Köln 1931 (zitiert: *Jülich*, Bestechung und Bestechlichkeit)

Kantzas, Ioannis: Das Weisungsrecht im Vertragskonzern, Frankfurt a. M. 1988 (zitiert: *Kantzas*, Weisungsrecht)

Kargl, Walter: Die Missbrauchskonzeption der Untreue (§ 266 StGB), in: Zeitschrift für die gesamte Strafrechtswissenschaft 2001 (Bd. 113), S. 565 ff. (zitiert: *Kargl*, ZStW 2001)

Kasiske, Peter: Existenzgefährdende Eingriffe in das GmbH-Vermögen mit Zustimmung der Gesellschafter als Untreue, in: Zeitschrift für Wirtschafts- und Steuerstrafrecht 2005 (24. Jg.), S. 81 ff. (zitiert: *Kasiske*, wistra 2005)

Kaufmann, Jochen: Organuntreue zum Nachteil von Kapitalgesellschaften, Frankfurt a. M. 1999 (zitiert: *Kaufmann*, Organuntreue)

Kerber, Markus C.: Die aktienrechtlichen Grenzen der finanziellen Unterstützung des Aktienerwerbs im Buy-out-Verfahren – Zur Reichweite und Abgrenzung von § 71a AktG und §§ 311 ff. AktG beim Unternehmenserwerb im Wege der Schuldübernahme und nachfolgender Verschmelzung –, in: Der Betrieb 2004 (56. Jg.), S. 1027 ff. (zitiert: *Kerber*, DB 2004)

Keuffel-Hospach, Anne-Marie: Die Grenzen der Strafbarkeit wegen Untreue (§ 266 StGB) aufgrund eines tatsächlichen Treueverhältnisses, Tübingen 1997 (zitiert: *Keuffel-Hospach*, Grenzen der Strafbarkeit)

Kiefner, Alexander; Theusinger, Ingo: Aufsteigende Darlehen und Sicherheitenbegebung im Aktienrecht nach dem MoMiG, in: Neue Zeitschrift für Gesellschaftsrecht 2008 (10. Jg.), S. 801 ff. (zitiert: *Kiefner/Theusinger*, NZG 2008)

Kind, Sandra: Darf der Vorstand einer AG Spenden an politische Parteien vergeben?, in: Neue Zeitschrift für Gesellschaftsrecht 2000 (3. Jg.), S. 567 ff. (zitiert: *Kind*, NZG 2000)

Kindhäuser, Urs: Zur Unterscheidung von Einverständnis und Einwilligung, in: Festschrift für Hans-Joachim Rudolphi zum 70. Geburtstag, hrsg. v. Klaus Rogall, Ingeborg Puppe, Ulrich Stein, Jürgen Wolter, Neuwied 2004, S. 135 ff. (*Kindhäuser*, FS Rudolphi)

Kindhäuser, Urs: Strafrecht Allgemeiner Teil, 4. Auflage, Baden-Baden 2009 (zitiert: *Kindhäuser*, Strafrecht AT)

Kindhäuser, Urs: Normtheoretische Überlegungen zur Einwilligung im Strafrecht, in: Goltdammer's Archiv für Strafrecht 2010 (157. Jg.), S. 490 ff. (zitiert: *Kindhäuser*, GA 2010)

Kindhäuser, Urs: Strafgesetzbuch. Lehr- und Praxiskommentar, 4. Auflage, Baden-Baden 2010 (zitiert: *Kindhäuser*, LPK)

Kindhäuser, Urs: Strafrecht Besonderer Teil II. Straftaten gegen Vermögensrechte, 6. Auflage, Baden-Baden 2010 (zitiert: *Kindhäuser*, Strafrecht BT II)

Kindhäuser, Urs; Neumann, Ulfrid; Paeffgen, Hans-Ullrich (Hrsg.): Nomos-Kommentar. Strafgesetzbuch. Band 2. §§ 146-358, 3. Auflage, Baden-Baden 2010 (zitiert: NK/*Bearbeiter*)

Kindler, Peter: Grundkurs Handels- und Gesellschaftsrecht, 4. Auflage, München 2009 (zitiert: *Kindler*, Gesellschaftsrecht)

Klamroth, Sabine: Erweitertes Haftungsrisiko der Kommanditisten in der GmbH & Co. KG, in: Betriebs-Berater 1972 (27. Jg.), S. 428 ff. (zitiert: *Klamroth*, BB 1972)

Knauer, Christoph: Anmerkung zum Urteil des BGH v. 29.8.2008 – 2 StR 587/07, in: Neue Zeitschrift für Strafrecht 2009 (29. Jg.), S. 151 ff. (zitiert: *Knauer*, NStZ 2009)

Köhler, Helmut; Piper, Henning: Gesetz gegen den unlauteren Wettbewerb mit Zugabeverordnung, Rabattgesetz und Preisangabenverordnung, München 1995 (zitiert: *Köhler/Piper*, UWG)

Köhler, Michael: Strafrecht Allgemeiner Teil, Berlin/Heidelberg/New York 1997 (zitiert: *Köhler*, Strafrecht AT)

Koepsel, Anne K.: Bestechlichkeit und Bestechung im geschäftlichen Verkehr (§ 299 StGB). Eine Fallanalyse zur Ermittlung von Anwendungsbereich und Grenzen der Norm, Osnabrück 2006 (zitiert: *Koepsel*, Bestechlichkeit und Bestechung)

Kohlmann, Günter: Wider die Furcht vor § 266 StGB, in: Juristische Arbeitsblätter 1980 (12. Jg.), S. 228 ff. (zitiert: *Kohlmann*, JA 1980)

Kohlmann, Günter: Untreue zum Nachteil einer GmbH trotz Zustimmung sämtlicher Gesellschafter?, in: Handelsrecht und Wirtschaftsrecht in der Bankpraxis. Festschrift für Winfried Werner zum 65. Geburtstag am 17. Oktober 1984, hrsg. v. Walter Hadding, Hans-Joachim Mertens, Ulrich Immenga, Klemens Pleyer, Uwe H. Schneider, Berlin/New York 1984, S. 87 ff. (zitiert: *Kohlmann*, FS Werner)

Kohlmann, Günter: Die strafrechtliche Verantwortlichkeit des GmbH-Geschäftsführers, Heidelberg 1990 (zitiert: *Kohlmann*, Verantwortlichkeit)

Kohte, Wolfhard: Die rechtfertigende Einwilligung, in: Archiv für die civilistische Praxis 1985 (Bd. 185), S. 105 ff. (zitiert: *Kohte*, AcP 1985)

Kollmorgen, Alexander; Santelmann, Matthias; Weiß, Olaf: Upstream-Besicherung und Limitation Language nach Inkrafttreten des MoMiG, in: Betriebs-Berater 2009 (64. Jg.), S. 1818 ff. (zitiert: *Kollmorgen/Santelmann/Weiß*, BB 2009)

Koppensteiner, Hans-Georg: GmbH-rechtliche Probleme des Management Buy-Out, in: Zeitschrift für das gesamte Handelsrecht und Wirtschaftsrecht 1991 (Bd. 155), S. 97 ff. (zitiert: *Koppensteiner*, ZHR 1991)

Kramer, Bernhard: Strafbewehrte Vermögensbetreuungspflicht des Alleingesellschafters und seiner Organe zu Gunsten der abhängigen GmbH? – Zugleich Anmerkung zu BGH, Urteil vom 17. September 2001 = WM 2001, 2062 (Bremer Vulkan) –, in: Wertpapier-Mitteilungen 2004 (58. Jg.), S. 305 ff. (zitiert: *Kramer*, WM 2004)

Krause, Daniel M.: Ordnungsgemäßes Wirtschaften und Erlaubtes Risiko, Grund- und Einzelfragen des Bankrotts (§ 283 StGB) – zugleich ein Beitrag zur Dogmatik des Konkursstrafrechts, Berlin 1995 (zitiert: *Krause*, Ordnungsgemäßes Wirtschaften)

Krause, Daniel M.: Konzerninternes Cash Management – der Fall Bremer Vulkan, Neue Ansätze bei der Untreue (§ 266 StGB) und ihre Konsequenzen für die Praxis, in: Juristische Rundschau 2006 (o. Jg.), S. 51 ff. (zitiert: *Krause*, JR 2006)

Krause, Daniel M.: Anmerkung zum Urteil des BGH v. 21.12.2005 – 3 StR 470/04, in: Strafverteidiger 2006 (26. Jg.), S. 307 ff. (zitiert: *Krause*, StV 2006)

Krekeler, Wilhelm; Werner, Elke: Verdeckte Gewinnausschüttung als Untreue, in: Strafverteidiger Forum 2003 (o. Jg.), S. 374 ff. (zitiert: *Krekeler/Werner*, StraFo 2003)

Kropff, Bruno: Das TBB-Urteil und das Aktienkonzernrecht, in: Die Aktiengesellschaft 1993 (38. Jg.), S. 485 ff. (zitiert: *Kropff*, AG 1993)

Kropff, Bruno; Semler, Johannes (Hrsg.): Münchener Kommentar zum Aktiengesetz. Band 4 §§ 118-147, 2. Auflage, München 2004, Band 5/1 §§ 148-151, 161-178 AktG, §§ 238-264c, 342a HGB, 2. Auflage, München 2003 (zitiert: MK AktG/*Bearbeiter*)

Kropff, Bruno; Semler, Johannes; Goette, Wulf; Habersack, Mathias (Hrsg.): Münchener Kommentar zum Aktiengesetz. Band 9/2 §§ 329-410 AktG, SE-VO, SEBG, Europäische Niederlassungsfreiheit. Die Richtlinien zum Gesellschaftsrecht, 2. Auflage, München 2006 (MK AktG/*Bearbeiter*)

Krüger, Matthias: Genossenschaftsuntreue, in: Zeitschrift für das gesamte Genossenschaftswesen 2010 (Bd. 60), S. 221 ff. (zitiert: Krüger, ZfgG 2010)

Kubiciel, Michael: Gesellschaftsrechtliche Pflichtwidrigkeit und Untreuestrafbarkeit, in: Neue Zeitschrift für Strafrecht 2005 (25. Jg.), S. 353 ff. (zitiert: *Kubiciel*, NStZ 2005)

Kübler, Friedrich; Assmann, Heinz-Dieter: Gesellschaftsrecht. Die privatrechtlichen Ordnungsstrukturen und Regelungsprobleme von Verbänden und Unternehmen, 6. Auflage, Heidelberg 2006 (zitiert: *Kübler/Assmann*, Gesellschaftsrecht)

Kühbacher, Uli: Darlehen an Konzernunternehmen. Besicherung und Vertragsanpassung, Berlin 1993 (zitiert: *Kühbacher*, Konzernunternehmen)

Kühl, Kristian: Strafrecht Allgemeiner Teil, 6. Auflage, München 2008 (zitiert: *Kühl*, Strafrecht AT)

Kühne, Hans-Heiner: Die strafrechtliche Relevanz eines auf Fehlvorstellungen gegründeten Rechtsgutsverzichts, in: Juristenzeitung 1979 (34. Jg.), S. 241 ff. (zitiert: *Kühne*, JZ 1979)

Kutzner, Lars: Anmerkung zum Urteil des BGH v. 13.5.2005 – 5 StR 73/03 (*»Bremer Vulkan«*), in: Neue Zeitschrift für Strafrecht 2005 (25. Jg.), S. 271 f. (zitiert: *Kutzner*, NStZ 2005)

Labsch, Karl Heinz: Die Strafbarkeit des GmbH-Geschäftsführers im Konkurs der GmbH, in: Zeitschrift für Wirtschaft Steuer Strafrecht 1985 (4. Jg.), S. 1 ff. (zitiert: *Labsch*, wistra 1985)

Labsch, Karl Heinz: Einverständliche Schädigung des Gesellschaftsvermögens und Strafbarkeit des GmbH-Geschäftsführers – BGH, NStZ 1984, 118, in: Juristische Schulung 1985 (25. Jg.), S. 602 ff. (zitiert: *Labsch*, JuS 1985)

Labsch, Karl Heinz: Der Kreditkartenmißbrauch und das Untreuestrafrecht, in: Neue Juristische Wochenschrift 1986 (39. Jg.), S. 104 ff. (zitiert: *Labsch*, NJW 1986)

Labsch, Karl Heinz: Grundprobleme des Mißbrauchstatbestands der Untreue (§ 266 Abs. 1, 1. Alt. StGB), in: Juristische Ausbildung 1987 (9. Jg.), S. 411 ff. (zitiert: *Labsch*, Jura 1987)

Lackner, Karl; Kühl, Kristian: Strafgesetzbuch. Kommentar, 27. Auflage, München 2011 (zitiert: *Lackner/Kühl*, StGB)

Lampe, Ernst-Joachim: Empfiehlt es sich im gesamtwirtschaftlichen Interesse, den Tatbestand des § 12 UWG zu ändern, insbesondere hinsichtlich des Kreises der Vorteilsnehmer zu erweitern und als Offizialdelikt auszugestalten?, in: Tagungsberichte der Sachverständigenkommission zur Bekämpfung der Wirtschaftskriminalität – Reform des Wirtschaftsstrafrechts – hrsg. v. Bundesministerium der Justiz, Bonn 1976, Band XI, Anl. I, S. 1 ff. (zitiert: *Lampe*, Gesamtwirtschaftliches Interesse)

Lampe, Ernst-Joachim: Unternehmensaushöhlung als Straftat, in: Goltdammer's Archiv für Strafrecht 1987 (144. Jg.), S. 241 ff. (zitiert: *Lampe*, GA 1987)

Lampe, Ernst-Joachim: Die strafrechtliche Erfassung des »Anzapfens« nach § 240 StGB und § 12 UWG, in: Beiträge zur Rechtswissenschaft. Festschrift für Walter Stree und Johannes Wessels zum 70. Geburtstag, hrsg. v. Wilfried Küper und Jürgen Welp, Heidelberg 1993, S. 449 ff. (zitiert: *Lampe*, FS Stree/Wessels)

Laufhütte, Heinrich Wilhelm; Rissing-van Saan, Ruth; Tiedemann, Klaus (Hrsg.): Strafgesetzbuch. Leipziger Kommentar. Großkommentar. Zweiter Band §§ 32-53, 12. Auflage, Berlin 2006; Zehnter Band §§ 284-305a, Berlin 2008 (zitiert: LK[12]/*Bearbeiter*)

Laufs, Adolf; Kern, Bernd-Rüdiger (Hrsg.): Handbuch des Arztrechts, 4. Auflage, München 2010 (zitiert: Laufs/Kern/*Bearbeiter*, Handbuch)

Leimenstoll, Ulrich: Zur Untreue im Konzernverbund, in: Zeitschrift für Internationale Strafrechtsdogmatik 2010 (5. Jg.), S. 143 ff. (zitiert: *Leimenstoll*, ZIS 2010)

Lenckner, Theodor: Die Einwilligung Minderjähriger und deren gesetzlicher Vertreter, in: Zeitschrift für die gesamte Strafrechtswissenschaft 1960 (Bd. 72), S. 446 ff. (zitiert: *Lenckner*, ZStW 1960)

Lesch, Heiko: Anwaltliche Akquisition zwischen Sozialadäquanz, Vorteilsgewährung und Bestechung im geschäftlichen Verkehr, in: Anwaltsblatt 2003 (53. Jg.), S. 261 ff. (zitiert: *Lesch*, AnwBl. 2003)

Limmer, Peter: Die Haftungsverfassung des faktischen GmbH-Konzerns, Köln 1991 (zitiert: *Limmer*, Haftungsverfassung)

Link, Holger: Anmerkung zum Urteil des BGH v. 10.2.2009 – 3 StR 372/08, in: Neue Juristische Wochenschrift 2009 (62. Jg.), S. 2228 f. (zitiert: *Link*, NJW 2009)

Lipps, Wolfgang: Nochmals – Verdeckte Gewinnausschüttung bei der GmbH als strafrechtliche Untreue?, in: Neue Juristische Wochenschrift 1989 (42. Jg.), S. 502 ff. (zitiert: *Lipps*, NJW 1989)

Livonius, Barbara: Untreue wegen existenzgefährdenden Eingriffs – Rechtsgeschichte?, in: Zeitschrift für Wirtschafts- und Steuerstrafrecht 2009 (28. Jg.), S. 91 ff. (zitiert: *Livonius*, wistra 2009)

Loeck, Henning: Strafbarkeit des Vorstands der Aktiengesellschaft wegen Untreue, Frankfurt a. M. 2006 (zitiert: *Loeck*, Strafbarkeit des Vorstands)

Looschelders, Dirk: Schuldrecht Allgemeiner Teil, 8. Auflage, München 2010 (zitiert: *Looschelders*, Schuldrecht AT)

Lüderssen, Klaus: Die Symbiose von Macht und Staat – auseinanderdividiert durch das Strafrecht?, in: Strafverteidiger 1997 (17. Jg.), S. 318 ff. (zitiert: *Lüderssen*, StV 1997)

Lüderssen, Klaus: Der Angestellte im Unternehmen – quasi ein Amtsträger? Der Verzicht auf die Gefährdung des Wettbewerbes in der geplanten Strafvorschrift des § 299 Abs. 1 Ziff. 2 StGB, in: Strafrecht und Wirtschaftsstrafrecht – Dogmatik, Rechtsvergleich, Rechtstatsachen – Festschrift für Klaus Tiedemann zum 70. Geburtstag, hrsg. v. Ulrich Sieber, Gerhard Dannecker, Urs Kindhäuser, Joachim Vogel, Tonio Walter, Köln/München 2008, S. 889 ff. (zitiert: *Lüderssen*, FS Tiedemann)

Lüderssen, Klaus: Risikomanagement und »Risikoerhöhungstheorie« – auf der Suche nach Alternativen zu § 266 StGB, in: In dubio pro libertate. Festschrift für Klaus Volk zum 65. Geburtstag, hrsg. v. Winfried Hassemer, Eberhard Kempf, Sergio Moccia, München 2009, S. 345 ff. (zitiert: *Lüderssen*, FS Volk)

Lüdicke, Jochen; Sistermann, Christian (Hrsg.): Unternehmenssteuerrecht. Gründung Finanzierung Umstrukturierung Übertragung Liquidation, München 2008 (zitiert: Lüdicke/Sistermann/*Bearbeiter*, Unternehmenssteuerrecht)

Lutter, Marcus: Zum unternehmerischen Ermessen des Aufsichtsrates, in: Zeitschrift für Wirtschaftsrecht 1995 (16. Jg.), S. 441 f. (zitiert: *Lutter*, ZIP 1995)

Lutter, Marcus: Haftung und Haftungsfreiräume des GmbH-Geschäftsführers. 10 Gebote an den Geschäftsführer, in: GmbH-Rundschau 2000 (91. Jg.), S. 301 ff. (zitiert: *Lutter*, GmbHR 2000)

Lutter, Marcus: Zivilrechtlich korrekt und doch strafbar? Das kann nicht sein., in: Neue Zeitschrift für Gesellschaftsrecht 2010 (13. Jg.), S. 601 ff. (zitiert: *Lutter*, NZG 2010)

Lutter, Marcus; Hommelhoff, Peter: GmbH-Gesetz, Kommentar, 17. Auflage, Köln 2009 (zitiert: *Lutter/Hommelhoff*, GmbHG)

Mangoldt, Herman von; Klein, Friedrich; Starck, Christian (Hrsg.): Kommentar zum Grundgesetz. Band 1: Präambel, Artikel 1 bis 19, 5. Auflage, München 2005 (zitiert: v. Mangoldt/Klein/Starck/*Bearbeiter*, GG)

Manssen, Gerrit: Staatsrecht II. Grundrechte, 7. Auflage, München 2010 (zitiert: *Manssen*, Staatsrecht II)

Marxen, Klaus; Taschner, Katharina: Schmiergeld, schwarze Kassen, Untreue/»Siemens«, in: Entscheidungen zum Wirtschaftsrecht 2009 (25. Jg.), S. 253 f. (zitiert: *Marxen/Taschner*, EWiR 2009)

Matt, Holger: Missverständnisse zur Untreue – Eine Betrachtung auch zum Verhältnis von (Straf-)Recht und Moral, in: Neue Juristische Wochenschrift 2005 (58. Jg.), S. 389 ff. (zitiert: *Matt*, NJW 2005)

Maurach, Reinhart; Schroeder, Friedrich-Christian; Maiwald, Manfred: Strafrecht Besonderer Teil, Teilband 1: Straftaten gegen Persönlichkeits- und Vermögenswerte, Lehrbuch, 10. Auflage, Heidelberg 2009 (zitiert: *Maurach/Schroeder/Maiwald*, Strafrecht BT 1)

Maurach, Reinhart; Zipf, Heinz: Strafrecht Allgemeiner Teil. Teilband 1, 8. Auflage, Heidelberg 1992 (zitiert: *Maurach/Zipf*, Strafrecht AT 1)

Maurer, Frank: Untreue bei der juristischen Person unter besonderer Berücksichtigung des Eigenkapital(ersatz)rechts, in: GmbH-Rundschau 2004 (95. Jg.), S. 1549 ff. (zitiert: *Maurer*, GmbHR 2004)

Meilicke, Wienand; Westphalen, Friedrich Graf von; Hoffmann, Jürgen; Lenz, Tobias; Wolff, Reinmar: Partnerschaftsgesellschaftsgesetz. Gesetz über Partnerschaftsgesellschaften Angehöriger Freier Berufe, 2. Auflage, München 2006 (zitiert: Meilicke/*Bearbeiter*, PartGG)

Messer, Herbert: Kreditbesicherung im Konzern, in: Zeitschrift für das gesamte Handelsrecht und Wirtschaftsrecht 1995 (Bd. 159), S. 375 ff. (zitiert: *Messer*, ZHR 1995)

Meyer, Klaus; Möhrenschläger, Manfred. Möglichkeiten des Straf- und Ordnungswidrigkeitenrechts zur Bekämpfung des unlauteren Wettbewerbs, in: Wirtschaft und Verwaltung, Vierteljahresbeilage zum Gewerbearchiv 1982 (o. Jg.), S. 21 ff. (zitiert: *Meyer/Möhrenschläger*, WiVerw 1982)

Meyer-Goßner, Lutz: Strafprozessordnung. Mit GVG und Nebengesetzen, 53. Auflage, München 2010 (zitiert: *Meyer-Goßner*, StPO)

Michalski, Lutz (Hrsg.): Kommentar zum Gesetz betreffend die Gesellschaft mit beschränkter Haftung (GmbHG). Bd. I: Systematische Darstellungen 1-7, §§ 1-34 GmbHG, München 2002 (zitiert: Michalski/*Bearbeiter*, GmbHG)

Mihm, Asmus: Strafrechtliche Konsequenzen verdeckter Gewinnausschüttungen, Berlin 1998 (zitiert: *Mihm*, Konsequenzen verdeckter Gewinnausschüttungen)

Mitsch, Wolfgang: Strafrecht Besonderer Teil 2. Vermögensdelikte (Randbereich)/ Teilband 2, Heidelberg 2001 (zitiert: *Mitsch*, Strafrecht BT II/2)

Mölders, Simone: Bestechung und Bestechlichkeit im internationalen geschäftlichen Verkehr. Zur Anwendbarkeit des § 299 StGB auf Sachverhalte mit Auslandsbezug, Frankfurt a. M. 2009 (zitiert: *Mölders*, Bestechung und Bestechlichkeit)

Moosmayer, Klaus: Straf- und bußgeldrechtliche Aspekte des Wertpapiererwerbs- und Übernahmegesetzes, in: Zeitschrift für Wirtschafts- und Steuerstrafrecht 2004 (23. Jg.), S. 401 ff. (zitiert: *Moosmayer*, wistra 2004)

Mosiek, Marcus: Neues zur Unmittelbarkeit des Untreueschadens. Zugleich Anmerkung zu BGH, Beschluss vom 17. Juli 2009 – 5 StR 394/08, in: Höchstrichterliche Rechtsprechung im Strafrecht 2009 (10. Jg.), S. 565 ff. (zitiert: *Mosiek*, HRRS 2009)

Müller Klaus J.; Wolff, Reinmar: Freiwilliger Aufsichtsrat nach § 52 GmbHG und andere freiwillige Organe, in: Neue Zeitschrift für Gesellschaftsrecht 2003 (6. Jg.), S. 751 ff. (zitiert: *Müller/Wolff*, NZG 2003)

Müller-Gloge, Rudi; Preis, Ulrich; Schmidt, Ingrid: Erfurter Kommentar zum Arbeitsrecht, 11. Auflage, München 2011 (zitiert: EK/*Bearbeiter*)

Müller-Gugenberger, Christian; Bieneck, Klaus (Hrsg.): Wirtschaftsstrafrecht. Handbuch des Wirtschaftsstraf- und -ordnungswidrigkeitenrechts, 4. Auflage, Köln 2006 (zitiert: Müller-Gugenberger/Bieneck/*Bearbeiter*, Wirtschaftsstrafrecht)

Murmann, Uwe: Die Selbstverantwortung des Opfers im Strafrecht, Berlin/Heidelberg/New York 2005 (zitiert: *Murmann*, Selbstverantwortung)

Nelles, Ursula: Untreue zum Nachteil von Gesellschaften. Zugleich ein Beitrag zur Struktur des Vermögensbegriffs als Beziehungsbegriff, Berlin 1991 (zitiert: *Nelles*, Untreue)

Neyen, Werner: Die Einwilligungsfähigkeit im Strafrecht, Trier 1991 (zitiert: *Neyen*, Einwilligungsfähigkeit)

Noll, Peter: Übergesetzliche Rechtfertigungsgründe, im besonderen die Einwilligung. Faits justificaits extra-légaux en particulier le consentement du lésé, Basel 1955 (zitiert: *Noll*, Rechtfertigungsgründe)

Nowakowski, Friedrich: Zur Lehre von der Rechtswidrigkeit, in: Zeitschrift für die gesamte Strafrechtswissenschaft 1951 (Bd. 63), S. 287 ff. (zitiert: *Nowakowski*, ZStW 1951)

Odenthal, Hans-Jörg: Der »geschäftliche Betrieb« als Leistungsempfänger nach § 299 StGB, in: Zeitschrift für Wirtschafts- und Steuerstrafrecht 2005 (24. Jg.), S. 170 ff. (zitiert: *Odenthal*, wistra 2005)

Odenwald, Steffen: Die Einwilligungsfähigkeit im Strafrecht unter besonderer Hervorhebung ärztlichen Handelns, Frankfurt a. M. 2004 (zitiert: *Odenwald*, Einwilligungsfähigkeit)

Oechsler, Jürgen: Der praktische Weg zur Societas Europeae SE – Gestaltungsspielraum und Typenzwang, in: Neue Zeitschrift für Gesellschaftsrecht 2005 (8. Jg.), S. 697 ff. (zitiert: *Oechsler*, NZG 2005)

Oldigs, Dirk: Die Strafbarkeit von Submissionsabsprachen nach dem neuen § 298 StGB. Notwendige Reform oder purer Aktionismus?, in: Zeitschrift für Wirtschafts- und Steuerstrafrecht 1998 (17. Jg.), S. 291 ff. (zitiert: *Oldigs*, wistra 1998)

Oldigs, Dirk: Möglichkeiten und Grenzen der strafrechtlichen Bekämpfung von Submissionsabsprachen, Heidelberg 1998 (zitiert: *Oldigs*, Submissionsabsprachen)

Otto, Hans-Jochen: Fremdfinanzierte Übernahmen – Gesellschafts- und steuerrechtliche Kriterien des Leveraged Buy-Out, in: Der Betrieb 1989 (42. Jg.), S. 1389 ff. (zitiert: *Otto*, DB 1989)

Otto, Harro: Anmerkung zum Urteil des BGH v. 17.04.1984 – I StR 736/83, in: Strafverteidiger 1984 (4. Jg.), S. 462 f. (zitiert: *Otto*, StV 1984)

Otto, Harro: Anmerkung zum Urteil des BGH v. 5.7.1984 – 4 StR 255/84, in: Juristische Rundschau 1985 (o. Jg.), S. 29 ff. (zitiert: *Otto*, JR 1985)

Otto, Harro: Anmerkung zum BGH-Urteil v. 25.2.1988 – 1 StR 466/87, in: Juristenzeitung 1988 (43. Jg.), S. 883 f. (zitiert: *Otto*, JZ 1988)

Otto, Harro: Einverständnis, Einwilligung und eigenverantwortliche Selbstgefährdung, in: Kriminalistik und Strafrecht. Festschrift für Friedrich Geerds zum 70. Geburtstag, hrsg. v. Ellen Schlüchter, Lübeck 1995, S. 603 ff. (zitiert: *Otto*, FS Geerds)

Otto, Harro: Aktienstrafrecht, Berlin/New York 1997 (zitiert: *Otto*, Aktienstrafrecht)

Otto, Harro: Keine strafbare Untreue im Fall Kohl, in: Recht und Politik 2000 (36. Jg.), S. 109 f. (zitiert: *Otto*, RuP 2000)

Otto, Harro: Untreue der Vertretungsorgane von Kapitalgesellschaften, in: Festschrift für Günter Kohlmann zum 70. Geburtstag, hrsg. v. Hans-Joachim Hirsch, Jürgen Wolter, Uwe Brauns, S. 187 ff., Köln 2003 (zitiert: *Otto*, FS Kohlmann)

Otto, Harro: Grundkurs Strafrecht. Die einzelnen Delikte, 7. Auflage, Berlin 2005 (zitiert: *Otto*, Strafrecht BT)

Otto, Harro: Untreue durch Übernahme der mit einem Strafverfahren verbundenen Aufwendungen für Unternehmensangehörige durch ein Unternehmen, in: Strafrecht und Wirtschaftsstrafrecht – Dogmatik, Rechtsvergleich, Rechtstatsachen – Festschrift für Klaus Tiedemann zum 70. Geburtstag, hrsg. v. Ulrich Sieber, Gerhard Dannecker, Urs Kindhäuser, Joachim Vogel, Tonio Walter, Köln/München 2008, S. 693 ff. (zitiert: *Otto*, FS Tiedemann)

Palandt, Otto: Bürgerliches Gesetzbuch, 70. Auflage, München 2011 (zitiert: Palandt/*Bearbeiter*, BGB)

Park, Tido (Hrsg.): Kapitalmarktstrafrecht, 2. Auflage, Baden-Baden 2008 (zitiert: Park/*Bearbeiter*, Kapitalmarktstrafrecht)

Paster, Inga; Sättele, Alexander: Alles, was das Leben verschönern kann - - Eine Anmerkung zum Sponsoring-Urteil des LG Karlsruhe vom 28.11.2007 - NStZ 2008, 407, in: Neue Zeitschrift für Strafrecht 2008 (28. Jg.), S. 366 ff. (zitiert: *Paster/Sättele*, NStZ 2008)

Paul, Carsten: Zusammengesetztes Delikt und Einwilligung, Berlin 1998 (zitiert: *Paul*, Zusammengesetztes Delikt)

Peifer, Karl-Nikolaus: Rechtsfähigkeit und Rechtssubjektivität der Gesamthand – die GbR als OHG?, in: Neue Zeitschrift für Gesellschaftsrecht 2001 (4. Jg.), S. 296 ff. (zitiert: *Peifer*, NZG 2001)

Peinemann, Christopher: Zur Frage der Strafbarkeit des geschäftsführenden Alleingesellschafters einer GmbH wegen Bestechlichkeit im geschäftlichen Verkehr -§ 299 Abs. 1 StGB-, Hamburg 2009 (zitiert: *Peinemann*, Strafbarkeit)

Peltzer, Martin: Rechtliche Problematik der Finanzierung des Unternehmenskaufs beim MBO, in: Der Betrieb 1987 (40. Jg.), S. 973 ff. (zitiert: *Peltzer*, DB 1987)

Pelz, Christian: Sponsoring – zwischen Marketing und Korruption, in: Lebensmittel und Recht 2009 (13. Jg.), S. 50 ff. (zitiert: *Pelz*, LMuR 2009)

Perron, Walter: Untreue zum Nachteil politischer Parteien durch Bildung »schwarzer Kassen« – Fall Kanther/Weyhrauch, in: Neue Zeitschrift für Strafrecht 2008 (28. Jg.), S. 517 ff. (zitiert: *Perron*, NStZ 2008)

Perron, Walter: Probleme und Perspektiven des Untreuetatbestandes, in: Goltdammer's Archiv für Strafrecht 2009 (156. Jg.), S. 219 ff. (zitiert: *Perron*, GA 2009)

Pfeiffer, Gerd: Das strafrechtliche Schmiergeldverbot nach § 12 UWG, in: Festschrift für Otto-Friedrich Freiherr von Gamm, hrsg. v. Willi Erdmann, Hans-Kurt Mees, Henning Piper, Otto Teplitzky, Wolfgang Hefermehl, Peter Ulmer, Köln/Berlin/Bonn/München 1990, S. 129 ff. (zitiert: *Pfeiffer*, FS v. Gamm)

Pieroth, Bodo; Schlink, Bernhard: Grundrechte. Staatsrecht II, 26. Auflage, Heidelberg 2010 (zitiert: *Pieroth/Schlink*, Grundrechte)

Piper, Henning (Begr.); Ohly, Ansgar; Sosnitza, Olaf: Gesetz gegen den unlauteren Wettbewerb mit Preisangabenverordnung, 5. Auflage, München 2010 (zitiert: *Piper/Ohly/Sosnitza*, UWG)

Pöhlmann, Peter; Fandrich, Andreas; Bloehs, Joachim: Genossenschaftsgesetz. Gesetz betreffend die Erwerbs- und Wirtschaftsgenossenschaften nebst umwandlungsrechtlichen Vorschriften für Genossenschaften, 3. Auflage, München 2007 (zitiert: *Pöhlmann/Fandrich/Bloehs*, GenG)

Poseck, Roman: Die strafrechtliche Haftung der Mitglieder des Aufsichtsrats einer Aktiengesellschaft, Baden-Baden 1997 (zitiert: *Poseck*, Strafrechtliche Haftung)

Pragal, Oliver: § 299 StGB – keine Straftat gegen den Wettbewerb!, in: Zeitschrift für Internationale Strafrechtsdogmatik 2006 (1. Jg.), S. 63 ff. (zitiert: *Pragal*, ZIS 2006)

Pragal, Oliver: Die Korruption innerhalb des privaten Sektors und ihre strafrechtliche Kontrolle durch § 299 StGB. Erscheinungsformen, Rechtsgut, Tatbestandsauslegung und ein Reformvorschlag, Köln/Berlin/München 2006 (zitiert: *Pragal*, Korruption)

Priester, Hans-Joachim: Vorabausschüttungen bei der GmbH, in: Der Betrieb 1973 (26. Jg.), S. 2382 ff. (zitiert: *Priester*, DB 1973)

Prütting, Hanns: Die Parteifähigkeit der Gesellschaft bürgerlichen Rechts als Methodenproblem, in: Festschrift für Herbert Wiedemann zum 70. Geburtstag, hrsg. v. Rolf Wank, Heribert Hirte, Kaspar Frey, Holger Fleischer, Gregor Thüsing, München 2002 (zitiert: *Prütting*, FS Wiedemann)

Radtke, Henning; Hoffmann, Maike: Gesellschaftsrechtsakzessorietät bei der strafrechtlichen Untreue zu Lasten von Kapitalgesellschaften? – oder: »Trihotel« und die Folgen, in: Goltdammer's Archiv für Strafrecht 2008 (155. Jg.), S. 535 ff. (zitiert: *Radtke/Hoffmann*, GA 2008)

Raiser, Thomas: Gesamthand und juristische Person im Licht des neuen Umwandlungsrechts, in: Archiv für die civilistische Praxis 1994 (Bd. 194), S. 495 ff. (zitiert: *Raiser*, AcP 194)

Raiser, Thomas: Pflicht und Ermessen von Aufsichtsratsmitgliedern – Zum Urteil des OLG Düsseldorf im Fall ARAG/Garmenbeck, in: Neue Juristische Wochenschrift 1996 (49. Jg.), S. 552 ff. (zitiert: *Raiser*, NJW 1996)

Raiser, Thomas; Veil, Rüdiger: Recht der Kapitalgesellschaften. Ein Handbuch für Praxis und Wissenschaft, 4. Auflage, München 2006 (zitiert: *Raiser/Veil*, Kapitalgesellschaften)

Ranft, Otfried: Der Kreditkartenmißbrauch (§ 266b Alt. 2 StGB), in: Juristische Schulung 1988 (28. Jg.), S. 673 ff. (zitiert: *Ranft*, JuS 1988)

Ransiek, Andreas: Strafrecht im Unternehmen und Konzern, in: Zeitschrift für Unternehmens- und Gesellschaftsrecht 1999 (28. Jg.), S. 613 ff. (zitiert: *Ransiek*, ZGR 1999)

Ransiek, Andreas: Untreue im GmbH-Konzern, in: Festschrift für Günter Kohlmann zum 70. Geburtstag, hrsg. v. Hans Joachim Hirsch, Jürgen Wolter, Uwe Brauns, Köln 2003, S. 207 ff. (zitiert: *Ransiek*, FS Kohlmann)

Ransiek, Andreas: Risiko, Pflichtwidrigkeit und Vermögensnachteil bei der Untreue, in: Zeitschrift für die gesamte Strafrechtswissenschaft 2004 (Bd. 116), S. 634 ff. (zitiert: *Ransiek*, ZStW 2004)

Ransiek, Andreas: Untreue zum Nachteil einer abhängigen GmbH – »Bremer Vulkan« – Besprechung des Urteils des BGH wistra 2004, 341, in: Zeitschrift für Wirtschafts- und Steuerstrafrecht 2005 (24. Jg.), S. 121 ff. (zitiert: *Ransiek*, wistra 2005)

Ransiek, Andreas: »Verstecktes« Parteivermögen und Untreue, in: Neue Juristische Wochenschrift 2007 (60. Jg.), S. 1727 ff. (zitiert: *Ransiek*, NJW 2007)

Ransiek, Andreas: Anmerkung zum Urteil des BGH vom 29.8.2008 – 2 StR 587/07, in: Neue Juristische Wochenschrift 2009 (62. Jg.), S. 95 f. (zitiert: *Ransiek*, NJW 2009)

Ransiek, Andreas: Untreue durch Vermögenseinsatz zu Bestechungszwecken, in: Strafverteidiger 2009 (29. Jg.), S. 321 ff. (zitiert: *Ransiek*, StV 2009)

Rehbinder, Eckard: Treuepflichten im GmbH-Konzern – Besprechung der Entscheidung BGHZ 65, 15 –, in: Zeitschrift für Unternehmens- und Gesellschaftsrecht 1976 (5. Jg.), S. 386 ff. (zitiert: *Rehbinder*, ZGR 1976)

Reichert, Bernhard: Vereins- und Verbandsrecht, 12. Auflage, Köln 2010 (zitiert: *Reichert*, Vereins- und Verbandsrecht)

Reinhold, Philipp: Der Arbeitgeber als Opfer »nützlicher« Aufwendungen seiner Mitarbeiter, in: Onlinezeitschrift für Höchstrichterliche Rechtsprechung im Strafrecht 2009 (10. Jg.), S. 107 ff. (zitiert: *Reinhold*, HRRS 2009)

Reiß, Wolfram: Verdeckte Gewinnausschüttungen und verdeckte Entnahmen als strafbare Untreue des Geschäftsführers?, in: Zeitschrift für Wirtschaft Steuer Strafrecht 1989 (8. Jg.), S. 81 ff. (zitiert: *Reiß*, wistra 1989)

Rengier, Rudolf: Korkengelder und andere Maßnahmen zur Verkaufsförderung im Lichte des Wettbewerbs(straf)rechts, in: Strafrecht und Wirtschaftsstrafrecht – Dogmatik, Rechtsvergleich, Rechtstatsachen – Festschrift für Klaus Tiedemann zum 70. Geburtstag, hrsg. v. Ulrich Sieber, Gerhard Dannecker, Urs Kindhäuser, Joachim Vogel, Tonio Walter, Köln/ München 2008, S. 837 ff. (zitiert: *Rengier*, FS Tiedemann)

Rengier, Rudolf: Strafrecht Besonderer Teil I, Vermögensdelikte, 12. Auflage, München 2010 (zitiert: *Rengier*, Strafrecht BT I)

Renkl, Günter: Zugriffsmöglichkeiten der Gesellschafter einer GmbH auf das Gesellschaftsvermögen vor Ablauf des Geschäftsjahres, in: Betriebs-Berater 1988 (43. Jg.), S. 2089 ff. (zitiert: *Renkl*, BB 1988)

Richter, Hans: Der Konkurs der GmbH aus der Sicht der Strafrechtspraxis (II), in: GmbH-Rundschau 1984 (75. Jg.), S. 137 ff. (zitiert: *Richter*, GmbHR 1984)

Rieß, Peter (Hrsg.): Löwe-Rosenberg. Die Strafprozeßordnung und das Gerichtsverfassungsgesetz. Großkommentar, 25. Auflage, Vierter Band, §§ 213-295, Berlin/New York 2001 (zitiert: Löwe-Rosenberg/*Bearbeiter*, StPO)

Rittner, Fritz; Kulka, Michael: Wettbewerbs- und Kartellrecht. Eine systematische Darstellung des deutschen und europäischen Rechts, 7. Auflage, Heidelberg 2008 (zitiert: *Rittner/Kulka*, Wettbewerbs- und Kartellrecht)

Rixe, Nikolaus: Die aktien- und strafrechtliche Beurteilung nachträglicher Anerkennungsprämien. Unter besonderer Berücksichtigung des Erfordernisses der gravierenden Pflichtverletzung, Baden-Baden 2010 (zitiert: *Rixe*, Anerkennungsprämien)

Rogall, Klaus: Unwirksame Einwilligung zu einer umfassenden Zahnextraktion – Anmerkung zum Urteil des BGH v. 22.2.1978 – 2 StR 372/77, in: Neue Juristische Wochenschrift 1978 (31. Jg.), S. 2344 ff. (zitiert: *Rogall*, NJW 1978)

Rönnau, Thomas: Willensmängel bei der Einwilligung im Strafrecht, Tübingen 2001 (zitiert: *Rönnau*, Willensmängel)

Rönnau, Thomas: Voraussetzungen und Grenzen der Einwilligung im Strafrecht, in: Juristische Ausbildung 2002 (24. Jg.), S. 665 ff. (zitiert: *Rönnau*, Jura 2002)

Rönnau, Thomas: »Kick-backs«: Provisionsvereinbarungen als strafbare Untreue – Eine kritische Bestandsaufnahme –, in: Festschrift für Günter Kohlmann zum 70. Geburtstag, hrsg. v. Hans Joachim Hirsch, Jürgen Wolter, Uwe Brauns, Köln 2003, S. 239 ff. (zitiert: *Rönnau*, FS Kohlmann)

Rönnau, Thomas: Anmerkung zum Urteil des BGH v. 21.12.2005 – 3 StR 470/04, in: Neue Zeitschrift für Strafrecht 2006 (26. Jg.), S. 218 ff. (zitiert: *Rönnau*, NStZ 2006)

Rönnau, Thomas: Untreue als Wirtschaftsdelikt, in: Zeitschrift für die gesamte Strafrechtswissenschaft 2007 (Bd. 119), S. 887 ff. (zitiert: *Rönnau*, ZStW 2007)

Rönnau, Thomas: Einrichtung »schwarzer« (Schmiergeld-)Kassen in der Privatwirtschaft – eine strafbare Untreue?, in: Strafrecht und Wirtschaftsstrafrecht, Dogmatik, Rechtsvergleich, Rechtstatsachen – Festschrift für Klaus Tiedemann zum 70. Geburtstag, hrsg. v. Ulrich Sieber, Gerhard Dannecker, Urs Kindhäuser, Joachim Vogel, Tonio Walter, München 2008, S. 713 ff. (zitiert: *Rönnau*, FS Tiedemann)

Rönnau, Thomas: Anmerkung zum Urteil des BGH v. 29.8.2008 – 2 StR 587/07, in: Strafverteidiger 2009 (29. Jg.), S. 246 ff. (zitiert: *Rönnau*, StV 2009)

Rönnau, Thomas: Alte und neue Probleme bei § 299 StGB, in: Strafverteidiger 2009 (29. Jg.), S. 302 ff. (zitiert: *Rönnau*, StV 2009)

Rönnau, Thomas: Untreue zu Lasten juristischer Personen und Einwilligungskompetenz der Gesellschafter, in: Grundlagen des Straf- und Strafverfahrensrechts. Festschrift für Knut Amelung zum 70. Geburtstag, hrsg. v. Martin Böse und Detlev Sternberg-Lieben, Berlin 2009, S. 247 ff. (zitiert: *Rönnau*, FS Amelung)

Rönnau, Thomas: Untreuerisiken durch Cash Pool-Teilnahme für Geschäftsführer einer faktisch abhängigen GmbH – ein Ritt auf der Rasierklinge?, in: Recht – Wirtschaft – Strafe. Festschrift für Erich Samson zum 70. Geburtstag, hrsg. v. Wolfgang Joecks, Heribert Ostendorf, Thomas Rönnau, Heidelberg 2010 (zitiert: *Rönnau*, FS Samson)

Rose, Frank: Die strafrechtliche Relevanz von Risikogeschäften – zugleich Anmerkung zum Urteil des BGH v. 4.2.2004 – 2 StR 355/03 –, in: Zeitschrift für Wirtschafts- und Steuerstrafrecht 2004 (24. Jg.), S. 281 ff. (zitiert: *Rose*, wistra 2004)

Roth, Günter; Altmeppen, Holger: Gesetz betreffend die Gesellschaften mit beschränkter Haftung (GmbHG). Kommentar, 6. Auflage, München 2009 (zitiert: *Roth/Altmeppen*, GmbHG)

Rowedder, Heinz; Schmidt-Leithoff, Christian (Hrsg.): Gesetz betreffend die Gesellschaft mit beschränkter Haftung (GmbHG). Kommentar, 4. Auflage, München 2002 (zitiert: Rowedder/Schmidt-Leithoff/*Bearbeiter*, GmbHG)

Roxin, Claus: Über die mutmaßliche Einwilligung, in: Festschrift für Hans Welzel zum 70. Geburtstag am 25. März 1974, hrsg. v. Günter Stratenwerth, Armin Kaufmann, Gerd Geilen, Hans Joachim Hirsch, Hans-Ludwig Schreiber, Günther Jakobs, Fritz Loos, Berlin/New York 1974, S. 447 ff. (zitiert: *Roxin*, FS Welzel)

Roxin, Claus: Die durch Täuschung herbeigeführte Einwilligung im Strafrecht, in: Gedächtnisschrift für Peter Noll, hrsg. v. Robert Hauser, Jörg Rehberg, Günter Stratenwerth, Zürich 1984 (*Roxin*, GS Noll)

Roxin, Claus: Strafrecht, Allgemeiner Teil. Band I. Grundlagen. Der Aufbau der Verbrechenslehre, 4. Auflage, München 2006 (zitiert: *Roxin*, Strafrecht AT I)

Roxin, Claus: Einwilligung, Persönlichkeitsautonomie und tatbestandliches Rechtsgut, in: Grundlagen des Straf- und Strafverfahrensrechts. Festschrift für Knut Amelung zum 70. Geburtstag, hrsg. v. Martin Böse und Detlev Sternberg-Lieben, Berlin 2009, S. 269 ff. (zitiert: *Roxin*, FS Amelung)

Rudolphi, Hans-Joachim: Unrechtsbewußtsein, Verbotsirrtum und Vermeidbarkeit des Verbotsirrtums, Göttingen 1969 (zitiert: *Rudolphi*, Unrechtsbewußtsein)

Rudolphi, Hans-Joachim: Rechtfertigungsgründe im Strafrecht. Ein Beitrag zur Funktion, Struktur und den Prinzipien der Rechtfertigung, in: Gedächtnisschrift für Arthur Kaufmann, hrsg. v. Gerhard Dornseifer, Eckhard Horn, Georg Schilling, Wolfgang Schöne, Eberhard Struensee, Diethard Zielinski, Köln/Berlin/Bonn/München 1989, S. 371 ff. (zitiert: *Rudolphi*, GS Kaufmann)

Rudolphi, Hans-Joachim; Horn, Eckhard; Samson, Erich; Günther, Hans-Ludwig (Hrsg.): Systematischer Kommentar zum Strafgesetzbuch. Ordner 1 Allgemeiner Teil, §§ 1-37, Ordner 4 Besonderer Teil, §§ 201-266b, Ordner 5 Besonderer Teil, §§ 267-358, Köln, Stand: 123. Ergänzungslieferung, Juli 2010 (zitiert: SK/*Bearbeiter*)

Sachs, Michael (Hrsg.): Grundgesetz Kommentar, 5. Auflage, München 2009 (zitiert: Sachs/*Bearbeiter*, GG)

Säcker, Franz Jürgen; Rixecker, Roland (Hrsg.): Münchener Kommentar zum Bürgerlichen Gesetzbuch. Band 1 Allgemeiner Teil, 1. Halbband §§ 1-240 BGB, ProstG, 5. Auflage, München 2006, Band 5 Schuldrecht Besonderer Teil III §§ 705-853, Partnerschaftsgesellschaftsgesetz, Produkthaftungsgesetz, 5. Auflage, München 2009 (zitiert: MK BGB/*Bearbeiter*)

Saenger, Ingo; Aderhold, Lutz; Lenkaitis, Karlheinz; Speckmann, Gerhard (Hrsg.): Handels- und Gesellschaftsrecht. Praxishandbuch, Baden-Baden 2008 (zitiert: Saenger/*Bearbeiter*, Praxishandbuch)

Salditt, Franz: Anmerkung zum Urteil des BGH v. 13.5.2005 – 5 StR 73/03 (*»Bremer Vulkan«*), in: Neue Zeitschrift für Strafrecht 2005 (25. Jg.), S. 269 ff. (zitiert: *Salditt*, NStZ 2005)

Saliger, Frank: Parteiengesetz und Strafrecht. Zur Strafbarkeit von Verstößen gegen das Parteiengesetz insbesondere wegen Untreue gemäß § 266 StGB, Tübingen 2005 (zitiert: *Saliger*, Parteiengesetz)

Saliger, Frank: Gibt es eine Untreuemode? Die neuere Untreuedebatte und Möglichkeiten einer restriktiven Auslegung, in: Onlinezeitschrift für höchstrichterliche Rechtsprechung im Strafrecht 2006 (7. Jg.), S. 10 ff. (zitiert: *Saliger*, HRRS 2006)

Saliger, Frank: Kick-Back, »PPP«, Verfall – Korruptionsbekämpfung im »Kölner Müllfall«, in: Neue Juristische Wochenschrift 2006 (59. Jg.), S. 3377 ff. (zitiert: *Saliger*, NJW 2006)

Saliger, Frank: Parteienuntreue durch schwarze Kassen und unrichtige Rechenschaftsberichte, in: Neue Zeitschrift für Strafrecht 2007 (27. Jg.), S. 545 ff. (zitiert: *Saliger*, NStZ 2007)

Saliger, Frank: Das Untreuestrafrecht auf dem Prüfstand der Verfassung, in: Neue Juristische Wochenschrift 2010 (63. Jg.), S. 3195 ff. (zitiert: *Saliger*, NJW 2010)

Saliger, Frank; Gaede, Karsten: Rückwirkende Ächtung der Auslandskorruption und Untreue als Korruptionsdelikt – Der Fall Siemens als Startschuss in ein entgrenztes internationalisiertes Wirtschaftsstrafrecht? Zugleich Besprechung zu LG Darmstadt, Az. 712 Js 5213/04 – KLs, Urteil vom 14. Mai 2007, in: Höchstrichterliche Rechtsprechung im Strafrecht 2008 (9. Jg.), S. 57 ff. (zitiert: *Saliger/Gaede*, HRRS 2008)

Satzger, Helmut: Bestechungsdelikte und Sponsoring, in: Zeitschrift für die gesamte Strafrechtswissenschaft 2003 (Bd. 115), S. 469 ff. (zitiert: *Satzger*, ZStW 2003)

Satzger, Helmut: »Schwarze Kassen« zwischen Untreue und Korruption – Eine Besprechung des Urteils BGH – 2 StR 587/07 (Siemens-Entscheidung), in: Neue Zeitschrift für Strafrecht 2009 (29. Jg.), S. 297 ff. (zitiert: *Satzger*, NStZ 2009)

Satzger, Helmut; Schmitt, Bertram; Widmaier, Gunter (Hrsg.): Strafgesetzbuch. Kommentar, Köln 2009 (zitiert: Satzger/Schmitt/Widmaier/*Bearbeiter*, StGB)

Schäfer, Carsten: Untreue zum Nachteil von GmbH, in: GmbH-Rundschau 1992 (83. Jg.), S. 509 ff. (zitiert: *Schäfer*, GmbHR 1992)

Schäfer, Carsten: Strafrechtliche Verantwortlichkeit des GmbH-Geschäftsführers (I) und (II), in: GmbH-Rundschau 1993 (84. Jg.), S. 717 ff., S. 780 ff. (zitiert: *Schäfer*, GmbHR 1993)

Schäfer, Friedrich: Unterkapitalisierung der GmbH im Strafrecht, Freiburg i.Br. 2001 (zitiert: *Schäfer*, Unterkapitalisierung)

Schäfer, Helmut: Die Strafbarkeit der Untreue zum Nachteil einer KG, in: Neue Juristische Wochenschrift 1983 (36. Jg.), S. 2850 ff. (zitiert: *Schäfer*, NJW 1983)

Schilha, Ralph: Die Aufsichtsratstätigkeit in der Aktiengesellschaft im Spiegel strafrechtlicher Verantwortung, Berlin 2008 (zitiert: *Schilha*, Aufsichtsratstätigkeit)

Schilling, Wolfgang: Anmerkung zum Urteil des BGH v. 5.6.1975 – II ZR 23/74, in: Betriebs-Berater 1975 (30. Jg.), S. 1541 f. (zitiert: *Schilling*, BB 1975)

Schilmar, Boris: Kapitalerhaltung versus Konzernfinanzierung? – Cash Pooling und Upstream-Besicherung im Lichte der neuesten BGH-Rechtsprechung, in: Der Betrieb 2004 (56. Jg.), S. 1411 ff. (zitiert: *Schilmar*, DB 2004)

Schlehofer, Horst: Einwilligung und Einverständnis. Dargestellt an der Abgrenzung zwischen Raub und räuberischer Erpressung, Köln/Berlin/Bonn/München 1985 (zitiert: *Schlehofer*, Einwilligung und Einverständnis)

Schlüchter, Ellen: Strafrecht Allgemeiner Teil in aller Kürze, 2. Auflage, Thüngersheim/Frankfurt a. M. 1998 (zitiert: *Schlüchter*, Strafrecht AT)

Schmidhäuser, Eberhard: Strafrecht Allgemeiner Teil. Lehrbuch, 2. Auflage, Tübingen 1975 (zitiert: *Schmidhäuser*, Strafrecht AT Lehrbuch)

Schmidhäuser, Eberhard: Strafrecht Allgemeiner Teil. Studienbuch, 2. Auflage, Tübingen 1984 (zitiert: *Schmidhäuser*, Strafrecht AT Studienbuch)

Schmidt, Karsten: Abhängigkeit, faktischer Konzern, Nichtaktienkonzern und Divisionalisierung im Bericht der Unternehmensrechtskommission, in: Zeitschrift für Unternehmens- und Gesellschaftsrecht 1981 (10. Jg.), S. 455 (zitiert: *Schmidt*, ZGR 1981)

Schmidt, Karsten: Partnerschaftsgesetzgebung zwischen Berufsrecht, Schuldrecht und Gesellschaftsrecht. Ein Alternativvorschlag zum Entwurf eines Partnerschaftsgesellschaftsgesetzes, in: Zeitschrift für Wirtschaftsrecht 1993 (14. Jg.), S. 633 ff. (zitiert: *Schmidt*, ZIP 1993)

Schmidt, Karsten: Die BGB-Außengesellschaft: rechts- und parteifähig – Besprechung des Grundlagenurteils II ZR 331/00 vom 29.1.2001, in: Neue Juristische Wochenschrift 2001 (54. Jg.), S. 993 ff. (zitiert: *Schmidt*, NJW 2001)

Schmidt, Karsten: Gesellschaftsrecht, 4. Auflage, Köln/Berlin/Bonn/München 2002 (zitiert: *Schmidt*, Gesellschaftsrecht)

Schmidt, Karsten (Hrsg.): Münchener Kommentar zum Handelsgesetzbuch. Band 2 Zweites Buch. Handelsgesellschaften und stille Gesellschaft, 2. Auflage, München 2006 (zitiert: MK HGB/*Bearbeiter*)

Schmidt-Bleibtreu, Bruno (Begr.); Hofmann, Hans (Hrsg.): GG. Kommentar zum Grundgesetz, 11. Auflage, Köln/München 2008 (zitiert: Schmidt-Bleibtreu/*Bearbeiter*, GG)

Schneider, Eberhard: Die Untreue nach dem neuen Aktienrecht, München 1972 (zitiert: *Schneider*, Untreue)

Schneider, Uwe H.: Die Personengesellschaft als herrschendes Unternehmen im Konzern. Ein Beitrag zum Konzernrecht der Personengesellschaften, in: Zeitschrift für das gesamte Handelsrecht und Wirtschaftsrecht 1979 (Bd. 143), S. 485 ff. (zitiert: *Schneider*, ZHR 1979)

Schneider, Uwe H.: Konzernleitung als Rechtsproblem. Überlegungen zu einem Konzernverfassungsrecht, in: Betriebs-Berater 1981 (36. Jg.), S. 249 ff. (zitiert: *Schneider*, BB 1981)

Schneider, Uwe H.: Der Aufsichtsrat im Konzern – Ein Beitrag zum Konzernverfassungsrecht, in: Festschrift für Walther Hadding zum 70. Geburtstag am 8. Mai 2004, hrsg. v. Franz Häuser, Horst Hammen, Joachim Hennrichs, Berlin 2005, S. 621 ff. (zitiert: *Schneider*, FS Hadding)

Schöllhammer, Lutz: Die Rechtsverbindlichkeit des Patiententestaments, Eine Untersuchung aus zivilrechtlicher Sicht, Berlin 1993 (zitiert: *Schöllhammer*, Rechtsverbindlichkeit)

Schön, Wolfgang: Kreditbesicherung durch abhängige Kapitalgesellschaften, in: Zeitschrift für das gesamte Handelsrecht und Wirtschaftsrecht 1995 (Bd. 159), S. 351 ff. (zitiert: *Schön*, ZHR 1995)

Schönke, Adolf; Schröder, Horst: Strafgesetzbuch. Kommentar, hrsg. v. Albin Eser, 28. Auflage, München 2010 (zitiert: Schönke/Schröder/*Bearbeiter*, StGB)

Scholz, Franz (Hrsg.): Kommentar zum GmbH-Gesetz mit Anhang Konzernrecht. I. Band: §§ 1-34, Anh. § 13 Konzernrecht, Anh. § 34 Austritt und Ausschließung eines Gesellschafters, 10. Auflage, Köln 2006, II. Band: §§ 35-52, 10. Auflage, Köln 2007 (zitiert: Scholz/ *Bearbeiter*, GmbHG)

Schramm, Edward: Untreue und Konsens, Berlin 2005 (zitiert: *Schramm*, Untreue und Konsens)

Schreiber, Hans-Ludwig; Beulke, Werner: Untreue durch Verwendung von Vereinsgeldern zu Bestechungszwecken – BGH NJW 1975, S. 1235, in: Juristische Schulung 1977 (17. Jg.), S. 656 ff. (zitiert: *Schreiber/Beulke*, JuS 1977)

Schünemann, Bernd: Anmerkung zum Urteil des BGH v. 17.9.2001 – II ZR 178/99, in: Lindenmaier-Möhring, Nachschlagewerk des Bundesgerichtshofs – Entscheidungen in Zivilsachen, LM H. 5/2002 § 309 AktG 1965, Bl. 901 ff. (zitiert: *Schünemann*, LM)

Schünemann, Bernd: Organuntreue, Das Mannesmann-Verfahren als Exempel?, Berlin 2004 (zitiert: *Schünemann*, Organuntreue)

Schünemann, Bernd: Die »gravierende Pflichtverletzung« bei der Untreue: dogmatischer Zauberhut oder taube Nuss?, in: Neue Zeitschrift für Strafrecht 2005 (25. Jg.), S. 473 ff. (zitiert: *Schünemann*, NStZ 2005)

Schünemann, Bernd: Zur Quadratur des Kreises in der Dogmatik des Gefährdungsschadens, in: Neue Zeitschrift für Strafrecht 2008 (27. Jg.), S. 430 ff. (zitiert: *Schünemann*, NStZ 2008)

Schulte, Theo: Abgrenzung von Bankrott, Gläubigerbegünstigung und Untreue bei der KG, in: Neue Juristische Wochenschrift 1983 (36. Jg.), S. 1773 ff. (zitiert: *Schulte*, NJW 1983)

Schulte, Theo: Strafbarkeit der Untreue zum Nachteil einer KG?, in: Neue Juristische Wochenschrift 1984 (37. Jg.), S. 1671 f. (zitiert: *Schulte*, NJW 1984)

Schulze, Reiner; Dörner, Heinrich; Ebert, Ina; Eckert, Jörn; Hoeren, Thomas; Kemper, Rainer; Saenger, Ingo; Schulte-Nölke, Hans; Staudinger, Ansgar: Bürgerliches Gesetzbuch. Handkommentar, 6. Auflage, Baden-Baden 2009 (zitiert: Schulze/Dörner/Ebert/*Bearbeiter*, BGB)

Seibt, Christoph: Zentrales Cash Management im GmbH-Konzern, in: Neue Juristische Wochenschrift Spezial 2004 (1. Jg.), S. 219 f. (zitiert: *Seibt*, NJW-Spezial 2004)

Seibt, Christoph; Schwarz, Simon: Aktienrechtsuntreue. Analyse und aktienrechtsspezifische Konturierung der Untreuestrafbarkeit von Geschäftsleitern bei Pflichtverletzungen, in: Die Aktiengesellschaft 2010 (55. Jg.), S. 301 ff. (zitiert: *Seibt/Schwarz*, AG 2010)

Seier, Jürgen: Zur Übung – Strafrecht: Der ungetreue Vereinsvorstand, in: Juristische Schulung 2002 (42. Jg.), S. 237 ff. (zitiert: *Seier*, JuS 2002)

Semler, Johannes; Schenck, Kersten von: Arbeitshandbuch für Aufsichtsratmitglieder, 3. Auflage, München 2009 (zitiert: *Semler/v. Schenck*, Arbeitshandbuch)

Senge, Lothar (Hrsg.): Karlsruher Kommentar zum Gesetz über Ordnungswidrigkeiten, 3. Auflage, München 2006 (zitiert: KK OWiG/*Bearbeiter*)

Sonnehol, Jürgen; Groß, Wolfgang: Besicherung von Krediten Dritter an Konzernunternehmen, in: Zeitschrift für das gesamte Handelsrecht und Wirtschaftsrecht 1995 (Bd. 159), S. 388 ff. (zitiert: *Sonnehol/Groß*, ZHR 1995)

Soyka, Till: Untreue zum Nachteil von Personengesellschaften, Berlin 2008 (zitiert: *Soyka*, Untreue)

Spendel, Günter: Gegen den »Verteidigungswillen« als Notwehrerfordernis, in: Festschrift für Paul Bockelmann zum 70. Geburtstag am 7. Dezember 1978, hrsg. v. Arthur Kaufmann, Günter Bemmann, Detlev Krauss, Klaus Volk, München 1979, S. 245 ff. (zitiert: *Spendel*, FS Bockelmann)

Spickhoff, Andreas: Die Patientenautonomie am Lebensende: Ende der Patientenautonomie? – Zur Feststellbarkeit und Durchsetzbarkeit des realen oder hypothetischen Willens des Patienten, in: Neue Juristische Wochenschrift 2000 (53. Jg.), S. 2297 ff. (zitiert: *Spickhoff*, NJW 2000)

Stapelfeld, Ait: Zum Schutzgesetzcharakter der §§ 266, 266a StGB in Bezug auf Untreuedelikte der GmbH-Geschäftsführer, in: Betriebs-Berater 1991 (46. Jg.), S. 1501 ff. (zitiert: *Stapelfeld*, BB 1991)

Sternberg-Lieben, Detlev: Die objektiven Schranken der Einwilligung im Strafrecht, Tübingen 1997 (zitiert: *Sternberg-Lieben*, Einwilligung)

Sternberg-Lieben, Detlev: Selbstbestimmtes Sterben: Patientenverfügung und gewillkürte Stellvertretung, in: Festschrift für Theodor Lenckner zum 70. Geburtstag, hrsg. v. Albin Eser, Ulrike Schnittenhelm, Heribert Schumann, München 1998, S. 349 ff. (zitiert: *Sternberg-Lieben*, FS Lenckner)

Stratenwerth, Günter; Kuhlen, Lothar: Strafrecht Allgemeiner Teil I. Die Straftat, 5. Auflage, Köln/Berlin/München 2004 (zitiert: *Stratenwerth/Kuhlen*, Strafrecht AT I)

Strelczyk, Christoph: Die Strafbarkeit der Bildung schwarzer Kassen. Eine Untersuchung zur schadensgleichen Vermögensgefährdung sowie zur objektiven Zurechnung finanzieller Sanktionen infolge schwarzer Kassen als Vermögensnachteil i.S.d. § 266 StGB, Herbolzheim 2008 (zitiert: *Strelczyk*, Schwarze Kassen)

Sünner, Eckart: Schwarze Kassen und Untreue – ein Synonym?, in: Zeitschrift für Wirtschaftsrecht 2009 (30. Jg.), S. 937 ff. (zitiert: *Sünner*, ZIP 2009)

Szebrowski, Nickel: Kick-Back, Köln/Berlin/München 2005 (zitiert: *Szebrowski*, Kick-Back)

Taschke, Jürgen: Straftaten im Interesse von Unternehmen – auch strafbar wegen Untreue?, in: Festschrift für Klaus Lüderssen. Zum 70. Geburtstag am 2. Mai 2002, hrsg. v. Cornelius Prittwitz, Michael Baurmann, Klaus Günther, Lothar Kuhlen, Reinhard Merkel, Cornelius Nestler, Lorenz Schulz, Baden-Baden 2002, S. 663 ff. (zitiert: *Taschke*, FS Lüderssen)

Thalhofer, Thomas: Kick-Backs, Exspektanzen und Vermögensnachteil nach § 266 StGB, Frankfurt a. M. 2008 (zitiert: *Thalhofer*, Kick-Backs)

Thoma, Georg F.; Leuering, Dieter: Die Europäische Aktiengesellschaft – Societas Europeae, in: Neue Juristische Wochenschrift 2002 (55. Jg.), S. 1449 ff. (zitiert: *Thoma/Leuering*, NJW 2002)

Thomas, Sven: Untreue in der Wirtschaft, in: Festschrift für Peter Riess zum 70. Geburtstag am 4. Juni 2002, hrsg. v. Ernst-Walter Hanack, Hans Hilger, Volkmar Mehle, Gunter Widmaier, Berlin/New York 2002, S. 795 ff. (zitiert: *Thomas*, FS Riess)

Tiedemann, Klaus: Tatbestandsfunktionen im Nebenstrafrecht. Untersuchungen zu einem rechtsstaatlichen Tatbestandsbegriff, entwickelt am Problem des Wirtschaftsstrafrechts, Tübingen 1969 (zitiert: *Tiedemann*, Tatbestandsfunktionen)

Tiedemann, Klaus: Grundfragen bei der Anwendung des neuen Konkursstrafrechts, in: Neue Juristische Wochenschrift 1977 (30. Jg.), S. 777 ff. (zitiert: *Tiedemann*, NJW 1977)

Tiedemann, Klaus: Strafrechtliche Grundprobleme im Kartellrecht, in: Neue Juristische Wochenschrift 1979 (32. Jg.), S. 1849 ff. (zitiert: *Tiedemann*, NJW 1979)

Tiedemann, Klaus: Die strafrechtliche Vertreter- und Unternehmerhaftung, in: Neue Juristische Wochenschrift 1986 (39. Jg.), S. 1842 ff. (zitiert: *Tiedemann*, NJW 1986)

Tiedemann, Klaus: Untreue bei Interessenkonflikten am Beispiel der Tätigkeit von Aufsichtsratsmitgliedern, in: Festschrift für Herbert Tröndle zum 70. Geburtstag am 24. August 1989, hrsg. v. Hans-Heinrich Jescheck und Theo Vogler, Berlin/New York 1989, S. 319 ff. (*Tiedemann*, FS Tröndle)

Tiedemann, Klaus: Kommentar zum GmbH-Strafrecht (§§ 82-85 GmbHG und ergänzende Straftatbestände), 5. Auflage, Köln 2010 (*Tiedemann*, GmbH-Strafrecht)

Tiedemann, Klaus: Schmiergeldzahlungen in der Wirtschaft – Alte und neue Reformprobleme, in: Jus Humanum. Grundlagen des Rechts und Strafrechts. Festschrift für Ernst-Joachim Lampe zum 70. Geburtstag, hrsg. v. Dieter Dölling, Berlin 2003, S. 759 ff. (zitiert: *Tiedemann*, FS Lampe)

Tiedemann, Klaus: Der Untreuetatbestand – Ein Mittel zur Begrenzung von Managerbezügen? – Bemerkungen zum Fall »Mannesmann« –, in: Festschrift für Ulrich Weber zum 70. Geburtstag. 18. September 2004, hrsg. v. Bernd Heinrich, Eric Hilgendorf, Wolfgang Mitsch, Detlev Sternberg-Lieben, Bielefeld 2004, S. 320 ff. (zitiert: *Tiedemann*, FS Weber)

Tiedemann, Klaus: Anmerkung zum Urteil des BGH v. 13.5.2004 – 5 StR 73/03, in: Juristenzeitung 2005 (60. Jg.), S. 45 ff. (zitiert: *Tiedemann*, JZ 2005)

Tiedemann, Klaus: Wirtschaftsstrafrecht. Besonderer Teil mit wichtigen Gesetzes- und Verordnungstexten, 2. Auflage, Köln/München 2008 (zitiert: *Tiedemann*, Wirtschaftsstrafrecht BT)

Tiedemann, Klaus: Wirtschaftsstrafrecht. Einführung und Allgemeiner Teil mit wichtigen Rechtstexten, 3. Auflage, Köln/München 2010 (zitiert: *Tiedemann*, Wirtschaftsstrafrecht AT)

Tillmann, Tobias: Upstream-Sicherheiten der GmbH im Lichte der Kapitalerhaltung – Ausblick auf das MoMiG, in: Neue Zeitschrift für Gesellschaftsrecht 2008 (11. Jg.), S. 401 ff. (zitiert: *Tillmann*, NZG 2008)

Timm, Wolfram: Hauptversammlungskompetenzen und Aktionärsrechte in der Konzernspitze – zugleich Überlegungen zum Urteil des LG Hamburg v. 1.10.1979, in: Die Aktiengesellschaft 1980 (25. Jg.), S. 172 ff. (zitiert: *Timm*, AG 1980)

Timm, Wolfram: Die Rechtsfähigkeit der Gesellschaft bürgerlichen Rechts und ihre Haftungsverfassung, in: Neue Juristische Wochenschrift 1995 (48. Jg.), S. 3209 ff. (zitiert: *Timm*, NJW 1995)

Trüg, Gerson: Vorteilsgewährung durch Übersendung von WM-Gutscheinen – Schützt Sponsoring vor Strafe?, in: Neue Juristische Wochenschrift 2009 (62. Jg.), S. 196 ff. (zitiert: *Trüg*, NJW 2009)

Uhlenbruck, Wilhelm: Vorab-Einwilligung und Stellvertretung bei der Einwilligung in einen Heileingriff, in: Medizinrecht 1992 (10. Jg.), S. 134 ff. (zitiert: *Uhlenbruck*, MedR 1992)

Ulbricht, Julia: Bestechung und Bestechlichkeit im geschäftlichen Verkehr – § 299 StGB –, Hamburg 2007 (zitiert: *Ulbricht*, Bestechung und Bestechlichkeit)

Ulmer, Peter: Der Gläubigerschutz im faktischen GmbH-Konzern beim Fehlen von Minderheitsgesellschaftern, in: Zeitschrift für das gesamte Handelsrecht und Wirtschaftsrecht 1984 (Bd. 148), S. 391 ff. (zitiert: *Ulmer*, ZHR 1984)

Ulmer, Peter: Schutz der GmbH gegen Schädigung zugunsten ihrer Gesellschafter?, in: Strafrecht, Unternehmensrecht, Anwaltsrecht. Festschrift für Gerd Pfeiffer zum Abschied aus dem Amt als Präsident des Bundesgerichtshofes, hrsg. v. Otto-Friedrich Freiherr von Gamm, Peter Raisch, Klaus Tiedemann, Köln/Berlin/Bonn/München 1988, S. 853 ff. (zitiert: *Ulmer*, FS Pfeifer)

Ulmer, Peter: Die Gesamthandsgesellschaft – ein noch immer unbekanntes Wesen?, in: Archiv für die civilistische Praxis 1998 (Bd. 198), S. 113 ff. (zitiert: *Ulmer*, AcP 198)

Ulmer, Peter: Die höchstrichterlich »enträtselte« Gesellschaft bürgerlichen Rechts. Zugleich Besprechung zu BGH ZIP 2001, 330, in: Zeitschrift für Wirtschaftsrecht 2001 (22. Jg.), S. 585 ff. (zitiert: *Ulmer*, ZIP 2001)

Ulmer, Peter: Die Haftungsverfassung der BGB-Gesellschaft. Stand und Perspektiven im Lichte neuer BGH-Urteile, in: Zeitschrift für Wirtschaftsrecht 2003 (24. Jg.), S. 1113 ff. (zitiert: *Ulmer*, ZIP 2003)

Ulmer, Peter; Habersack, Mathias; Winter, Martin (Hrsg.): Gesetz betreffend die Gesellschaften mit beschränkter Haftung (GmbHG). Großkommentar, Bd. I: Einleitung; §§ 1 bis 28, Tübingen 2005, Bd. II: §§ 29 bis 52, Tübingen 2006 (zitiert: Ulmer/Habersack/Winter/*Bearbeiter*, GmbHG)

Vogel, Joachim: Wirtschaftskorruption und Strafrecht – Ein Beitrag zu Regelungsmodellen im Wirtschaftsstrafrecht –, in: Festschrift für Ulrich Weber zum 70. Geburtstag. 18. September 2004, hrsg. v. Bernd Heinrich, Eric Hilgendorf, Wolfgang Mitsch, Detlev Sternberg-Lieben, Bielefeld 2004, S. 395 ff. (zitiert: *Vogel*, FS Weber)

Vogel, Joachim; Hocke, Peter: Anmerkung zum Urteil des BGH v. 21.12.2005 – 3 StR 470/04, in: Juristenzeitung 2006 (61. Jg.), S. 568 ff. (zitiert: *Vogel/Hocke*, JZ 2006)

Volhard, Rüdiger: Die Untreuemode. Ist die Abgabe eines unvollständigen Rechenschaftsberichts einer politischen Partei wegen Untreue strafbar?, in: Festschrift für Klaus Lüderssen. Zum 70. Geburtstag am 2. Mai 2002, hrsg. v. Cornelius Prittwitz, Michael Baurmann, Klaus Günther, Lothar Kuhlen, Reinhard Merkel, Cornelius Nestler, Lorenz Schulz, Baden-Baden 2002, S. 673 ff. (zitiert: *Volhard*, FS Lüderssen)

Volk, Klaus: Die Merkmale der Korruption und die Fehler bei ihrer Bekämpfung, in: Gedächtnisschrift für Heinz Zipf, hrsg. v. Karl Heinz Gössel, Otto Triffterer, Heidelberg 1999, S. 419 ff. (*Volk*, GS Zipf)

Volk, Klaus: Untreue und Gesellschaftsrecht. Ein Dschungelbuch, in: Festschrift für Rainer Hamm zum 65. Geburtstag am 24. Februar 2008, hrsg. v. Regina Michalke, Wolfgang Köberer, Jürgen Pauly, Stefan Kirsch, Berlin 2008, S. 803 ff. (zitiert: *Volk*, FS Hamm)

Vonnemann, Wolfgang: Strafbarkeit von GmbH-Geschäftsführern wegen Untreue zu Lasten der GmbH bei Zustimmung der Gesellschafter? Anmerkungen zur Entscheidung des BGH v. 29.5.1987 – 3 StR 242/86, in: GmbH-Rundschau 1988 (79. Jg.), S. 329 ff. (zitiert: *Vonnemann*, GmbHR 1988)

Vonnemann, Wolfgang: Das Entnahmerecht des GmbH-Gesellschafters, in: Betriebs-Berater 1989 (44. Jg.), S. 877 ff. (zitiert: *Vonnemann*, BB 1989)

Wabnitz, Heinz-Bernd; Janovsky, Thomas (Hrsg.): Handbuch des Wirtschafts- und Steuerstrafrechts, 3. Auflage, München 2007 (zitiert: Wabnitz/Janovsky/*Bearbeiter*, Handbuch)

Wagner, Klaus-R.: Strafrechtliche Risiken beim MBO, in: Zeitschrift für Wirtschafts- und Steuerstrafrecht 1992 (11. Jg.), S. 161 ff. (zitiert: *Wagner*, wistra 1992)

Walter, Tonio: Angestelltenbestechung, internationales Strafrecht und Steuerstrafrecht – Entgegnung auf Randt, BB 2000, 1006 –, in: Zeitschrift für Wirtschafts- und Steuerstrafrecht 2001 (20. Jg.), S. 321 ff. (zitiert: *Walter*, wistra 2001)

Wassermann, Rudolf: Verschleierte Schmiergelder und ähnliches!, in: Gewerblicher Rechtsschutz und Urheberrecht 1931 (36. Jg.), S. 549 ff. (zitiert: *Wassermann*, GRUR 1931)

Wassermann, Rudolf (Hrsg.): Reihe Alternativkommentare. Kommentar zum Strafgesetzbuch. Band 1, §§ 1-21, Neuwied 1990 (zitiert: AK/*Bearbeiter*)

Waßmer, Martin Paul: Untreue bei Risikogeschäften, Heidelberg 1997 (zitiert: *Waßmer*, Untreue)

Wattenberg, Andreas: Zentrales Cash-Management als Untreuetatbestand im Konzernverbund, in: Strafverteidiger 2005 (25. Jg.), S. 523 ff. (zitiert: *Wattenberg*, StV 2005)

Weber, Dolf; Jansen, Michael: Unbeschränkt haftende Kommanditisten in der GmbH & Co. KG, in: Neue Juristische Wochenschrift 1971 (24. Jg.), S. 1678 ff. (zitiert: *Weber/Jansen*, NJW 1971)

Weber, Hans-Dieter: Der zivilrechtliche Vertrag als Rechtfertigungsgrund im Strafrecht, Berlin 1986 (zitiert: *Weber*, Der zivilrechtliche Vertrag)

Weber, Ulrich: Zur strafrechtsgestaltenden Kraft des Zivilrechts, in: Festschrift für Fritz Baur, hrsg. v. Wolfgang Grunsky, Rolf Stürner, Gerhard Walter und Manfred Wolf, Tübingen 1981, S. 133 ff. (zitiert: *Weber*, FS Baur)

Weber, Ulrich: Buchbesprechung: Knut Amelung, Irrtum und Täuschung als Grundlage von Willensmängeln bei der Einwilligung des Verletzten, in: Goltdammer's Archiv für Strafrecht 2000 (147. Jg.), S. 77 ff. (zitiert: *Weber*, GA 2000)

Wehleit, Burkhard: Die Abgrenzung zwischen Bankrott und Untreue – zugleich ein Beitrag zur strafrechtlichen Vertreterhaftung, Hamburg 1985 (zitiert: *Wehleit*, Bankrott und Untreue)

Weigend, Thomas: Über die Begründung der Straflosigkeit bei Einwilligung des Betroffenen, in: Zeitschrift für die gesamte Strafrechtswissenschaft 1986 (Bd. 98), S. 44 ff. (zitiert: *Weigend*, ZStW 1986)

Weimann, Thomas: Die Strafbarkeit der Bildung sog. schwarzer Kassen gem. § 266 StGB (Untreue), Tübingen 1996 (zitiert: *Weimann*, Schwarze Kassen)

Wellkamp, Ludger: Organuntreue zum Nachteil von GmbH-Konzernen und Aktiengesellschaften, in: Neue Zeitschrift für Strafrecht 2001 (21. Jg.), S. 113 ff. (zitiert: *Wellkamp*, NStZ 2001)

Welzel, Hans: Das Deutsche Strafrecht. Eine systematische Darstellung, 11. Auflage, Berlin 1969 (zitiert: *Welzel*, Strafrecht)

Wessels, Johannes; Beulke, Werner: Strafrecht Allgemeiner Teil. Die Straftat und ihr Aufbau, 39. Auflage, Heidelberg 2009 (zitiert: *Wessels/Beulke*, Strafrecht AT)

Wessels, Johannes; Hillenkamp, Thomas: Strafrecht Besonderer Teil/2. Straftaten gegen Vermögenswerte, 32. Auflage, Heidelberg 2009 (zitiert: *Wessels/Hillenkamp*, Strafrecht BT II)

Wessing, Jürgen; Krawczyk, Lucian: Untreue zum Nachteil einer konzernabhängigen GmbH, in: Neue Zeitschrift für Gesellschaftsrecht 2009 (12. Jg.), S. 1176 ff. (zitiert: *Wessing/ Krawczyk*, NZG 2009)

Westermann, Harm Peter; Bydlinski, Peter; Weber, Ralph: BGB-Schuldrecht Allgemeiner Teil, 7. Auflage, Heidelberg 2010 (zitiert: *Westermann/Bydlinski/Weber*, Schuldrecht AT)

Widmaier, Gunter: Die Teilbarkeit der Unrechtsbewertung – OLG Celle, NJW 1969, 1775, in: Juristische Schulung 1970 (10. Jg.), S. 611 ff. (zitiert: *Widmaier*, JuS 1970)

Wiedemann, Herbert: Gesellschaftsrecht. Ein Lehrbuch des Unternehmens- und Verbandsrechts. Band I Grundlagen, München 1980 (zitiert: *Wiedemann*, Gesellschaftsrecht)

Windbichler, Christine: Gesellschaftsrecht, 22. Auflage, München 2009 (zitiert: *Windbichler*, Gesellschaftsrecht)

Winkelbauer, Wolfgang: Strafrechtlicher Gläubigerschutz im Konkurs der KG und der GmbH & Co. KG, in: Zeitschrift für Wirtschafts- und Steuerstrafrecht 1986 (5. Jg.), S. 17 ff. (zitiert: *Winkelbauer*, wistra 1986)

Winkelbauer, Wolfgang: Ketzerische Gedanken zum Tatbestand der Angestelltenbestechlichkeit (§ 299 Abs. 1 StGB), in: Festschrift für Ulrich Weber zum 70. Geburtstag. 18. September 2004, hrsg. v. Bernd Heinrich, Eric Hilgendorf, Wolfgang Mitsch, Detlev Sternberg-Lieben, Bielefeld 2004, S. 385 ff. (zitiert: *Winkelbauer*, FS Weber)

Winter, Martin: Mitgliedschaftliche Bindungen im GmbH-Recht. Rechtsformspezifische Aspekte eines allgemeinen gesellschaftsrechtlichen Prinzips, München 1988 (zitiert: *Winter*, Mitgliedschaftliche Bindungen)

Winter, Michael: Der BGH und das Cash Pooling: Alles nur ein Missverständnis?, in: Neue Juristische Wochenschrift Spezial 2006 (3. Jg.), S. 267 f. (zitiert: *Winter*, NJW-Spezial 2006)

Wittkowski, Lutz: Haftung und Haftungsvermeidung beim Management Buy-Out einer GmbH. Eine Bewahrungsprobe der Kapitalerhaltung im GmbH-Recht, in: GmbH-Rundschau 1990 (81. Jg.), S. 544 ff. (zitiert: *Wittkowski*, GmbHR 1990)

Wittig, Petra: § 299 StGB durch Einschaltung von Vermittlerfirmen bei Schmiergeldzahlungen, in: Zeitschrift für Wirtschafts- und Steuerstrafrecht 1998 (17. Jg.), S. 7 ff. (zitiert: *Wittig*, wistra 1998)

Wodicka, Josef Maria: Die Untreue zum Nachteil der GmbH bei vorheriger Zustimmung aller Gesellschafter, Frankfurt a. M. 1993 (zitiert: *Wodicka*, Untreue)

Wollschläger, Christian: Die Geschäftsführung ohne Auftrag. Theorie und Rechtsprechung, Berlin 1976 (zitiert: *Wollschläger*, Geschäftsführung)

Wollschläger, Sebastian: Der Täterkreis des § 299 Abs. 1 StGB und Umsatzprämien im Stufenwettbewerb, Heidelberg 2009 (*Wollschläger*, Täterkreis)

Wolters, Gereon: Die Änderungen des StGB durch das Gesetz zur Bekämpfung der Korruption, in: Juristische Schulung 1998 (38. Jg.), S. 1100 ff. (zitiert: *Wolters*, JuS 1998)

Zech, Susanne: Untreue durch Aufsichtratsmitglieder einer Aktiengesellschaft, Frankfurt a. M. 2007 (zitiert: *Zech*, Untreue)

Zielinski, Gustav: Grundtypvermischungen und Handelsgesellschaftsrecht. Der Eintritt von Kapitalgenossenschaften in Personengesellschaften, seine wirtschaftliche Bedeutung und rechtliche Zulässigkeit, Marburg 1925 (zitiert: *Zielinski*, Grundtypvermischungen)

Ziemons, Hildegard; Jaeger, Carsten (Hrsg.): Beck'scher Online-Kommentar GmbHG, Stand: 1.7.2010, Edition 5 (zitiert: BeckOK GmbHG/*Bearbeiter*)

Zieschang, Frank: Haftstrafe für Verwalter wegen Untreue?, in: Neue Zeitschrift für Wohnungs- und Mietrecht 1999 (2. Jg.), S. 393 ff. (zitiert: *Zieschang*, NZM 1999)

Zieschang, Frank: Strafbarkeit des Geschäftsführers einer GmbH wegen Untreue trotz Zustimmung sämtlicher Gesellschafter?, in: Festschrift für Günter Kohlmann zum 70. Geburtstag, hrsg. v. Hans Joachim Hirsch, Jürgen Wolter, Uwe Brauns, Köln 2003, S. 351 ff. (zitiert: *Zieschang*, FS Kohlmann)

Zimmerling, Marc: Kapitalerhaltung und Konzernfinanzierung. Eine Untersuchung der kapitalerhaltungsrechtlichen Problematik aufsteigender Sicherheiten im Konzern, Frankfurt a. M. 1998 (zitiert: *Zimmerling*, Kapitalerhaltung)

Zitelmann, Ernst: Ausschluß der Widerrechtlichkeit, in: Archiv für die civilistische Praxis 1906 (Bd. 106), S. 1 ff. (zitiert: *Zitelmann*, AcP 1906)

Zöller, Mark A.: Abschied vom Wettbewerbsmodell bei der Verfolgung der Wirtschaftskorruption? Überlegungen zur Reform des § 299 StGB, in: Goltdammer's Archiv für Strafrecht 2009 (156. Jg.), S. 137 ff. (zitiert: *Zöller*, GA 2009)

Zöllner, Wolfgang: Die Schranken mitgliedschaftlicher Stimmrechtsmacht bei privatrechtlichen Personenverbänden, München/Berlin 1963 (zitiert: *Zöllner*, Stimmrechtsmacht)

Zöllner, Wolfgang; Noack, Ulrich (Hrsg.): Kölner Kommentar zum Aktienrecht. Band 2. §§ 76-94 AktG, 3. Auflage, Köln/Berlin/Bonn/München 2009, Band 6. §§ 15-22 AktG, §§ 291-328 ff. AktG und Meldepflichten nach §§ 21 ff. WpHG, SpruchG, 3. Auflage, Köln/Berlin/Bonn/München 2004 (zitiert: KK AktG/*Bearbeiter*)

Internetquelle

Referentenentwurf eines Gesetzes zur Modernisierung des GmbH-Rechts und zur Bekämpfung von Missbräuchen (MoMiG) vom 29. Mai 2006:

http://www.bmj.bund.de/files/453ccff578887e2c29257262cc3bdbc7/1236/RefE%20MoMiG.pdf (abgerufen am: 30.12.2010)